國家圖書館藏敦煌遺書

中國國家圖書館編

第四十八册　北敦〇三四六二號——北敦〇三五二八號

北京圖書館出版社

圖書在版編目(CIP)數據

國家圖書館藏敦煌遺書・第四十八册/中國國家圖書館編;任繼愈主編. —北京:北京圖書館出版社,2007.1

ISBN 978－7－5013－2990－8

Ⅰ.國…　Ⅱ.①中…②任…　Ⅲ.敦煌學－文獻　Ⅳ.K870.6

中國版本圖書館 CIP 數據核字(2006)第 149705 號

ISBN 978-7-5013-2990-8

書　　名　國家圖書館藏敦煌遺書・第四十八册
著　　者　中國國家圖書館編　任繼愈主編
責任編輯　徐　蜀　孫　彦
封面設計　李　璀

出　　版　北京圖書館出版社　(100034　北京西城區文津街 7 號)
發　　行　010－66139745　66151313　66175620　66126153
　　　　　66174391(傳真)　66126156(門市部)
E-mail　cbs@nlc.gov.cn(投稿)　btsfxb@nlc.gov.cn(郵購)
Website　www.nlcpress.com
經　　銷　新華書店
印　　刷　北京文津閣印務有限責任公司

開　　本　八開
印　　張　60.5
版　　次　2007 年 2 月第 1 版第 1 次印刷
印　　數　1－250 册(套)

書　　號　ISBN 978－7－5013－2990－8/K・1273
定　　價　990.00 圓

目錄

得滅度者何以故須
相衆生相壽者相即非
復次須菩提菩薩於法應
所謂不住色布施不住聲香味觸法布施須
菩提菩薩應如是布施不住於相何以故若
菩薩不住相布施其福德不可思量須菩提
於意云何東方虛空可思量不不也世尊須
菩提南西北方四維上下虛空可思量不不也
世尊須菩提菩薩无住相布施福德亦復如
是不可思量須菩提菩薩但應如所教住須
菩提於意云何可以身相見如來不不也世尊
不可以身相得見如來何以故如來所說身
相即非身相佛告須菩提凡所有相皆是虛
妄若見諸相非相則見如來
須菩提白佛言世尊頗有衆生得聞如是言
說章句生實信不佛告須菩提莫作是說如
來滅後後五百歲有持戒脩福者於此章句
能生信心以此為實當知是人不於一佛二
佛三四五佛而種善根已於无量千万佛所
種諸善根聞是章句乃至一念生淨信者須
菩提如來悉知悉見是諸衆生得如是无量
福德何以故是諸衆生无復我相人相衆生

BD03462 號　金剛般若波羅蜜經　（14–1）

佛三四五佛而種善根已於无量千万佛所
種諸善根聞是章句乃至一念生淨信者須
菩提如來悉知悉見是諸衆生得如是无量
福德何以故是諸衆生无復我相人相衆生
相壽者相无法相亦无非法相何以故是諸
衆生若心取相則為著我人衆生壽者若取
法相即著我人衆生壽者何以故若取非法相
即著我人衆生壽者是故不應取法不應
取非法以是義故如來常說汝等比丘知我
說法如筏喻者法尚應捨何況非法
須菩提於意云何如來得阿耨多羅三藐三
菩提耶如來有所說法耶須菩提言如我解
佛所說義无有定法名阿耨多羅三藐三菩
提亦无有定法如來可說何以故如來所說
法皆不可取不可說非法非非法所以者何
一切賢聖皆以无為法而有差別
須菩提於意云何若人滿三千大千世界七
寶以用布施是人所得福德寧為多不須菩
提言甚多世尊何以故是福德即非福德性
是故如來說福德多若復有人於此經中受
持乃至四句偈等為他人說其福勝彼何以
故須菩提一切諸佛及諸佛阿耨多羅三藐
三菩提法皆從此經出須菩提所謂佛法者
即非佛法
須菩提於意云何須陁洹能作是念我得須
陁洹果不須菩提言不也世尊何以故須陁

BD03462 號　金剛般若波羅蜜經　（14–2）

三菩提法皆從此經出須菩提所謂佛法者
即非佛法
須菩提於意云何須陁洹能作是念我得須
陁洹果不須菩提言不也世尊何以故須陁
洹名為入流而无所入不入色聲香味觸法
是名須陁洹須菩提於意云何斯陁含能作
是念我得斯陁含果不須菩提言不也世尊
何以故斯陁含名一往來而實无往來是名
斯陁含須菩提於意云何阿那含能作是念
我得阿那含果不須菩提言不也世尊何以
故阿那含名為不來而實无來是故名阿那
含須菩提於意云何阿羅漢能作是念我得
阿羅漢道不須菩提言不也世尊何以故實
无有法名阿羅漢世尊若阿羅漢作是念我
得阿羅漢道即為著我人衆生壽者世尊佛
說我得无諍三昧人中最為第一是第一離
欲阿羅漢我不作是念我是離欲阿羅漢世
尊我若作是念我得阿羅漢道世尊則不說
須菩提是樂阿蘭那行者以須菩提實无
所行而名須菩提是樂阿蘭那行
佛告須菩提於意云何如來昔在然燈佛所
於法有所得不不也世尊如來昔在然燈佛
所於法實无所得須菩提於意云何菩薩莊
嚴佛土不不也世尊何以故莊嚴佛土者則
非莊嚴是名莊嚴是故須菩提諸菩薩摩訶
薩應如是生清淨心不應住色生心不應住

所於法實无所得須菩提於意云何菩薩莊
嚴佛土不不也世尊何以故莊嚴佛土者則
非莊嚴是名莊嚴是故須菩提諸菩薩摩訶
薩應如是生清淨心不應住色生心不應住
聲香味觸法生心應无所住而生其心須菩
提譬如有人身如須彌山王於意云何是身
為大不須菩提言甚大世尊何以故佛說非
身是名大身
須菩提如恒河中所有沙數如是沙等恒河
於意云何是諸恒河沙寧為多不須菩提言
甚多世尊但諸恒河尚多无數何況其沙須
菩提我今實言告汝若有善男子善女人
以七寶滿尒所恒河沙數三千大千世界以用
布施得福多不須菩提言甚多世尊佛告須
菩提若有善男子善女人於此經中乃至受
持四句偈等為他人說而此福德勝前福德
復次須菩提隨說是經乃至四句偈等當知
此處一切世間天人阿脩羅皆應供養如佛
塔廟何況有人盡能受持讀誦須菩提當知
是人成就最上第一希有之法若是經典所
在之處則為有佛若尊重弟子
尒時須菩提白佛言世尊當何名此經我等
云何奉持佛告須菩提是經名為金剛般若
波羅蜜以是名字汝當奉持所以者何須菩
提佛說般若波羅蜜則般若波羅蜜須菩提
於意云何如來有所說法不須菩提白佛言

云何奉持佛告須菩提是經名為金剛般若
波羅蜜以是名字汝當奉持所以者何須菩
提佛說般若波羅蜜則非般若波羅蜜須菩提
於意云何如来有所說法不須菩提白佛言
世尊如来无所說須菩提於意云何三千大
千世界所有微塵是為多不須菩提言甚
多世尊須菩提諸微塵如来說非微塵是名
微塵如来說世界非世界是名世界須菩提
於意云何可以三十二相見如来不不也世尊
何以故如来說三十二相即是非相是名
三十二相須菩提若有善男子善女人以恒
河沙等身命布施若復有人於此經中乃
至受持四句偈等為他人說其福甚多
尒時須菩提聞說是經深解義趣涕淚悲泣
而白佛言希有世尊佛說如是甚深經典我
從昔来所得慧眼未曾得聞如是之經世尊
若復有人得聞是經信心清淨則生實相當
知是人成就第一希有功德世尊是實相者
則是非相是故如来說名實相世尊我今得
聞如是經典信解受持不足為難若當来世
後五百歲其有眾生得聞是經信解受持是
人則為第一希有何以故此人无我相人相眾
生相壽者相所以者何我相即是非相人相
眾生相壽者相即是非相何以故離一切諸
相則名諸佛

BD03462 號　金剛般若波羅蜜經　（14–5）

生相壽者相所以者何我相即是非相人相
眾生相壽者相即是非相何以故離一切諸
相則名諸佛
佛告須菩提如是如是若復有人得聞是經
不驚不怖不畏當知是人甚為希有何以故
須菩提如来說第一波羅蜜非第一波羅蜜
是名第一波羅蜜
須菩提忍辱波羅蜜如来說非忍辱波羅蜜
何以故須菩提如我昔為歌利王割截身體
我於尒時无我相无人相无眾生相无壽者
相何以故我於往昔節節支解時若有我相
人相眾生相壽者相應生瞋恨須菩提又念
過去於五百世作忍辱仙人於尒所世无我
相无人相无眾生相无壽者相是故須菩提
菩薩應離一切相發阿耨多羅三藐三菩提
心不應住色生心不應住聲香味觸法生心
應生无所住心若心有住則為非住是故佛
說菩薩心不應住色布施須菩提菩薩為利
益一切眾生應如是布施如来說一切諸相
即是非相又說一切眾生則非眾生須菩提
如来是真語者實語者如語者不誑語者不
異語者須菩提如来所得法此法无實无虛
須菩提若菩薩心住於法而行布施如人入
闇則无所見若菩薩心不住法而行布施如
人有目日光明照見種種色須菩提當来之

BD03462 號　金剛般若波羅蜜經　（14–6）

異語者須菩提如來所得法此法无實无虛
須菩提若菩薩心住於法而行布施如人入
闇則无所見若菩薩心不住法而行布施如
人有目日光明照見種種色須菩提當來之
世若有善男子善女人能於此經受持讀誦
則為如來以佛智慧悉知是人悉見是人皆
得成就无量无邊功德
須菩提若有善男子善女人初日分以恒河
沙等身布施中日分復以恒河沙等身布施
後日分亦以恒河沙等身布施如是无量百
千万億劫以身布施若復有人聞此經典信
心不逆其福勝彼何況書寫受持讀誦為人
解說須菩提以要言之是經有不可思議不
可稱量无邊功德如來為發大乘者說為發
最上乘者說若有人能受持讀誦廣為人說
如來悉知是人悉見是人皆得成就不可量不
可稱无有邊不可思議功德如是人等則為
荷擔如來阿耨多羅三藐三菩提何以故須
菩提若樂小法者著我見人見眾生見壽
者見則於此經不能聽受讀誦為人解說須
菩提在在處處若有此經一切世間天人阿脩
羅所應供養當知此處則為是塔皆應恭敬
作礼圍繞以諸華香而散其處
復次須菩提善男子善女人受持讀誦此經
若為人輕賤是人先世罪業應墮惡道以今

BD03462號　金剛般若波羅蜜經　（14–7）

作礼圍繞以諸華香而散其處
復次須菩提善男子善女人受持讀誦此經
若為人輕賤是人先世罪業應墮惡道以今
世人輕賤故先世罪業則為消滅當得阿耨
多羅三藐三菩提須菩提我念過去无量阿
僧祇劫於然燈佛前得值八百四千萬億那
由他諸佛悉皆供養承事无空過者若復有
人於後末世能受持讀誦此經所得功德於
我所供養諸佛功德百分不及一千萬億分
乃至算數譬喻所不能及須菩提若善男子
善女人於後末世有受持讀誦此經所得功
德我若具說者或有人聞心則狂亂狐疑不
信須菩提當知是經義不可思議果報亦不
可思議
尒時須菩提白佛言世尊善男子善女人發
阿耨多羅三藐三菩提心云何應住云何降
伏其心佛告須菩提善男子善女人發阿耨
多羅三藐三菩提者當生如是心我應滅度
一切眾生滅度一切眾生已而无有一眾生實
滅度者何以故若菩薩有我相人相眾生
相壽者相則非菩薩所以者何須菩提實无
有法發阿耨多羅三藐三菩提者須菩提於
意云何如來於然燈佛所有法得阿耨多羅
三藐三菩提不不也世尊如我解佛所說義佛
於然燈佛所无有法得阿耨多羅三藐三菩提

BD03462號　金剛般若波羅蜜經　（14–8）

有法發阿耨多羅三藐三菩提者須菩提於
意云何如来於然燈佛所有法得阿耨多羅
三藐三菩提不不也世尊如我解佛所說義佛
於然燈佛所无有法得阿耨多羅三藐三菩提
佛言如是如是須菩提實无有法如来得
阿耨多羅三藐三菩提須菩提若有法如来得
阿耨多羅三藐三菩提者然燈佛則不與我受
記汝於来世當得作佛号釋迦牟尼以實无
有法得阿耨多羅三藐三菩提是故然燈佛
與我受記作是言汝於来世當得作佛号釋
迦牟尼何以故如来者即諸法如義若有人
言如来得阿耨多羅三藐三菩提須菩提
實无有法佛得阿耨多羅三藐三菩提須菩
提如来所得阿耨多羅三藐三菩提於是經中
无實无虛是故如来說一切法皆是佛法須菩
提所言一切法者即非一切法是故名一切法
須菩提譬如人身長大須菩提言世尊如
来說人身長大則為非大身是名大身須菩
提菩薩亦如是若作是言我當滅度无量衆
生則不名菩薩何以故須菩提實无有法名為
菩薩是故佛說一切法无我无人无衆生无
壽者須菩提若菩薩作是言我當莊嚴佛
土是不名菩薩何以故如来說莊嚴佛土者
即非莊嚴是名莊嚴須菩提若菩薩通達无
我法者如来說名真是菩薩
須菩提於意云何如来有肉眼不如是世尊

BD03462 號　金剛般若波羅蜜經　（14–9）

土是不名菩薩何以故如来說莊嚴佛土者
即非莊嚴是名莊嚴須菩提若菩薩通達无
我法者如来說名真是菩薩
須菩提於意云何如来有肉眼不如是世尊
如来有肉眼須菩提於意云何如来有天眼
不如是世尊如来有天眼須菩提於意云何
如来有慧眼不如是世尊如来有慧眼須菩
提於意云何如来有法眼不如是世尊如来
有法眼須菩提於意云何如来有佛眼不如
是世尊如来有佛眼
須菩提於意云何恒河中所有沙佛說是沙
不如是世尊如来說是沙須菩提於意云何
如一恒河中所有沙有如是等恒河是諸恒
河所有沙數佛世界如是寧為多不甚多世
尊佛告須菩提尒所國土中所有衆生若
干種心如来悉知何以故如来說諸心皆為非
心是名為心所以者何須菩提過去心不可得
現在心不可得未来心不可得須菩提於
意云何若有人滿三千大千世界七寶以用布
施是人以是因緣得福多不如是世尊此人
以是因緣得福甚多須菩提若福德有實
如来不說得福德多以福德无故如来說得
福德多
須菩提於意云何佛可以具足色身見不不
也世尊如来不應以具足色身見何以故如
来說[illegible]

BD03462 號　金剛般若波羅蜜經　（14–10）

福德多
須菩提於意云何佛可以具足色身見不不
也世尊如来不應以具足色身見何以故如
来說具足色身即非具足色身是名具足色
身須菩提於意云何如来可以具足諸相見
不不也世尊如来不應以具足諸相見何以
故如来說諸相具足即非具足是名諸相具
足須菩提汝勿謂如来作是念我當有所說
法莫作是念何以故若人言如来有所說法
即為謗佛不能解我所說故須菩提說法者
无法可說是名說法
須菩提白佛言世尊佛得阿耨多羅三藐三
菩提為无所得耶如是如是須菩提我於阿
耨多羅三藐三菩提乃至无有少法可得是
名阿耨多羅三藐三菩提復次須菩提是法
平等无有高下是名阿耨多羅三藐三菩提
以无我无人无衆生无壽者脩一切善法則
得阿耨多羅三藐三菩提須菩提所言善法
者如来說非善法是名善法須菩提若三千
大千世界中所有諸須弥山王如是等七寶
聚有人持用布施若人以此般若波羅蜜經
乃至四句偈等受持為他人說於前福德百
分不及一百千萬億分乃至筭數譬喻所不
能及
須菩提於意云何汝等勿謂如来作是念我

分不及一百千萬億分乃至筭數譬喻所不
能及
須菩提於意云何汝等勿謂如来作是念我
當度衆生須菩提莫作是念何以故實无有
衆生如来度者若有衆生如来度者如来則
有我人衆生壽者須菩提如来說有我者則
非有我而凡夫之人以為有我須菩提凡夫者
如来說則非凡夫須菩提於意云何可以三十
二相觀如来不須菩提言如是如是以三十
二相觀如来佛言須菩提若以三十二相觀
如来者轉輪聖王則是如来須菩提白佛言
世尊如我解佛所說義不應以三十二相觀
如来尒時世尊而說偈言
若以色見我　以音聲求我　是人行邪道　不能見如来
須菩提汝若作是念如来不以具足相故得
阿耨多羅三藐三菩提須菩提莫作是念如
来不以具足相故得阿耨多羅三藐三菩提
須菩提汝若作是念發阿耨多羅三藐三菩
菩提汝若作是念發阿耨多羅三藐三菩
提者說諸法斷滅莫作是念何以故發阿耨
多羅三藐三菩提者於法不說斷滅相須菩
提若菩薩以滿恒河沙等世界七寶布施若
復有人知一切法无我得成於忍此菩薩勝
前菩薩所得功德須菩提以諸菩薩不受福
德故須菩提白佛言世尊云何菩薩不受福
德須菩提菩薩所作福德不應貪著是故

前菩薩所得功德須菩提以諸菩薩不受福
德故須菩提白佛言世尊云何菩薩不受福
德須菩提菩薩所作福德不應貪著是故
說不受福德須菩提若有人言如來若來若
去若坐若卧是人不解我所說義何以故如
來者无所從來亦无所去故名如來須菩提若
善男子善女人以三千大千世界碎為微塵
於意云何是微塵衆寧為多不甚多世尊
何以故若是微塵衆實有者佛則不說是微
塵衆所以者何佛說微塵衆則非微塵衆是
名微塵衆世尊如來所說三千大千世界則非
世界是名世界何以故若世界實有者則是
一合相如來說一合相則非一合相是名一合相須
菩提一合相者則是不可說但凡夫之人貪
著其事
須菩提若人言佛說我見人見衆生見壽者
見須菩提於意云何是人解我所說義不世
尊是人不解如來所說義何以故世尊說我
見人見衆生見壽者見即非我見人見衆生
見壽者見是名我見人見衆生見壽者見須
菩提發阿耨多羅三藐三菩提心者於一切
法應如是知如是見如是信解不生法相須菩
提所言法相者如來說即非法相是名法相
須菩提若有人以滿无量阿僧祇世界七寶持
用布施若有善男子善女人發菩薩心者持
於此經乃至四句偈等受持讀誦為人演說其

BD03462號　金剛般若波羅蜜經　（14–13）

見壽者見是名我見人見衆生見壽者見須
菩提發阿耨多羅三藐三菩提心者於一切
法應如是知如是見如是信解不生法相須菩
提所言法相者如來說即非法相是名法相
須菩提若有人以滿无量阿僧祇世界七寶持
用布施若有善男子善女人發菩薩心者持
於此經乃至四句偈等受持讀誦為人演說其
福勝彼云何為人演說不取於相如如不動
何以故
一切有為法　如夢幻泡影　如露亦如電　應作如是觀
佛說是經已長老須菩提及諸比丘比丘尼
優婆塞優婆夷一切世間天人阿脩羅聞佛
所說皆大歡喜信受奉行

金剛般若波羅蜜經

BD03462號　金剛般若波羅蜜經　（14–14）

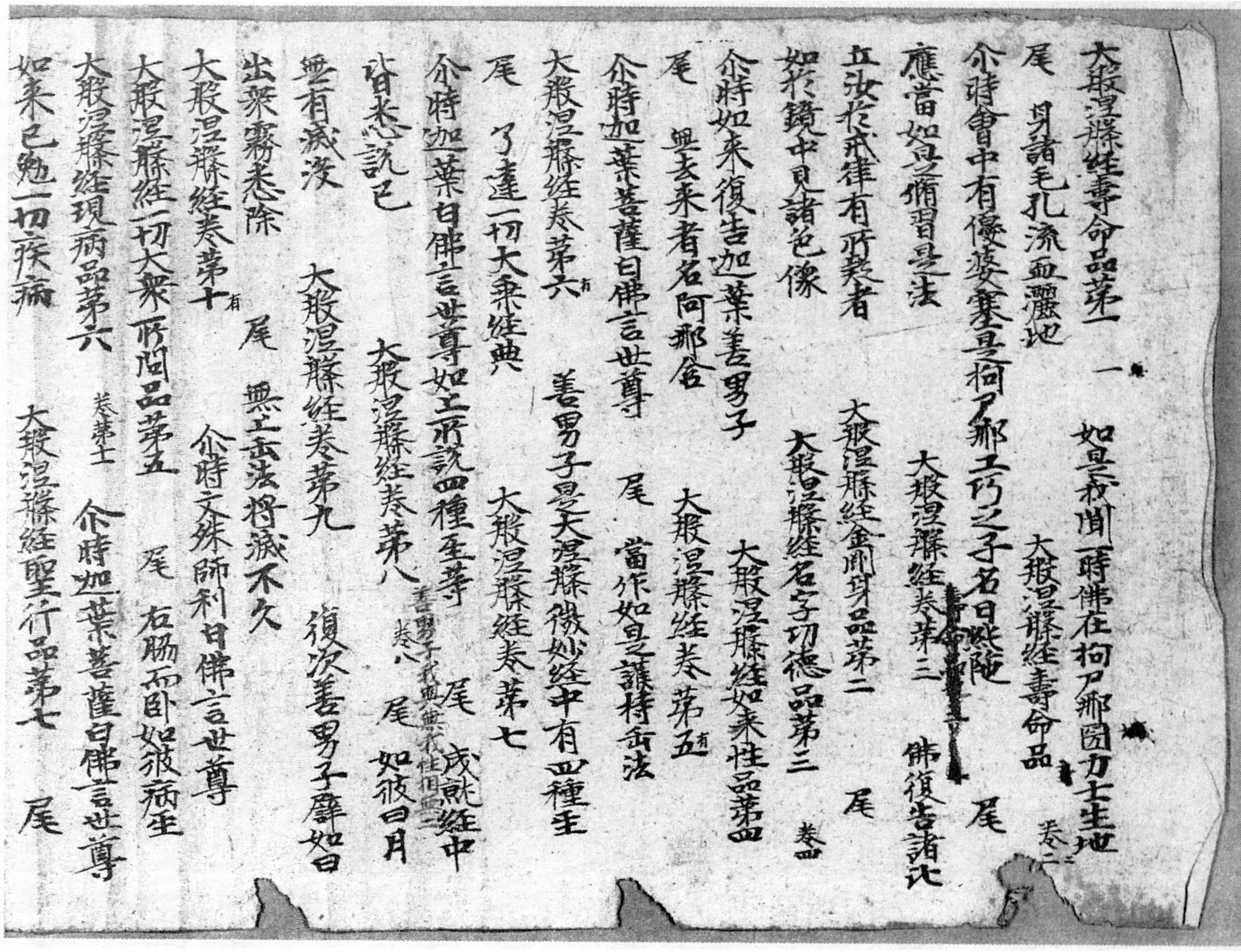

大般涅槃經壽命品第一　一　如是我聞一時佛在拘尸那國力士生地
尾　身諸毛孔流血灑地　大般涅槃經壽命品　卷二
尒時會中有優婆塞是拘尸那工巧之子名曰純陀　尾
應當如是脩習是法　大般涅槃經卷第三　佛復告諸比
丘汝於戒律有所疑者　大般涅槃經金剛身品第二　尾
如於鏡中見諸色像　大般涅槃經名字功德品第三　卷四
尒時如來復告迦葉善男子　大般涅槃經如來性品第四
尾　無去來者名阿那含　大般涅槃經卷第五 有
尒時迦葉菩薩白佛言世尊　尾　當作如是護持正法
大般涅槃經卷第六 有　善男子是大涅槃微妙經中有四種人
尾　了達一切大乘經典　大般涅槃經卷第七
尒時迦葉白佛言世尊如上所説四種人等　尾　成就經中 善男子我與無我性相無二 卷八
皆悉説已　大般涅槃經卷第八　尾　如彼日月
無有滅沒　大般涅槃經卷第九　復次善男子譬如日
出衆霧悉除　尾　無上正法將滅不久
大般涅槃經卷第十 有　尒時文殊師利白佛言世尊
大般涅槃經一切大衆所問品第五　尾　右脇而臥如彼病人
大般涅槃經現病品第六　卷第十一　尒時迦葉菩薩白佛言世尊
如來已免一切疾病　大般涅槃經聖行品第七　尾

BD03463 號　大般涅槃經袟卷品及首尾經文錄（擬）　（5–1）

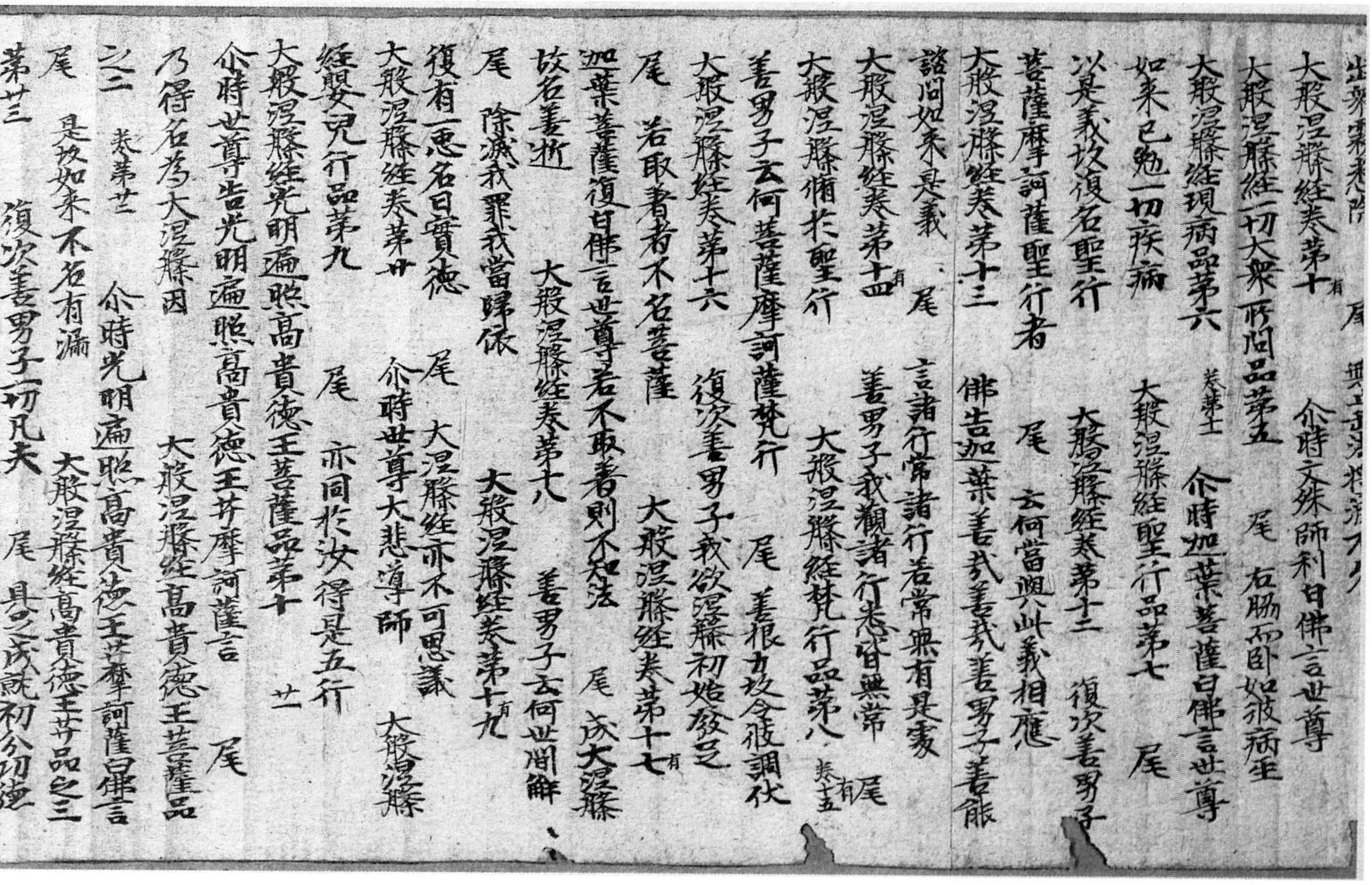

出衆霧悉除　無上正法將滅不久
大般涅槃經卷第十 有　尾　尒時文殊師利白佛言世尊
大般涅槃經一切大衆所問品第五　尾　右脇而臥如彼病人
大般涅槃經現病品第六　卷第十一　尒時迦葉菩薩白佛言世尊
如來已免一切疾病　大般涅槃經聖行品第七　尾
以是義故復名聖行　大般涅槃經卷第十二　復次善男子
菩薩摩訶薩聖行者　尾　云何當與此義相應
大般涅槃經卷第十三　佛告迦葉善哉善哉善男子善能
諮問如來是義　尾　言諸行常諸行若常無有是處
大般涅槃經卷第十四 有　善男子我觀諸行悉皆無常
大般涅槃經脩於聖行　大般涅槃經梵行品第八　卷十五 有 尾
善男子云何菩薩摩訶薩梵行　尾　善根力故令彼調伏
大般涅槃經卷第十六　復次善男子我欲涅槃初始發足
尾　若取者者不名菩薩　大般涅槃經卷第十七 有
迦葉菩薩復白佛言世尊若不取者則不知法　尾　成大涅槃
故名善逝　大般涅槃經卷第十八　善男子云何世間解
尾　除滅我罪我當歸依　大般涅槃經卷第十九 有
復有一惡名曰實德　尾　大涅槃經亦不可思議　大般涅槃
大般涅槃經卷第廿　尒時世尊大悲導師
經嬰兒行品第九　尾　亦同於汝得是五行　廿一
大般涅槃經光明遍照高貴德王菩薩品第十
尒時世尊告光明遍照高貴德王菩薩摩訶薩言　尾
乃得名為大涅槃因　大般涅槃經高貴德王菩薩品
之二　卷第廿二　尒時光明遍照高貴德王菩薩摩訶薩白佛言
尾　是故如來不名有漏　大般涅槃經高貴德王菩薩品之三
第廿三　復次善男子一切凡夫　尾　具足成就初分功德

BD03463 號　大般涅槃經袟卷品及首尾經文錄（擬）　（5–2）

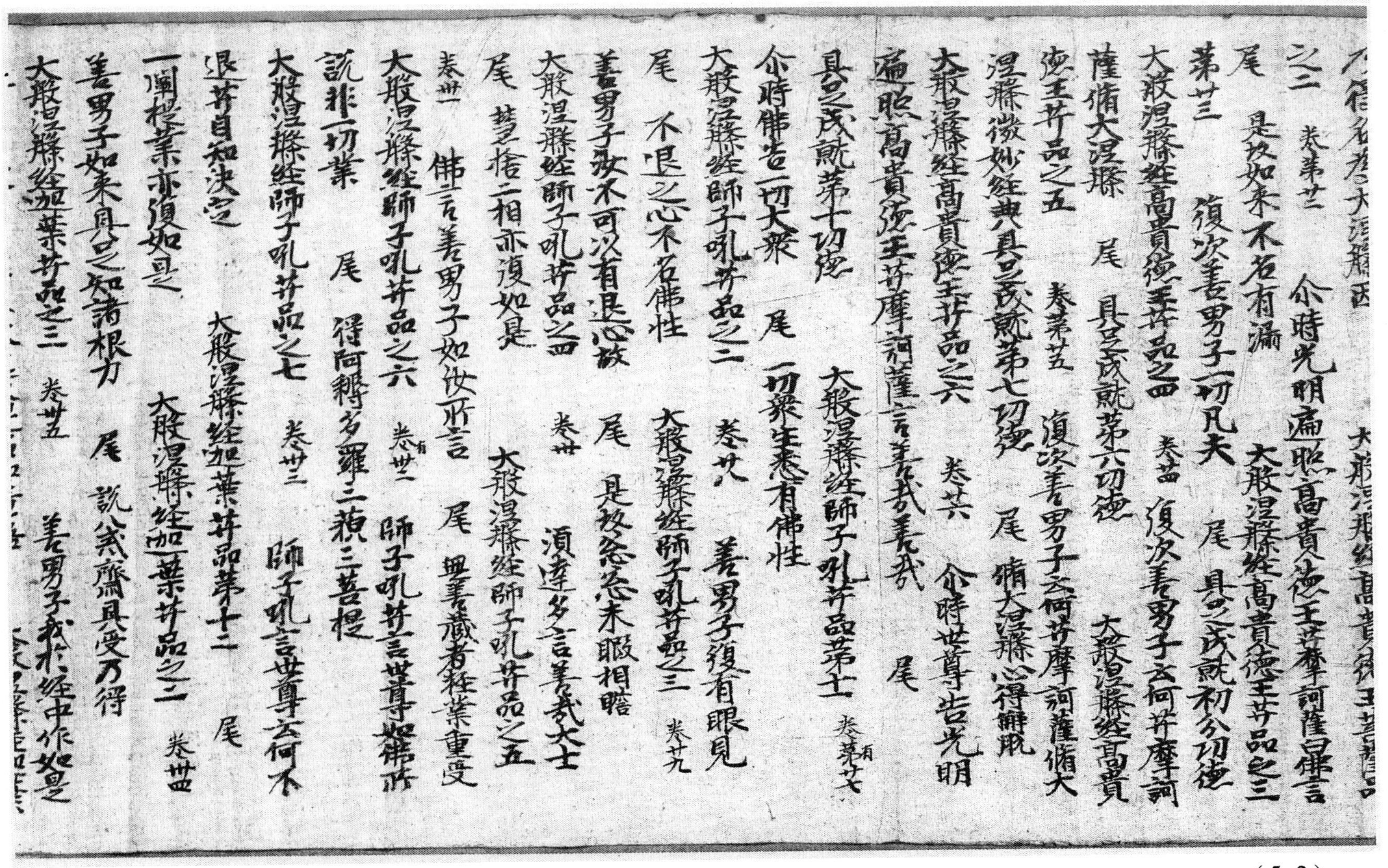

……得名為大涅槃因　大般涅槃經高貴德王菩薩品
之二　卷第廿二　尒時光明遍照高貴德王菩薩摩訶薩白佛言
尾　是故如來不名有漏　大般涅槃經高貴德王菩薩品之三
第廿三　復次善男子一切凡夫　尾　具足成就初分功德
大般涅槃經高貴德王菩薩品之四　卷廿四　復次善男子云何菩薩摩訶
薩修大涅槃　尾　具足成就第六功德　大般涅槃經高貴
德王菩薩品之五　卷第廿五　復次善男子云何菩薩摩訶薩修大
涅槃微妙經典具足成就第七功德　尾　修大涅槃心得解脫
大般涅槃經高貴德王菩薩品之六　卷廿六　尒時世尊告光明
遍照高貴德王菩薩摩訶薩言善哉善哉　尾
具足成就第十功德　大般涅槃經師子吼菩薩品第十一　卷第廿七有
尒時佛告一切大眾　尾　一切眾生悉有佛性
大般涅槃經師子吼菩薩品之二　卷廿八　善男子復有眼見
尾　不退之心不名佛性　大般涅槃經師子吼菩薩品之三　卷廿九
善男子汝不可以有退心故　尾　是故忩忩未暇相瞻
大般涅槃經師子吼菩薩品之四　卷卅　須達多言善哉大士
尾　菩薩二相亦復如是　大般涅槃經師子吼菩薩品之五
卷卅一　佛言善男子如汝所言　尾　毋善藏者輕業重受
大般涅槃經師子吼菩薩品之六　卷卅二有　師子吼菩薩言世尊如佛所
說非一切業　尾　得阿耨多羅三藐三菩提
大般涅槃經師子吼菩薩品之七　卷卅三　師子吼言世尊云何不
退菩薩自知決定　大般涅槃經迦葉菩薩品第十二　尾
一闡提業亦復如是　大般涅槃經迦葉菩薩品之二　卷卅四
善男子如來具足知諸根力　尾　說八戒齋具受乃得
大般涅槃經迦葉菩薩品之三　卷卅五　善男子我於經中作如是

BD03463號　大般涅槃經袟卷品及首尾經文錄（擬）　（5–3）

一闡提業亦復如是之　大般涅槃經迦葉菩薩品之二　卷卅四
善男子如來具足知諸根力　尾　說八戒齋具受乃得
大般涅槃經迦葉菩薩品之三　卷卅五　善男子我於經中作如是
說者有比丘　尾　不放逸故是名如意語　大般涅槃經迦葉
菩薩品之四　卷卅六　善男子如來復有隨自意語　尾　故名三藐
三佛陀　大般涅槃經
大
大般涅槃經迦葉菩薩品之六　卷廿八有　善男子若離如是三十七品
大般涅槃經憍陳如品第十三　尾　為汝分別解說當答
大般涅槃經憍陳如品餘之二　卷廿九有　尒時阿闍世王與
諸外道徒眾眷屬往至佛所　尾　還其處所大設供養
大般涅槃經憍陳如品餘之三　卷卅　納衣梵志復作是言
尾　須跋陀羅得阿羅漢果

BD03463號　大般涅槃經袟卷品及首尾經文錄（擬）　（5–4）

大般涅槃經憍陳如品餘之三　卷卌　納衣梵志復作是言
尾　須跋陀羅得阿羅漢果

BD03463 號　大般涅槃經袟卷品及首尾經文錄（擬）　　（5–5）

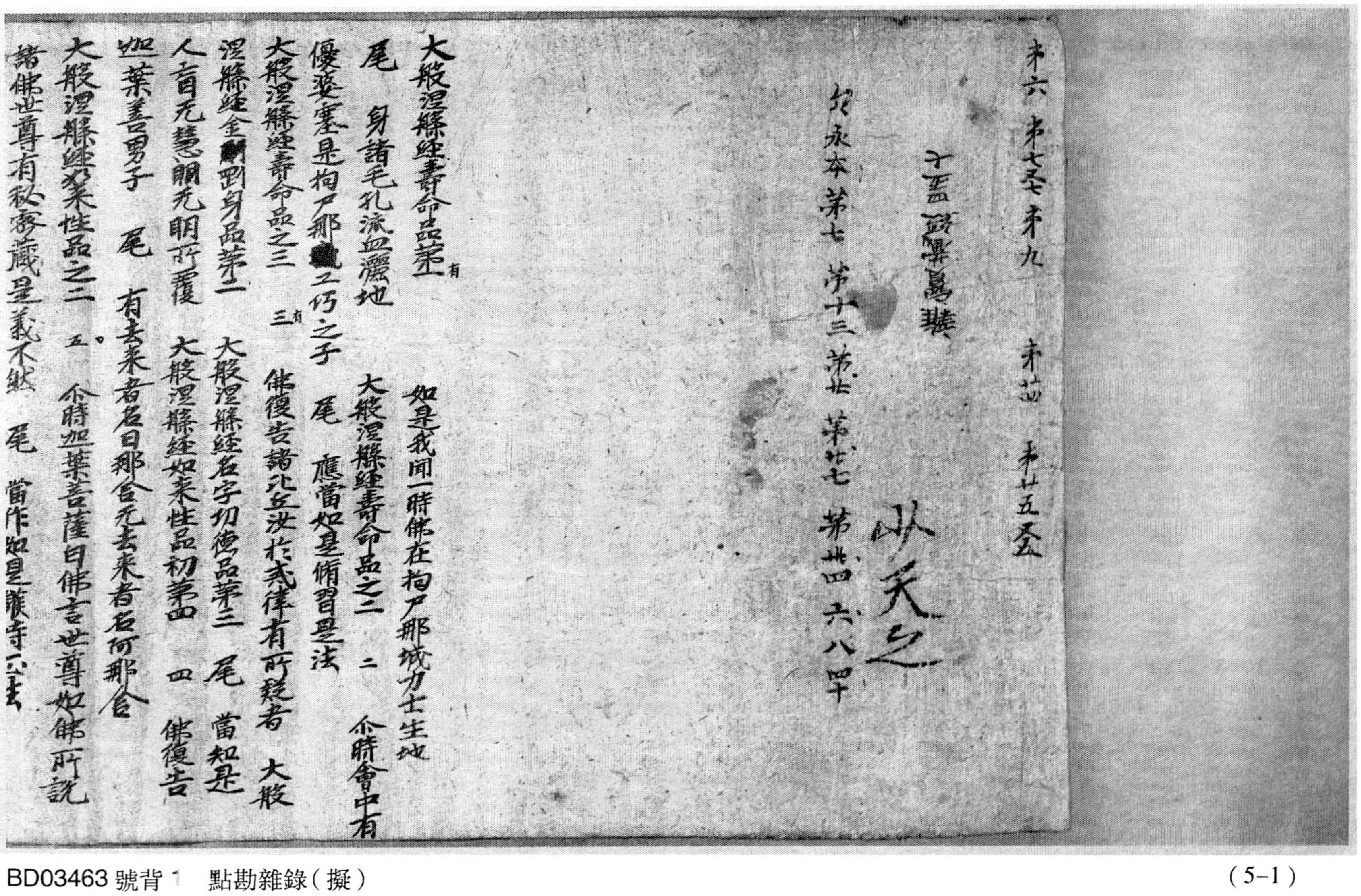
大般涅槃經壽命品第一　有　如是我聞一時佛在拘尸那城力士生地　尒時會中有
尾　身諸毛孔流血灑地
優婆塞是拘尸那工巧之子　大般涅槃經壽命品之二　二
大般涅槃經壽命品之三　三有　尾　應當如是脩習是法
涅槃經金剛身品第二　佛復告諸比丘汝於戒律有所疑者　大般
人盲无慧眼无明所覆　大般涅槃經名字功德品第三　尾　當知是
如葉善男子　大般涅槃經如來性品初第四　四　佛復告
尾　有去來者名曰那含无去來者名阿那含
大般涅槃經如來性品之二　五。　尒時迦葉菩薩白佛言世尊如佛所說
諸佛世尊有秘密藏是義不然　尾　當作如是護持正法

BD03463 號背 1　點勘雜錄（擬）　　（5–1）
BD03463 號背 2　大般涅槃經袟卷品及首尾經文錄（擬）

涅槃經金剛身品第二　大般涅槃經名字功德品第三　尾　當知是
人盲无慧明无明所覆　大般涅槃經如來性品初第四　四　佛復告
迦葉善男子　尾　有去來者名曰那含无去來者名阿那含
大般涅槃經如來性品之二　五　尒時迦葉菩薩白佛言世尊如佛所説
諸佛世尊有秘密藏是義不然　尾　當作如是護持正法
大般涅槃經如來性品之三　六　善男子是大涅槃微妙經中有四種人
能護正法　尾　了達一切大乘經典　大般涅槃經如來性品之四　七
尒時迦葉白佛言世尊如上所説四種人等應當依耶　尾　當知佛法
如是不可思議　大般涅槃經如來性品之五　八　善男子若方等經
者猶如甘露亦如毒藥　尾　如迦隣提鴛鴦等集
大般涅槃經如來性品之六　九　復次善男子譬如有人見月不現皆言
月沒　尾　當知如來无上正法將滅不久　大般涅槃經如來性品之七　十
尒時文殊師利白佛言世尊今此純陁猶有疑心　大般涅槃經一切大衆
所問品第五　尾　右脇而卧如彼病人　大般涅槃經現病品第六　十一
尒時迦葉菩薩白佛言世尊如來已免一切疾病患苦悉除　大般涅槃
經聖行品第七　尾　故名聖人以是義故復名聖人
大般涅槃經聖行品之二　十二　復次善男子菩薩摩訶薩聖行者觀察
是身從頭至足　尾　乃能知是苦因樂因　大般涅槃經聖行品之三　十三
善男子云何菩薩摩訶薩住於大乘　尾　言諸行常諸行若常无有是處
大般涅槃經聖行品之四　十四　善男子我觀諸行悉皆无常　尾
住於大乘大般涅槃脩於聖行　大般涅槃經梵行品初第八　十五
善男子云何菩薩摩訶薩梵行　尾　乃是脩習善根力故令彼調伏
大般涅槃經梵行品之二　十六　復次善男子我欲涅槃始初發足
尾　菩薩摩訶薩而无所著　大般涅槃經梵行品之三　十七
復次善男子法无导者　尾　成大涅槃故名善逝　大般涅槃經梵
行品之四　十八　善男子云何世間解　尾　悉發阿耨多羅三藐三菩

BD03463號背 2　大般涅槃經袟卷品及首尾經文錄（擬）　（5-2）

大般涅槃經梵行品之二　十六　復次善男子我欲涅槃始初發足
尾　菩薩摩訶薩而无所著　大般涅槃經梵行品之三　十七
復次善男子法无导者　尾　成大涅槃故名善逝　大般涅槃經梵
行品之四　十八　善男子云何世間解　尾　悉發阿耨多羅三藐三菩
提心　大般涅槃經梵行品之五　十九　尒時王舍大城阿闍世王
尾　癡慕毒熱但增无損　大般涅槃經梵行品之六　廿　尒時世尊在雙樹間見阿闍世
大般涅槃經嬰兒行品第九　尾　今此會中九十二万人亦同於
汝得是五行　大般涅槃經光明遍照高貴德王菩薩品第十　廿一
尒時世尊告光明遍照高貴德王菩薩摩訶薩言善男子若有菩薩摩訶
薩脩行如是大涅槃經得十事功德　尾　助菩提法乃得名為大涅槃因
大般涅槃經光明遍照高貴德王菩薩品之二　廿二　尒時光明遍照高貴
德王菩薩摩訶薩白佛言世尊　尾　云何如來當名有漏是故如來不
名有漏　大般涅槃經光明遍照高貴德王菩薩品之三　二十三
復次善男子一切凡夫雖善護身心猶故生於三種惡覺　尾
具足成就初分功德　大般涅槃經光明遍照高貴德王菩薩品之四　二十四
復次善男子菩薩摩訶薩脩大涅槃成就具足第二功德　尾
一切諸佛所有世界无不嚴淨　大般涅槃經光明遍照高貴德王菩薩品之五　廿五
復次善男子云何菩薩摩訶薩脩大涅槃微妙經典　尾　具足成就第
七功德　大般涅槃經光明遍照高貴德王菩薩品之六　二十六
復次善男子云何菩薩摩訶薩脩大涅槃微妙經典具足成就第八功德
尾　具足成就第十功德　大般涅槃經師子吼菩薩品初第十一　二十七
尒時佛告一切大衆　尾　一切衆生悉有佛性　大般涅槃經師子吼
菩薩品之二　二十八　善男子復有眼見諸佛如來　尾　以是義故不退
之心不名佛性　大般涅槃經

BD03463號背 2　大般涅槃經袟卷品及首尾經文錄（擬）　（5-3）

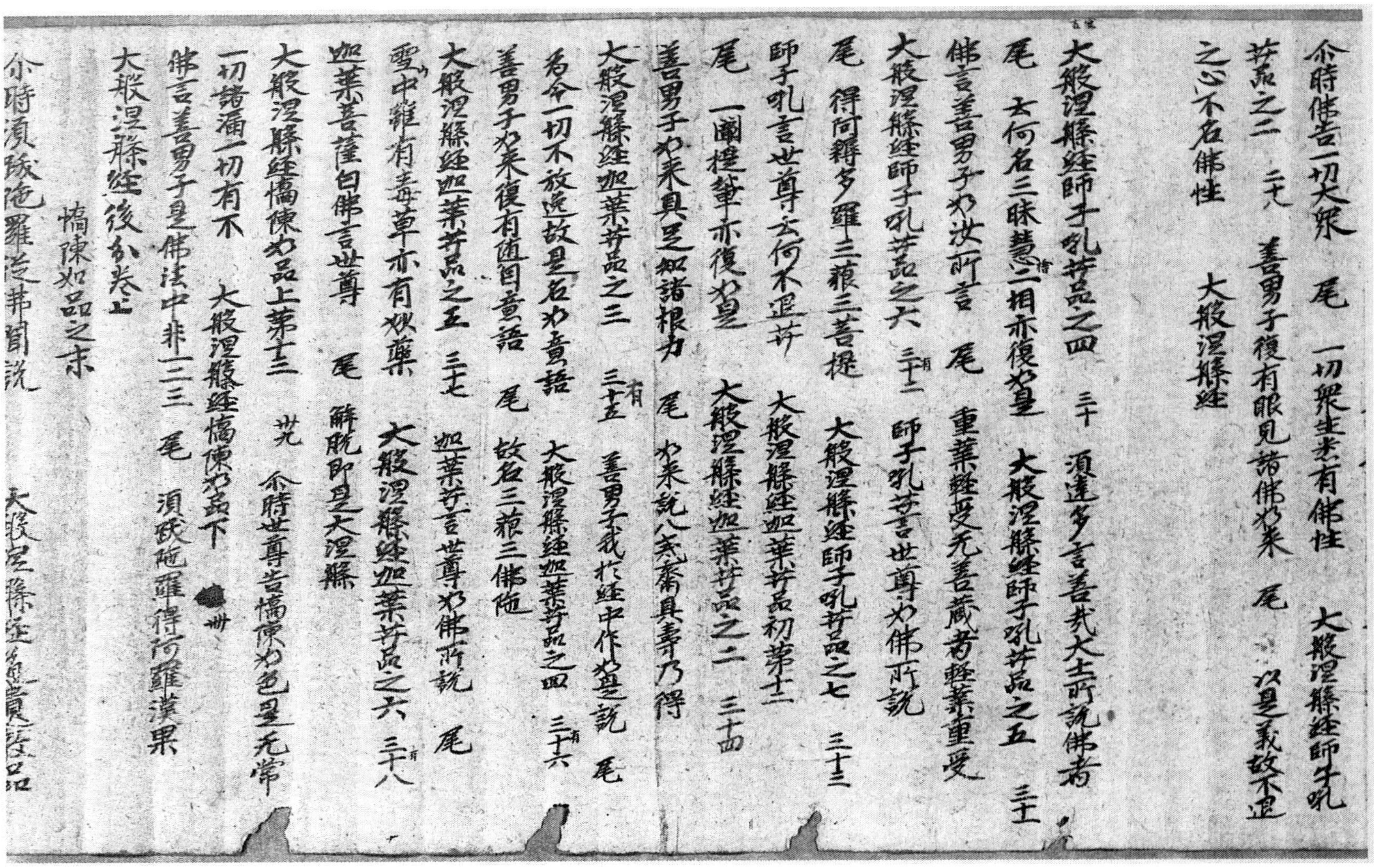

尒時佛告一切大衆　尾　一切衆生悉有佛性　大般涅槃經師子吼
菩薩品之二　三十九　善男子復有眼見諸佛如來　尾　以是義故不定
之心不名佛性　大般涅槃經
大般涅槃經師子吼菩薩品之四　三十　須達多言善哉大士所説佛者
尾　云何名三昧慧二相亦復如是　尾　大般涅槃經師子吼菩薩品之五　三十一
佛言善男子如汝所言　尾　重業縱及無善藏者輕業重受
大般涅槃經師子吼菩薩品之六　三十二　師子吼菩言世尊如佛所説
尾　得阿耨多羅三藐三菩提　大般涅槃經師子吼菩薩品之七　三十三
師子吼言世尊云何不退菩　大般涅槃經迦葉菩薩品初第十二
尾　一闡提輩亦復如是　大般涅槃經迦葉菩薩品之二　三十四
善男子如來具足知諸根力　尾　如來説八萬斎具壽乃得
大般涅槃經迦葉菩薩品之三　三十五　善男子我於經中作如是説　尾
為令一切不放逸故是名如意語　大般涅槃經迦葉菩薩品之四　三十六
善男子如來復有随自意語　尾　故名三藐三佛陁
大般涅槃經迦葉菩薩品之五　三十七　迦葉菩言世尊如佛所説　尾
雪山中雖有毒草亦有妙藥　大般涅槃經迦葉菩薩品之六　三十八
迦葉菩薩白佛言世尊　尾　解脱即是大涅槃
大般涅槃經憍陳如品上第十三　卅九　尒時世尊告憍陳如色是无常
一切諸漏一切有不　大般涅槃經憍陳如品下　卌
佛言善男子是佛法中非一二三　尾　須跋陁羅得阿羅漢果
大般涅槃經後分卷上
憍陳如品之末
尒時須跋陁羅從佛聞説　大般涅槃經遺教品

BD03463 號背 2　大般涅槃經袟卷品及首尾經文錄（擬）　（5–4）

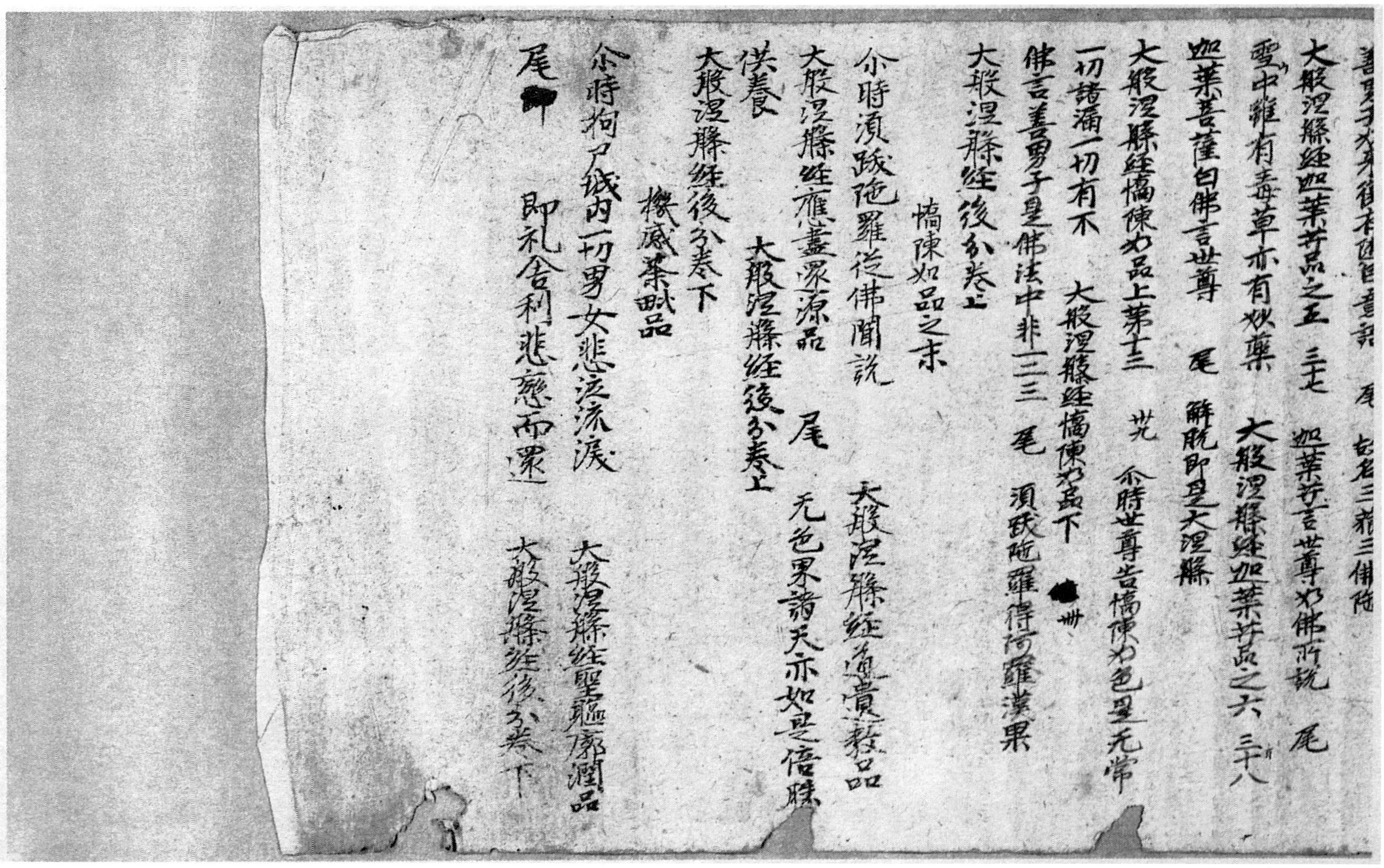

善男子如來復有随自意語　尾　故名三藐三佛陁
大般涅槃經迦葉菩薩品之五　三十七　迦葉菩言世尊如佛所説　尾
雪山中雖有毒草亦有妙藥　大般涅槃經迦葉菩薩品之六　三十八
迦葉菩薩白佛言世尊　尾　解脱即是大涅槃
大般涅槃經憍陳如品上第十三　卅九　尒時世尊告憍陳如色是无常
一切諸漏一切有不　大般涅槃經憍陳如品下　卌
佛言善男子是佛法中非一二三　尾　須跋陁羅得阿羅漢果
大般涅槃經後分卷上
憍陳如品之末
尒時須跋陁羅從佛聞説　大般涅槃經遺教品
大般涅槃經應盡還源品　尾　無色界諸天亦如是悟膝
供養
大般涅槃經後分卷上
大般涅槃經後分卷下
機感荼毗品
尒時拘尸城内一切男女悲泣流淚　大般涅槃經聖軀廓潤品
尾　即礼舍利悲戀而還　大般涅槃經後分卷下

BD03463 號背 2　大般涅槃經袟卷品及首尾經文錄（擬）　（5–5）

提言甚多世尊何以故是福德即非福德性
是故如來說福德多若復有人於此經中受
持乃至四句偈等為他人說其福勝彼何以
故須菩提一切諸佛及諸佛阿耨多羅三藐
三菩提法皆從此出須菩提所謂佛法者
即非佛法
須菩提於意云何須陁洹能作是念我得須
陁洹果不須菩提言不也世尊何以故須陁
洹名為入流而无所入不入色聲香味觸法
是名須陁洹須菩提於意云何斯陁含能作
是念我得斯陁含果不須菩提言不也世尊
何以故斯陁含名一往來而實无往來是名
斯陁含須菩提於意云何阿那含能作是念
我得阿那含果不須菩提言不也世尊何以
故阿那含名為不來而實无來是故名阿那
含須菩提於意云何阿羅漢能作是念我得
阿羅漢道不須菩提言不也世尊何以故實
无有法名阿羅漢世尊若阿羅漢作是念我
得阿羅漢道即為著我人衆生壽者世尊佛
說我得无諍三昧人中最為苐一是苐一離
欲阿羅漢我不作是念我是離欲阿羅漢世

BD03464號　金剛般若波羅蜜經　（12–1）

阿羅漢道不須菩提言不也世尊何以故實
无有法名阿羅漢世尊若阿羅漢作是念我
得阿羅漢道即為著我人衆生壽者世尊佛
說我得无諍三昧人中最為苐一是苐一離
欲阿羅漢我不作是念我是離欲阿羅漢世
尊我若作是念我得阿羅漢道世尊則不說
須菩提是樂阿蘭那行者以須菩提實无所
行而名須菩提是樂阿蘭那行
佛告須菩提於意云何如來昔在然燈佛所
於法有所得不世尊如來在然燈佛所於法
實无所得須菩提於意云何菩薩莊嚴佛土
不不也世尊何以故莊嚴佛土者則非莊嚴
是名莊嚴是故須菩提諸菩薩摩訶薩應如
是生清淨心不應住色生心不應住聲香味
觸法生心應无所住而生其心須菩提譬如
有人身如須弥山王於意云何是身為大不
須菩提言甚大世尊何以故佛說非身是名
大身
須菩提如恒河中所有沙數如是沙等恒河
於意云何是諸恒河沙寧為多不須菩提言
甚多世尊但諸恒河尚多无數何況其沙須
菩提我今實言告汝若有善男子善女人以
七寶滿尒所恒河沙數三千大千世界以用
布施得福多不須菩提言甚多世尊佛告須
菩提若善男子善女人於此經中乃至受持
四句偈等為他人說而此福德勝前福德復

BD03464號　金剛般若波羅蜜經　（12–2）

七寶滿尒所恒河沙數三千大千世界以用
布施得福多不須菩提言甚多世尊佛告須
菩提若善男子善女人於此經中乃至受持
四句偈等為他人說而此福德勝前福德復
次須菩提隨說是經乃至四句偈等當知此
處一切世間天人阿脩羅皆應供養如佛塔
廟何況有人盡能受持讀誦須菩提當知是
人成就最上第一希有之法若是經典所在
之處則為有佛若尊重弟子
尒時須菩提白佛言世尊當何名此經我等
云何奉持佛告須菩提是經名為金剛般若
波羅蜜以是名字汝當奉持所以者何須菩
提佛說般若波羅蜜則非般若波羅蜜須菩
提於意云何如來有所說法不須菩提白佛
言世尊如來无所說須菩提於意云何三千
大千世界所有微塵是為多不須菩提言甚
多世尊須菩提諸微塵如來說非微塵是名
微塵如來說世界非世界是名世界須菩提
於意云何可以三十二相見如來不不也世
尊不可以三十二相得見如來何以故如來
說三十二相即是非相是名三十二相須菩
提若有善男子善女人以恒河沙等身命布
施若復有人於此經中乃至受持四句偈等
為他人說其福甚多
尒時須菩提聞說是經深解義趣涕淚悲泣
而白佛言希有世尊佛說如是甚深經典我

BD03464號　金剛般若波羅蜜經　（12–3）

施若復有人於此經中乃至受持四句偈等
為他人說其福甚多
尒時須菩提聞說是經深解義趣涕淚悲泣
而白佛言希有世尊佛說如是甚深經典我
從昔來所得慧眼未曾得聞如是之經世尊
若復有人得聞是經信心清淨則生實相當
知是人成就第一希有功德世尊是實相者
則是非相是故如來說名實相世尊我今得
聞如是經典信解受持不足為難若當來世
後五百歲其有眾生得聞是經信解受持是
人則為第一希有何以故此人无我相人相
眾生相壽者相所以者何我相即是非相人
相眾生相壽者相即是非相何以故離一切
諸相則名諸佛
佛告須菩提如是如是若復有人得聞是經
不驚不怖不畏當知是人甚為希有何以故
須菩提如來說第一波羅蜜非第一波羅蜜
是名第一波羅蜜須菩提忍辱波羅蜜如來
說非忍辱波羅蜜何以故須菩提如我昔為
歌利王割截身體我於尒時无我相无人相
无眾生相无壽者相何以故我於往昔節節
支解時若有我相人相眾生相壽者相應生
瞋恨須菩提又念過去於五百世作忍辱仙
人於尒所世无我相无人相无眾生相无壽
者相是故須菩提菩薩應離一切相發阿耨
多羅三藐三菩提心不應住色生心不應住

BD03464號　金剛般若波羅蜜經　（12–4）

瞋恨須菩提又念過去於五百世作忍辱仙
人於尒所世无我相无人相无衆生相无壽
者相是故須菩提菩薩應離一切相發阿耨
多羅三藐三菩提心不應住色生心不應住
聲香味觸法生心應生无所住心若心有住
則為非住是故佛說菩薩心不應住色布施
須菩提菩薩為利益一切衆生應如是布施
如來說一切諸相即是非相又說一切衆生
則非衆生須菩提如來是真語者實語者如
語者不誑語者不異語者須菩提如來所得
法此法无實无虛須菩提若菩薩心住於法
而行布施如人入闇則无所見若菩薩心不
住法而行布施如人有目日光明照見種種
色須菩提當來之世若有善男子善女人能
於此經受持讀誦則為如來以佛智慧悉知
是人悉見是人皆得成就无量无邊功德
須菩提若有善男子善女人初日分以恒河
沙等身布施中日分復以恒河沙等身布施
後日分亦以恒河沙等身布施如是无量百
千万億劫以身布施若復有人聞此經典信
心不逆其福勝彼何況書寫受持讀誦為人
解說須菩提以要言之是經有不可思議不
可稱量无邊功德如來為發大乘者說為發
最上乘者說若有人能受持讀誦廣為人說
如來悉知是人悉見是人皆得成就不可量
不可稱无有邊不可思議功德如是人等則
為荷擔如來阿耨多羅三藐三菩提何以故

BD03464號　金剛般若波羅蜜經　（12–5）

最上乘者說若有人能受持讀誦廣為人說
如來悉知是人悉見是人皆得成就不可量
不可稱无有邊不可思議功德如是人等則
為荷擔如來阿耨多羅三藐三菩提何以故
須菩提若樂小法者著我見人見衆生見壽
者見則於此經不能聽受讀誦為人解說須
菩提在在處處若有此經一切世間天人阿
脩羅所應供養當知此處則為是塔皆應恭
敬作礼圍繞以諸華香而散其處
復次須菩提善男子善女人受持讀誦此經
若為人輕賤是人先世罪業應墮惡道以今
世人輕賤故先世罪業則為消滅當得阿耨
多羅三藐三菩提須菩提我念過去无量阿
僧祇劫於然燈佛前得值八百四千万億那
由他諸佛悉皆供養承事无空過者若復有
人於後末世能受持讀誦此經所得功德於
我所供養諸佛功德百分不及一千万億分
乃至筭數譬喻所不能及須菩提若善男子
善女人於後末世有受持讀誦此經所得功
德我若具說者或有人聞心則狂亂狐疑不
信須菩提當知是經義不可思議果報亦不
可思議
尒時須菩提白佛言世尊善男子善女人發
阿耨多羅三藐三菩提心云何應住云何降
伏其心佛告須菩提善男子善女人發阿耨
多羅三藐三菩提者當生如是心我應滅度
一切衆生滅度一切衆生已而无有一衆生

BD03464號　金剛般若波羅蜜經　（12–6）

阿耨多羅三藐三菩提心云何應住云何降
伏其心佛告須菩提善男子善女人發阿耨
多羅三藐三菩提者當生如是心我應滅度
一切衆生滅度一切衆生已而无有一衆生
實滅度者何以故若菩薩有我相人相衆生
相壽者相則非菩薩所以者何須菩提實无
有法發阿耨多羅三藐三菩提心者須菩提
於意云何如來於然燈佛所有法得阿耨多
羅三藐三菩提不不也世尊如我解佛所說
義佛於然燈佛所无有法得阿耨多羅三藐
三菩提佛言如是如是須菩提實无有法如
來得阿耨多羅三藐三菩提須菩提若有法
如來得阿耨多羅三藐三菩提然燈佛則不
與我受記汝於來世當得作佛号釋迦牟尼
以實无有法得阿耨多羅三藐三菩提是故
然燈佛與我受記作是言汝於來世當得作
佛号釋迦牟尼何以故如來者即諸法如義
若有人言如來得阿耨多羅三藐三菩提須
菩提實无有法佛得阿耨多羅三藐三菩提
須菩提如來所得阿耨多羅三藐三菩提於
是中无實无虛是故如來說一切法皆是佛
法須菩提所言一切法者即非一切法是故
名一切法須菩提譬如人身長大須菩提言
世尊如來說人身長大則為非大身是名大
身須菩提菩薩亦如是若作是言我當滅度
无量衆生則不名菩薩何以故須菩提无有

BD03464 號　金剛般若波羅蜜經　（12–7）

名一切法須菩提譬如人身長大須菩提言
世尊如來說人身長大則為非大身是名大
身須菩提菩薩亦如是若作是言我當滅度
无量衆生則不名菩薩何以故須菩提无有
法名為菩薩是故佛說一切法无我无人无
衆生无壽者須菩提若菩薩作是言我當莊
嚴佛土是不名菩薩何以故如來說莊嚴佛
土者即非莊嚴是名莊嚴須菩提若菩薩通
達无我法者如來說名真是菩薩
須菩提於意云何如來有肉眼不如是世尊
如來有肉眼須菩提於意云何如來有天眼
不如是世尊如來有天眼須菩提於意云何
如來有慧眼不如是世尊如來有慧眼須菩
提於意云何如來有法眼不如是世尊如來
有法眼須菩提於意云何如來有佛眼不如
是世尊如來有佛眼須菩提於意云何恒河
中所有沙佛說是沙不如是世尊如來說是
沙須菩提於意云何如一恒河中所有沙有
如是等恒河是諸恒河所有沙數佛世界如
是寧為多不甚多世尊佛告須菩提尒所國
土中所有衆生若干種心如來悉知何以故
如來說諸心皆為非心是名為心所以者何
須菩提過去心不可得現在心不可得未來
心不可得須菩提於意云何若有人滿三千
大千世界七寶以用布施是人以是因緣得
福多不如是世尊此人以是因緣得福甚多
須菩提若福德有實如來不說得福德多以

BD03464 號　金剛般若波羅蜜經　（12–8）

大千世界七寶以用布施是人以是因緣得
福多不如是世尊此人以是因緣得福甚多
須菩提若福德有實如來不說得福德多以
福德无故如來說得福德多
須菩提於意云何佛可以具足色身見不不
也世尊如來不應以色身見何以故如來說
具足色身即非具足色身是名具足色身須
菩提於意云何如來可以具足諸相見不不
也世尊如來不應以具足諸相見何以故如
來說諸相具足即非具足是名諸相具足須
菩提汝勿謂如來作是念我當有所說法莫
作是念何以故若人言如來有所說法即為
謗佛不能解我所說故須菩提說法者无法
可說是名說法須菩提白佛言世尊佛得阿
耨多羅三藐三菩提為无所得耶如是如是
須菩提我於阿耨多羅三藐三菩提乃至无
有少法可得是名阿耨多羅三藐三菩提
復次須菩提是法平等无有高下是名阿耨
多羅三藐三菩提以无我无人无衆生无壽
者脩一切善法則得阿耨多羅三藐三菩提
須菩提所言善法者如來說則非善法是名善
法須菩提若三千大千世界中所有諸須弥
山王如是等七寶聚有人持用布施若人以
此般若波羅蜜經乃至四句偈等受持為他
人說於前福德百分不及一百千万億分乃
至筭數譬喻所不能及

BD03464 號　金剛般若波羅蜜經　（12–9）

此般若波羅蜜經乃至四句偈等受持為他
人說於前福德百分不及一百千万億分乃
至筭數譬喻所不能及
須菩提於意云何汝等勿謂如來作是念我
當度衆生須菩提莫作是念何以故實无有
衆生如來度者若有衆生如來度者如來則
有我人衆生壽者須菩提如來說有我者則
非有我而凡夫之人以為有我須菩提凡夫
者如來說則非凡夫須菩提於意云何可以
三十二相觀如來不須菩提言如是如是以
三十二相觀如來佛言須菩提若以三十二
相觀如來者轉輪聖王則是如來須菩提白
佛言世尊如我解佛所說義不應以三十二
相觀如來尒時世尊而說偈言
若以色見我　以音聲求我　是人行邪道　不能見如來
須菩提汝若作是念如來不以具足相故得
阿耨多羅三藐三菩提須菩提莫作是念如
來不以具足相故得阿耨多羅三藐三菩提
須菩提汝若作是念發阿耨多羅三藐三菩
提者說諸法斷滅莫作是念何以故發阿耨
多羅三藐三菩提者於法不說斷滅相須菩
提若菩薩以滿恒河沙等世界七寶布施若
復有人知一切法无我得成於忍此菩薩勝
前菩薩所得功德須菩提以諸菩薩不受福
德故須菩提白佛言世尊云何菩薩不受福
德須菩提菩薩所作福德不應貪著是故說
不受福德須菩提若有人言如來若來若去

BD03464 號　金剛般若波羅蜜經　（12–10）

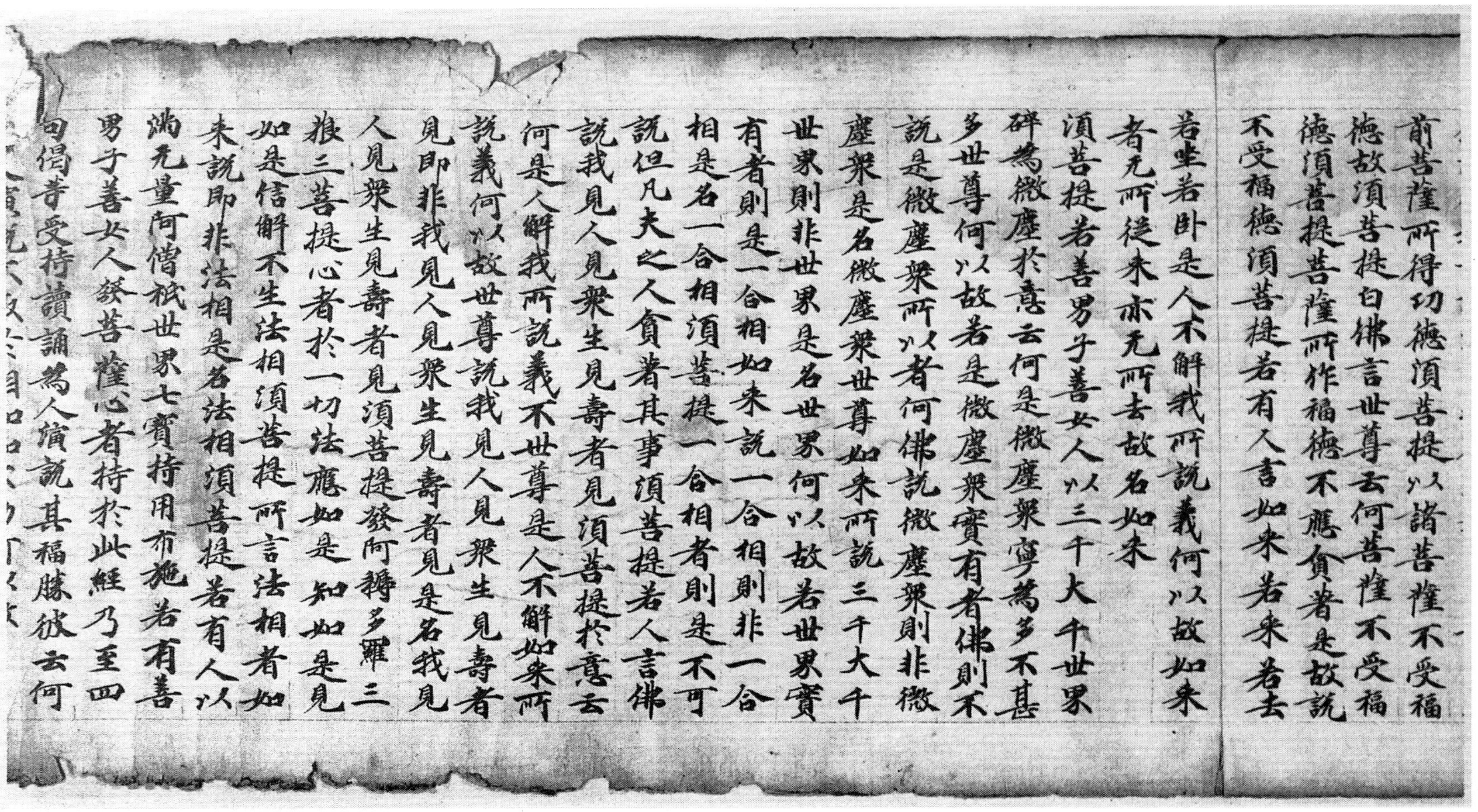

前菩薩所得功德須菩提以諸菩薩不受福
德故須菩提白佛言世尊云何菩薩不受福
德須菩提菩薩所作福德不應貪著是故說
不受福德須菩提若有人言如來若來若去
若坐若卧是人不解我所說義何以故如來
者无所從來亦无所去故名如來
須菩提若善男子善女人以三千大千世界
碎為微塵於意云何是微塵衆寧為多不甚
多世尊何以故若是微塵衆實有者佛則不
說是微塵衆所以者何佛說微塵衆則非微
塵衆是名微塵衆世尊如來所說三千大千
世界則非世界是名世界何以故若世界實
有者則是一合相如來說一合相則非一合
相是名一合相須菩提一合相者則是不可
說但凡夫之人貪著其事須菩提若人言佛
說我見人見衆生見壽者見須菩提於意云
何是人解我所說義不世尊是人不解如來所
說義何以故世尊說我見人見衆生見壽者
見即非我見人見衆生見壽者見是名我見
人見衆生見壽者見須菩提發阿耨多羅三
藐三菩提心者於一切法應如是知如是見
如是信解不生法相須菩提所言法相者如
來說即非法相是名法相須菩提若有人以
滿无量阿僧祇世界七寶持用布施若有善
男子善女人發菩薩心者持於此經乃至四
句偈等受持讀誦為人演說其福勝彼云何

BD03464 號　金剛般若波羅蜜經　（12–11）

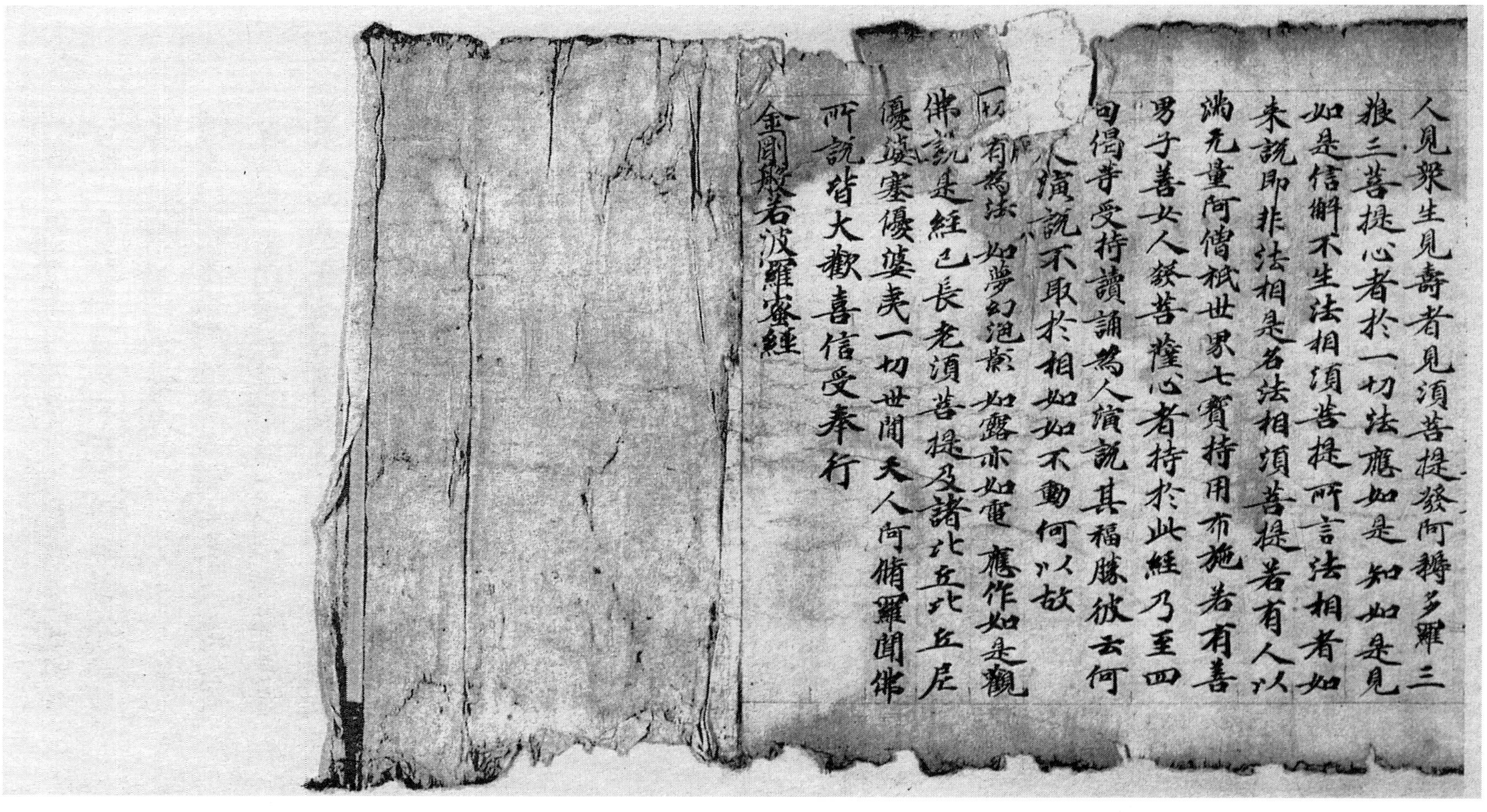

人見衆生見壽者見須菩提發阿耨多羅三
藐三菩提心者於一切法應如是知如是見
如是信解不生法相須菩提所言法相者如
來說即非法相是名法相須菩提若有人以
滿无量阿僧祇世界七寶持用布施若有善
男子善女人發菩薩心者持於此經乃至四
句偈等受持讀誦為人演說其福勝彼云何
人演說不取於相如如不動何以故
一切有為法　如夢幻泡影　如露亦如電　應作如是觀
佛說是經已長老須菩提及諸比丘比丘尼
優婆塞優婆夷一切世間天人阿脩羅聞佛
所說皆大歡喜信受奉行
金剛般若波羅蜜經

BD03464 號　金剛般若波羅蜜經　（12–12）

□三不得食五辛□
興蕖是五種物一切食中
犯輕垢罪
若佛子見一切衆生犯八戒五戒十戒毀禁七
逆八難一切犯戒罪應教懺悔而菩薩不教
懺悔同住同僧利養而共布薩一衆說住戒
而不舉其罪教悔過者犯輕垢罪
若佛子見大乘法師大乘同學同見同行来
入僧坊舍宅城邑有百里千里来者即起迎
来送去礼拜供養日日三時供養日食三兩
金百味飲食床座醫藥供事法師一切所須
盡給與之常請法師三時說法日日三時礼拜
不生瞋心患惱之心為法滅身請法若不爾
者犯輕垢罪
若佛子一切處有講法毗尼經律大宅舍中
講法之處是新學菩薩應持經律卷至法
師所諮受聽問若山林樹下僧地房中一切說
法處悉至聽受若不至彼聽受諮問者犯
輕垢罪
若佛子心背大乘常住經律言非佛說而受
持二乘聲聞外道惡見一切禁戒邪見經律

BD03465號　梵網經盧舍那佛說菩薩心地戒品第十卷下　（16–1）

法處悉至聽受若不至彼聽受諮問者犯
輕垢罪
若佛子心背大乘常住經律言非佛說而受
持二乘聲聞外道惡見一切禁戒邪見經律
者犯輕垢罪
若佛子見一切疾病人常應供養如佛无異
八福田中看病福田第一福田若父母師僧
弟子病諸根不具百種病苦惱皆養令差
而菩薩以瞋恨心不至僧房中城邑曠野山
林道路中見病不救濟者犯輕垢罪
若佛子不得畜一切刀仗弓箭鉾斧鬪戰之
具及惡網羅煞生之器一切不得畜而菩薩
乃至煞父母尚不加報況煞一切衆生若故畜
刀仗者犯輕垢佛
如是十戒應當學敬心奉持下六品中當廣
佛言佛子為利養惡心故通國使命軍陣
合會興師相伐煞无量衆生而菩薩不得
入軍中往来況故作國賊若故作者犯輕垢罪
若佛子故販賣良人奴婢六畜市易棺材板
木盛死之具尚不應自作況教人作若故作者
犯輕垢罪
若佛子以惡心故无事謗他良人善人法師
師僧國王貴人言犯七逆十重於父母兄弟六
親中應生孝順心慈悲心而反更加於逆害
墮不如意處□□□

BD03465號　梵網經盧舍那佛說菩薩心地戒品第十卷下　（16–2）

師僧国王貴人言犯七逆十重於父母兄弟六
親中應生孝順心慈悲心而反更加於逆害
墮不如意處犯輕垢罪
若佛子以惡心故放大火燒山林曠野四月
乃至九月放大若燒他人居家屋宅城邑僧
房田木及鬼神官物一切有主物不得故燒
若故燒者犯輕垢罪
若佛子自佛弟子及外道人六親一切善知識
應一一教受持大乘經律教解義理使發
菩提心十發趣心十金剛心三十心中一一解其
次第法用而菩薩以惡心瞋心橫教他二乘聲
聞戒經律外道邪見論等犯輕垢罪
若佛子應以好心先學大乘威儀經律廣開
解義味見後新學菩薩有百里千里來求
大乘經律應如法為說一切苦行若燒身燒
臂燒指若不燒身燒指臂供養諸佛非出家
菩薩乃至餓虎狼師子口中一切餓鬼悉
捨身肉手足而供養之然後一一為說正法使
心開意解而菩薩為利養故應答不答倒說經
律文字无前无後謗三寶說者犯輕垢罪
若佛子自為飲食錢物利養名譽故親近國
王王子大臣百官恃作形勢威力乞求打拍牽挽
橫取財物一切求利名為惡求多求教他人求
无慈悲心无孝順心者犯輕垢罪
若佛子學誦戒者日日六時持菩薩戒解
其義理佛性之性而菩薩不解一句一偈戒

橫取財物一切求利名為惡求多求教他人求
无慈悲心无孝順心者犯輕垢罪
若佛子學誦戒者日日六時持菩薩戒解
其義理佛性之性而菩薩不解一句一偈戒
律因緣詐言能解者則為自欺誑亦欺誑他
人一一不解一切法不知而為他人作師受戒者
犯輕垢罪
若佛子以惡心故見持戒比丘手捉香鑪行
菩薩行而鬪遘兩頭謗欺賢人无惡不造
若故作者犯輕垢罪
若佛子以慈心故行放生業一切男子是我父
一切女人是我母我生生无不從之受生故六
道衆生皆是我父母若殺而食者即殺我父
母亦殺我故身一切地水是我先身一切火風是
我本體故常行放生業是以生生受生故教
人放生若見世人殺畜生時應方便救護解其
苦難常教化講說菩薩戒救度衆生若父母
兄弟死亡之日亦應請法師講菩薩戒經律
福資亡者得見諸佛生人天上若不尒者犯
輕垢罪
如是十戒應當學敬心奉持如滅罪品中已
明一一戒
佛言佛子不得以瞋報瞋以打報打殺父母
兄弟六親不得加報若國主為他人殺者亦
不得加報殺生報生不順孝道尚不畜奴婢
打拍罵辱日日起三業口罪无量況故作七逆

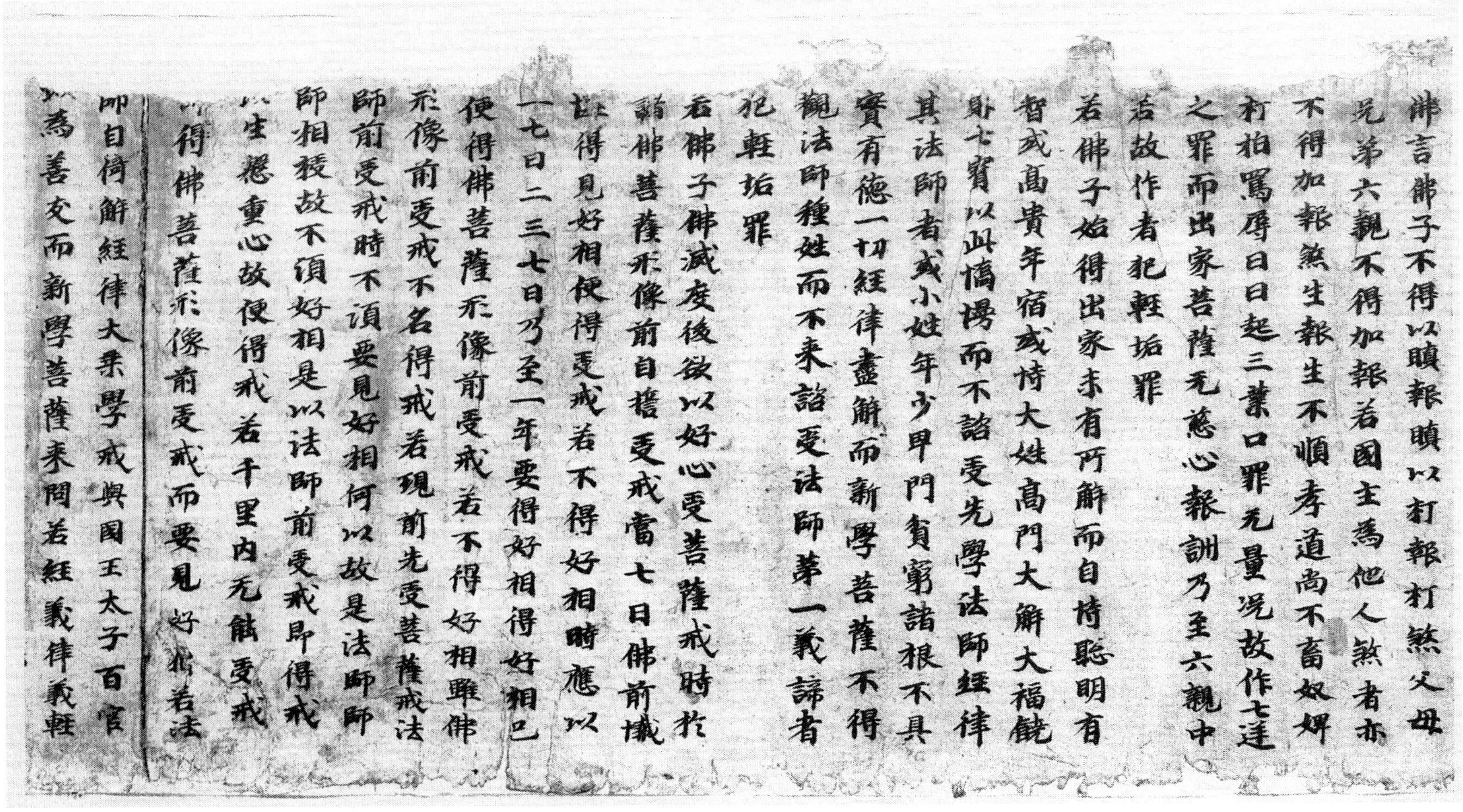

佛言佛子不得以瞋報瞋以打報打煞父母
兄弟六親不得加報若國主為他人煞者亦
不得加報煞生報生不順孝道尚不畜奴婢
打拍罵辱日日起三業口罪无量况故作七逆
之罪而出家菩薩无慈心報讎乃至六親中
若故作者犯輕垢罪
若佛子始得出家未有所解而自恃聰明有
智或高貴年宿或恃大姓高門大解大福饒
財七寶以此憍慢而不諮受先學法師經律
其法師者或小姓年少卑門貧窮諸根不具
實有德一切經律盡解而新學菩薩不得
觀法師種姓而不來諮受法師第一義諦者
犯輕垢罪
若佛子佛滅度後欲以好心受菩薩戒時於
諸佛菩薩形像前自誓受戒當七日佛前懺
悔得見好相便得受戒若不得好相時應以
一七日二三七日乃至一年要得好相得好相已
便得佛菩薩形像前受戒若不得好相雖佛
形像前受戒不名得戒若現前先受菩薩戒法
師前受戒時不須要見好相何以故是法師師
師相授故不須好相是以法師前受戒即得戒
以生慇重心故便得戒若千里內无能受戒
師得佛菩薩形像前受戒而要見好相若法
師自倚解經律大乘學戒與國王太子百官
以為善友而新學菩薩來問若經義律義輕

BD03465 號　梵網經盧舍那佛說菩薩心地戒品第十卷下　（16–5）

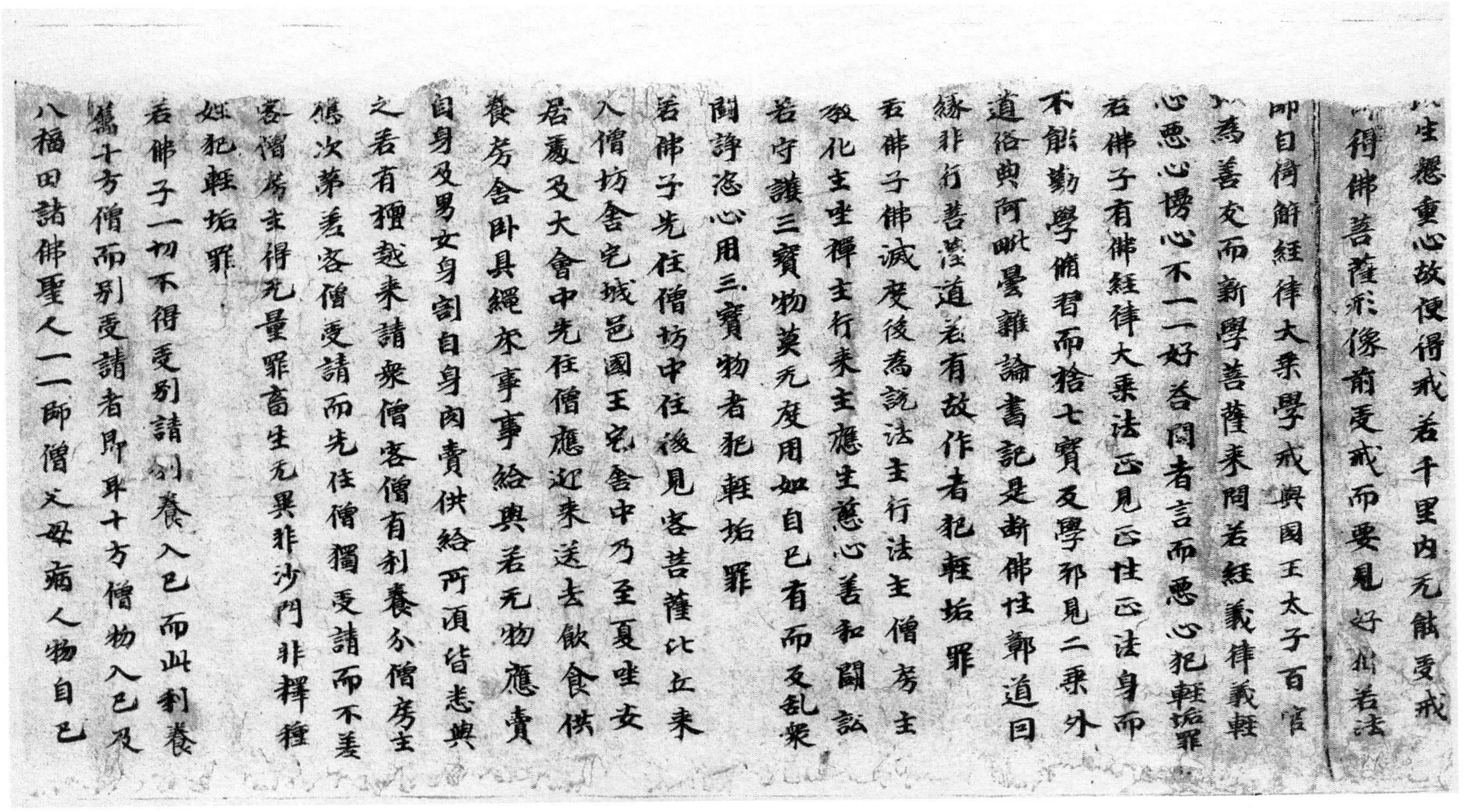

以生慇重心故便得戒若千里內无能受戒
師得佛菩薩形像前受戒而要見好相若法
師自倚解經律大乘學戒與國王太子百官
以為善友而新學菩薩來問若經義律義輕
心惡心慢心不一一好荅問者犯輕垢罪
若佛子有佛經律大乘法正見正性正法身而
不能勤學修習而捨七寶反學邪見二乘外
道俗典阿毗曇雜論書記是斷佛性障道因
緣非行菩薩道者若有故作者犯輕垢罪
若佛子佛滅度後為說法主行法主僧房主
教化主坐禪主行來主應生慈心善和鬪訟
善守護三寶物莫无度用如自己有而反亂眾
鬪諍恣心用三寶物者犯輕垢罪
若佛子先在僧坊中住後見客菩薩比丘來
入僧坊舍宅城邑國王宅舍中乃至夏坐安
居處及大會中先住僧應迎來送去飲食供
養房舍臥具繩床事事給與若无物應賣
自身及男女身割自身肉賣供給所須皆悉與
之若有檀越來請眾僧客僧有利養分僧房主
應次第差客僧受請而先住僧獨受請而不差
客僧房主得无量罪畜生无異非沙門非釋種
姓犯輕垢罪
若佛子一切不得受別請利養入己而此利養
屬十方僧而別受請者即取十方僧物入己及
八福田諸佛聖人一一師僧父母病人物自己

BD03465 號　梵網經盧舍那佛說菩薩心地戒品第十卷下　（16–6）

若佛子一切不得受別請利養入己而此利養
屬十方僧而別受請者即取十方僧物入己及
八福田諸佛聖人一一師僧父母病人物自己
用故犯輕垢罪
若佛子有出家菩薩在家菩薩及一切檀越
請僧福田求願之時應入僧房中問知事人
今欲次第請者即得十方賢聖僧而世人
別請五百羅漢菩薩僧不如僧次一凡夫
僧若別請僧者是外道法七佛无別請法
不順孝道若故別請僧者犯輕垢罪
若佛子以惡心故為利養販賣男女色自手
食作自磨自舂占相男女解夢吉凶是男是
女呪術工巧調鷹方法和合百種毒藥千
種毒藥蛇毒生金銀蠱毒都无慈力无孝
順心犯輕垢罪
若佛子以惡心故自身謗三寶詐現親附口
便說空行在有中為白衣通致男女交會婬
色作諸縛著於六齋日年三長齋月作煞
生劫盜破齋犯戒者犯輕垢罪
如是十戒應當學敬心奉持制戒品中當
廣解
佛言佛子佛滅度後於惡世中若見外道一
切惡人劫賊賣佛菩薩父母形像販賣經律
販賣比丘比丘尼亦賣發心菩薩學道人或
為官使與一切人作奴婢者而菩薩見是事已
慈生悲心方便救護處處教化取物贖佛菩

切惡人劫賊賣佛菩薩父母形像販賣經律
販賣比丘比丘尼亦賣發心菩薩學道人或
為官使與一切人作奴婢者而菩薩見是事已
慈生悲心方便救護處處教化取物贖佛菩
薩形像及比丘比丘尼一切經律若不贖者
犯輕垢罪
若佛子不得畜刀杖弓箭販賣輕秤小斗因
官形勢取人財物害心繫縛破壞成功長養
貓狸猪狗若故養者犯輕垢罪
若佛子以惡心故不得觀一切男女等鬪軍
陣兵將劫賊等鬪亦不得聽吹貝鼓角琴
瑟箏笛箜篌歌叫伎樂之聲不得摴蒲圍
碁波羅塞戲彈棊六博拍毱擲石投壺八道
行城爪鏡蓍草楊枝鉢盂髑髏而作卜筮不
得作盜賊使命一一不得作若故作者犯輕垢罪
若佛子護持禁戒行住坐臥日夜六時讀誦
是戒猶如金剛如帶持浮囊欲渡大海如草繫
比丘常生大乘信自知我是未成之佛諸佛是
已成之佛發菩提心念念不去心若起一念二
乘外道心者犯輕垢罪
若佛子常應發一切願孝順父母師僧三寶
常願得好師同學善友知識常教我大乘經
律十發趣十長養十金剛十地使我開解如
法修行堅持佛戒寧捨身命念念不去心若
一切菩薩不發是願者犯輕垢罪
若佛子發十大願已持佛禁戒作是願言

[illegible]
法僃行堅持佛戒寧捨身命念念不去心若
一切菩薩不發是願者犯輕垢罪
若佛子發十大願已持佛禁戒作是願言寧
以此身投熾然猛火大坑刀山終不毀犯三世
諸佛經律與一切女人作不淨行
復作是願寧以熱鐵羅網千重周匝纏身
終不以此破戒之身受信心檀越一切衣服
復作是願寧以此口吞熱鐵丸及大流猛火經
百千劫終不以此破戒之心口食信心檀越百味飲食
復作是願寧以此身卧大猛火羅網熱鐵地上
終不以此破戒之身受信心檀越百種床座
復作是願寧以此身受三百鉾刺身經一劫
二劫終不以此破戒之身受信心檀越百味醫藥
復作是願寧以此身投熱鐵鑊經百千劫終
不以此破戒之身受信心檀越千種房舍屋宅
園林田地
復作是願寧以鐵鎚打碎此身從頭至足令如
微塵終不以此破戒之身受信心檀越恭敬礼拜
復作是願寧以百千熱鐵刀鉾挑其兩目終不以
此破戒之心視他好色
復作是願寧以百千鐵錐遍身劖刺耳根經
一劫二劫終不以此破戒之心聽好音聲
復作是願寧以百千刃刀割去其鼻終不以此
破戒之心貪嗅諸香
復作是願寧以百千刃刀割斷其舌終不以

一劫二劫終不以此破戒之心聽好音聲
復作是願寧以百千刃刀割去其鼻終不以此
破戒之心貪嗅諸香
復作是願寧以百千刃刀割斷其舌終不以
此破戒之心食人百味飲食
復作是願寧以利斧斬斫其身終不以此破
戒之心貪著好觸
復作是願願一切衆生皆得成佛菩薩若不
發是願者犯輕垢罪
若佛子常應二時頭陀冬夏坐禪結夏安居
常用楊枝澡豆三衣瓶鉢坐具錫杖香鑪漉
水囊手巾刀子火燧鑷子繩床經律佛像菩薩
形像而菩薩行頭陀時及遊方時行來百
里千里此十八種物常隨其身頭陀者從正
月十五日至三月十五日八月十五日至十月
十五日是二時中十八種物常隨其身如鳥
二翼若布薩日新學菩薩半月半月布
薩誦十重四十八輕戒若誦戒時當於諸佛菩
薩形像前誦一人布薩即一人誦若二若三乃
至千人亦一人誦誦者高座聽者下坐各各披
九條七條五條袈裟結夏安居一一如法若
頭陀時莫入難處若國難惡王土地高下草
木深邃師子虎狼水火風劫賊道路毒蛇
一切難處悉不得入故頭陀行道乃至夏坐安
居是諸難處亦不得入况行頭陀者若見

木深邃師子虎狼水火惡風劫賊道路毒蛇
一切難處悉不得入故頭陁行道乃至夏坐安
居是諸難處亦不得入況行頭陁者若見故
處故入者犯輕垢罪
若佛子應如法次第坐先受戒者在前坐後
受戒者在後坐不問老少比丘比丘尼貴人國
王王子乃至黃門奴婢皆應先受戒者在前坐
後受戒者次第而坐莫如外道癡人若老若
少无前无後坐无次第如兵奴之法我佛法中先者
先坐後者後坐而菩薩一一不次第坐者犯輕垢罪
若佛子常應教化一切衆生建立僧房山林園
立作佛塔冬夏安居坐禪處所一切行道處
皆應立之而菩薩應爲一切衆生講說大乘
經律若疾病國難賊難父母兄弟和上阿闍梨
亡滅之日及三七四七五七日乃至七七日齋會求
福行來治生大火所燒大水所漂黑風所吹船舫
江河大海羅刹之難亦讀誦講說此經律乃至
一切罪報三惡八難七逆杻械枷鎖繫縛其身
多婬多瞋多愚癡多疾病皆應講此經律而
新學菩薩若不爾者犯輕垢罪
如是九戒應當學敬心奉持梵壇品中當廣說
佛言佛子與人受戒時不得簡擇一切國王王
子大臣百官比丘比丘尼信男信女婬男婬女十
八梵六欲天无根二根黃門奴婢一切鬼神盡
得受戒應教其身所著袈裟皆使壞色與道

BD03465號　梵網經盧舍那佛說菩薩心地戒品第十卷下　（16–11）

佛言佛子與人受戒時不得簡擇一切國王王
子大臣百官比丘比丘尼信男信女婬男婬女十
八梵六欲天无根二根黃門奴婢一切鬼神盡
得受戒應教其身所著袈裟皆使壞色與道
相應皆染使青黃赤黑紫色一切染衣乃至臥具
盡以壞色身所著衣一切染色若一切國土中
國人所著衣服比丘皆應與其國土衣服色異
與俗服有異欲受戒時師應問言汝現身不作
七逆罪耶菩薩法師不得與七逆人現身受戒
七逆者出佛身血殺父母殺和上殺阿闍梨破
羯磨轉法輪僧殺聖人若具七遮現身不得戒
餘一切人盡得受戒出家人法不向國王禮拜不
向父母禮拜六親不敬鬼神不禮但解法師語有
百里千里來求法者而菩薩法師以惡心瞋心而
不即與授一切衆生戒者犯輕垢罪
若佛子教化人起信心時菩薩與他人作教戒
法師者見欲受戒人應請二師和上阿闍梨二
師應問言汝有七遮罪不若現身有七遮罪
者師不應與受戒无七遮者得與受戒又有
犯十戒者應教懺悔在佛菩薩形像前日日
六時誦十重戒四十八輕戒苦到禮三世千佛得
見好相若一七日二七日三七日乃至一年要
見好相好相者佛來摩頂見光見華種種異相便
得滅罪若无好相雖懺无益是人現身亦不得戒
而得增長受戒若四十八輕戒者對首懺悔罪便得
滅不同七遮而教戒師於是法中一一好解若不解

BD03465號　梵網經盧舍那佛說菩薩心地戒品第十卷下　（16–12）

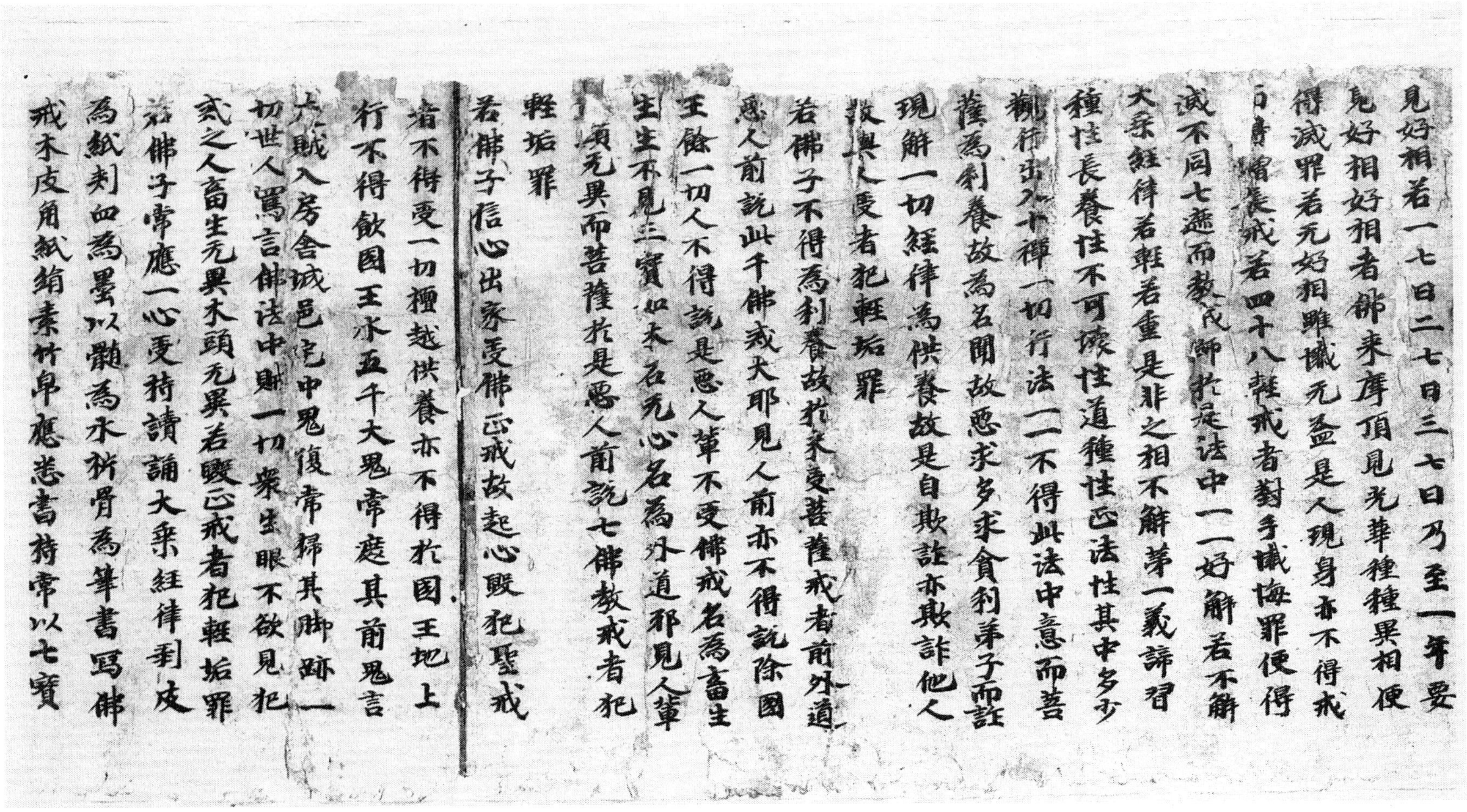

見好相若一七日二七日三七日乃至一年要
見好相好相者佛來摩頂見光華種種異相便
得滅罪若无好相雖懺无益是人現身亦不得戒
而得增長受戒若四十八輕戒者對手懺悔罪便得
滅不同七遮而教戒師於是法中一一好解若不解
大乘經律若輕若重是非之相不解第一義諦習
種性長養性不可壞性道種性正法性其中多少
觀行出入十禪一切行法一一不得此法中意而菩
薩為利養故為名聞故惡求多求貪利弟子而詐
現解一切經律為供養故是自欺誑亦欺誑他人
故與人受戒者犯輕垢罪
若佛子不得為利養故於未受菩薩戒者前外道
惡人前說此千佛戒大邪見人前亦不得說除國
王餘一切人不得說是惡人輩不受佛戒名為畜生
生生不見三寶如木石无心名為外道邪見人輩
木頭无異而菩薩於是惡人前說七佛教戒者犯
輕垢罪
若佛子信心出家受佛正戒故起心毀犯聖戒
者不得受一切檀越供養亦不得於國王地上
行不得飲國王水五千大鬼常遮其前鬼言
大賊入房舍城邑宅中鬼復常掃其脚跡一
切世人罵言佛法中賊一切衆生眼不欲見犯
戒之人畜生无異木頭无異若毀正戒者犯輕垢罪
若佛子常應一心受持讀誦大乘經律剥皮
為紙刺血為墨以髓為水析骨為筆書寫佛
戒木皮角紙絹素竹帛亦應悉書持常以七寶

BD03465號　梵網經盧舍那佛說菩薩心地戒品第十卷下　（16–13）

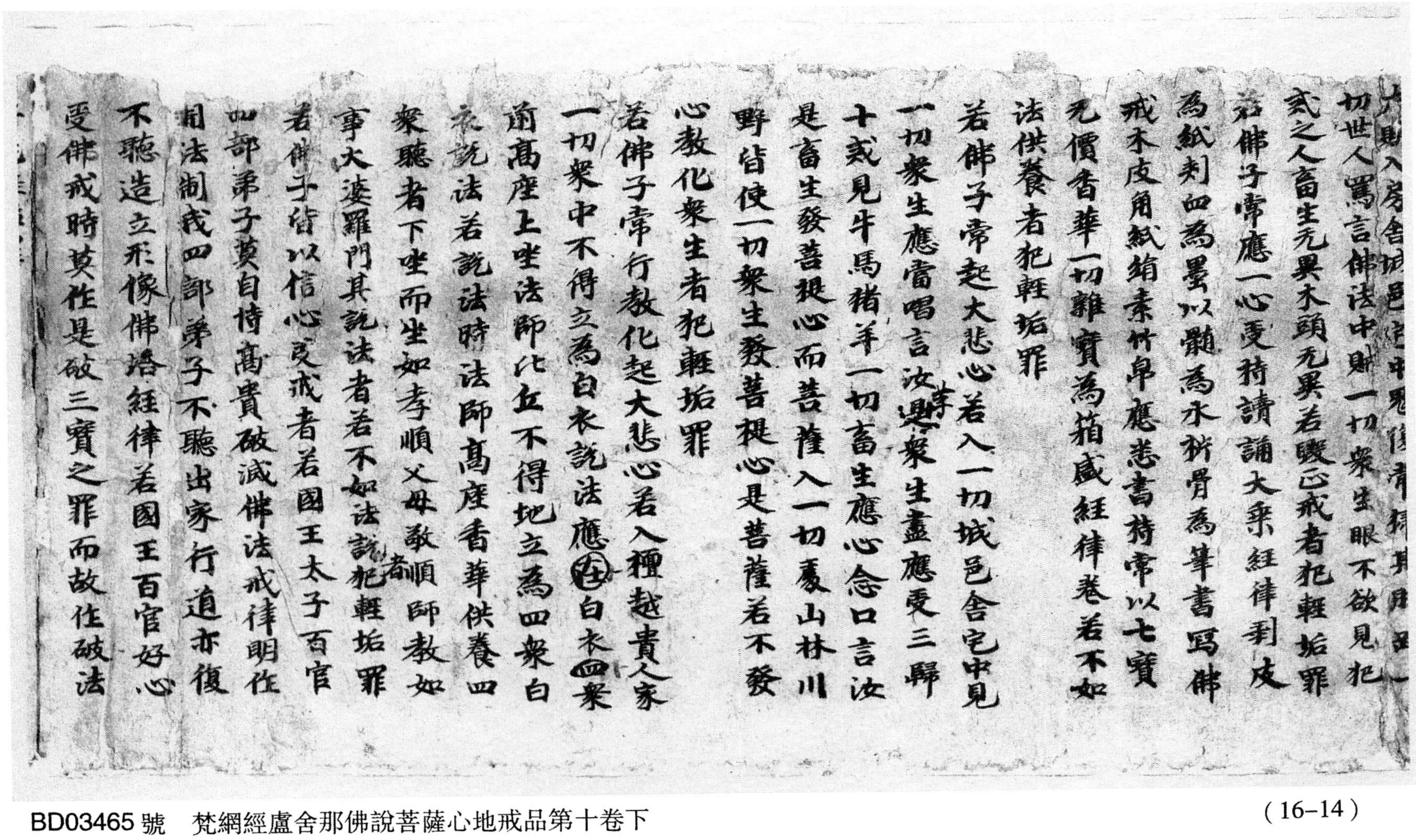

大賊入房舍城邑宅中鬼復常掃其脚跡一
切世人罵言佛法中賊一切衆生眼不欲見犯
戒之人畜生无異木頭无異若毀正戒者犯輕垢罪
若佛子常應一心受持讀誦大乘經律剥皮
為紙刺血為墨以髓為水析骨為筆書寫佛
戒木皮角紙絹素竹帛亦應悉書持常以七寶
无價香華一切雜寶為箱函盛經律卷若不如
法供養者犯輕垢罪
若佛子常起大悲心若入一切城邑舍宅中見
一切衆生應當唱言汝等衆生盡應受三歸
十戒見牛馬猪羊一切畜生應心念口言汝
是畜生發菩提心而菩薩入一切處山林川
野皆使一切衆生發菩提心是菩薩若不發
心教化衆生者犯輕垢罪
若佛子常行教化起大悲心若入檀越貴人家
一切衆中不得立為白衣說法應在白衣衆
前高座上坐法師比丘不得地立為四衆白
衣說法若說法時法師高座香華供養四
衆聽者下坐如孝順父母敬順師教如
事大婆羅門其說法者若不如法說者犯輕垢罪
若佛子皆以信心受戒者若國王太子百官
四部弟子莫自恃高貴破滅佛法戒律明作
制法制我四部弟子不聽出家行道亦復
不聽造立形像佛塔經律若國王百官好心
受佛戒時莫作是破三寶之罪而故作破法

BD03465號　梵網經盧舍那佛說菩薩心地戒品第十卷下　（16–14）

四部弟子莫自恃高貴破滅佛法戒律明作
制法制我四部弟子不聽出家行道亦復
不聽造立形像佛塔經律若國王百官好心
受佛戒時莫作是破三寶之罪而故作破法
者犯輕垢罪
若佛子以好心出家而為名聞利養於國王
百官前說佛戒横與比丘比丘尼菩薩弟子
作繫縛事如獄囚法如兵奴之法如師子身
中蟲自食師子肉非外道天魔能破若受佛戒
者應護佛戒如念一子如事父母不可毀壞若
菩薩而聞外道惡人以惡言謗佛戒之時如三
百鉾刺心千刀万杖打拍其身等无有異寧自入
地獄逕於百劫而不一聞惡言謗破佛戒之聲
而況自破佛戒教人破法因緣亦无孝順之心
若故作者犯輕垢罪
如是九戒應當學敬心奉持
諸佛子是四十八輕戒汝等受持過去諸佛菩
薩已誦未來諸佛菩薩當誦現在諸佛菩薩
今誦諸佛子善聽十重四十八輕戒三世諸佛菩
薩已誦當誦今誦我今亦如是誦汝等一切大衆
若國王王子百官比丘比丘尼信男信女受持菩
薩戒者應受持應讀誦解說書寫佛性常住戒
卷流通三世一切衆生化化不絶得見千佛佛佛
授手世世不墮惡道八難常生人道天中我今在
此樹下略開七佛法戒汝等當一心學波羅提

BD03465 號　梵網經盧舍那佛說菩薩心地戒品第十卷下　（16–15）

地獄逕於百劫而不一聞惡言謗破佛戒之聲
而況自破佛戒教人破法因緣亦无孝順之心
若故作者犯輕垢罪
如是九戒應當學敬心奉持
諸佛子是四十八輕戒汝等受持過去諸佛菩
薩已誦未來諸佛菩薩當誦現在諸佛菩薩
今誦諸佛子善聽十重四十八輕戒三世諸佛菩
薩已誦當誦今誦我今亦如是誦汝等一切大衆
若國王王子百官比丘比丘尼信男信女受持菩
薩戒者應受持應讀誦解說書寫佛性常住戒
卷流通三世一切衆生化化不絶得見千佛佛佛
授手世世不墮惡道八難常生人道天中我今在
此樹下略開七佛法戒汝等當一心學波羅提
木叉歡喜奉行如无相天王品勸學中一一廣明
三千學士時坐聽者聞佛自誦心心頂戴喜躍

BD03465 號　梵網經盧舍那佛說菩薩心地戒品第十卷下　（16–16）

BD03465號背　雜寫　（1–1）

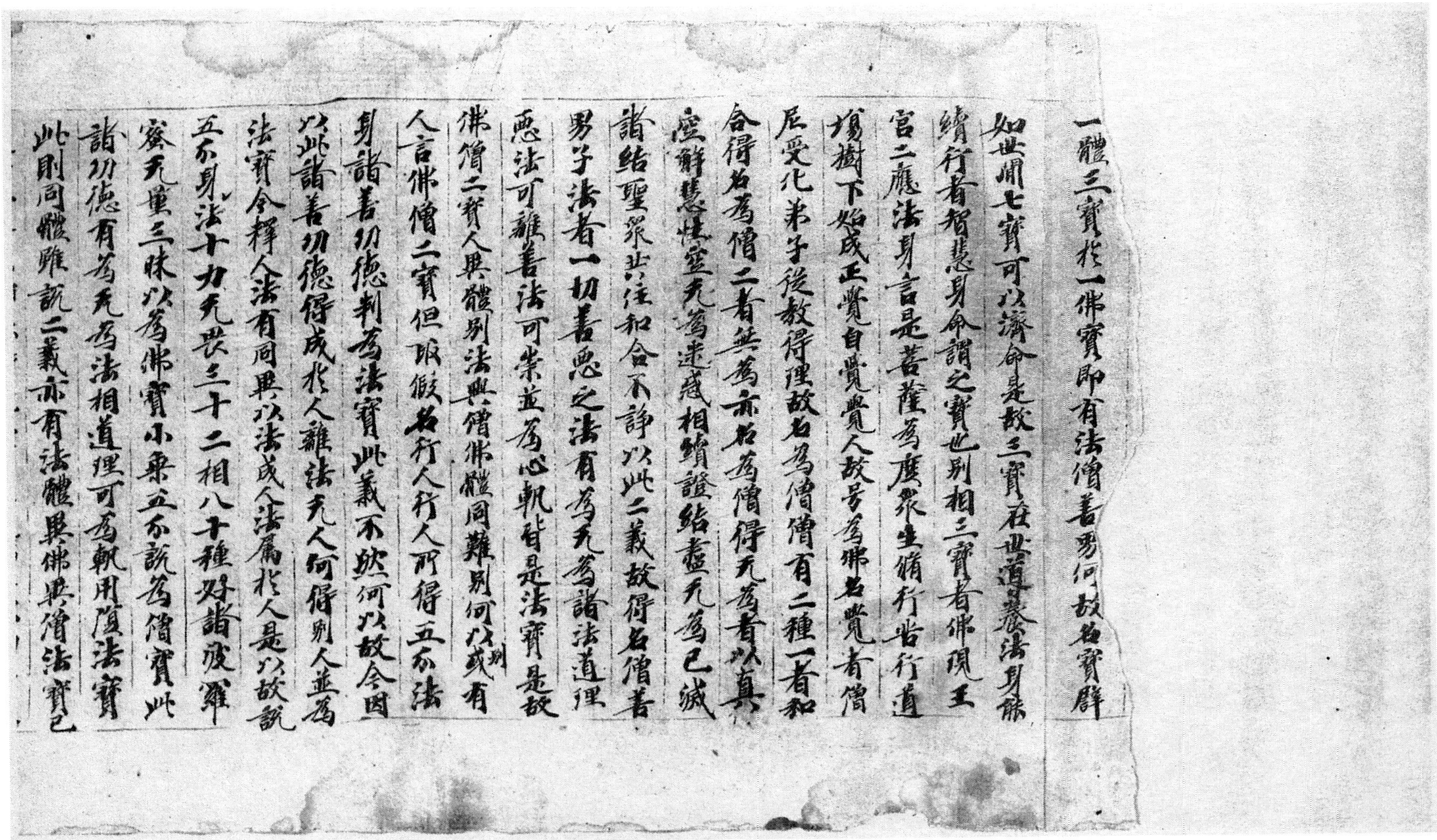

一體三寶於一佛寶即有法僧善男何故名寶譬
如世間七寶可以濟命是故三寶在世道養法身慧
續行者智慧身命謂之寶也別相三寶者佛現王
宮二應法身言是菩薩爲度衆生脩行皆行道
場樹下始成正覺自覺覺人故號爲佛名覺者僧
尼受化弟子從教得理故名爲僧僧有二種一者和
合得名爲僧二者無爲亦名爲僧得无爲者以真
實解慧性無爲迷惑相續證結盡无爲已滅
諸結聖衆共住和合不諍以此二義故得名僧善
男子法者一切善惡之法有爲无爲諸法道理
惡法可離善法可崇並爲心軌皆是法寶是故
佛僧二寶人異體別法與僧佛體同難別何以或（別）有
人言佛僧二寶但取假名行人行人所得五分法
身諸善功德判爲法寶此義不然何以故今因
以此諸善功德得成於人離法无人何得別人並爲
法寶今釋人法有同異以法成人法屬於人是以故說
五分身法十力无畏三十二相八十種好諸波羅
蜜无量三昧以爲佛寶小乘五分說爲僧寶此
諸功德有爲无爲法相道理可爲軌用復法寶
此則同體雖說二義亦有法體異佛異僧法寶已

BD03466號　大通方廣懺悔滅罪莊嚴成佛經卷中　（21–1）

法寶今釋人法有同異以法成人法屬於人是以故說
五分身法十力无畏三十二相八十種好諸波羅
蜜无量三昧以為佛寶小乘五分說為僧寶此
諸功德有為无為法相道理可為軌用復法寶
此則同體雖說二義亦有法體異佛異僧法寶已
說此三眾生歸依得免三界生死怖畏一切行人
雖得免離細苦未盡是故為說至極三寶明
昔日三寶言佛有苦法是无常僧亦无常是
苦非真依處今說常住行者覺了法性理空
永八難到无有生滅動求之苦為真依處名為
佛寶所得常法軌用至極名真法寶常住行者
會真法性證常住无為故名為僧亦以八到永盡
與凡聖衆一切和合永无諍訟故名僧寶昔日
三寶異人別法今之三寶於一佛體分為法
僧以是義故我為汝說一相三寶令諸衆生
趣向一乘信相菩薩白佛言世尊當觀何事求
於大乘佛言善男子當觀三界无常以求大乘
信相菩薩復白佛言云何名為觀於无常佛
言欲觀无常除其煩惱當行正念慈悲為首
說法度人而不取證是名菩薩不捨衆生為求
大乘善男子譬如一城縱廣一由旬多有諸門路
險黑闇甚可怖畏有入此城受於快樂復有
一人唯有一子愛之甚重遙聞彼城受樂无量
即便捨子欲入此城是人方便得過險道到彼城
門一足以入未舉一足即念其子尋作是念我唯

BD03466號　大通方廣懺悔滅罪莊嚴成佛經卷中　（21–2）

險黑闇甚可怖畏有入此城受於快樂復有
一人唯有一子愛之甚重遙聞彼城受樂无量
即便捨子欲入此城是人方便得過險道到彼城
門一足以入未舉一足即念其子尋作是念我唯
有一子來時云何竟不將來誰能養護令離
衆苦即捨樂城還向子所善男子菩薩慈悲
亦復如是為脩隱故脩集五道既脩集已剩得
漏盡而不取證何以故愍衆生故捨漏盡五通
乃至於凡夫地中善男子城者喻於大解脫樂
多諸門者喻於八万四千諸三昧門路險難者
喻諸魔道到城門者喻於五通一足入者喻於
智慧一足入者喻於智慧一足未入者喻諸菩薩
未證解脫言一子者喻於五道一切衆生顧念
子者喻大悲心還子所者喻調衆生實得解
脫不取證者即是方便善男子是故菩薩摩
訶薩大慈大悲救攝不捨不可思議復次善
男子菩薩大士從初發心乃至菩提常為衆生
受十善法何等為十一不煞生二不偷盗三不
婬泆四不妄語五不兩舌六不惡口七不無義語
八不貪嫉九不瞋惱十不邪見菩薩如是慈
悲具足慈能教善現世与樂悲能濟苦地
獄度之見諸衆生求涅槃門不能知處菩薩
應當於此衆生脩集悲心非因緣故為諸衆
生開大涅槃門顯視安隱處使得大乘果是
名菩薩摩訶薩行信相菩薩復白佛言世尊
云何正念答曰當行不生滅去世尊可去不去

BD03466號　大通方廣懺悔滅罪莊嚴成佛經卷中　（21–3）

應當於此衆生脩集悲心非因緣故爲諸衆
生開大涅槃門顯現安隱處使得大乘果是
名菩薩摩訶薩行信相菩薩復白佛言世尊
云何正念答曰當行不生滅法世尊何法不生
何法不滅善男子使惡法不生善法不滅若脩
此行行於三界結習五欲无能爲汙善男子
欲行三界濟度衆生應以十法遊於三界中順世
俗文字說有三世无上菩提不在三世究竟菩
提不墮衆數何況三世三界中耶何等爲十一
者於譽於毀心无增減二者若聞善惡心无
分別三者於諸愚智等以悲心四者見上下衆
生意常平等五者於輕毀供養心无有二六者
於他闕失莫見其過七者見種種乘悲是一乘八
者若聞三惡亦勿驚怖九者於諸菩薩生如來
想十者佛出五濁生希有想菩薩若行此行遊
於三界煩惱結習无能爲害菩薩大士遊三
界中以大悲爲本處此穢土和光不同塵是名
難思議若人於淨國持戒滿一劫此土須臾間
行慈爲最勝若人於此土起身口意罪應墮三
惡道現世受得除菩薩生穢土不應懷憂怖設
有惡道罪頭痛則得除所以者何若人欲斷
縛滅除煩惱障雖生此惡土護法增智慧億
劫在淨土受持淨戒行不如在此土從旦至明
日我見阿閦國西方安樂土二國甚清淨亦无
眥惱名於彼國作功德未足以爲難若人於此
土能忍不可事亦教前人忍其福最爲勝是故

BD03466 號　大通方廣懺悔滅罪莊嚴成佛經卷中

（21–4）

有惡道罪頭痛則得除所以者何若人欲斷
縛滅除煩惱障雖生此惡土護法增智慧億
劫在淨土受持淨戒行不如在此土從旦至明
日我見阿閦國西方安樂土二國甚清淨亦无
眥惱名於彼國作功德未足以爲難若人於此
土能忍不可事亦教前人忍其福最爲勝是故
諸菩薩行於此惡土濟度諸衆生勿懷煩惱
憂堅固菩提心疾得无上道爾時虛空菩薩
白佛言世尊我等今者欲聞菩薩菩提因緣
若佛聽許當敢發問佛言善哉善哉善男
子汝於无量百千佛所種諸善根久達菩薩
所行方便爲諸菩薩問於堅固菩提之行隨意
快問吾當爲汝分別解說虛空藏菩薩已蒙
許可白佛言世尊何謂菩薩其心堅固而无疲
倦何謂菩薩所言決定而无中悔何謂菩薩增
長善根何謂菩薩无所怨畏威儀不轉何謂菩
薩成就善法何謂菩薩善知從一地至於十地何
謂菩薩善知方便何謂菩薩善化衆生何謂菩
薩世世不失菩提之心何謂菩薩能行一心而无
雜行何謂菩薩善求法寶何謂菩薩出善毀
禁犯律之罪何謂菩薩能降煩惱何謂菩薩善能
隨順入諸大衆何謂菩薩善開法門何謂菩薩先得
因力不失善根何謂菩薩不由他教而自行大波羅
蜜何謂菩薩能捨禪定現生欲界何謂菩薩於諸佛
法得不退轉何謂菩薩行於三界教化衆生使增善
根[illegible]

BD03466 號　大通方廣懺悔滅罪莊嚴成佛經卷中

（21–5）

因力不失善根何謂菩薩不由他教而自行大波羅
蜜何謂菩薩能捨禪定現生欲界何謂菩薩於諸佛
法得不退轉何謂菩薩行於三界教化衆生須增善
根不斷佛性尒時世尊讚虛空菩薩言善哉善哉
能問如來菩薩之事汝今諦聽善思念之唯然世尊
願樂欲聞領納聽受佛告虛空菩薩有四法堅固
其心而不疲倦何謂為四一者於諸衆生起大悲心
二者精進不懈怠三者信解生死如夢四者正意
思惟佛之智慧菩薩有此四法堅固其心而不疲倦
復有四法所言決定而不中悔何等為四一者決定
說法了知无我二者決定說諸生處无可樂相三
者決定常讚大乘四者決定說罪福業不失果
報是名為四復有四法增長善根何等為四一
者持戒二者多聞三者布施四者出家是為四
菩薩復有四法无所怨畏威儀不轉何等為四一
者失利二者惡名三者毀辱四者苦惱是為四菩
薩復有四法成就白法何等為四一者教人令信罪
福二者布施不求果報三者守護正法四者以大
智慧教諸菩薩是為四善男子復有四法善能
能了知從一地至十地何等為四一者以種善根二
者離諸過咎三者善解方便四者勤行精進迴向
菩提是為四善男子復有法善知方便何等為四
一者隨衆生意二者於他功德起隨喜心三者有罪
悔過四者勸請諸佛轉大法輪是為四善男子復
有四法善化衆生何等為四一者常求利安衆生二

菩提是為四善男子復有法善知方便何等為四
一者隨衆生意二者於他功德起隨喜心三者有罪
悔過四者勸請諸佛轉大法輪是為四善男子復
有四法善化衆生何等為四一者常求利安衆生二
者自捨已樂三者和柔忍辱四者除捨憍慢是為四
善男子復有四法能世世不失菩提之心何等為四
一者常憶念十方一切諸佛二者所作功德等以施
與一切衆生常為菩提三者親近善知識四者稱
揚大乘是為四善男子復有四法能行一心而无雜行
何等為四一者離聲聞心二者辟支佛心三者求法无
厭心四者如所得法為人演說是為四善男子復有四
法善求法寶何等為四一者於大乘法中而生寶
想以難得故二者於大法中生於藥相療治衆病
故三者於大法中生財利想以不失故四者於大法
中滅苦相至涅槃故是為四善男子復有四法善出
毀禁煩惱之罪何等為四一者得无生法忍以諸法
無來故二者得无滅忍以諸法无去故三者得因
緣忍知諸法因緣生故四者得无住忍无異心相續
故是為四善男子復有四法善障煩惱何等為四
一者正憶念二者障諸根三者能得善法力四者
獨處樂遠離故是為四善男子復有四法善能
隨順入諸大衆何等為四一者求法不求勝故二者常
生恭敬心无憍慢三者唯求法利不自顯現四者
教人善法不求名利是為四善男子復有四法善
開法施何等為四一者守護正法二者自益智慧

生恭敬心无憍慢三者唯求法利不自顯現四者
教人善法不求名利是為四善男子復有四法善
開法施何等為四一者守護正法二者自益智慧
亦教前人三者常行善人之法四者不見垢淨清白
法是為四善男子復有四法得先因力不失善根
何等為四一者見他人闕不以為愿二者於瞋怒人常
脩慈心三者常説諸法因緣四者常念无上菩提是為
四善男子復有四法不由他教而能自行六波羅蜜
何等為四一者常以法施施尊與人二者不説他人毀
業之罪三者善知攝法教化衆生四者能達深法是
為四善男子復有四法能捨禪定現生欲界何等為
四一者其心柔濡二者能得諸善根力三者不捨一切
衆生四者常能善脩智慧方便之力是為四善男子
復有四法於諸佛法得不退轉何等為四一者雖受
无量生死不生厭離二者常能供養无量諸佛三
者脩行无量慈心四者信解无量佛慧是為四善
男子復有四法不斷佛性何等為四一者為諸衆
生不退本願二者信受施行三者大欲精進四者常
能深心行於佛道是為菩薩摩訶薩於三界行
種種四行利益衆生常脩出世不斷佛性説是大乘
四法之時四万天人皆發三菩提心二万五千人得无
生法忍四万八千菩薩得達三界善入佛慧
尒時佛告虛空藏菩薩摩訶薩言汝今應當受持是
經虛空藏菩薩白佛言世尊當何名之云何奉持
佛言此經名為大通方廣能破魔境壞外道軍消
除煩惱能解五欲邪見繫縛破三界獄敌諸生

BD03466號　大通方廣懺悔滅罪莊嚴成佛經卷中　（21–8）

經虛空藏菩薩白佛言世尊當何名之云何奉持
佛言此經名為大通方廣能破魔境壞外道軍消
除煩惱能解五欲邪見繫縛破三界獄敌諸生
死向涅槃令闡蓋久涸正因種子雨大因緣六度法雨
增長衆生三乘牙莖成就一乘菩提極果善男子汝
聞經名我説如是應當受持
尒時虛空藏菩薩白佛言世尊我從過去无量佛所
无量會處无量衆中聞種種法種種事種種相種
種乘未曾聞此希有之法希有之事希有之相希
有大乘我當受持使不斷絶世尊如來常法僧不
滅三界衆生自生自滅不見如來又以法僧唱言滅
度我等今者承佛威神遊於三界順俗時宜假唱
滅度世尊我等今者於佛滅後當與八万衆久達
佛慧法身大士流通此經使法界衆生受持讀誦
如説脩行一時成佛猶不放捨世尊若善男子善女
人於佛滅後獨惡世中若有受持讀誦書寫經卷
得幾所福佛言善男子若人以三千大千世界滿中
珎寶以用布施不如聞此經名福勝於彼復置是事
若人以十千世界滿中珎寶以用布施不如有人攝持經
卷福多於彼復置是事若人以十方世界滿中珎寶以
用布施不如有人書寫大乘方廣經典乃至一字一
句或復一偈福多於彼復置是事雖施无量國中
珎寶不如至心讀誦一偈復置是事雖施千世界滿
中衆生命不如至心解義一句為人演説一偈之義福
勝於彼所以者何財食布施是贅則布施長養性命
不出世間大乘法施增長衆生菩提道根能續三乘

BD03466號　大通方廣懺悔滅罪莊嚴成佛經卷中　（21–9）

中衆生命不如至心解義一句爲人演說一偈之義福
勝於彼所以者何財食布施是身則布施長養性命
不出世間大乘法施增長衆生菩提道根能續三乘
智慧心命善男子讀持是經者本雖惡人今是善
人本雖苦人今是樂人本雖縛人今是脫人本雖未
度今是度人本雖无智今是論師本雖有漏今是
无漏本雖凡夫今是聖行本雖失道今入聖道身
雖凡夫讀誦是經智同聖慧本雖煩惱讀持是經
共諸佛如來同有涅槃虛空藏菩薩白佛言世尊解
所說本是凡行今是聖行本是煩惱讀持是經共諸
佛如來同有涅槃破戒五逆誹謗正法讀持是經斷
除煩惱同得涅槃此義難明唯願世尊當爲說
之佛言善哉善哉善男子汝能善問我能善答
善男子一切衆生以不值佛故邪見犯戒誹正法若
佛在世終无犯戒誹謗正法何以故譬如長者唯有一
子愛之甚重若父在時日夜教令事順之其子孝順受
父教令都无都无所犯若父遠行不將來還其子妄悟
多有所犯以不將來唱言死滅悲啼嘷哭復似起逆
懟憤失心忘父本教似若不順謂如謗法其父久時遠
行來歸而子歡欣憶父本教受持不犯以得見父信
知不死不名墮逆從父本勅順教而行不名誹謗
善男子長者即是如來一子者即是一切衆生父教令
者即是教戒遠行者是餘化不見父故即是唱滅懟
惱故即是蔽障不得持故即是犯戒唱滅度故即是
逆罪迷理故即是誹謗如來世尊餘化迴來衆生見之

BD03466號　大通方廣懺悔滅罪莊嚴成佛經卷中　　（21–10）

善男子長者即是如來一子者即是一切衆生父教令
者即是教戒遠行者是餘化不見父故即是唱滅懟
惱故即是蔽障不得持故即是犯戒唱滅度故即是
逆罪迷理故即是誹謗如來世尊餘化迴來衆生見之
即生信心知佛不滅佛爲說法還得本心不名犯戒
以知不滅不名墮逆順教而行於理得解不名謗法善
男子讀持是經即能消除无量生死煩惱重罪之惡
聞是經名即得聞佛見是經者即得見佛持是經
者即得見佛持是經者即持佛身行是經者即行
佛事說是經者即說佛事解經者即解佛義若
行佛事善解佛義如此之人永无煩惱何以故得值是
經斷除煩惱善男子若八万劫以爲一日以是三十日爲
一月十二月爲一歲以此歲數過百千万億劫得值
一佛復過是數得值一佛此經難值復過於是得值
此經即值十方三世諸佛是故智者受持讀誦書寫
解說能除邪見无明煩惱結漏重罪往於福田能消
世間无量供養虛空藏菩薩白佛言世尊辟支佛
尚不能消世間供養何況凡夫得消供養佛言善男
子辟支佛不消供養无有是處雖不能說法度人
入禪三昧從三昧起現大神通度諸衆生得消供養
尒時虛空藏菩薩復白佛言世尊經中所說邪見
破戒不得共一國同住一河飲水云何菩薩懺悔自
悲此人名爲退失聖道不入衆數云何而言得受供養
若消供養即與諸佛同受應供過於羅漢辟支佛耶唯
願世尊分別說之我聞此已亦爲衆生如佛解說令得

BD03466號　大通方廣懺悔滅罪莊嚴成佛經卷中　　（21–11）

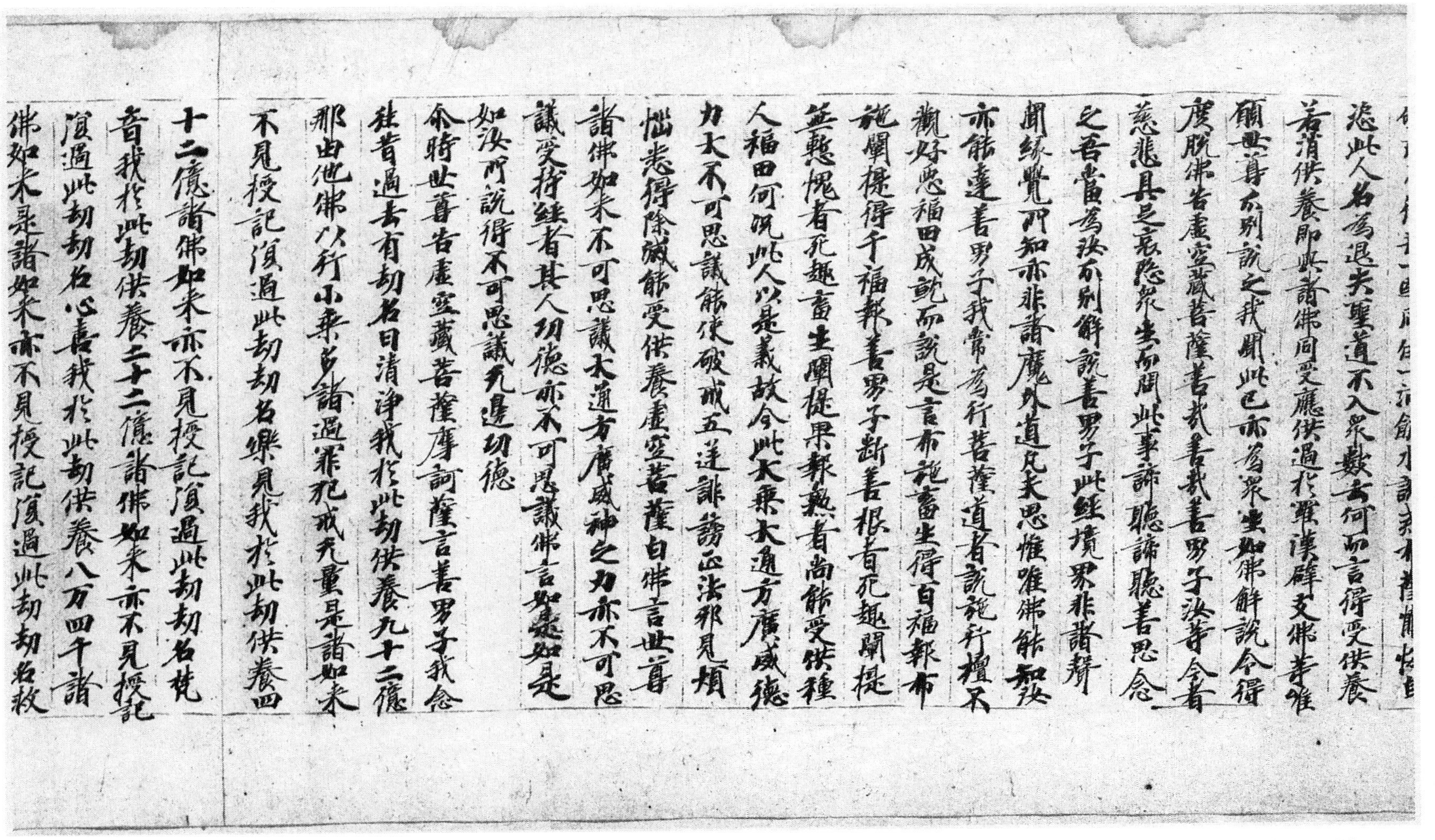

悲此人名為退失聖道不入衆數云何而言得受供養
若消供養即與諸佛同受應供過於羅漢辟支佛等唯
願世尊分別說之我聞此已亦為衆生如佛解說令得
度脫佛告虛空藏菩薩善哉善哉善男子汝等今者
慈悲具足哀愍衆生而問此事諦聽諦聽善思念
之吾當為汝分別解說善男子此經境界非諸聲
聞緣覺所知亦非諸魔外道凡夫思惟唯佛能知汝
亦能達善男子我常為行菩薩道者說施行檀不
觀好惡福田成就而說是言布施畜生得百福報布
施闡提得千福報善男子斷善根者死趣闡提
無慙愧者死趣畜生闡提果報熟者尚能受供種
人福田何況此人以是義故今此大乘大通方廣威德
力大不可思議能使破戒五逆誹謗正法邪見煩
惱悉得除滅能受供養虛空藏菩薩白佛言世尊
諸佛如來不可思議大通方廣威神之力亦不可思
議受持經者其人功德亦不可思議佛言如是如是
如汝所說得不可思議無邊功德
尒時世尊告虛空藏菩薩摩訶薩言善男子我念
往昔過去有劫名曰清淨我於此劫供養九十二億
那由他佛以行小乘多諸過罪犯戒無量是諸如來
不見授記復過此劫劫名樂見我於此劫供養四
十二億諸佛如來亦不見授記復過此劫劫名梵
音我於此劫供養二十二億諸佛如來亦不見授記
復過此劫劫名心喜我於此劫供養八万四千諸
佛如來是諸如來亦不見授記復過此劫劫名救

BD03466號　大通方廣懺悔滅罪莊嚴成佛經卷中　（21–12）

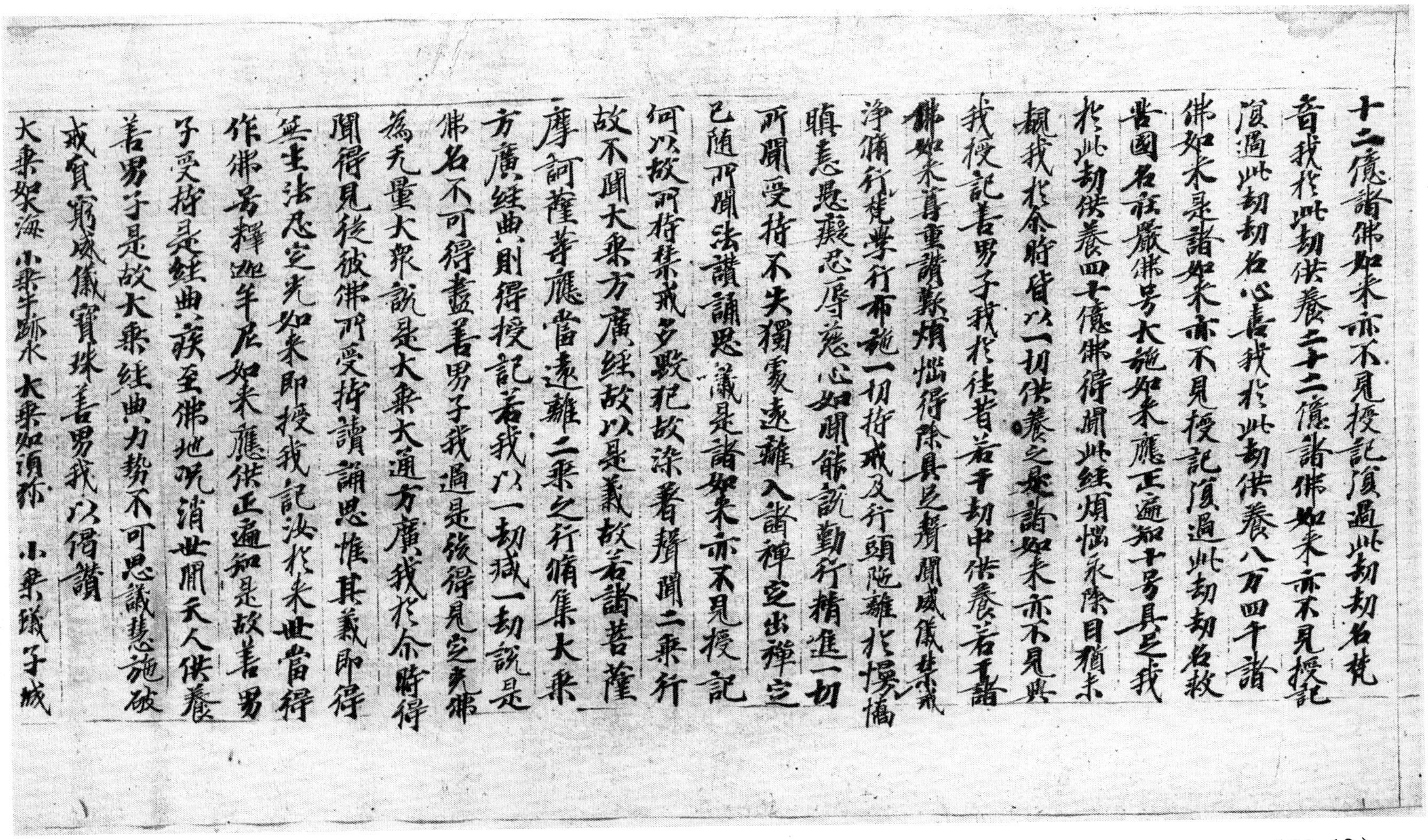

十二億諸佛如來亦不見授記復過此劫劫名梵
音我於此劫供養二十二億諸佛如來亦不見授記
復過此劫劫名心喜我於此劫供養八万四千諸
佛如來是諸如來亦不見授記復過此劫劫名救
世國名莊嚴佛號大施如來應正遍知十号具足我
於此劫供養四十億佛得聞此經煩惱永除目積未
覩我於尒時皆以一切供養之具諸如來亦不見與
我授記善男子我於往昔若干劫中供養若干諸
佛如來尊重讚歎煩惱得除具足聲聞威儀禁戒
淨脩梵行學行布施一切持戒及行頭陁離於憒鬧
瞋恚愚癡忍辱慈心如聞能說勤行精進一切
所聞受持不失獨處遠離入諸禪定出禪定
已隨所聞法讀誦思議是諸如來亦不見授記
何以故所持禁戒多毀犯故深著聲聞二乘行
故不聞大乘方廣經故以是義故若諸菩薩
摩訶薩等應當遠離二乘之行脩集大乘
方廣經典則得授記若我以一劫減一劫說是
佛名不可得盡善男子我過是後得見定光佛
為無量大衆說是大乘大通方廣我於尒時得
聞得見彼佛所受持讀誦思惟其義即得
無生法忍定光如來即授我記汝於來世當得
作佛号釋迦牟尼如來應供正遍知是故善男
子受持是經典疾至佛地況消世間天人供養
善男子是故大乘經典力勢不可思議慧施破
戒貧窮威儀寶珠善男我以偈讚
大乘如大海　小乘牛跡水　大乘如須彌　小乘芥子城

BD03466號　大通方廣懺悔滅罪莊嚴成佛經卷中　（21–13）

佛若於過年后如來應供正遍知是故善男
子受持是經典疾至佛地況消世間天人供養
善男子是故大乘經典力勢不可思議慧施破
戒貧窮威儀寶珠善男我以偈讚
大乘如大海 小乘牛跡水 大乘如須彌 小乘蟻子城
大乘如日月 小乘村火星 是乘名大乘 不可思議乘
容受諸衆生 猶如虛空中 一切諸乘中 此乘為第一
如是大乘中 能出種種乘 若有限量者 不能度一切
唯此无上乘 悉能度衆生 若行此无量 虛空之大乘
虛空无量 亦无有形色 大乘亦如是 无量无障㝵
一切諸衆生 乘於此大乘 當觀是乘相 廣博多容受
若於无量劫 說大乘功德 及行一乘者 不可得窮盡
一切諸乘中 大乘最為勝 至心受大乘 得趣菩提樹
無縛无障㝵 令此无上乘 能勝下劣乘 坐道場樹下
觀十二因緣 哀愍衆生故 為說大乘經 十方諸衆生
若乘大乘者 亦无有增減 容受如虛空 大乘叵思議
神通大智慧 是故諸衆生 當勤脩集之 一切諸天衆
天魔及外道 欲降煩惱縛 歸依於大乘 具足六神通
三明三脫門 能壞魔外道 并及諸邪見 大乘最為要
能破諸煩惱 具足諸善根 是故大乘力 甚實難思議
一切世間法 及以出世特 有學无學法 攝在大乘中
若有衆生行惡道 親近邪見惡知識
遠離此事歸大乘 若人不樂求大乘
不能破壞煩惱結 欲求解脫學大乘
若有大人解大事 聞說大乘心歡喜

遠離此事歸大乘 若人不樂求大乘
不能破壞煩惱結 欲求解脫學大乘
若有大人解大事 聞說大乘心歡喜
當知即是大乘人 得心寂靜具神通
皆因大乘自莊嚴 若有人能行大乘
是則不斷三寶種 若有趣向大乘者
是人即得无量福 能到十方諸世界
供養十方无量佛 如是大乘方廣經
世間諸乘无能勝 具足威德破生死
是故大乘難思議 得色得力得自在
具足成就常法身 若有乘此大乘者
是人受持无上樂 捨身自施脩慈悲
是故得此無上乘 持戒精進脩梵行
能以神通障日月 皆由久脩大乘行
自心勤脩常精進 是人則得於大乘
應有无常苦惱障 脩集大乘即除滅
若能安住大乘典 長受快樂如諸佛
具足正念勤精進 獲四如意神通力
依止正法及真義 皆由久脩大乘典
具足大力无所畏 相好莊嚴三十二
金剛三昧一切智 皆由久脩於大乘
善男子若有持此大乘經典一字一句乃至一偈
若持此經者 永脫諸苦難 終不墮惡道 得到安隱處
於彼惡世時 若得是經者 我比皆與授記 究竟成佛道
佛常近是人 是人常近佛 是人護佛法 諸佛護是人
獲大神通力 能轉大法輪 度諸生死趣 能破衆魔軍

善男子若有持此大乘經典一字一句乃至一偈
若持此經者　永脫諸苦難　終不墮惡道　得到安隱處
於後惡世時　若得是經者　我皆與授記　究竟成佛道
佛常近是人　是人常近佛　是人讃佛法　諸佛讃是人
獲大神通力　能轉大法輪　度諸生死趣　能破壞魔軍
我於定光佛　聞此方廣經　往悉得授記　號爲釋迦牟
於我滅度後　若有學是經　我亦與授記　當得成佛道
若今未來世　能解此經義　爲諸學者說　不斷三寶種
佛雖不在世　亦如佛現在
所以者何我從无量佛所受持此經於末劫中爲
大廣說是以獲得三十二相虛空藏菩薩白佛
言世尊一切諸佛皆亦說此三十二相佛今復說
三十二相是何業因之所成就唯願世尊當爲說之
佛告虛空藏菩薩言善男子如來成就无量功德
是以得成三十二相我若廣說窮劫不盡今當爲
汝略而說之如來至心護持淨戒得足下平相脩行
種種慧施得千輻輪相不欺一切衆生故得足跟
牖相護正法故得指纖長相不壞他故得網縵相
以妙服奉施故得手足濡相以淨食施故得七處滿相
善聞佛法故得鹿王腨相覆藏他罪過故得馬陰
藏相脩十善法故得上身如師子王相常以善法化
衆生故缺骨平滿相救護怖畏故得臂肘牖相
見他造三寶業樂佐助故得手過膝相常脩万善
故得清淨身相常施病者藥故得所食之味至喉
悉現上味相常校莊嚴脩善法故得師子頰相於
諸衆生心平等故得四十齒相善和合諍訟故得齒齊

BD03466號　大通方廣懺悔滅罪莊嚴成佛經卷中　（21–16）

衆生故缺骨平滿相救護怖畏故得臂肘牖相
見他造三寶業樂佐助故得手過膝相常脩万善
故得清淨身相常施病者藥故得所食之味至喉
悉現上味相常校莊嚴脩善法故得師子頰相於
諸衆生心平等故得四十齒相善和合諍訟故得齒齊
相以珎寶施故得齒齊相身口意淨故得二牙白相
護口過故得廣長舌相成就无量功德故得味中
上味相於諸衆生常以濡語故得梵音相脩集
慈心故得細長目相至心求无上菩提故得牛王睫
相讃歎他人所有功德故得白毫相供養父母和上
阿闍梨師故得肉髻相樂說大乘法得身柔濡相
施數具故得金光相遠離聚說世間故得一毛一孔生
相樂受善友師長教勅故得身毛上靡相不以惡
事加衆生故得睒色金精相常勸衆生脩三昧故
得圓滿如尼拘陁相生生之處善造佛像故得那羅
延力相善男子菩薩摩訶成就如是无量功德獲得
如是三十二相虛空藏菩薩白佛言世尊我觀諸法
都无相貌又觀如來亦非是行云何如言廣脩諸行
我觀諸佛法僧苦集滅道陰入界等十二因緣諸
波羅蜜內外因果空无相貌不見出生不見滅沒如幻
如化如炎如響如水中月如龜毛兔角如空中之花如石女
之子如着影衣幻乘白馬如有如无及以有无非有非
无非常非斷非生非滅非內非外非見非識猶如
虛空云何如言我脩諸法我觀如來亦非衆生壽
命士夫亦非眼非色非眼色相行非耳非聲相
行非鼻非香非鼻香相行非舌非味非舌味相行

BD03466號　大通方廣懺悔滅罪莊嚴成佛經卷中　（21–17）

虛空云何如言我脩諸法我觀如來亦非衆生壽
命士夫亦非眼非色非眼色相行非耳非聲相
行非鼻非香非鼻香相行非舌非味非舌味相行
非身非觸非身觸相行非意非法非意法相行非
識非色相行非色非苦非色苦相行非我非顛相
行非色非陰非實非虛非聚非散非出非入受相
行識亦復如是非去非來无有住處无心意識
无有身口意業非一非二非去來現在非始非
淨非我非衆生壽命士夫非常非斷无生无滅
无脩无行无授无授畢竟常住云何而言廣脩
諸行　尒時佛讃虛空藏菩薩摩訶薩言
善哉善哉善男子汝過去世時曾以供養无
量諸佛久達大乘无上空義了知万法皆悉空
寂亦如如來畢竟常住善男子譬如清淨琉璃
寶珠雖在泥中經歷千年其性常淨出已如本
汝等今者亦復如是了知法相本性清淨汝等
今有雖處三界五濁泥中助佛楊化亦復不為
泥之所汙以不汙故能問此義善男子諦復善
聽當為說之一切万法實无相根有文字故說言有
法法中无字字中无法為流布故說有文字文
字之中亦无菩提之中亦无文字第一義諦雖无
文字世俗道中說有文字衆生佛性无上菩提
不離文字善男子實如汝說如來无盡无生不脩
不行離脩行不入正法亦不退轉一生不生兜率
隨天不從天下不處母胎於一切法心无所住亦

BD03466號　大通方廣懺悔滅罪莊嚴成佛經卷中　　(21–18)

文字世俗道中說有文字衆生佛性无上菩提
不離文字善男子實如汝說如來无盡无生不脩
不行離脩行不入正法亦不退轉一生不生兜率
隨天不從天下不處母胎於一切法心无所住亦
不說言我以過去於生老病死亦不四維七步而
行亦不自言我是世間无上之尊不處中宮婇
女娛樂不習世間伎樂之事亦復不學騎馬角
力欲度衆生示現老人為壞貪身示現病苦為
壞貪壽示現死相為壞貪欲及我我所示現
沙門為令衆生不求梵天帝釋之身勤求出
世无上之法踰出宮城示現出離三界繫縛及示
非果前後顧視示无瞋愛是故三十二相莊嚴
其身為示衆生良祐福田除剃周羅棄捨瓔
珞還白馬令還施闡陀羅示現遠離一切煩惱
現剃鬚髮亦不貪著於一切法受持袈裟示調
衆生從聲陁伽阿羅邏諮問受法示現破壞自
高之心六年苦行為壞外道現受飲食隨世俗法
現受蒭草示於知足坐草蓐上示壞憍慢諸天
龍神讃歎恭敬示現功德莊嚴果報降魔外道
示勇猛力右手指地示作福力大地震動示離恚故
脩无相願獲得无上菩提之道示現了知一切法相
觀法平等名之為佛佛之智慧无能勝者所說法
要如來現佛以是義故名為如來了了見知三世之事
善不善法名薩婆若真實語故名天人師若有
學者能如是觀是名菩薩若作異觀不名菩薩
…名依然一切皆非善男子一切皆非不上不下

BD03466號　大通方廣懺悔滅罪莊嚴成佛經卷中　　(21–19)

脩无相觀猶得无上菩提之道示現了知一切法相
觀法平等名之爲佛佛之智慧无能勝者所說法
要如來現佛以是義故名爲如來了了見知三世之事
善不善法名薩婆若真實語故名天人師若有
學者能如是觀是名菩薩若作異觀不名菩薩
則名斯詠一切諸佛善男子一切諸佛不出不入不
不生不滅爲度衆生唱言滅度虛空藏菩薩白佛
言世尊我實久知法相理空諸佛如來无有出沒
不生王宮雙樹不滅畢竟常住爲度衆生脩諸
苦行而入涅槃實无動轉諸佛如來真實常存應
身三界現五種法身何等爲五一者實相法身二
者功德法身三者法性生身四者應化法身五者
虛空法身所以名爲實相法身真實妙果衆相
永盡體極常住是爲實相法身所以名爲功德
法身爲度衆生施功積行万善備足是故名爲
功德法身法性生身者達悟一切法相理无不周
從覺生於真解空滿足從覺得名稱爲法性生
身何故名爲應化法身如來出世備應五道善
惡悉現物无不濟從化物得名是故名爲應化法
身所以復名虛空法身虛空无邊法身无邊虛空
不可度量法身亦不可度量如來之身猶如太虛爲
度衆生應身五分故知如來无生无滅諸法亦尒爲
度衆生佛現法興
尒時佛告虛空藏菩薩言善男子汝與如來同解
境界无障无异善男子未來有劫千劫名清淨
國名快樂彼國悉以諸大菩薩論議大乘耳初

BD03466號　大通方廣懺悔滅罪莊嚴成佛經卷中　（21–20）

不可度量法身亦不可度量如來之身猶如太虛爲
度衆生應身五分故知如來无生无滅諸法亦尒爲
度衆生佛現法興
尒時佛告虛空藏菩薩言善男子汝與如來同解
境界无障无异善男子未來有劫千劫名清淨
國名快樂彼國悉以諸大菩薩論議大乘耳初
不聞二乘之名況餘惡道汝於此劫當得作佛號
日清淨莊嚴佛如來應供正遍知他方大士皆往
詣彼聽受大乘大通方廣是故一切衆生若聞
虛空藏菩薩名礼拜供養皆得生彼快樂世界
若有衆生求於大乘未得无生忍者是經當知
是人不過十佛便得授記

大通方廣經卷中

BD03466號　大通方廣懺悔滅罪莊嚴成佛經卷中　（21–21）

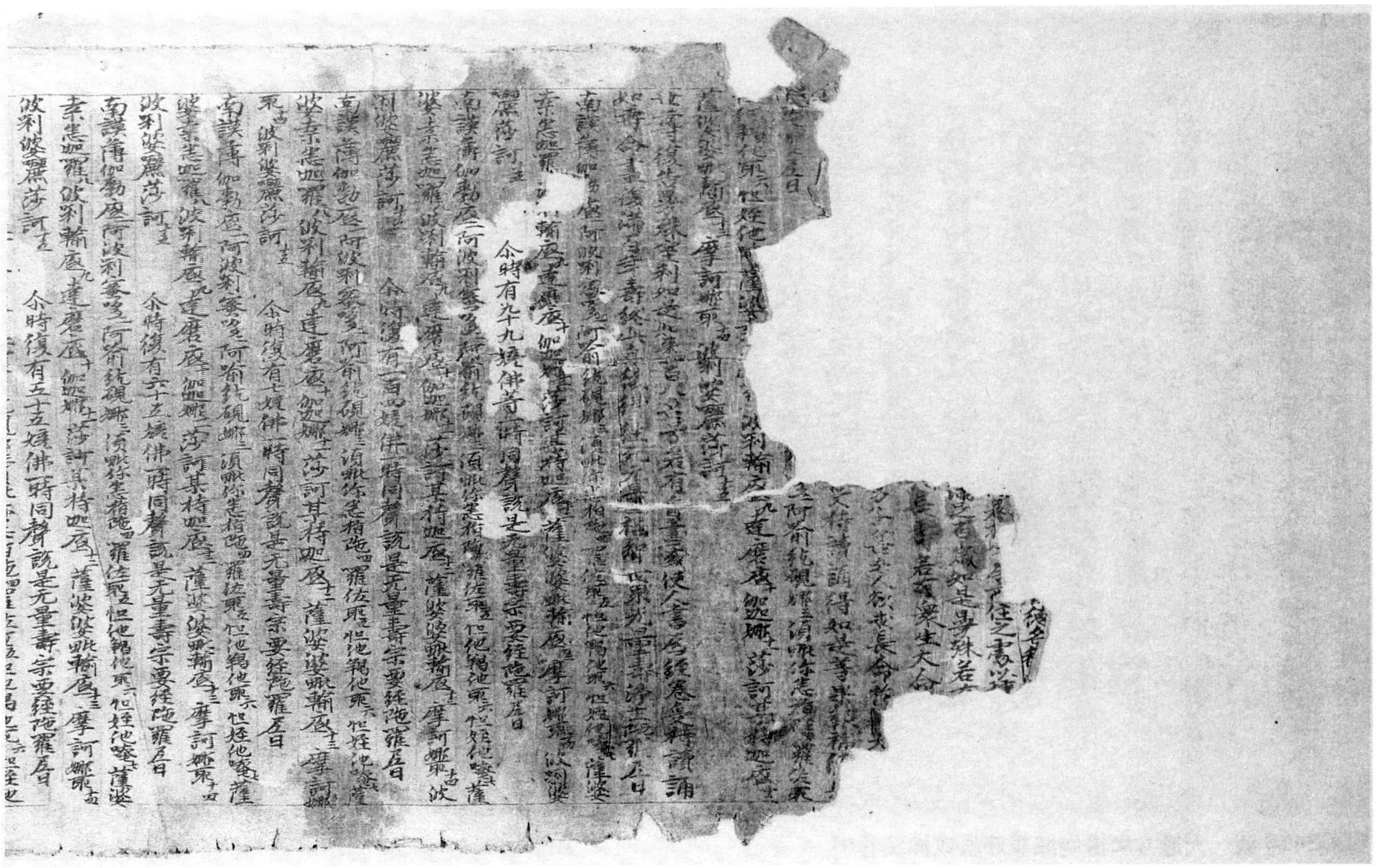

BD03467 號　無量壽宗要經　　（5–1）

BD03467 號　無量壽宗要經　　（5–2）

耶十四波利婆羅莎訶　若有自書教人書寫是无量壽宗要經受持讀誦如同
書寫八万四千一切經典陁羅尼曰　南謨薄伽勒底一阿波利蜜哆二阿俞紇
硯娜三須毗你悉指陁四羅佐耶五怛他羯他耶六怛姪他唵七薩婆桒悉迦羅八波利輸底九達磨
底十伽迦娜十一莎訶某特迦底十二薩婆婆毗輸底十三摩訶娜耶十四波利婆羅莎訶十五
若有自書寫教人書寫是无量壽宗要經即是書寫八万四千部建立塔廟陁羅尼曰
南謨薄伽勒底一阿波利蜜哆二阿俞紇硯娜三須毗你悉指陁四羅佐耶五怛他羯他耶六怛
姪他唵七薩婆桒悉迦羅八波利輸底九達磨底十伽迦娜十一莎訶某特迦底十二薩婆婆毗輸底十三
摩訶娜耶十四波利婆羅莎訶十五　若有自書寫教人書寫是无量壽宗要
經能消五无間等一切重罪陁羅尼曰
南謨薄伽勒底一阿波利蜜哆二阿俞紇硯娜三須毗你悉指陁四羅佐耶五怛他羯他耶六怛
姪他唵七薩婆桒悉迦羅八波利輸底九達磨底十伽迦娜十一莎訶某特迦底十二薩婆
婆毗輸底十三摩訶娜耶十四波利婆羅莎訶十五
若有自書寫教人書寫是无量壽宗要經受持讀誦設有重罪猶如須弥盡能除滅
陁羅尼曰　南謨薄伽勒底一阿波利蜜哆二阿俞紇硯娜三須毗你悉指陁四羅佐
耶五怛他羯他耶六怛姪他唵七薩婆桒悉迦羅八波利輸底九達磨底十伽迦娜十一莎訶某
特迦底十二薩婆婆毗輸底十三摩訶娜耶十四波利婆羅莎訶十五
若有自書寫教人書寫是无量壽宗要經受持讀誦若魔魔之眷属夜刹羅刹
不得其便終无枉死陁羅尼曰　南謨薄伽勒底一阿波利蜜哆二阿俞紇硯娜三須
毗你悉指陁四羅佐耶五怛他羯他耶六怛姪他唵七薩婆桒悉迦羅八波利輸底九達磨底十伽迦娜十一莎訶
某特迦底十二薩婆婆毗輸底十三摩訶娜耶十四波利婆羅莎訶十五
若有自書教人書寫是无量壽宗要經受持讀誦當命終時有九十九姟佛現其人前
欲千佛授手能遊一切佛刹莫於此經生於疑惑陁羅尼曰　南謨薄伽勒底一阿波利蜜
哆二阿俞紇硯娜三須毗你悉指陁四羅佐耶五怛他羯他耶六怛姪他唵七薩婆桒悉迦羅八波利輸底九
達磨底十伽迦娜十一莎訶某特迦底十二薩婆婆毗輸底十三摩訶娜耶十四波利婆羅莎訶十五
若有自書寫教人書寫是无量壽宗要經受持讀誦常得四天大王隨其衛護陁羅尼
曰　南謨薄伽勒底一阿波利蜜哆二阿俞紇硯娜三須毗你悉指陁四羅佐耶五怛他羯他耶六怛姪
他唵七薩婆桒悉迦羅八波利輸底九達磨底十伽迦娜十一莎訶某特迦底十二薩婆婆毗輸底十三摩
訶娜耶十四波利婆羅莎訶十五　若有自書教人書寫是无量壽宗要經
受持讀誦當得往生西方極樂世界阿弥陁淨土陁羅尼曰　南謨薄伽勒底一阿波利
蜜哆二阿俞紇硯娜三須毗你悉指陁四羅佐耶五怛他羯他耶六怛姪他唵七薩婆桒悉迦羅八波利輸底
達磨底十伽迦娜十一莎訶某特迦底十二薩婆婆毗輸底十三摩訶娜耶十四波利婆羅莎訶十五
若有方所自書寫使人書寫是无量壽經典之處則為是塔皆應恭敬作礼若是畜生禽

BD03467 號　無量壽宗要經　（5–3）

他唵七薩婆桒悉迦羅八波利輸底九達磨底十伽迦娜十一莎訶某特迦底十二薩婆婆毗輸底十三摩
訶娜耶十四波利婆羅莎訶十五　若有自書教人書寫是无量壽宗要經
受持讀誦當得往生西方極樂世界阿弥陁淨土陁羅尼曰　南謨薄伽勒底一阿波利
蜜哆二阿俞紇硯娜三須毗你悉指陁四羅佐耶五怛他羯他耶六怛姪他唵七薩婆桒悉迦羅八波利輸底
達磨底十伽迦娜十一莎訶某特迦底十二薩婆婆毗輸底十三摩訶娜耶十四波利婆羅莎訶十五
若有方所自書寫使人書寫是无量壽經典之處則為是塔皆應恭敬作礼若是畜生禽
鳥獸得聞是經如是等類皆當不久得成一切種智陁羅尼曰　南謨薄伽勒底一
阿波利蜜哆二阿俞紇硯娜三須毗你悉指陁四羅佐耶五怛他羯他耶六怛姪他唵七薩婆桒悉迦羅八波利輸
底九達磨底十伽迦娜十一莎訶某特迦底十二薩婆婆毗輸底十三摩訶娜耶十四波利婆羅莎訶十五
若有於是无量壽經自書寫若使人書畢竟不受女人之身陁羅尼曰
南謨薄伽勒底一阿波利蜜哆二阿俞紇硯娜三須毗你悉指陁四羅佐耶五怛他羯他耶六怛姪他唵七
薩婆桒悉迦羅八波利輸底九達磨底十伽迦娜十一莎訶某特迦底十二薩婆婆毗輸底十三摩訶
娜耶十四波利婆羅莎訶　若有能於是經少分能惠施者等於三千大千世界滿中七
寶布施陁羅尼曰　南謨薄伽勒底一阿波利蜜哆二阿俞紇硯娜三須毗你悉指陁
羅佐耶五怛他羯他耶六怛姪他唵七薩婆桒悉迦羅八波利輸底九達磨底十伽迦娜十一莎訶某特迦
底十二薩婆婆毗輸底十三摩訶娜耶十四波利婆羅莎訶十五
若有能供養是經者則是供養一切諸經等无有異陁羅尼曰　南謨薄伽勒底一阿波
利蜜哆二阿俞紇硯娜三須毗你悉指陁四羅佐耶五怛他羯他耶六怛姪他唵七薩婆桒悉迦羅八波利
輸底九達磨底十伽迦娜十一莎訶某特迦底十二薩婆婆毗輸底十三摩訶娜耶十四波利婆羅莎訶
如是毗婆尸佛尸棄佛毗舍浮佛俱留孫佛俱那含牟尼佛　迦葉佛　釋迦牟尼佛
若有人以七寶供養如是七佛其福有限書寫受持是无量壽經典所有功德不可限量
陁羅尼曰　南謨薄伽勒底一阿波利蜜哆二阿俞紇硯娜三須毗你悉指陁四羅佐耶五怛他
羯他耶六怛姪他唵七薩婆桒悉迦羅八波利輸底九達磨底十伽迦娜十一莎訶某特迦底十二薩婆
婆毗輸底十三摩訶娜耶十四波利婆羅莎訶十五
若有七寶等於須弥以用布施其福上能知其限量是无量壽經典其福不可知數陁羅尼曰
南謨薄伽勒底一阿波利蜜哆二阿俞紇硯娜三須毗你悉指陁四羅佐耶五怛他羯他耶六怛姪他唵七
薩婆桒悉迦羅八波利輸底九達磨底十伽迦娜十一莎訶某特迦底十二薩婆婆毗輸底十三摩
訶娜耶十四波利婆羅莎訶十五
如是四大海水可知滴數无量壽經典所生果報不可數量陁羅尼曰
南謨薄伽勒底一阿波利蜜哆二阿俞紇硯娜三須毗你悉指陁四羅佐耶五怛他羯他耶六怛姪他七
薩婆桒悉迦羅八波利輸底九達磨底十伽迦娜十一莎訶某特迦底十二薩婆婆毗輸底十三摩訶娜
耶十四波利婆羅莎訶十五
若有自書使人書寫是无量壽經典又能護持供養即如恭敬供養一切十方佛土如來

BD03467 號　無量壽宗要經　（5–4）

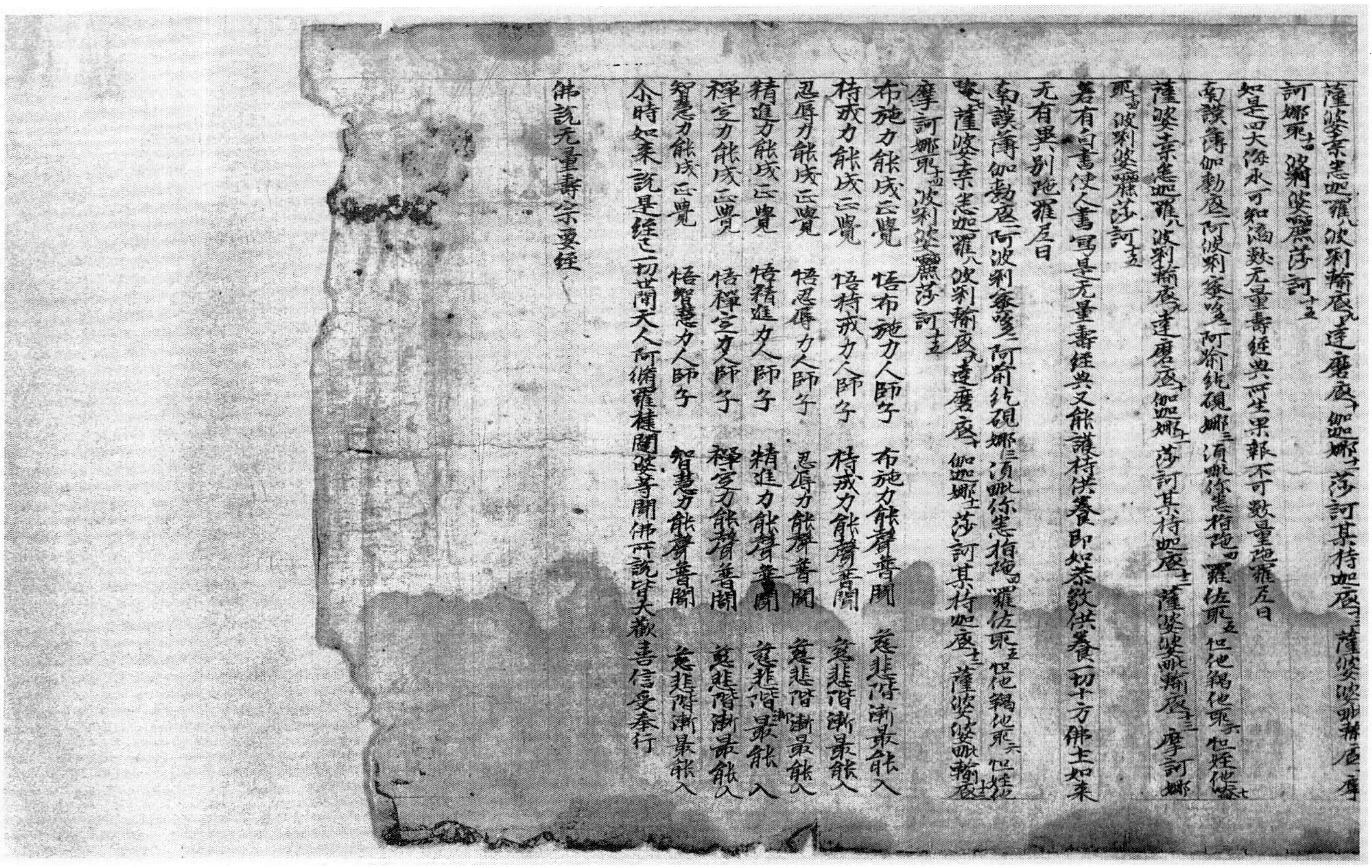
薩婆桒悉迦羅九波唎輸底十達磨底十一伽伽娜十二莎訶某持伽底十三薩婆婆毗輸底十四摩
訶娜耶十四波唎婆嚩莎訶十五
如是四大海水可知渧數无量壽經典所生果報不可數量陁羅尼曰
南謨薄伽勃底一阿波唎蜜哆二阿喻紇硯娜三須毗你悉指陁四囉佐耶五怛他羯他耶六怛姪他七
薩婆桒悉迦羅八波唎輸底九達磨底十伽伽娜十一莎訶某持伽底十二薩婆婆毗輸底十三摩訶娜
耶十四波唎婆嚩莎訶十五
若有自書使人書寫是无量壽經典又能護持供養即如恭敬供養一切十方佛土如來
无有異別陁羅尼曰
南謨薄伽勃底一阿波唎蜜哆二阿喻紇硯娜三須毗你悉指陁四囉佐耶五怛他羯他耶六怛姪他
唵七薩婆桒悉迦羅八波唎輸底九達磨底十伽伽娜十一莎訶某持伽底十二薩婆婆毗輸底十三
摩訶娜耶十四波唎婆嚩莎訶十五
布施力能成正覺　悟布施力人師子　布施力能聲普聞　慈悲階漸最能入
持戒力能成正覺　悟持戒力人師子　持戒力能聲普聞　慈悲階漸最能入
忍辱力能成正覺　悟忍辱力人師子　忍辱力能聲普聞　慈悲階漸最能入
精進力能成正覺　悟精進力人師子　精進力能聲普聞　慈悲階漸最能入
禪定力能成正覺　悟禪定力人師子　禪定力能聲普聞　慈悲階漸最能入
智慧力能成正覺　悟智慧力人師子　智慧力能聲普聞　慈悲階漸最能入
尒時如來說是經已一切世間天人阿脩羅揵闥婆等聞佛所說皆大歡喜信受奉行
佛說无量壽宗要經

BD03467 號　無量壽宗要經　（5–5）

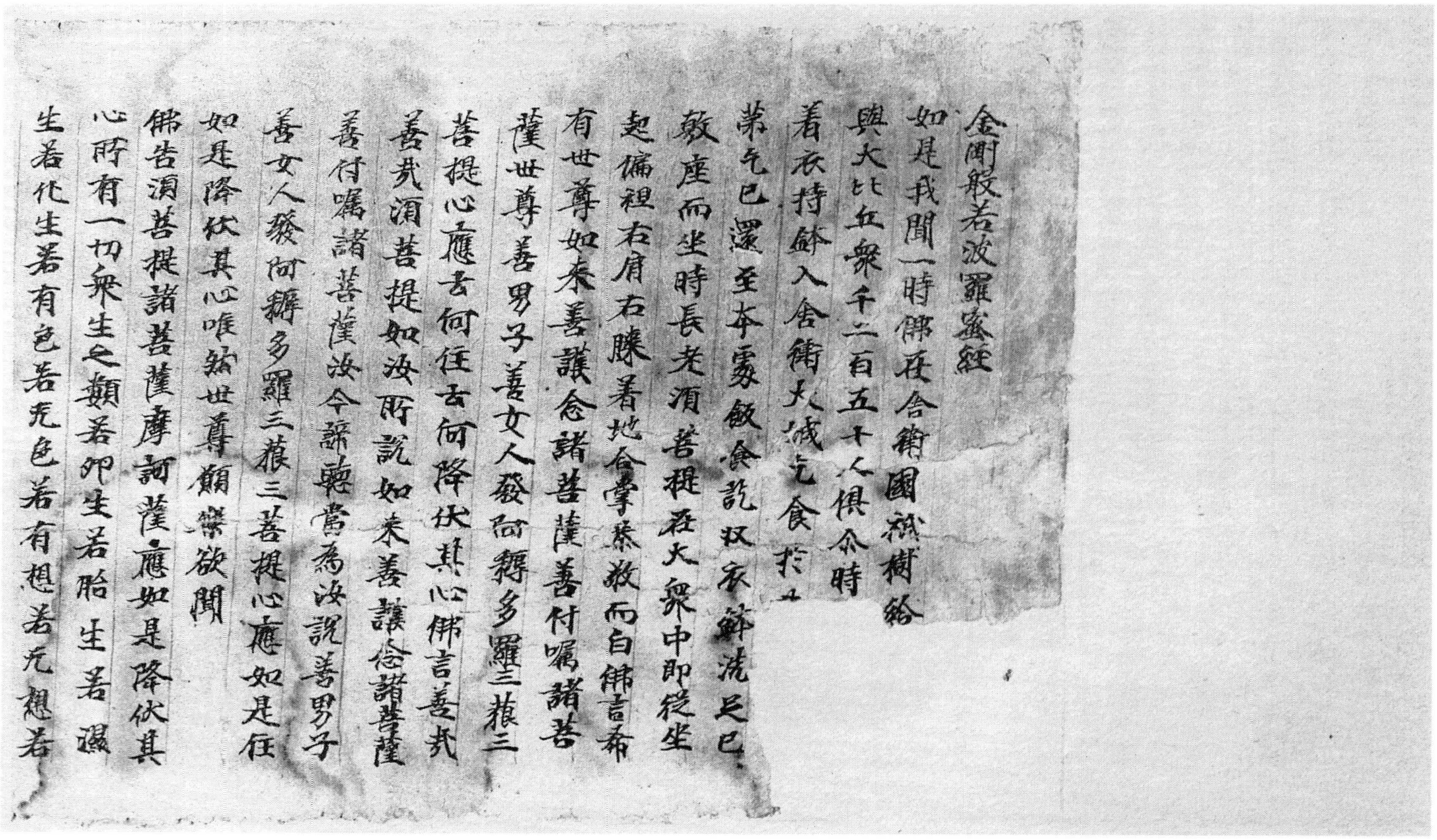
金剛般若波羅蜜經
如是我聞一時佛在舍衛國祇樹給
與大比丘衆千二百五十人俱尒時
着衣持鉢入舍衛大城乞食於
苐乞已還至本處飯食訖收衣鉢洗足已
敷座而坐時長老須菩提在大衆中即從坐
起偏袒右肩右膝著地合掌恭敬而白佛言希
有世尊如來善護念諸菩薩善付囑諸菩
薩世尊善男子善女人發阿耨多羅三藐三
菩提心應云何住云何降伏其心佛言善哉
善哉須菩提如汝所說如來善護念諸菩薩
善付囑諸菩薩汝今諦聽當為汝說善男子
善女人發阿耨多羅三藐三菩提心應如是住
如是降伏其心唯然世尊願樂欲聞
佛告須菩提諸菩薩摩訶薩應如是降伏其
心所有一切衆生之類若卵生若胎生若濕
生若化生若有色若无色若有想若无想若

BD03468 號　金剛般若波羅蜜經　（16–1）

善[illegible]多羅三藐三菩提心應如是住
如是降伏其心唯然世尊願樂欲聞
佛告須菩提諸菩薩摩訶薩應如是降伏其
心所有一切衆生之類若卵生若胎生若濕
生若化生若有色若无色若有想若无想若
非有想若非无想我皆令入无餘涅槃而滅
度之如是滅度无量无數无邊衆生實无衆
生得滅度者何以故須菩提若菩薩有我
相人相衆生相壽者相即非菩薩
復次須菩提菩薩於法應无所住行於布施
所謂不住色布施不住聲香味觸法布施須菩
提菩薩應如是布施不住於相何以故若菩
薩不住相布施其福德不可思量須菩提
於意云何東方虛空可思量不不也世尊須
菩提南西北方四維上下虛空可思量不不
也世尊須菩提菩薩无住相布施福德亦
復如是不可思量須菩提菩薩但應如所教
住須菩提於意云何可以身相見如來不不也
世尊不可以身相得見如來何以故如來所
說身相即非身相佛告須菩提凡所有相皆
是虛妄若見諸相非相則見如來
須菩提白佛言世尊頗有衆生得聞如是言
說章句生實信不佛告須菩提莫作是說如
來滅後後五百歲有持戒脩福者於此章句
能生信心以此為實當知是人不於一佛二佛

[illegible]言
說章句生實信不佛告須菩提莫作是說如
來滅後後五百歲有持戒脩福者於此章句
能生信心以此為實當知是人不於一佛二佛
三四五佛而種善根已於无量千万佛所種
諸善根聞是章句乃至一念生淨信者須
菩提如來悉知悉見是諸衆生得如是无量
福德何以故是諸衆生无復我相人相衆生
相壽者相无法相亦无非法相何以故是諸衆
生若心取相則為着我人衆生壽者若取法
相即着我人衆生壽者何以故若取非法相
即着我人衆生壽者是故不應取法不應取
非法以是義故如來常說汝等比丘知我說
法如筏喻者法尚應捨何況非法
須菩提於意云何如來得阿耨多羅三藐三
菩提耶如來有所說法耶須菩提言如我解
佛所說義无有定法名阿耨多羅三藐三菩
提亦无有定法如來可說何以故如來所說
法皆不可取不可說非法非非法所以者何
一切賢聖皆以无為法而有差別
須菩提於意云何若人滿三千大千世界七
寶以用布施是人所得福德寧為多不須菩
提言甚多世尊何以故是福德即非福德性
是故如來說福德多若復有人於此經中受
持乃至四句偈等為他人說其福勝彼何以

提言甚多世尊何以故是福德即非福德性
是故如來說福德多若復有人於此經中受
持乃至四句偈等為他人說其福勝彼何以
故須菩提一切諸佛及諸佛阿耨多羅三藐
三菩提法皆從此經出須菩提所謂佛法者
即非佛法
須菩提於意云何須陁洹能作是念我得須
陁洹果不須菩提言不也世尊何以故須陁
洹名為入流而无所入不入色聲香味觸法
是名須陁洹須菩提於意云何斯陁含能
作是念我得斯陁含果不須菩提言不也世
尊何以故斯陁含名一往來而實无往來是名
斯陁含須菩提於意云何阿那含能作是念
我得阿那含果不須菩提言不也世尊何以故
阿那含名為不來而實无來是故名阿那
含須菩提於意云何阿羅漢能作是念我得
阿羅漢道不須菩提言不也世尊何以故實
无有法名阿羅漢世尊若阿羅漢作是念我
得阿羅漢道即為著我人衆生壽者世尊佛
說我得无諍三昧人中最為第一是第一離
欲阿羅漢我不作是念我是離欲阿羅漢世
尊我若作是念我得阿羅漢道世尊則不
說須菩提是樂阿蘭那行者以須菩提實无
所行而名須菩提是樂阿蘭那行

BD03468號　金剛般若波羅蜜經　（16–4）

尊我若作是念我得阿羅漢道世尊則不
說須菩提是樂阿蘭那行者以須菩提實无
所行而名須菩提是樂阿蘭那行
佛告須菩提於意云何如來昔在然燈佛所
於法有所得不不也世尊如來在然燈佛
所於法實无所得須菩提於意云何菩薩
莊嚴佛土不不也世尊何以故莊嚴佛土者則
非莊嚴是名莊嚴是故須菩提諸菩薩摩訶
薩應如是生清淨心不應住色生心不應住
聲香味觸法生心應无所住而生其心須菩
提譬如有人身如須弥山王於意云何是身
為大不須菩提言甚大世尊何以故佛說非
身是名大身
須菩提如恒河中所有沙數如是沙等恒河
於意云何是諸恒河沙寧為多不須菩提言
甚多世尊但諸恒河尚多无數何况其沙須
菩提我今實言告汝若有善男子善女人以
七寶滿尒所恒河沙數三千大千世界以用布
施得福多不須菩提言甚多世尊佛告須
菩提若有善男子善女人於此經中乃至受
持四句偈等為他人說而此福德勝前福德
復次須菩提隨說是經乃至四句偈等當知
此處一切世間天人阿脩羅皆應供養如佛
塔廟何况有人盡能受持讀誦須菩提當知

BD03468號　金剛般若波羅蜜經　（16–5）

持四句偈等爲他人說而此福德勝前福德
復次須菩提隨說是經乃至四句偈等當知
此處一切世間天人阿脩羅皆應供養如佛
塔廟何況有人盡能受持讀誦須菩提當知
是人成就最上第一希有之法若是經典所
在之處則爲有佛若尊重弟子
尒時須菩提白佛言世尊當何名此經我等
云何奉持佛告須菩提是經名爲金剛般若
波羅蜜以是名字汝當奉持所以者何須菩
提佛說般若波羅蜜則非般若波羅蜜須菩
提於意云何如來有所說法不須菩提白佛
言世尊如來无所說須菩提於意云何三千
大千世界所有微塵是爲多不須菩提言甚
多世尊須菩提諸微塵如來說非微塵是名
微塵如來說世界非世界是名世界須菩提
於意云何可以三十二相見如來不不也世尊
何以故如來說三十二相即是非相是名三
十二相須菩提若有善男子善女人以恒河
沙等身命布施若復有人於此經中乃至
受持四句偈等爲他人說其福甚多
尒時須菩提聞說是經深解義趣涕淚悲
泣而白佛言希有世尊佛說如是甚深經典我
從昔來所得慧眼未曾得聞如是之經世尊
若復有人得聞是經信心清淨則生實相當

BD03468號　金剛般若波羅蜜經　（16–6）

從昔來所得慧眼未曾得聞如是之經世尊
若復有人得聞是經信心清淨則生實相當
知是人成就第一希有功德世尊是實相者
則是非相是故如來說名實相世尊我今得
聞如是經典信解受持不足爲難若當來世
後五百歲其有衆生得聞是經信解受持是
人則爲第一希有何以故此人无我相人相
衆生相壽者相所以者何我相即是非相人
相衆生相壽者相即是非相何以故離一切
諸相則名諸佛
佛告須菩提如是如是若復有人得聞是經
不驚不怖不畏當知是人甚爲希有何以故
須菩提如來說第一波羅蜜非第一波羅蜜
是名第一波羅蜜
須菩提忍辱波羅蜜如來說非忍辱波羅蜜
何以故須菩提如我昔爲歌利王割截身體
我於尒時无我相无人相无衆生相无壽者
相何以故我於往昔節節支解時若有我相
人相衆生相壽者相應生瞋恨須菩提又念
過去於五百世作忍辱仙人於尒所世无我
相无人相无衆生相无壽者相是故須菩提
菩薩應離一切相發阿耨多羅三藐三菩提
心不應住色生心不應住聲香味觸法生心
應生无所住心若心有住則爲非住是故佛

BD03468號　金剛般若波羅蜜經　（16–7）

菩薩應離一切相發阿耨多羅三藐三菩提
心不應住色生心不應住聲香味觸法生心
應生无所住心若心有住則為非住是故佛
說菩薩心不應住色布施須菩提菩薩為利
益一切衆生應如是布施如來說一切諸相
即是非相又說一切衆生則非衆生須菩提
如來是真語者實語者如語者不誑語者不
異語者須菩提如來所得法此法无實无虛
須菩提若菩薩心住於法而行布施如人入
闇則无所見若菩薩心不住法而行布施如
人有目日光明照見種種色須菩提當來之
世若有善男子善女人能於此經受持讀誦
則為如來以佛智慧悉知是人悉見是人皆
得成就无量无邊功德
須菩提若有善男子善女人初日分以恒河
沙等身布施中日分復以恒河沙等身布施
後日分亦以恒河沙等身布施如是无量百
千万億劫以身布施若復有人聞此經典信
心不逆其福勝彼何況書寫受持讀誦為人
解說須菩提以要言之是經有不可思議不
可稱量无邊功德如來為發大乘者說為發
最上乘者說若有人能受持讀誦廣為人說
如來悉知是人悉見是人皆成就不可量不
可稱无有邊不可思議功德如是人等則為

BD03468號　金剛般若波羅蜜經　（16–8）

最上乘者說若有人能受持讀誦廣為人說
如來悉知是人悉見是人皆成就不可量不
可稱无有邊不可思議功德如是人等則為
荷擔如來阿耨多羅三藐三菩提何以故須菩
提若樂小法者著我見人見衆生見壽者
見則於此經不能聽受讀誦為人解說須菩
提在在處處若有此經一切世間天人阿脩
羅所應供養當知此處則為是塔皆應恭敬
作禮圍遶以諸華香而散其處
復次須菩提善男子善女人受持讀誦此經
若為人輕賤是人先世罪業應墮惡道以今
世人輕賤故先世罪業則為消滅當得阿耨
多羅三藐三菩提須菩提我念過去无量阿
僧祇劫於然燈佛前得值八百四千万億那
由他諸佛悉皆供養承事无空過者若復
有人於後末世能受持讀誦此經所得功德於
我所供養諸佛功德百分不及一千万億分
乃至筭數譬喻所不能及須菩提若善男子
善女人於後末世有受持讀誦此經所得功
德我若具說者或有人聞心則狂亂狐疑不
信須菩提當知是經義不可思議果報亦不
可思議
尒時須菩提白佛言世尊善男子善女人發
阿耨多羅三藐三菩提心云何應住云何降

BD03468號　金剛般若波羅蜜經　（16–9）

可思議
尒時須菩提白佛言世尊善男子善女人發
阿耨多羅三藐三菩提心云何應住云何降
伏其心佛告須菩提善男子善女人發阿耨多
羅三藐三菩提者當生如是心我應滅度
一切衆生滅度一切衆生已而无有一衆生
實滅度者何以故若菩薩有我相人相衆
生相壽者相則非菩薩所以者何須菩提實
无有法發阿耨多羅三藐三菩提者須菩提
於意云何如來於然燈佛所有法得阿耨多
羅三藐三菩提不不也世尊如我解佛所說義
佛於然燈佛所无有法得阿耨多羅三藐三
菩提佛言如是如是須菩提實无有法如來
得阿耨多羅三藐三菩提須菩提若有法如
來得阿耨多羅三藐三菩提者然燈佛則不
與我授記汝於來世當得作佛号釋迦牟尼
以實无有法得阿耨多羅三藐三菩提是故
然燈佛與我授記作是言汝於來世當得作
佛号釋迦牟尼何以故如來者即諸法如義
若有人言如來得阿耨多羅三藐三菩提須
菩提實无有法佛得阿耨多羅三藐三菩提
須菩提如來所得阿耨多羅三藐三菩提於
是中无實无虛是故如來說一切法皆是佛
法須菩提所言一切法者即非一切法是故

BD03468號　金剛般若波羅蜜經　（16–10）

須菩提如來所得阿耨多羅三藐三菩提於
是中无實无虛是故如來說一切法皆是佛
法須菩提所言一切法者即非一切法是故
名一切法須菩提譬如人身長大須菩提言
世尊如來說人身長大則為非大身是名大
身須菩提菩薩亦如是若作是言我當滅度
无量衆生則不名菩薩何以故須菩提實无
有法名為菩薩是故佛說一切法无我无人
无衆生无壽者須菩提若菩薩作是言我當
莊嚴佛土是不名菩薩何以故如來說莊嚴
佛土者即非莊嚴是名莊嚴須菩提若菩薩
通達无我法者如來說名真是菩薩
須菩提於意云何如來有肉眼不如是世尊
如來有肉眼須菩提於意云何如來有天眼
不如是世尊如來有天眼須菩提於意云何
如來有慧眼不如是世尊如來有慧眼須菩
提於意云何如來有法眼不如是世尊如來有
法眼須菩提於意云何如來有佛眼不如
是世尊如來有佛眼須菩提於意云何恒
河中所有沙佛說是沙不如是世尊如來說
是沙須菩提於意云何如一恒河中所有沙
有如是等恒河是諸恒河所有沙數佛世界
如是寧為多不甚多世尊佛告須菩提尒
所國土中所有衆生若干種心如來悉知何以

BD03468號　金剛般若波羅蜜經　（16–11）

是沙須菩提於意云何如一恒河中所有沙
有如是等恒河是諸恒河所有沙數佛世界
如是寧為多不甚多世尊佛告須菩提尒
所國土中所有衆生若干種心如來悉知何以
故如來說諸心皆為非心是名為心所以者
何須菩提過去心不可得現在心不可得未
來心不可得須菩提於意云何若有人滿三
千大千世界七寶以用布施是人以是因緣
得福多不如是世尊此人以是因緣得福甚
多須菩提若福德有實如來不說得福德
多以福德无故如來說得福德多
須菩提於意云何佛可以具足色身見不不
也世尊如來不應以具足色身見何以故如來
說具足色身即非具足色身是名具足色
身須菩提於意云何如來可以具足諸相見
不不也世尊如來不應以具足諸相見何以故
如來說諸相具足即非具足是名諸相具足
須菩提汝勿謂如來作是念我當有所說
法莫作是念何以故若人言如來有所說法
即為謗佛不能解我所說故須菩提說法者
无法可說是名說法須菩提白佛言世尊佛
得阿耨多羅三藐三菩提為无所得耶如是
如是須菩提我於阿耨多羅三藐三菩提乃
至无有少法可得是名阿耨多羅三藐三菩

BD03468號　金剛般若波羅蜜經　（16–12）

无法可說是名說法須菩提白佛言世尊佛
得阿耨多羅三藐三菩提為无所得耶如是
如是須菩提我於阿耨多羅三藐三菩提乃
至无有少法可得是名阿耨多羅三藐三菩
提復次須菩提是法平等无有高下是名阿
耨多羅三藐三菩提以无我无人无衆生无
壽者脩一切善法則得阿耨多羅三藐三菩
提須菩提所言善法者如來說非善法是名
善法須菩提若三千大千世界中所有諸須
弥山王如是等七寶聚有人持用布施若人
以此般若波羅蜜經乃至四句偈等受持為
他人說於前福德百分不及一百千万億分
乃至筭數譬喻所不能及
須菩提於意云何汝等勿謂如來作是念我
當度衆生須菩提莫作是念何以故實无有
衆生如來度者若有衆生如來度者如來則
有我人衆生壽者須菩提如來說有我者則
非有我而凡夫之人以為有我須菩提凡夫
者如來說則非凡夫須菩提於意云何可以
三十二相觀如來不須菩提言如是如是以
三十二相觀如來佛言須菩提若以三十二
相觀如來者轉輪聖王則是如來須菩提白
佛言世尊如我解佛所說義不應以三十二
相觀如來尒時世尊而說偈言
若以色見我　以音聲求我　是人行邪道　不能見如來

BD03468號　金剛般若波羅蜜經　（16–13）

相觀如來者轉輪聖王則是如來須菩提白
佛言世尊如我解佛所說義不應以三十二
相觀如來尒時世尊而說偈言
若以色見我　以音聲求我　是人行邪道　不能見如來
須菩提汝若作是念如來不以具足相故得
阿耨多羅三藐三菩提須菩提莫作是念如
來不以具足相故得阿耨多羅三藐三菩提
須菩提汝若作是念發阿耨多羅三藐三菩
提者說諸法斷滅莫作是念何以故發阿耨
多羅三藐三菩提者於法不說斷滅相須菩
提若菩薩以滿恒河沙等世界七寶布施
若復有人知一切法无我得成於忍此菩薩
勝前菩薩所得功德何以故須菩提以諸菩
薩不受福德故須菩提白佛言世尊云何菩
薩不受福德須菩提菩薩所作福德不應
貪著是故說不受福德須菩提若有人言
如來若來若去若坐若臥是人不解我所說
義何以故如來者无所從來亦无所去故名
如來須菩提若善男子善女人以三千大千
世界碎為微塵於意云何是微塵衆寧為多
不甚多世尊何以故若是微塵衆實有者佛
則不說是微塵衆所以者何佛說微塵衆則
非微塵衆是名微塵衆世尊如來所說三千
大千世界則非世界是名世界何以故若世界

BD03468號　金剛般若波羅蜜經　（16–14）

不甚多世尊何以故若是微塵衆實有者佛
則不說是微塵衆所以者何佛說微塵衆則
非微塵衆是名微塵衆世尊如來所說三千
大千世界則非世界是名世界何以故若世界
實有者則是一合相如來說一合相則非一合
相是名一合相須菩提一合相者則是不可
說但凡夫之人貪著其事須菩提若人言
佛說我見人見衆生見壽者見須菩提於
意云何是人解我所說義不不也世尊是人
不解如來所說義何以故世尊說我見人見
衆生見壽者見即非我見人見衆生見壽
者見是名我見人見衆生見壽者見須菩提發
阿耨多羅三藐三菩提心者於一切法應如是
知如是見如是信解不生法相須菩提所言
法相者如來說即非法相是名法相須菩
提若有人以滿无量阿僧祇世界七寶持用
布施若有善男子善女人發菩薩心者持於
此經乃至四句偈等受持讀誦為人演說其
福勝彼云何為人演說不取於相如如不動
何以故
一切有為法　如夢幻泡影　如露亦如電　應作如是觀
佛說是經已長老須菩提及諸比丘比丘尼
優婆塞優婆夷一切世間天人阿脩羅聞
佛所說皆大歡喜信受奉行

BD03468號　金剛般若波羅蜜經　（16–15）

布施若有善男子善女人發菩薩心者持於
此經乃至四句偈等受持讀誦為人演說其
福勝彼云何為人演說不取於相如如不動
何以故
一切有為法　如夢幻泡影　如露亦如電　應作如是觀
佛說是經已長老須菩提及諸比丘比丘尼
優婆塞優婆夷一切世間天人阿脩羅聞
佛所說皆大歡喜信受奉行
金剛般若波羅蜜經

BD03468 號　金剛般若波羅蜜經　　（16–16）

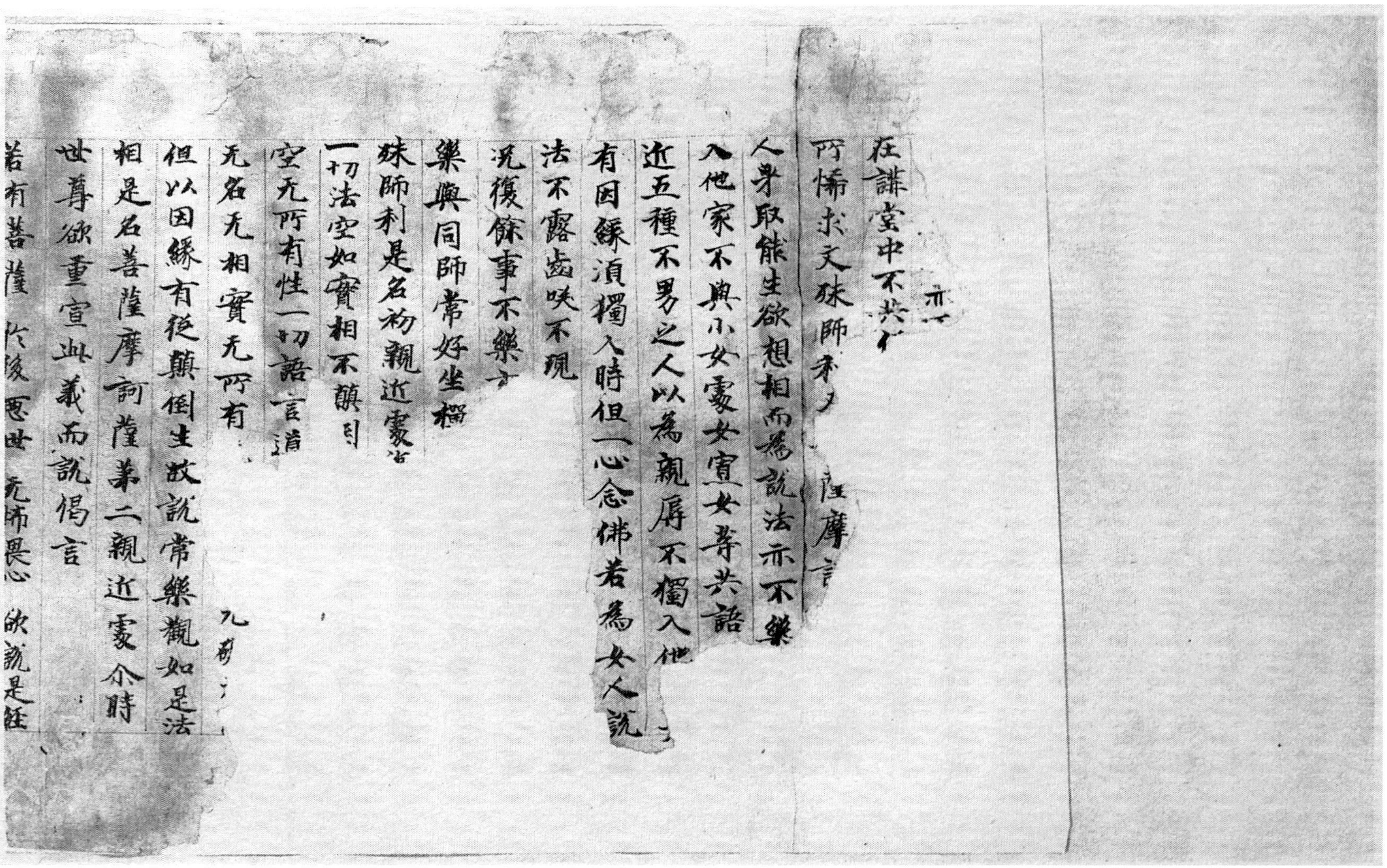

在講堂中不共住
所悕求文殊師利又　薩摩訶
人身取能生欲想相而為說法亦不樂
入他家不與小女處女寡女等共語
近五種不男之人以為親厚不獨入他
有因緣須獨入時但一心念佛若為女人說
法不露齒笑不現
況復餘事不樂
樂與同師常好坐禪
殊師利是名初親近處
一切法空如實相不顛倒
空无所有性一切語言道
无名无相實无所有
但以因緣有從顛倒生故說常樂觀如是法
相是名菩薩摩訶薩第二親近處尒時
世尊欲重宣此義而說偈言
若有菩薩　於後惡世　无怖畏心　欲說是經

BD03469 號　妙法蓮華經卷五　　（29–1）

但以因緣有從顛倒生故說常樂觀如是法
相是名菩薩摩訶薩第二親近處尒時
世尊欲重宣此義而說偈言
若有菩薩　於後惡世　无怖畏心　欲說是經
應入行處　及親近處　常離國王　及國王子
大臣官長　凶險戲者　及旃陀羅　外道梵志
亦不親近　增上慢人
破戒比丘　名字羅漢　及
深著五欲　求現滅度　諸優
若是人等　以好心來　到菩
菩薩則以　无所畏心　不懷
寡女處女　及諸不男　皆
亦莫親近　屠兒魁膾　畋獵漁捕　為利殺害
販肉自活　衒賣女色　如是之人　皆勿親近
凶險相撲　種種嬉戲　諸婬女等　盡勿親近
莫獨屏處　為女說法　若說法時　无得戲笑
入里乞食　將一比丘　若无比丘　一心念佛
是則名為　行處近處　以此二處　能安樂說
又復不行　上中下法
亦不分別　是男是女　不得
是則名為　菩薩行處　一切
无有常住　亦无起滅　是名
顛倒分別　諸法有无　是實
在於閑處　脩攝其心　安住不動　如須弥山
觀一切法　皆无所有　猶如虛空　无有堅固
不生不出　不動不退　常住一相　是名近處

BD03469號　妙法蓮華經卷五　（29–2）

顛倒分別　諸法有无　是實
在於閑處　脩攝其心　安住不動　如須弥山
觀一切法　皆无所有　猶如虛空　无有堅固
不生不出　不動不退　常住一相　是名近處
若有比丘　於我滅後　入是行處　及親近處
說斯經時　无有怯弱　菩薩有時　入於靜室
以正憶念　隨義觀法　從禪定起　為諸國王
王子臣民　婆羅門等　開化演
其心安隱　无有怯弱　文殊師
安住初法　能於後世　說法華經
又文殊師利如來滅後於末法中
應住安樂行若口宣說若讀經時不樂說
及經典過亦不輕慢諸餘法師不說他人好
惡長短於聲聞人亦不稱名說其過惡亦不
稱名讚歎其美又亦不生怨嫌之心善脩如
是安樂心故諸有聽者不逆其意有所難問
不以小乘法荅但以大乘而為解說令得一
切種智尒時世尊欲重宣此
菩薩常樂　安隱說法　於清淨
以油塗身　澡浴塵穢　著新淨衣
安處法座　隨問為說　若有比丘
諸優婆塞　及優婆夷　國王王子　群
以微妙義　和顏為說　若有難問　隨義
因緣譬喻　敷演分別　以是方便　皆使發心
漸漸增益　入於佛道　除嬾惰意　及懈怠想
離諸憂惱　慈心說法　晝夜常說　无上道教

BD03469號　妙法蓮華經卷五　（29–3）

因緣譬喻 敷演分別 以是方便 皆使發心
漸漸增益 入於佛道 除嬾惰意 及懈怠想
離諸憂惱 慈心說法 晝夜常說 无上道教
以諸因緣 无量譬喻 開示衆生 咸令歡喜
衣服臥具 飲食醫藥 而於其上
但一心念 說法因緣 願成佛道
是則大利 安樂供養 我滅度後 若有上
能演說斯 妙法華經 心无嫉恚 諸惱障礙
亦无憂愁 及罵詈者 又无怖畏 加刀杖等
亦无擯出 安住忍故 智者如是 善脩其心
能住安樂 如我上說 其人功德 千萬億劫
筭數譬喻 說不能盡
又文殊師利菩薩摩訶薩於後末世法欲滅
時受持讀誦斯經典者无懷嫉妬諂誑之心
亦勿輕罵學佛道者求其長短若比丘比丘尼
優婆塞優婆夷求聲聞者求辟支佛者求
菩薩道者无得惱之令其疑悔語其人言汝
等去道甚遠終不能得一切種智所以者何
汝是放逸之人於道懈怠故又亦不應戲論
諸法有所諍競當於一切衆生起大悲想於
諸如來起慈父想於諸菩薩起大師想於十
方諸大菩薩常應深心恭敬禮拜於一切衆
生平等說法以順法故不多不少乃至深愛
法者亦不爲多說文殊師利是菩薩摩訶薩
於後末世法欲滅時有成就是第三安樂行
者說是法時无能惱亂得好同學共讀誦是

BD03469 號　妙法蓮華經卷五　（29–4）

生平等說法以順法故不多不少乃至深愛
法者亦不爲多說文殊師利是菩薩摩訶薩
於後末世法欲滅時有成就是第三安樂行
者說是法時无能惱亂得好同學共讀誦是
經亦得大衆而來聽受聽已能持持已能誦
誦已能說說已能書若使人書供養經卷恭
敬尊重讚歎尒時世尊欲重宣此義而說偈言
若欲說是經 當捨嫉恚慢 諂誑邪僞心 常脩質直行
不輕蔑於人 亦不戲論法 不令他疑悔 云汝不得佛
是佛子說法 常柔和能忍 慈悲於一切 不生懈怠心
十方大菩薩 愍衆故行道 應生恭敬心 是則我大師
於諸佛世尊 生无上父想 破於憍慢心 說法无障礙
第三法如是 智者應守護 一心安樂行 无量衆所敬
又文殊師利菩薩摩訶薩於後末世法欲滅
時有持法華經者於在家出家人中生大慈
心於非菩薩人中生大悲心應作是念如是
之人則爲大失如來方便隨宜說法不聞不
知不覺不問不信不解其人雖不問不信不
解是經我得阿耨多羅三藐三菩提時隨在
何地以神通力智慧力引之令得住是法中文
殊師利是菩薩摩訶薩於如來滅後有成
就此第四法者說是法時无有過失常爲比
丘比丘尼優婆塞優婆夷國王王子大臣人
民婆羅門居士等供養恭敬尊重讚歎虛空
諸天爲聽法故亦常隨侍若在聚落城邑空
閑林中有人來欲難問者諸天晝夜常爲法

BD03469 號　妙法蓮華經卷五　（29–5）

說此第四法者說是法時无有過失常為比
丘比丘尼優婆塞優婆夷國王王子大臣人
民婆羅門居士等供養恭敬尊重讚歎虛空
諸天為聽法故亦常隨侍若在聚落城邑空
閑林中有人來欲難問者諸天晝夜常為法
故而衛護之能令聽者皆得歡喜所以者何
此經是一切過去未來現在諸佛神力所護故
文殊師利是法華經於无量國中乃至名字
不可得聞何況得見受持讀誦文殊師利
譬如強力轉輪聖王欲以威勢降伏諸國而
諸小王不順其命時轉輪王起種種兵而往
討伐王見兵衆戰有功者即大歡喜隨功賞
賜或與田宅聚落城邑或與衣服嚴身之具
或與種種珍寶金銀琉璃車𤦲馬瑙珊瑚虎珀
象馬車乘奴婢人民唯髻中明珠不以與之
所以者何獨王頂上有此一珠若以與之
王諸眷屬必大驚怪文殊師利如來亦復如
是以禪定智慧力得法國土王於三界而諸
魔王不肯順伏如來賢聖諸將與之共戰其
有功者心亦歡喜於四衆中為說諸經令其
心悅賜以禪定解脫无漏根力諸法之財又復
賜與涅槃之城言得滅度引導其心令皆歡
喜而不為說是法華經文殊師利如轉輪王
見諸兵衆有大功者心甚歡喜以此難信
之珠久在髻中不妄與人而今與之如來亦
復如是於三界中為大法王以法教化一切

BD03469 號　妙法蓮華經卷五　（29–6）

喜而不為說是法華經文殊師利如轉輪王
見諸兵衆有大功者心甚歡喜以此難信
之珠久在髻中不妄與人而今與之如來亦
復如是於三界中為大法王以法教化一切
衆生見賢聖軍與五陰魔煩惱魔死魔共
戰有大功勳滅三毒出三界破魔網爾時如
來亦大歡喜此法華經能令衆生至一切智
一切世間多怨難信先所未說而今說之文殊
師利此法華經是諸如來第一之說於諸說
中最為甚深末後賜與如彼強力之王久護
明珠今乃與之文殊師利此法華經諸佛如
來秘密之藏於諸經中最在其上長夜守護
不妄宣說始於今日乃與汝等而敷演之爾
時世尊欲重宣此義而說偈言
常行忍辱　哀愍一切　乃能演說　佛所讚經
後末世時　持此經者　於家出家　及非菩薩
應生慈悲　斯等不聞　不信是經　則為大失
我得佛道　以諸方便　為說此法　令住其中
譬如強力　轉輪之王　兵戰有功　賞賜諸物
象馬車乘　嚴身之具　及諸田宅　聚落城邑
或與衣服　種種珍寶　奴婢財物　歡喜賜與
如有勇健　能為難事　王解髻中　明珠賜之
如來亦爾　為諸法王　忍辱大力　智慧寶藏
以大慈悲　如法化世　見一切人　受諸苦惱
欲求解脫　與諸魔戰　為是衆生　說種種法
以大方便　說此諸經　既知衆生　得其力已

BD03469 號　妙法蓮華經卷五　（29–7）

如有勇健　能為難事　王解髻中　明珠賜之
如來亦尒　為諸法王　忍辱大力　智慧寶藏
以大慈悲　如法化世　見一切人　受諸苦惱
欲求解脫　與魔諸戰　為是眾生　說種種法
以大方便　說此諸經　既知眾生　得其力已
末後乃為　說是法華　如王解髻　明珠與之
此經為尊　眾經中上　我常守護　不妄開示
今正是時　為汝等說　我滅度後　求佛道者
欲得安隱　演說斯經　應當親近　如是四法
讀是經者　常无憂惱　又无病痛　顏色鮮白
不生貧窮　卑賤醜陋　眾生樂見　如慕賢聖
天諸童子　以為給使　刀杖不加　毒不能害
若人惡罵　口則閉塞　遊行无畏　如師子王
智慧光明　如日之照　若於夢中　但見妙事
見諸如來　坐師子座　諸比丘眾　圍繞說法
又見龍神　阿脩羅等　數如恒沙　恭敬合掌
自見其身　而為說法　又見諸佛　身相金色
放无量光　照於一切　以梵音聲　演說諸法
佛為四眾　說无上法　見身處中　合掌讚佛
聞法歡喜　而為供養　得陀羅尼　證不退智
佛知其心　深入佛道　即為授記　成最正覺
汝善男子　當於來世　得无量智　佛之大道
國土嚴淨　廣大无比　亦有四眾　合掌聽法
又見自身　在山林中　脩習善法　證諸實相
深入禪定　見十方佛
諸佛身金色　百福相莊嚴　聞法為人說　常有是好夢

BD03469號　妙法蓮華經卷五　（29-8）

又見自身　在山林中　脩習善法　證諸實相
深入禪定　見十方佛
諸佛身金色　百福相莊嚴　聞法為人說　常有是好夢
又夢作國王　捨宮殿眷屬　及上妙五欲　行詣於道場
在菩提樹下　而處師子座　求道過七日　得諸佛之智
成无上道已　起而轉法輪　為四眾說法　經千萬億劫
說无漏妙法　度无量眾生　後當入涅槃　如烟盡燈滅
若後惡世人　說是法華經　是人得大利　如上諸功德

妙法蓮華經從地踊出品第十五

尒時他方國土諸來菩薩摩訶薩過八恒河
沙數於大眾中起立合掌作礼而白佛言世尊
若聽我等於佛滅後在此娑婆世界勤加精
進護持讀誦書寫供養是經典者當於此
土而廣說之尒時佛告諸菩薩摩訶薩眾止善
男子不須汝等護持此經所以者何我娑婆世
界自有六萬恒河沙等菩薩摩訶薩一一
菩薩各有六萬恒河沙眷屬是諸人等能於
我滅後護持讀誦廣說此經佛說是時娑婆
世界三千大千國土地皆震裂而於其中有
无量千萬億菩薩摩訶薩同時踊出是諸
菩薩身皆金色三十二相无量光明先盡在此
娑婆世界之下此界虛空中住是諸菩薩聞
釋迦牟尼佛所說音聲從下發來一一菩薩
皆是大眾唱導之首各將六萬恒河沙眷屬
況將五萬四万三万二万一万恒河沙等眷屬

BD03469號　妙法蓮華經卷五　（29-9）

娑婆世界之下此界虛空中住是諸菩薩聞
釋迦牟尼佛所說音聲從下發來一一菩薩
皆是大衆唱導之首各將六萬恒河沙眷屬
況將五萬四万三万二万一万恒河沙等眷屬
者況復乃至一恒河沙半恒河沙四分之一乃
至千万億那由他分之一況復千万億那由
他眷屬況復億万眷屬況復千万百万乃至
一万況復一千一百乃至一十況復將五四三二
一弟子者況復單己樂遠離行如是等比
无量无邊筭數譬喻所不能知是諸菩
薩從地出已各詣虛空七寶妙塔多寶如
來釋迦牟尼佛所到已向二世尊頭面礼足
乃至諸寶樹下師子座上佛所亦皆作礼右
繞三匝合掌恭敬以諸菩薩種種讚法而以
讚歎住在一面欣樂瞻仰於二世尊是諸菩
薩摩訶薩從初踊出以諸菩薩種種讚法而
讚於佛如是時間經五十小劫是時釋迦牟
尼佛嘿然而坐及諸四衆亦皆嘿然五十小劫
佛神力故令諸大衆謂如半日尒時四衆亦
以佛神力故見諸菩薩遍滿无量百千万億
國土虛空是菩薩衆中有四導師一名上行
二名无邊行三名淨行四名安立行是四菩
薩於其衆中最為上首唱導之師在大衆
前各共合掌觀釋迦牟尼佛而問訊言世尊
少病少惱安樂行不所應度者受教易不不
令世尊生疲勞耶尒時四大菩薩而說偈言

薩於其衆中最為上首唱導之師在大衆
前各共合掌觀釋迦牟尼佛而問訊言世尊
少病少惱安樂行不所應度者受教易不不
令世尊生疲勞耶尒時四大菩薩而說偈言
世尊安樂　少病少惱　教化衆生　得无疲惓
又諸衆生　受化易不　不令世尊　生疲勞耶
尒時世尊於菩薩大衆中而作是言如是如
是諸善男子如來安樂少病少惱諸衆生等
易可化度无有疲勞所以者何是諸衆生世
世已來常受我化亦於過去諸佛供養尊重
種諸善根此諸衆生始見我身聞我所說即
皆信受入如來慧除先學循習小乘者如是
之人我今亦令得聞是經入於佛慧尒時諸
大菩薩而說偈言
善哉善哉　大雄世尊　諸衆生等　易可化度
能問諸佛　甚深智慧　聞已信行　我等隨喜
於時世尊　讚歎上首　諸大菩薩　善哉善哉
善男子汝等能於如來發隨喜心尒時弥勒
菩薩及八千恒河沙諸菩薩衆皆作是念我
等從昔已來不見不聞如是大菩薩摩訶薩
衆從地踊出住世尊前合掌供養問訊如來時
弥勒菩薩摩訶薩知八千恒河沙諸菩薩等
心之所念并欲自決所疑合掌向佛以偈問曰
无量千萬億　大衆諸菩薩　昔所未曾有　願兩足尊說
是從何所來　以何因緣集　巨身大神通　智慧叵思議

心之所念并欲自決所疑合掌向佛以偈問曰
无量千萬億　大衆諸菩薩　昔所未曾有　願兩足尊說
是從何所來　以何因緣集　巨身大神通　智慧叵思議
其志念堅固　有大忍辱力　衆生所樂見　爲從何所來
一一諸菩薩　所將諸眷屬　其數无有量　如恒河沙等
或有大菩薩　將六万恒沙　如是諸大衆　一心求佛道
是諸大師等　六万恒河沙　俱來供養佛　及護持此經
將五万恒沙　其數過於是　四万及三万　二万至一万
一千一百等　乃至一恒沙　半及三四分　億万分之一
千万那由他　万億諸弟子　乃至於半億　其數復過上
百万至一万　一千及一百　五十與一十　乃至三二一
單己无眷屬　樂於獨處者　俱來至佛所　其數轉過上
如是諸大衆　若人行籌數　過於恒沙劫　猶不能盡知
是諸大威德　精進菩薩衆　誰爲其說法　教化而成就
從誰初發心　稱揚何佛法　受持行誰經　脩習何佛道
如是諸菩薩　神通大智力　四方地震裂　皆從中踊出
世尊我昔來　未曾見是事　願說其所從　國土之名号
我常遊諸國　未曾見是衆　我於此衆中　乃不識一人
忽然從地出　願說其因緣　今此之大會　无量百千億
是諸菩薩等　皆欲知此事　是諸菩薩衆　本末之因緣
无量德世尊　唯願決衆疑
尒時釋迦牟尼佛分身諸佛從无量千万億
他方國土來者在於八方諸寶樹下師子座
上結加趺坐其佛侍者各各見是菩薩大衆
於三千大千世界四方從地踊出住於虛空各
白其佛言世尊此諸无量无邊阿僧祇菩

BD03469號　妙法蓮華經卷五　（29–12）

上結加趺坐其佛侍者各各見是菩薩大衆
於三千大千世界四方從地踊出住於虛空各
白其佛言世尊此諸无量无邊阿僧祇菩
薩大衆從何所來尒時諸佛各告侍者諸善男
子且待須臾有菩薩摩訶薩名曰弥勒釋迦
牟尼佛之所授記次後作佛已問斯事佛今答
之汝等自當因是得聞尒時釋迦牟尼佛告
弥勒菩薩善哉善哉阿逸多乃能問佛如
是大事汝當共一心被精進鎧發堅固意如
來今欲顯發宣示諸佛智慧諸佛自在神
通之力諸佛師子奮迅之力諸佛威猛大勢
之力尒時世尊欲重宣此義而說偈言
當精進一心　我欲說此事　勿得有疑悔　佛智叵思議
汝今出信力　住於忍善中　昔所未聞法　今皆當得聞
我今安慰汝　勿得懷疑懼　佛无不實語　智慧不可量
所得第一法　甚深叵分別　如是今當說　汝等一心聽
尒時世尊說此偈已告弥勒菩薩我今於此
大衆宣告汝等阿逸多是諸大菩薩摩訶
薩无量无數阿僧祇從地踊出汝等昔所未
見者我於是娑婆世界得阿耨多羅三藐三
菩提已教化示導是諸菩薩調伏其心令發道
意此諸菩薩皆於是娑婆世界之下此界虛
空中住於諸經典讀誦通利思惟分別正憶
念阿逸多是諸善男子等不樂在衆多有所
說常樂靜處勤行精進未曾休息亦不依
止人天而住常樂深智无有障礙亦常樂於

BD03469號　妙法蓮華經卷五　（29–13）

空中住於諸經典讀誦通利思惟分別正憶
念阿逸多是諸善男子等不樂在衆多有所
說常樂靜處勤行精進未曾休息亦不依
止人天而住常樂深智無有障礙亦常樂於
諸佛之法一心精進求無上慧尒時世尊欲
重宣此義而說偈言
阿逸多當知　是諸大菩薩　從無數劫來　脩習佛智慧
悉是我所化　令發大道心　此等是我子　依止是世界
常行頭陀事　志樂於靜處　捨大衆憒閙　不樂多所說
如是諸子等　學習我道法　晝夜常精進　爲求佛道故
在娑婆世界　下方空中住　志念力堅固　常勤求智慧
說種種妙法　其心無所畏　我於伽耶城　菩提樹下坐
得成最正覺　轉無上法輪　尒乃教化之　令初發道心
今皆住不退　悉當得成佛　我今說實語　汝等一心信
我從久遠來　教化是等衆
尒時彌勒菩薩摩訶薩及無數諸菩薩等心
生疑惑怪未曾有而作是念云何世尊於少
時間教化如是無量無邊阿僧祇諸大菩薩
令住阿耨多羅三藐三菩提即白佛言世尊
如來爲太子時出於釋宮去伽耶城不遠坐
於道場得成阿耨多羅三藐三菩提從是已
來始過四十餘年世尊云何於此少時大作
佛事以佛勢力以佛功德教化如是無量大
菩薩衆當成阿耨多羅三藐三菩提世尊此
大菩薩衆假使有人於千萬億劫數不能盡

佛事以佛勢力以佛功德教化如是無量大
菩薩衆當成阿耨多羅三藐三菩提世尊此
大菩薩衆假使有人於千萬億劫數不能盡
不得其邊斯等久遠已來於無量無邊諸佛
所植諸善根成就菩薩道常脩梵行世尊如
此之事世所難信譬如有人色美髮黑年二
十五指百歲人言是我子其百歲人亦指年
少言是我父生育我等是事難信佛亦如是
得道已來其實未久而此大衆諸菩薩等
已於無量千萬億劫爲佛道故勤行精進善
入出住無量百千萬億三昧得大神通久脩梵
行善能次第習諸善法巧於問荅人中之
寶一切世間甚爲希有今日世尊方云得佛
道時初令發心教化示導令向阿耨多羅三藐
三菩提世尊得佛未久乃能作此大功德事
我等雖復信佛隨宜所說佛所出言未曾虛
妄佛所知者皆悉通達然諸新發意菩薩於
佛滅後若聞是語或不信受而起破法罪業
因緣唯然世尊願爲解說除我等疑及未來
世諸善男子聞此事已亦不生疑尒時彌勒
菩薩欲重宣此義而說偈言
佛昔從釋種　出家近伽耶　坐於菩提樹　尒來尚未久
此諸佛子等　其數不可量　久已行佛道　住於神通力
善學菩薩道　不染世間法　如蓮華在水　從地而踊出
皆起恭敬心　住於世尊前　是事難思議　云何而可信

佛昔從釋種　出家近伽耶　坐於菩提樹　尒來尚未久
此諸佛子等　其數不可量　久已行佛道　住神通智力
善學菩薩道　不染世間法　如蓮華在水　從地而踊出
皆起恭敬心　住於世尊前　是事難思議　云何而可信
佛得道甚近　所成就甚多　願為除衆疑　如實分別說
譬如少壯人　年始二十五　示人百歲子　髮白而面皺
是等我所生　子亦說是父　父少而子老　舉世所不信
世尊亦如是　得道來甚近　是諸菩薩等　志固无怯弱
從无量劫來　而行菩薩道　巧於難問答　其心无所畏
忍辱心決定　端正有威德　十方佛所讚　善能分別說
不樂在人衆　常好在禪定　為求佛道故　於下空中住
我等從佛聞　於此事无疑　願佛為未來　演說令開解
若有於此經　生疑不信者　即當墮惡道　願今為解說
是无量菩薩　云何於少時　教化令發心　而住不退地

妙法蓮華經如來壽量品第十六

尒時佛告諸菩薩及一切大衆諸善男子汝
等當信解如來誠諦之語復告大衆汝等當
信解如來誠諦之語又復告諸大衆汝等當信
解如來誠諦之語是時菩薩大衆弥勒為
首合掌白佛言世尊惟願說之我等當信受
佛語如是三白已復言惟願說之我等當信受佛
尒時世尊知諸菩薩三請不止而語之言
汝等諦聽如來秘密神通之力一切世間
天人及阿脩羅皆謂今釋迦牟尼佛出釋
氏宮去伽耶城不遠坐於道場得阿耨多羅
三藐三菩提然善男子我實成佛已來无量

BD03469 號　妙法蓮華經卷五　（29–16）

汝等諦聽如來秘密神通之力一切世間
天人及阿脩羅皆謂今釋迦牟尼佛出釋
氏宮去伽耶城不遠坐於道場得阿耨多羅
三藐三菩提然善男子我實成佛已來无量
无邊百千万億那由他譬如五百千万億那由
他阿僧祇三千大千世界假使有人末為微
塵過於東方五百千万億那由他阿僧祇
國乃下一塵如是東行盡是微塵諸善男
子於意云何是諸世界可得思惟校計知其
數不弥勒菩薩俱白佛言世尊是諸世界
无量无數非筭數所知亦非心力所及一切
聲聞辟支佛以无漏智不能思惟知其限數
我等住阿惟越致地於是事中亦所不達世
尊如是諸世界无量无邊尒時佛告大菩薩
衆諸善男子今當分明宣語汝等是諸世界
若著微塵及不著者盡以為塵一塵一劫我
成佛已來復過於此百千万億那由他阿僧祇
劫自從是來我常在此娑婆世界說法教
化亦於餘處百千万億那由他阿僧祇國導
利衆生諸善男子於是中間我說然燈佛等
又復言其入於涅槃如是皆以方便分別諸
善男子若有衆生來至我所我以佛眼觀其
信等諸根利鈍隨所應度處處自說名字不
同年紀大小亦復現言當入涅槃又以種種
方便說微妙法能令衆生發歡喜心諸善

BD03469 號　妙法蓮華經卷五　（29–17）

善男子若有衆生来至我所我以佛眼觀其
信等諸根利鈍隨所應度處處自說名字不
同年紀大小亦復現言當入涅槃又以種種
方便說微妙法能令衆生發歡喜心諸善
男子如来見諸衆生樂於小法德薄垢重者
爲是人說我少出家得阿耨多羅三藐三菩提
然我實成佛已来久遠若斯但以方便教化
衆生令入佛道作如是說諸善男子如来所
演經典皆爲度脫衆生或說己身或說他身
或示己身或示他身或示己事或示他事諸
所言說皆實不虛所以者何如来如實知見
三界之相无有生死若退若出亦无在世及
滅度者非實非虛非如非異不如三界見於
三界如斯之事如来明見无有錯謬以諸衆
生有種種性種種欲種種行種種憶想分別
故欲令生諸善根以若干因緣譬喻言辭種
種說法所作佛事未曾暫廢如是我成佛已
来甚大久遠壽命无量阿僧祇劫常住不滅
諸善男子我本行菩薩道所成壽命今猶未
盡復倍上數然今非實滅度而便唱言當取
滅度如来以是方便教化衆生所以者何若佛
久住於世薄德之人不種善根貧窮下賤貪
著五欲入於憶想妄見網中若見如来常在
不滅便起憍恣而懷厭怠不能生難遭之
想恭敬之心是故如来以方便說比丘當知

BD03469號　妙法蓮華經卷五　（29–18）

久住於世薄德之人不種善根貧窮下賤貪
著五欲入於憶想妄見網中若見如来常在
不滅便起憍恣而懷厭怠不能生難遭之
想恭敬之心是故如来以方便說比丘當知
諸佛出世難可值遇所以者何諸薄德人過无
量百千万億劫或有見佛或不見者以此
事故我作是言諸比丘如来難可得見斯
衆生如是語必當生於難遭之想心懷戀
慕渴仰於佛便種善根是故如来雖不實滅
而言滅度又善男子諸佛如来法皆如是爲
度衆生皆實不虛譬如良醫智慧聡達明
練方藥善治衆病其人多諸子息若十二十乃
至百數以有事緣遠至餘國諸子於後飲
他毒藥藥發悶亂宛轉于地是時其父還
来歸家諸子飲毒或失本心或不失者遥見其
父皆大歡喜拜跪問訊善安隱歸我等愚癡誤
服毒藥願見救療更賜壽命父見子等苦惱
如是依諸經方求好藥草色香美味皆悉具
足擣篩和合與子令服而作是言此大良藥
色香美味皆悉具足汝等可服速除苦惱无
復衆患其諸子中不失心者見此良藥色香
俱好即便服之病盡除愈餘失心者見其父
来雖亦歡喜問訊求索治病然與其藥而
不肯服所以者何毒氣深入失本心故於此好
色香藥而謂不美父作是念此子可愍爲毒
所中心皆顛倒雖見我喜求索救療如是好

BD03469號　妙法蓮華經卷五　（29–19）

不肯服所以者何毒氣深入失本心故於此好
色香藥而謂不美父作是念此子可愍為毒
所中心皆顛倒雖見我喜求索救療如是好
藥而不肯服我今當設方便令服此藥即作
是言汝等當知我今衰老死時已至是好良
藥今留在此汝可取服勿憂不差作是教已
復至他國遣使還告汝父已死是時諸子聞
父背喪心大憂惱而作是念若父在者慈愍
我等能見救護今者捨我遠喪他國自惟孤
露无復恃怙常懷悲感心遂醒悟乃知此藥
色味香美即取服之毒病皆愈其父聞子悉
已得差尋便來歸咸使見之諸善男子於
意云何頗有人能說此良醫虛妄罪不不也
世尊佛言我亦如是成佛已來无量无邊百千
万億那由他阿僧祇劫為眾生故以方便力言
當滅度亦无有能如法說我虛妄過者爾時
世尊欲重宣此義而說偈言
自我得佛來　所經諸劫數　无量百千万　億載阿僧祇
常說法教化　无數億眾生　令入於佛道　爾來无量劫
為度眾生故　方便現涅槃　而實不滅度　常住此說法
我常住於此　以諸神通力　令顛倒眾生　雖近而不見
常見我滅度　廣供養舍利　咸皆懷戀慕　而生渴仰心
眾生既信伏　質直意柔軟　一心欲見佛　不自惜身命
時我及眾僧　俱出靈鷲山　我時語眾生　常在此不滅
以方便力故　現有滅不滅　餘國有眾生　恭敬信樂者
我復於彼中　為說无上法　汝等不聞此　但謂我滅度

BD03469 號　妙法蓮華經卷五　（29–20）

眾生既信伏　質直意柔軟　一心欲見佛　不自惜身命
時我及眾僧　俱出靈鷲山　我時語眾生　常在此不滅
以方便力故　現有滅不滅　餘國有眾生　恭敬信樂者
我復於彼中　為說无上法　汝等不聞此　但謂我滅度
我見諸眾生　沒在於苦惱　故不為現身　令其生渴仰
因其心戀慕　乃出為說法　神通力如是　於阿僧祇劫
常在靈鷲山　及餘諸住處　眾生見劫盡　大火所燒時
我此土安隱　天人常充滿　園林諸堂閣　種種寶莊嚴
寶樹多華果　眾生所遊樂　諸天擊天鼓　常作眾伎樂
雨曼陀羅華　散佛及大眾　我淨土不毀　而眾見燒盡
憂怖諸苦惱　如是悉充滿　是諸罪眾生　以惡業因緣
過阿僧祇劫　不聞三寶名　諸有修功德　柔和質直者
則皆見我身　在此而說法　或時為此眾　說佛壽无量
久乃見佛者　為說佛難值　我智力如是　慧光照无量
壽命无數劫　久修業所得　汝等有智者　勿於此生疑
當斷令永盡　佛語實不虛　如醫善方便　為治狂子故
實在而言死　无能說虛妄　我亦為世父　救諸苦患者
為凡夫顛倒　實在而言滅　以常見我故　而生憍恣心
放逸著五欲　墮於惡道中　我常知眾生　行道不行道
隨應所可度　為說種種法　每自作是意　以何令眾生
得入无上道　速成就佛身

妙法蓮華經分別功德品第十七

爾時大會聞佛說壽命劫數長遠如是无量
无邊阿僧祇眾生得大饒益於時世尊告彌
勒菩薩摩訶薩阿逸多我說是如來壽命
長遠時六百八十万億那由他恒河沙眾生得

BD03469 號　妙法蓮華經卷五　（29–21）

妙法蓮華經分別功德品第十七
尒時大會聞佛說壽命劫數長遠如是无量
无邊阿僧祇衆生得大饒益於時世尊告弥
勒菩薩摩訶薩阿逸多我說是如來壽命
長遠時六百八十万億那由他恒河沙衆生得
无生法忍復千倍菩薩摩訶薩得聞持陀羅
尼門復有一世界微塵數菩薩摩訶薩得樂
說无礙辯才復有一世界微塵數菩薩摩訶
薩得百千万億无量旋陀羅尼復有三千大千世
界微塵數菩薩摩訶薩能轉不退法輪復
有二千中國土微塵數菩薩摩訶薩能轉清
淨法輪復有小千國土微塵數菩薩摩訶薩
八生當得阿耨多羅三藐三菩提復有四四
天下微塵數菩薩摩訶薩四生當得阿耨多
羅三藐三菩提復有三四天下微塵數菩薩
摩訶薩三生當得阿耨多羅三藐三菩提復
有二四天下微塵數菩薩摩訶薩二生當得
阿耨多羅三藐三菩提復有一四天下微塵
數菩薩摩訶薩一生當得阿耨多羅三藐三
菩提復有八世界微塵數衆生皆發阿耨多
羅三藐三菩提心佛說是諸菩薩摩訶薩得
大法利時於虛空中雨曼陀羅華摩訶曼陀
羅華以散无量百千万億寶樹下師子座上
諸佛并散七寶塔中師子座上釋迦牟尼佛
及久滅度多寶如來亦散一切諸大菩薩及
四部衆又雨細末栴檀沈水香等於虛空中

BD03469 號　妙法蓮華經卷五　（29–22）

羅華以散无量百千万億寶樹下師子座上
諸佛并散七寶塔中師子座上釋迦牟尼佛
及久滅度多寶如來亦散一切諸大菩薩及
四部衆又雨細末栴檀沈水香等於虛空中
天鼓自鳴妙聲深遠又雨千種天衣垂諸瓔
珞真珠瓔珞摩尼珠瓔珞如意珠瓔珞遍於
九方衆寶香爐燒无價香自然周至供養大
會一一佛上有諸菩薩執持幡蓋次第而上
至于梵天是諸菩薩以妙音聲歌无量頌讚
歎諸佛尒時弥勒菩薩從座而起偏袒右肩
合掌向佛而說偈言

佛說希有法　昔所未曾聞　世尊有大力　壽命不可量
无數諸佛子　聞世尊分別　說得法利者　歡喜充遍身
或住不退地　或得陀羅尼　或无礙樂說　万億旋揔持
或有大千界　微塵數菩薩　各各皆能轉　不退之法輪
復有中千界　微塵數菩薩　各各皆能轉　清淨之法輪
復有小千界　微塵數菩薩　餘各八生在　當得成佛道
復有四三二　如是四天下　微塵諸菩薩　隨數生成佛
或一四天下　微塵數菩薩　餘有一生在　當成一切智
如是等衆生　聞佛壽長遠　得无量无漏　清淨之果報
復有八世界　微塵數衆生　聞佛說壽命　皆發无上心
世尊說无量　不可思議法　多有所饒益　如虛空无邊
雨天曼陀羅　摩訶曼陀羅　釋梵如恒沙　无數佛土來
雨栴檀沈水　繽紛而亂墜　如鳥飛空下　供散於諸佛
天鼓虛空中　自然出妙聲　天衣千万種　旋轉而來下
衆寶妙香爐　燒无價之香　自然悉周遍　供養諸世尊

BD03469 號　妙法蓮華經卷五　（29–23）

雨天曼陀羅　摩訶曼陀羅　釋梵如恒沙　无數佛土來
雨栴檀沉水　繽紛而亂墜　如鳥飛空中　供散於諸佛
天鼓虛空中　自然出妙聲　天衣千万種　旋轉而來下
衆寶妙香爐　燒无價之香　自然悉周遍　供養諸世尊
其大菩薩衆　執七寶幡蓋　高妙万億種　次第至梵天
一一諸佛前　寶幢懸勝幡　亦以千万偈　歌詠諸如來
如是種種事　昔所未曾有　聞佛壽无量　一切皆歡喜
佛名聞十方　廣饒益衆生　一切具善根　以助无上心
尒時佛告弥勒菩薩摩訶薩阿逸多其有衆
生聞佛壽命長遠如是乃至能生一念信解
所得功德无有限量若有善男子善女人爲
阿耨多羅三藐三菩提故於八十万億那由
他劫行五波羅蜜檀波羅蜜尸波羅蜜羼
提波羅蜜毗梨耶波羅蜜禪波羅蜜除般若
波羅蜜以是功德比前功德百分千分百千万
億分不及其一乃至筭數譬喻所不能知若
善男子善女人有如是功德於阿耨多羅三
藐三菩提退者无有是處尒時世尊欲重
宣此義而說偈言
若人求佛慧　於八十万億　那由他劫數　行五波羅蜜
於是諸劫中　布施供養佛　及緣覺弟子　并諸菩薩衆
珎異之飲食　上服與卧具　栴檀立精舍　以園林莊嚴
如是等布施　種種皆微妙　盡此諸劫數　以迴向佛道
若復持禁戒　清淨无缺漏　求於无上道　諸佛之所歎
若復行忍辱　住於調柔地　設衆惡來加　其心不傾動
諸有得法者　懷於增上慢　爲此所輕惱　如是亦能忍

BD03469號　妙法蓮華經卷五　（29–24）

如是等布施　種種皆微妙　盡此諸劫數　以迴向佛道
若復持禁戒　清淨无缺漏　求於无上道　諸佛之所歎
若復行忍辱　住於調柔地　設衆惡來加　其心不傾動
諸有得法者　懷於增上慢　爲此所輕惱　如是亦能忍
若復勤精進　志念常堅固　於无量億劫　一心不懈息
又於无數劫　住於空閑處　若坐若經行　除睡常攝心
以是因緣故　能生諸禪定　八十億万劫　安住心不亂
持此一心福　願求无上道　我得一切智　盡諸禪定際
是人於百千　万億劫數中　行此諸功德　如上之所說
有善男女等　聞我說壽命　乃至一念信　其福過於彼
若人悉无有　一切諸疑悔　深心須臾信　其福爲如此
其有諸菩薩　无量劫行道　聞我說壽命　是則能信受
如是諸人等　頂受此經典　願我於未來　長壽度衆生
如今日世尊　諸釋中之王　道場師子吼　說法无所畏
我等未來世　一切所尊敬　坐於道場時　說壽亦如是
若有深心者　清淨而質直　多聞能捴持　隨義解佛語
如是諸人等　於此无有疑
又阿逸多若有聞佛壽命長遠解其言趣是
人所得功德无有限量能起如來无上之慧
何況廣聞是經若教人聞若自持若教人持
若自書若教人書若以華香瓔珞幢幡繒蓋
香油蘇燈供養經卷是人功德无量无邊能
生一切種智阿逸多若善男子善女人聞我
說壽命長遠深心信解則爲見佛常在耆
闍崛山共大菩薩聲聞衆圍遶說法又見此

BD03469號　妙法蓮華經卷五　（29–25）

香油蘇燈供養經卷是人功德无量无邊能
生一切種智阿逸多若善男子善女人聞我
說壽命長遠深心信解則為見佛常在耆
闍崛山共大菩薩聲聞衆圍遶說法又見此
娑婆世界其地瑠璃坦然平正閻浮檀金以
界八道寶樹行列諸臺樓觀皆悉寶成其
菩薩衆咸處其中若有能如是觀者當知是為
深信解相又復如來滅後若聞是經而不毀
呰起隨喜心當知已為深信解相何況讀誦
受持之者斯人則為頂戴如來阿逸多是善
男子善女人不須為我復起塔寺及作僧房
以四事供養衆僧所以者何是善男子善女
人受持讀誦是經典者為已起塔造立僧房
供養衆僧則為以佛舍利起七寶塔高廣
漸小至于梵天懸諸幡蓋及衆寶鈴華香瓔
珞末香塗香燒香衆鼓伎樂簫笛箜篌種種
儛戲以妙音聲歌唄讚歎則為於无量千万
億劫作是供養已阿逸多若我滅後聞是經
典有能受持若自書若教人書則為起立僧房
以赤栴檀作諸殿堂三十有二高八多羅樹高
廣嚴飾百千比丘於其中止園林浴池經行
禪窟衣服飲食床褥湯藥一切樂具充滿
其中如是僧房堂閣若干百千万億其數无
量以此現前供養於我及比丘僧是故我說
如來滅後若有受持讀誦為他人說若自書
若教人書供養經卷不須復起塔寺及造僧

BD03469 號　妙法蓮華經卷五　（29–26）

其中如是僧房堂閣若干百千万億其數无
量以此現前供養於我及比丘僧是故我說
如來滅後若有受持讀誦為他人說若自書
若教人書供養經卷不須復起塔寺及造僧
房供養衆僧況復有人能持是經兼行布施
持戒忍辱精進一心智慧其德最勝无量无
邊譬如虛空東西南北四維上下无量无邊
是人功德亦復如是无量无邊疾至一切種
智若人讀誦受持是經為他人說若自書若
教人書復能起塔及造僧房供養讚歎聲聞
衆僧亦以百千万億讚歎之法讚歎菩薩功
德又為他人種種因緣隨義解說此法華經
復能清淨持戒與柔和者而共同止忍辱无
瞋志念堅固常貴坐禪得諸深定精進勇猛
攝諸善法利根智慧善荅問難阿逸多若我
滅後諸善男子善女人受持讀誦是經典者
復有如是諸善功德當知是人已趣道場近
阿耨多羅三藐三菩提坐道樹下阿逸多是
善男子若坐若立若經行處此中便應起塔
一切天人皆應供養如佛之塔尒時世尊欲重
宣此義而說偈言
若我滅度後　能奉持此經　斯人福无量　如上之所說
是則為具足　一切諸供養　以舍利起塔　七寶而莊嚴
表剎甚高廣　漸小至梵天　寶鈴千万億　風動出妙聲
又於无量劫　而供養此塔　華香諸瓔珞　天衣衆伎樂

BD03469 號　妙法蓮華經卷五　（29–27）

若我滅度後　能奉持此經　斯人福无量　如上之所說
是則為具足　一切諸供養　以舍利起塔　七寶而莊嚴
表刹甚高廣　漸小至梵天　寶鈴千万億　風動出妙音
又於无量劫　而供養此塔　華香諸瓔珞　天衣衆伎樂
然香油酥燈　周帀常照明　惡世法末時　能持是經者
則為已如上　具足諸供養　若能持此經　則如佛現在
以牛頭栴檀　起僧坊供養　堂有三十二　高八多羅樹
上饌妙衣服　床卧皆具足　百千衆住處　園林諸流池
經行及禪窟　種種皆嚴好　若有信解心　受持讀誦書
若復教人書　及供養經卷　散華香末香　以須曼瞻蔔
阿提目多伽　薰油常然之　如是供養者　得无量功德
如虛空无邊　其福亦如是　況復持此經　兼布施持戒
忍辱樂禪定　不瞋不惡口　恭敬於塔廟　謙下諸比丘
遠離自高心　常思惟智慧　有問難不瞋　隨順為解說
若能行是行　功德不可量　若見此法師　成就如是德
應以天華散　天衣覆其身　頭面接足礼　生心如佛想
又應作是念　不久詣道樹　得无漏无為　廣利諸人天
其所住止處　經行若坐卧　乃至說一偈　是中應起塔
莊嚴令妙好　種種以供養　佛子住此地　則是佛受用
常在於其中　經行及坐卧

妙法蓮華經卷第五

BD03469號　妙法蓮華經卷五　（29–28）

若能行是行　功德不可量　若見此法師　成就如是德
應以天華散　天衣覆其身　頭面接足礼　生心如佛想
又應作是念　不久詣道樹　得无漏无為　廣利諸人天
其所住止處　經行若坐卧　乃至說一偈　是中應起塔
莊嚴令妙好　種種以供養　佛子住此地　則是佛受用
常在於其中　經行及坐卧

妙法蓮華經卷第五

BD03469號　妙法蓮華經卷五　（29–29）

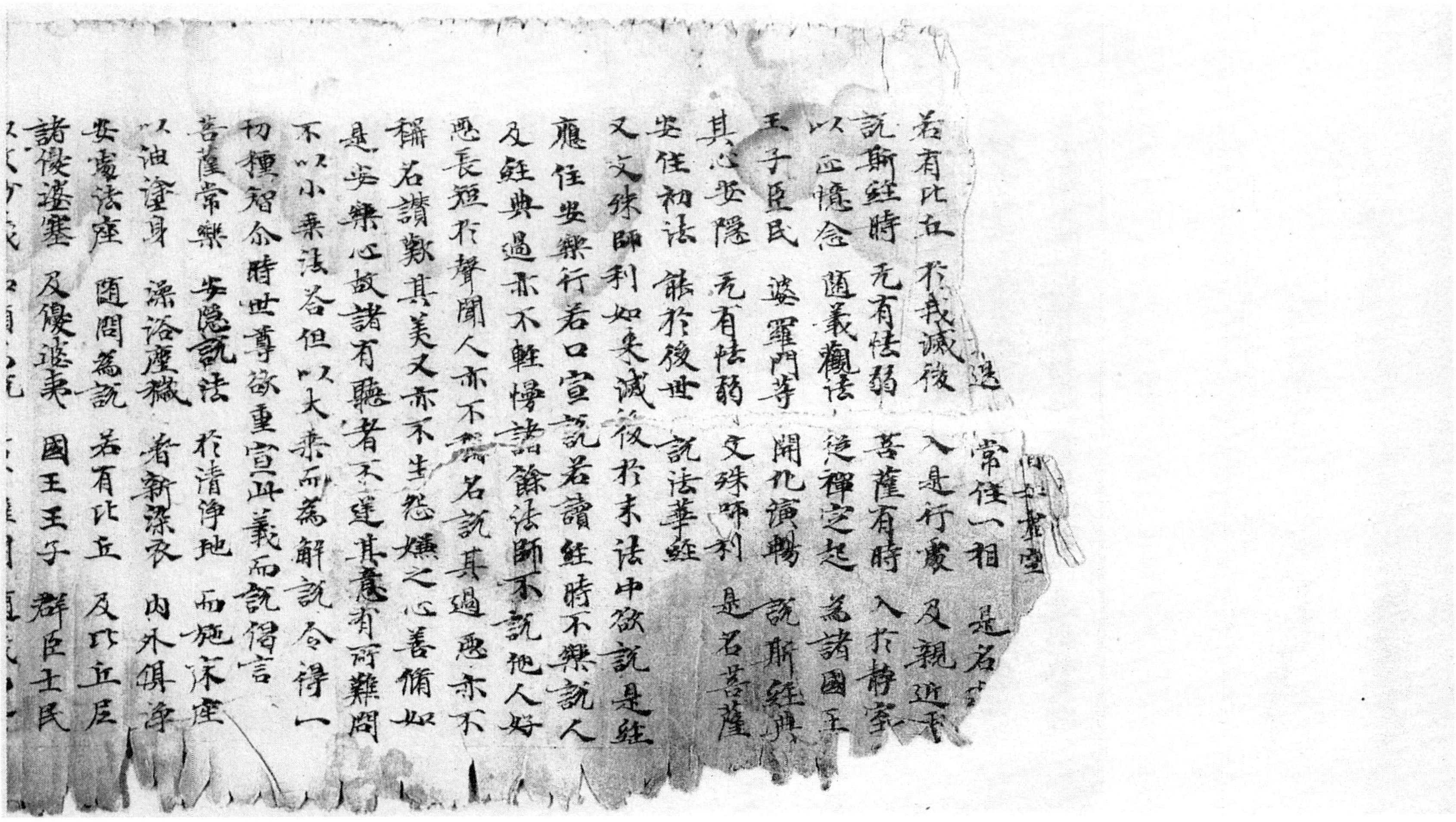

……如虛空
……退　常住一相　是名近處
若有比丘　於我滅後　入是行處　及親近處
說斯經時　无有怯弱　菩薩有時　入於靜室
以正憶念　隨義觀法　從禪定起　為諸國王
王子臣民　婆羅門等　開化演暢　說斯經典
其心安隱　无有怯弱　文殊師利　是名菩薩
安住初法　能於後世　說法華經
又文殊師利　如來滅後　於末法中　欲說是經
應住安樂行　若口宣說　若讀經時　不樂說人
及經典過　亦不輕慢諸餘法師　不說他人好
惡長短　於聲聞人　亦不稱名說其過惡　亦不
稱名讚歎其美　又亦不生怨嫌之心　善脩如
是安樂心故　諸有聽者　不逆其意　有所難問
不以小乘法答　但以大乘而為解說　令得一
切種智　尒時世尊　欲重宣此義　而說偈言
菩薩常樂　安隱說法　於清淨地　而施床座
以油塗身　澡浴塵穢　著新淨衣　內外俱淨
安處法座　隨問為說　若有比丘　及比丘尼
諸優婆塞　及優婆夷　國王王子　群臣士民

BD03470 號　妙法蓮華經卷五　(3–1)

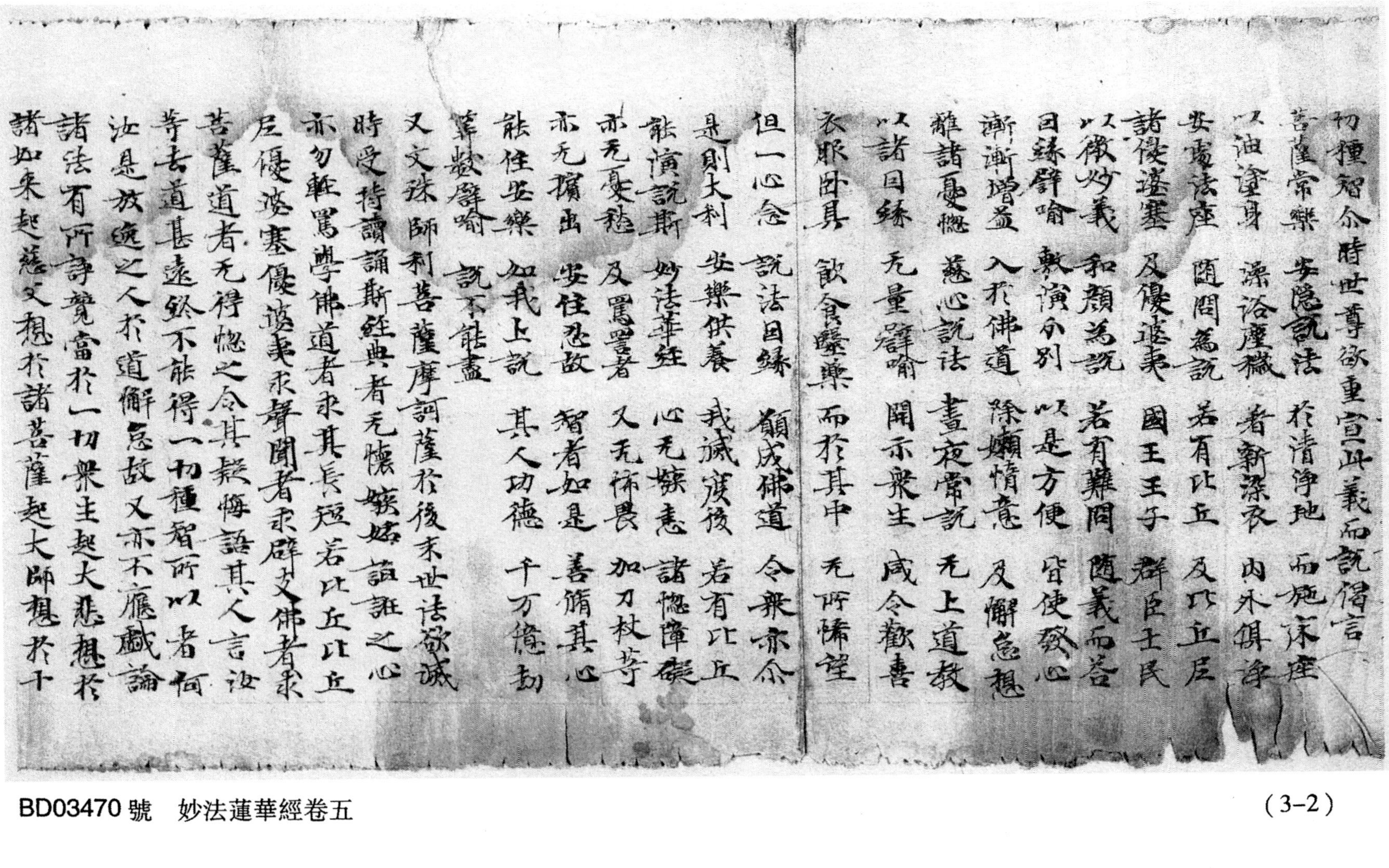

切種智　尒時世尊　欲重宣此義　而說偈言
菩薩常樂　安隱說法　於清淨地　而施床座
以油塗身　澡浴塵穢　著新淨衣　內外俱淨
安處法座　隨問為說　若有比丘　及比丘尼
諸優婆塞　及優婆夷　國王王子　群臣士民
以微妙義　和顏為說　若有難問　隨義而答
因緣譬喻　敷演分別　以是方便　皆使發心
漸漸增益　入於佛道　除嬾惰意　及懈怠想
離諸憂惱　慈心說法　晝夜常說　无上道教
以諸因緣　无量譬喻　開示眾生　咸令歡喜
衣服臥具　飲食醫藥　而於其中　无所悕望
但一心念　說法因緣　願成佛道　令眾亦尒
是則大利　安樂供養　我滅度後　若有比丘
能演說斯　妙法華經　心无嫉恚　諸惱障礙
亦无憂愁　及罵詈者　又无怖畏　加刀杖等
亦无擯出　安住忍故　智者如是　善脩其心
能住安樂　如我上說　其人功德　千万億劫
筭數譬喻　說不能盡
又文殊師利　菩薩摩訶薩　於後末世　法欲滅
時　受持讀誦斯經典者　无懷嫉妬諂誑之心
亦勿輕罵學佛道者　求其長短　若比丘比丘
尼優婆塞優婆夷　求聲聞者　求辟支佛者　求
菩薩道者　无得惱之　令其疑悔　語其人言　汝
等去道甚遠　終不能得一切種智　所以者何
汝是放逸之人　於道懈怠故　又亦不應戲論
諸法　有所諍競　當於一切眾生　起大悲想　於
諸如來　起慈父想　於諸菩薩　起大師想　於十

BD03470 號　妙法蓮華經卷五　(3–2)

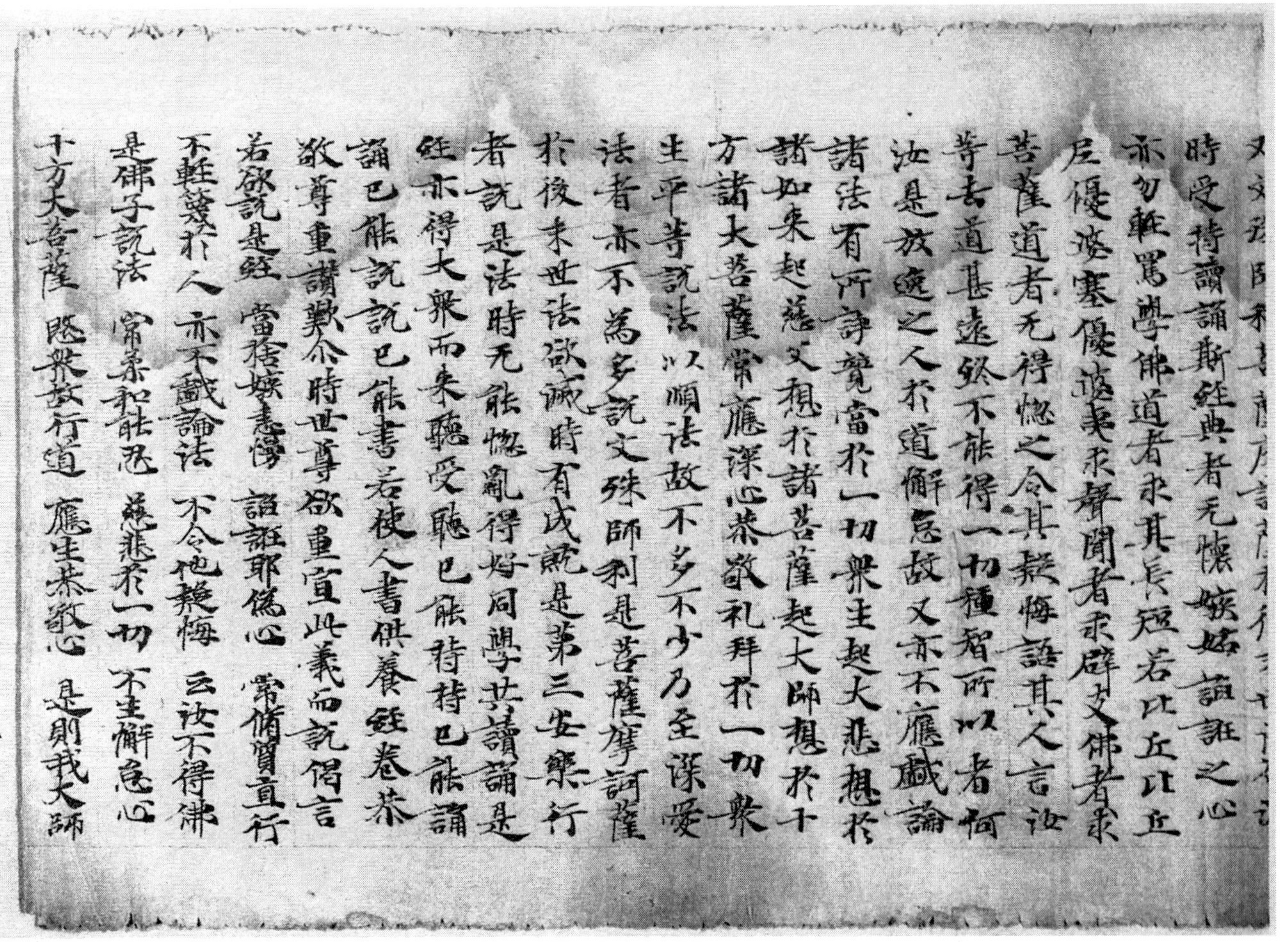

BD03470 號　妙法蓮華經卷五　　(3–3)

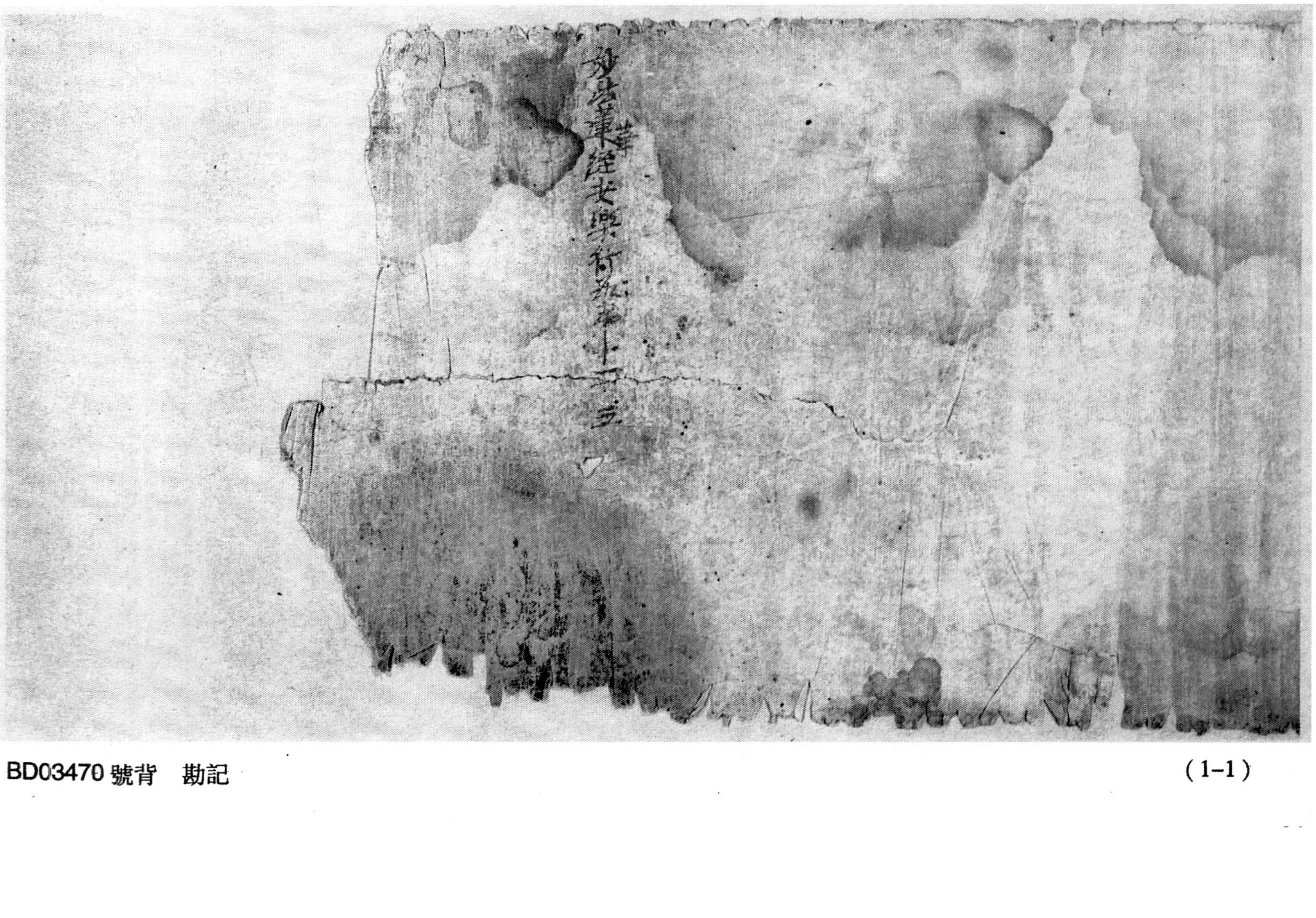

BD03470 號背　勘記　　(1–1)

大般涅槃經憍陳如品第
尒時阿闍世王與
所頭面作礼右遶一
白佛言世尊是諸外
來隨意荅之佛言大王
衆中有婆羅門名闍提
汝說涅槃是常法耶如是
羅門言瞿曇若說涅槃常者是義不然何以
故世間之法從子生果相續不斷如從泥出
瓶從縷出衣瞿曇常說修無常想獲得涅槃
因是無常果云何常瞿曇又說解脫欲貪即
是涅槃解脫色貪及無色貪即是涅槃滅無
明等一切煩惱即是涅槃從欲乃至無明煩
惱皆是無常因是無常所得涅槃亦應無常
瞿曇又說從因故生天從因故地獄從因得
解脫是故諸法皆從因生若從因故得解脫
者云何言瞿曇亦說色從緣生故名無常
受想行識亦復如是解脫若是色者當
知無常受想行識亦復如是若離五陰有解
脫者當知解脫即是虛空若是虛空不得說

BD03471號　大般涅槃經（北本　宮本）卷三九　（24-1）

解脫是故諸法皆從因生若從因故得解脫
者云何言瞿曇亦說色從緣生故名無常
受想行識亦復如是解脫若是色者當
知無常受想行識亦復如是若離五陰有解
脫者當知解脫即是虛空若是虛空不得說
言從因緣生何以故是常是一遍一切處瞿
曇亦說從因生者即是苦若是苦者云何
復說解脫是樂瞿曇又說無常即苦苦即無
我若是無常苦無我者即是不淨一切從因
所生諸法皆無常苦無我不淨云何復說涅
槃即是常樂我淨若瞿曇說亦常無常亦
苦亦樂亦我無我亦淨不淨如是豈非是二語
耶我亦曾從先舊智人聞說是語佛若出世
言則無二瞿曇今者說於二語復言佛即我
身是也是義云何佛言婆羅門如汝所說我
今問汝隨汝意荅婆羅門言善哉瞿曇佛言
婆羅門汝性常耶是無常乎婆羅門言我性
是常婆羅門是性能作一切內外法之因耶
如是瞿曇佛言婆羅門云何作因瞿曇從性
生大從大生慢從慢生十六法所謂地水火
風空五知根眼耳鼻舌身五業根手脚口聲
男女二根心平等根是十六法從五法生色
聲香味觸是二十一法根本有三一者染二
者麤三者黑染者名愛麤者名瞋黑名無明
瞿曇是二十五法皆因性生婆羅門是大等
法常無常耶瞿曇我法性常大等諸法悉是
無常婆羅門如汝法中因常果無常然我法

BD03471號　大般涅槃經（北本　宮本）卷三九　（24-2）

聲香味觸是二十一法根本有三一者染二
者塵三者黑染者名愛塵者名瞋黑名無明
瞿曇是二十五法皆因性生婆羅門是大等
法常無常耶瞿曇我法性常大等諸法悉是
無常婆羅門如汝法中因常果無常然我法
中因雖無常果是常者有何等過婆羅門汝
等法中有二因不答言有佛言云何有婆羅
門言一者生因二者了因佛言云何生因云
何了因婆羅門言生因者如泥出瓶了因者
如燈照物佛言是二種因因性是一若是一
者可令生因作於了因可令了因作生因不
不也瞿曇佛言若使生因不作了因了因不
作生因可得說言是因相不婆羅門言雖不
相作故有因相婆羅門了因所了即同了不
不也瞿曇佛言我法雖從無常獲得涅槃而
非無常婆羅門從了因得故常樂我淨從生
因得故無常無樂無我無淨是故如來所說
有二如是二語無有二也是故如來名無二
語如汝所說曾從先舊智人邊聞佛出於世
無有二語是言善哉一切十方三世諸佛所
說無差是故說言佛無二語云何無差有同
說有無同說無故名一義婆羅門如來世尊
雖名二語為了一語故云何二語了於一語
如眼色二語生識一語乃至意法亦復如是
婆羅門言瞿曇善能分別如是語義我今未
解所出二語了於一語尒時世尊即為宣說

BD03471號　大般涅槃經（北本　宮本）卷三九　（24-3）

雖名二語為了一語故云何二語了於一語
如眼色二語生識一語乃至意法亦復如是
婆羅門言瞿曇善能分別如是語義我今未
解所出二語了於一語尒時世尊即為宣說
四真諦法婆羅門苦諦者亦二亦一乃至道
諦亦二亦一婆羅門言世尊我已知已佛言
善男子云何知已婆羅門言世尊苦諦者一
切凡夫二是聖人一乃至道諦亦復如是佛
言善哉已解婆羅門言世尊我今聞法已得
正見今當歸依佛法僧寶唯願大慈聽我出
家尒時世尊告憍陳如汝當為是闡提首那
剃除鬚髮聽其出家時憍陳如即受佛勅為
其剃髮即下手時有二種落一者鬚髮二者
煩惱即於坐處得阿羅漢果復有梵志姓婆
私吒復作是言瞿曇所說涅槃常耶如是梵
志婆私吒言瞿曇將不說無煩惱為涅槃耶
如是梵志婆私吒言瞿曇世間四種名之為
無一者未出之法名之為無如瓶未出泥時
無瓶二者已滅之法名之為無如瓶壞已名
為無瓶三者異相互無名之為無如牛中無
馬馬中無牛四者畢竟無故名之為無如龜
毛兔角瞿曇若以除煩惱已名涅槃者涅槃
即無若是無者云何言有常樂我淨佛言善
男子如是涅槃非是先無同泥時瓶亦非滅
無同瓶壞無亦非畢竟無如龜毛兔角同於
異無善男子如汝所言雖牛中無馬不可說
言牛亦是無雖馬中無牛亦不可說馬

BD03471號　大般涅槃經（北本　宮本）卷三九　（24-4）

男子如是涅槃非是先無同泥時瓶亦非滅
無同瓶壞無亦非畢竟無如龜毛兎角同於
異無善男子如汝所言雖牛中無馬不可說
言牛亦是無雖馬中無牛亦不可說馬亦是
無涅槃亦尒煩惱中無涅槃涅槃中無煩惱
是故名為異相互無婆私吒言瞿曇若以異
無為涅槃者夫異無者無常樂我淨瞿曇云
何說言涅槃常樂我淨佛言善男子如汝所
說是異無者有三種無牛馬悉是先無後有
是名先無已有還無是名壞無異相無者如
汝所說善男子是三種無涅槃中無是故涅
槃常樂我淨如世病人一者熱病二者風病
三者冷病是三種病三藥能治有熱病者蘇
能治之有風病者油能治之有冷病者蜜能
治之是三種藥能治如是三種惡病善男子
風中無油油中無風乃至蜜中無冷冷中無
蜜是故能治一切衆生亦復如是有三種病
一者貪二者瞋三者癡如是三病有三種藥
不淨觀者能為貪藥慈心觀者能為瞋藥觀
因緣智能為癡藥善男子為除貪故作非貪
觀為除瞋故作非瞋觀為除癡故作非癡觀
三種病中無三種藥三種藥中無三種病善
男子三種病中無三藥故無常無我無樂無
淨三種藥中無三種病是故得稱常樂我淨
婆私吒言世尊如来為我說常無常云何為
常云何無常佛言善男子色是無常解脫色
常乃至識是無常解脫識常善男子若有善

BD03471 號　大般涅槃經（北本　宮本）卷三九　（24-5）

淨三種藥中無三種病是故得稱常樂我淨
婆私吒言世尊如来為我說常無常云何為
常云何無常佛言善男子色是無常解脫色
常乃至識是無常解脫識常善男子若有善
男子善女人能觀色乃至識是無常者當知
是人獲得常法婆私吒言世尊我今已知常
無常法佛言善男子汝云何知常無常法婆
私吒言世尊我今知我色是無常得解脫常
乃至識亦如是佛言善男子汝今善哉已報
是身告憍陳如是婆私吒已證阿羅漢果汝
可施其三衣鉢器時憍陳如如佛所勑施其
衣鉢時婆私吒受衣鉢已作如是言大德憍
陳如我今因是弊悪之身得善果報唯願大
德為我屈意至世尊所具宣我心我既悪人
觸犯如来称瞿曇姓唯願為我懺悔此罪我
亦不能久住毒身今入涅槃時憍陳如即往
佛所作如是言世尊婆私吒比丘生慚愧心
自言頑嚚觸犯如来称瞿曇姓不能久住是
毒蛇身今欲滅身寄我懺悔佛言憍陳如婆
私吒比丘已於過去無量佛所成就善根今
受我語如法而住如法住故獲得正果汝等
應當供養其身尒時憍陳如從佛聞已還其
身所而設供養時婆私吒於焚身時作種種
神足諸外道輩見是事已高聲唱言是婆私
吒已得瞿曇沙門呪術是人不久復當勝彼
瞿曇沙門

BD03471 號　大般涅槃經（北本　宮本）卷三九　（24-6）

身所而設供養時婆私吒於梵身時作種種
神是諸外道輩見是事已高聲唱言是婆私
吒已得瞿曇沙門呪術是人不久復當勝彼
瞿曇沙門
尒時衆中復有梵志名曰先尼復作是言瞿
曇有我耶如来嘿然瞿曇無我耶如来嘿
然第二第三亦如是問佛皆嘿然先尼言瞿曇
若一切衆生有我遍一切處是一作者瞿曇
何故嘿然不荅佛言先尼汝說是我遍一切
處耶先尼荅言瞿曇不但我說一切智人亦
如是說佛言善男子若我周遍一切處者應
當五道一時受報若有五道一時受報汝等
梵志何因緣故不造衆惡爲遮地獄修諸善
法爲受天身先尼言瞿曇我法中我則有二
種一作身我二常身我爲作身我修離惡
法不入地獄修諸善法生於天上佛言善男
子如汝說我遍一切處如是我者若在身中
當知無常若作身無云何言遍瞿曇我所立
我亦在作中亦是常法瞿曇如人失火燒舍
宅時其主出去不可說言舍宅被燒主亦被
燒我法亦尒而此作身雖是無常當無常時
我則出去是故我我亦遍亦常佛言善男子
如汝說我亦遍亦常是義不然何以故遍有
二種一者常二者無常復有二種一色二無
色是故若言一切有者亦常亦無常亦色亦
無色若言舍主得出不名無常是義不然何

BD03471號　大般涅槃經（北本　宮本）卷三九　（24-7）

二種一者常二者無常復有二種一色二無
色是故若言一切有者亦常亦無常亦色亦
無色若言舍主得出不名無常是義不然何
以故舍不名主不名舍異燒異出故得如
是我則不尒何以故我即是色色即是我無
色即我我即無色云何而言色無常時我則
得出善男子汝意若謂一切衆生同一我者
如是則違世出世法何以故世間法名父母
子女若我是一父即是子子即是父母即是
女女即是母怨即是親親即是怨此即是彼
彼即是此是故若說一切衆生同一我者是
則違背世出世法先尼言我亦不說一切衆
生同於一我乃說一人各有一我佛言善男
子若言一人各有一我是爲多我是義不然
何以故如汝先說我遍一切若遍一切一切
衆生業根應同天得見時佛得亦見天得作
時佛得亦作天得聞時佛得亦聞一切諸法
皆亦如是若天得見非佛得見者不應說我
遍一切處若不遍者是則無常先尼言瞿曇
一切衆生我遍一切法與非法不遍一切以
是義故佛得作異天得作異是故瞿曇不應
說言佛得見時天得應見佛得聞時天得應
聞佛言善男子法與非法非業作耶先尼言
瞿曇是業所作佛言善男子若法非法是業
作者即是同法云何言異何以故佛得業處
有天得我天得業處有佛得我是故佛得作

BD03471號　大般涅槃經（北本　宮本）卷三九　（24-8）

聞佛言善男子法與非法非業作耶先尼言
瞿曇是業所作佛言善男子若法非法是業
作者即是同法云何言異何以故佛得業處
有天得我天得業處有佛得我是故佛得作
時天得亦作法與非法亦應如是善男子是
故一切衆生法與非法若如是者所得果報
亦應不異善男子從子出果是子終不思惟
分別我唯當作婆羅門果不與剎利毗舍首
陁而作果也何以故從子出果終不障礙如
是四姓法與非法亦復如是不能分別我唯
當與佛得作果不與天得作果作天得果不
作佛得果何以故業平等故先尼言瞿曇譬
如一室有百千燈炷雖有異明明無差燈炷
別異喻法非法其明無差喻衆生我佛言善
男子汝說燈明以喻我者是義不然何以故
室異燈異是燈光明亦在炷邊亦遍室中汝
所言我若如是者法非法邊俱應有我我中
亦應有法非法若法非法無有我者不得說
言遍一切處若俱有者何得復以炷明為喻
善男子汝意若謂炷之與明真實別異何因
緣故炷增明盛炷枯明滅是故不應以法非
法喻於燈炷光明無差喻於我也何以故法
非法我三事即一先尼言瞿曇汝引燈喻是
事不吉何以故燈喻若吉我已先引如其不
吉何故復說善男子我所引喻都亦不作吉
以不吉隨汝意說是喻亦說離炷有明即炷

BD03471號　大般涅槃經（北本　宮本）卷三九　（24–9）

事不吉何以故燈喻若吉我已先引如其不
吉何故復說善男子我所引喻都亦不作吉
以不吉隨汝意說是喻亦說離炷有明即炷
有明汝心不等故說燈炷喻法非法明則喻
我是故責汝炷即明離炷有明法即有我
我即有法非法即我我即非法汝今何故但
受一邊不受一邊如是喻者於汝不吉是故
我今還以教汝善男子如是喻者即是非喻
是非喻故於我則吉於汝不吉善男子汝意
若謂若我不吉汝亦不吉是義不然何以故
見世間人自刀自害自作他用汝所引喻亦
復如是於我則吉於汝不吉先尼言瞿曇汝
先責我心不平等今汝所說亦不平等何以
故瞿曇今者以吉向已不吉向我以是推之
真是不平佛言善男子如我不平能破汝不
平是故汝平我之不平即是吉也我之不平
破汝不平令汝得平即是我平何以故同諸
聖人得平等故先尼言瞿曇我常是平汝云
何言壞我不平一切衆生平等有我云何言
我是不平也善男子汝亦說言當受地獄當
受餓鬼當受畜生當受人天我若先遍五道
中者云何方言當受諸趣汝亦說言父母和
合然後生子若子先有云何復言和合已有
是故一人有五趣身若是五處先有身者何
因緣故為身造業是故不平善男子汝意若
謂我是作者是義不然何以故若我作者何

BD03471號　大般涅槃經（北本　宮本）卷三九　（24–10）

是故一人有五趣身若是五處先有身者何
因緣故為身造業是故不平善男子汝意若
謂我是作者是義不然何以故若我作者何
因緣故自作苦事然今衆生實有受苦是故
當知我非作者若言是苦非我所作不從因
生一切諸法亦當如是不從因生何因緣故
說我作耶善男子衆生苦樂實從因緣如是
苦樂能作憂喜憂時無喜喜時無憂或喜或
憂智人云何說是常耶善男子汝說我常若
是常者云何說有十時别異常法不應有歌
羅羅乃至老時虛空常法尚無一時況有十
時善男子我者非是歌羅羅時乃至老時云
何說有十時别異善男子若我作者是我亦
有盛時衰時衆生亦有盛時衰時若我亦者
云何是常善男子我若作者云何一人有利
有鈍善男子我若作者是我能作身業口業
口業若是我所作者云何口說無有我耶云
何自疑有耶無耶善男子汝意若謂離眼有
見是義不然何以故若離眼已别有見者何
須此眼乃至身根亦復如是汝意若謂我雖
能見要因眼見是亦不然何以故如有人言
須曼那花能燒大村云何能燒因火能燒汝
立我見亦復如是先尼言瞿曇如人執鎌則
能刈草我因五根見聞至觸亦復如是善男
子鎌人各異是故執鎌能有所作離根之外
更無别我云何說言我因諸根能有所作善

能刈草我因五根見聞至觸亦復如是善男
子鎌人各異是故執鎌能有所作離根之外
更無别我云何說言我因諸根能有所作善
男子汝意若謂執鎌能刈我亦如是是我有
手耶為無手耶若有手者何不自執若無手
者云何說言我是作者善男子能刈草者即
是鎌也非我非人若我人能何故因鎌善男
子人有二業一則執草二則執鎌是鎌唯有
能斷之功衆生見法亦復如是眼能見色從
和合生若從因緣和合見者智人云何說言
有我善男子汝意若謂身作我受義不然
何以故世間不見天得作業佛得受果若言
不是身作我非因受汝等何故從於因緣求
解脫耶汝先是身非因緣生得解脫已亦應
非因而更生身如身一切煩惱亦應如是先
尼言瞿曇我有二種一者有知二者無知無
知之我能得於身有知之我能捨離身猶如
坏瓶既被燒已失於本色更不復生智者
煩惱亦復如是既滅壞已終不更生佛言善男
子所言知者智能知耶我能知乎若智能知
何故說言我是知也若我知者何故方便更
求於知汝意若謂我因智知同花喻壞善男
子辟如剌樹性自能剌不得說言樹執剌剌
智亦如是智自能知云何說言我執智知善
男子如汝法中我得解脫無知我得知我得
耶若無知得當知猶故具足煩惱若知得者

子譬如刺樹性自能刺不得說言樹執刺刺
智亦如是智自能知云何說言我執智知善
男子如汝法中我得解脫無知我得知我得
耶若無知得當知猶故具是煩惱若知得者
當知已有五情諸根何以故離根之外別更
無知若具諸根云何復名得解脫耶若言是
我其性清淨離於五根云何說言遍五道有
以何因緣為解脫故修諸善法善男子譬如
有人拔虛空刺汝亦如是我若清淨云何復
言斷諸煩惱汝意若謂不從因緣獲得解脫
一切畜生何故不得先尼言瞿曇若無我者
誰能憶念佛告先尼若有我者何緣復忘善
男子若念是我者何因緣故念於惡念念所
不念不念所念先尼復言瞿曇若無我者誰
見誰聞佛言善男子內有六入外有六塵內
外和合生六種識是六種識因緣得名善男
子譬如一火因木得故名為木火因草得故
名為草火因糠得故名為糠火因牛糞得名
牛糞火衆生意識亦復如是因眼因色因明
因欲名為眼識善男子如是眼識不在眼中
乃至欲中四事和合故生是識乃至意識亦
復如是若是因緣和合故生智不應說見即
是我乃至觸即是我善男子是故我說眼識
乃至意識一切諸法即是幻也云何如幻本
無今有已有還無善男子譬如蘇麨蜜薑胡
椒蓽鉢蒲桃胡桃石榴桵子如是和合名歡

BD03471號　大般涅槃經（北本　宮本）卷三九　（24–13）

無今有已有還無善男子譬如蘇麨蜜薑胡
椒蓽鉢蒲桃胡桃石榴桵子如是和合名歡
喜丸離是和合無歡喜丸內外六入是名衆
生我人士夫離內外入無別衆生我人士夫
先尼言瞿曇若無我者云何說言我見我聞
我苦我樂我憂我喜佛言善男子若言我見
我聞名有我者何因緣故世間復言汝所作
罪非我見聞善男子譬如四兵和合名軍如
是四兵不名為一而亦說言我軍勇健我軍
勝彼是內外入和合所作亦復如是雖不是
一亦得說言我作我受我見我聞我苦我樂
先尼言瞿曇如汝所言內外和合誰出聲言
我作我受佛言先尼從愛無明因緣生業從
業生有從有出生無量心數心生覺觀覺觀
動風風隨心觸喉舌齒脣衆生想倒聲出說
言我作我受我見我聞善男子如幢頭鈴風
因緣故便出音聲風大聲大風小聲小無有
作者善男子譬如熱鐵投之水中出種種聲
是中真實無有作者善男子凡夫不能思惟
分別如是事故說言有我及有我所我作我
受先尼言如瞿曇說無我我所何緣復說常
樂我淨佛言善男子我亦不說內外六入及
六意識常樂我淨我乃宣說滅內外入所生
六識名之為常以是常故名之為我有常我
故名之為樂常我樂故名之為淨善男子衆
生猒苦斷是苦因自在遠離是名為我以是

BD03471號　大般涅槃經（北本　宮本）卷三九　（24–14）

六意識常樂我淨我乃宣說藏内外入所生
六識名之爲常以是常故名之爲我有常我
故名之爲樂常我樂故名之爲淨善男子衆
生猒苦斷是苦因自在遠離是名爲我以是
因緣我今宣說常樂我淨先尼言世尊唯願
大慈爲我宣說我當云何獲得如是常樂我
淨佛言善男子一切世間從本已来具足大
慢能增長慢亦復造作慢因慢業是故今者
受慢果報不能遠離一切煩惱得常樂淨
若諸衆生欲得遠離一切煩惱先當離慢先
尼言世尊如是如是誠如聖教我先有慢因
慢因緣故稱如来祢瞿曇姓我今已離如是
大慢是故誠心啓請求法云何當得常樂我
淨佛言善男子諦聽諦聽今當爲汝分別解
說善男子若能非自非他非衆生者遠離是
法先尼言世尊我已知解得正法眼佛言善
男子汝云何言知已解已得正法眼世尊所
言色者非自非他非諸衆生乃至識亦復如
是我如是觀得正法眼世尊我今甚樂出家
修道願見聽許佛言善来比丘即時具足清
淨梵行證阿羅漢果外道衆中復有梵志姓
迦葉氏復作是言瞿曇身即是命身異命異
如来嘿然第二第三亦復如是梵志復言瞿
曇若人捨身未得後身於其中間豈可不名
身異命異若是異者瞿曇何故嘿然不荅善
男子我說身命皆從因緣非不因緣如身命
一切法亦如是梵志復言瞿曇我見世間有

BD03471號　大般涅槃經（北本　宮本）卷三九　　（24–15）

如来嘿然第二第三亦復如是梵志復言瞿
曇若人捨身未得後身於其中間豈可不名
身異命異若是異者瞿曇何故嘿然不荅善
男子我說身命皆從因緣非不因緣如身命
一切法亦如是梵志復言瞿曇我見世間有
法不從因緣佛言梵志汝云何見世間有法
不從因緣梵志言我見大火焚燒榛木風吹
絕焰墮在餘處是豈不名無因緣耶佛言善
男子我說是火亦從因生非不從因梵志言
瞿曇絕焰去時不因薪炭云何而言因於因
緣佛言善男子雖無薪炭因風而去風因緣
故其焰不滅瞿曇若人捨身未得後身中間
壽命誰爲因緣佛言梵志無明與愛而爲因
緣是無明愛二因緣故壽命得住善男子有
因緣故身即是命命即是身有因緣故身異
命異智者不應一向而說身異命異梵志言
世尊唯願爲我分別解說令我了了得知因
果佛言梵志因即五陰果亦五陰善男子若
有衆生不然火者是則無烟梵志言世尊我
已知已我已解已佛言善男子汝云何知汝
云何解世尊火即煩惱能於地獄餓鬼畜生
人天燒然烟者即是煩惱果報無常不淨臭
穢可惡是故名烟若有衆生不作煩惱是人
則無煩惱果報是故如来說不然火則無有
烟世尊我已正見唯願慈矜聽我出家尒時
世尊告憍陳如聽是梵志出家受戒時憍陳
如受佛勅已和合衆僧聽其出家受具足戒

BD03471號　大般涅槃經（北本　宮本）卷三九　　（24–16）

烟世尊我已正見唯願慈矜聽我出家尒時
世尊告憍陳如聽是梵志出家受具足戒時憍陳
如受佛勑已和合衆僧聽其出家受具足戒
經五日已得阿羅漢果外道衆中復有梵志
名曰富那復作是言瞿曇汝見世間是常法
已說言常耶如是義者實耶虛耶常無常亦
常無常非常非無常有邊無邊亦有邊無邊
非有邊非無邊是身是命身異命異如来滅
後如去不如去亦如去不如去非如去非不
如去佛言富那我不說世間常虛實無常亦
常無常非常非無常有邊無邊亦有邊無邊
非有邊非無邊是身是命身異命異如来滅
後如去不如去亦如去不如去非如去非不
如去富那復言瞿曇今者見何罪過不作是
說佛言富那若有人說世間是常唯此為實
餘妄語者是名為見見所見處是名見行是
名見業是名見著是名見縛是名見苦是名
見取是名見怖是名見執是名見纏富那凡
夫之人為見所纏不能遠離生老病死迴流
六趣受無量苦乃至非如去非不如去亦復
如是富那我見是見有如是過是故不着不
為人說瞿曇若見如是罪過不著不說瞿曇
今者何見何著何所宣說佛言善男子夫見
着者名生死法如来已離生死法故是故不
著善男子如来名為能見能說不名為着瞿
曇云何能見云何能說佛言善男子我能明

為人說瞿曇若見如是罪過不著不說瞿曇
今者何見何着何所宣說佛言善男子夫見
着者名生死法如来已離生死法故是故不
着善男子如来名為能見能說不名為着瞿
曇云何能見云何能說佛言善男子我能明
見苦集滅道分別宣說如是四諦我見如是
故能遠離一切見一切愛一切流一切慢是
故我具清淨梵行無上寂靜獲得常身是身
亦非東西南北富那言瞿曇何因緣故常身
非是東西南北佛言善男子我今問汝隨汝
意荅於意云何善男子如於汝前然大火聚
當其然時汝知然不如是瞿曇是火滅時汝
知滅不如是瞿曇富那若有人問汝前火聚
然從何来滅何所至當云何荅瞿曇若有問
者我當荅言是火生時賴於衆緣本緣已盡
新緣未至是火則滅若復有問是火滅已至
何方面復云何荅瞿曇我當荅言緣盡故滅
不至方所善男子如来亦尒若有無常色乃
至無常識因愛故然者即受二十五有是
故然時可說是火東西南北現在愛滅二十
五有果報不然以不然故不可說有東西南
北善男子如来已滅無常之色至無常識是
故身常身若是常不得說有東西南北富那
言請說一喻唯願聽採佛言善哉善哉隨意
說之世尊如大村外有娑羅林中有一樹先
林而生足一百年是時林主灌之以水隨時
[illegible]

故身常身若是常不得說有東西南北冨那
言請說一喻唯願聽採佛言善哉善哉隨意
說之世尊如大村外有娑羅林中有一樹先
林而生足一百年是時林主灌之以水隨時
脩治其樹陳朽皮膚枝葉悉皆堕落唯貞實
在如来亦尒所有陳故悉已除盡唯有一切
真實法在世尊我今甚樂出家脩道佛言善
来比丘說是語已即時出家漏盡證得阿羅
漢果復有梵志名曰清淨住如是言瞿曇一
切衆生不知何法見世間常無常亦常無常
非有常非無常乃至非如去非不如去佛言
善男子不知色故乃至不知識故見世間常
乃至非如去非不如去梵志言瞿曇衆生知
何法故不見世間常乃至非如去非不如去
佛言善男子知色故乃至知識故不見世間
常乃至非如去非不如去梵志言世尊唯願
為我分別解說世間常無常佛言善男子若
人捨故不造新業是人能知常與無常梵志
言世尊我已知解佛言善男子汝云何見汝
云何知世尊故名無明與愛新名取有若人
遠離是無明愛不作取有是人真實知常無
常我今已得正法淨眼歸依三寶唯願如来
聽我出家佛告憍陳如聽是梵志出家受戒
時憍陳如受佛勑已將至僧中為作羯磨令
得出家十五日後諸漏永盡得阿羅漢果犢
子梵志復作是言瞿曇我今欲問能見聽不
如来嘿然第二第三亦復如是犢子復言瞿

時憍陳如受佛勑已將至僧中為作羯磨令
得出家十五日後諸漏永盡得阿羅漢果犢
子梵志復作是言瞿曇我今欲問能見聽不
如来嘿然第二第三亦復如是犢子復言瞿
曇我久與汝共為親友汝之與我義無有二
我欲諮問何故嘿然尒時世尊作是思惟如
是梵志其性儒雅純善質直常為知故而来
諮啓不為惱亂彼若問者當隨意荅佛言犢
子善哉善哉隨所疑問吾當荅之犢子言瞿
曇世有善耶如是梵志有不善耶如是梵志
瞿曇願為我說令我得知善不善法佛言善
男子我能分別廣說其義今當為汝簡略說
之善男子欲名不善解脫欲者名之為善瞋
恚愚癡亦復如是煞名不善不煞名善乃至
邪見亦復如是善男子我今為汝已說三種
善不善法及說十種善不善法若我弟子能
作如是分別三種善不善法乃至十種善不
善法當知是人能盡貪欲瞋恚愚癡一切諸
漏斷一切有梵志言瞿曇是佛法中頗有一
比丘能盡如是貪欲瞋癡一切諸漏一切有
不佛言善男子是佛法中非一二三乃至五
百乃有無量諸比丘等能盡如是貪欲恚癡
一切諸漏一切諸有瞿曇置一比丘是佛法
中頗有一比丘尼能盡如是貪欲瞋癡一切
諸漏一切有不佛言善男子是佛法中非一
二三乃至五百乃有無量諸比丘尼能斷如

中頗有一比丘尼能盡如是貪欲瞋癡一切
諸漏一切有不佛言善男子是佛法中非一
二三乃至五百乃有無量諸比丘尼能斷如
是貪欲瞋癡一切諸漏一切諸有犢子言瞿
曇置一比丘一比丘尼是佛法中頗有一優
婆塞持戒精勤梵行清淨度疑彼岸斷疑網
不佛言善男子我佛法中非一二三乃至五
百乃有無量諸優婆塞持戒精勤梵行清淨
斷五下結得阿那含度疑彼岸斷於疑网犢
子言瞿曇置一比丘一比丘尼一優婆塞是
佛法中頗有一優婆夷持戒精勤梵行清淨
度疑彼岸斷疑网不佛言善男子我佛法中
非一二三乃至五百乃有無量諸優婆夷持
戒精勤梵行清淨斷五下結得阿那含度疑
彼岸斷於疑网犢子言瞿曇置一比丘一比
丘尼盡一切漏一優婆塞一優婆夷持戒精
勤梵行清淨斷於疑网是佛法中頗有優婆
塞受五欲樂心無疑网不佛言善男子是佛
法中非一二三乃至五百乃有無量諸優婆
塞斷於三結得須陁洹薄貪恚癡得斯陁含
如優婆塞優婆夷亦如是世尊我於今者樂
說譬喻佛言善哉樂說便說
世尊譬如難陁婆難陁龍王等降大雨如来
法雨亦復如是平等雨於優婆塞優婆夷世
尊若諸外道欲来出家不審如来幾月試之
佛言善男子皆四月試不必一種世尊告下

說譬喻佛言善哉樂說便說
世尊譬如難陁婆難陁龍王等降大雨如来
法雨亦復如是平等雨於優婆塞優婆夷世
尊若諸外道欲来出家不審如来幾月試之
佛言善男子皆四月試不必一種世尊若不
一種唯願大慈聽我出家尒時世尊告憍陳
如聽是犢子出家受戒時憍陳如受佛勑已
在衆僧中為作羯磨於出家後滿十五日得
須陁洹果既得果已復作是念若有智慧從
學得者我今已得堪任見佛即往佛所頭面
作礼修敬已畢却住一面白佛言世尊諸有
智慧從學得者我今已得唯願為我重分別
說令我獲得無學智慧佛言善男子汝勤精
進修習二法一舍摩他二毗婆舍那善男子
若有比丘欲得須陁洹果亦當勤修如是二
法若復欲得斯陁含果阿那含果阿羅漢果
亦當修習如是二法善男子若有比丘欲得
四禪四無量心六神通八背捨八勝處無諍
智頂智畢竟智四無礙智金剛三昧盡智無
生智亦當修習如是二法善男子若欲得十
住地無生法忍無相法忍不可思議法忍聖
行梵行天行菩薩行虛空三昧智印三昧空
無相無作三昧地三昧不退三昧首楞嚴三
昧金剛三昧阿耨多羅三藐三菩提佛行亦
當修習如是二法犢子聞已礼拜而出在娑
羅林中修是二法不久即得阿羅漢果是時

無相無作三昧地三昧不退三昧首楞嚴三
昧金剛三昧阿耨多羅三藐三菩提佛行亦
當修習如是二法犢子聞已礼拜而出在娑
羅林中修是二法不久即得阿羅漢果是時
復有無量比丘欲往佛所犢子見已問言大
德欲何所至諸比丘言欲往佛所犢子復言
諸大德若至佛所願為宣啓犢子梵志修二
法已得無學智今報佛恩入般涅槃時諸比
丘至佛所已白佛言世尊犢子比丘寄我等
語世尊犢子梵志修習二法得無學智今報
佛恩入於涅槃佛言善男子犢子梵志得阿
羅漢果汝等可往供養其身時諸比丘受佛
勑已還其屍所大設供養

大般涅槃經卷第卅九

BD03471 號　大般涅槃經（北本　宮本）卷三九　（24–23）

羅漢果汝等可往供養其身時諸比丘受佛
勑已還其屍所大設供養

大般涅槃經卷第卅九

BD03471 號　大般涅槃經（北本　宮本）卷三九　（24–24）

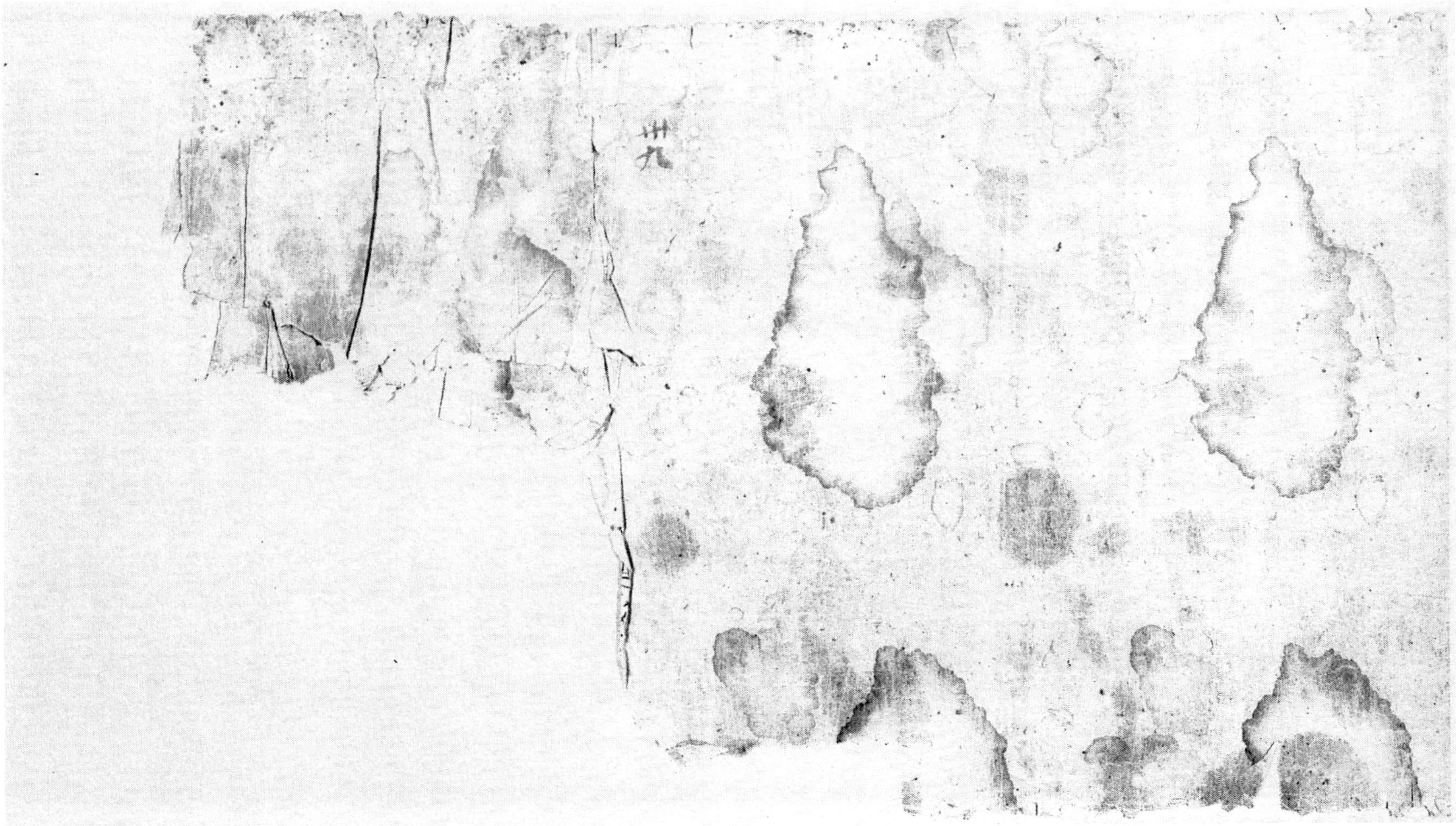

BD03471 號背　勘記　　（1–1）

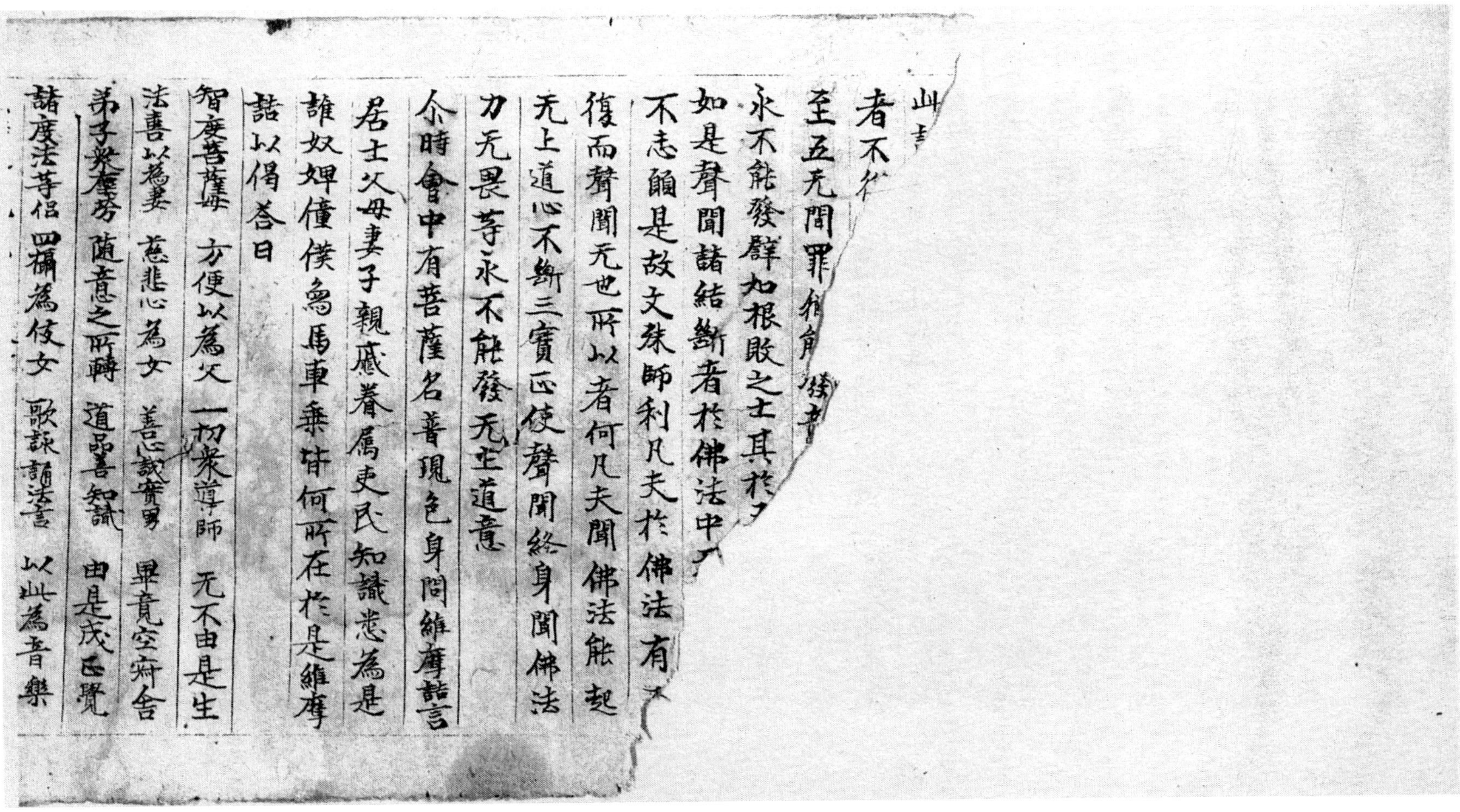

山
者不
至五无間罪猶能發意
永不能發辟如根敗之士其於五
如是聲聞諸結斷者於佛法中无
不志願是故文殊師利凡夫於佛法有
復而聲聞无也所以者何凡夫聞佛法能起
无上道心不斷三寶正使聲聞終身聞佛法
力无畏等永不能發无上道意
尒時會中有菩薩名普現色身問維摩詰言
居士父母妻子親戚眷屬吏民知識悉為是
誰奴婢僮僕象馬車乘皆何所在於是維摩
詰以偈荅曰
智度菩薩母　方便以為父　一切衆導師　无不由是生
法喜以為妻　慈悲心為女　善心誠實男　畢竟空寂舍
弟子衆塵勞　隨意之所轉　道品善知識　由是成正覺
諸度法等侶　四攝為伎女　歌詠誦法言　以此為音樂

BD03472 號　維摩詰所說經卷中　　（8–1）

智度菩薩母　方便以為父　一切衆導師　无不由是生
法喜以為妻　慈悲心為女　善心誠實男　畢竟空寂舍
弟子衆塵勞　隨意之所轉　道品善知識　由是成正覺
諸度法等侶　四攝為伎女　歌詠誦法言　以此為音樂
捴持之園苑　无漏法林樹　覺意淨妙花　解脫智慧果
八解之浴池　定水湛然滿　布以七淨華　浴此无垢人
象馬五通馳　大乘以為車　調御以一心　遊於八正路
相具以嚴容　衆好飾其姿　慚愧之上服　深心為華鬘
富有七財寶　教授以滋息　如所說脩行　迴向為大利
四禪為牀坐　從於淨命生　多聞增智慧　以為自覺音
甘露法之食　解脫味為漿　淨心以澡浴　戒品為塗香
摧滅煩惱賊　勇健无能踰　降伏四種魔　勝幡建道場
雖知无起滅　示彼故有生　悉現諸國土　如日无不見
供養於十方　无量億如來　諸佛及己身　无有分別想
雖知諸佛國　及與衆生空　而常脩淨土　教化於群生
諸有衆生類　形聲及威儀　无畏力菩薩　一時能盡現
覺知衆魔事　而示隨其行　以善方便智　隨意皆能現
或示老病死　成就諸群生　了知如幻化　通達无有礙
或現劫盡燒　天地皆洞然　衆人有常想　照令知无常
无數億衆生　俱來請菩薩　一時到其舍　化令向佛道
經書禁呪術　工巧諸伎藝　盡現行此事　饒益諸群生
世間衆道法　悉於中出家　因以解人惑　而不墮邪見
或作日月天　梵王世界主　或時作地水　或復作風火
劫中有疾疫　現作諸藥草　若有服之者　除病消衆毒
劫中有飢饉　現身作飲食　先救彼飢渴　却以法語人
劫中有[illegible]

BD03472號　維摩詰所說經卷中　（8–2）

世間衆道法　悉於中出家　因以解人惑　而不墮邪見
或作日月天　梵王世界主　或時作地水　或復作風火
劫中有疾疫　現作諸藥草　若有服之者　除病消衆毒
劫中有飢饉　現身作飲食　先救彼飢渴　却以法語人
劫中有刀兵　為之起慈悲　化彼諸衆生　令住无諍地
若有大戰陣　立之以等力　菩薩現威勢　降伏使和安
一切國土中　諸有地獄處　輒往到于彼　免濟其苦惱
一切國土中　畜生相食噉　皆現生於彼　為之作利益
示受於五欲　亦復現行禪　令魔心憒亂　不能得其便
火中生蓮花　是可謂希有　在欲而行禪　希有亦如是
或現作婬女　引諸好色者　先以欲鉤牽　後令入佛智
或為邑中主　或作商人導　國師及大臣　以祐利衆生
諸有貧窮者　現作无盡藏　因以勸導之　令發菩提心
我心憍慢者　現為大力士　消伏諸貢高　令住佛道上
其有恐懼衆　居前而慰安　先施以无畏　後令發道心
或現離婬欲　為五通仙人　開導諸群生　令住戒忍慈
見須供事者　現為作僮僕　既悅可其意　乃發以道心
隨彼之所須　得入於佛道　以善方便力　皆能給足之
如是道无量　所行无有涯　智慧无邊際　度脫无數衆
假令一切佛　於无數億劫　讚歎其功德　猶尚不能盡
誰聞如是法　不發菩提心　除彼不肖人　癡冥无智惠

入不二法門品第九

尒時維摩詰語衆菩薩言　諸仁者云何菩薩
入不二法門　各隨所樂說之　會中有菩薩　名
法自在說言　諸仁者　生滅為二　法本不生今
則无滅　得此无生法忍　是為入不二法門
德守菩薩[illegible]

BD03472號　維摩詰所說經卷中　（8–3）

尒時維摩詰語衆菩薩言諸仁者云何菩薩
入不二法門各隨所樂說之會中有菩薩名
法自在說言諸仁者生滅爲二法本不生今
則无滅得此无生法忍是爲入不二法門
德守菩薩曰我我所爲二因有我故便有我
所若无有我則无我所是爲入不二法門
不眴菩薩曰受不受爲二若法不受則不可
得以不可得故无取无捨无作无行是爲入
不二法門
德頂菩薩曰垢淨爲二見垢實性則无淨相
順於滅相是爲入不二法門
善宿菩薩曰是動是念爲二不動則无念无
念則无分別通達此者是爲入不二法門
善眼菩薩曰一相无相爲二若知一相即是无
相亦不取无相入於平等是爲入不二法門
妙臂菩薩曰菩薩心聲聞心爲二觀心相空
如幻化者无菩薩心无聲聞心是爲入不二
法門
弗沙菩薩曰善不善爲二若不起善不善
入无相際而通達者是爲入不二法門
師子吼菩薩曰罪福无二若達罪性則與福
无異以金剛決了此相无縛无解者是爲
入不二法門
師子意菩薩曰有漏无漏爲二若得諸法
等則不起漏不漏想不著於相亦不住无
相是爲入不二法門

BD03472號　維摩詰所說經卷中

（8–4）

无異以金剛決了此相无縛无解者是爲
入不二法門
師子意菩薩曰有漏无漏爲二若得諸法
等則不起漏不漏想不著於相亦不住无
相是爲入不二法門
淨解菩薩曰有爲无爲爲二若離一切數
則心如虛空以清淨慧无所礙者是爲入
不二法門
那羅延菩薩曰世間出世間爲二世間性空
即是出世間於其中不入不出不溢不散
是爲入不二法門
善意菩薩曰生死涅槃爲二若見生死性
則无生死无縛无解不然不滅如是解者是
爲入不二法門
現見菩薩曰盡不盡爲二法若究竟盡若
不盡皆是无盡相无盡相即是空空則无有
盡不盡相如是者是爲入不二法門
普守菩薩曰我无我爲二我尚不可得非我
何可得見我實性者不復起二是爲入不
二法門
電天菩薩曰明无明爲二无明實性即是
明明亦不可取離一切數於其中平等无
二者是爲入不二法門
喜見菩薩曰色色空爲二色即是空非色滅
空色性自空如是受想行識識空爲二識即
是空非識滅空識性自空於其中而通達者

BD03472號　維摩詰所說經卷中

（8–5）

二者是為入不二法門
喜見菩薩曰色色空為二色即是空非色滅
空色性自空如是受想行識識空為二識即
是空非識滅空識性自空於其中而通達者
是為入不二法門
明相菩薩曰四種異空種異為二四種性即
是空種性如前際後際空故中際亦空若能
如是知諸種性者是為入不二法門
妙意菩薩曰眼色為二若知眼性於色不貪
不恚不癡是名寂滅如是耳聲鼻香舌味身
觸意法為二若知意性於法不貪不恚不癡是
名寂滅安住其中是為入不二法門
无盡菩薩菩薩曰布施迴向一切智為二布
施性即是迴向一切智性如是持戒忍辱精進
禪定智恵迴向一切智為二者智恵性即是迴
向一切智性於其中入一相者是為入不
二法門
深慧菩薩曰是空是无相是无作為二空即
无相无相即无作若空无相无作則无心意
識於一解脫門即是三解脫門者是為入不
二法門
寂根菩薩曰佛法衆為二佛即是法法即是
衆是三寶皆无為相與虛空等一切法亦尒
能隨此行者是為入不二法門
心无礙菩薩曰身身滅為二身即是身滅所

BD03472號　維摩詰所說經卷中　（8–6）

衆是三寶皆无為相與虛空等一切法亦尒
能隨此行者是為入不二法門
心无礙菩薩曰身身滅為二身即是身滅所
以者何見身實相者不起見身及見滅身身
與滅身无二无分別於其中不驚不懼者是
為入不二法門
上善菩薩曰身口意善為二是三業皆无作
相身无作相即口无作相口无作相即意无
作相是三業无作相即一切法无作相能如
是隨无作慧者是為入不二法門
福田菩薩曰福行罪行不動行為二三行實
性即是空空則无福行无罪行无不動行於此
三行而不起者是為入不二法門
華嚴菩薩曰從我起二為二見我實相者不
起二法若不住二法則无有識无所識者是為
入不二法門
德藏菩薩曰有所得相為二若无所得則无
取捨无取捨者是為入不法門
月上菩薩曰闇與明為二无闇无明則无有
二所以者何如入滅受想定无闇无明一切法
相亦復如是於其中平等入者是為入不
二法門
寶印手菩薩曰樂涅槃不樂世間為二若不
樂涅槃不厭世間則无有二所以者何若有
縛則有解若本无縛其誰求解无縛无解
則无樂厭是為入不二法門

BD03472號　維摩詰所說經卷中　（8–7）

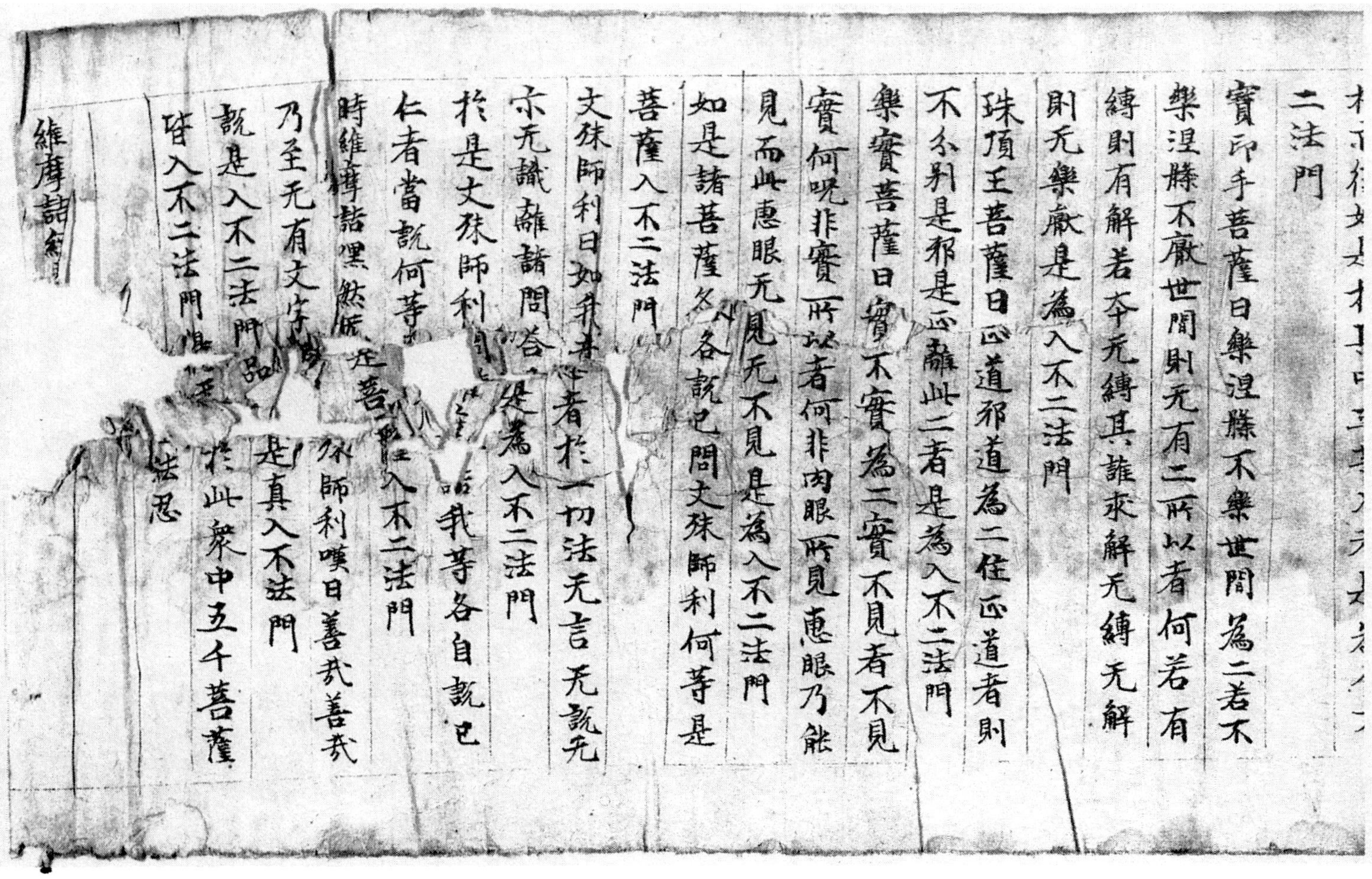

二法門
寶印手菩薩曰樂涅槃不樂世間為二若不
樂涅槃不厭世間則无有二所以者何若有
縛則有解若本无縛其誰求解无縛无解
則无樂厭是為入不二法門
珠頂王菩薩曰正道邪道為二住正道者則
不分別是邪是正離此二者是為入不二法門
樂實菩薩曰實不實為二實不見者不見
實何况非實所以者何非肉眼所見慧眼乃能
見而此慧眼无見无不見是為入不二法門
如是諸菩薩各各說已問文殊師利何等是
菩薩入不二法門
文殊師利曰如我意者於一切法无言无說无
示无識離諸問答是為入不二法門
於是文殊師利問維摩詰我等各自說已
仁者當說何等是菩薩入不二法門
時維摩詰黙然無言文殊師利歎曰善哉善哉
乃至无有文字語言是真入不法門
說是入不二法門品時於此衆中五千菩薩
皆入不二法門得无生法忍
維摩詰經

BD03472 號　維摩詰所說經卷中　（8–8）

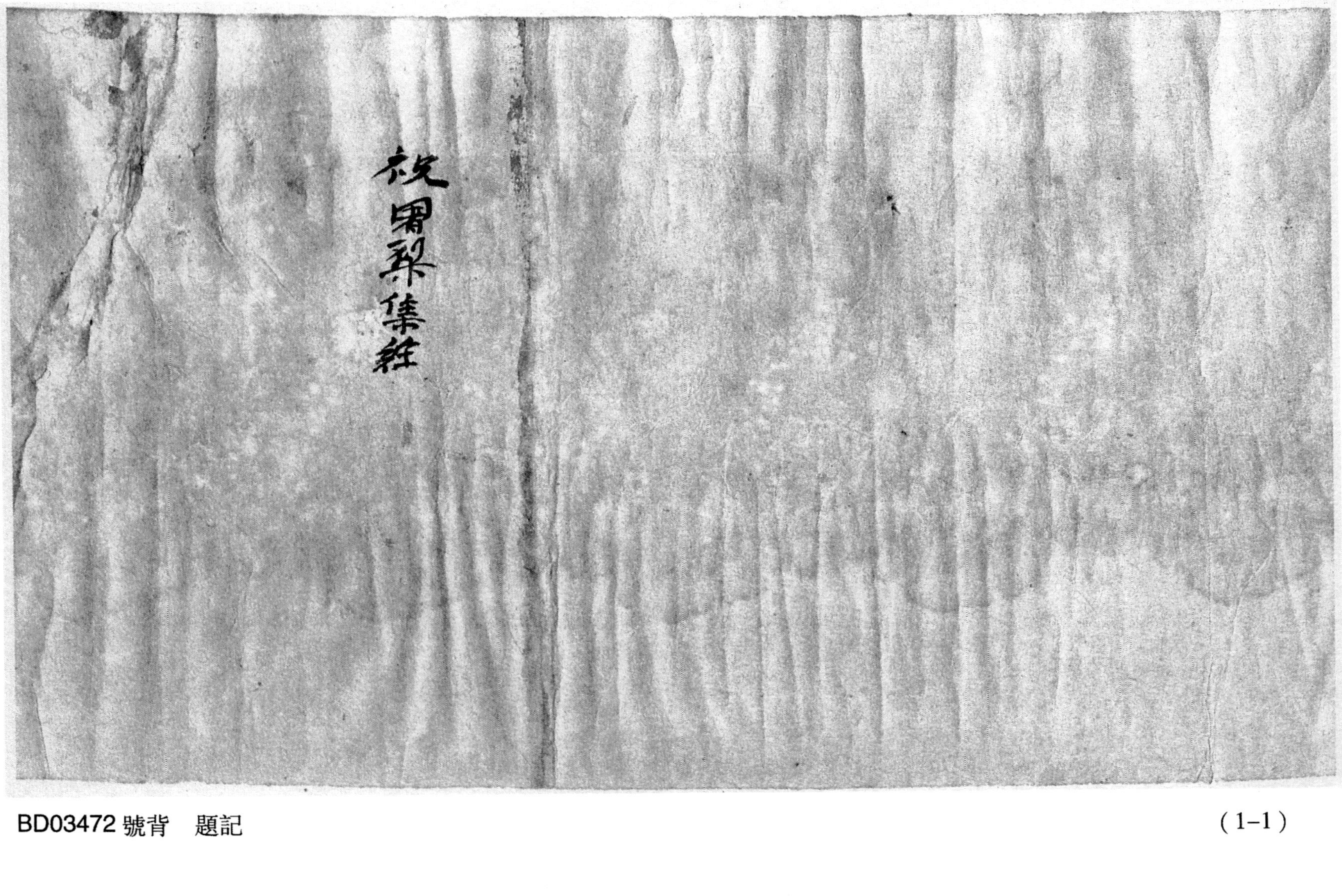

BD03472 號背　題記　（1–1）

善男子不須汝
婆世界自有六万恒
一菩薩各有六万恒河　人等
於我滅後護持讀誦廣說此經佛說是時娑
婆世界三千大千國土地皆震裂而於其中
有无量千万億菩薩摩訶薩同時踊出是諸
菩薩身皆金色三十二相无量光明先明在
此娑婆世界之下此界虛空中住是諸菩薩
聞釋迦牟尼佛所說音聲從下發來一一菩
薩皆是大衆唱導之首各將六万恒河沙眷
屬况將五万四万三万二万一万恒河沙等
眷屬者况復乃至一恒河沙半恒河沙四分
之一乃至千万億那由他分之一况復千万
億那由他眷屬况復億万眷屬况復千万百
万乃至一万况復一千一百乃至一十况復
將五四三二一弟子者况復單己樂遠離行
如是等比无量无邊筭數譬喻所不能知是
諸菩薩從地出已各詣虛空七寶妙塔多寶
如來釋迦牟尼佛所到已向二世尊頭面礼
足及至諸寶樹下師子座上佛所亦皆作礼

如是等比无量无邊筭數譬喻所不能知是
諸菩薩從地出已各詣虛空七寶妙塔多寶
如來釋迦牟尼佛所到已向二世尊頭面礼
足及至諸寶樹下師子座上佛所亦皆作礼
右遶三匝合掌恭敬以諸菩薩種種讚法而
以讚嘆住在一面欣樂瞻仰於二世尊是諸
菩薩摩訶薩從初踊出以諸菩薩種種讚法
而讚於佛如是時間逕五十小劫是時釋迦
牟尼佛默然而坐及諸四衆亦皆默然五十
小劫佛神力故令諸大衆謂如半日尒時四
衆亦以佛神力故見諸菩薩遍滿无量百千
万億國土虛空是菩薩衆中有四導師一名
上行二名无邊行三名淨行四名安立行是
四菩薩於其衆中最為上首唱導之師在大
衆前各共合掌觀釋迦牟尼佛而問訊言世
尊少病少惱安樂行不所應度者受教易不
不令世尊生疲勞耶尒時四大菩薩而說偈
言
世尊安樂　少病少惱　教化衆生　得无疲惓
又諸衆生　受化易不　不令世尊　生疲勞耶
尒時世尊於菩薩大衆中而作是言如是如
是諸善男子如來安樂少病少惱諸衆生等
易可化度无有疲勞所以者何是諸衆生世
世已來常受我化亦於過去諸佛供養尊重
種諸善根此諸衆生始見我身聞我所說即
皆信受入如來慧除先脩習學小乘者如是

世已来常受我化亦於過去諸佛供養尊重
種諸善根此諸衆生始見我身聞我所說即
皆信受入如来慧除先脩習學小乘者如是
之人我今亦令得聞是經入於佛慧尒時諸
大菩薩而說偈言
善哉善哉 大雄世尊 諸衆生等 易可化度
能問諸佛 甚深智慧 聞已信行 我等隨喜
於時世尊讚歎上首諸大菩薩善哉善哉善
男子汝等能於如来發隨喜心尒時弥勒菩
薩及八千恒河沙諸菩薩衆皆作是念我等
從昔已来不見不聞如是大菩薩摩訶薩衆
從地踊出住世尊前合掌供養問訊如来時
弥勒菩薩摩訶薩知八千恒河沙諸菩薩等
心之所念并欲自决所疑合掌向佛以偈問
言
无量千万億 大衆諸菩薩 昔所未曾見 願兩足尊說
是從何所来 以何因緣集 巨身大神通 智慧叵思議
其志念堅固 有大忍辱力 衆生所樂見 為從何所来
一一諸菩薩 所將諸眷屬 其數无有量 如恒河沙等
或有大菩薩 將六万恒沙 如是諸大衆 一心求佛道
是諸大師等 六万恒河沙 俱来供養佛 及護持是經
將五万恒沙 其數過於是 四万及三万 二万至一万
一千一百等 乃至一恒沙 半及三四分 億万分之一
千万那由他 万億諸弟子 乃至於半億 其數復過上
百万至一万 一千及一百 五十與一十 乃至三二一
單已无眷屬 樂於獨處者 俱来至佛所 其數轉過上
如是諸大衆 若人行籌數 過於恒沙劫 猶不能盡知

BD03473號　妙法蓮華經卷五

（20–3）

一千一百等 乃至一恒沙 半及三四分 億万分之一
千万那由他 万億諸弟子 乃至於半億 其數復過上
百万至一万 一千及一百 五十與一十 乃至三二一
單已无眷屬 樂於獨處者 俱来至佛所 其數轉過上
如是諸大衆 若人行籌數 過於恒沙劫 猶不能盡知
是諸大威德 精進菩薩衆 誰為其說法 教化而成就
從誰初發心 稱揚何佛法 受持行誰經 脩習何佛道
如是諸菩薩 神通大智力 四方地震裂 皆從中踊出
世尊我昔来 未曾見是事 願說其所從 國土之名号
我常遊諸國 未曾見是衆
我於此衆中 乃不識一人 忽然從地出 願說其因緣
今此之大會 无量百千億 是諸菩薩等 皆欲知此事
是諸菩薩衆 本末之因緣 无量德世尊 唯願决衆疑
尒時釋迦牟尼分身諸佛從无量千万億他
方國土来者在於八方諸寶樹下師子座上
結跏趺坐其佛侍者各各見是菩薩大衆於
三千大千世界四方從地踊出住於虚空各
白其佛言世尊此諸无量无邊阿僧祇菩薩
大衆從何所来尒時諸佛各告侍者諸善男
子且待須臾有菩薩摩訶薩名曰弥勒釋迦
牟尼佛之所授記次後作佛已問斯事佛今
荅之汝等自當因是得聞尒時釋迦牟尼佛
告弥勒菩薩善哉善哉阿逸多乃能問佛如
是大事汝等當共一心被精進鎧發堅固意
如来今欲顯發宣示諸佛智慧諸佛自在神
通之力諸佛師子奮迅之力諸佛威猛大勢

BD03473號　妙法蓮華經卷五

（20–4）

告彌勒菩薩善哉善哉阿逸多乃能問佛如
是大事汝等當共一心被精進鎧發堅固意
如來今欲顯發宣示諸佛智慧諸佛自在神
通之力諸佛師子奮迅之力諸佛威猛大勢
之力尒時世尊欲重宣此義而說偈言
當精進一心　我欲說此事　勿得有疑悔　佛智叵思議
汝今出信力　住於忍善中　昔所未聞法　今皆當得聞
我今安慰汝　勿得懷疑懼　佛无不實語　智慧不可量
所得第一法　甚深叵分別　如是今當說　汝等一心聽
尒時世尊說此偈已告彌勒菩薩我今於此
大衆宣告汝等阿逸多是諸大菩薩摩訶薩
无量无數阿僧祇從地踊出汝等昔所未見
者我於是娑婆世界得阿耨多羅三藐三菩
提已教化示導是諸菩薩調伏其心令發道
意此諸菩薩皆於是娑婆世界之下此界虛
空中住於諸經典讀誦通利思惟分別正憶
念阿逸多是諸善男子等不樂在衆多有所
說常樂靜處懃行精進未曾休息亦不依止
人天而住常樂深智无有鄣㝵亦常樂於諸
佛之法一心精進求无上慧尒時世尊欲重宣
此義而說偈言
阿逸汝當知　是諸大菩薩　從无數劫來　脩習佛智慧
悉是我所化　令發大道心　此等是我子　依止是世界
常行頭陀事　志樂於靜處　捨大衆憒閙　不樂多所說
如是諸子等　學習我道法　晝夜常精進　為求佛道故
在娑婆世界　下方空中住
志念力堅固　常懃求智慧　說種種妙法　其心无所畏

BD03473號　妙法蓮華經卷五　（20–5）

常行頭陀事　志樂於靜處　捨大衆憒閙　不樂多所說
如是諸子等　學習我道法　晝夜常精進　為求佛道故
在娑婆世界　下方空中住
志念力堅固　常懃求智慧　說種種妙法　其心无所畏
我於伽耶城　菩提樹下坐　得成最正覺　轉无上法輪
尒乃教化之　令初發道心　今皆住不退　悉當得成佛
我今說實語　汝等一心信　我從久遠來　教化是等衆
尒時彌勒菩薩摩訶薩及无數諸菩薩等心
生疑惑怪未曾有而作是念云何世尊於少時
間教化如是无量无邊阿僧祇諸大菩薩令
住阿耨多羅三藐三菩提即白佛言世尊如
來為太子時出於釋宮去伽耶城不遠坐於
道場得成阿耨多羅三藐三菩提從是以來
始過四十餘年世尊云何於此少時大作佛
事以佛勢力以佛功德教化如是无量大
菩薩衆當成阿耨多羅三藐三菩提世尊此
大菩薩衆假使有人於千万億劫數不能盡
不得其邊斯等久遠以來於无量无邊諸佛
所殖諸善根成就菩薩道常脩梵行世尊
如此之事世所難信譬如有人色美髮黑年
二十五指百歲人言是我子其百歲人亦指年
少言是我父生育我等是事難信佛亦如是
得道已來其實未久而此大衆諸菩薩等已
於无量千万億劫為佛道故懃行精進善入
出住无量百千万億三昧得大神通久脩梵
行善能次第集諸善法巧於問荅人中之寶
一切世間甚為希有今日世尊方云得佛道

BD03473號　妙法蓮華經卷五　（20–6）

於无量千万億劫為佛道故懃行精進善入
出住无量百千万億三昧得大神通久脩梵
行善能次弟集諸善法巧於問荅人中之寶
一切世間甚為希有今日世尊方云得佛道
時初令發心教化示導令向阿耨多羅三藐
三菩提世尊得佛未久乃能作此大功德事
我等雖復信佛隨宜所說佛所出言未曾虛
妄佛所知者皆悉通達然諸新發意菩薩於
佛滅後若聞是語或不信受而起破法罪業
因緣唯然世尊願為解說除我等疑及未来
世諸善男子聞此事已亦不生疑尒時弥勒
菩薩欲重宣此義而說偈言
佛昔從釋種　出家近伽耶　坐於菩提樹　尒来尚未久
此諸佛子等　其數不可量　久已行佛道　住於神通力
善學菩薩道　不染世間法　如蓮華在水　從地而踊出
皆起恭敬心　住於世尊前　是事難思議　云何而可信
佛得道甚近　所成就甚多　願為除衆疑　如實分別說
譬如少壯人　年始二十五　示人百歲子　髮白而面皺
是等我所生　子亦說是父　父少而子老　舉世所不信
世尊亦如是　得道来甚近　是諸菩薩等　志固无怯弱
從无量劫来　而行菩薩道　巧於難問荅　其心无所畏
忍辱心決定　端政有威德　十方佛所讚　善能分別說
不樂在人衆　常好在禪定　為求佛道故　於下空中住
我等從佛聞　於此事无疑　願佛為未来　演說令開解
若有於此經　生疑不信者　即當墮惡道　願今為解說
是无量菩薩　云何於少時　教化令發心　而住不退地
妙法蓮華經如来壽量品第十六

BD03473號　妙法蓮華經卷五　（20–7）

不樂在人衆　常好在禪定　為求佛道故　於下空中住
我等從佛聞　於此事无疑　願佛為未来　演說令開解
若有於此經　生疑不信者　即當墮惡道　願今為解說
是无量菩薩　云何於少時　教化令發心　而住不退地
妙法蓮華經如来壽量品第十六
尒時佛告諸菩薩及一切大衆諸善男子汝
等當信解如来誠諦之語復告大衆汝等當
信解如来誠諦之語又復告諸大衆汝等當
信解如来誠諦之語是時菩薩大衆弥勒為
首合掌白佛言世尊唯願說之我等當信受
佛語如是三白已復言唯願說之我等當信受
佛語尒時世尊知諸菩薩三請不止而告之
言汝等諦聽如来秘密神通之力一切世間
天人及阿脩羅皆謂今釋迦牟尼佛出釋
氏宮去伽耶城不遠坐於道場得阿耨多羅三
藐三菩提然善男子我實成佛已来无量
无邊百千万億那由他劫譬如五百千万億
那由他阿僧祇三千大千世界假使有人末
為微塵過於東方五百千万億那由他阿僧
祇國乃下一塵如是東行盡是微塵諸善男
子於意云何是諸世界可得思惟校計知其
數不弥勒菩薩等俱白佛言世尊是諸世界
无量无邊非筭數所知亦非心力所及一切
聲聞辟支佛以无漏智不能思惟知其限數
我等住阿惟越致地於是事中亦所不達世
尊如是諸世界无量无邊尒時佛告大菩薩
衆諸善男子今當分明宣語汝等是諸世界

BD03473號　妙法蓮華經卷五　（20–8）

聲聞辟支佛以无漏智不能思惟知其限數
我等住阿惟越致地於是事中亦所不達世
尊如是諸世界无量无邊尒時佛告大菩薩
衆諸善男子今當分明宣語汝等是諸世界
若著微塵及不著者盡以為塵一塵一劫我
成佛已来復過於此百千万億那由他阿僧
祇劫自從是来我常在此娑婆世界說法教
化亦於餘處百千万億那由他阿僧祇國導
利衆生諸善男子於是中間我說燃燈佛等
又復言其入於涅槃如是皆以方便分別諸
善男子若有衆生来至我所我以佛眼觀其
信等諸根利鈍隨所應度處處自說名字不
同年紀大小亦復現言當入涅槃又以種種
方便說微妙法能令衆生發歡喜心諸善男
子如来見諸衆生樂於小法德薄垢重者為
是人說我少出家得阿耨多羅三藐三菩提
然我實成佛已来久遠若斯但以方便教化
衆生令入佛道作如是說諸善男子如来所
演經典皆為度脫衆生或說己身或說他身
或示己身或示他身或示己事或示他事諸
所言說皆實不虛所以者何如来如實知
見三界之相无有生死若退若出亦无在世及
滅度者非實非虛非如非異不如三界見於
三界如斯之事如来明見无有錯謬以諸衆
生有種種性種種欲種種行種種憶想分別
故欲令生諸善根以若干因緣譬喻言辭種

滅度者非實非虛非如非異不如三界見於
三界如斯之事如来明見无有錯謬以諸衆
生有種種性種種欲種種行種種憶想分別
故欲令生諸善根以若干因緣譬喻言辭種
種說法所作佛事未曾暫癈如是我成佛已
来甚大久遠壽命无量阿僧祇劫常住不滅
諸善男子我本行菩薩道所成壽命今猶未
盡復倍上數然今非實滅度而便唱言當取
滅度如来以是方便教化衆生所以者何若
佛久住於世薄德之人不種善根貧窮下賤
貪著五欲入於憶想妄見網中若見如来常
在不滅便起憍恣而懷猒怠不能生難遭
想恭敬之心是故如来以方便說比丘當知諸
佛出世難可值遇所以者何諸薄德人過无
量百千万億劫或有見佛或不見者以此事
故我作是言諸比丘如来難可得見斯衆生
等聞如是語必當生於難遭之想心懷戀慕
渴仰於佛便種善根是故如来雖不實滅而
言滅度又善男子諸佛如来法皆如是為度
衆生皆實不虛譬如良醫智慧聰達明練方
藥善治衆病其人諸子息若十二十乃至百
數以有事緣遠至餘國諸子於後飲他毒
藥藥發悶亂宛轉于地是時其父還来歸家
諸子飲毒或失本心或不失者遥見其父皆
大歡喜拜跪問訊善安隱歸我等愚癡誤服
毒藥願見救療更賜壽命父見子等苦惱如

以有事緣遠至餘國諸子於後飲他毒
藥藥發悶亂宛轉于地是時其父還來歸家
諸子飲毒或失本心或不失者遙見其父皆
大歡喜拜跪問訊善安隱歸我等愚癡誤服
毒藥願見救療更賜壽命父見子等苦惱如
是依諸經方求好藥草色香美味皆悉具足
擣簁和合與子令服而作是言此大良藥色
香美味皆悉具足汝等可服速除苦惱无復
衆患其諸子中不失心者見此良藥色香俱
好即便服之病盡除愈餘失心者見其父來
雖亦歡喜問訊求索治病然與其藥而不肯
服所以者何毒氣深入失本心故於此好色
香藥而謂不美父作是念此子可愍為毒所
中心皆顛倒雖見我喜求索救療如是好藥
而不肯服我今當設方便令服此藥即作是
言汝等當知我今衰老死時已至是好良藥
今留在此汝可取服勿憂不差作是教已復
至他國遣使還告汝父已死是時諸子聞父
背喪心大憂惱而作是念若父在者慈愍我
等能見救護今者捨我遠喪他國自惟孤露
无復恃怙常懷悲感心遂醒悟乃知此藥色
味香美即取服之毒病皆愈其父聞子悉已
得差尋便來歸咸使見之諸善男子於意云
何頗有人能說此良醫虛妄罪不不也世尊
佛言我亦如是成佛已來无量无邊百千万
億那由他阿僧祇劫為衆生故以方便力言
當滅度亦无有能如法說我虛妄過者尒時

BD03473號　妙法蓮華經卷五　（20–11）

佛言我亦如是成佛已來无量无邊百千万
億那由他阿僧祇劫為衆生故以方便力言
當滅度亦无有能如法說我虛妄過者尒時
世尊欲重宣此義而說偈言
自我得佛來　所經諸劫數　无量百千万　億載阿僧祇
常說法教化　无數億衆生　令入於佛道　尒來无量劫
為度衆生故　方便現涅槃　而實不滅度　常住此說法
我常住於此　以諸神通力　令顛倒衆生　雖近而不見
衆見我滅度　廣供養舍利　咸皆懷戀慕　而生渴仰心
衆生既信伏　質直意柔濡　一心欲見佛　不自惜身命
時我及衆僧　俱出靈鷲山
我時語衆生　常在此不滅　以方便力故　現有滅不滅
餘國有衆生　恭敬信樂者　我復於彼中　為說无上法
汝等不聞此　但謂我滅度
我見諸衆生　沒在於苦惱　故不為現身　令其生渴仰
因其戀戀慕　乃出為說法　神通力如是　於阿僧祇劫
常在靈鷲山　及餘諸住處　衆生見劫盡　大火所燒時
我此土安隱　天人常充滿　園林諸堂閣　種種寶莊嚴
寶樹多華菓　衆生所遊樂　諸天擊天鼓　常作衆伎樂
雨曼陁羅華　散佛及大衆　我淨土不毀　而衆見燒盡
憂怖諸苦惱　如是悉充滿　是諸罪衆生　以惡業因緣
過阿僧祇劫　不聞三寶名　諸有修功德　柔和質直者
則皆見我身　在此而說法　或時為此衆　說佛壽无量
久乃見佛者　為說佛難值　我智力如是　慧光照无量
壽命无數劫　久修業所得　汝等有智者　勿於此生疑
當斷令永盡　佛語實不虛　如醫善方便　為治狂子故

BD03473號　妙法蓮華經卷五　（20–12）

久乃見佛者　為說佛難值　我智力如是　慧光照无量
壽命无數劫　久脩業所得　汝等有智者　勿於此生疑
當斷令永盡　佛語實不虛　如醫善方便　為治狂子故
實在而言死　无能說虛妄　我亦為世父　救諸苦患者
為凡夫顛倒　實在而言滅　以常見我故　而生憍恣心
放逸著五欲　墮於惡道中　我常知衆生　行道不行道
隨應所可度　為說種種法　每自作是意　以何令衆生
得入无上道　速成就佛身

妙法蓮華經分別功德品第十七

尒時大會聞佛說壽命劫數長遠如是无量
无邊阿僧祇衆生得大饒益於時世尊告弥
勒菩薩摩訶薩阿逸多我說是如來壽命長
遠時六百八十万億那由他恒河沙衆生得
无生法忍復千倍菩薩摩訶薩得聞持陁羅
尼門復有一世界微塵數菩薩摩訶薩得樂
說无导辯才復有一世界微塵數菩薩摩訶
薩得百万億无量旋陁羅尼復有三千大千
世界微塵數菩薩摩訶薩能轉不退法輪復
有二千中國土微塵數菩薩摩訶薩能轉清
淨法輪復有小千國土微塵數菩薩摩訶薩
八生當得阿耨多羅三藐三菩提復有四四
天下微塵數菩薩摩訶薩四生　耨多
羅三藐三菩提復有三四天下微塵數菩薩
摩訶薩三生當得阿耨多羅三藐三菩提復
有二四天下微塵數菩薩摩訶薩二生當得
阿耨多羅三藐三菩提復有一四天下微塵

BD03473號　妙法蓮華經卷五　（20–13）

羅三藐三菩提復有三四天下微塵數菩薩
摩訶薩三生當得阿耨多羅三藐三菩提復
有二四天下微塵數菩薩摩訶薩二生當得
阿耨多羅三藐三菩提復有一四天下微塵
數菩薩摩訶薩一生當得阿耨多羅三藐三
菩提復有八世界微塵數衆生皆發阿耨多
羅三藐三菩提心佛說是諸菩薩摩訶薩得
大法利時於虛空中雨曼陁羅華摩訶曼陁
羅華以散无量百千万億寶樹下師子座上
諸佛并散七寶塔中師子座上釋迦牟尼佛
及久滅度多寶如來亦散一切諸大菩薩及
四部衆又雨細末栴檀沉水香等於虛空中
天鼓自鳴妙聲深遠又雨千種天衣垂諸瓔
珞真珠瓔珞摩尼珠瓔珞如意珠瓔珞遍於
九方衆寶香爐燒无價香自然周至供養大
會一一佛上有諸菩薩執持幡蓋次第而上
至于梵天是諸菩薩以妙音聲歌无量頌讚
嘆諸佛尒時弥勒菩薩從座而起偏袒右肩
合掌向佛而說偈言
佛說希有法　昔所未曾聞　世尊有大力　壽命不可量
无數諸佛子　聞世尊分別　說得法利者　歡喜充遍身
或住不退地　或得陁羅尼　或无导樂說　万億旋總持
或有大千界　微塵數菩薩　各各皆能轉　不退之法輪
復有中千界　微塵數菩薩　各各皆能轉　清淨之法輪
復有小千界　微塵數菩薩　餘各八生在　當得成佛道
復有四三二　如此四天下　微塵諸菩薩　隨數生成佛

BD03473號　妙法蓮華經卷五　（20–14）

或有大千界　微塵數菩薩　各各皆能轉　不退之法輪
復有中千界　微塵數菩薩　各各皆能轉　清淨之法輪
復有小千界　微塵數菩薩　餘各八生在　當得成佛道
復有四三二　如此四天下　微塵諸菩薩　隨數生成佛
或有四天下　微塵數菩薩　餘有一生在　當成一切智
如是等眾生　聞佛壽長遠　得无量无漏　清淨之果報
復有八世界　微塵數眾生　聞佛說壽命　皆發无上心
世尊說无量　不思可議法　多有所饒益　如虛空无邊
雨天曼陁羅　摩訶曼陁羅　釋梵如恒沙　无數佛土來
雨栴檀沉香　繽紛而亂墜　如鳥飛空下　供散於諸佛
天鼓虛空中　自然出妙聲　天衣千万種　旋轉而來下
眾寶妙香爐　燒无價之香　自然悉周遍　供養諸世尊
其大菩薩眾　執七寶幡蓋　高妙万億種　次第至梵天
一一諸佛前　寶幢懸勝幡　亦以千万偈　歌詠諸如來
如是種種事　昔所未曾有　聞佛壽无量　一切皆歡喜
佛名聞十方　廣饒益眾生　一切具善根　以助无上心
尒時佛告弥勒菩薩摩訶薩阿逸多其有眾
生聞佛壽命長遠如是乃至能生一念信解
所得功德无有限量若有善男子善女人為
阿耨多羅三藐三菩提故於八十万億那由
他劫行五波羅蜜檀波羅蜜尸羅波羅蜜羼
提波羅蜜毗梨耶波羅蜜禪波羅蜜除般若
波羅蜜以是功德比前功德百分千分百千
万億分不及其一乃至筭數譬喻所不能知若
善男子善女人有如是功德於阿耨多羅三
藐三菩提退者无有是處尒時世尊欲重
宣此義而說偈言

BD03473號　妙法蓮華經卷五　（20–15）

善男子善女人有如是功德於阿耨多羅三
藐三菩提退者无有是處尒時世尊欲重
宣此義而說偈言
若人求佛慧　於八十万億　那由他劫數　行五波羅蜜
於是諸劫中　布施供養佛　及緣覺弟子　并諸菩薩眾
珍異之飲食　上服與臥具　栴檀立精舍　以園林莊嚴
如是等布施　種種皆微妙　盡此諸劫數　以迴向佛道
若復持禁戒　清淨无缺漏　求於无上道　諸佛之所嘆
若復行忍辱　住於調柔地　設眾惡來加　其心不傾動
諸有得法者　懷於增上慢　為此所輕惱　如是亦能忍
若復懃精進　志念常堅固　於无量億劫　一心不懈息
又於无數劫　住於空閑處　若坐若經行　除睡常攝心
以是因緣故　能生諸禪定　八十億万劫　安住心不亂
持此一心福　願求无上道　我得一切智　盡諸禪定際
是人於百千　万億劫數中　行此諸功德　如上之所說
有善男女等　聞我說壽命　乃至一念信　其福過於彼
若人悉无有　一切諸疑悔　深心須臾信　其福為如此
其有諸菩薩　无量劫行道　聞我說壽命　是則能信受
如是諸人等　頂受此經典　願我於未來　長壽度眾生
如今日世尊　諸釋中之王　道場師子吼　說法无所畏
我等未來世　一切所尊敬　坐於道場時　說壽亦如是
若有深心者　清淨而質直　多聞能總持　隨義解佛語
如是之人等　於此无有疑
又阿逸多若有聞佛壽命長遠解其言趣是
人所得功德无有限量能起如來无上之慧
何況廣聞是經若教人聞若自持若教人持

BD03473號　妙法蓮華經卷五　（20–16）

如是之人等　於此无有疑
又阿逸多若有聞佛壽命長遠解其言趣是
人所得功德无有限量能起如來无上之慧
何况廣聞是經若教人聞若自持若教人持
若自書若教人書若以華香瓔珞幢幡繒蓋
香油蘇燈供養經卷是人功德无量无邊能
生一切種智阿逸多若善男子善女人聞我
說壽命長遠深心信解則為見佛常在耆闍
崛山共大菩薩諸聲聞衆圍遶說法又見此
娑婆世界其地琉璃坦然平正閻浮檀金以
界八道寶樹行列諸臺樓觀皆悉寶成其菩
薩衆咸處其中若有能如是觀者當知是為
深信解相又復如來滅後若聞是經而不毀
呰起隨喜心當知已為深信解相何况讀誦
受持之者斯人則為頂戴如來阿逸多是善
男子善女人不須為我復起塔寺及作僧坊以
四事供養衆僧所以者何是善男子善女人
受持讀誦是經典者為已起塔造立僧坊
供養衆僧則為以佛舍利起七寶塔高廣漸
小至于梵天懸諸幡蓋及衆寶鈴華香瓔珞
末香塗香燒香衆鼓伎樂簫笛箜篌種種儛
戲以妙音聲歌唄讚誦則為於无量千万億
劫作是供養已阿逸多若我滅後聞是經典
有能受持若自書若教人書則為起立僧坊
以赤栴檀作諸殿堂三十有二高八多羅樹
高廣嚴好百千比丘於其中止園林流池經

BD03473號　妙法蓮華經卷五　（20–17）

有能受持若自書若教人書則為起立僧坊
以赤栴檀作諸殿堂三十有二高八多羅樹
高廣嚴好百千比丘於其中止園林流池經
行禪窟衣服飲食牀蓐湯藥一切樂具充滿
其中如是僧坊堂閣若干百千万億其數无
量以此現前供養於我及比丘僧是故我說
如來滅後若有受持讀誦為他人說若自書
若教人書供養經卷不須復起塔寺及造僧
坊供養衆僧况復有人能持是經兼行布施
持戒忍辱精進一心智慧其德最勝无量无
邊譬如虛空東西南北四維上下无量无邊
是人功德亦復如是无量无邊疾至一切種
智若人讀誦受持是經為他人說若自書若
教人書復能起塔及造僧坊供養讚嘆聲聞
衆僧亦以百千万億讚嘆之法讚嘆菩薩功
德又為他人種種因緣隨義解說此法華經
復能清淨持戒與柔和者而共同止忍辱无
瞋志念堅固常貴坐禪得諸深定精進勇猛
攝諸善法利根智慧善荅問難阿逸多若我
滅後諸善男子善女人受持讀誦是經典者
復有如是諸善功德當知是人已趣道場近
阿耨多羅三藐三菩提坐道樹下阿逸多是
善男子若坐若立若行處是中便應起塔一
切天人皆應供養如佛之塔尒時世尊欲重
宣此義而說偈言
若我滅度後　能奉持此經　斯人福无量　如上之說說
是則為具足　一切諸供養　以舍利起塔　七寶而莊嚴

BD03473號　妙法蓮華經卷五　（20–18）

善男子若坐若立若行處是中便應起塔一
切天人皆應供養如佛之塔　尒時世尊欲重
宣此義而說偈言
若我滅度後　能奉持此經　斯人福无量　如上之所說
是則為具足　一切諸供養　以舍利起塔　七寶而莊嚴
表剎甚高廣　漸小至梵天　寶鈴千万億　風動出妙聲
又於无量劫　而供養此塔　華香諸瓔珞　天衣衆伎樂
燃香油蘇燈　周迊常照明　惡世法末時　能持是經者
則為已如上　具足諸供養　若能持此經　則如佛現在
以牛頭栴檀　起僧坊供養　堂有三十二　高八多羅樹
上饌妙衣服　牀卧皆具足　百千衆住處　園林諸流池
經行及禪窟　種種皆嚴好　若有信解心　受持讀誦書
若復教人書　及供養經卷　散華香末香　以須曼瞻蔔
阿提目多伽　薰油常燃之　如是供養者　得无量功德
如虛空无邊　其福亦如是　況復持此經　兼布施持戒
忍辱樂禪定　不瞋不惡口　恭敬於塔廟　謙下諸比丘
遠離自高心　常思惟智慧　有問難不瞋　隨順為解說
應以天華散　天衣覆其身　頭面接足禮　生心如佛想
又應作是念　不久詣道樹　得无漏无為　廣利諸天人
其所住止處　經行若坐卧　乃至說一偈　是中應起塔
莊嚴令妙好　種種以供養　佛子住此地　則是佛受用
常在於其中　經行及坐卧

妙法蓮華經卷第五

BD03473號　妙法蓮華經卷五　（20–19）

阿提目多伽　薰油常燃之　如是供養者　得无量功德
如虛空无邊　其福亦如是　況復持此經　兼布施持戒
忍辱樂禪定　不瞋不惡口　恭敬於塔廟　謙下諸比丘
遠離自高心　常思惟智慧　有問難不瞋　隨順為解說
應以天華散　天衣覆其身　頭面接足禮　生心如佛想
又應作是念　不久詣道樹　得无漏无為　廣利諸天人
其所住止處　經行若坐卧　乃至說一偈　是中應起塔
莊嚴令妙好　種種以供養　佛子住此地　則是佛受用
常在於其中　經行及坐卧

妙法蓮華經卷第五

BD03473號　妙法蓮華經卷五　（20–20）

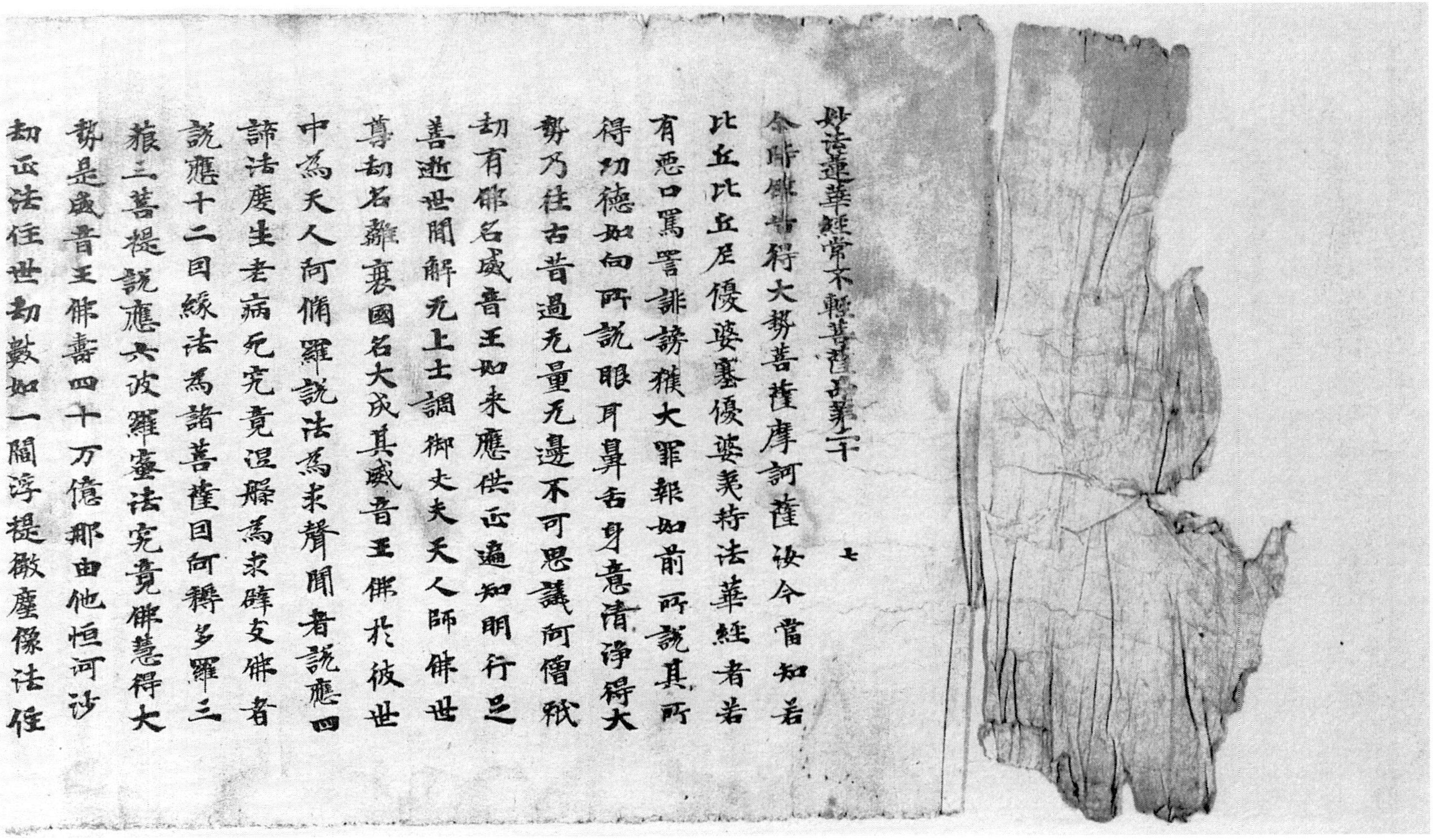

妙法蓮華經常不輕菩薩品第二十　七
介時佛告得大勢菩薩摩訶薩汝今當知若
比丘比丘尼優婆塞優婆夷持法華經者若
有悪口罵詈誹謗獲大罪報如前所說其所
得功德如向所說眼耳鼻舌身意清淨得大
勢乃往古昔過无量无邊不可思議阿僧祇
劫有佛名威音王如來應供正遍知明行足
善逝世間解无上士調御丈夫天人師佛世
尊劫名離衰國名大成其威音王佛於彼世
中為天人阿脩羅說法為求聲聞者說應四
諦法度生老病死究竟涅槃為求辟支佛者
說應十二因緣法為諸菩薩因阿耨多羅三
藐三菩提說應六波羅蜜法究竟佛慧得大
勢是威音王佛壽四十万億那由他恒河沙
劫正法住世劫數如一閻浮提微塵像法住

BD03474 號　妙法蓮華經（八卷本）卷七　（2–1）

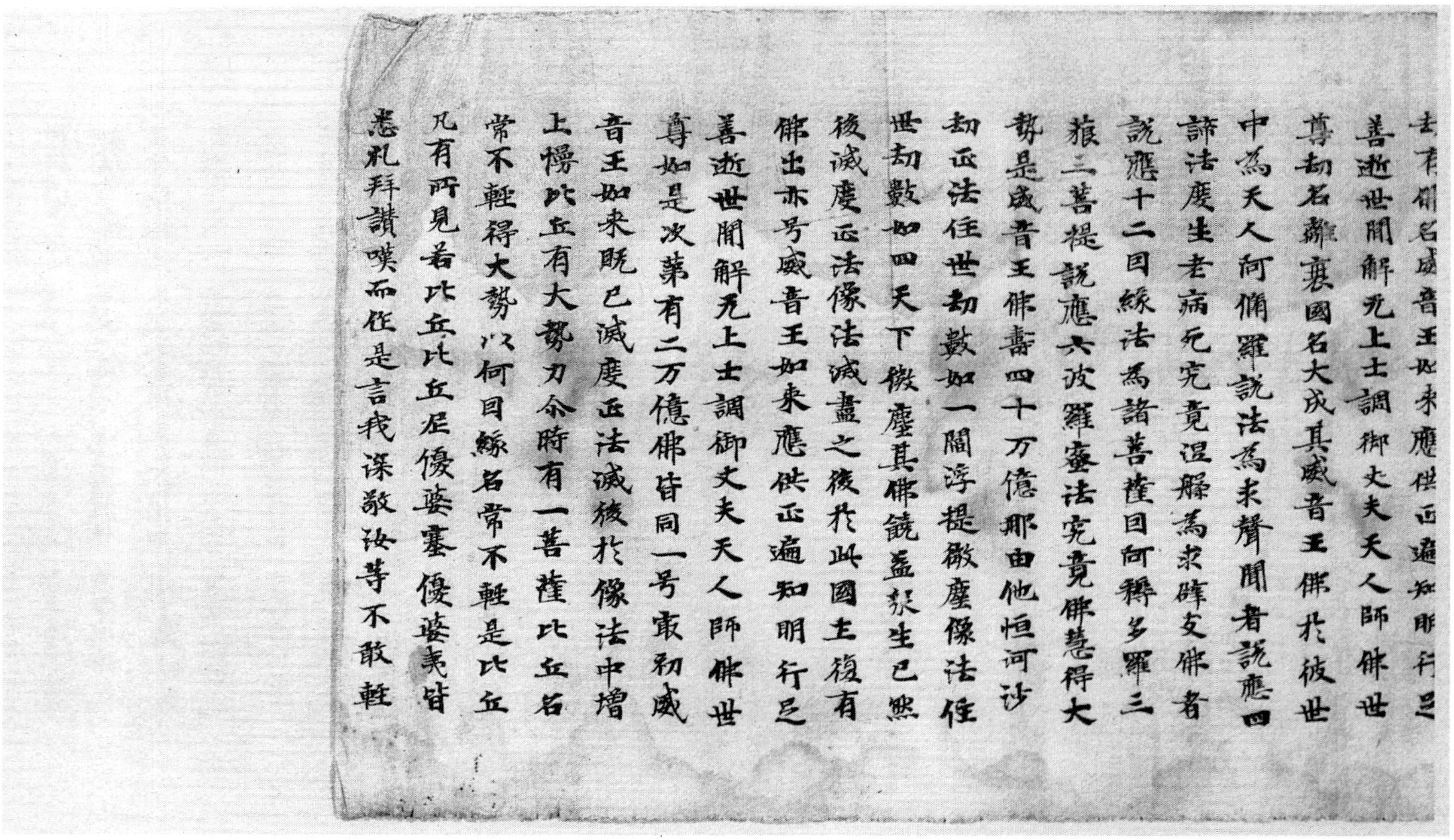

劫有佛名威音王如來應供正遍知明行足
善逝世間解无上士調御丈夫天人師佛世
尊劫名離衰國名大成其威音王佛於彼世
中為天人阿脩羅說法為求聲聞者說應四
諦法度生老病死究竟涅槃為求辟支佛者
說應十二因緣法為諸菩薩因阿耨多羅三
藐三菩提說應六波羅蜜法究竟佛慧得大
勢是威音王佛壽四十万億那由他恒河沙
劫正法住世劫數如一閻浮提微塵像法住
世劫數如四天下微塵其佛饒益衆生已然
後滅度正法像法滅盡之後於此國土復有
佛出亦号威音王如來應供正遍知明行足
善逝世間解无上士調御丈夫天人師佛世
尊如是次第有二万億佛皆同一号最初威
音王如來既已滅度正法滅後於像法中增
上慢比丘有大勢力介時有一菩薩比丘名
常不輕得大勢以何因緣名常不輕是比丘
凡有所見若比丘比丘尼優婆塞優婆夷皆
悉礼拜讚嘆而作是言我深敬汝等不敢輕

BD03474 號　妙法蓮華經（八卷本）卷七　（2–2）

般若波羅蜜多其
善現若菩薩摩訶
離應一切智智心脩行四静
有所得有所恃以有所得
切智智心脩行四無量四
量四無色定有所得有
便故善現如是菩薩摩訶
蜜多時無方便善巧聞説
羅蜜多其心有驚有恐
善現若菩薩摩訶薩脩
離應一切智智心脩行四念
有所得有所恃以有所得
切智智心脩行四正斷四神足五根
等覺支八聖道支於脩四正斷乃至八聖
支有所得有所恃以有所得為方便故
如是菩薩摩訶薩脩行般若波羅蜜多時無
方便善巧聞説如是甚深般若波羅蜜多其
心有驚有恐有怖
善現若菩薩摩訶薩脩行般若波羅蜜多時

BD03475號　大般若波羅蜜多經卷四四　　（15–1）

等覺支八聖道支於脩四正斷乃至八聖
支有所得有所恃以有所得為方便故
如是菩薩摩訶薩脩行般若波羅蜜多時無
方便善巧聞説如是甚深般若波羅蜜多其
心有驚有恐有怖
善現若菩薩摩訶薩脩行般若波羅蜜多時
離應一切智智心脩行空解脱門於脩空解
脱門有所得有所恃以有所得為方便故離
應一切智智心脩行無相無願解脱門於脩
無相無願解脱門有所得有所恃以有所得
為方便故善現如是菩薩摩訶薩脩行般若
波羅蜜多時無方便善巧聞説如是甚深般
若波羅蜜多其心有驚有恐有怖
善現若菩薩摩訶薩脩行般若波羅蜜多時
離應一切智智心脩行五眼於脩五眼有所得
有所恃以有所得為方便故離應一切智智
心脩行六神通於脩六神通有所得有所恃
以有所得為方便故善現如是菩薩摩訶薩
脩行般若波羅蜜多時無方便善巧聞説如
是甚深般若波羅蜜多其心有驚有恐有
怖
善現若菩薩摩訶薩脩行般若波羅蜜多時
離應一切智智心脩行佛十力於脩佛十力
有所得有所恃以有所得為方便故離應一
切智智心脩行四無所畏四無礙解大慈大
悲大喜大捨十八佛不共法一切智道相智

BD03475號　大般若波羅蜜多經卷四四　　（15–2）

離應一切智智心脩行佛十力
有所得有所恃以有所得為方便故離應一
切智智心脩行四無所畏四無礙解大慈大
悲大喜大捨十八佛不共法一切智道相智
一切相智於脩四無所畏乃至一切相智有
所得有所恃以有所得為方便故善現如是
菩薩摩訶薩脩行般若波羅蜜多時無方便
善巧聞説如是甚深般若波羅蜜多其心有
驚有恐有怖
善現若菩薩摩訶薩脩行般若波羅蜜多時
離應一切智智心觀色內空外空內外空空
空大空勝義空有為空無為空畢竟空無際
空散空無變異空本性空自相空共相空一
切法空不可得空無性空自性空無性自性
空於觀色空有所得有所恃以有所得為方
便故離應一切智智心觀受想行識內空
乃至無性自性空於觀受想行識空有所得
有所恃以有所得為方便故善現如是菩薩
摩訶薩脩行般若波羅蜜多時無方便善巧
聞説如是甚深般若波羅蜜多其心有驚有
恐有怖
善現若菩薩摩訶薩脩行般若波羅蜜多時
離應一切智智心觀眼處內空乃至無性自
性空於觀眼處空有所得有所恃以有所得
為方便故離應一切智智心觀耳鼻舌身意
處內空乃至無性自性空於觀耳鼻舌身意

BD03475號　大般若波羅蜜多經卷四四　（15–3）

為方便故離應一切智智心觀耳鼻舌身意
處內空乃至無性自性空於觀耳鼻舌身意
處空有所得有所恃以有所得為方便故善
現如是菩薩摩訶薩脩行般若波羅蜜多時
無方便善巧聞説如是甚深般若波羅蜜多
其心有驚有恐有怖
善現若菩薩摩訶薩脩行般若波羅蜜多時
離應一切智智心觀色處內空乃至無性自
性空於觀色處空有所得有所恃以有所得
為方便故離應一切智智心觀聲香味觸法
處內空乃至無性自性空於觀聲香味觸法
處空有所得有所恃以有所得為方便故善
現如是菩薩摩訶薩脩行般若波羅蜜多時
無方便善巧聞説如是甚深般若波羅蜜多
其心有驚有恐有怖
善現若菩薩摩訶薩脩行般若波羅蜜多時
離應一切智智心觀眼界內空乃至無性自
性空於觀眼界空有所得有所恃以有所得
為方便故離應一切智智心觀色界眼識界
及眼觸眼觸為緣所生諸受內空乃至無性自
性空於觀色界乃至眼觸為緣所生諸受空
有所得有所恃以有所得為方便故善現如
是菩薩摩訶薩脩行般若波羅蜜多時無方
便善巧聞説如是甚深般若波羅蜜多其心
有驚有恐有怖
善現若菩薩摩訶薩脩行般若波羅蜜多時

BD03475號　大般若波羅蜜多經卷四四　（15–4）

便善巧聞說如是甚深般若波羅蜜多其心
有驚有恐有怖
善現若菩薩摩訶薩脩行般若波羅蜜多時
離應一切智智心觀耳界內空乃至無性自
性空於觀耳界空有所得有所恃以有所得
為方便故離應一切智智心觀聲界耳識界
及耳觸耳觸為緣所生諸受內空乃至無性
自性空於觀聲界乃至耳觸為緣所生諸受
空有所得有所恃以有所得為方便故善現
如是菩薩摩訶薩脩行般若波羅蜜多時
無方便善巧聞說如是甚深般若波羅蜜多
其心有驚有恐有怖
善現若菩薩摩訶薩脩行般若波羅蜜多時
離應一切智智心觀鼻界內空乃至無性自
性空於觀鼻界空有所得有所恃以有所得
為方便故離應一切智智心觀香界鼻識界
及鼻觸鼻觸為緣所生諸受內空乃至無性
自性空於觀香界乃至鼻觸為緣所生諸受
空有所得有所恃以有所得為方便故善現
如是菩薩摩訶薩脩行般若波羅蜜多時
無方便善巧聞說如是甚深般若波羅蜜多
其心有驚有恐有怖
善現若菩薩摩訶薩脩行般若波羅蜜多時
離應一切智智心觀舌界內空乃至無性自
性空於觀舌界空有所得有所恃以有所得
為方便故離應一切智智心觀味界舌識界

BD03475號　大般若波羅蜜多經卷四四　（15–5）

善現若菩薩摩訶薩脩行般若波羅蜜多時
離應一切智智心觀舌界內空乃至無性自
性空於觀舌界空有所得有所恃以有所得
為方便故離應一切智智心觀味界舌識界
及舌觸舌觸為緣所生諸受內空乃至無性
自性空於觀味界乃至舌觸為緣所生諸受
空有所得有所恃以有所得為方便故善現
如是菩薩摩訶薩脩行般若波羅蜜多時無
方便善巧聞說如是甚深般若波羅蜜多其
心有驚有恐有怖
善現若菩薩摩訶薩脩行般若波羅蜜多時
離應一切智智心觀身界內空乃至無性自
性空於觀身界空有所得有所恃以有所得
為方便故離應一切智智心觀觸界身識界
及身觸身觸為緣所生諸受內空乃至無性
自性空於觀觸界乃至身觸為緣所生諸受
空有所得有所恃以有所得為方便故善現
如是菩薩摩訶薩脩行般若波羅蜜多時無
方便善巧聞說如是甚深般若波羅蜜多其
心有驚有恐有怖
善現若菩薩摩訶薩脩行般若波羅蜜多時
離應一切智智心觀意界內空乃至無性自
性空於觀意界空有所得有所恃以有所
得為方便故離應一切智智心觀法界意識
界及意觸意觸為緣所生諸受內空乃至無性
自性空於觀法界乃至意觸為緣所生諸受

BD03475號　大般若波羅蜜多經卷四四　（15–6）

性空於觀意界空有所得有所恃以有
得為方便故離應一切智智心觀法界意識
界及意觸意觸為緣所生諸受內空乃至無性
自性空於觀法界乃至意觸為緣所生諸受
空有所得有所恃以有所得為方便故善現
如是菩薩摩訶薩脩行般若波羅蜜多時無
方便善巧聞說如是甚深般若波羅蜜多其
心有驚有恐有怖
善現若菩薩摩訶薩脩行般若波羅蜜多時
離應一切智智心觀地界內空乃至無性自
性空於觀地界空有所得有所恃以有所得
為方便故離應一切智智心觀水火風空識
界內空乃至無性自性空於觀水火風空識
界空有所得有所恃以有所得為方便故善
現如是菩薩摩訶薩脩行般若波羅蜜多時
無方便善巧聞說如是甚深般若波羅蜜多
其心有驚有恐有怖
善現若菩薩摩訶薩脩行般若波羅蜜多時
離應一切智智心觀苦聖諦內空乃至無性
自性空於觀苦聖諦空有所得有所恃以有
所得為方便故離應一切智智心觀集滅道
聖諦內空乃至無性自性空於觀集滅道聖
諦空有所得有所恃以有所得為方便故善
現如是菩薩摩訶薩脩行般若波羅蜜多時
無方便善巧聞說如是甚深般若波羅蜜多
其心有驚有恐有怖

諦空有所得有所恃以有所得為方便故善
現如是菩薩摩訶薩脩行般若波羅蜜多時
無方便善巧聞說如是甚深般若波羅蜜多
其心有驚有恐有怖
善現若菩薩摩訶薩脩行般若波羅蜜多時
離應一切智智心觀無明內空乃至無性自
性空於觀無明空有所得有所恃以有所得
為方便故離應一切智智心觀行識名色六
處觸受愛取有生老死愁歎苦憂惱內空乃
至無性自性空於觀行乃至老死愁歎苦憂
惱空有所得有所恃以有所得為方便故善
現如是菩薩摩訶薩脩行般若波羅蜜多時
無方便善巧聞說如是甚深般若波羅蜜多
其心有驚有恐有怖
善現若菩薩摩訶薩脩行般若波羅蜜多時
離應一切智智心觀四靜慮內空乃至無性
自性空於觀四靜慮空有所得有所恃以有
所得為方便故離應一切智智心觀四無量
四無色定內空乃至無性自性空於觀四無
量四無色定空有所得有所恃以有所得為
方便故善現如是菩薩摩訶薩脩行般若波
羅蜜多時無方便善巧聞說如是甚深般
若波羅蜜多其心有驚有恐有怖
善現若菩薩摩訶薩脩行般若波羅蜜多時
離應一切智智心觀四念住內空乃至無性
自性空於觀四念住空有所得有所恃以有

若波羅蜜多其心有驚有恐有怖
善現若菩薩摩訶薩脩行般若波羅蜜多時
離應一切智智心觀四念住內空乃至無性
自性空於觀四念住空有所得有所恃以有
所得為方便故離應一切智智心觀四正斷四
神足五根五力七等覺支八聖道支內空乃
至無性自性空於觀四正斷乃至八聖道支
空有所得有所恃以有所得為方便故善現
如是菩薩摩訶薩脩行般若波羅蜜多時
無方便善巧聞說如是甚深般若波羅蜜多
其心有驚有恐有怖
善現若菩薩摩訶薩脩行般若波羅蜜多時
離應一切智智心觀空解脫門內空乃至無
性自性空於觀空解脫門空有所得有所恃
以有所得為方便故離應一切智智心觀無
相無願解脫門內空乃至無性自性空於觀
無相無願解脫門空有所得有所恃以有所
得為方便故善現如是菩薩摩訶薩脩行般
若波羅蜜多時無方便善巧聞說如是甚深
般若波羅蜜多其心有驚有恐有怖
善現若菩薩摩訶薩脩行般若波羅蜜多時
離應一切智智心觀布施波羅蜜多內空乃
至無性自性空於觀布施波羅蜜多空有所
得有所恃以有所得為方便故離應一切智
智心觀淨戒安忍精進靜慮般若波羅蜜
多內空乃至無性自性空於觀淨戒安忍精

BD03475號　大般若波羅蜜多經卷四四　　（15–9）

智心觀淨戒安忍精進靜慮般若波羅蜜
多內空乃至無性自性空於觀淨戒安忍精
進靜慮般若波羅蜜多空有所得有所恃以
有所得為方便故善現如是菩薩摩訶薩脩
行般若波羅蜜多時無方便善巧聞說如是
甚深般若波羅蜜多其心有驚有恐有怖
善現若菩薩摩訶薩脩行般若波羅蜜多時
離應一切智智心觀五眼內空乃至無性自
性空於觀五眼空有所得有所恃以有所得
為方便故離應一切智智心觀六神通內空
乃至無性自性空於觀六神通空有所得有
所恃以有所得為方便故善現如是菩薩摩
訶薩脩行般若波羅蜜多無方便善巧聞
說如是甚深般若波羅蜜多其心有驚有恐
有怖
善現若菩薩摩訶薩脩行般若波羅蜜多時
離應一切智智心觀佛十力內空乃至無性
自性空於觀佛十力空有所得有所恃以有
所得為方便故離應一切智智心觀四無所
畏四無礙解大慈大悲大喜大捨十八佛
不共法一切智道相智一切相智內空乃至
無性自性空於觀四無所畏乃至一切相智
空有所得有所恃以有所得為方便故善現
如是菩薩摩訶薩脩行般若波羅蜜多時
無方便善巧聞說如是甚深般若波羅蜜多

BD03475號　大般若波羅蜜多經卷四四　　（15–10）

空有所得有所恃以有所得為方便故善現
如是菩薩摩訶薩脩行般若波羅蜜多時
無方便善巧聞說如是甚深般若波羅蜜多
其心有驚有恐有怖
尒時善現白佛言世尊云何菩薩摩訶薩脩
行般若波羅蜜多時為諸惡友之所攝受聞
說如是甚深般若波羅蜜多其心有驚有恐
有怖
佛告善現諸菩薩摩訶薩惡友者若教猒離
般若波羅蜜多相應之法若教猒離靜慮精
進安忍淨戒布施波羅蜜多相應之法謂作
是言咄善男子汝等於此六到彼岸相應之
法不應脩學所以者何此法定非如來所說
是文頌者妄所製造是故汝等不應聽習不
應受持不應讀誦不應思惟不應尋究不應
為他宣說開示善現是為菩薩摩訶薩惡友
若菩薩摩訶薩脩行般若波羅蜜多時為此
惡友之所攝受聞說如是甚深般若波羅蜜
多其心有驚有恐有怖
復次善現諸菩薩摩訶薩惡友者若不為說
魔事魔過謂有惡魔作佛形像來教菩薩摩
訶薩猒離六波羅蜜多言善男子汝今何用
脩此般若波羅蜜多汝今何用脩此靜慮精
進安忍淨戒布施波羅蜜多善現若不為說
如是等事令覺悟者是為菩薩摩訶薩惡友
若菩薩摩訶薩脩行般若波羅蜜多時為

BD03475號　大般若波羅蜜多經卷四四　（15–11）

進安忍淨戒布施波羅蜜多
如是等事令覺悟者是為菩薩摩訶薩惡友
若菩薩摩訶薩脩行般若波羅蜜多時為
此惡友之所攝受聞說如是甚深般若波羅
蜜多其心有驚有恐有怖
復次善現菩薩摩訶薩惡友者若不為說魔
事魔過謂有惡魔作佛形像來為菩薩摩訶
薩說聲聞獨覺相應之法所謂契經乃至論
議分別開示勸令脩學善現若不為說如是
等事令覺悟者是為菩薩摩訶薩惡友若
菩薩摩訶薩脩行般若波羅蜜多時為此惡
友之所攝受聞說如是甚深般若波羅蜜多
其心有驚有恐有怖
復次善現菩薩摩訶薩惡友者若不為說魔
事魔過謂有惡魔作佛形像來至菩薩摩訶
薩所言善男子汝無菩薩種姓無真實菩提
心不能證得不退轉地亦不能證無上菩提
善現若不為說如是等事令覺悟者是為
菩薩摩訶薩惡友若菩薩摩訶薩脩行般若
波羅蜜多時為此惡友之所攝受聞說如是
甚深般若波羅蜜多其心有驚有恐有怖
復次善現菩薩摩訶薩惡友者若不為說魔
事魔過謂有惡魔作佛形像來至菩薩摩
訶薩所言善男子色空無我我所受想行識
空無我我所眼處空無我我所耳鼻舌身意
處空無我我所色處空無我我所聲香味觸
法處空無我我所眼界空無我我所色界眼

BD03475號　大般若波羅蜜多經卷四四　（15–12）

訶薩所言善男子色空無我我所受想行
空無我我所眼處空無我我所耳鼻舌身意
處空無我我所色處空無我我所聲香味觸
法處空無我我所眼界空無我我所色界眼
識界及眼觸眼觸為緣所生諸受空無我我
所耳界空無我我所聲界耳識界及耳觸耳
觸為緣所生諸受空無我我所鼻界空無我
我所香界鼻識界及鼻觸鼻觸為緣所生諸
受空無我我所舌界空無我我所味界舌識
界及舌觸舌觸為緣所生諸受空無我我所身
界空無我我所觸界身識界及身觸身觸為
緣所生諸受空無我我所意界空無我我所
法界意識界及意觸意觸為緣所生諸受空
無我我所地界空無我我所水火風空識界
空無我我所苦聖諦空無我我所集滅道聖
諦空無我我所無明空無我我所行識名色
六處觸受愛取有生老死愁歎苦憂惱空無
我我所四靜慮空無我我所四無量四無色
定空無我我所四念住空無我我所四正斷
四神足五根五力七等覺支八聖道支空無
我我所空解脫門空無我我所無相無願解
脫門空無我我所布施波羅蜜多空無我我
所淨戒安忍精進靜慮般若波羅蜜多空無
我我所五眼空無我我所六神通空無我我
所佛十力空無我我所四無所畏四無礙解
大慈大悲大喜大捨十八佛不共法一切智道

我我所五眼空無我我所六神通空無我我
所佛十力空無我我所四無所畏四無礙解
大慈大悲大喜大捨十八佛不共法一切智道
相智一切相智空無我我所此善男子諸
法皆空無我我所誰能修習六到彼岸誰復
能證無上菩提設證菩提為何所用善現若
不為說如是等事令覺悟者是為菩薩
摩訶薩惡友若善菩薩摩訶薩脩行般若波
羅蜜多時為此惡友之所攝受聞說如是
甚深般若波羅蜜多其心有驚有恐有怖
復次善現菩薩摩訶薩惡友者若不為說魔
事魔過謂有惡魔作獨覺形像來至菩薩摩
訶薩所言善男子十方皆空諸佛菩薩及聲
聞眾都無所有善現若不為說如是等事令
覺悟者是為菩薩摩訶薩惡友若菩薩摩訶
薩脩行般若波羅蜜多時為此惡友之所攝
受聞說如是甚深般若波羅蜜多其心有驚
有恐有怖
復次善現菩薩摩訶薩惡友者若不為說魔
事魔過謂有惡魔作聲聞形像來至菩薩
摩訶薩所毀呰應一切智智作意令深猒離
讚歎應聲聞獨覺作意令極愛樂善現若
不為說如是等事令覺悟者是為菩薩摩訶
薩惡友若菩薩摩訶薩脩行般若波羅蜜多
時為此惡友之所攝受聞說如是甚深般若
波羅蜜多其心有驚有恐有怖

不為說如是…
薩惡友若菩薩摩訶薩脩行般若波羅蜜多
時為此惡友之所攝受聞說如是甚深般若
波羅蜜多其心有驚有恐有怖
復次善現菩薩摩訶薩惡友者若不為說魔
事魔過謂有惡魔作親教軌範形像來至菩
薩摩訶薩所教令厭離菩薩勝行謂四念住
乃至八聖道支布施波羅蜜多乃至般若波
羅蜜多及令厭離一切智智謂五眼六神通
佛十力乃至一切相智唯教脩習空無相無
願三解脫門汝學此法速證聲聞或獨覺果
究竟安樂何用勤苦求趣無上正等菩提善
現若不為說如是等事令覺悟者是為菩薩
摩訶薩惡友若菩薩摩訶薩脩行般若波羅
蜜多時為此惡友之所攝受聞說如是甚深
般若波羅蜜多其心有驚有恐有怖
大般若波羅蜜多經卷第卌四

BD03475 號　大般若波羅蜜多經卷四四　（15–15）

BD03475 號背　勘記　（1–1）

漸[illegible]之道過无量阿僧祇劫當於
此土得阿耨多羅三藐三菩提號曰法明如來
應供正遍知明行足善逝世間解无上士調
御丈夫天人師佛世尊其佛以恒河沙等三
千大千世界為一佛土七寶為地地平如掌
无有山陵谿澗溝壑七寶臺觀充滿其中
諸天宮殿近處虛空人天交接兩得相見无
諸惡道亦无女人一切眾生皆以化生无有
婬欲得大神通身出光明飛行自在志念堅
固精進智慧普皆金色三十二相而自莊嚴其
國眾生常以二食一者法喜食二者禪悅食
有无量阿僧祇千萬億那由他諸菩薩眾得
大神通四无礙智善能教化眾生之類其聲
聞眾筭數校計所不能知皆得具足六通三
明及八解脫其佛國土有如是等无量功德
莊嚴成就劫名寶明國名善淨其佛壽命
无量阿僧祇劫法住甚久佛滅度後起七寶
塔遍滿其國尒時世尊欲重宣此義說偈言
諸比丘諦聽 佛子所行道 善學方便故 不可得思議
智眾樂小法 而畏於大智 是故諸菩薩 作聲聞緣覺
以无數方便 化諸眾生類 自說是聲聞 去佛道甚遠
度脫无量眾 皆悉得成就 雖小欲懈怠 漸當令作佛

BD03476號　妙法蓮華經卷四　　（17–1）

諸比丘諦聽 佛子所行道 善學方便故 不可得思議
智眾樂小法 而畏於大智 是故諸菩薩 作聲聞緣覺
以无數方便 化諸眾生類 自說是聲聞 去佛道甚遠
度脫无量眾 皆悉得成就 雖小欲懈怠 漸當令作佛
內祕菩薩行 外現是聲聞 少欲猒生死 實自淨佛土
示眾有三毒 又現邪見相 我弟子如是 方便度眾生
若我具足說 種種現化事 眾生聞是者 心則懷疑惑
今此富樓那 於昔千億佛 勤脩所行道 宣護諸佛法
為求无上慧 而於諸佛所 現居弟子上 多聞有智慧
所說无所畏 能令眾歡喜 未曾有疲惓 而助以佛事
已度大神通 具四无礙慧 知眾根利鈍 常說清淨法
演暢如是義 教諸千億眾 令住大乘法 而自淨佛土
未來亦供養 无量无數佛 護助宣正法 亦自淨佛土
常以諸方便 說法无所畏 度不可計眾 成就一切智
供養諸如來 護持法寶藏 其後得成佛 號名曰法明
其國名善淨 七寶所合成 劫名為寶明 菩薩眾甚多
其數无量億 皆度大神通 威德力具足 充滿其國土
聲聞亦无數 三明八解脫 得四无礙智 以是等為僧
其國諸眾生 婬欲皆已斷 純一變化生 具相莊嚴身
法喜禪悅食 更无餘食想 无有諸女人 亦无諸惡道
富樓那比丘 功德悉成滿 當得斯淨土 賢聖眾甚多
如是无量事 我今但略說
尒時千二百阿羅漢心自在者作是念我等歡
喜得未曾有若世尊各見授記如餘大弟子
者不亦快乎佛知此等心之所念告摩訶迦
葉是千二百阿羅漢[illegible]

BD03476號　妙法蓮華經卷四　　（17–2）

如是无量事 我今但略說
尒時千二百阿羅漢心自在者作是念我等歡
喜得未曾有若世尊各見授記如餘大弟子
者不亦快乎佛知此等心之所念告摩訶迦
葉是千二百阿羅漢我今當現前次第與受
阿耨多羅三藐三菩提記於此衆中我大
弟子憍陳如比丘當供養六万二千億佛然
後得成爲佛号曰普明如来應供正遍知明
行足善逝世間解无上士調御丈夫天人師佛
世尊其五百阿羅漢優樓頻螺迦葉伽耶迦
葉那提迦葉迦留陁夷優陁夷阿㝹樓䭾離
波多劫賓那薄拘羅周陁莎伽陁等皆當得
阿耨多羅三藐三菩提盡同一号名曰普明
尒時世尊欲重宣此義而說偈言
憍陳如比丘 當見无量佛 過阿僧祇劫 乃成等正覺
常放大光明 具足諸神通 名聞遍十方 一切之所敬
常說无上道 故号爲普明 其國土清淨 菩薩皆勇猛
咸昇妙樓閣 遊諸十方國 以无上供具 奉獻於諸佛
作是供養已 心懷大歡喜 須臾還本國 有如是神力
佛壽六万劫 正法住倍壽 像法復倍是 法滅天人憂
其五百比丘 次第當作佛 同号曰普明 轉次而授記
我滅度之後 某甲當作佛 其所化世間 亦如我今日
國土之嚴淨 及諸神通力 菩薩聲聞衆 正法及像法
壽命劫多少 皆如上所說 迦葉汝已知 五百自在者
餘諸聲聞衆 亦當復如是 其不在此會 汝當爲宣說
尒時五百阿羅漢於佛前得受記已歡喜踊躍

BD03476號　妙法蓮華經卷四　（17-3）

國土之嚴淨 及諸神通力 菩薩聲聞衆 正法及像法
壽命劫多少 皆如上所說 迦葉汝已知 五百自在者
餘諸聲聞衆 亦當復如是 其不在此會 汝當爲宣說
尒時五百阿羅漢於佛前得受記已歡喜踊躍
即從座起到於佛前頭面礼足悔過自責世
尊我等常作是念自謂已得究竟滅度今
乃知之如无智者所以者何我等應得如来智
慧而便自以小智爲足世尊譬如有人至親
友家醉酒而卧是時親友官事當行以无
價寶珠繫其衣裏與之而去其人醉卧都不
覺知起已遊行到於他國爲衣食故勤力求
索甚大艱難若少有所得便以爲足於後親
友會遇見之而作是言咄哉丈夫何爲衣食
乃至如是我昔欲令汝得安樂五欲自恣於某
年日月以无價寶珠繫汝衣裏今故現在而
汝不知勤苦憂惱以求自活甚爲癡也汝今
可以此寶貿易所須常可如意无所乏短佛
亦如是爲菩薩時教化我等令發一切智
心而尋廢忘不知不覺既得阿羅漢道自謂
滅度資生艱難得少爲足一切智願猶在不
失今者世尊覺悟我等作如是言諸比丘汝
等所得非究竟滅我久令汝等種佛善根以
方便故示涅槃相而汝謂爲實得滅度世尊
我今乃知實是菩薩得受阿耨多羅三藐三
菩提記以是因緣甚大歡喜得未曾有尒時
阿若憍陳如等欲重宣此義而說偈言

BD03476號　妙法蓮華經卷四　（17-4）

方便故示涅槃相而汝謂為實得滅度世尊
我今乃知實是菩薩得受阿耨多羅三藐三
菩提記以是因緣甚大歡喜得未曾有尒時
阿若憍陳如等欲重宣此義而說偈言
我等聞无上　安隱授記聲　歡喜未曾有　礼无量智佛
今於世尊前　自悔諸過咎　於无量佛寶　得少涅槃分
如无智愚人　便自以為足　譬如貧窮人　往至親友家
其家甚大富　具設諸餚饍　以无價寶珠　繫著內衣裏
嘿與而捨去　時卧不覺知　是人既已起　遊行詣他國
求衣食自濟　資生甚艱難　得少便為足　更不願好者
不覺內衣裏　有无價寶珠　與珠之親友　後見此貧人
苦切責之已　示以所繫珠　貧人見此珠　其心大歡喜
富有諸財物　五欲而自恣　我等亦如是　世尊於長夜
常愍見教化　令種无上願　我等无智故　不覺亦不知
得少涅槃分　自足不求餘　今佛覺悟我　言非實滅度
得佛无上慧　尒乃為真滅　我今從佛聞　受記莊嚴事
及轉次受決　身心遍歡喜
妙法蓮華經授學无學人記品第九
尒時阿難羅睺羅而作是念我等每自思惟
設得受記不亦快乎即從座起到於佛前頭面
礼足俱白佛言世尊我等於此亦應有分唯
有如來我等所歸又我等為一切世間天人
阿脩羅所見知識阿難常為侍者護持法
藏羅睺羅是佛之子若佛見授阿耨多羅三
藐三菩提記者我願既滿衆望亦尒足時學
无學聲聞弟子二千人皆從座起偏袒右肩

BD03476號　妙法蓮華經卷四　（17–5）

藏羅睺羅是佛之子若佛見授阿耨多羅三
藐三菩提記者我願既滿衆望亦尒足時學
无學聲聞弟子二千人皆從座起偏袒右肩
到於佛前一心合掌瞻仰世尊如阿難羅睺
羅所願住立一面尒時佛告阿難汝於來世
當得作佛号山海慧自在通王如來應供正
遍知明行足善逝世間解无上士調御丈夫
天人師佛世尊當供養六十二億諸佛護持
法藏然後得阿耨多羅三藐三菩提教化二
十千万億恒河沙諸菩薩等令成阿耨多
羅三藐三菩提國名常立勝幡其土清淨琉璃
為地劫名妙音遍滿其佛壽命无量千万億
阿僧祇劫若人於千万億无量阿僧祇劫中
筭數校計不能得知正法住世倍於壽命像
法住世復倍正法阿難是山海慧自在通王
佛為十方无量千万億恒河沙等諸佛如來
所共讚歎稱其功德尒時世尊欲重宣此義
而說偈言
我今僧中說　阿難持法者　當供養諸佛　然後成正覺
号曰山海慧　自在通王佛　其國土清淨　名常立勝幡
教化諸菩薩　其數如恒沙　佛有大威德　名聞滿十方
壽命无有量　以愍衆生故　正法倍壽命　像法復倍是
如恒河沙等　无數諸衆生　於此佛法中　種佛道因緣
尒時會中新發意菩薩八千人咸作是念我
等尚不聞諸大菩薩得如是記有何因緣而

BD03476號　妙法蓮華經卷四　（17–6）

壽命无有量 以愍衆生故 正法倍壽命 像法復倍是
如恒河沙等 无數諸衆生 於此佛法中 種佛道因緣
尒時會中新發意菩薩八千人咸作是念我
等尚不聞諸大菩薩得如是記有何因緣而
諸聲聞得如是決尒時世尊知諸菩薩心之
所念而告之曰諸善男子我與阿難等於空
王佛所同時發阿耨多羅三藐三菩提心阿
難常樂多聞我常勤精進是故我已得成
阿耨多羅三藐三菩提而阿難持我法亦護
將来諸佛法藏教化成就諸菩薩衆其本願
如是故獲斯記阿難面於佛前自聞受記及
國土莊嚴所願具足心大歡喜得未曾有即
時憶念過去无量千万億諸佛法藏通達无
㝵如今所聞亦識本願尒時阿難而說偈言
世尊甚希有 令我念過去 无量諸佛法 如今日所聞
我今无復疑 安住於佛道 方便為侍者 護持諸佛法
尒時佛告羅睺羅汝於来世當得作佛号蹈
七寶華如来應供正遍知明行足善逝世間
解无上士調御丈夫天人師佛世尊當供養
十世界微塵等數諸佛如来常為諸佛而作
長子猶如今也是蹈七寶華佛國土莊嚴壽
命劫數所化弟子正法像法亦如山海慧自
在通王如来无異亦為此佛而作長子過是
已後當得阿耨多羅三藐三菩提尒時世尊
欲重宣此義而說偈言
我為太子時 羅睺為長子 我今成佛道 受法為法子

在通王如来无異亦為此佛而作長子過是
已後當得阿耨多羅三藐三菩提尒時世尊
欲重宣此義而說偈言
我為太子時 羅睺為長子 我今成佛道 受法為法子
於未来世中 見无量億佛 皆為其長子 一心求佛道
羅睺羅密行 唯我能知之 現為我長子 以示諸衆生
无量億千万 功德不可數 安住於佛法 以求无上道
尒時世尊見學无學二千人其意柔軟寂然清
淨一心觀佛佛告阿難汝見是學无學二千
人不唯然已見阿難是諸人等當供養五十
世界微塵數諸佛如来恭敬尊重護持法藏
末後同時於十方國各得成佛皆同一号名
曰寶相如来應供正遍知明行足善逝世間
解无上士調御丈夫天人師佛世尊壽命一
劫國土莊嚴聲聞菩薩正法像法皆悉同
等尒時世尊欲重宣此義而說偈言
是二千聲聞 今於我前住 悉皆與授記 未来當成佛
所供養諸佛 如上說塵數 護持其法藏 後當成正覺
各於十方國 悉同一名号 俱時坐道場 以證无上慧
皆名為寶相 國土及弟子 正法與像法 悉等无有異
咸以諸神通 度十方衆生 名聞普周遍 漸入於涅槃
尒時學无學二千人聞佛授記歡喜踊躍
而說偈言
世尊慧燈明 我聞授記音 心歡喜充滿 如甘露見灌
妙法蓮華經法師品第十

尒時學无學二千人聞佛授記歡喜踊躍
而說偈言
世尊慧燈明　我聞授記音　心歡喜充滿　如甘露見灌
妙法蓮華經法師品第十
尒時世尊因藥王菩薩告八万大士藥王汝
見是大衆中无量諸天龍王夜叉乾闥婆
阿脩羅迦樓羅緊那羅摩睺羅伽人與非人及
比丘比丘尼優婆塞優婆夷求聲聞者求
辟支佛者求佛道者如是等類咸於佛前聞
妙法華經一偈一句乃至一念隨喜者我皆與
授記當得阿耨多羅三藐三菩提佛告藥王
又如來滅度之後若有人聞妙法華經乃至
一偈一句一念隨喜者我亦與授阿耨多羅
三藐三菩提記若復有人受持讀誦解說
書寫妙法華經乃至一偈於此經卷敬視如佛
種種供養華香瓔珞末香塗香燒香繒蓋幢
幡衣服伎樂乃至合掌恭敬藥王當知是諸
人等已曾供養十万億佛於諸佛所成就大
願愍衆生故生此人間
藥王若有人問何等衆生於未來世當得作
佛應示是諸人等於未來世必得作佛何以
故若善男子善女人於法華經乃至一句受
持讀誦解說書寫種種供養經卷華香瓔珞
末香塗香燒香繒蓋幢幡衣服伎樂合掌恭
敬是人一切世間所應瞻奉應以如來供養而
供養之當知此人是大菩薩成就阿耨多羅

BD03476號　妙法蓮華經卷四　（17–9）

末香塗香燒香繒蓋幢幡衣服伎樂合掌恭
敬是人一切世間所應瞻奉應以如來供養而
供養之當知此人是大菩薩成就阿耨多羅
三藐三菩提哀愍衆生願生此間廣演分
別妙法華經何況盡能受持種種供養者藥
王當知是人自捨清淨業報於我滅後愍衆
生故生於惡世廣演此經若是善男子善女
人我滅度後能竊爲一人說法華經乃至一
句當知是人則如來使如來所遣行如來事
何況於大衆中廣爲人說藥王若有惡人以不
善心於一劫中現於佛前常毀罵佛其罪
尚輕若人以一惡言毀呰在家出家讀誦法
華經者其罪甚重藥王其有讀誦法華經
者當知是人以佛莊嚴而自莊嚴則爲如來肩
所荷擔其所至方應隨向禮一心合掌恭敬供
養尊重讚歎華香瓔珞末香塗香燒香繒
蓋幢幡衣服餚饌作諸伎樂人中上供而供
養之應持天寶而以散之天上寶聚應以奉
獻所以者何是人歡喜說法須臾聞之即得
究竟阿耨多羅三藐三菩提故尒時世尊欲
重宣此義而說偈言
若欲住佛道　成就自然智　常當勤供養　受持法華者
其有欲疾得　一切種智慧　當受持是經　并供持經者
若有能受持　妙法華經者　當知佛所使　愍念諸衆生
諸有能受持　妙法華經者　捨於清淨土　愍衆故生此
當知如是人　自在所欲生　能於此惡世　廣說无上法

BD03476號　妙法蓮華經卷四　（17–10）

若欲住佛道　成就自然智　常當勤供養　受持法華者
其有欲疾得　一切種智慧　當受持是經　并供持經者
若有能受持　妙法華經者　當知佛所使　愍念諸衆生
諸有能受持　妙法華經者　捨於清淨土　愍衆故生此
當知如是人　自在所欲生　能於此惡世　廣說无上法
應以天華香　及天寶衣服　天上妙寶聚　供養說法者
吾滅後惡世　能持是經者　當合掌禮敬　如供養世尊
上饌衆甘美　及種種衣服　供養是佛子　兾得須臾聞
若能於後世　受持是經者　我遣在人中　行於如來事
若於一劫中　常懷不善心　作色而罵佛　獲无量重罪
其有讀誦持　是法華經者　須臾加惡言　其罪復過彼
有人求佛道　而於一劫中　合掌在我前　以无數偈讚
由是讚佛故　得无量功德　歎美持經者　其福復過彼
於八十億劫　以最妙色聲　及與香味觸　供養持經者
如是供養已　若得須臾聞　則應自欣慶　我今獲大利
藥王今告汝　我所說諸經　而於此經中　法華最第一
尒時佛復告藥王菩薩摩訶薩我所說經典无
量千億已說今說當說而於其中此法華經
藏不可分布妄授與人諸佛世尊之所守護從
昔已來未曾顯說而此經者如來現在猶多
怨嫉況滅度後藥王當知如來滅後其能書
持讀誦供養為他人說者如來則為以衣覆
之又為他方現在諸佛之所護念是人有大
信力及志願力諸善根力當知是人與如來
共宿則為如來手摩其頭藥王在在處處
若說若讀若誦若書若經卷所住之處皆應

之又為他方現在諸佛之所護念是人有大
信力及志願力諸善根力當知是人與如來
共宿則為如來手摩其頭藥王在在處處
若說若讀若誦若書若經卷所住之處皆應
起七寶塔極令高廣嚴飾不須復安舍利所
以者何此中已有如來全身此塔應以一切華
香瓔珞繒蓋幢幡伎樂歌頌供養恭敬尊重
讚歎若有人得見此塔禮拜供養當知是等
皆近阿耨多羅三藐三菩提藥王多有人在
家出家行菩薩道若不能得見聞讀誦書持
供養是法華經者當知是人未善行菩薩道
若有得聞是經典者乃能善行菩薩之道其
有衆生求佛道者若見若聞是法華經聞已
信解受持者當知是人得近阿耨多羅三藐
三菩提
藥王譬如有人渴乏須水於彼高原穿鑿求
之猶見乾土知水尚遠施功不已轉見濕土遂
漸至泥其心決定知水必近菩薩亦復如是
若未聞未解未能修習是法華經當知是
人去阿耨多羅三藐三菩提尚遠若得聞解
思惟修習必知得近阿耨多羅三藐三菩提
所以者何一切菩薩阿耨多羅三藐三菩提
皆屬此經此經開方便門示真實相是法華
經藏深固幽遠无人能到今佛教化成就菩
薩而為開示藥王若有菩薩聞是法華經驚

皆屬此經此經開方便門示真實相是法華
經藏深固幽遠无人能到今佛教化成就菩
薩而為開示藥王若有菩薩聞是法華經驚
疑怖畏當知是為新發意菩薩若聲聞人聞
是經驚疑怖畏當知是為增上慢者藥王若
有善男子善女人如來滅後欲為四衆說是
法華經者云何應說是善男子善女人入如來
室著如來衣坐如來座尒乃應為四衆廣說
斯經如來室者一切衆生中大慈悲心是如
來衣者柔和忍辱心是如來座者一切法空
是安住是中然後以不懈怠心為諸菩薩
及四衆廣說是法華經藥王我於餘國遣化
人為其集聽法衆亦遣化比丘比丘尼優婆
塞優婆夷聽其說法是諸化人聞法信受隨
順不逆若說法者在空閑處我時廣遣天龍
鬼神乾闥婆阿脩羅等聽其說法我雖在異
國時時令說法者得見我身若於此經忘失
句逗我還為說令得具足尒時世尊欲重宣此
義而說偈言
欲捨諸懈怠 應當聽此經 是經難得聞 信受者亦難
如人渴須水 穿鑿於高原 猶見乾燥土 知去水尚遠
漸見濕土泥 決定知近水 藥王汝當知 如是諸人等
不聞法華經 去佛智甚遠 若聞是深經 決了聲聞法
是諸經之王 聞已諦思惟 當知此人等 近於佛智慧
若人說此經 應入如來室 著於如來衣 而坐如來座

BD03476號　妙法蓮華經卷四　（17–13）

漸見濕土泥 決定知近水 藥王汝當知 如是諸人等
不聞法華經 去佛智甚遠 若聞是深經 決了聲聞法
是諸經之王 聞已諦思惟 當知此人等 近於佛智慧
若人說此經 應入如來室 著於如來衣 而坐如來座
處衆无所畏 廣為分別說 大慈悲為室 柔和忍辱衣
諸法空為座 處此為說法 若說此經時 有人惡口罵
加刀杖瓦石 念佛故應忍 我千万億土 現淨堅固身
於无量億劫 為衆生說法 若我滅度後 能說此經者
我遣化四衆 比丘比丘尼 及清信士女 供養於法師
引導諸衆生 集之令聽法 若人欲加惡 刀杖及瓦石
則遣變化人 為之作衛護 若說法之人 獨在空閑處
寂寞无人聲 讀誦此經典 我尒時為現 清淨光明身
若忘失章句 為說令通利 若人具是德 或為四衆說
空處讀誦經 皆得見我身 若人在空閑 我遣天龍王
夜叉鬼神等 為作聽法衆 是人樂說法 分別无罣礙
諸佛護念故 能令大衆喜 若親近法師 速得菩薩道
隨順是師學 得見恒沙佛
妙法蓮華經見寶塔品第十一
尒時佛前有七寶塔高五百由旬縱廣二百
五十由旬從地踊出住在空中種種寶物而
莊挍之五千欄楯龕室千万无數幢幡以為
嚴飾垂寶瓔珞寶鈴万億而懸其上四面
皆出多摩羅跋栴檀之香充遍世界其諸幡
蓋以金銀琉璃車𤦲馬瑙真珠玫瑰七寶合成
高至四天王宮三十三天雨天曼陀羅華供養
寶塔餘諸天龍夜叉乾闥婆阿脩羅迦婁

BD03476號　妙法蓮華經卷四　（17–14）

皆出多摩羅跋栴檀之香充遍世界其諸幡
蓋以金銀琉璃車𤦲馬瑙真珠玫瑰七寶合成
高至四天王宮三十三天雨天曼陁羅華供養
寶塔餘諸天龍夜叉乾闥婆阿脩羅迦樓
羅緊那羅摩睺羅伽人非人等千万億衆以
一切華香瓔珞幡蓋伎樂供養寶塔恭敬尊
重讃歎尒時寶塔中出大音聲歎言善哉善
哉釋迦牟尼世尊能以平等大慧教菩薩法
佛所護念妙法華經為大衆說如是如是釋
迦牟尼世尊如所說者皆是真實
尒時四衆見大寶塔住在空中又聞塔中所
出音聲皆得法喜怪未曾有從座而起恭敬
合掌却住一面尒時有菩薩摩訶薩名大樂
說知一切世間天人阿脩羅等心之所疑而白
佛言世尊以何因緣有此寶塔從地踊出又
於其中發是音聲尒時佛告大樂說菩薩
此寶塔中有如來全身乃往過去東方无量千
萬億阿僧祇世界國名寶淨彼中有佛号
曰多寶其佛本行菩薩道時作大誓願
我成佛滅度之後於十方國土有說法華經處
我之塔廟為聽是經故踊現其前為作證明讃
言善哉彼佛成道已臨滅度時於天人大衆中
告諸比丘我滅度後欲供養我全身者應起
一大塔其佛以神通願力十方世界在在處
處若有說法華經者彼之寶塔皆踊出其前

告諸比丘我滅度後欲供養我全身者應起
一大塔其佛以神通願力十方世界在在處
處若有說法華經者彼之寶塔皆踊出其前
全身在於塔中讃言善哉善哉大樂說今
多寶如來塔聞說法華經故見此佛身佛告
大樂說菩薩摩訶薩是多寶佛有深重願
若我寶塔為聽法華經故出於諸佛前時其有
欲以我身示四衆者彼佛分身諸佛在於十方
世界說法盡還集一處然後我身乃出現耳大
樂說我分身諸佛在於十方世界說法者今
應當集大樂說白佛言世尊我等亦願欲見
世尊分身諸佛禮拜供養
尒時佛放白毫一光即見東方五百万億那
由他恒河沙等國土諸佛彼諸國土皆以頗梨
為地寶樹寶衣以為莊嚴无數千万億菩薩
充滿其中遍張寶幔寶網羅上彼國諸佛
以大妙音而說諸法及見无量千万億菩薩
遍滿諸國為衆說法南西北方四維上下白毫
相光所照之處亦復如是尒時十方諸佛各
告衆菩薩言善男子我今應往娑婆世界釋
迦牟尼佛所并供養多寶如來寶塔時娑
婆世界即變清淨琉璃為地寶樹莊嚴黃金
為繩以界八道无諸聚落村營城邑大海江河
山川林藪燒大寶香曼陁羅華遍布其地以
寶網幔羅覆其上懸諸寶鈴唯留此會衆移
諸天人置於他土是時諸佛各將一大菩薩以

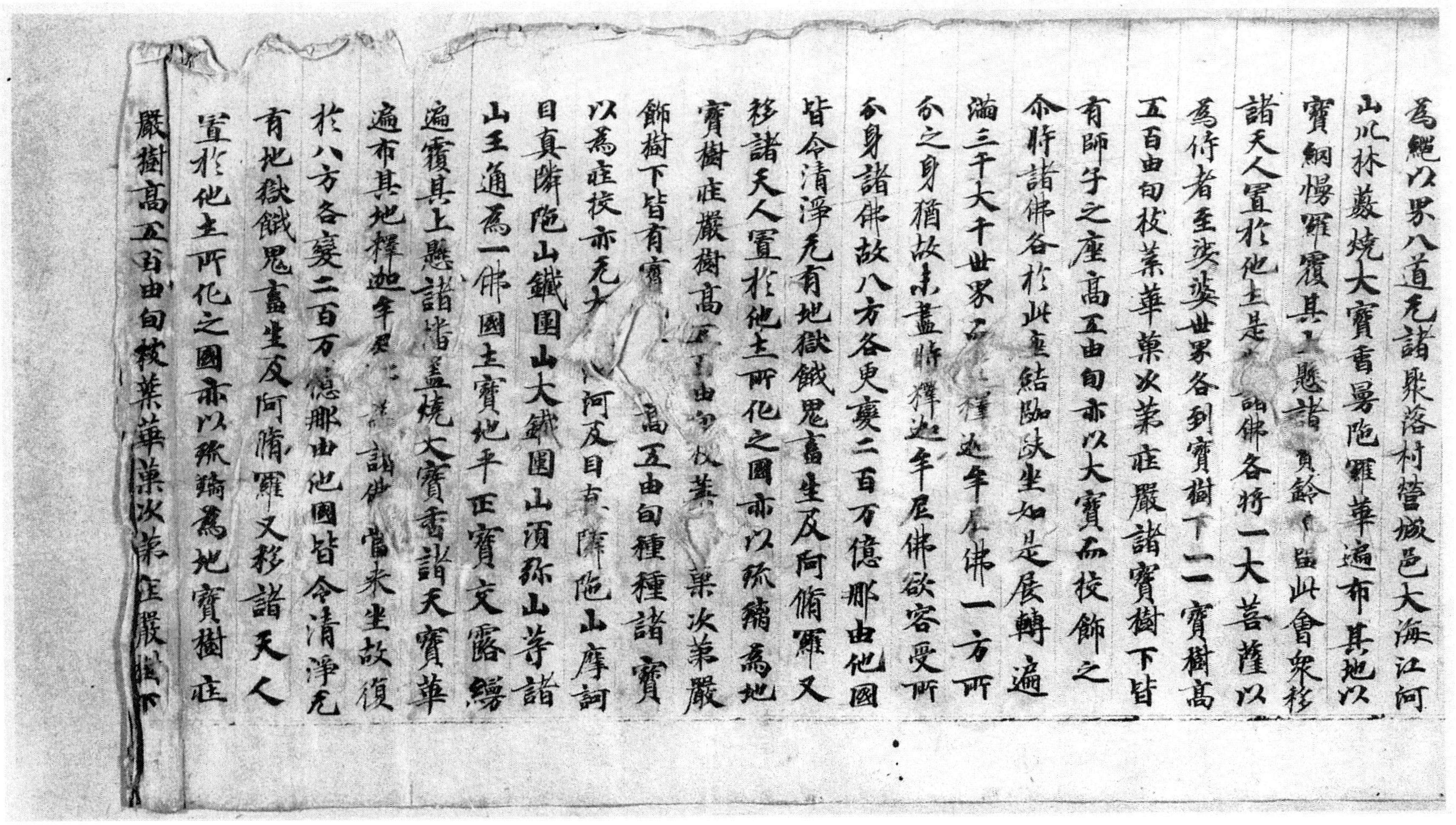

為鐵以界八道无諸聚落村營城邑大海江河
山川林藪燒大寶香曼陁羅華遍布其地以
寶網幔羅覆其上懸諸寶鈴唯留此會衆移
諸天人置於他土是時諸佛各將一大菩薩以
為侍者至娑婆世界各到寶樹下一一寶樹高
五百由旬枝葉華菓次茀莊嚴諸寶樹下皆
有師子之座高五由旬亦以大寶而校飾之
尒時諸佛各於此座結跏趺坐如是展轉遍
滿三千大千世界而於釋迦牟尼佛一方所
分之身猶故未盡時釋迦牟尼佛欲容受所
分身諸佛故八方各更變二百万億那由他國
皆令清淨无有地獄餓鬼畜生及阿脩羅又
移諸天人置於他土所化之國亦以琉璃為地
寶樹莊嚴樹高五百由旬枝葉華菓次茀嚴
飾樹下皆有寶師子座高五由旬種種諸寶
以為莊校亦无大海江河及目真隣陀山摩訶
目真隣陀山鐵圍山大鐵圍山須彌山等諸
山王通為一佛國土寶地平正寶交露縵
遍覆其上懸諸幡蓋燒大寶香諸天寶華
遍布其地釋迦牟尼佛為諸佛當來坐故復
於八方各變二百万億那由他國皆令清淨无
有地獄餓鬼畜生及阿脩羅又移諸天人
置於他土所化之國亦以琉璃為地寶樹莊
嚴樹高五百由旬枝葉華菓次茀莊嚴樹下

BD03476 號　妙法蓮華經卷四　（17–17）

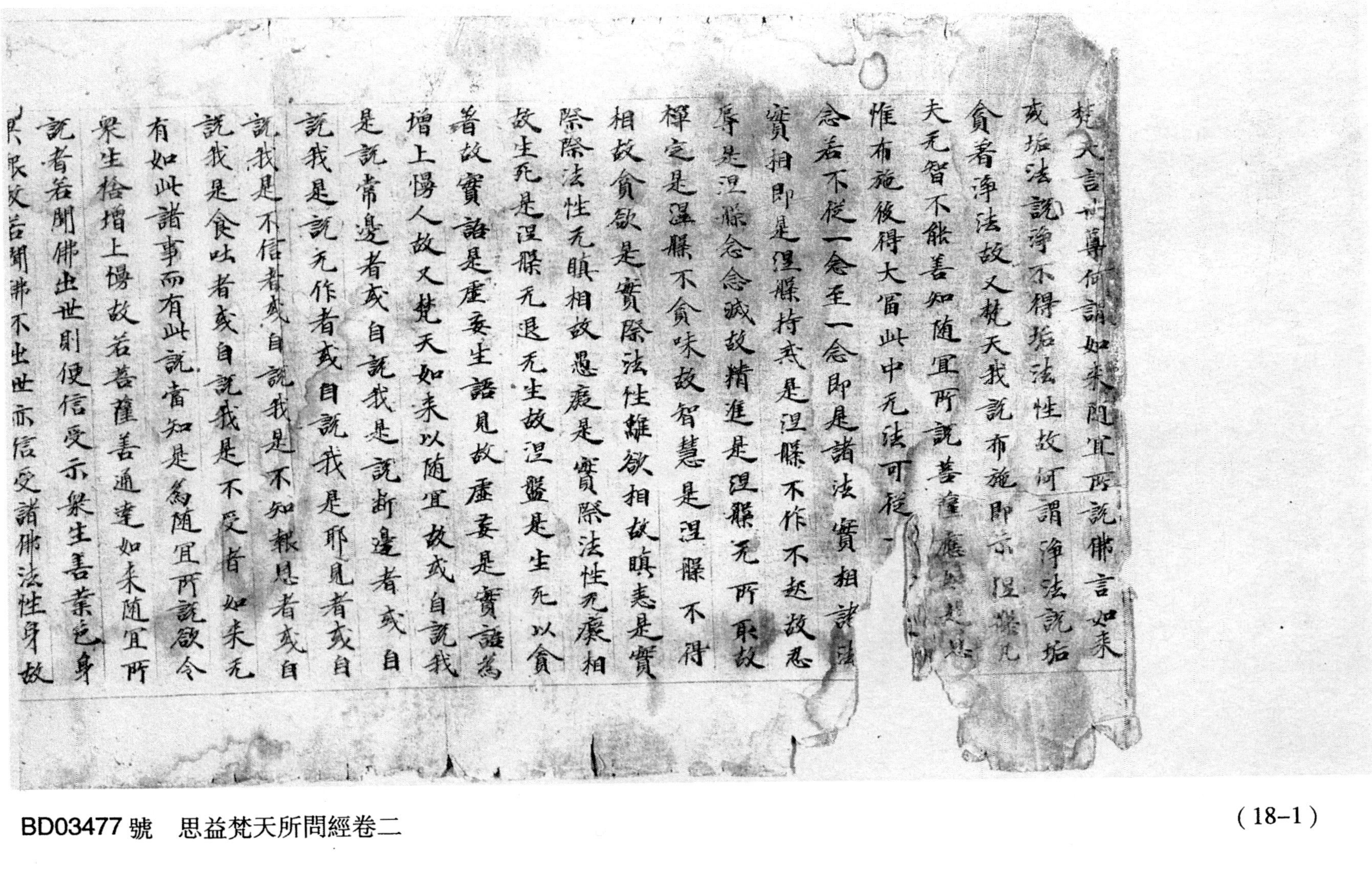

梵天言世尊何謂如來隨宜所說佛言如來
或垢法說淨不得垢法性故何謂淨法說垢
貪着淨法故又梵天我說布施即是涅槃凡
夫无智不能善知隨宜所說菩薩應如是思
惟布施後得大富此中无法可從一
念至一念若不從一念至一念即是諸法實相諸法
實相即是涅槃持戒是涅槃不作不起故忍
辱是涅槃念念滅故精進是涅槃无所取故
禪定是涅槃不貪味故智慧是涅槃不得
相故貪欲是實際法性離欲相故瞋恚是實
際法性无瞋相故愚癡是實際法性无癡相
故生死是涅槃无退无生故涅槃是生死以貪
着故實諦是虛妄生語見故虛妄是實諦為
增上慢人故又梵天如來以隨宜故或自說我
是說常邊者或自說我是說斷邊者或自
說我是說无作者或自說我是耶見者或自
說我是不信者或自說我是不知報恩者或自
說我是食吐者或自說我是不受者如來无
有如此諸事而有此說當知是為隨宜所說欲令
衆生捨增上慢故若菩薩善通達如來隨宜所
說者若聞佛出世則便信受示衆生善業色身
故若聞佛不出世亦信受諸佛法性身故

BD03477 號　思益梵天所問經卷二　（18–1）

說我是食吐者或自說我是不受者如來无
有如此諸事而有此說當知是為隨宜所說欲令
衆生捨增上慢故若菩薩善通達如來隨宜所
說者若聞佛出世則便信受示衆生善業色身
果報故若聞佛不出世亦信受諸佛法性身故
若聞佛說法亦信受為善樂文字衆生故若聞
佛不說法亦信受諸法位性不可說故若聞有
涅槃亦信受滅顛倒所起煩惱故若聞无涅
槃亦信受諸法无生相无滅相故若聞有衆
生亦信受入世諦門故若聞无衆生亦信受
入第一義故梵天菩薩如是善知如來隨宜
所說於諸音聲无疑无畏亦能利益无量
衆生
世尊何謂方便佛言如來為衆生說布施得大
富持戒得生天忍辱得端政精進得具諸功德
禪定得法喜智慧得捨諸煩惱多聞得智慧
故行十善道得人天福樂故慈悲喜捨得生梵
世故禪定得如實智慧故如實智慧得道果
故學地得无學地故辟支佛地消諸供養故佛地
得无量智慧涅槃滅一切煩惱故梵天我如是方
便為衆生讚說是法如來實不得我人衆生壽
命者亦不得施亦不得慳亦不得戒亦不得
毀戒亦不得忍辱亦不得瞋恚亦不得精進
亦不得懈怠亦不得禪定亦不得亂心亦不
得智慧亦不得智慧果亦不得菩提亦不得
涅槃亦不得苦亦不得樂梵天若衆生聞是

BD03477 號　思益梵天所問經卷二　（18–2）

命者亦不得施亦不得慳亦不得戒亦不得
毀戒亦不得忍辱亦不得瞋恚亦不得精進
亦不得懈怠亦不得禪定亦不得亂心亦不
得智慧亦不得智慧果亦不得菩提亦不得
涅槃亦不得苦亦不得樂梵天若衆生聞是
法者勤行精進是人為何利故勤行精進不
得是法若須陁洹果斯陁含果阿那含果阿
羅漢果辟支佛道阿耨多羅三藐三菩提乃
至无餘涅槃亦復不得梵天是名如來以方便
說法菩薩於此方便說法中應勤精進令諸衆
生得於法利
世尊何謂法門佛言眼是解脫門耳鼻舌身
意是解脫門所以者何眼空无我无我所亦
性自尒耳鼻舌身意空无我无我所亦性自
尒梵天當知是諸入皆是解脫門正行不虛故
色聲香味觸法亦尒一切諸法皆入是門所
謂空門无相門无作門无生門无滅門无所從
來門无所從去門无退門无起門性常清淨門
離自體門又梵天如來於一切文字中是解
脫門所以者何諸文字性无合无用梵天當知
如來於一切文字中說聖諦解脫門如來所說
法无有垢一切諸法皆入解脫令住涅槃是
名如來說法入於法門菩薩於此法門應
當脩學
世尊何謂大悲佛言如來以卌二種大悲救
護衆生何等卌二一切諸法无我而衆生不
信不解如來於此而起大悲一切法无衆生

BD03477 號　思益梵天所問經卷二　（18–3）

名如来說法入於法門菩薩於此法門應
當脩學
世尊何謂大悲佛言如来以卅二種大悲救
護衆生何等卅二一切諸法无我而衆生不
信不解如来於此而起大悲一切法无衆生
而衆生說有衆生如来於此而起大悲一切
法无壽命者而衆生說有壽命者如来於
此而起大悲一切法无人而衆生說有人如来
於此而起大悲一切法无所有而衆生住於有
見如来於此而起大悲一切法无住而衆
生有住如来於此而起大悲一切法无歸處
而衆生樂於歸處如来於此而起大悲一切
法非我所而衆生著於我所如来於此而起
大悲一切法无所屬而衆生計有所屬如来於
此而起大悲一切法无取相而衆生有取相
如来於此而起大悲一切法无生而衆生住
於有生如来於此而起大悲一切法无退生
而衆生住於退生如来於此而起大悲一切
法无垢而衆生著垢如来於此而起大悲一
切法離染而衆生有染如来於此而起大悲
一切法離瞋而衆生有瞋如来於此而起大
悲一切法離癡而衆生有癡如来於此而起
大悲一切法无所從来而衆生著有所来如
来於此而起大悲一切法无所去而衆生著
於有去如来於此而起大悲一切法无起而
是衆生計有所起如来於此而起大悲一

大悲一切法无所從来而衆生著有所来如
来於此而起大悲一切法无所去而衆生著
於有去如来於此而起大悲一切法无起而
是衆生計有所起如来於此而起大悲一
切法无戲論而衆生著於戲論如来於此而
起大悲一切法空而衆生墮於有見如来於
此而起大悲一切法无相而衆生著於有
相如来於此而起大悲一切法无作而衆生
著於有作如来於此而起大悲如来觀知
世間常共瞋恨諍競如来於此而起大悲世
間住於耶見顛倒行於耶道欲令住於正道
如来於此而起大悲如来觀知世間貪餮无
有猒足互相陵奪欲令衆生住於聖財信
戒聞施慧等如来於此而起大悲衆生是產
業妻子恩愛之僕於此危脆之物生堅固想
欲令衆生知悲无常如来於此而起大悲如
来觀知衆生身為怨賊貪著養育以為親
友欲為衆生作真知識令畢衆苦究竟涅槃
如来於此而起大悲衆生好行欺誑耶命自
活欲令衆生行於正命如来於此而起大悲
衆生樂著衆苦不淨居處欲令衆生出於三
界如来於此而起大悲如来觀知一切諸法皆
從因緣有衆生於聖解脫法生懈怠想我
當為說精進令樂解脫如来於此而起大悲衆
生棄捨最上无㝵智慧求於聲聞辟支佛道欲
引道之令發大心緣於佛法如来於此而起

當為說精進令樂解脫如来於此而起大悲衆
生棄捨寂上无㝵智慧求於聲聞辟支佛道欲
引道之令發大心緣於佛法如来於此而起
大悲梵天如来如是於諸衆生行此卅二種
大悲是故如来名為行大悲者
若菩薩於衆生中常能脩集此大悲心則
為入阿鞞跋致為大福田威德具足常能利
益一切衆生說是大悲法門品時三万二千人皆
發阿耨多羅三藐三菩提心千千菩薩得无
生法忍
尒時網明菩薩摩訶薩白佛言世尊思益梵
天云何聞此大悲法門而不憘悅思益言善男
子若識在三法則有憘悅若識在无二實
際法中則无憘悅譬如幻人見幻戲事无所
憘悅菩薩知諸法如是則於如来若說法若
神通亦无憘悅又善男子如佛所化人聞佛說
法不憘不悅菩薩知諸法與化无異於如来
所不加憘悅於餘衆生无下劣想網明言梵
天汝今見諸法如幻相也梵天言若人分別
諸法者汝當問之網明言汝今於何處行梵
天言一切凡夫行處吾於彼行網明言凡夫
人行貪欲瞋恚愚癡身見我我所等行
耶道汝於是處行耶梵天言善男子汝欲得凡
夫法決定相耶
網明言我尚不欲決定得凡夫何況凡夫法善
男子若是法无決定者寧有貪欲瞋恚愚

夫法決定相耶
網明言我尚不欲決定得凡夫何況凡夫法善
男子若是法无決定者寧有貪欲瞋恚愚
癡法耶網明言无也善男子一切法離貪恚癡
相行想亦如是善男子凡夫行賢聖行皆无
二无差別善男子一切行非行一切說非說一
切道非道網明言何謂一切行非行梵天言
善男子若人千万億劫行道於法性不增不
减是故言一切行非行何謂一切說非說梵
天言善男子如来以不可說相說一切法是
故言一切說非說何謂一切道非道梵天言以
无所至故一切道非道
尒時世尊讚思益梵天言善哉善哉說諸法
相應當如是網明菩薩謂梵天言汝說一切凡
夫行處吾於彼行者則有行相梵天言若我有
所生處應有行相網明言汝若不生云何教化
衆生梵天言佛所化生吾如彼生網明言佛
所化生則无有生處梵天言寧可見不網明
言以佛力故見梵天言我生亦如是以業力故
網明言汝於起業中行耶梵天言我不於起
業中行網明言云何言以業力故梵天言如
業性力亦如是是二不出於如
尒時舍利弗白佛言世尊若有能入是菩薩
隨宜所說法中者得大功德所以者何世尊
乃至聞是上人名字尚得大利何況聞其所
[illegible]譬如有樹不在地在虛空中而現根莖

隨宜所說法中者得大功德所以者何世尊
乃至聞是上人名字尚得大利何況聞其所
說譬如有樹不依於地在虛空中而現根莖
枝葉華菓甚爲希有此人行相亦復如是不
住一切法而於十方現有行有生死亦有如是
智慧辯才世尊若有善男子善女人聞是
智慧自在力者其誰不發阿耨多羅三藐三
菩提心尒時有一菩薩名曰普華在會中坐
謂長老舍利弗仁者已得法性佛亦稱汝於
智慧人中爲最第一何以不現如是智慧辯
才自在力耶舍利弗言普華佛諸弟子隨其
智力能有所說普華言舍利弗法性有多少
耶舍利弗言无也普華言汝何以言佛諸弟
子隨其智力能有所說舍利弗言隨所得法
而有所說普華言汝證法性无量相耶舍利
弗言然普華言汝云何言隨所得法而有所
說如法性无量相得亦如是如得說亦如是
何以故法性无量故舍利弗言法性非得相
普華言若法性非得相者汝出法性得解脫
耶舍利弗言不也普華言何故尒也
舍利弗言若出法性得解脫者則壞法性普
華言是故舍利弗如仁者得道法性亦尒舍
利弗言我爲聽來非爲說也普華言一切法
皆入法性此中寧有說有聽者不舍利弗言
不也普華言若然者汝何故言我爲聽來非

利弗言我爲聽來非爲說也普華言一切法
皆入法性此中寧有說有聽者不舍利弗言
不也普華言若然者汝何故言我爲聽來非
爲說也舍利弗言佛說二人得福无量一者
專精說法二者一心聽受是故汝今應說我
當聽受普華言汝入滅盡定能聽法耶舍利
弗言入滅盡定无有二行而聽法也普華言
汝信佛說一切法是滅盡相不舍利弗言然
一切皆滅盡相我信是說普華言若然者舍
利弗常不能聽法所以者何一切法常滅盡
相舍利弗言汝能不起于定而說法也普華
言頗有一法非是定也舍利弗言无也普華
言是故當知一切凡夫常在於定舍利弗言
以何定故一切凡夫常在定耶普華言以不
壞法性三昧故舍利弗言若然者凡夫聖人
无有差別普華言如是如是我不欲令凡夫
聖人有差別也所以者何聖人无所斷凡夫无所
生是二不出法性平等之相也
舍利弗言何等是諸法平等相普華言如舍
利弗所得知見舍利弗汝生賢聖法也荅言
不也汝滅凡夫法耶荅言不也汝得賢聖法
也荅言不也汝見凡夫法也荅言不也舍利弗
汝何如見說言得道荅言汝不聞凡夫如即
是漏盡解脫如漏盡解脫如即是无餘涅槃
如舍利弗是如名不異如不壞如應以是如

汝何知見說言得道荅言汝不聞凡夫如即
是漏盡解脫如漏盡解脫如即是无餘涅槃
如舍利弗是如名不異如不壞如應以是如
知一切法尒時舍利弗白佛言世尊辟如大
火一切諸炎皆是燒相如是諸善男子所說
法皆入法性佛告舍利弗如汝所說是諸善
男子所說法皆入法性尒時網明菩薩謂舍
利弗佛說仁者於智慧人中為最第一以何
智慧得第一耶舍利弗言所謂聲聞因聲得
解以是智慧說我於中為第一耳非謂菩薩
網明言智慧是滅諭相也荅言不也網明言
是智慧非平等相耶荅言是也
網明言今仁者得平等智慧云何說智慧有
量荅言善男子以法性相故智慧无量隨入
法性多少故智慧有量網明言无量法終不
作有量仁者何故說智慧有量即時舍利弗
嘿然不荅尒時長老大迦葉承佛聖旨白佛
言世尊是網明菩薩以何因緣号網明乎佛
告網明善男子現汝福報光明因緣令諸天
人一切世間皆得歡喜其有福德因緣者當發
菩提心於是網明即受佛教偏袒右肩從右
手赤白莊嚴柎指間放大光明普照十方无
量无邊阿僧祇佛國皆悉通達其中地獄畜
生餓鬼盲聾瘖瘂手足拘躄老病苦痛貪欲
瞋恚愚癡裸形醜陋貧窮飢渴囹圄繫閉困
厄惡死慳貪破戒瞋恚懈怠妄念无慧少於

量无邊阿僧祇佛國皆悉通達其中地獄畜
生餓鬼盲聾瘖瘂手足拘躄老病苦痛貪欲
瞋恚愚癡裸形醜陋貧窮飢渴囹圄繫閉困
厄惡死慳貪破戒瞋恚懈怠妄念无慧少於
聞見无慚无愧墮耶疑網如是等衆生遇斯
光者皆得快樂无有衆生為貪欲瞋恚愚癡
憍慢憂愁懷恨等之所惱也
其在佛前大會之衆菩薩摩訶薩天龍夜叉
乾闥婆等及比丘比丘尼優婆塞優婆夷衆是
諸衆生同一金色與佛无異有三十二相八
十隨形好无見頂者皆坐寶蓮華座寶交
露蓋羅覆其上等无差別諸會衆生皆得
快樂辟如菩薩入茲善莊嚴三昧時諸大衆
得未曾有各各相見如佛无異不見佛身為
大已身為小又以光明力故尋時下方有四菩薩
從地踊出合掌而立欲共礼佛作是念言何
者真佛我欲礼敬即聞空中聲曰是網明
菩薩光明之力一切大衆同一金色與佛无
異時四菩薩發希有心作是言今此衆會
其色无異一切諸法亦復如是
若我此言誠實无虛世尊釋迦牟尼當現異
相令我今得供養礼事即時佛以蓮華寶
師子坐上昇虛空高一多羅樹於是四菩薩頭
面礼佛足作如是言如來智慧不可思議網
明菩薩福德本願亦不可思議能放如是无
量光明尒時佛告網明菩薩言善男子汝今

師子坐上昇虛空高一多羅樹於是四菩薩頭
面礼佛足住如是言如來智慧不可思議網
明菩薩福德本願亦不可思議能放如是无
量光明尒時佛告網明菩薩言善男子汝今
已作佛事令无量衆生住於佛道可攝光明
於是網明即受佛教還攝光明已此
諸大衆威儀色相還復如故見佛坐本師子
座上尒時長老大迦葉白佛言世尊此四菩
薩從何所來四菩薩言我等從下方世界來
大迦葉言其國何名佛号何等四菩薩言國
名現諸寶莊嚴佛号一寶蓋今現說法大
迦葉言其佛國土去此幾何四菩薩言佛自知
之大迦葉言汝等何故來此四菩薩言是網明
菩薩光明照彼我等遇之即聞釋迦牟尼佛
名号及網明菩薩是故我等今來見佛并網
明上人
大迦葉白佛言世尊一寶蓋佛現諸寶莊嚴
世界去此幾何佛言去此七十二恒河沙佛土
大迦葉言世尊是四菩薩從彼發來幾時
至此佛言如一念須於彼不現忽然而去大
迦葉言世尊此諸菩薩光明遠照神通速疾
甚為希有令網明菩薩光明遠照是四菩薩
發來速疾佛言迦葉如汝所說菩薩摩訶薩
所行不可思議一切聲聞辟支佛所不能及
尒時長老大迦葉謂網明菩薩言善男子汝
現光明照此大會皆作金色以何因緣網明

BD03477號　思益梵天所問經卷二　（18–12）

發來速疾佛言迦葉如汝所說菩薩摩訶薩
所行不可思議一切聲聞辟支佛所不能及
尒時長老大迦葉謂網明菩薩言善男子汝
現光明照此大會皆作金色以何因緣網明
言長老大迦葉可問世尊當為汝說即時迦
葉以此白佛佛言迦葉是網明菩薩後成佛
時其會大衆同一金色咸共信樂一切智慧其
佛國土乃无聲聞辟支佛名唯有清淨諸菩薩
摩訶薩會
大迦葉白佛言世尊生彼菩薩當知如佛等
无有異佛言如汝所說生彼菩薩當知如佛於是
會中四万四千人皆發阿耨多羅三藐三菩提心已
願生彼國白佛言世尊若網明菩薩得成佛
時我等當生其國尒時長老大迦葉白佛
言世尊網明菩薩幾時當得阿耨多羅三藐
三菩提佛言迦葉汝自問網明幾時當得阿耨
多羅三藐三菩提於是大迦葉即問網明菩薩言
善男子仁者幾時當得阿耨多羅三藐三菩提
網明言大迦葉若有問幻所化人汝幾時當得
阿耨多羅三藐三菩提是幻人當云何答
大迦葉言善男子幻所化人无決定相當何
所答網明言大迦葉一切諸法亦如幻所化
人无決定相誰可問言汝幾時當成阿耨多
羅三藐三菩提大迦葉言善男子幻所化人
離於自相无異无別无所志願汝亦如是耶若
如是者汝云何能利益无量衆生網明言

BD03477號　思益梵天所問經卷二　（18–13）

羅三藐三菩提大迦葉言善男子幻所化人
離於自相无異无別无所志願汝亦如是耶若
如是者汝云何能利益无量眾生網明言
阿耨多羅三藐三菩提即是一切眾生性一
切眾生性即是幻性幻性即是一切法性於
是法中我不見有利不見无利大迦葉言善
男子汝今不令眾生住菩提也網明言諸佛
菩提有住相也大迦葉言无也網明言是故
我不令眾生住於菩提亦不令住聲聞辟支
佛道大迦葉言善男子汝今欲趣何所網明
言我所趣如如所趣大迦葉言如无所趣亦无
有轉網明言如如无趣无轉一切法住如相
故我无趣无轉大迦葉言若无趣无轉汝云
何教化眾生網明言迦葉若人發願即是不能
教化眾生若人於法有轉是亦不能教化眾生
大迦葉言善男子汝不轉眾生生死也網明
言我尚不得生死何況於生死中而轉眾生
大迦葉言汝不令眾生得涅槃也網明言我
尚不見涅槃何況教化眾生令住涅槃大迦
葉言善男子若汝不得生死不見涅槃何故
令无量眾生行於菩提此豈不為滅度眾生
也網明言若菩薩得生死分別涅槃因眾生
行菩提此則不應說為菩薩大迦葉言善
男子汝今於何處行網明言我非生死中行非
涅槃中行亦不以眾生相行大迦葉如汝所
聞汝何處行者如佛所化人行處吾如彼行

BD03477號　思益梵天所問經卷二　（18–14）

行菩提此則不應說為菩薩大迦葉言善
男子汝今於何處行網明言我非生死中行非
涅槃中行亦不以眾生相行大迦葉如汝所
聞汝何處行者如佛所化人行處吾如彼行
迦葉言如佛所化人无有行處網明言當知
一切眾生所行亦如是相大迦葉言佛所化人
无貪无恚无癡
若一切眾生所行如是相者眾生貪恚癡從
何所起網明言我今問汝隨意答我大迦葉
汝今寧有貪恚癡不答言无也網明言是貪
恚癡盡滅耶答言不也網明言若大迦葉今
无貪恚癡亦不盡滅者汝置貪恚癡於何所
耶答言
善男子凡夫人從顛倒起妄想分別生貪恚
癡耳於聖賢法中善知顛倒實性故无妄想
分別是以无貪恚癡大迦葉於汝意云何若法
從顛倒起是法為實為虛妄耶答言是法
虛妄非是實也網明言若法非實可令實也
答言不也網明言若法非實仁者欲於是中得
貪恚癡也答言不也網明言若尒者何所是
貪恚癡能惱眾生者答言善男子若尒者一
切法從本已來離貪瞋癡相網明言以是故
我說一切法相如佛所化說是法時四万四千
菩薩得柔順法忍尒時長老大迦葉白佛
言世尊若網明菩薩所見眾生不應復墮
三惡道若聞網明所說法者魔不得便若為

BD03477號　思益梵天所問經卷二　（18–15）

菩薩得柔順法忍尒時長老大迦葉白佛
言世尊若網明菩薩所見衆生不應復畏墮
三惡道若聞網明所說法者魔不得便若爲
網明所教化者不畏墮聲聞辟支佛道世尊
願說網明功德莊嚴國土佛言迦葉是網明
菩薩在在國土遊行之處利益无量衆生迦
葉汝見網明所放光明不荅言已見佛言若三
千大千世界滿中芥子尚可筭數令網明光
明令諸衆生住菩提者不可數也
迦葉是網明菩薩所放光明饒益尚尒何況
說法汝今諦聽我當爲略說其功德迦葉是
網明菩薩過七百六十万阿僧祇劫當得作
佛号普光自在王如來應正遍知世界名日集
妙功德其佛𨕖菩提樹時國中諸魔魔民悉
皆正定於阿耨多羅三藐三菩提其佛國土以
直瑠璃爲地地平如掌柔濡細滑如迦陵伽衣
處處皆以衆寶莊嚴无三惡道亦无八難其
國廣長皆以妙寶蓮華色香具好以爲校飾
普光自在王如來有无量菩薩僧善脩无量法
門得无量自在神通皆以光明莊嚴其身得諸
陁羅尼藏无㝵辯才善能說法光明神力皆悉通
達能破魔怨慙愧念慧諸妙功德以脩其心
彼佛國土无有女人其諸菩薩皆於寶華中
結跏趺坐自然化生以禪樂爲食諸所
須物經行之處房舍林𣞀園林浴池應念

BD03477號　思益梵天所問經卷二　（18–16）

彼佛國土无有女人其諸菩薩皆於寶華中
結跏趺坐自然化生以禪樂爲食諸所
須物經行之處房舍林𣞀園林浴池應念
即至迦葉是普光自在王如來不以文字說
法但放光明照諸菩薩光觸其身即得无生
法忍復照十方通達无㝵令諸衆生得離煩
惱有其光明常出廿二種清淨法音
何等廿二所謂諸法空无衆生見故諸法无
相離分別故諸法无作出三界故諸法離欲
性寂滅故諸法離瞋无有㝵故諸法離癡
无闇冥故諸法无所從來本无生故諸法无去
无所至故諸法不住无所依故諸法過三世
去來現在无所有故諸法无異其性一故諸
法不生離於報故諸法无業業報作者不可
得故諸法不作无所起故諸法无起无爲性故
諸法无爲離生滅故諸法真不從和合生
故諸法實一道門故諸法无衆生衆生不可
得故諸法无我第一義故諸法鈍无所知故
諸法捨離憎愛故諸法離煩惱无有熱故諸
法无垢性不汙故諸法一相離欲際故諸法
離相常定故諸法住實際性不壞故諸法如相
不分別故諸法入法性法遍入故諸法无緣緣
不合故諸法是菩提如實見故諸法是涅槃
无因緣故迦葉普光自在王如來光明常出
如是清淨法音能令諸菩薩施作佛事其

BD03477號　思益梵天所問經卷二　（18–17）

離相常定故諸法住實際性不壞故諸法如相
不分別故諸法入法性法遍入故諸法无緣緣
不合故諸法是菩提如實見故諸法是涅槃
无因緣故迦葉普光自在王如來光明常出
如是清淨法音能令諸菩薩施作佛事其
佛國土无有魔事佛壽无量阿僧祇劫大迦
葉白佛言若欲得清淨佛土者應取如網明
菩薩所脩功德具足清淨國土迦葉如是網明
菩薩於諸无量阿僧祇佛所隨願脩行功德
具足故
尒時思益梵天謂網明菩薩仁者已得從佛
受記網明言一切衆生皆從佛受記梵天言
於何事中而得受記網明言隨業受報而得
受記梵天言汝作何業而得受記網明言若業
非身作非口作非意作是業可得示不梵天
言不可示也網明言菩提是起作相也梵天
言不也何以故菩提是无為非起作相網明
言可以起作相得无為菩提不梵天言不也
梵天是故當知若无業无業報无諸行无起
諸行是名菩提如菩提性得亦如是如得性
受記亦如是不可以起作法而得受記

BD03477號　思益梵天所問經卷二　（18–18）

佛說佛[illegible]
南无勝色佛
南无月燈佛
南无菩提王佛
南无善慧眼佛
南无智慧國土佛
南无淨威德佛
南无真聲佛
南无无障导藏佛
南无勝智奮迅佛
南无自在无住持威德佛
南无善色王佛
南无師子仙佛
南无施佛
南无福德光明佛
南无然燈王佛
南无妙天佛
南无得解脫去佛
南无羅睺樂說佛
南无无盡[illegible]
南无喜身[illegible]
南无上佛
南无有智佛
南无尊佛
南无勝德佛
南无大炎佛
南无善光明勝佛
南无成就義佛
南无天佛
南无快藏佛
南无淨佛
南无智生佛
南无地天佛
南无金頂佛
南无難勝佛

BD03478號　佛名經（十六卷本）卷五　（36–1）

南无然燈王佛　南无智生佛
南无妙天佛　南无地天佛
南无得解脫去佛　南无金頂佛
南无羅睺樂説佛　南无難勝佛
南无信聖佛　南无月光佛
南无金光佛　南无善才佛
南无功德自在天佛　南无法蓋佛
南无功德智佛　南无差別身佛
南无妙智佛　南无徽智佛
南无一切威德藥佛　南无解脫幢佛
南无智慧藏佛　南无智慧積佛
南无怖畏佛　南无離惡佛
南无无障尋稱佛　南无寶積佛
南无善聲佛　南无衆自在劫佛
南无法積佛　南无解脫威德佛
南无勝杖佛　南无妙身佛
南无妙語佛　南无師子愛佛
南无人自在功德佛　南无師子髻佛
南无法愛佛　南无安樂佛
南无不動佛　南无色威德佛
南无能覺王佛　南无善眼佛

BD03478號　佛名經（十六卷本）卷五　（36–2）

南无法愛佛　南无安樂佛
南无不動佛　南无色威德佛
南无能覺王佛　南无善眼佛
南无堅固義佛　南无智光明佛
從此以上三千五百佛十二部經一切賢聖
南无香威德佛　南无无病脩佛
南无海覺佛　南无勝色佛
南无善步佛　南无吼稱佛
南无覺身佛　南无然燈日佛
南无智慧邑佛　南无定身佛
南无威德光盡佛　南无功德乘佛
南无金乘佛　南无放結佛
南无法行佛　南无善住去佛
南无離慯佛　南无智藏佛
南无淨去佛　南无栴檀佛
南无无憂佛　南无清淨身幢佛
南无无國土華佛　南无无量威德佛
南无天光明佛　南无智慧華佛
南无成就智佛　南无淨住佛
南无一味手佛　南无自在佛
南无无比説佛　南无勝説佛

BD03478號　佛名經（十六卷本）卷五　（36–3）

南无天光明佛
南无智慧華佛
南无成就智佛
南无淨住佛
南无一味手佛
南无自在佛
南无无比説佛
南无勝説佛
南无福德威德佛
南无日佛
南无度世間知佛
南无德成就佛
南无法行佛
南无求安隱佛
南无色智佛
南无合掌光明佛
南无无創佛
南无瑙璖藏佛
南无華天佛
南无自然佛
南无善根光明佛
南无一切德勝光明佛
南无寶勝佛
南无日月佛
南无降伏怨佛
南无无量光明佛
南无須摩那樹提光佛
南无增上佛
南无樂智慧佛
南无一切德自在佛
南无寂静佛
南无一切德積力佛
南无善眼佛
南无善聲佛
南无善華佛
南无善住佛
南无一切德威德聚佛
南无无邊智佛
南无无量聲佛
南无善光佛
南无善智慧佛
南无解脱義佛

BD03478 號　佛名經（十六卷本）卷五　　（36–4）

南无一切德威德聚佛
南无无邊智佛
南无无量聲佛
南无善光佛
南无善智慧佛
南无解脱義佛
南无思惟勝佛
南无勝聲身佛
南无快佛
南无勝行佛
南无寂淨義佛
南无善過佛
南无清淨行佛
南无華作佛
南无善光佛
南无常然燈佛
南无善量佛
南无衆自在佛
南无離畏佛
南无智怖佛
南无善涅槃説佛
南无勝根佛
南无菩提月佛
南无寶光明佛
南无月佛
南无无畏佛
南无大鏡佛
南无梵聲佛
南无善聲佛
南无大智慧橋梁佛
南无善智慧佛
南无金剛仙佛
南无佛心佛
南无樹王佛
南无數聲佛
南无一切德力佛
南无住勝佛
南无愛星佛
南无威德佛
南无樹提味佛
南无妙鼓雲聲佛
南无愛眼佛

BD03478 號　佛名經（十六卷本）卷五　　（36–5）

南无數聲佛　南无功德力佛
南无住勝佛　南无愛星佛
南无威德佛　南无樹提味佛
南无妙鼓雲聲佛　南无愛眼佛
南无賢智佛　南无成就功德勝佛
從此以上三千六百佛十二部經一切賢聖
南无寂靜吼聲佛　南无法幢佛
南无虛空功德聲佛　南无功德差別佛
南无功德聲佛　南无威德佛
南无聖行佛　南无有智佛
南无樂說月佛　南无善滅佛
南无月面佛　南无日月无垢佛
南无集功德佛　南无華福德佛
南无幢樂說國土佛　南无恭敬愛佛
南无无量師子力佛　南无自在王佛
南无无量信佛　南无平等思惟佛
南无不動寂靜佛　南无无垢光佛
南无不　佛　南无不濁佛
南无善行佛　南无住善調智佛
南无說自在佛　南无大天佛
南无深意佛　南无无量佛
南无[illegible]佛　南[illegible]

BD03478號　佛名經（十六卷本）卷五　（36–6）

南无[illegible]佛　南无住善調智佛
南无說自在佛　南无大天佛
南无深意佛　南无无量佛
南无　佛　南无供養華光佛
南无三界供養佛　南无應佛
南无日藏佛　南无他供養佛
南无解脫幢佛　南无快結佛
南无甘露清淨佛　南无金剛仙佛
南无寶聚光明佛　南无快步佛
南无日清光明佛　南无功德積佛
南无阿樓那勝佛　南无師子去佛
南无勝佛　南无華德佛
南无放光明佛　南无波頭摩智愛佛
南无快莊嚴佛　南无不空行佛
南无合創佛　南无幢光明幢佛
南无樂心佛　南无樂解脫佛
南无智佛　南无聞慧海佛
南无寶住持佛　南无拘峻莊嚴佛
南无孔雀聲佛　南无不扁佛
南无斷愛根佛　南无月起佛
南无海勝佛　南无不動合去佛
南无樂功德然登佛　南无放聲佛

BD03478號　佛名經（十六卷本）卷五　（36–7）

南无孔雀聲佛　南无不屬佛
南无斷爱根佛　南无月起佛
南无海勝佛　南无不動合去佛
南无樂功德然燈佛　南无教聲佛
南无地主佛　南无威德力佛
南无任智慧色佛　南无善月佛
南无覺華佛　南无善讃歎佛
南无善處佛　南无力智威德佛
南无然燈堅固佛　南无奮迅佛
南无天聲佛　南无寂靜佛
南无日面佛　南无樂解脫佛
南无界光明佛　南无任行佛
南无无垢佛　南无堅固起佛
南无樂智自在佛　南无香光明佛
南无廣光明佛　南无念自在佛
南无甘露器佛　南无无畏幢佛
南无求勝菩提佛　南无任行佛
南无寶慚愧佛　南无法用佛
南无一切成德佛　南无天親佛
從此以上三千七百佛十二部經一切賢聖
南无寂靜行佛　南无甘露增上佛

南无一切成德佛　南无天親佛
從此以上三千七百佛十二部經一切賢聖
南无寂靜行佛　南无甘露增上佛
南无稱留佛　南无聖讃歎佛
南无善願果報佛　南无善德莊嚴佛
南无寶光明佛　南无寂靜功德步佛
南无功德海佛　南无種種色佛
南无功德海佛　南无種種色佛
南无降伏魔佛　南无閉塞魔佛
南无度一切難佛　南无不破境智佛
南无海文饒佛　南无得脫衆解脫業佛
南无愛佛　南无佛幢佛
南无智聲佛　南无善勝佛
南无淨命佛　南无智報佛
南无如意幢佛　南无世間自在劫佛
南无地住持佛　南无日愛佛
南无羅睺佛　南无華光明佛
南无生威德佛　南无光明見佛
南无明增上佛　南无威德住持佛
南无樂功德佛　南无樂力佛
南无善聲佛　南无法自在佛

南无明增上佛 南无威德住持佛
南无樂切德佛 南无樂力佛
南无善聲佛 南无法自在佛
南无梵聲佛 南无善思惟佛
南无无志智慧佛 南无天施佛
南无月稱佛 南无幢佛
南无稱人聲佛 南无樹王佛
南无滅闇佛 南无善量佛
南无善光佛 南无无量樂説幢佛
南无快行福德佛 南无度蟄佛
南无无畏愛佛 南无世間愛佛
南无妙行佛 南无憂鉢羅華鬘佛
南无无量樂説光明佛 南无住聖人佛
南无精進切德佛 南无堅甘露增上佛
南无高寶信佛 南无得切德佛
南无福德慧佛 南无天炎佛
南无无量威切德佛 南无師子步佛
南无不動信佛 南无過有佛
南无龍王聲佛 南无住持輪佛
南无勝色佛 南无世愛佛
南无法月佛 南无无量樂稱佛

南无龍王聲佛 南无住持輪佛
南无勝色佛 南无世愛佛
南无法月佛 南无无量樂稱佛
南无雲幢佛 南无切德去佛
南无善逝佛 南无无量聲佛
南无霊変天佛 南无摩尼王佛
南无清淨行佛 南无然燈佛
南无寶吼聲佛 南无人自在王佛
南无羅睺讓佛 南无无畏佛
南无師子慧佛 南无寶稱佛
南无辯義見佛 南无世間華佛
南无高佛 南无无等佛
南无樂説王佛 南无差別智佛
南无智自在佛 南无師子齒佛
南无快步佛 南无切德然燈月佛
南无无憂國土佛 南无意思智慧佛
南无法天炎尊佛 南无含調佛
從此以上三千八百佛十二部經一切賢聖
南无增上力佛 南无智慧華佛
南无賢固聲佛 南无常樂佛
南无説義佛 南无信愛佛

南无增上力佛　南无智慧華佛
南无賢固聲佛　南无常樂佛
南无說義佛　南无信愛佛
南无師子葉結佛　南无怖佛
若善男子善女人能受持讀誦是賢劫千佛名
者必見弥勒世尊及見盧至遠離諸難
南无月光明佛　南无不動佛
南无大莊嚴佛　南无多伽羅香佛
南无妙勝佛　南无波頭摩幢佛
南无寶聚佛　南无沉水香佛
南无大莊嚴佛　南无喜勝佛
南无海佛　南无大海佛
南无幢佛　南无梵勝佛
南无大香佛　南无大成就佛
南无大寶輪佛　南无无量壽佛
南无大高勝佛　南无大金臺佛
南无大輪佛　南无語作佛
南无大人佛　南无大手佛
南无師子香稱佛　南无供養勝佛
南无自在大佛　南无安樂作勝佛
南无師子華勝佛　南无寂靜幢佛

BD03478號　佛名經（十六卷本）卷五　（36–12）

南无師子香稱佛　南无供養勝佛
南无自在大佛　南无安樂作勝佛
南无師子華勝佛　南无寂靜幢佛
南无王佛　南无普勝佛
南无怖鳥佛　南无无憂勝佛
南无憂鉢羅香佛　南无大地佛
南无大龍勝佛　南无清淨王佛
南无大樂佛　南无波頭摩勝佛
南无栴枸蘇摩佛　南无龍妙佛
南无華聚佛　南无香鳥佛
南无常觀佛　南无正作佛
南无善住佛　南无尼枸律王佛
次礼十二部尊經大藏法輪
南无佛本起甲申大水及月光菩薩王事經
南无大方廣經　南无妙讚經
南无大方廣如來藏經　南无菩薩本業經
南无波斯匿王夢經　南无餓鬼報應經
南无摩訶僧祇經　南无龍施經
南无十誦律經　南无明識諦觀經
南无四分經　南无雲忍辱經
南无弥沙塞律經　南无十二門經

BD03478號　佛名經（十六卷本）卷五　（36–13）

南无四分經　南无雲忍辱經
南无弥沙塞律經　南无十二門經
南无佛昇忉利天經　南无迦一比丘經
南无五王經　南无遺教經
南无五无返復經　南无不思議光經
南无烏脕經　南无須弥四城經
南无藥師瑠璃經　南无清淨毗尼經
南无金剛般若經　南无孝順經
次礼十方諸大菩薩
南无垢藏菩薩　南无離垢藏菩薩
南无種種樂說莊嚴菩薩　南无大光明網藏菩薩
南无淨明威德王菩薩　南无天金山光明德王藏菩薩
南无金剛炎德相莊嚴藏菩薩　南无炎熾藏菩薩
南无香王光照藏菩薩　南无虛空无㝵妙意藏菩薩
南无陀羅尼功德持一切世間顧藏菩薩
南无海莊嚴藏菩薩　南无須弥德藏菩薩
南无淨一切功德藏菩薩　南无如來藏菩薩
從此以上三千九百佛十二部經一切賢聖
南无佛德藏菩薩　南无解脫月菩薩
南无金剛慧菩薩　南无法慧菩薩
南无師子慧菩薩　南无調慧菩薩

BD03478號　佛名經（十六卷本）卷五　（36–14）

南无佛德藏菩薩　南无解脫月菩薩
南无金剛慧菩薩　南无法慧菩薩
南无師子慧菩薩　南无調慧菩薩
南无妙慧菩薩　南无月光菩薩
南无寶月菩薩　南无滿月菩薩
南无勇猛菩薩　南无无量勇菩薩
南无无邊勇菩薩　南无超三勇菩薩
南无觀世音菩薩　南无大勢至菩薩
南无香象菩薩　南无香上菩薩
南无香稽上菩薩　南无手藏菩薩
南无日藏菩薩　南无幢相菩薩
南无大幢相菩薩　南无離垢幢菩薩
南无无邊光菩薩　南无放光菩薩
南无離垢光菩薩　南无喜王菩薩
南无常喜菩薩　南无寶首菩薩
南无虛空菩薩　南无離憍慢菩薩
南无須弥山菩薩　南无光德王菩薩
南无總持自在王菩薩　南无總持菩薩
歸命如是等十方无量无邊諸大菩薩
次礼聲聞緣覺一切賢聖
南无須摩辟支佛　南无輪那辟支佛

BD03478號　佛名經（十六卷本）卷五　（36–15）

歸命如是等十方无量无邊諸大菩薩

次礼聲聞緣覺一切賢聖

南无須摩辟支佛　南无輪那辟支佛

南无留閣辟支佛　南无憂波留閣辟支佛

南无弗沙辟支佛　南无牛齒辟支佛

南无漏盡辟支佛　南无最後身辟支佛

歸命如是等无量无邊辟支佛

礼三寶已次復懺悔

已懺悔身三口四竟次復懺悔佛法僧間一切諸障

經中佛說人身難得佛法難聞衆僧難值信心難

生六中說人身難得佛法難聞衆僧難值信心難生六

經中佛說人身難得佛法難聞衆僧難值信心難生六

根難具善友難得而今相與宿殖善根得此人身六

根完具又值善友得聞正法於其中間復各不能盡

心精勤恐於未來長淪萬苦无有出期是故今日

應至到慚愧稽顙歸依佛

南无東方滿月光明佛　南无南方自在王佛

南无西方无邊光佛　南无北方金剛王佛

南无東南方師子意佛　南无西南方烏香遊戲佛

南无西北方須弥相佛　南无東北方寶意高德佛

南无下方寶憂爵華佛　南无上方廣衆德佛

南无東南方師子意佛　南无西南方烏香遊戲佛

南无西北方須弥相佛　南无東北方寶意高德佛

南无下方寶憂爵華佛　南无上方廣衆德佛

如是十方盡虛空界一切三寶

弟子等自從无始以來至於今日常以无明覆心煩

惱障意見佛形像不能盡心恭敬輕慢衆僧殘害

善友破塔壞寺焚燒形像出佛身血或自處華堂

安置尊像卑猥之處使煙薰日暴風吹雨露塵土

汙坌雀鼠殘毀共住共宿曾无礼敬或倮露像身

初不嚴飾或遮掩燈燭開閉殿宇障佛光明如

是等罪今日至誠皆悉懺悔

又復无始以來至於今日或於法間以不淨手把捉

經卷或臨經書非法俗語或安置床頭坐起不敬或

開閉箱篋垢穢朽爛或首軸脫落部黨失次或讀

脫漏誤紙墨破裂自不循理不肯流轉如是等罪

今悉懺悔

或眠地聽經仰臥讀誦高聲語笑亂他聽法或邪解

佛語僻說聖意非法說法法說非法非犯說犯犯

說非犯輕罪說重重罪說輕或抄前著後抄後著

前前後著中中著前後綺飾文辭安置已典或

為利養名譽言恭敬為人說法无道德心求法師過而為

説非犯輕罪説重重罪説輕或抄前着後抄後着
前前後着中中着前後綺飾文辞安置己典或
為利養名譽恭敬為人説法无道德心求法師過而為
論義非理彈擊不為長解求出世法或慢佛語尊
重邪教毀呰大乘讚聲聞道如是等罪无量无邊
今日至到皆悉懺悔
又復无始以来至於今日或於僧閒有障教害阿羅漢
破和合僧害發无上菩提心人斷滅佛種使聖道不
行或罷脫入道鞭撻沙門楚撻駈使苦言加謗或破
戒破於威儀或勸他人捨於八正受行五法或假託
形儀闚竊賊住如是等罪今悉懺悔或裸形輕衣
在經像前不淨脚履蹋上殿塔或着屧屐入僧伽藍
涕唾堂房汙僧地乘車策馬排突寺舍如是等
於三寶閒所起罪障无量无邊今日至到向十方佛
尊法聖衆皆悉懺悔
願弟子等承是懺悔佛法僧閒所有罪障生生世
世常值三寶尊仰恭敬无有猒足天繒妙絲寶絞
絡縵高百千伎樂珎異花香非世所有常以供養若
未成佛先往勸請開甘露門若入涅槃願我常得
恩幸後供於衆僧中脩六和敬得自在力興隆三寶
上和佛道下化衆生　礼一拜

BD03478號　佛名經（十六卷本）卷五　（36–18）

未成佛先往勸請開甘露門若入涅槃願我常得
恩幸後供於衆僧中脩六和敬得自在力興隆三寶
上和佛道下化衆生　礼一拜
无慚愧以此罪故墮此地獄寶達聞之悲而去

南无常光佛　南无月勝佛
南无旃檀行佛　南无日藏佛
南无勝藏佛　南无須弥力佛
南无如意藏佛　南无金剛王佛
南无難勝佛　南无勝佛
南无善見佛　南无精進德佛
南无大海佛　南无看莎羅佛
南无宿勝佛　南无佛天佛
南无師子幢佛　南无甘露勝佛
南无无量勝佛　南无功德慧厚勝佛
南无華幢佛　南无首勝佛
南无精進勝佛　南无龍勝佛
南无勝成就佛　南无寶積佛
南无勝足佛　南无大師佛
南无普見佛　南无寶多羅佛
南无普至佛　南无恭敬勝佛
南无大念佛　南无斷一切衆生疑王佛

BD03478號　佛名經（十六卷本）卷五　（36–19）

南无普至佛　南无恭敬勝佛
南无大念佛　南无斷一切衆生疑王佛
南无寶勝佛　南无普蓋佛
南无大蓋佛　南无妙勝佛
南无千供養佛　南无寶華步佛
南无衆勝佛　南无幢慧佛
從此以上四千佛十二部經一切賢聖
南无尼拘律王佛　南无上勝佛
南无普波頭摩佛　南无普勝佛
南无龍王護衆佛　南无寂滅佛
南无遠離垢佛　南无大聚佛
南无大供養佛　南无大将佛
南无善見佛　南无上勝佛
南无波頭摩勝佛　南无闍輪威德佛
南无前勝佛　南无能仁佛
南无然燈佛　南无大威德佛
南无月面佛　南无旃檀香佛
南无弥留山佛　南无弥留劫佛
南无大面佛　南无无滓佛
南无龍天佛　南无山聲自在王佛
南无須弥山佛　南无金藏佛

南无大面佛　南无无滓佛
南无龍天佛　南无山聲自在王佛
南无須弥山佛　南无金藏佛
南无火光佛　南无樹提自在佛
南无地家佛　南无勝瑠璃金光明佛
南无月像佛　南无日聲佛
南无散華光明莊嚴佛　南无海山智慧奮迅通佛
南无金剛光佛　南无大香光佛
南无遠離瞋恨心佛　南无勝瑠璃杖智慧俱蘇摩佛
南无日光佛　南无月光佛
南无水月光佛　南无破无明闇佛
南无華鬘色王佛　南无華通佛
南无得樂説佛　南无无畏佛
南无然明佛　南无師子意佛
南无精進堅固佛　南无不壞精進佛
南无堅固勇猛佛　南无人月佛
南无師子慧佛　南无閻浮上佛
南无精進手足佛　南无大勢佛
南无快聲佛　南无无量光佛
南无妙光佛　南无上首佛

南无[illegible]佛　南无[illegible]佛
南无快聲佛　南无无量光佛
南无妙光佛　南无上首佛
南无上勝佛　南无樂吼佛
南无見寶佛　南无供養佛
南无師子慧佛　南无聲德佛
南无善香佛　南无電燈佛
南无波頭摩光佛　南无大燈佛
南无淨聲佛　南无破疑佛
南无无邊威德佛　南无賒尸面佛
南无无量名佛　南无妙威德佛
南无散異疑佛　南无福德燈佛
南无善見佛　南无愛威德佛
南无不可降伏威德佛　南无无量藏佛
南无光明奮迅佛　南无廣稱佛
南无異憧佛　南无不可勝佛
南无威德王佛　南无堅固佛
南无妙稱佛　南无无量色佛
南无大信佛　南无妙聲佛
南无不動步佛　南无无量莊嚴佛
南无威德王聚光明佛　南无住智慧佛
南无堅佛　南无愛解脱佛

南无不動步佛　南无无量莊嚴佛
南无威德王聚光明佛　南无住智慧佛
南无堅佛　南无愛解脱佛
從此以上四千二百佛十二部經一切賢聖
南无能與无畏佛　南无甘露藏佛
南无普觀佛　南无大須佛
南无山威德佛　南无天供養佛
南无光明勝佛　南无說重佛
南无莊嚴光明佛　南无師子奮迅佛
南无異見佛　南无見佛
南无甘露步佛　南无月光明佛
南无稱供養佛　南无護相佛
南无清淨聲佛　南无障㝵輪佛
南无甘露聲佛　南无生佛
南无空威德佛　南无功德王佛
南无无量色佛　南无大力佛
南无黠慧佛　南无見无障㝵佛
南无師子香佛　南无普見佛
南无普德佛　南无善見佛
南无善色佛　南无慧稱佛
南无寶莊嚴佛　南无妙光佛

南无善色佛　南无慧稱佛
南无寶莊嚴佛　南无妙光佛
南无解脫奮迅佛　南无功德莊嚴佛
南无畢竟智佛　南无智高佛
南无不動智佛　南无善威德佛
南无快色佛　南无寶聲佛
南无火聲佛　南无善見佛
南无无量威德佛　南无妙思惟佛
南无愛稱佛　南无功德華佛
南无俱蘇摩實佛　南无難降伏佛
南无妙聲吼佛　南无善見佛
南无衆生可敬佛　南无大明佛
南无无比步佛　南无清淨智佛
南无波聲佛　南无火照佛
南无月照佛　南无智化佛
南无功德莊嚴佛　南无福光明佛
南无智作佛　南无斷有見佛
南无見愛佛　南无无量光佛
南无勝聲佛　南无種種日佛
南无成步佛　南无天佛
南无放蓋佛　南无波婆婆佛

南无見愛佛　南无无量光佛
南无勝聲佛　南无種種日佛
南无成步佛　南无天佛
南无放蓋佛　南无波婆婆佛
南无星宿佛　南无覺慧佛
南无增上師子種種集吼聲佛　南无吼佛
南无梵聲佛　南无龍吼佛
南无勢自在佛　南无世間自在王佛
南无无量命佛　南无然燈佛
南无无垢蓋佛　南无寶光明佛
南无天威德佛　南无然燈佛
南无光明勝王佛　南无普照佛
南无智慧奮迅王佛　南无可量華佛
南无下華佛　南无嚴勝散華佛
南无盧舍那智慧莊嚴奮迅王佛
南无无量華佛　南无无量衆上首王佛
南无有摩尼光羅網佛　南无无垢威德佛
南无勝威就佛　南无安隱佛
南无高行佛　南无歡喜佛
南无堅固佛
從此以上四千二百佛十二部經一切賢聖
南无善眼佛　南无蓋意佛

南无堅固佛
從此以上四千三百佛十二部經一切賢聖
南无善眼佛　南无蓋意佛
南无六千同名尼棄佛　南无善生佛
南无淨聖佛　南无梵勝佛
南无善見佛　南无上勝佛
南无上脩佛　南无妙勝佛
南无寂靜命佛　南无不歆是法佛
南无得切德佛　南无陽炎佛
南无稱上佛　南无吉妙佛
南无星宿佛　南无了見佛
南无无量命佛　南无見義佛
南无高山佛　南无金聖佛
南无一切處自在佛　南无自在幢佛
南无淨聲佛　南无妙聲佛
南无人聲佛　南无寶上佛
南无寶炎佛　南无大寶佛
南无八十億那由他佛　南无同名釋迦牟尼佛
南无八十千同名然燈佛　南无一万八千同名娑羅王佛
南无九万同名拘神王佛　南无五千同名波頭摩王佛
南无无同佛名佛　南无切德王光明佛

BD03478號　佛名經（十六卷本）卷五　（36–26）

南无九万同名拘神王佛　南无五千同名波頭摩王佛
南无无同佛名佛　南无切德王光明佛
南无智勝上王佛　南无无垢智成王佛
南无閻浮檀須弥山王佛　南无无垢稱王佛
南无常放光明王佛　南无自在王佛
南无師子受象山歡喜佛　南无无量光明勝王佛
南无寶杖切德王光佛　南无无盡智慧佛
南无寶幢佛　南无光明輪藏佛
南无奮迅恭敬稱佛　南无高勝山王佛
南无雲讃佛　南无師子奮迅王佛
南无讃妙法幢寶佛　南无寶輪威德佛
南无勝光明切德佛　南无无量國上佛
南无愛星宿佛　南无无量光明佛
南无有德佛　南无十方清淨佛
南无善智慧佛　南无勝廣佛
南无大莊嚴佛　南无勝心佛
南无心智佛　南无華藏佛
南无大力佛　南无常釋智慧佛
南无无邊光佛　南无師子聲佛
南无妙智佛　南无波頭摩藏佛
南无那羅延藏佛　南无常沈定智佛

BD03478號　佛名經（十六卷本）卷五　（36–27）

南无无邊光佛　南无師子聲佛
南无妙智佛　南无波頭摩藏佛
南无那羅延藏佛　南无常法定智佛
南无福德光明佛　南无上首光佛
南无快身佛　南无无垢義佛
南无應威德佛　南无成就智佛
南无德吼佛　南无舍地佛
南无妙光佛　南无法定思佛
南无寶日佛　南无威德光明佛
南无華威德佛　南无勝成佛
南无彌高佛　南无信功德佛
南无法燈佛　南无信勝佛
南无上愛面佛　南无師子奮迅佛
南无衆山天佛　南无海智佛
南无華藏佛　南无寶仙佛
從此以上四千三百佛十二部經一切賢聖
南无莎羅王佛　南无日光明佛
南无趣菩提佛　南无寂根佛
南无日光佛　南无芬陁利香佛
南无弥留光佛　南无月面佛
南无妙步佛　南无觀十方佛

BD03478號　佛名經（十六卷本）卷五　（36–28）

南无趣菩提佛　南无寂根佛
南无日光佛　南无芬陁利香佛
南无弥留光佛　南无月面佛
南无妙步佛　南无觀十方佛
南无德光明佛　南无清淨式佛
南无无邊智佛　南无无邊步佛
南无堅精進佛　南无天供養佛
南无普智佛　南无寂光佛
南无仁威德佛　南无功德搞翠佛
南无堅固循佛　南无彌聖佛
南无彌幢佛　南无不異心佛
南无普信佛　南无大威德佛
南无應供養佛　南无上功德佛
南无成就義脩行佛　南无愛供養佛
南无普讃佛　南无信菩提佛
南无心意佛　南无出智佛
南无山聲佛　南无性日佛
南无雲聲佛　南无大炎聚佛
南无勝積佛　南无无憂佛
南无天國土佛　南无師子欣聲佛
南无无量明佛　南无見愛佛

BD03478號　佛名經（十六卷本）卷五　（36–29）

南无勝積佛　南无无憂佛
南无天國土佛　南无師子欣聲佛
南无无量明佛　南无見愛佛
南无燈王佛　南无勝高佛
南无十方聞名佛　南无愛見佛
南无月高佛　南无能與无畏佛
南无星宿王佛　南无月天佛
南无光明日佛　南无火稱佛
南无真聲佛　南无愛説佛
南无稱上佛　南无天王佛
南无甘露明佛　南无樂聲佛
南无心意佛　南无地住佛
南无謝過佛　南无多羅王佛
南无无畏佛　南无清淨智佛
南无能破疑佛　南无慈勝佛
南无勝上佛　南无種種日佛
南无普見佛　南无見月佛
南无降伏魔佛　南无火首佛
南无師子奮迅王佛　南无威德光佛
南无普護佛　南无成就義威德佛
南无光明日佛　南无見衆佛

BD03478號　佛名經（十六卷本）卷五　（36–30）

南无降伏魔佛　南无火首佛
南无師子奮迅王佛　南无威德光佛
南无普護佛　南无成就義威德佛
南无光明日佛　南无見衆佛
南无清淨意佛　南无香山佛
次礼十二部尊經大藏法輪
南无法社經　南无憂波離經
南无吴本起經　南无離无三昧經
南无鴈王經　南无大比丘清淨經
南无長龍樹自緣經　南无須大漚四功德室群經
南无呪吒經　南无神九呪經
南无人民求願經　南无遠章女經
南无七女經　南无自度經
南无至心經　南无四願經
南无三昧經
從此以上四千四百佛十二部經一切賢聖
南无應行經　南无陽經
南无小道地經　南无阿難念彌勒經
南无法出飛王經　南无梵志所問經
南无憂填王經　南无佛臨涅槃金剛力士哀戀經
南无寶雲經　南无百字論經

BD03478號　佛名經（十六卷本）卷五　（36–31）

南无法[illegible]王經　南无梵志所問經
南无憂填王經　南无佛臨涅槃略說教誡經 遺
南无寶雲經　南无百字論經
南无七佛八菩薩呪經
次礼十方諸大菩薩
南无滅衆生病菩薩　南无療一切衆生病菩薩
南无歡喜菩薩　南无嚴意菩薩
南无常嚴菩薩　南无普照菩薩
南无月明菩薩　南无寶慧菩薩
南无轉女身菩薩　南无雷音菩薩
南无不虛見菩薩　南无一切法自在菩薩
南无普賢菩薩　南无文殊師利菩薩
南无普正法菩薩　南无普化菩薩
南无普慧菩薩　南无普眼菩薩
南无普光菩薩　南无普觀察菩薩
南无普照菩薩　南无普幢菩薩
南无普覺菩薩　南无棄諸蓋菩薩
南无普明菩薩　南无離憂菩薩
南无義意菩薩　南无寶勝菩薩
南无華上菩薩　南无德喜菩薩
南无善住意菩薩　南无跋陀波羅菩薩
南无罽那那迦羅菩薩　南无導師菩薩

BD03478號　佛名經（十六卷本）卷五　（36–32）

南无義意菩薩　南无寶勝菩薩
南无華上菩薩　南无德喜菩薩
南无善住意菩薩　南无跋陀波羅菩薩
南无罽那那迦羅菩薩　南无導師菩薩
南无那羅延菩薩　南无星得菩薩
南无水天菩薩　南无主天菩薩
南无大意菩薩　南无益意菩薩
次礼聲聞緣覺一切賢聖
南无舍利弗　南无大目揵連
南无大迦葉　南无須菩提
南无富樓那　南无摩訶迦旃延
南无阿那律　南无優波離
南无羅睺羅　南无阿難
礼三寶已次復懺悔
如上所說已懺悔於三寶閒輕重諸罪其餘諸惡
今當次苐更復懺悔經中佛說有二種健兒一者
自不作罪二者作已能悔又云有二種白法能為衆
生滅除衆障一者慙二者愧慙者自不作惡愧者不
令他作有慙愧者可名為人若不慙愧與諸獸禽
不相異也是故弟子今日慙愧歸依佛
南无東方一寶莊嚴佛　南无南方栴檀德佛

BD03478號　佛名經（十六卷本）卷五　（36–33）

不相異也是故弟子今日慚愧歸依佛
南无東方一寶莊嚴佛　南无南方栴檀德佛
南无西方梵音王佛　南无北方寶智作佛
南无東南方師子佛　南无西南方寶蓋照空王佛
南无西北方歡喜進佛　南无東北方摩尼清淨佛
南无下方寶香勝佛　南无上方大名稱佛
如是十方盡虛空界一切三寶
弟子等无始以來至於今日或信邪到見牽然眾
生解奏魑魅魍魎鬼神欲希延年終不能得或妄
言見鬼假稱神語如是等罪今日慚愧皆悉懺悔
又復无始以來至於今日或行動傲誕自高自大或
恃種姓輕慢一切以貴輕賤用強陵弱或飲酒鬪亂不
避親踈惛醉終日不識尊卑如是等罪今悉懺悔或
貪嗜飲食无有期度或食生䐗或着五辛熏穢經
像排突清眾縱心肆意不知限極踈遠善人狎近
惡友如是等罪今悉懺悔
或貢高褊假偃蹇自用壅危垣突不識人情自是
非他希望僥倖如是等罪今悉懺悔　或臨時无讓
不廉不恥屠肉沽酒欺誑自活或出入息利計時責
日聚積慨尅貪求无猒受人供養不慚不愧或无忒
德空納信施如是等罪今悉懺悔　或撾奴僕婢

BD03478號　佛名經（十六卷本）卷五　（36–34）

不廉不恥屠肉沽酒欺誑自活或出入息利計時責
日聚積慨尅貪求无猒受人供養不慚不愧或无忒
德空納信施如是等罪今悉懺悔　或撾奴僕婢
驅使僮吏不問飢渴寒暑或發散橋梁杜絕行路
如是等罪今悉懺悔　或放逸自恣无記散亂
樗蒲圍碁羣會聚飲酒食肉更相侵賤无趣談
話論說天下從年竟歲空喪天日初中後夜禪誦
不脩懈怠攤惰尸卧終日於六念處心不經理見他勝事
便生嫉妬心懷忮毒備起煩惱致使諸惡瘟風吹罪
薪火常以熾然无有休息三業徽善一切俱焚善
法既盡爲一闡提墮大地獄无有出期是故弟子等今
日至到稽顙向十方一切三寶懺悔上來所有一切眾
罪若輕若重若麁若細若自作若教他作若隨喜
作若以勢力逼迫令作如是乃至讚歎行惡法者今日
至誠發露懺悔願皆消滅
願弟子等承是懺悔一切諸惡所生功德生生世世
慈和忠孝謙卑忍辱知廉識恥先慈問訊脩良
貞謹清潔義讓遠離惡友常遇善緣守攝六根
徽護三寶捍勞忍勞心不退沒三菩提志不負眾
生作礼一拜
佛名經卷第五

BD03478號　佛名經（十六卷本）卷五　（36–36）

BD03478號背　雜寫　（1–1）

南无善提難提佛　　南无摩訶提婆佛
南无善香佛　　南无智惠讚歎佛
南无功德梁佛　　南无智光明佛
南无智海佛　　南无威德力佛
南无勝威德佛　　南无佛歡喜佛
南无勝清淨佛　　南无愛一切佛
南无遠離諸疑佛　　南无善思惟勝義佛
南无大山佛　　南无降伏聖佛
南无降伏黠慧佛　　南无趣菩提佛
南无妙聲佛　　南无大勢力佛
南无樂師子佛　　南无普寶滿足佛
南无一切世間愛佛　　南无金剛輪佛
南无過火佛　　南无大將佛
南无衆生月佛　　南无大莊嚴佛
南无日光明佛　　南无勝嚴佛
南无斷諸有意香佛　　南无寂靜行佛
南无稱愛稱佛　　南无梵天供養佛
南无大吼佛　　南无无量无邊願佛
南无世間光眼佛　　南无可見忍佛
南无大華佛　　南无脩行身佛

BD03479號　佛名經（十六卷本）卷一四　　（31–1）

南无日光明佛　　南无勝嚴佛
南无斷諸有意香佛　　南无寂靜行佛
南无稱愛稱佛　　南无梵天供養佛
南无大吼佛　　南无无量无邊願佛
南无世間光眼佛　　南无可見忍佛
南无大華佛　　南无脩行身佛
南无諸根清淨佛　　南无婆藪達多佛
南无不怯弱聲佛　　南无普見佛
南无月賢佛　　南无決定色佛
南无方便脩佛　　南无信勝功德佛
南无勝報佛　　南无賢莊嚴佛
南无慚愧賢佛　　南无甚愛器聲佛
南无勝受佛　　南无善行佛
南无普智佛　　南无大威力佛
南无月難兜佛　　南无堅固行佛
南无天供養佛　　南无歡喜佛
南无勝妙稱佛　　南无成一切功德佛
南无堅固莎利羅佛　　南无甘露光佛
南无大貴佛　　南无勝聲佛
南无大力佛　　南无大步佛
南无信甘露佛　　南无道步佛
南无勝聲心佛　　南无勝意佛
南无婆樓那步佛　　南无大脩行佛
從此以上一万七百佛十二部經一切賢聖
南无威德光佛　　南无无淨智佛
南无師子聲佛　　南无善德佛

BD03479號　佛名經（十六卷本）卷一四　　（31–2）

從此以上一万七百佛十二部經一切賢聖

南无威德光佛　南无无淨智佛
南无師子聲佛　南无善德佛
南无善住佛　南无日光佛
南无菩提上首佛　南无降伏怨佛
南无无垢濁義佛　南无勝去佛
南无妙光明佛　南无普光明佛
南无大莊嚴佛　南无功德山佛
南无摩尼月佛　南无愛眼佛
南无月名佛　南无菩提智佛
南无寶功德佛　南无天光明佛
南无勝仙佛　南无寶智佛智佛
南无甘露威德佛　南无能思惟佛
南无龍步佛　南无信智佛
南无寶愛佛　南无蓮華香佛
南无勝相佛　南无大威德佛
南无種種日佛　南无廣地佛
南无甘露眼佛　南无慚愧智佛
南无山王自在積佛　南无怖勝佛
南无種種間錯聲佛　南无信循行佛
南无捨憂惱佛　南无諸世間智佛
南无威德力佛　南无信勝佛
南无勢力稱佛　南无放光明佛
南无過諸疑佛　南无毗羅那王佛
南无雜華佛　南无勝華佛

BD03479號　佛名經（十六卷本）卷一四　（31-3）

南无威德力佛　南无信勝佛
南无勢力稱佛　南无放光明佛
南无過諸疑佛　南无毗羅那王佛
南无雜華佛　南无勝華佛
南无捨諍佛　南无大長佛
南无大稱佛　南无愛去佛
南无甘露步佛　南无日聚佛
南无月聲佛　南无見天佛
南无清淨光明佛　南无秋日佛
南无解華佛　南无妙聲佛
南无雨甘露佛　南无善天佛
南无勝聲佛　南无愛上首佛
南无愛甘露佛　南无甘露稱佛
南无法華佛　南无大莊嚴佛
南无世間尊重佛　南无高意佛
南无高山佛　南无甘露威德光明佛
南无菩提威德佛　南无清淨心佛
南无能作同降伏怨佛　南无甘露星宿佛
南无大稱佛　南无安隱思惟佛
南无菩提華循佛　南无菴摩羅供養佛
南无度世間佛　南无戍佛
南无法星宿佛　南无大勝佛
南无隨意光明佛　南无火光明佛
南无見愛佛　南无光明愛佛
南无希聲佛　南无功德德佛
南无[illegible]佛　南无[illegible]智佛

BD03479號　佛名經（十六卷本）卷一四　（31-4）

南无見愛佛　南无光明愛佛
南无希聲佛　南无功德德佛
南无舌去佛　南无无障智佛
南无得威德佛　南无月藏佛
南无梵光明佛　南无樂光明佛
南无勝光明佛　南无寂光明佛
從此以上一万八百佛十二部經一切賢聖
南无離異意佛　南无无過智佛
南无成就功德佛　南无嚴身佛
南无无畏愛佛　南无到光明佛
南无大聲佛　南无智知佛
南无大思聲佛　南无樂眼佛
南无无諸勢智佛　南无不怯弱智佛
南无善清淨佛　南无捨施威德佛
南无天成佛　南无无怯聲佛
南无華日佛　南无无善住心佛
南无難兜清淨佛　南无俱蘇摩光佛
南无法弗沙佛　南无月希佛
南无寂照佛　南无不斷行佛
南无大精進佛　南无人聲佛
南无善聲佛　南无菩提願佛
南无天色思惟佛　南无惠力佛
南无湧多盧遮那佛　南无梵供養佛
南无聖佛沙佛　南无靈空智佛
南无能降伏放逸佛　南无不可比慧佛

南无聖佛沙佛　南无靈空智佛
南无能降伏放逸佛　南无不可比慧佛
南无勝軍施羅佛　南无降阿梨佛
南无應愛佛　南无式供養佛
南无平等心明佛　南无信心不怯弱佛
南无精進清淨佛　南无聞智佛
南无无障尋思惟佛　南无无畏光明佛
南无甘露聲佛　南无名去佛
南无捨佛　南无讚根佛
南无禪解脫佛　南无大殊提佛
次礼十二部尊經大藏法輪
南无陰持入經　南无佛說讃淨經
南无方便心論經　南无諫心經
南无摩訶利頭經　南无中陰經
南无所欲致患經　南无流離王經
南无孫陀耶致人經　南无逝經
南无僧大經　南无夫婦經
南无佛般泥洹後灌臘經　南无天皇梵摩經
南无貴日定行經　南无十二死經
南无和難經　南无施陀梨呪經
南无犯罪報輕重經　南无菩薩大棄經
南无菩薩所生地經　南无尒然洹國迦羅越經
次礼十方諸大菩薩
南无金色世界文殊師利菩薩
南无樂色世界觀音菩薩

次礼十方諸大菩薩
南无金色世界文殊師利菩薩
南无樂色世界覺首菩薩
南无華色世界財首菩薩
南无薝蔔華色世界寶首菩薩
南无青蓮華色世界首菩薩
南无金色世界目首菩薩
南无寶色世界進首菩薩
南无金剛色世界法首菩薩
南无頗梨色世界智首菩薩
南无如實色世界賢首菩薩
南无无量慧世界功德林菩薩
南无幢慧世界慧林菩薩
南无地慧世界勝林菩薩
南无勝慧世界无畏林菩薩
南无燈慧世界慚愧林菩薩
南无金剛慧世界精進林菩薩
南无安樂慧世界力成就林菩薩
南无日慧世界堅固林菩薩
南无清淨世界如來林菩薩
南无林慧世界智林菩薩
南无同羅世界法慧菩薩
南无蓮華世界一切慧菩薩
南无衆寶世界勝慧菩薩

BD03479號　佛名經（十六卷本）卷一四　（31–7）

南无蓮華世界一切慧菩薩
南无衆寶世界勝慧菩薩
南无優鉢羅世界功德慧菩薩
從此以上一万九百佛十二部經一切賢聖
次礼聲聞緣覺一切賢聖
南无轉覺辟支佛　南无去垢辟支佛
南无高去辟支佛　南无阿恚多辟支佛
南无无漏辟支佛　南无惱惕辟支佛
南无盡惱惕辟支佛　南无親辟支佛
南无得脫辟支佛　南无无垢辟支佛
南无獨辟支佛　南无離盡辟支佛
南无能作惱惕辟支佛　南无退辟支佛
南无不退去辟支佛　南无尋辟支佛
南无善吉辟支佛　南无不可心辟支佛
南无善住辟支佛　南无无比辟支佛
礼三寶已次復懺悔
夫欲礼懺必須先敬三寶所以然者三寶即
是一切衆生良友福田若能歸向者則滅无
量罪長无量福能令行者離生死苦得解脫
樂是故弟子某甲等歸依十方盡虛空界一
切諸佛歸依十方盡虛空界一切尊法歸依
十方盡虛空界一切菩薩聖僧弟子今日所
以懺悔者正言无始以來在凡夫地不問貴
賤罪自无量或因三業而生罪或從六根而

BD03479號　佛名經（十六卷本）卷一四　（31–8）

十方盡虛空界一切菩薩聖僧弟子今日所
以懺悔者正言无始以來在凡夫地不問貴
賤罪自无量或因三業而生罪或從六根而
起過或以內心自耶思惟或藉外境起於染
著如是乃至十惡增長八万四千諸塵勞門
然其罪相雖復无量大而為語不出有三何
等為三一者煩惱二者是業三者果報此三
種法能障聖道及以人天勝妙好事是故經
中目為三障所以諸佛菩薩教作方便懺悔
除滅此三障者則六根十惡乃至八万四千諸
塵勞門皆悉清淨是故弟子今日運此增上
勝心懺悔三障欲滅此三罪者當用何等心
可令此罪滅先當興七種心以為方便然
後此罪乃可得滅何等為七一者慚愧二者
恐怖三者厭離四者發菩提心五者怨親平
等六者念報佛恩七者觀罪性空
第一慚愧者自惟我與釋迦如來同為凡夫
而今世尊成道以來已逕尒所塵沙劫數而
我等相與躭染六塵流浪生死永无出期此
實天下可慚可愧可羞可恥
第二恐怖者既是凡夫身口意業常與罪相
應以是因緣命終之後應墮地獄畜生餓鬼
受无量苦如此實為可驚可恐可怖可懼
第三厭離者相與常觀生死之中唯有无常
苦空无我不淨虛假如水上泡速起速滅往來

受无量苦如此實為可驚可恐可怖可懼
第三厭離者相與常觀生死之中唯有无常
苦空无我不淨虛假如水上泡速起速滅往來
流轉猶若車輪生老病死八苦交煎无時
暫息衆等相與但觀自身從頭至足其中但
有卅六物髮毛爪齒眵淚涕唾生熟二藏大
腸小腸脾腎心肺肝膽[illegible]胃肪膏腦膜筋脉
骨髓大小便利九孔常流是故經言此身苦
所集一切皆不淨何有智慧者而當樂此身
生死既有如此種種惡法甚可患厭
第四發菩提心者經言當樂佛身佛身者即
法身也從无量功德智慧生從六波羅蜜生
從慈悲喜捨生從卅七助菩提法生從如是
等種種功德智慧生如來身者當發菩提心
求一切種智常樂我淨薩婆若果淨佛國土
成就衆生於身命財无所悋惜
第五怨親平等者於一切衆生起慈悲心无
彼我想何以故若見怨異親即是分別以分
別故起諸相著相著因緣生諸煩惱煩惱因
緣造諸惡業惡業因緣故得苦果
第六念報佛恩者如來往昔无量劫中捨頭
目髓腦支節手足國城妻子象馬七珍為我
等故脩諸苦行此恩此德實難酬報是故經
言若以頂戴兩肩荷負於恒沙劫亦不能報
我等欲報如來恩者當於此世勇猛精進捍

等故循諸苦行此恩此德實難酬報是故經
言若以頂戴兩肩荷負於恒沙劫亦不能報
我等欲報如來恩者當於此世勇猛精進捍
勞忍苦不惜身命建立三寶弘通大乘廣化
衆生同入正道
第七觀罪性空者无有實相從因緣生顛倒
而有既從因緣而生則可從因緣而滅從因
緣而生者狎近惡友造作无端從因緣而滅
者即是今日洗心懺悔是故經言此罪相不
在內不在外不在中間故知此罪從本是空
生如是等七種心已緣想十方諸佛賢聖擎
拳合掌披陳至到慚愧改革舒瀝心肝洗蕩
腸胃如此懺悔亦何罪而不滅亦何障而不消
若復巡巡悠悠緩縱情慮徒自勞形於事何
益且復人命无常喻如轉燭一息不還便同
灰壤三塗苦報即身應受不可以錢財寶貨
囑託求脫窈窈冥冥恩赦无期獨嬰此苦
无代受者莫言我今生中无有此罪所以不
能墾到懺悔經中道言凡夫之人舉足動步
无非是罪又復過去生中皆悉成就无量惡
業追逐行者如影隨形若不懺悔罪惡日深
故包藏瑕疵佛教不許訖悔先罪淨名所尚
故知長淪苦海寔由隱覆是故弟子今日發
露懺悔不敢覆藏所言三障者一曰煩惱二名
為業三是果報此三種法更相由藉因煩惱

故知長淪苦海寔由隱覆是故弟子今日發
露懺悔不敢覆藏所言三障者一曰煩惱二名
為業三是果報此三種法更相由藉因煩惱
故以起惡業惡業因緣故得苦果是故弟子
今日至心第一先應懺悔煩惱障又此煩惱
諸佛菩薩入理聖人種種呵責亦詺此煩惱
以為怨家何以故能斷衆生慧命根故亦
詺此煩惱以之為賊能劫衆生諸善法故亦詺
此煩惱以為瀑河能漂衆生入於生死大苦
海故亦目此煩惱以為羈鏁能繫衆生於生
死獄不能得出故所以六道牽連四生不絕
惡業无窮苦果不息當知皆是煩惱過患
是故弟子今日運此增上善心歸依佛
南无東方善德佛　南无南方實相佛
南无西方普光佛　南无北方相德佛
南无東南方網明佛　南无西南方上智佛
南无西北方華德佛　南无東北方明智佛
南无下方明德佛　南无上方香積佛
如是十方盡虛空界一切三寶至心歸命常
住三寶
弟子從无始以来至於今日或在人天六道
受報有此心識常懷愚惑繁滿胸衿或因三
毒根造一切罪或因三漏造一切罪或因三覺
造一切罪或因三受造一切罪或因三苦造

弟子從无始以来至於今日或在人天六道
受報有此心識常懷愚惑繁滿胸衿或因三
毒根造一切罪或因三漏造一切罪或因三覺
造一切罪或因三受造一切罪或因三苦造
一切罪或緣三假造一切罪或貪三有造一
切罪如是等罪无量无邊惱亂一切六道四
生今日慚愧皆悉懺悔至心歸命常住三寶
又復弟子无始以来至於今日或因四識住
造一切罪或因四流造一切罪或因四取造
一切罪或因四執造一切罪或因四緣造一切罪
或因四大造一切罪或因四縛造一切罪或
因四食造一切罪或因四生造一切罪如
是等罪无量无邊惱亂六道一切四生今
日慚愧皆悉懺悔至心歸命常住三寶
又復弟子无始以来至于今日或因五住地
煩惱造一切罪或因五受根造一切罪或因
五蓋造一切罪或因五慳造一切罪或因五
見造一切罪或因五塵造一切罪如是等煩
惱无量无邊惱亂六道一切四生今日發露
皆悉懺悔至心歸命常住三寶
又復弟子无始以来至於今日或因六情根
造一切罪或因六識造一切罪或因六想造一
切罪或因六受造一切罪或因六行造一切
罪或因六愛造一切罪或因六疑造一切罪
如是等煩惱无量无邊惱亂六道一切四生

BD03479號　佛名經（十六卷本）卷一四　（31-13）

切罪或因六受造一切罪或因六行造一切
罪或因六愛造一切罪或因六疑造一切罪
如是等煩惱无量无邊惱亂六道一切四生
今日慚愧發露皆悉懺悔至心歸命常住三
寶
又復弟子无始以来至於今日或因七漏造
一切罪或因七使造一切罪或因八到造一
切罪或因八垢造一切罪或因八苦造一切罪
惱亂六道一切四生今日發露皆悉懺悔
至心歸命常住三寶
又復无始以来至於今日或因九惱造一切
罪或因九結造一切罪或因九上緣造一切
罪或因十煩惱造一切罪或因十纏造一切
罪或因十一遍使造一切罪或因十二入造
一切罪或因十六知見造一切罪或因十八界
造一切罪或因廿二根造一切罪或因二十
五我造一切罪或因六見造一切罪或因見
諦思惟九十八使百八煩惱晝夜熾然開諸
漏門造一切罪惱亂賢聖及以四生遍滿三
界弥亘六道无處可藏无處可避今日至到
向十方佛尊法聖衆慚愧發露皆悉懺悔
至心歸命常住三寶
願弟子等承是懺悔三毒一切煩惱生生世
世三慧明三達朗三苦滅願弟子承是懺悔
[illegible]

BD03479號　佛名經（十六卷本）卷一四　（31-14）

向十方佛尊法聖衆懺悔發露皆悉懺悔
至心歸命常住三寶
願弟子等承是懺悔三毒一切煩惱生生世
世三慧明三達朗三苦滅願弟子承是懺悔
四識等一切煩惱所生功德生生世世廣四
等心立四信業四惡趣滅得四无畏
願弟子承是懺悔五蓋等諸煩惱度五道
樹五根淨五眼成五分身願弟子承是懺悔
六愛等諸煩惱所生功德願生生世世具足六
神通滿足六度業不爲六塵惑常行六妙行
願弟子承是懺悔七漏八垢九結十纏等一
切諸煩惱所生功德生生世世坐七淨華洗
塵八水具九斷智成十地行
願以懺悔十一遍使及十二入十八界等一
切諸煩惱所生功德願十一空解常用心自在
能轉十二行輪具足十八不共之法无量
功德一切圓滿至心歸命常住三寶
佛說罪業報應教化地獄經
如是我聞一時佛在王舍城耆闍崛山中與菩
薩摩訶薩及聲聞眷屬比丘比丘尼優婆塞
優婆夷及諸天龍鬼神等皆悉集會尒時
信相菩薩白佛言今有地獄餓鬼畜生奴婢
貧富貴賤　種類若干唯願世尊具演說之令
有衆生聞佛說法如嬰兒得母如病得醫如倮
者得衣如闇得炬世尊說法利益衆生亦

BD03479 號　佛名經（十六卷本）卷一四　（31–15）

貧富貴賤　種類若干唯願世尊具演說之令
有衆生聞佛說法如嬰兒得母如病得醫如倮
者得衣如闇得炬世尊說法利益衆生亦
復如是。
尒時世尊時已至知諸菩薩勸請慇懃即放
眉間白豪相光照於世界地獄休息苦痛安
寧尒時一切受罪衆生尋佛光明來詣佛所遶
佛七匝至心作礼勸請世尊敷演道化令此
衆生得蒙解脫
尒時信相菩薩爲諸衆生而作發起白佛言
世尊尒時衆生爲諸獄卒剉碓斬身從足斬
之乃至其頂斬之以訖巧風吹活而復斬之何
罪所致佛言此人前世坐不信三尊不孝父
母屠兒魁膾煞害衆生故獲斯罪
南无栴檀香佛　南无可觀佛
南无无量智佛　南无千日威德佛
南无捨重擔佛　南无稱清淨佛
南无提賒闍佛　南无自在王佛
南无无邊智佛　南无廣光佛
南无信甘露佛　南无妙眼佛
南无解行佛　南无妙見佛
南无勝光佛　南无大聲佛
南无大威德聚佛　南无光明寶雞兜佛
南无應供養佛　南无求那提闍積佛
南无信相佛　南无大炎佛

BD03479 號　佛名經（十六卷本）卷一四　（31–16）

南无大威德聚佛　南无光明寶雞兜佛
南无應供養佛　南无求那提闍積佛
南无信相佛　南无大炎佛
南无阿羅訶信佛　南无善住思惟佛
南无善橋梁佛　南无智作佛
南无普寶佛　南无日光佛
南无說橋梁佛　南无婆薩婆頻他佛
南无心荷身佛　南无勝覩光佛
南无清淨聲佛　南无隨意希佛
南无寶威德佛　南无善威德供養佛
南无世間光明佛　南无世間可敬佛
南无行清淨佛　南无應眼佛
南无大步佛　南无无邊色佛
南无住持般若佛　南无衆橋梁佛
南无弥留波婆佛　南无安隱愛佛
南无提婆摩樞多佛　南无毗闍荷佛
南无羅多那闍荷佛　南无橋梁佛
南无摩舊迭佛　南无明威德佛
南无慈力佛　南无月勝佛
南无卿光佛　南无愛眼佛
南无天色佛　南无樂法佛
南无大月佛　南无无障导聲佛
南无人弗沙佛　南无平等見佛
南无大稱陁佛　南无弗沙羅蕯佛
南无十光佛　南无種種光佛

BD03479號　佛名經（十六卷本）卷一四　（31–17）

南无人弗沙佛　南无平等見佛
南无大稱陁佛　南无弗沙羅蕯佛
南无十光佛　南无種種光佛
南无雲聲佛　南无龍德佛
南无功德步佛　南无心功德佛
從此以上二万一千佛十二部經一切賢聖
南无大聲佛　南无了聲佛
南无斷惡道佛　南无天弗沙佛
南无氷眼佛　南无大燈佛
南无離闇佛　南无堅固眼佛
南无不可思議光明佛　南无善光明佛
南无普賢佛　南无勝月佛
南无意德佛　南无莊嚴聲佛
南无妙意佛　南无賢光佛
南无堅固華佛　南无功德成佛
南无意成佛　南无解脫乘佛
南无降伏怨佛　南无過舌佛
南无過諸煩惱佛　南无无量光佛
南无无垢心佛　南无和合聲佛
南无不可量眼佛　南无勢力佛
南无妙光明佛　南无集功德佛
南无可聞聲佛　南无大思惟佛
南无信天佛　南无思惟甘露佛
南无了意佛　南无勝燈佛

BD03479號　佛名經（十六卷本）卷一四　（31–18）

南无可聞聲佛　南无大思惟佛
南无信天佛　南无思惟甘露佛
南无了意佛　南无勝燈佛
南无堅意佛　南无力勢佛
南无華眼佛　南无菩提光明佛
南无寂勝聲佛　南无六通聲佛
南无威德力佛　南无人稱佛
南无勝華集佛　南无大髻佛
南无不隨他佛　南无不畏行佛
南无離一切憂闇佛　南无月光明佛
南无心勇猛佛　南无解勝惠佛
南无離惡道佛　南无闍淨燈佛
南无勝供養佛　南无善思惟佛
南无勝威德色佛　南无信衆生佛
南无快恭敬佛　南无波頭摩清淨佛
南无人波頭摩佛　南无善香佛
南无勝供養佛　南无種種色華佛
南无勝功德佛　南无虛空劫佛
南无月賢佛　南无堅固佛
南无妙力佛　南无勝因陀羅智佛
南无勝親佛　南无愛思惟佛
南无勝香佛　南无无諍行佛
南无功德舍佛　南无大精進思惟佛
南无大光明佛　南无攝受施佛

BD03479號　佛名經（十六卷本）卷一四　（31–19）

南无勝香佛　南无无諍行佛
南无功德舍佛　南无大精進思惟佛
南无大光明佛　南无攝受施佛
南无脩行深思惟佛　南无香希佛
南无香爲佛　南无種種智佛
南无思惟妙智佛　南无功德莊嚴佛
南无增上行佛　南无智行佛
南无功德山佛　南无聲滿十方佛
南无攝受擇佛　南无信妙佛
南无月見佛　南无功德聚佛
南无法力佛　南无過一切疑佛
南无稱王佛　南无讃諸根佛
南无勝意佛　南无甘露光佛
南无思惟甘露佛　南无一切衆上首佛
從此以上一万一千一百佛十二部經一切賢聖
南无愛髻佛　南无不可降伏色佛
南无普信佛　南无莊嚴王佛
南无金剛步佛　南无賢住佛
南无功德報光明佛　南无精進力起佛
南无善清淨明佛　南无得脫一切縛佛
南无无垢波頭摩藏勝佛
南无得无畏解脫佛　南无十方稱聲无畏佛
南无破一切闇起佛　南无光明王佛
南无光明王佛　南无大炎積佛

BD03479號　佛名經（十六卷本）卷一四　（31–20）

南无无垢波頭摩藏勝佛
南无得无导解脫佛　南无十方稱聲无畏佛
南无破一切闇趣佛　南无光明王佛
南无光明王佛　南无大炎積佛
南无无邊行功德寶光明佛
南无法光明佛　南无歡喜王佛
南无能住一切衆生光明破闇勝佛
南无起普光明脩行无邊願王佛
南无普滿足不怯弱佛
南无一切見光明佛
南无无垢光莊嚴王佛
南无功德山破金剛佛
南无龍王自在王佛
南无寶精進日月摩尼莊嚴威德聲王佛
南无吼聲妙聲佛　南无善住持地佛
南无世間自在王佛　南无无障导藥王樹勝佛
南无弥留幢佛　南无大山佛
南无弥留光明佛　南无妙聲佛
南无日月住佛　南无稱光明佛
南无无量光佛　南无不可量幢佛
南无大光明佛　南无寶雞兜佛
南无淨王佛　南无大炎聚佛
南无一切王聲佛　南无難勝佛
南无日生佛　南无羅網光明佛
南无照光明佛　南无師子佛

南无一切王聲佛　南无難勝佛
南无日生佛　南无羅網光明佛
南无照光明佛　南无師子佛
南无稱佛　南无稱光明佛
南无法佛　南无法住持佛
南无法幢佛　南无梵聲佛
南无星宿王佛　南无香勝佛
南无香光佛　南无大積佛
南无寶種種華敷身佛　南无娑羅自在王佛
南无寶蓮華勝佛　南无見一切義佛
南无須弥劫佛　南无智燈佛
南无大光明明佛　南无難伏佛
南无照佛　南无勤雞兜幢佛
南无威德自在王佛　南无覺王佛
南无寶藏佛　南无大海佛
南无方增上自在佛　南无雅寶莊嚴佛
南无无邊寶莊嚴佛　南无无相聲佛
南无過境界步佛　南无須弥山聚佛
南无虛空眼佛　南无虛空家佛
南无稱力王佛　南无放光明佛
南无離諸染佛　南无種種華成就勝佛
南无遠離諸畏驚怖毛竪佛
南无香積佛　南无栴檀香佛
南无伏眼佛　南无寶來佛
南无香首佛　南无勝衆佛

南无香積佛　南无旃檀香佛
南无伏眼佛　南无寶来佛
南无香首佛　南无勝衆佛
南无雅蓋佛　南无无障眼佛
南无栴檀去佛　南无智華寶光勝明佛
南无賢勝光明佛　南无能一切界佛
南无无畏佛　南无弥留藏佛
從此以上一万一千二百佛十二部經一切賢聖
南无法作佛　南无十方光明佛
南无十上光明佛　南无智光明佛
南无寶勝光明佛　南无无邊光明佛
南无导聲佛　南无羅網光明佛
南无種種寶智佛　南无无邊莊嚴佛
南无優波羅勝佛　南无住智勝佛
南无勝能聖佛　南无智稱佛
南无娑羅自在佛　南无寶婆羅奉佛
南无大將佛　南无寶驗佛
南无不空名佛　南无勝成就功德佛
南无稱王佛　南无不空步佛
南无香光明佛　南无无障导聲佛
南无稱力王佛　南无須弥增上勝王佛
南无寶勝功德佛　南无波頭摩勝佛
南无寶起佛　南无香光明佛
南无十方稱發起佛
南善讚增長上露聲王佛

BD03479 號　佛名經（十六卷本）卷一四　（31–23）

南无稱力王佛　南无須弥增上勝王佛
南无寶勝功德佛　南无波頭摩勝佛
南无寶起佛　南无香光明佛
南无十方稱發起佛
南善讚增長上露聲王佛
南无无邊光明佛　南无无邊智成佛
南无无邊轉舊迷佛　南无衆上道佛
南无華勝王佛　南无寶像佛
南无空名稱佛　南无發起无邊精進功德佛
南无蓋行佛　南无發心莊嚴一切衆生佛
南无光明輪威德佛　南无功德王光明佛
南无一切德到彼岸佛　南无狀燈作佛
南无能作光明佛　南无得功德佛
南无波頭摩上勝佛　南无寶作佛
南无无邊領佛　南无无邊功德王佛
南无寶聚佛　南无婆羅自在王佛
南无寶光明佛　南无寶積佛
南无最上佛　南无脩行无邊功德佛
南无觀聲佛　南无須弥山光明佛
南无无邊境界佛　南无妙去佛
南无寶華成就勝佛
南无无邊舊迷佛
南无發起一切衆生佛　南无寶蓋起佛
南无勝功德佛　南无不可華佛
南无寶境界光明佛　南无寶勝功德佛

BD03479 號　佛名經（十六卷本）卷一四　（31–24）

南无寶[illegible]佛
南无无邊舊迷佛
南无發起一切衆生信佛 南无寶蓋起佛
南无勝功德佛 南无不可華佛
南无寶境界光明佛 南无寶勝功德佛
南无發心即轉法輪佛 南无十方稱名佛
南无迦陵迦王佛 南无日輪然燈佛
南无寶上佛 南无智成就勝佛
南无功德王住佛 南无无障导眼佛
南无无畏佛 南无智積佛
南无發起无譬喻相佛 南无積光明輪威德佛
南无回惡佛 南无那羅延佛
南无垢雜免佛 南无月積佛
南无清淨意佛 南无安隱佛
南无發起善思惟佛 南无能破諸怨佛
南无優波羅功德佛 南无積力王佛
南无无邊光明雲香弥留佛
南无種種色華佛 南无无邊光佛
南无能轉能住佛 南无勝香佛
南无寶勝佛 南无香山佛
從此以上一万一千三百佛十二部經一切賢聖
南无信一切衆生心智見佛
南无无相聲佛 南无智功德積佛
南无无导聲佛 南无一蓋藏佛
南无不動勢佛 南无迦葉佛
南无觀見一切境界佛 南无上首佛

BD03479號　佛名經（十六卷本）卷一四

（31–25）

南无信一切衆生心智見佛
南无无相聲佛 南无智功德積佛
南无无导聲佛 南无一蓋藏佛
南无不動勢佛 南无迦葉佛
南无觀見一切境界佛 南无上首佛
南无成義佛 南无成勝佛
南无稱佛 南无離一切疑佛
南无智德佛 南无功德乘佛
南无星宿王佛 南无不可量雜究佛
南无旃檀佛 南无羅網光佛
南无梵聲佛 南无不可量寶體勝佛
南无一切法无觀佛
南无發一切衆生不斷絶脩行佛
南无无邊舊迷佛 南无見一切法佛
南无見一切法平等佛 南无成就无量功德佛
南无智高光明佛 南无波頭摩上佛
南无十方上佛 南无華成功德佛
南无堅固衆生佛 南无智光明佛
次礼十二部尊經大藏法輪
南无菩薩五十七德行經 南无差摩竭經
南无諦了生死本經 南无阿差末菩薩經
南无了本生死經 南无師比丘經
南无呪盡道呪經 南无善馬有三相經
南无長者法志妻經 南无呪妻鈍神呪經
南无移山經 南无須真天子經
南无聖法印經 南无諸佛要集經

BD03479號　佛名經（十六卷本）卷一四

（31–26）

南无呪盡道呪經　南无善馬有三相經
南无長者法志妻經　南无呪妻鉋神呪經
南无移山經　南无須真天子經
南无聖法印經　南无諸佛要集經
南无七夢經　南无四貪想經
南无九傷經　南无諸福徳田經
南无神呪辟除賊害經　南无尼吒國王經
南无比丘尒衛經　南无鑪炭經
次礼十方諸大菩薩
南无妙行世界精進菩薩
南无善行世界慧菩薩
南无歡喜世界智慧菩薩
南无星宿世界真實菩薩
南无无猒慈世界无上慧菩薩
南无虛空世界堅固慧菩薩
南无堅固寶世界金剛幢菩薩
南无堅固樂世界堅固幢菩薩
南无堅固寶王世界勇幢菩薩
南无堅固金剛世界寶幢菩薩
南无堅固蓮華世界精進幢菩薩
南无堅固青蓮華世界離垢菩薩
南无堅固金世界夜光菩薩
南无堅固栴檀世界真實菩薩
南无堅固摩尼世界智幢菩薩
南无堅固香世界法幢菩薩

BD03479 號　佛名經（十六卷本）卷一四　（31–27）

南无堅固金世界夜光菩薩
南无堅固栴檀世界真實菩薩
南无堅固摩尼世界智幢菩薩
南无堅固香世界法幢菩薩
南无寶光樂世界香炎等嚴日光菩薩
南无安樂世界觀世音菩薩
南无華林世界寶首菩薩
南无安樂葉得大勢菩薩
南无慧闡世界勝幢菩薩
南无寂靜世界持月明菩薩
南无寂靜世界无垢寶華菩薩
南无一切勝觀世界香炎平等菩薩
次礼聲聞緣覺一切賢聖
南无憍憐辟支佛　南无劬多辟支佛
南无斷愛辟支佛　南无耳辟支佛
南无心得解脫辟支佛　南无優波耳辟支佛
南无吉辟支佛　南无差摩辟支佛
南无遮羅辟支佛　南无優波遮羅辟支佛
南无梨沙婆辟支佛　南无善薩他浄辟支佛
南无善橋辟支佛　南无阿沙羅辟支佛
礼三寶已次復懺悔
夫論懺悔者本是改往脩來滅惡興善人生
居世誰能无過學人失念尚起煩惱羅漢結
習動身口業豈況凡夫而當无過但智者先
覺便能改悔愚者覆藏遂使滋蔓所以積習

BD03479 號　佛名經（十六卷本）卷一四　（31–28）

夫論懺悔者本是改往脩來滅惡興善人生
居世誰能无過學人失念尚起煩惱羅漢結
習動身口業豈況凡夫而當无過但智者先
覺便能改悔愚者覆藏遂使滋蔓所以積習
長夜曉悟无期若能慚愧發露懺悔者豈
惟止是滅罪而已亦復增長无量功德樹立如
來涅槃妙果若欲行此法者先當外肅形儀
瞻奉尊像內起敬意緣想法身懇切至到生
二種心何等為二一者自念我此形命難可
常保一朝散壞不知此身何時可復若復不
值諸佛賢聖忽遭逢惡友造眾罪業復應墮
落深坑險趣二者自念我此生中雖得值遇
如來正法為佛弟子之法紹繼佛種淨身口意
善法自居而今我等公自作惡而復覆藏言
他不知謂彼不見隱匿在心傲然无愧此實天
下愚惑之甚即念現有十方諸佛大地菩薩
諸天神仙何曾不以清淨天眼見於我等所
作罪惡又復幽顯靈祇注記罪福纖毫无差
夫論作罪之人命終之後牛頭獄卒錄其精
神在閻羅王所辯覈是非當爾之時一切怨
對皆來證據各言汝先屠割我身炮煮蒸炙
或言汝先剝奪於我一切財實離我眷屬我於
今者始得汝便于時現前證據何得敢諱唯
應甘心分受宿殃如經所明地獄之中不枉
治人若其平素所作眾罪心自忘失者是其

或言汝先剝奪於我一切財實離我眷屬我於
今者始得汝便于時現前證據何得敢諱唯
應甘心分受宿殃如經所明地獄之中不枉
治人若其平素所作眾罪心自忘失者是其
生時造惡之處一切諸相皆現在前各言汝
昔在於我邊作如是罪今何得諱是為作罪
无藏隱處於是閻羅王切齒呵責將付地
獄歷劫窮年求出莫由此事不遠不關他人
正是我身自作自受雖父子至親一旦對至
无代受者眾等相與及其形休體无眾疾
各自努力與性命競大怖至時悔无所及是
故
弟子至心歸依佛
南无東方破疑淨光佛　南无南方无憂功德佛
南无西方華嚴神通佛　南无北方月殿清淨佛
南无東南方破一切闇佛　南无西南方大眾觀生佛
從此以上一万千四百佛十二部經一切賢聖
南无西北方香氣光明佛
南无東北方无量功德海佛
南无下方一切疑佛　南无上方離一切憂佛
如是十方盡虛空界一切三寶至心歸命常住
三寶
弟子等從无始以來至於今日積聚无明障
蔽心目隨煩惱性造三世罪或耽染愛著起
於貪欲煩惱或瞋恚忿怒懷害煩惱或惛憒
[illegible]

三寶
弟子等從无始以來至於今日積聚无明障
蔽心目隨煩惱性造三世罪或耽湎愛著起
於貪欲煩惱或瞋恚忿怒懷害煩惱或惛憒
矇瞀不了煩惱或我慢自高輕慠煩惱疑或
正道猶豫煩惱謗无因果邪見煩惱不識緣假
著我煩惱迷於三世執斷常煩惱朋狎惡法
起見取煩惱僻稟邪師造戒取煩惱乃至一
等四執橫計煩惱今日至誠皆悉懺悔至心
歸命常住三寶
又復无始以來至於今日守惜堅著起慳煩
惱不攝六情奢誕煩惱心行弊惡不忍煩
急墮緩縱不懃煩惱情慮躁動覺
境迷或无知解煩惱隨世八風
諂曲面譽不真心煩惱獷
煩惱易忿難悅多含恨
煩惱凶險暴害諂毒煩
惱於苦集滅道生顛倒
因緣流轉煩惱乃至无始
一[illegible]於三界苦果

BD03479號　佛名經（十六卷本）卷一四　（31–31）

十四

BD03479號背　勘記　（1–1）

大般若波羅蜜多經
初分難信解品第卅四
善現一切智智清淨
淨故五根清淨何以故若
界清淨若五根清淨無
故一切智智清淨故觸界
觸為緣所生諸受清淨觸界乃至身觸為緣
所生諸受清淨故五根清淨何以故若一切
智智清淨若觸界乃至身觸為緣所生諸受
清淨若五根清淨無二無二分無別無斷故
善現一切智智清淨故意界清淨意界清淨
故五根清淨何以故若一切智智清淨若意
界清淨若五根清淨無二無二分無別無斷
故一切智智清淨故法界意識界及意觸意
觸為緣所生諸受清淨法界乃至意觸為緣
所生諸受清淨故五根清淨何以故若一切
智智清淨若法界乃至意觸為緣所生諸受
清淨若五根清淨無二無二分無別無斷故
善現一切智智清淨故地界清淨地界清淨
故五根清淨何以故若一切智智清淨若地
界清淨若五根清淨無二無二分無別無斷

BD03480號　大般若波羅蜜多經卷二七〇　（21–1）

清淨若五根清淨無二無二分無別無斷故
善現一切智智清淨故地界清淨地界清淨
故五根清淨何以故若一切智智清淨若地
界清淨若五根清淨無二無二分無別無斷
故一切智智清淨故水火風空識界清淨水
火風空識界清淨故五根清淨何以故若一
切智智清淨若水火風空識界清淨若五根
清淨無二無二分無別無斷故善現一切智
智清淨故無明清淨無明清淨故五根清淨
何以故若一切智智清淨若無明清淨若五
根清淨無二無二分無別無斷故一切智智
清淨故行識名色六處觸受愛取有生老死
愁歎苦憂惱清淨行乃至老死愁歎苦憂惱
清淨故五根清淨何以故若一切智智清淨
若行乃至老死愁歎苦憂惱清淨若五根清
淨無二無二分無別無斷故
善現一切智智清淨故布施波羅蜜多清淨
布施波羅蜜多清淨故五根清淨何以故若
一切智智清淨若布施波羅蜜多清淨若五
根清淨無二無二分無別無斷故一切智智
清淨故淨戒安忍精進靜慮般若波羅蜜多
清淨淨戒乃至般若波羅蜜多清淨故五根
清淨何以故若一切智智清淨若淨戒乃至
般若波羅蜜多清淨若五根清淨無二無二
分無別無斷故善現一切智智清淨故內空
清淨內空清淨故五根清淨何以故若一切

BD03480號　大般若波羅蜜多經卷二七〇　（21–2）

般若波羅蜜多清淨若五根清淨無二無二
分無別無斷故善現一切智智清淨故內空
清淨內空清淨故五根清淨何以故若一切
智智清淨若內空清淨若五根清淨無二無
二分無別無斷故一切智智清淨故外空內
外空空空大空勝義空有為空無為空畢竟
空無際空散空無變異空本性空自相空共
相空一切法空不可得空無性空自性空無
性自性空清淨外空乃至無性自性空清淨
故五根清淨何以故若一切智智清淨若外
空乃至無性自性空清淨若五根清淨無二
無二分無別無斷故善現一切智智清淨故
真如清淨真如清淨故五根清淨何以故若
一切智智清淨若真如清淨若五根清淨無
二無二分無別無斷故一切智智清淨故法界
法性不虛妄性不變異性平等性離生性
法定法住實際虛空界不思議界清淨法界
乃至不思議界清淨故五根清淨何以故若
一切智智清淨若法界乃至不思議界清淨
若五根清淨無二無二分無別無斷故善現
一切智智清淨故苦聖諦清淨苦聖諦清淨
故五根清淨何以故若一切智智清淨若苦
聖諦清淨若五根清淨無二無二分無別無
斷故一切智智清淨故集滅道聖諦清淨集
滅道聖諦清淨故五根清淨何以故若一切
智智清淨若集滅道聖諦清淨若五根清淨

BD03480 號　大般若波羅蜜多經卷二七〇　（21–3）

聖諦清淨若五根清淨無二無二分無別無
斷故一切智智清淨故集滅道聖諦清淨集
滅道聖諦清淨故五根清淨何以故若一切
智智清淨若集滅道聖諦清淨若五根清淨
無二無二分無別無斷故善現一切智智清
淨故四靜慮清淨四靜慮清淨故五根清淨
何以故若一切智智清淨若四靜慮清淨若
五根清淨無二無二分無別無斷故一切智智清
淨故四無量四無色定清淨四無量四無色
定清淨故五根清淨何以故若一切智智清
淨若四無量四無色定清淨若五根清淨
無二無二分無別無斷故善現一切智智清
淨故八解脫清淨八解脫清淨故五根清
淨何以故若一切智智清淨若八解脫清淨
若五根清淨無二無二分無別無斷故一切智
智清淨故八勝處九次第定十遍處清淨
八勝處九次第定十遍處清淨故五根清淨何
以故若一切智智清淨若八勝處九次第定
十遍處清淨若五根清淨無二無二分無
別無斷故善現一切智智清淨故四念住清
淨四念住清淨故五根清淨何以故若一切
智智清淨若四念住清淨若五根清淨無二
無二分無別無斷故一切智智清淨故四正
斷四神足五力七等覺支八聖道支清淨四
正斷乃至八聖道支清淨故五根清淨何以
故若一切智智清淨若四正斷乃至八聖道
支清淨若五根清淨無二無二分無別無斷

BD03480 號　大般若波羅蜜多經卷二七〇　（21–4）

無二分無別無斷故一切智智清淨故四正
斷四神足五力七等覺支八聖道支清淨四
正斷乃至八聖道支清淨故五根清淨何以
故若一切智智清淨若四正斷乃至八聖道
支清淨若五根清淨無二無二分無別無斷
故善現一切智智清淨故空解脫門清淨空
解脫門清淨故五根清淨何以故若一切智
智清淨若空解脫門清淨若五根清淨無二
無二分無別無斷故一切智智清淨故無相
無願解脫門清淨無相無願解脫門清淨故
五根清淨何以故若一切智智清淨若無相
無願解脫門清淨若五根清淨無二無二分
無別無斷故善現一切智智清淨故菩薩十
地清淨菩薩十地清淨故五根清淨何以故
若一切智智清淨若菩薩十地清淨若五根
清淨無二無二分無別無斷故
善現一切智智清淨故五眼清淨五眼清淨
故五根清淨何以故若一切智智清淨若五
眼清淨若五根清淨無二無二分無別無斷
故一切智智清淨故六神通清淨六神通清
淨故五根清淨何以故若一切智智清淨若六
神通清淨若五根清淨無二無二分無別無
斷故善現一切智智清淨故佛十力清淨佛
十力清淨故五根清淨何以故若一切智智
清淨若佛十力清淨若五根清淨無二無
二分無別無斷故一切智智清淨故四無所

十力清淨故五根清淨何以故若一切智智
清淨若佛十力清淨若五根清淨無二無
二分無別無斷故一切智智清淨故四無所
畏四無礙解大慈大悲大喜大捨十八佛不
共法清淨四無所畏乃至十八佛不共法清
淨故五根清淨何以故若一切智智清淨若
四無所畏乃至十八佛不共法清淨若五根
清淨無二無二分無別無斷故善現一切智
智清淨故無忘失法清淨無忘失法清淨故
五根清淨何以故若一切智智清淨若無忘
失法清淨若五根清淨無二無二分無別無斷
故一切智智清淨故恒住捨性清淨恒住捨
性清淨故五根清淨何以故若一切智智清淨
若恒住捨性清淨若五根清淨無二無二
分無別無斷故善現一切智智清淨故一切
智清淨一切智清淨故五根清淨何以故若
一切智智清淨若一切智清淨若五根清淨
無二無二分無別無斷故一切智智清淨故
道相智一切相智清淨道相智一切相智清
淨故五根清淨何以故若一切智智清淨若
道相智一切相智清淨若五根清淨無二無
二分無別無斷故善現一切智智清淨故一
切陁羅尼門清淨一切陁羅尼門清淨故五
根清淨何以故若一切智智清淨若一切陁
羅尼門清淨若五根清淨無二無二分無別
無斷故一切智智清淨故一切三摩地門清
淨一切三摩地門清淨故五根清淨何以故

切陁羅尼門清淨一切陁羅尼門清淨故五
根清淨何以故若一切智智清淨若一切陁
羅尼門清淨若五根清淨無二無二分無別
無斷故一切智智清淨故一切三摩地門清
淨一切三摩地門清淨故五根清淨何以故
若一切智智清淨若一切三摩地門清淨若
五根清淨無二無二分無別無斷故
善現一切智智清淨故預流果清淨預流果
清淨故五根清淨何以故若一切智智清淨
若預流果清淨若五根清淨無二無二分無別
無斷故一切智智清淨故一來不還阿羅
漢果清淨一來不還阿羅漢果清淨故五根
清淨何以故若一切智智清淨若一來不還
阿羅漢果清淨若五根清淨無二無二分無
別無斷故善現一切智智清淨故獨覺菩提
清淨獨覺菩提清淨故五根清淨何以故若
一切智智清淨若獨覺菩提清淨若五根清
淨無二無二分無別無斷故善現一切智智清
淨故一切菩薩摩訶薩行清淨一切菩薩摩
訶薩行清淨故五根清淨何以故若一切智
智清淨若一切菩薩摩訶薩行清淨若五
根清淨無二無二分無別無斷故善現一切智
智清淨故諸佛無上正等菩提清淨諸佛
無上正等菩提清淨故五根清淨何以故若
一切智智清淨若諸佛無上正等菩提清淨
若五根清淨無二無二分無別無斷故
復次善現一切智智清淨故色清淨色清淨

BD03480號　大般若波羅蜜多經卷二七〇　（21–7）

智清淨故諸佛無上正等菩提清淨諸佛
無上正等菩提清淨故五根清淨何以故若
一切智智清淨若諸佛無上正等菩提清淨
若五根清淨無二無二分無別無斷故
復次善現一切智智清淨故色清淨色清淨
故五力清淨何以故若一切智智清淨若色
清淨若五力清淨無二無二分無別無斷故
一切智智清淨故受想行識清淨受想行識
清淨故五力清淨何以故若一切智智清淨
若受想行識清淨若五力清淨無二無二分
無別無斷故善現一切智智清淨故眼處清
淨眼處清淨故五力清淨何以故若一切智
智清淨若眼處清淨若五力清淨無二無二
分無別無斷故一切智智清淨故耳鼻舌身
意處清淨耳鼻舌身意處清淨故五力清淨
何以故若一切智智清淨若耳鼻舌身意處
清淨若五力清淨無二無二分無別無斷故
善現一切智智清淨故色處清淨色處清淨
故五力清淨何以故若一切智智清淨若色
處清淨若五力清淨無二無二分無別無斷
故一切智智清淨故聲香味觸法處清淨聲
香味觸法處清淨故五力清淨何以故若一
切智智清淨若聲香味觸法處清淨若五力
清淨無二無二分無別無斷故善現一切智
智清淨故眼界清淨眼界清淨故五力清淨
何以故若一切智智清淨若眼界清淨若五力
清淨無二無二分無別無斷故一切智智

BD03480號　大般若波羅蜜多經卷二七〇　（21–8）

清淨無二無二分無別無斷故善現一切智
智清淨故眼界清淨眼界清淨故五力清淨
何以故若一切智智清淨若眼界清淨若五力
清淨無二無二分無別無斷故一切智智
清淨故色界眼識界及眼觸眼觸爲緣所生
諸受清淨色界乃至眼觸爲緣所生諸受清
淨故五力清淨何以故若一切智智清淨若
色界乃至眼觸爲緣所生諸受清淨若五力
清淨無二無二分無別無斷故善現一切
智清淨故耳界清淨耳界清淨故五力清淨
何以故若一切智智清淨若耳界清淨若五
力清淨無二無二分無別無斷故一切智智
清淨故聲界耳識界及耳觸耳觸爲緣所生
諸受清淨聲界乃至耳觸爲緣所生諸受清
淨故五力清淨何以故若一切智智清淨若
聲界乃至耳觸爲緣所生諸受清淨若五力
清淨無二無二分無別無斷故善現一切智
智清淨故鼻界清淨鼻界清淨故五力清淨
何以故若一切智智清淨若鼻界清淨若五
力清淨無二無二分無別無斷故一切智智
清淨故香界鼻識界及鼻觸鼻觸爲緣所生
諸受清淨香界乃至鼻觸爲緣所生諸受清
淨故五力清淨何以故若一切智智清淨若
香界乃至鼻觸爲緣所生諸受清淨若五力
清淨無二無二分無別無斷故善現一切智
智清淨故舌界清淨舌界清淨故五力清淨

BD03480號　大般若波羅蜜多經卷二七〇　(21–9)

香界乃至鼻觸爲緣所生諸受清淨若五力
清淨無二無二分無別無斷故善現一切智
智清淨故舌界清淨舌界清淨故五力清淨
何以故若一切智智清淨若舌界清淨若五
力清淨無二無二分無別無斷故一切智智
清淨故味界舌識界及舌觸舌觸爲緣所生
諸受清淨味界乃至舌觸爲緣所生諸受清
淨故五力清淨何以故若一切智智清淨若
味界乃至舌觸爲緣所生諸受清淨若五力
清淨無二無二分無別無斷故善現一切智
智清淨故身界清淨身界清淨故五力清淨
何以故若一切智智清淨若身界清淨若五
力清淨無二無二分無別無斷故一切智智
清淨故觸界身識界及身觸身觸爲緣所生
諸受清淨觸界乃至身觸爲緣所生諸受清
淨故五力清淨何以故若一切智智清淨若
觸界乃至身觸爲緣所生諸受清淨若五力
清淨無二無二分無別無斷故善現一切智
智清淨故意界清淨意界清淨故五力清淨
何以故若一切智智清淨若意界清淨若五
力清淨無二無二分無別無斷故一切智智
清淨故法界意識界及意觸意觸爲緣所生
諸受清淨法界乃至意觸爲緣所生諸受清
淨故五力清淨何以故若一切智智清淨若
法界乃至意觸爲緣所生諸受清淨若五力
清淨無二無二分無別無斷故善現一切智智

BD03480號　大般若波羅蜜多經卷二七〇　(21–10)

諸受清淨法界乃至意觸為緣所生諸受清
淨故五力清淨何以故若一切智智清淨若
法界乃至意觸為緣所生諸受清淨若五力
清淨無二無二分無別無斷故善現一切智智
清淨故地界清淨地界清淨故五力清淨何
以故若一切智智清淨若地界清淨若五力
清淨無二無二分無別無斷故一切智智清
淨故水火風空識界清淨水火風空識界
清淨故五力清淨何以故若一切智智清淨
若水火風空識界清淨若五力清淨無二無
二分無別無斷故善現一切智智清淨故無
明清淨無明清淨故五力清淨何以故若一
切智智清淨若無明清淨若五力清淨無二
無二分無別無斷故一切智智清淨故行識
名色六處觸受愛取有生老死愁歎苦憂惱
清淨行乃至老死愁歎苦憂惱清淨故五力
清淨何以故若一切智智清淨若行乃至老
死愁歎苦憂惱清淨若五力清淨無二無二
分無別無斷故
善現一切智智清淨故布施波羅蜜多清淨
布施波羅蜜多清淨故五力清淨何以故若
一切智智清淨若布施波羅蜜多清淨若五
力清淨無二無二分無別無斷故一切智智
清淨故淨戒安忍精進靜慮般若波羅蜜多
清淨淨戒乃至般若波羅蜜多清淨故五力
清淨何以故若一切智智清淨若淨戒乃至

清淨故淨戒安忍精進靜慮般若波羅蜜多
清淨淨戒乃至般若波羅蜜多清淨故五力
清淨何以故若一切智智清淨若淨戒乃至
般若波羅蜜多清淨若五力清淨無二無二
分無別無斷故善現一切智智清淨故內空
清淨內空清淨故五力清淨何以故若一切
智智清淨若內空清淨若五力清淨無二無
二分無別無斷故一切智智清淨故外空內
外空空空大空勝義空有為空無為空畢竟
空無際空散空無變異空本性空自相空共
相空一切法空不可得空無性空自性空無
性自性空清淨外空乃至無性自性空清淨
故五力清淨何以故若一切智智清淨若外
空乃至無性自性空清淨若五力清淨無二
無二分無別無斷故善現一切智智清淨故
真如清淨真如清淨故五力清淨何以故若
一切智智清淨若真如清淨若五力清淨無
二無二分無別無斷故一切智智清淨故法界
法性不虛妄性不變異性平等性離生性
法定法住實際虛空界不思議界清淨法界
乃至不思議界清淨故五力清淨何以故若
一切智智清淨若法界乃至不思議界清淨
若五力清淨無二無二分無別無斷故善現
一切智智清淨故苦聖諦清淨苦聖諦清淨
故五力清淨何以故若一切智智清淨若苦
聖諦清淨若五力清淨無二無二分無別無

若五力清淨無二無二分無別無斷故善現
一切智智清淨故苦聖諦清淨苦聖諦清淨
故五力清淨何以故若一切智智清淨若苦
聖諦清淨若五力清淨無二無二分無別無
斷故一切智智清淨故集滅道聖諦清淨集
滅道聖諦清淨故五力清淨何以故若一切
智智清淨若集滅道聖諦清淨若五力清淨
無二無二分無別無斷故善現一切智智清
淨故四靜慮清淨四靜慮清淨故五力清淨
何以故若一切智智清淨若四靜慮清淨若
五力清淨無二無二分無別無斷故一切智
智清淨故四無量四無色定清淨四無量四
無色定清淨故五力清淨何以故若一切智
智清淨若四無量四無色定清淨若五力清
淨無二無二分無別無斷故善現一切智智
清淨故八解脫清淨八解脫清淨故五力清
淨何以故若一切智智清淨若八解脫清淨
若五力清淨無二無二分無別無斷故一切智
智清淨故八勝處九次第定十遍處清淨
八勝處九次第定十遍處清淨故五力清淨
何以故若一切智智清淨若八勝處九次第
定十遍處清淨若五力清淨無二無二分無
別無斷故善現一切智智清淨故四念住清
淨四念住清淨故五力清淨何以故若一切
智智清淨若四念住清淨若五力清淨無二
無二分無別無斷故一切智智清淨故四正

BD03480 號　大般若波羅蜜多經卷二七〇　（21–13）

淨四念住清淨故五力清淨何以故若一切
智智清淨若四念住清淨若五力清淨無二
無二分無別無斷故一切智智清淨故四正
斷四神足五根七等覺支八聖道支清淨四
正斷乃至八聖道支清淨故五力清淨何以
故若一切智智清淨若四正斷乃至八聖道
支清淨若五力清淨無二無二分無別無斷
故善現一切智智清淨故空解脫門清淨空
解脫門清淨故五力清淨何以故若一切智
智清淨若空解脫門清淨若五力清淨無二
無二分無別無斷故一切智智清淨故無相
無願解脫門清淨無相無願解脫門清淨故
五力清淨何以故若一切智智清淨若無相
無願解脫門清淨若五力清淨無二無二分
無別無斷故善現一切智智清淨故菩薩十
地清淨菩薩十地清淨故五力清淨何以故若
一切智智清淨若菩薩十地清淨若五力清
淨無二無二分無別無斷故
善現一切智智清淨故五眼清淨五眼清淨
故五力清淨何以故若一切智智清淨若五
眼清淨若五力清淨無二無二分無別無斷
故一切智智清淨故六神通清淨六神通清
淨故五力清淨何以故若一切智智清淨若
六神通清淨若五力清淨無二無二分無別
無斷故善現一切智智清淨故佛十力清淨
佛十力清淨故五力清淨何以故若一切智

BD03480 號　大般若波羅蜜多經卷二七〇　（21–14）

六神通清淨若五力清淨無二無二分無別
無斷故善現一切智智清淨故佛十力清淨
佛十力清淨故五力清淨何以故若一切智
智清淨若佛十力清淨若五力清淨無二無
二分無別無斷故一切智智清淨故四無所
畏四無礙解大慈大悲大喜大捨十八佛不
共法清淨四無所畏乃至十八佛不共法清
淨故五力清淨何以故若一切智智清淨若
四無所畏乃至十八佛不共法清淨若五力
清淨無二無二分無別無斷故善現一切智
智清淨故無忘失法清淨無忘失法清淨故
五力清淨何以故若一切智智清淨若無忘
失法清淨若五力清淨無二無二分無別無
斷故一切智智清淨故恒住捨性清淨恒住
捨性清淨故五力清淨何以故若一切智智
清淨若恒住捨性清淨若五力清淨無二無
二分無別無斷故善現一切智智清淨故一
切智清淨一切智清淨故五力清淨何以故
若一切智智清淨若一切智清淨若五力清
淨無二無二分無別無斷故一切智智清淨
故道相智一切相智清淨道相智一切相智
清淨故五力清淨何以故若一切智智清淨
若道相智一切相智清淨若五力清淨無二
無二分無別無斷故善現一切智智清淨故
一切陁羅尼門清淨一切陁羅尼門清淨故
五力清淨何以故若一切智智清淨若一切

BD03480號　大般若波羅蜜多經卷二七〇　（21–15）

若道相智一切相智清淨若五力清淨無二
無二分無別無斷故善現一切智智清淨故
一切陁羅尼門清淨一切陁羅尼門清淨故
五力清淨何以故若一切智智清淨若一切
陁羅尼門清淨若五力清淨無二無二分無
別無斷故一切智智清淨故一切三摩地門
清淨一切三摩地門清淨故五力清淨何以
故若一切智智清淨若一切三摩地門清淨
若五力清淨無二無二分無別無斷故
善現一切智智清淨故預流果清淨預流果
清淨故五力清淨何以故若一切智智清淨
若預流果清淨若五力清淨無二無二分無
別無斷故一切智智清淨故一來不還阿羅
漢果清淨一來不還阿羅漢果清淨故五力
清淨何以故若一切智智清淨若一來不還
阿羅漢果清淨若五力清淨無二無二分無
別無斷故善現一切智智清淨故獨覺菩提
清淨獨覺菩提清淨故五力清淨何以故若
一切智智清淨若獨覺菩提清淨若五力清
淨無二無二分無別無斷故善現一切智智
清淨故一切菩薩摩訶薩行清淨一切菩薩
摩訶薩行清淨故五力清淨何以故若一切
智智清淨若一切菩薩摩訶薩行清淨若五
力清淨無二無二分無別無斷故善現一切智
智清淨故諸佛無上正等菩提清淨諸佛
無上正等菩提清淨故五力清淨何以故若
一切智智清淨若諸佛無上正等菩提清淨

BD03480號　大般若波羅蜜多經卷二七〇　（21–16）

力清淨無二無二亦無別無斷故善現一切智
智清淨故諸佛無上正等菩提清淨諸佛
無上正等菩提清淨故五力清淨何以故若
一切智智清淨若諸佛無上正等菩提清淨
若五力清淨無二無二亦無別無斷故
復次善現一切智智清淨故色清淨色清淨
故七等覺支清淨何以故若一切智智清淨
若色清淨若七等覺支清淨無二無二亦無
別無斷故一切智智清淨故受想行識清淨
受想行識清淨故七等覺支清淨何以故若
一切智智清淨若受想行識清淨若七等覺
支清淨無二無二亦無別無斷故善現一切智
智清淨故眼處清淨眼處清淨故七等覺
支清淨何以故若一切智智清淨若眼處清
淨若七等覺支清淨無二無二亦無別無斷
故一切智智清淨故耳鼻舌身意處清淨耳
鼻舌身意處清淨故七等覺支清淨何以故
若一切智智清淨若耳鼻舌身意處清淨若
七等覺支清淨無二無二亦無別無斷故善
現一切智智清淨故色處清淨色處清淨故
七等覺支清淨何以故若一切智智清淨若
色處清淨若七等覺支清淨無二無二亦無
別無斷故一切智智清淨故聲香味觸法處
清淨聲香味觸法處清淨故七等覺支清淨
何以故若一切智智清淨若聲香味觸法處
清淨若七等覺支清淨無二無二亦無別無
斷故善現一切智智清淨故眼界清淨眼界

BD03480號　大般若波羅蜜多經卷二七〇　（21–17）

清淨聲香味觸法處清淨故七等覺支清淨
何以故若一切智智清淨若聲香味觸法處
清淨若七等覺支清淨無二無二亦無別無
斷故善現一切智智清淨故眼界清淨眼界
清淨故七等覺支清淨何以故若一切智智
清淨若眼界清淨若七等覺支清淨無二無
二亦無別無斷故一切智智清淨故色界眼
識界及眼觸眼觸為緣所生諸受清淨色界
乃至眼觸為緣所生諸受清淨故七等覺支
清淨何以故若一切智智清淨若色界乃至
眼觸為緣所生諸受清淨若七等覺支清淨
無二無二亦無別無斷故善現一切智智清
淨故耳界清淨耳界清淨故七等覺支清
淨何以故若一切智智清淨若耳界清淨若七
等覺支清淨無二無二亦無別無斷故一切
智智清淨故聲界耳識界及耳觸耳觸為緣
所生諸受清淨聲界乃至耳觸為緣所生諸
受清淨故七等覺支清淨何以故若一切智
智清淨若聲界乃至耳觸為緣所生諸受清
淨若七等覺支清淨無二無二亦無別無斷
故善現一切智智清淨故鼻界清淨鼻界清
淨故七等覺支清淨何以故若一切智智清淨
若鼻界清淨若七等覺支清淨無二無二亦
無別無斷故一切智智清淨故香界鼻識界
及鼻觸鼻觸為緣所生諸受清淨香界乃至
鼻觸為緣所生諸受清淨故七等覺支清淨
何以故若一切智智清淨若香界乃至鼻觸

BD03480號　大般若波羅蜜多經卷二七〇　（21–18）

無別無斷故一切智智清淨故香界鼻識界
及鼻觸鼻觸為緣所生諸受清淨香界乃至
鼻觸為緣所生諸受清淨故七等覺支清淨
何以故若一切智智清淨若香界乃至鼻觸
為緣所生諸受清淨若七等覺支清淨無二
無二亦無別無斷故善現一切智智清淨故
舌界清淨舌界清淨故七等覺支清淨何以
故若一切智智清淨若舌界清淨若七等覺
支清淨無二無二亦無別無斷故一切智智
清淨故味界舌識界及舌觸舌觸為緣所生
諸受清淨味界乃至舌觸為緣所生諸受清
淨故七等覺支清淨何以故若一切智智清
淨若味界乃至舌觸為緣所生諸受清淨若
七等覺支清淨無二無二亦無別無斷故善
現一切智智清淨故身界清淨身界清淨故
七等覺支清淨何以故若一切智智清淨若
身界清淨若七等覺支清淨無二無二亦無
別無斷故一切智智清淨故觸界身識界及
身觸身觸為緣所生諸受清淨觸界乃至身
觸為緣所生諸受清淨故七等覺支清淨何
以故若一切智智清淨若觸界乃至身觸為
緣所生諸受清淨若七等覺支清淨無二無
二亦無別無斷故善現一切智智清淨故意
界清淨意界清淨故七等覺支清淨何以故
若一切智智清淨若意界清淨若七等覺支
清淨無二無二亦無別無斷故一切智智清淨

BD03480號　大般若波羅蜜多經卷二七〇　（21–19）

二亦無別無斷故善現一切智智清淨故意
界清淨意界清淨故七等覺支清淨何以故
若一切智智清淨若意界清淨若七等覺支
清淨無二無二亦無別無斷故一切智智清淨
故法界意識界及意觸意觸為緣所生諸
受清淨法界乃至意觸為緣所生諸受清淨
故七等覺支清淨何以故若一切智智清淨
若法界乃至意觸為緣所生諸受清淨若七
等覺支清淨無二無二亦無別無斷故善現
一切智智清淨故地界清淨地界清淨故七
等覺支清淨何以故若一切智智清淨若地
界清淨若七等覺支清淨無二無二亦無別
無斷故一切智智清淨故水火風空識界清
淨水火風空識界清淨故七等覺支清淨何
以故若一切智智清淨若水火風空識界清
淨若七等覺支清淨無二無二亦無別無斷
故善現一切智智清淨故無明清淨無明清
淨故七等覺支清淨何以故若一切智智清
淨若無明清淨若七等覺支清淨無二無二
亦無別無斷故一切智智清淨故行識名色
六處觸受愛取有生老死愁歎苦憂惱清淨
行乃至老死愁歎苦憂惱清淨故七等覺支
清淨何以故若一切智智清淨若行乃至老死
愁歎苦憂惱清淨若七等覺支清淨無二
無二亦無別無斷故

大般若波羅蜜多經卷第二百七十

BD03480號　大般若波羅蜜多經卷二七〇　（21–20）

故善現一切智智清淨故無明清淨無明清
淨故七等覺支清淨何以故若一切智智清
淨若無明清淨若七等覺支清淨無二無二
分無別無斷故一切智智清淨故行識名色
六處觸受愛取有生老死愁歎苦憂惱清淨
行乃至老死愁歎苦憂惱清淨故七等覺支
清淨何以故若一切智智清淨若行乃至老死
愁歎苦憂惱清淨若七等覺支清淨無二
無二分無別無斷故
大般若波羅蜜多經卷第二百七十

BD03480號　大般若波羅蜜多經卷二七〇　（21–21）

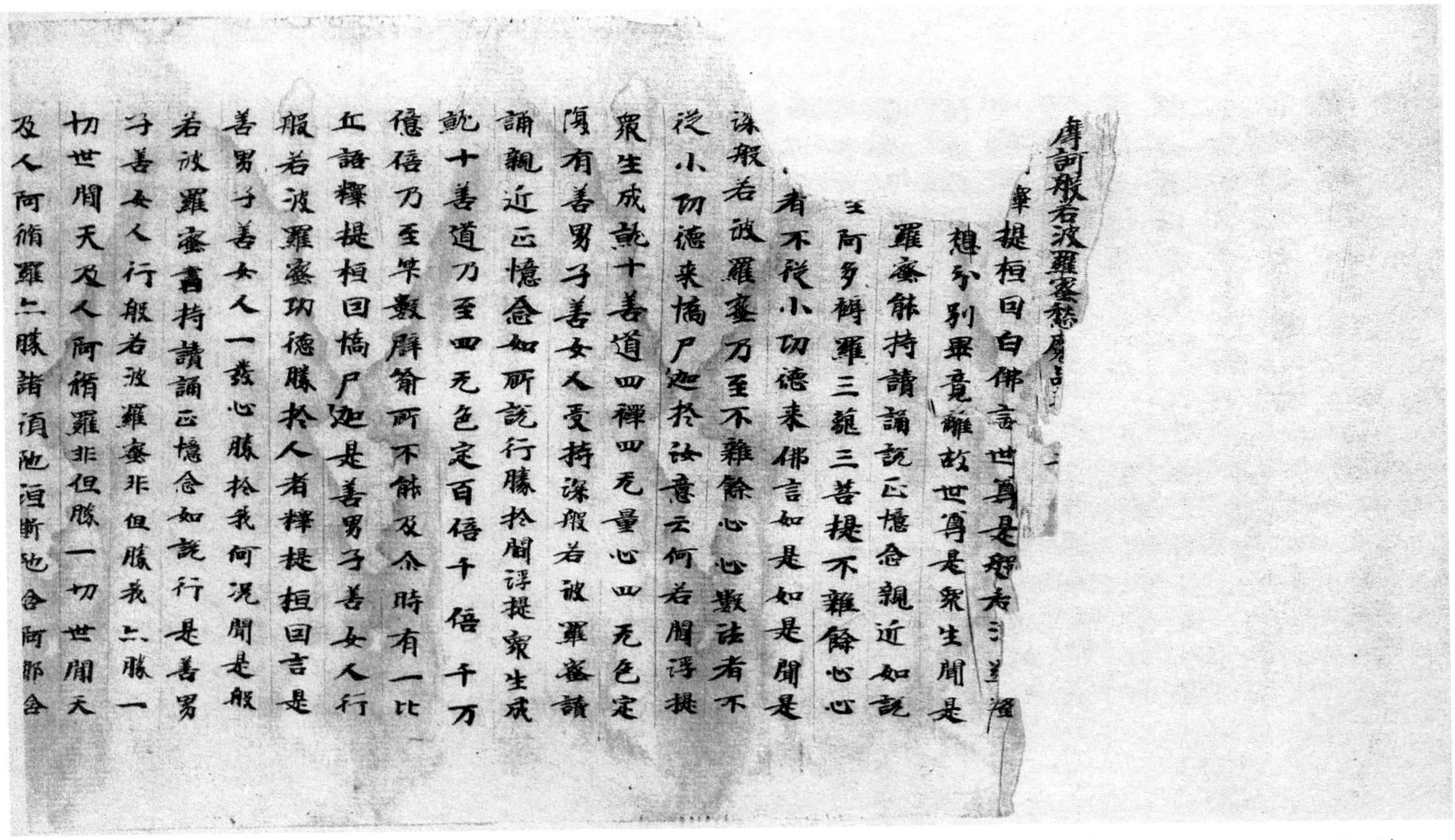
摩訶般若波羅蜜慈品
釋提桓因白佛言世尊是般若波羅
相分別畢竟離故世尊是衆生聞是
羅蜜能持讀誦說正憶念親近如說
至阿多耨羅三藐三菩提不離餘心心
者不從小功德來佛言如是如是聞是
深般若波羅蜜乃至不離餘心心數法者不
從小功德來憍尸迦於汝意云何若閻浮提
衆生成就十善道四禪四无量心四无色定
復有善男子善女人受持深般若波羅蜜讀
誦親近正憶念如所說行勝於閻浮提衆生成
就十善道乃至四无色定百倍千倍千万
億倍乃至算數譬喻所不能及尒時有一比
丘語釋提桓因憍尸迦是善男子善女人行
般若波羅蜜功德勝於人者釋提桓因言是
善男子善女人一發心勝於我何況聞是般
若波羅蜜書持讀誦正憶念如說行是善男
子善女人行般若波羅蜜非但勝我亦勝一
切世間天及人阿脩羅非但勝一切世間天
及人阿脩羅亦勝諸須陁洹斯陁含阿那含

BD03481號　摩訶般若波羅蜜經（異卷）卷三一　（24–1）

子善女人行般若波羅蜜非但勝我亦勝一
切世間天及人阿脩羅非但勝一切世間天
及人阿脩羅亦勝諸須陁洹斯陁含阿那含
阿羅漢辟支佛非但勝是須陁洹乃至辟支
佛亦勝菩薩行五波羅蜜遠離般若波羅蜜
者非但勝菩薩行五波羅蜜遠離般若波羅
蜜者亦勝菩薩行般若波羅蜜无方便力者
是菩薩摩訶薩如說行般若波羅蜜不斷佛
種常見諸佛疾近道場菩薩如是行為拔
出衆生沉沒長流者是菩薩如是學為不學
聲聞辟支佛學菩薩如是學四天王天來至菩
薩所作如是言善男子當疾學坐道場成阿
耨多羅三藐三菩提時如過去諸佛所受四
鉢亦當受我當持來奉上菩薩及諸餘天
四天王天三十三天夜魔天兜率陁天化樂
天他化自在天梵天乃至首陁會天亦當供
養十方諸佛亦常念是菩薩摩訶薩如說行
是深般若波羅蜜者是菩薩諸所有世間厄
難惱苦之事永无復有一切世間有四百四
病是菩薩身中无是諸病以行深般若波
羅蜜故得是現世功德尒時阿難作是念釋
提桓因自以力說耶以佛神力說乎釋提桓
因知阿難意所念語阿難言我之所說皆佛
威神佛告阿難如是如是如釋提桓因所說
皆佛威神阿難是菩薩摩訶薩習學是深般

BD03481號　摩訶般若波羅蜜經（異卷）卷三一　（24–2）

提桓因自以力說耶以佛神力說乎釋提桓
因知阿難意所念語阿難言我之所說皆佛
威神佛告阿難如是如是如釋提桓因所說
皆佛威神阿難是菩薩摩訶薩習學是深般
若波羅蜜時三千大千世界中諸惡魔皆生
狐疑今是菩薩為當得阿耨多羅三藐三菩
提當中道於實際作證墮聲聞辟支佛地復
次阿難若菩薩摩訶薩不離般若波羅蜜時
魔大愁毒如箭入心是時魔復放大火風四
方俱起欲令菩薩心沒恐怖懈怠於薩婆若
中乃至起一亂念阿難白佛言世尊魔為都
嬈亂諸菩薩有不嬈亂者佛告阿難有嬈者
有不嬈者阿難白佛言世尊何等菩薩為惡
魔所嬈佛言有菩薩摩訶薩先世聞是深般
若波羅蜜心不信解如是菩薩魔得其便復
次阿難菩薩聞說是深般若波羅蜜時意疑
是深般若波羅蜜為實有為實无如是菩薩魔
得其便復次阿難有菩薩遠離善知識為惡
知識所攝故不聞深般若波羅蜜不聞故不
知不見不問云何應行般若波羅蜜云何應
脩般若波羅蜜是菩薩惡魔得其便復次阿
難若菩薩遠離般若波羅蜜受惡法是菩薩
為惡魔得便魔作是念是輩當有伴黨當滿
我願是菩薩自墮二地亦伏他人墮於二地
復次阿難若菩薩聞說深般若波羅蜜時語
他人言是般若波羅蜜甚深我尚不能得底

BD03481號　摩訶般若波羅蜜經（異卷）卷三一　（24–3）

我願是菩薩自墮二地二伏他人墮於二地
復次阿難若菩薩聞說深般若波羅蜜時語
他人言是般若波羅蜜甚深我尚不能得底
汝復用聞用學是般若波羅蜜爲如是菩薩
魔得其便復次阿難若菩薩輕餘菩薩言我
行般若波羅蜜行遠離空法无是功德是時
惡魔大歡喜踊躍若有菩薩自恃名姓多人
知識故輕餘行善菩薩是人无實阿鞞跋致
行類相貌功德无是功德故生諸煩惱但著
虛名故輕賤餘人言汝不在如我所得法中
尒時惡魔作是念令我境界宮殿不空增益
三惡道惡魔助其威力令餘人信受信受其
語故受行其經如說循學如說循學時增益
諸結使是諸人心顛倒故身口意業所作皆
受惡報以是因緣增益三惡道魔之眷屬宮
殿益多阿難魔見是利故大歡喜踊躍阿難
若行菩薩道者与求聲聞道家共諍鬪魔作
是念是遠離薩婆若阿難若菩薩菩薩共諍鬪
瞋恚罵詈是時惡魔便大歡喜踊躍言而離
薩婆若遠復次阿難若未授記菩薩向得記
菩薩生惡心諍鬪罵詈隨起念多少却若干
劫數若不捨一切種智然後乃補尒所劫大
莊嚴阿難白佛言世尊是惡心乃經尒所劫
數於其中間寧得出除不佛告阿難我數說

BD03481 號　摩訶般若波羅蜜經（異卷）卷三一　（24–4）

莊嚴阿難白佛言世尊是惡心乃經尒所劫
數於其中間寧得出除不佛告阿難我數說
求菩薩道及聲聞人得出罪阿難是求菩薩
道人共諍鬪瞋恚罵詈懷恨不悔不捨者我
不說有出必當更尒所劫數若不捨一切種
智然後乃大莊嚴阿難若是菩薩鬪諍瞋恚
罵詈便自改悔作是念我爲大失我當爲一
切衆生下屈今世後世皆伏和解我當忍受
一切衆生履蹤如橋梁如聾如啞云何以惡
語報人我不應懷是甚深阿耨多羅三藐三菩
提心我得阿耨多羅三藐三菩提時應當度
是一切苦惱衆生云何當起瞋恚阿難白佛
言世尊菩薩菩薩共住云何佛告阿難菩薩
菩薩共住相視當如世尊何以故是菩薩摩
訶薩應作是念是我真伴共乘一船彼學我
學所謂檀波羅蜜乃至一切種智若是菩薩
雜行離薩婆若心我不應如是學若是菩薩不
離行不離薩婆若心我亦應如是學菩薩摩
訶薩如是學者是爲同學
摩訶般若波羅蜜等學品苐卒三
須菩提白佛言世尊何等是菩薩摩訶薩等
法菩薩所應學須菩提內空是菩薩等法外
空乃至自相空是菩薩等法須菩提色色相
空受想行識識相空乃至阿耨多羅三菩提
阿耨多羅三藐三菩提相空須菩提是名

BD03481 號　摩訶般若波羅蜜經（異卷）卷三一　（24–5）

空乃至自相空是菩薩等法須菩提色色相
空受想行識識相空乃至阿耨多羅三菩提
阿耨多羅三藐三菩提相空須菩提是名
菩薩摩訶薩等法住是等法得阿耨多羅
三藐三菩提須菩提白佛言世尊若菩薩摩
訶薩為色盡故學為學薩婆若為色離故學
為色滅故學為學薩婆若為色不生故學為
學薩婆若受想行識亦如是脩四念處乃至
十八不共法盡離滅不生故學為學薩婆若
佛告須菩提如須菩提所說為色盡離滅不
生故學為學薩婆若受想行識乃至十八不
共法盡離滅不生故學為學薩婆若須菩提
於汝意云何色如受想行識如乃至阿耨多
羅三藐三菩提如佛如是諸如盡滅斷不須
菩提言不也世尊佛告須菩提菩薩摩訶薩
如是學如為學薩婆若是如不作證不滅不
斷須菩提菩薩摩訶薩如是學如為學薩婆
若須菩提菩薩摩訶薩如是學為學六波羅蜜為學
四念處乃至十八不共法若學六波羅蜜乃
至十八不共法為學薩婆若須菩提如是學
為盡諸學邊如是學魔若魔天所不能壞如
是學直到阿鞞跋致地如是學為學佛所行
道如是學為得擁護法為學大慈大悲為學淨
佛國土成就眾生須菩提如是學為三轉十
二行法輪轉故如是學為學度眾生如是學

BD03481號　摩訶般若波羅蜜經（異卷）卷三一　（24-6）

道如是學為得擁護法為學大慈大悲為學淨
佛國土成就眾生須菩提如是學為三轉十
二行法輪轉故如是學為學度眾生如是學
為學不斷佛種如是學為學開甘露門如是
學為欲示无為性須菩提下劣之人不能作
是學如是學者為欲拔沉沒生死眾生菩薩摩
訶薩如是學終不墮地獄餓鬼畜生中終不
生邊地終不生旃陁羅家終不聾盲瘖瘂拘
躄諸根不缺眷屬成就終不孤窮菩薩如是
學終不盜生乃至終不邪見如是學不作邪
命活不攝惡人及破戒者如是學以方便力
故不生長壽天何等是方便力如般若波羅
蜜品中所說菩薩摩訶薩以方便力故入四
禪四无量心四无色定不隨禪无量心无色
定生須菩提菩薩如是學一切法中得清淨
所謂淨聲聞辟支佛心須菩提白佛言世尊
一切法本性清淨云何言菩薩一切法中得
清淨佛告須菩提如是如是一切諸法本性
清淨若菩薩摩訶薩於是一切法中心通達
不沒即是般若波羅蜜如是諸法一切凡夫不
知不見菩薩摩訶薩為是眾生故行檀波羅
蜜乃至般若波羅蜜行四念處乃至一切種
智須菩提菩薩如是學於一切法中得智力
无所畏如是學為了知一切眾生心所趣向
譬如大地少所處出金銀珍寶須菩提眾生
亦如是少所人能學般若波羅蜜多道聲聞辟

BD03481號　摩訶般若波羅蜜經（異卷）卷三一　（24-7）

智須菩提菩薩如是學於一切法中得智力
无所畏如是學爲了知一切衆生心所趣向
譬如大地少所處出金銀珎寶須菩提衆生
亦如是少所人能學般若波羅蜜多墮聲聞辟
支佛地須菩提譬如少所人受行轉輪聖王
業多受行小王業如是須菩提少所衆生行
般若波羅蜜求一切智多行聲聞辟支佛道
須菩提諸菩薩摩訶薩教心求阿耨多羅三
藐三菩提中少有如說行多住聲聞辟支佛
地多有菩薩摩訶薩行般若波羅蜜无方便
力故少所人住阿鞞跋致地須菩提以是故
菩薩摩訶薩欲在阿鞞跋致地欲在阿鞞跋
致數中應當學是深般若波羅蜜隨次須菩
提菩薩摩訶薩學是般若波羅蜜時不生慳
貪心不生破戒瞋恚懈怠散亂愚癡心不生
諸餘過失心不生取色相心取受想行識相心
不生取四念處相心乃至不生取阿耨多羅
三藐三菩提相心何以故是菩薩摩訶薩行
是深般若波羅蜜无有法可得以不可得故
於諸法不生心取相須菩提菩薩摩訶薩如
是學深般若波羅蜜揔攝諸波羅蜜令諸波
羅蜜增長諸波羅蜜悉隨從何以故須菩提
是深般若波羅蜜諸波羅蜜悉入中須菩提
譬如我見中悉攝六十二見如是須菩提是
深般若波羅蜜悉攝諸波羅蜜須菩提譬如
人死命根滅故餘根悉隨滅如是須菩提菩

BD03481 號　摩訶般若波羅蜜經（異卷）卷三一　（24–8）

譬如我見中悉攝六十二見如是須菩提是
深般若波羅蜜悉攝諸波羅蜜須菩提譬如
人死命根滅故餘根悉隨滅如是須菩提菩
薩摩訶薩行深般若波羅蜜時諸波羅蜜悉隨
從須菩提菩薩摩訶薩欲令諸波羅蜜度
彼岸應學深般若波羅蜜須菩提菩薩摩訶
薩學是深般若波羅蜜者出一切衆生之上
須菩提於汝意云何三千大千世界中衆生
多不須菩提言閻浮提中衆生尚多何況三
千大千世界佛告須菩提若三千大千世界
中衆生一時皆得人身悉得阿耨多羅三藐
三菩提若有菩薩盡形壽供養尒所佛衣服
飲食卧具湯藥資生所須菩提於汝意云何
是人以是因緣故得福多不須菩提言甚多
甚多佛言不如是善男子善女人學般若波
羅蜜如說行正憶念得福多何以故般若波
羅蜜有勢力能令菩薩摩訶薩得阿耨多羅
三藐三菩提須菩提以是故菩薩摩訶薩欲
出一切衆生之上當學般若波羅蜜欲爲无
救護衆生作救護欲与无歸依衆生作歸依
欲与无究竟道衆生作究竟道欲爲盲者作
目欲得佛功德欲作諸佛自在遊戲欲作佛
師子吼欲撞擊佛鍾鼓欲吹佛貝欲昇佛高
坐說法欲斷一切衆生疑當學深般若波羅
蜜須菩提菩薩摩訶薩若學深般若波羅蜜

BD03481 號　摩訶般若波羅蜜經（異卷）卷三一　（24–9）

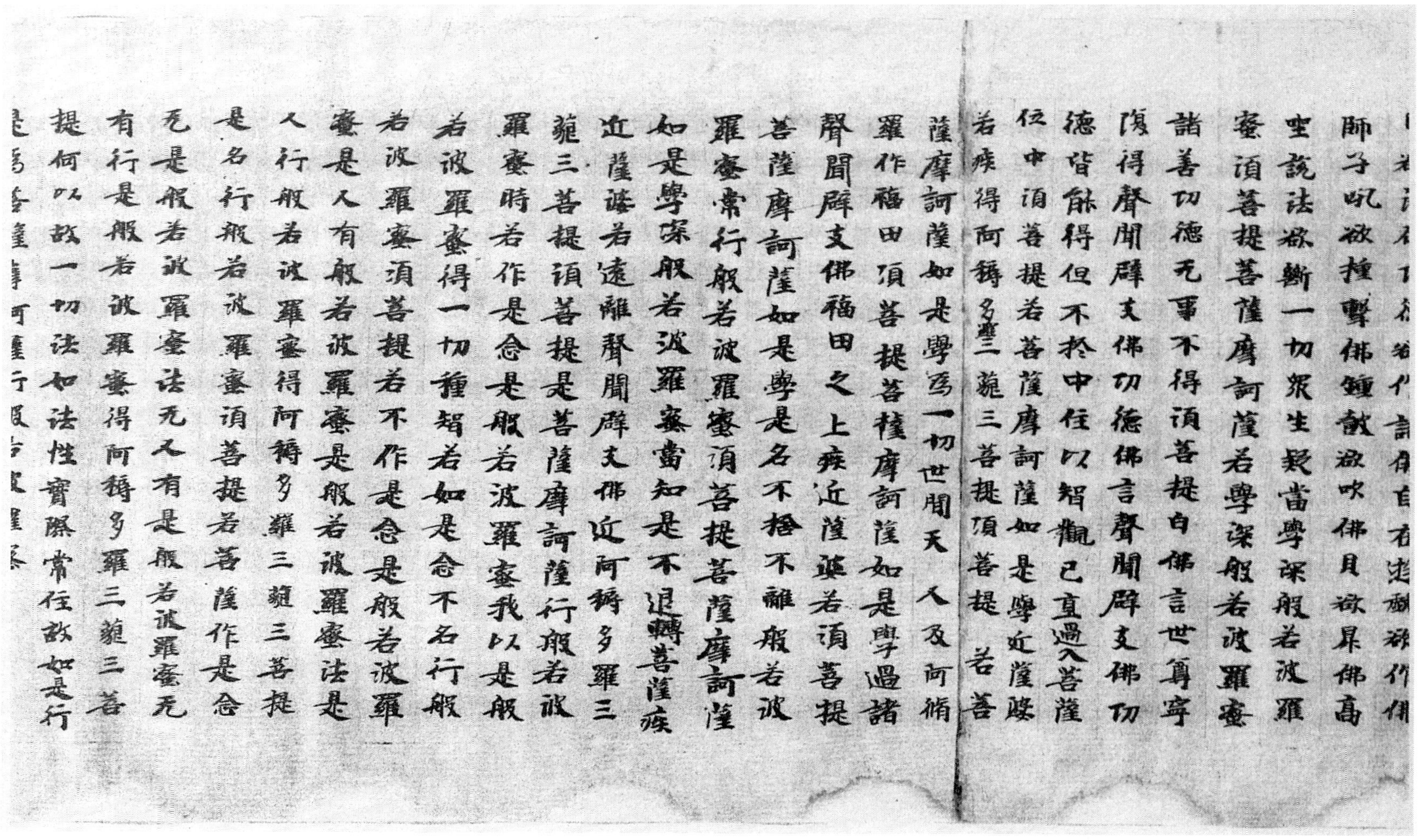
師子吼欲擊佛鍾欲吹佛貝欲昇佛高
座說法欲斷一切衆生疑當學深般若波羅
蜜須菩提菩薩摩訶薩若學深般若波羅蜜
諸善功德无事不得須菩提白佛言世尊寧
復得聲聞辟支佛功德佛言聲聞辟支佛功
德皆能得但不於中住以智觀已直過入菩薩
位中須菩提若菩薩摩訶薩如是學近薩婆
若疾得阿耨多羅三藐三菩提須菩提 若菩
薩摩訶薩如是學爲一切世間天人及阿脩
羅作福田須菩提菩薩摩訶薩如是學過諸
聲聞辟支佛福田之上疾近薩婆若須菩提
菩薩摩訶薩如是學是名不捨不離般若波
羅蜜常行般若波羅蜜須菩提菩薩摩訶薩
如是學深般若波羅蜜當知是不退轉菩薩疾
近薩婆若遠離聲聞辟支佛近阿耨多羅三
藐三菩提須菩提是菩薩摩訶薩行般若波
羅蜜時若作是念是般若波羅蜜我以是般
若波羅蜜得一切種智若如是念不名行般
若波羅蜜須菩提若不作是念是般若波羅
蜜是人有般若波羅蜜是般若波羅蜜法是
人行般若波羅蜜得阿耨多羅三藐三菩提
是名行般若波羅蜜須菩提若菩薩作是念
无是般若波羅蜜法无人有是般若波羅蜜无
有行是般若波羅蜜得阿耨多羅三藐三菩
提何以故一切法如法性實際常住故如是行

BD03481號　摩訶般若波羅蜜經（異卷）卷三一　（24–10）

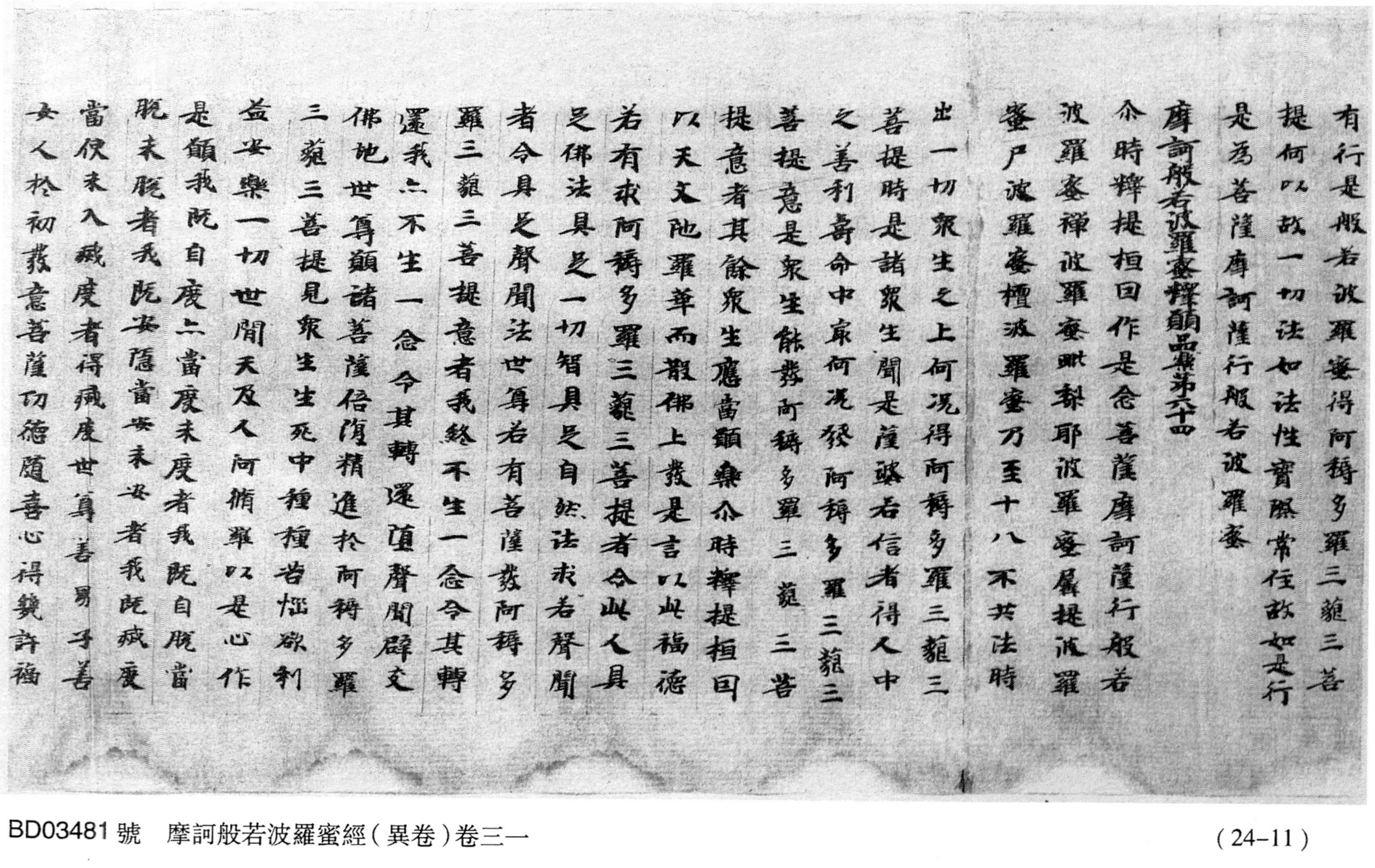
有行是般若波羅蜜得阿耨多羅三藐三菩
提何以故一切法如法性實際常住故如是行
是爲菩薩摩訶薩行般若波羅蜜
摩訶般若波羅蜜釋顛品第六十四
爾時釋提桓因作是念菩薩摩訶薩行般若
波羅蜜禪波羅蜜毗梨耶波羅蜜羼提波羅
蜜尸波羅蜜檀波羅蜜乃至十八不共法時
出一切衆生之上何況得阿耨多羅三藐三
菩提時是諸衆生聞是薩婆若信者得人中
之善利壽命中最何況發阿耨多羅三藐三
菩提意是衆生能發阿耨多羅三藐三菩
提意者其餘衆生應當願樂爾時釋提桓因
以天文陁羅華而散佛上發是言以此福德
若有求阿耨多羅三藐三菩提者令此人具
足佛法具足一切智具足自然法求若聲聞
者令具足聲聞法世尊若有菩薩發阿耨多
羅三藐三菩提意者我終不生一念令其轉
還我亦不生一念令其轉還墮聲聞辟支
佛地世尊願諸菩薩倍復精進於阿耨多羅
三藐三菩提見衆生生死中種種苦惱欲利
益安樂一切世間天及人阿脩羅以是心作
是願我既自度亦當度未度者我既自脫當
脫未脫者我既安隱當安未安者我既滅度
當使未入滅度者得滅度世尊善男子善
女人於初發意菩薩功德隨喜心得幾許福

BD03481號　摩訶般若波羅蜜經（異卷）卷三一　（24–11）

曾佛和入无度者得无度世尊善男子善
女人於初發意菩薩功德隨喜心得幾許福
德於久發意菩薩功德隨喜心得幾許福德
於阿惟越致菩薩功德隨喜心得幾許福德
於一生補處菩薩功德隨喜心得幾許福德
佛告釋提桓因憍尸迦四天下世界可稱知
斤兩是隨喜福德不可稱量復次憍尸迦是
三千大千世界皆可稱知斤兩是隨喜心福
德不可稱量復次憍尸迦三千大千世界滿
中海水取一髮破為百分以一分髮渧取海
水可知渧數是隨喜心福德不可數知釋提
桓因白佛言世尊衆生心不隨喜阿耨多羅
三藐三菩提者皆是魔眷屬諸心不隨喜者
從魔中來生何以故世尊是諸發心菩薩為
破魔境界故生是故欲愛敬三尊者應生隨
喜心隨喜已應迴向阿耨多羅三藐三菩提
不一不二相故佛言如是如是憍尸迦若有
人於菩薩能如是隨喜迴向者常值諸佛終
不見惡色終不聞惡聲終不嗅惡香終不食
惡味終不觸惡觸終无不隨念終不遠離諸
佛從一佛界至一佛界親近諸佛種善根何
以故善男子善女人為无量阿僧祇初發意
菩薩諸善根隨喜迴向為无量阿僧祇第二
地第三地乃至第十地一生補處諸菩薩摩
訶薩善根隨喜迴向阿耨多羅三藐三菩提
以是善根回緣故疾近阿耨多羅三藐三菩

BD03481號　摩訶般若波羅蜜經（異卷）卷三一　（24–12）

訶薩善根隨喜迴向阿耨多羅三藐三菩提
以是善根回緣故疾近阿耨多羅三藐三菩
提是諸菩薩得阿耨多羅三藐三菩提已度
无量无邊阿僧祇衆生憍尸迦以是回緣故
善男子善女人於初發意菩薩善根應隨喜
迴向阿耨多羅三藐三菩提非心非離心於
久發意阿惟越致一生補處善根隨喜迴向
阿耨多羅三藐三菩提非心非離心須菩提
白佛言世尊是心如幻云何能得阿耨多羅
三藐三菩提佛告須菩提於汝意云何汝見
是心如幻不不也世尊我不見幻亦不見心
如幻須菩提於汝意云何若无幻亦无心如
幻汝見是心不不也世尊須菩提於汝意云
阿離幻離心如幻汝見更有法得阿耨多羅
三藐三菩提不不也世尊我不見離幻離心
如幻更有法得阿耨多羅三藐三菩提世尊
我不見更有法何等法可說若有若无是法
相畢竟離故不墮有不墮无若法畢竟離者
不能得阿耨多羅三藐三菩提无所有法亦
不應得阿耨多羅三藐三菩提何以故世尊
一切法无所有是中无垢者无淨者世尊以
是故般若波羅蜜畢竟離禪波羅蜜毗梨耶
波羅蜜羼提波羅蜜尸羅波羅蜜檀波羅蜜
畢竟離乃至阿耨多羅三藐三菩提亦畢竟
離若法畢竟離則不應脩不應壞行般若波
[illegible]

BD03481號　摩訶般若波羅蜜經（異卷）卷三一　（24–13）

畢竟離乃至阿耨多羅三藐三菩提亦畢竟
離若法畢竟離則不應脩不應懷行般若波
羅蜜亦无有法可得畢竟離故世尊若般若
波羅蜜畢竟離者云何因般若波羅蜜得阿
耨多羅三藐三菩提阿耨多羅三藐三菩提
亦畢竟離二離中云何能有所得佛告須菩
提善哉善哉是般若波羅蜜畢竟離禪波羅
蜜毗棃耶波羅蜜羼提波羅蜜尸羅波羅蜜
檀波羅蜜畢竟離乃至一切種智畢竟離須
菩提若般若波羅蜜畢竟離乃至一切種智
畢竟離以是故能得阿耨多羅三藐三菩提
須菩提若般若波羅蜜非畢竟離乃至一切
種智非畢竟離是不名般若波羅蜜不名禪
波羅蜜乃至一切種智須菩提若般若波羅
蜜畢竟離乃至一切種智畢竟離以是故須
菩提非不因般若波羅蜜得阿耨多羅三藐
三菩提亦不以離得離而得阿耨多羅三藐
三菩提非不因般若波羅蜜須菩提白佛言
世尊菩薩摩訶薩所行義甚深佛言如是須菩提菩薩
摩訶薩所行義甚深須菩提諸菩薩摩訶薩能爲難事所
謂行是深義而不證聲聞辟支佛地須菩提
白佛言世尊如我從佛聞義菩薩摩訶薩所
行不爲難何以故是菩薩摩訶薩不得是義
可作證亦不得般若波羅蜜作證亦无作證
者世尊若一切法不可得何等是義可作證

BD03481號　摩訶般若波羅蜜經(異卷)卷三一　(24-14)

白佛言世尊如我從佛聞義菩薩摩訶薩所
行不爲難何以故是菩薩摩訶薩不得是義
可作證亦不得般若波羅蜜作證亦无作證
者世尊若一切法不可得何等是義可作證
何等是般若波羅蜜作證何等是作證者作
證已得阿耨多羅三藐三菩提世尊是名菩
薩摩訶薩无所得行菩薩行是於一切法皆
得明了世尊若菩薩摩訶薩聞是法心不驚
不沒不怖不畏是名爲行般若波羅蜜是菩
薩摩訶薩行般若波羅蜜時不見我行般若
波羅蜜亦不見是般若波羅蜜亦不見我當
得阿耨多羅三藐三菩提何以故菩薩摩訶
薩行般若波羅蜜時不作是念聲聞辟支佛
地去我遠薩婆若去我近世尊譬如虛空不
作是念有法去我遠去我近何以故世尊虛
空无分別故世尊行般若波羅蜜菩薩亦不
作是念聲聞辟支佛地去我遠薩婆若去我
近何以故般若波羅蜜中无分別故世尊譬
如幻人不作是念幻師去我近觀人去我遠
何以故幻人无分別故行般若波羅蜜菩薩
不作是念聲聞辟支佛地去我遠薩婆若去
我近世尊譬如鏡中像不作是念所因者去
我近餘者去我遠何以故像无分別故行般
若波羅蜜菩薩亦不作是念聲聞辟支佛地
去我遠薩婆若去我近何以故般若波羅
蜜中无分別故世尊行般若波羅蜜菩薩摩訶

BD03481號　摩訶般若波羅蜜經(異卷)卷三一　(24-15)

我近餘者去我遠何以故像无分別故行般
若波羅蜜菩薩亦不作是念聲聞辟支佛地
去我遠薩婆若去我近何以故般若波羅
蜜中无分別故世尊行般若波羅蜜菩薩无
愛无憎何以故般若波羅蜜自性不可得故
世尊辟如佛无愛无憎行般若波羅蜜菩薩
无愛无憎亦如是何以故般若波羅蜜中无
憎无愛故世尊辟如佛一切分別想斷行般
若波羅蜜菩薩亦如是一切分別想斷畢竟
空故世尊辟如佛所化人不作是念聲聞辟
支佛去我遠阿耨多羅三藐三菩提去我近
何以故佛所化人无分別故行般若波羅蜜
菩薩亦如是不作是念聲聞辟支佛去我遠
阿耨多羅三藐三菩提去我近世尊辟如有
所為故作化化所作事无分別世尊般若波
羅蜜亦如是有所為事而循是事成就而般
若波羅蜜亦无分別世尊辟如工匠若工匠
弟子有所為故作木人若男女鳥馬牛羊是
所作亦能有所作是牛馬亦无分別世尊般若波
羅蜜亦如是有所為故說是事成就而般若波
羅蜜亦无分別舍利弗問須菩提但般若波
羅蜜无分別禪波羅蜜乃至檀波羅蜜亦无
分別須菩提語舍利弗禪波羅蜜无分別乃
至檀波羅蜜亦无分別舍利弗問須菩提色
无分別乃至識亦[illegible]

BD03481 號　摩訶般若波羅蜜經（異卷）卷三一　（24–16）

分別須菩提語舍利弗禪波羅蜜无分別乃
至檀波羅蜜亦无分別舍利弗問須菩提色
无分別乃至識亦无分別眼乃至意无分別
色乃至法无分別眼識觸乃至意識觸无分
別眼觸因緣生受乃至意觸因緣生受四禪
四无量心四无色定四念處乃至八聖道分
空无相无作佛十力四无所畏四无㝵智大
慈大悲十八不共法阿耨多羅三藐三菩提
无為性亦无分別須菩提若色无分別乃至
无為性无分別若一切法无分別云何分別
有六道生死是地獄是餓鬼是畜生是天是
人是阿脩羅云何分別是須陀洹斯陀含阿
那含阿羅漢辟支佛諸佛須菩提報舍利弗
衆生顛倒因緣故造作身口意業隨欲本業
報受六道身地獄餓鬼畜生人天阿脩羅身
如汝所言云何分別有須陀洹乃至佛道舍利弗
須陀洹即是无分別故有須陀洹果亦是无
分別故有乃至阿羅漢阿羅漢果辟支佛辟
支佛道佛佛道亦是无分別故有舍利弗過
去諸佛亦是无分別斷分別故有以是故舍
利弗當知一切法无有分別不壞相諸法如法性
實際故舍利弗如是菩薩摩訶薩應行无分
別般若波羅蜜行无分別般若波羅蜜已便
得无分別阿耨多羅三藐三菩提

摩訶般若波羅蜜无真實品第六十五

BD03481 號　摩訶般若波羅蜜經（異卷）卷三一　（24–17）

實隨故舍利弗如是菩薩摩訶薩應行无分
別般若波羅蜜行无分別般若波羅蜜已便
得无分別阿耨多羅三藐三菩提
摩訶般若波羅蜜无真實品第六十五
舍利弗語須菩提菩薩摩訶薩行般若波羅
蜜為行有實法為行无真實法須菩提報舍
利弗菩薩摩訶薩行般若波羅蜜為行无真
實法何以故是般若波羅蜜无真實乃至一
切種智无真實故菩薩摩訶薩行般若波羅
蜜无真實不可得何況有實乃至行一切種
智无真實法不可得何況真實尒時欲色界
諸天子作是念諸有善男子善女人發阿耨
多羅三藐三菩提意如深般若波羅蜜所說
義行於等法不作實際證不墮聲聞辟支佛
地應當為作礼須菩提語諸天子諸菩薩摩
訶薩於等法不證聲聞辟支佛地不為難諸
菩薩摩訶薩大誓莊嚴我當度无量无邊阿僧
祇衆生知衆生畢竟不可得而度衆生是乃
為難諸天子諸菩薩摩訶薩發阿耨多羅三
藐三菩提心作是願我當度一切衆生衆生
實不可得是人欲度衆生如欲度虛空何以
故虛空離故當知衆生亦離虛空空故當知
衆生亦空虛空无堅固當知衆生亦无堅固
虛空虛誑當知衆生亦虛誑諸天子以是因
緣故當知菩薩所作為難為利益无所有衆
生故而大莊嚴是人為衆生結誓為欲與虛

衆生亦空虛空无堅固當知衆生亦无堅固
虛空虛誑當知衆生亦虛誑諸天子以是因
緣故當知菩薩所作為難為利益无所有衆
生故而大莊嚴是人為衆生結誓為欲與虛
空共鬪是菩薩結誓已亦不得衆生而為衆
生結誓何以故衆生離故當知大誓亦離衆
生虛誑故當知大誓亦虛誑若菩薩摩訶薩
聞是法心不驚不沒當知是菩薩摩訶薩
行般若波羅蜜何以故色離即是衆生離受
想行識離即是衆生離色離即是六波羅蜜
離受想行識離即是六波羅蜜離乃至一切
種智離即是六波羅蜜離若菩薩摩訶薩聞
是一切諸法離相心不驚不沒不怖不畏當知是
菩薩摩訶薩行般若波羅蜜佛告須菩提何
因緣故菩薩摩訶薩於深般若波羅蜜中
心不沒須菩提白佛言世尊般若波羅蜜
无所有故不沒般若波羅蜜離故不沒般若
波羅蜜寂滅故不沒世尊以是因緣故菩薩
於深般若波羅蜜中心不沒何以故是菩薩
不得沒者不得沒事不得沒處是一切法皆
不可得故世尊若菩薩摩訶薩聞是法心不
驚不沒不怖不畏當知是菩薩為行般若波
羅蜜何以故沒者沒事沒處是法皆不可得
故菩薩摩訶薩如是行般若波羅蜜諸天及
釋提桓因大梵天王天及世界主天皆為作

蜜不沒不怖不畏當知是菩薩為行般若波
羅蜜何以故沒者沒事沒處是法皆不可得
故菩薩摩訶薩如是行般若波羅蜜諸天及
釋提桓因大梵天王天及世界主天皆為作
礼佛告須菩提不但釋提桓因諸天梵王及
諸天世界主及諸天礼是菩薩摩訶薩行般若
波羅蜜者過是上光音天遍淨天廣果天淨
居天皆為是菩薩摩訶薩作礼須菩提今現
在十方无量諸佛亦念是行般若波羅蜜菩
薩摩訶薩當知是菩薩為如佛須菩提若恒
河沙等世界中眾生悉使為魔是一一魔復
化作魔如恒河沙等魔是一切魔不能留難
菩薩行般若波羅蜜須菩提菩薩摩訶薩成
就二法魔不能壞何等二觀一切法空不捨
一切眾生須菩提菩薩成就此二法魔不能
壞復次須菩提菩薩摩訶薩復有二法成就
魔不能壞何等二所作如所言亦為諸佛所念
菩薩成就此二法魔不能壞須菩提菩薩如
是行是諸天皆來到菩薩所親近諮問勸喻
安慰作是言善男子汝疾得阿耨多羅三藐
三菩提不久善男子汝常當行是空无相无
作行何以故善男子汝行是行无護眾生汝
為作護无依眾生為作依无救眾生為作救
无究竟道眾生為作究竟道无歸眾生為作
歸无洲眾生為作洲冥者為作明盲者為作
眼何以故[illegible]

BD03481號　摩訶般若波羅蜜經（異卷）卷三一　（24–20）

為作護无依眾生為作依无救眾生為作救
无究竟道眾生為作究竟道无歸眾生為作
歸无洲眾生為作洲冥者為作明盲者為作
眼何以故是菩薩摩訶薩行般若波羅蜜十
方現在无量阿僧祇諸佛在大眾中說法時
自讚嘆稱揚是菩薩摩訶薩名姓言某甲菩
薩成就般若波羅蜜功德須菩提如我今說
法時自稱揚寶相菩薩尸棄菩薩復諸有菩
薩摩訶薩在阿閦佛世界中行般若波羅蜜
淨脩梵行我亦稱揚是菩薩名姓須菩提亦
如東方現在諸佛說法時是中有菩薩摩訶
薩淨脩梵行佛亦歡喜自稱揚讚嘆是菩薩
南西北方四維上下亦如是復有菩薩從初
發意欲具足佛道乃至得一切種智諸佛說
法時亦歡喜自稱揚讚嘆是菩薩何以故是
諸菩薩摩訶薩所行甚難不斷佛種行須菩
提白佛言世尊何等菩薩摩訶薩為諸佛說
法時自讚嘆稱揚佛告須菩提阿惟越致菩
薩諸佛說法時自讚嘆稱揚須菩提言何等
阿惟越致菩薩為佛所讚佛言如阿閦佛為
菩薩時所行所學諸菩薩亦如是學是諸阿
惟越致菩薩諸佛說法時歡喜讚嘆復次須
菩提有菩薩行般若波羅蜜信解一切法无生
未得无生忍法信解一切法空未得无生忍
法信解一切法虛誑不實无所有不堅固未

BD03481號　摩訶般若波羅蜜經（異卷）卷三一　（24–21）

菩提有菩薩行般若波羅蜜信解一切法无生
未得无生忍法信解一切法空未得无生忍
法信解一切法虛誑不實无所有不堅固未
得无生忍法須菩提如是等諸菩薩摩訶薩佛
說法時歡喜自讚嘆稱揚名姓須菩提若諸菩
薩摩訶薩諸佛說法時歡喜自讚嘆者是菩
薩疾聲聞辟支佛地當得阿耨多羅三藐三
菩提記須菩提若菩薩摩訶薩諸佛說法時
歡喜自讚嘆者是菩薩當住阿惟越致地住
是地已當得薩婆若復次須菩提菩薩摩訶
薩聞是深般若波羅蜜其心明利不疑不悔作
是念是事如佛所說是菩薩亦當於阿閦佛
及諸菩薩所廣聞是深般若波羅蜜亦信解
信解已如佛所說當住阿惟越致地如是須
菩提但聞般若波羅蜜得大利益何況信解
信解已如說住如說行如說住如說行已住
一切種智中須菩提白佛言世尊若佛說菩
薩摩訶薩如所說住如所說行住薩婆若菩
薩摩訶薩无所得法云何住薩婆若佛告須
菩提菩薩摩訶薩住諸法如中住薩婆若須
菩提言世尊除如更无法可得誰住如中
住如中已當得阿耨多羅三藐三菩提誰住
如中當說法如尚不可得何況住如得阿耨
多羅三藐三菩提誰住如中而說法无有是
處佛告須菩提如汝所言除如更无法誰住如

BD03481號　摩訶般若波羅蜜經（異卷）卷三一　（24–22）

如中當說法如尚不可得何況住如得阿耨
多羅三藐三菩提誰住如中而說法无有是
處佛告須菩提如汝所言除如更无法誰住如
中住如中已當得阿耨多羅三藐三菩提
誰住如中當說法如尚不可得何況住如得
阿耨多羅三藐三菩提誰住如中而說法无
有是處佛言如是如是須菩提除如更无有
法可得誰住如中住如中已當得阿耨多羅
三藐三菩提誰住如中當說法如尚不可得
何況住如得阿耨多羅三藐三菩提誰住如
中而說法何以故是如生不可得滅不可得
住異不可得若法生滅住異不可得是中誰
當住如誰當住如已得阿耨多羅三藐三菩
提誰當住如而說法无有是處釋提桓因白
佛言世尊諸菩薩摩訶薩所為甚難深般若
波羅蜜中欲得阿耨多羅三藐三菩提何以
故世尊无有如中住者亦无當得阿耨多羅三
藐三菩提者亦无說法者菩薩摩訶薩於是
處心不驚不沒不怖不畏不疑不悔尒時須
菩提語釋提桓因汝憍尸迦說是菩薩摩訶
薩所為甚難是甚深法中心不驚不沒不怖
不畏不疑不悔憍尸迦諸法空中誰驚誰沒
誰怖誰畏誰疑誰悔是時釋提桓因語須菩
提須菩提所說但為空事无所罣㝵譬如仰
射空中箭去无㝵須菩提說法无㝵亦如是

BD03481號　摩訶般若波羅蜜經（異卷）卷三一　（24–23）

故世尊不有如中行非亦不說行所教多羅三
藐三菩提者亦无說法者菩薩摩訶薩於是
處心不驚不沒不怖不畏不疑不悔尒時須
菩提語釋提桓因汝憍尸迦說是菩薩摩訶
薩所為甚難是甚深法中心不驚不沒不怖
不畏不疑不悔憍尸迦諸法空中誰驚誰沒
誰怖誰畏誰疑誰悔是時釋提桓因語須菩
提須菩提所說但為空事无所罣㝵譬如仰
射空中箭去无㝵須菩提說法无㝵亦如是

摩訶般若波羅蜜經卷卅一

BD03481號　摩訶般若波羅蜜經（異卷）卷三一　　（24–24）

瑜伽論第廿一卷隨聽手記聲聞地

本地分第二示解中第十三種聲聞地大門分二：一略釋，二示解。初文分二：一問，二

發問，二頌答。初中言云何聲聞地者，是前略釋中但言聲聞地未辯斯

於彼於此中生聞諸也，意云聲聞云何名為[illegible]聲聞種性發心終行及以得果一一有

體於彼與此聞。言一切有為法聲聞地中雖有多義有種性中四地故，二

頌答分二：一總頌，二別頌。初文言如是略說此地，但聲聞地隨於分別略有無量，今但說四

之令易解義故云略也。二釋分四：一答種性瑜伽處，二答發心瑜伽處，以

說數趣趣果及發心人故，三答終行瑜伽處，說其修行云也。說意云隨其種性

而終行者而獲安立有學無果。四答得果瑜伽處，說世間出世間也。出四瑜

伽處義第二明四處，第三略顯果示，第四只得果三示於此世中略義多

於何種性發何等心終行何行證得何果，示聲聞地也。示說今彼云於

聲聞種性發聲聞心依聲聞行證聲聞果，名聲聞地也。第二示

解分四：一示解種性瑜伽處，二示解發心瑜伽處，三示解終行瑜伽

處，四示解得果瑜伽處。初文分二：一所欲略說，初種性瑜伽處分二

示解，後文言若地略有三也。種性地中有三種地，謂名種性地發趣地出離地

根謂前四大種成故，見聞各別故，此中名說本因方便及以出離作用別

故。二顯種性分二：言趣入者亦說前也。一明種性地，二明趣入地，三明出離地。三言趣入乃多

說方便也。言出離者說在有三界心故。三結如是。第二示解初種瑜伽

處大門分二：一示解種性地，二示解趣入地，三示解出離地。初文分二：一

所釋種性地，二示解種性地。初文分四：一總問，二略說，二略答，分二：一示

二釋。初文可見。二釋中言謂自性中者，謂種性自性、種性安立、種性

於伏種性人有差別故。三略釋分四：謂四種性差別言

第二示解種性地分四：一明種性自性，二明種性安立，三明住種性諸作，四明

種性人。初文分二：一明種性自性，二明種性異名，三明種性體於初

BD03482號　瑜伽師地論隨聽手記卷二一

（15–1）

二列釋種姓地。二宗解種姓地。初文分四：一標列，如論。二徵答，分二：一標
二種，初文可見。二種中言本性住者，謂種姓自性。種姓安立。種姓
相狀。種姓之人。有差別故。三略釋，分四，如論。四總結，如論。言
第二宗解釋種姓地，分四：一明種姓自性。二種姓安立。三明往種姓諸相。四往
種姓人。初文分二：一明種姓自性。二明種姓異名。三明種姓體相。初
文分二：一問，文可見。二答，分二：一明所因，所以文言本性住者，謂住聲
聞種姓者，乃是藏識中有自離欲，唯五生空，唯識於佛障，唯
證擇滅，無為，殊勝，無一切智故。以文言有種子法也，謂有如上六
種下，所有種子故。二明緣因故，以文言由現有故，乃由有種故。
若界遍詮，於出世不障，謂有斷煩惱障，謂三根具足
故有獨覺菩薩世等。三明得果，故以文言於其菩薩也。一者無餘
涅槃，三依涅槃，乃謂脫解道。第二明種姓異名，分三：
一問。中言有何差別者，此問種姓有幾種差別也。二答，分二：一
答種子，如前。二答果，謂餘任持出世間果故。三答住，謂自性
法爾有，故不可傳變，如地與堅，水與濕等。言若於出世，言不出
世，本性常故也。此中但得取五三名，非體有三，可根鏡識。
唯是多作用別故。三結，如論。第三明種姓別體，分三：一問，如論。
二答，分四：一明所依所體，種姓所以文言附在所依身者，謂於五蘊身
故而立種子故，以文言有如是相，謂如前說，六處所攝，從無始
二明六處所體，種姓謂具聲聞種姓者見多中，精可生厭，要不起
染著故，以文言六處所攝也。三傳來所體種姓，故以文言從無始
世來也，法爾如地之堅，亦不可言從劫數年代而建立故。四依法
爾所體性。三明總結，分二：一釋中言於法爾得者，謂於此依身及六
處中，四種之中立種姓，種子成性，自性隨順說者，應知二釋
二結，如論。第二明種姓安立，分五：一安立種姓一多。二安立種姓麁細。
三安立不般涅槃因緣。四安立般涅槃因緣。五明總結。初文分五：一總問，如論。二
別問，故以文言謂應問言者也。若准今有，物多答言，謂安立種姓麁細一
多不般涅槃因緣，般涅槃因緣。皆述以者，乃雖略說者應知，故四文中先問
麁細者，言細者，謂種子位未遇果時根所不見，如世間五藤中種雖
有生果之用，若不遇緣，必不見果，但以為識，此度而知。此是種姓
復如是，唯燈。第一彼出世諸佛菩薩及獨覺果羅漢方能了知，餘不見

多不能攝因緣。能攝因緣者，以為雖略說有廣義，故四文中先問
廣細也。言略細者，謂種子位未能遍果，轉眼所不見，如世間五穀等種雖
有生果之用，若不遇緣，必不見果。但以意識比度而知是有種等
復如是。唯識第一依此說佛菩薩及獨覺羅漢方能了知，餘不能
故云細也。三略答。四徵問並如文。五答所以答一，二答細，故以文言由
此種子未也。如世五穀緣生種若不以其四大空時六緣會名不
可分別芽莖等五位因果差別，此亦如是。若不遇緣仏出世也
十二種緣必不能成所覺根等五位因果。故以文言未習成果等也。二
答廣。故以文言名已為果未也。以果遇緣時名為果於所覺根等
名已習成果芽莖等五已資根等五位隨次和合。第二要立種子多
有五。一六識問所以。故以文言問如是種性等也。後前問中六處所攝所有種性
故與此問為此種為在六處為當在一。言於續者是無續義。後如根
不為所根所雜者。一略答。二徵並如以。四答所以有三。一答不同根律法
故以文言若法異於本也。言法為所依根者，法所間等。若言種子隨
者於續。復如根等異於所續。法是眼根，發生眼識，能了色境
法多是廣。亦不同於根。竟法為發於種子唯一於續不為人法二我
所於雜住。唯為人空等，智於續所住故云唯一。言見被等者，是見被
眼處等作用各別也。二是答一於續義。故以文言如是種子等也，如前所說
雖於六處畫立種性，非於六處差別於續，但於見多等時不同無種
性果生有貪瞋癡愛等無常等。故以文言立六處殊勝等也
二三答立名。言義立一。以下種。故以文言有如是於第也，此中意說世間
有五性差別，故復立名。言法是聲聞種性等。言說者即所也。言
說者即言說也。以彼名在上起見聞等種。言說也。二釋。故以文言以為釋
性等也。五所攝結如以。△第三要立不能攝因緣亦六。一總問。故以文言若在
種性等也。此中意問三聚有情。云中其邪定聚無三乘種性故不能攝攝多
理益立非其正定聚及不定聚也。有種性何故名人處生死不能攝
故以文言如前後來等也。二略答。三徵。四例以並如以。五解釋不由
所生無能為二。一所可見。二是答有三。一所生處無。故以文言生於善道因也
二所攝生居遠離頂等也。以為藏戒裁無容故，其去世為之故。三所為善
知識為遠。故以文言四種賢良等也。以此立等四眾皆名賢良。言以
至者，以四向也。二言善士者以四果也。或可以至為果，善士為向

BD03482號　瑜伽師地論隨聽手記卷二一

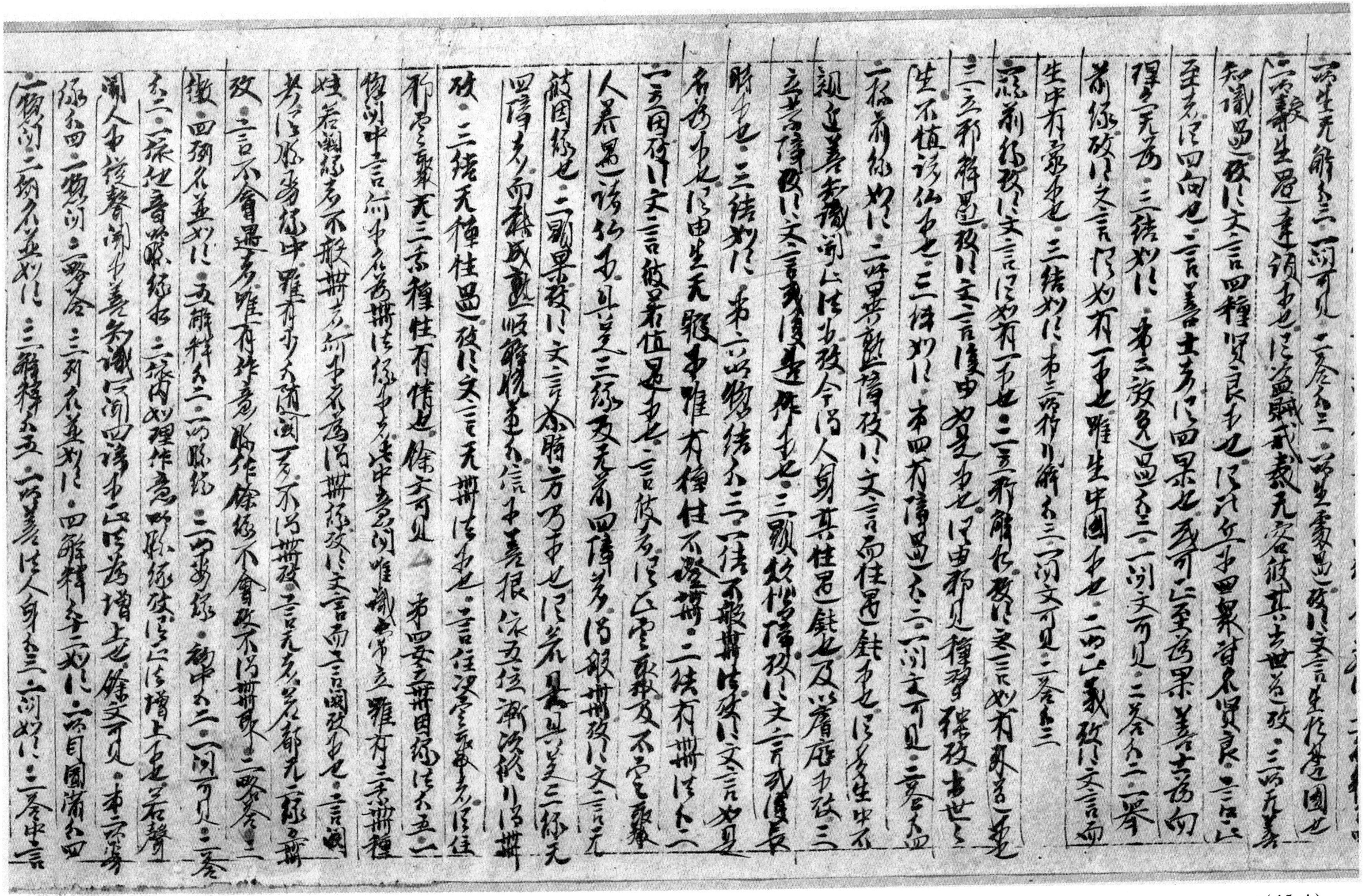

（15–4）

BD03482號　瑜伽師地論隨聽手記卷二一

BD03482號 瑜伽師地論隨聽手記卷二一

（15–5）

二釋善如是五義至二如下及并此中信說 三結如文 四顯正法義文二 一立二釋
請問故 文言諸佛世尊等是也 二顯正說教文二 一立正法義故 文言云云
復為他是也 二顯正教義故 文言當說此故 第二顯法緣住文二 一問如文
二答文二 一依壽量顯久住義 如文 二依不滅顯久住義故 文言乃至滅
後是也 言正行者謂正法存從八聖道是也 二言正法者謂十二分教也 三結
如文 四顯意趣通故 文言如是久住是也 此中有世間 云言法久住者為
趣 謂法為久住耶為趣 證法教法今在趣 謂法謂八聖道 名次義故 第四
顯法住隨轉文三 一問如文 二答文二 一立 二釋 釋人故 文言謂即如是生
七謂名自不證 證正法者不證隨他人證正法 二顯受教人故 文言
言有為有力是也 謂自證已 有利他人 有能為他力 於正證中證趣
入者故 文言即如正證隨轉是也 三結如文 第五顯他正憐愍文三
一問如文 二答文二 一顯他義故 文言為施主也 二顯憐愍義文二 一顯
教釋善如文 三結文可見 △ 第三顯善法欲文三 一問文可見 二答文三
一立因故 文言或從他聞正法等是也 若不言得信為因者 不依那那善法中生樂欲故
二顯果文四 一明見過故 文言得淨信也 二言厭出家在家者 由於在家
由如在牢獄 善入故 二明見得故 文言出家猶如虛空也 此中二義 如常釋
經所說 三明出家故 文言是故棄捨等也 四明生欲於彼故 文言
彼證出家是也 三結 言二句者謂四句 四果出也 言圓滿者謂無學果也
第三結如文 第四明正出家文三 一問文可見 二答文二 一立因故 文言謂即
由此等也 二顯果文二 一依僧受住於出家故 文言白四羯磨等也 言是
方便和尚及五人 謂受具足戒 居邊地及獨處者 人即十人 謂受大戒
二依不滿足住於出家故 文言或受勞策也 言勞策者 謂沙彌 為勞
義也 此中但趣求寂 及戒等名 名為勞策也 三結如文 第五明戒律
儀文三 一問如文 二答文二 一立因故如文 二顯果文二 故 文言安住具戒
是也 此六義 如下廣明 三結如文 第六根律儀文三 一問可見 二答
文二 一依眼根明律儀文二 一立因故 文言謂即依此等也 二言謂乎
謂防護 依順情違情境中不生貪著故 二顯果文三 一明不取相故
中言不取相者 謂不隨轉也 言不取隨好者 謂不貪好色也 二明
防取相過故 文言謂彼依是處等也 三言是處者 謂是色處也
言貪憂者 謂可意色也 違順情貪憂而生故 三言惡者 謂不可意
色也 如是名為惡不善法 謂此等 依眼律儀 三顯所得故 文言

（15–6）

BD03482 號　瑜伽師地論隨聽手記卷二一

BD03482號　瑜伽師地論隨聽手記卷二一　（15–7）

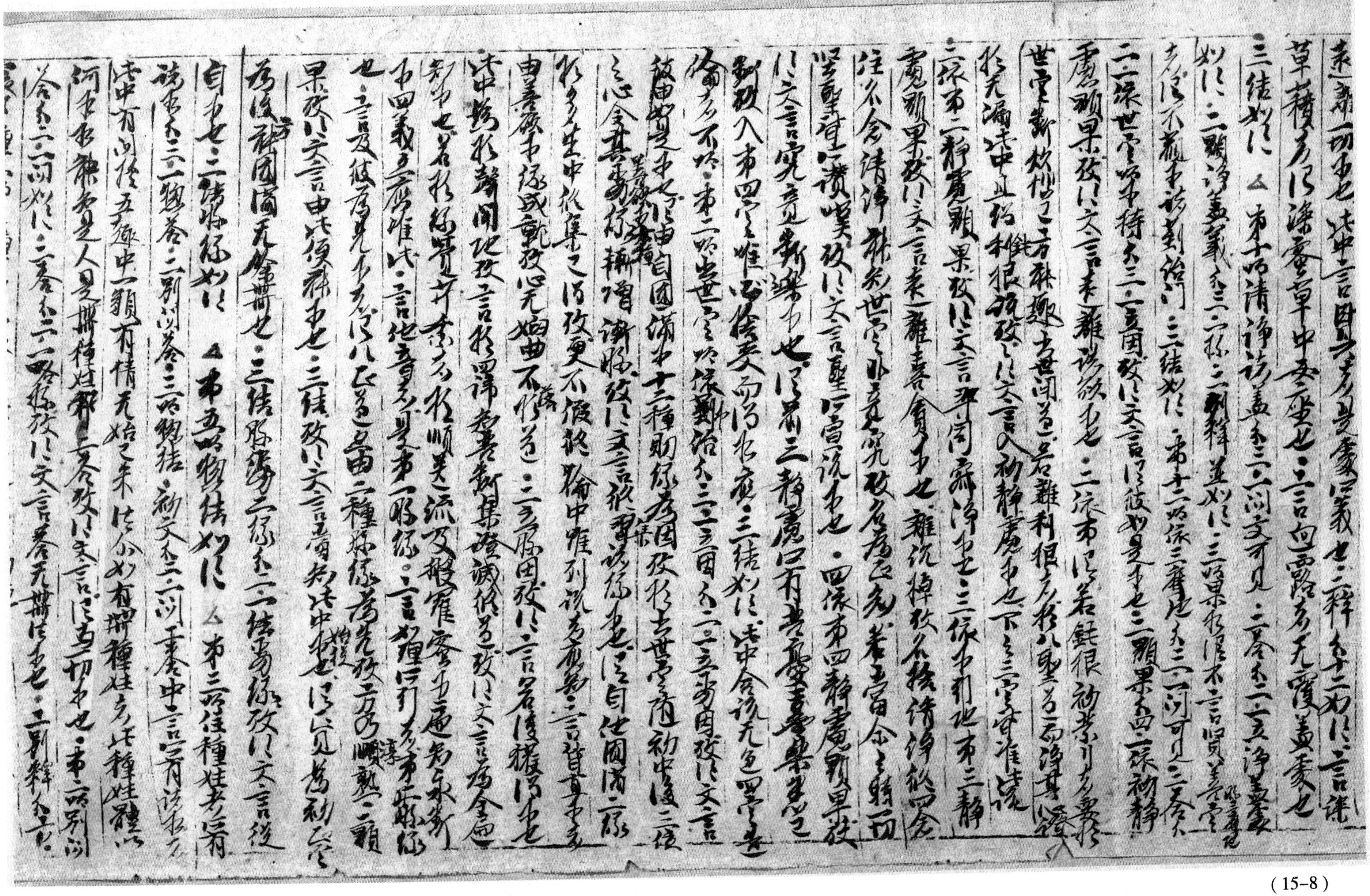

(15–8)

BD03482號　瑜伽師地論隨聽手記卷二一

BD03482號　瑜伽師地論隨聽手記卷二一

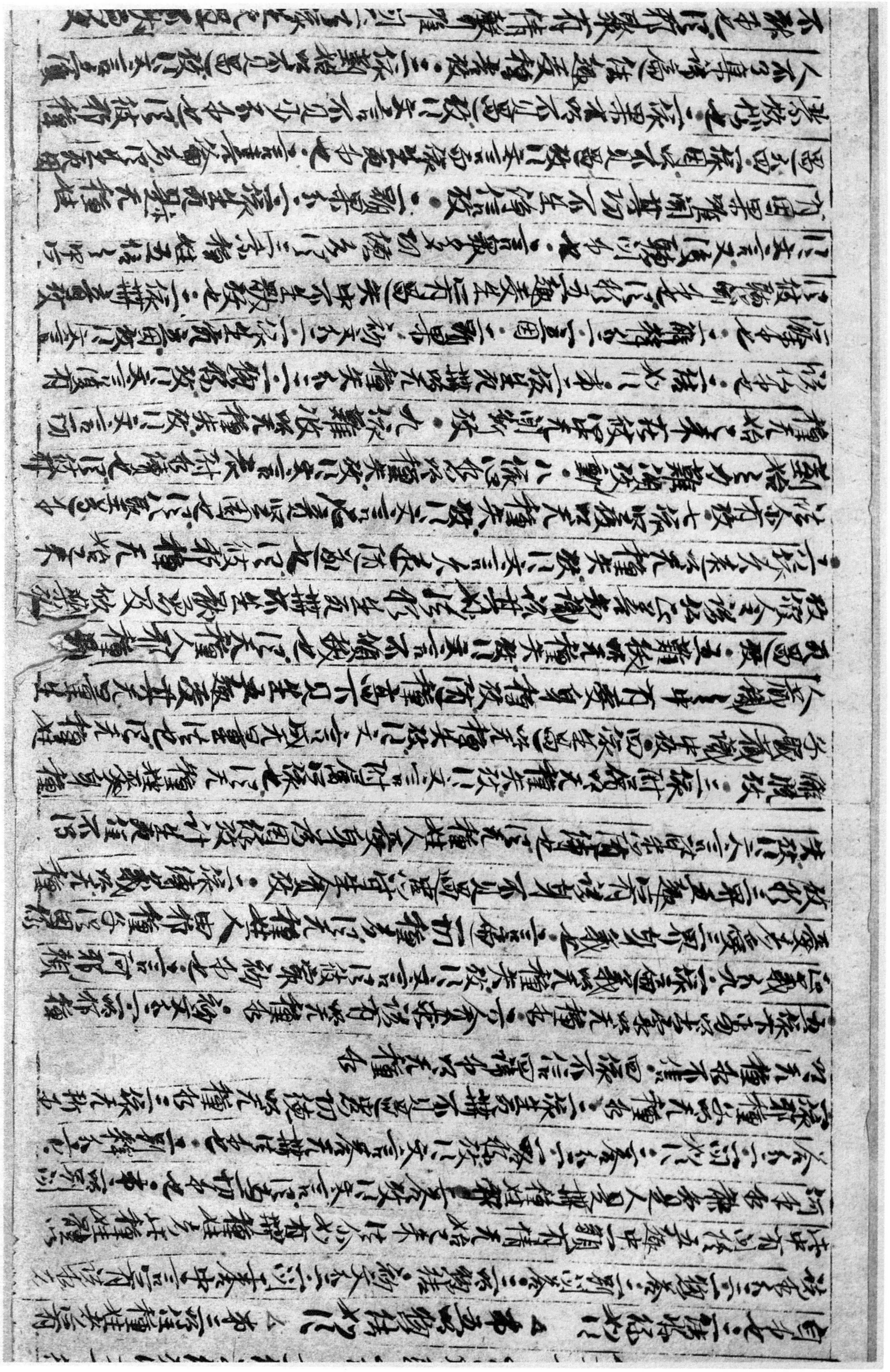

（15–9）

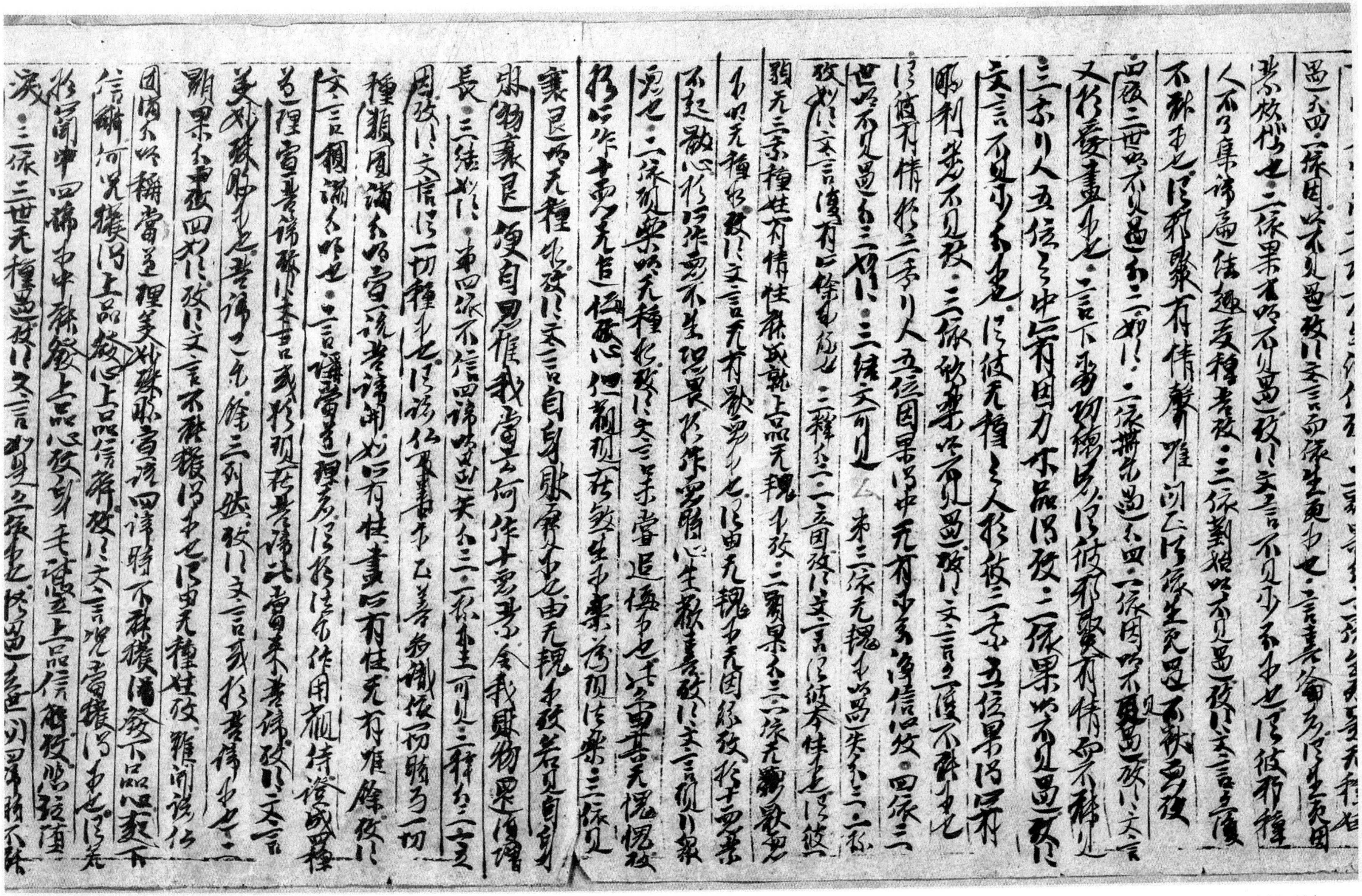

BD03482號　瑜伽師地論隨聽手記卷二一

（15–10）

BD03482號　瑜伽師地論隨聽手記卷二一

（15–11）

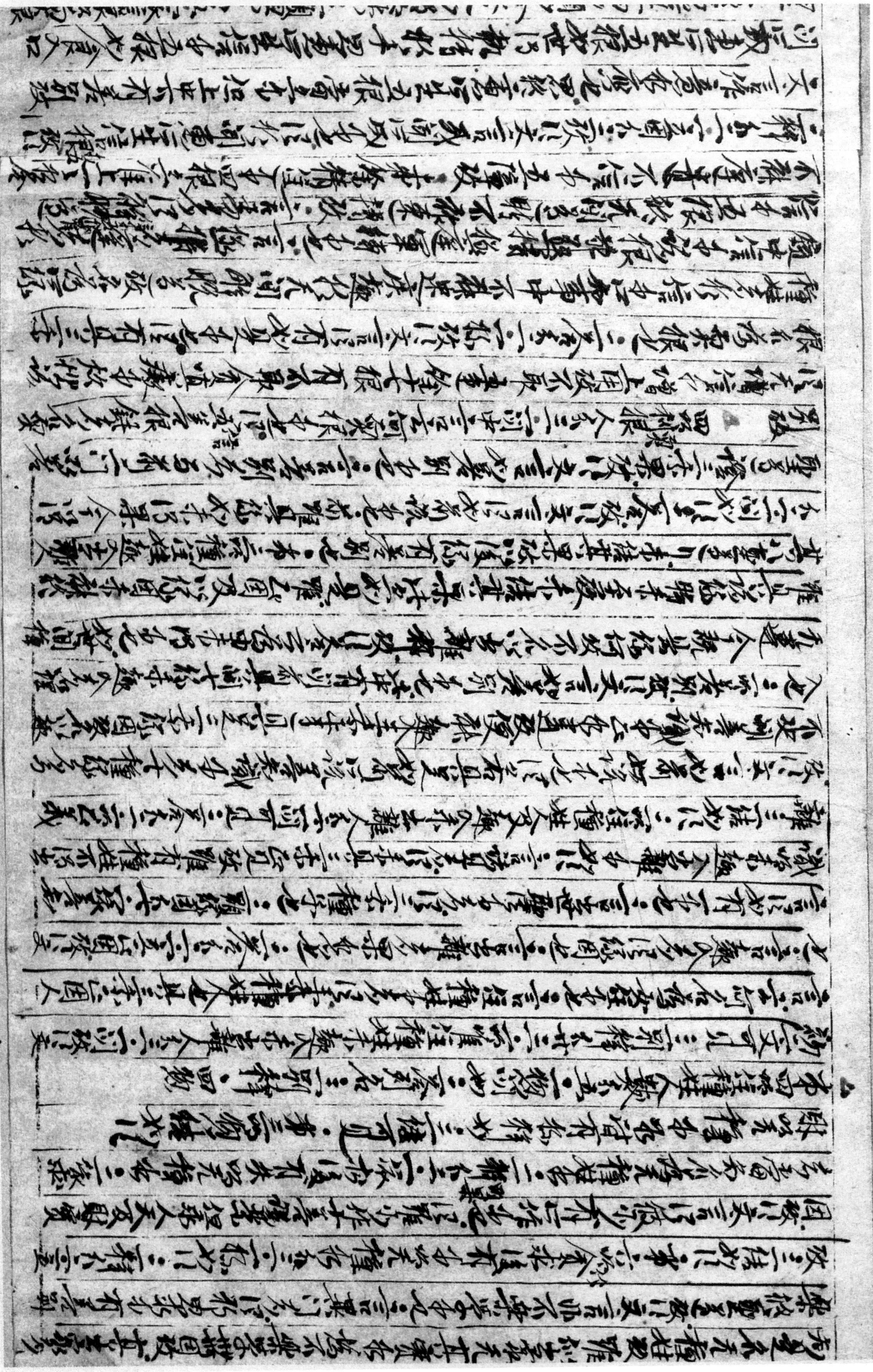

BD03482號　瑜伽師地論隨聽手記卷二一

（15–12）

BD03482號　瑜伽師地論隨聽手記卷二一

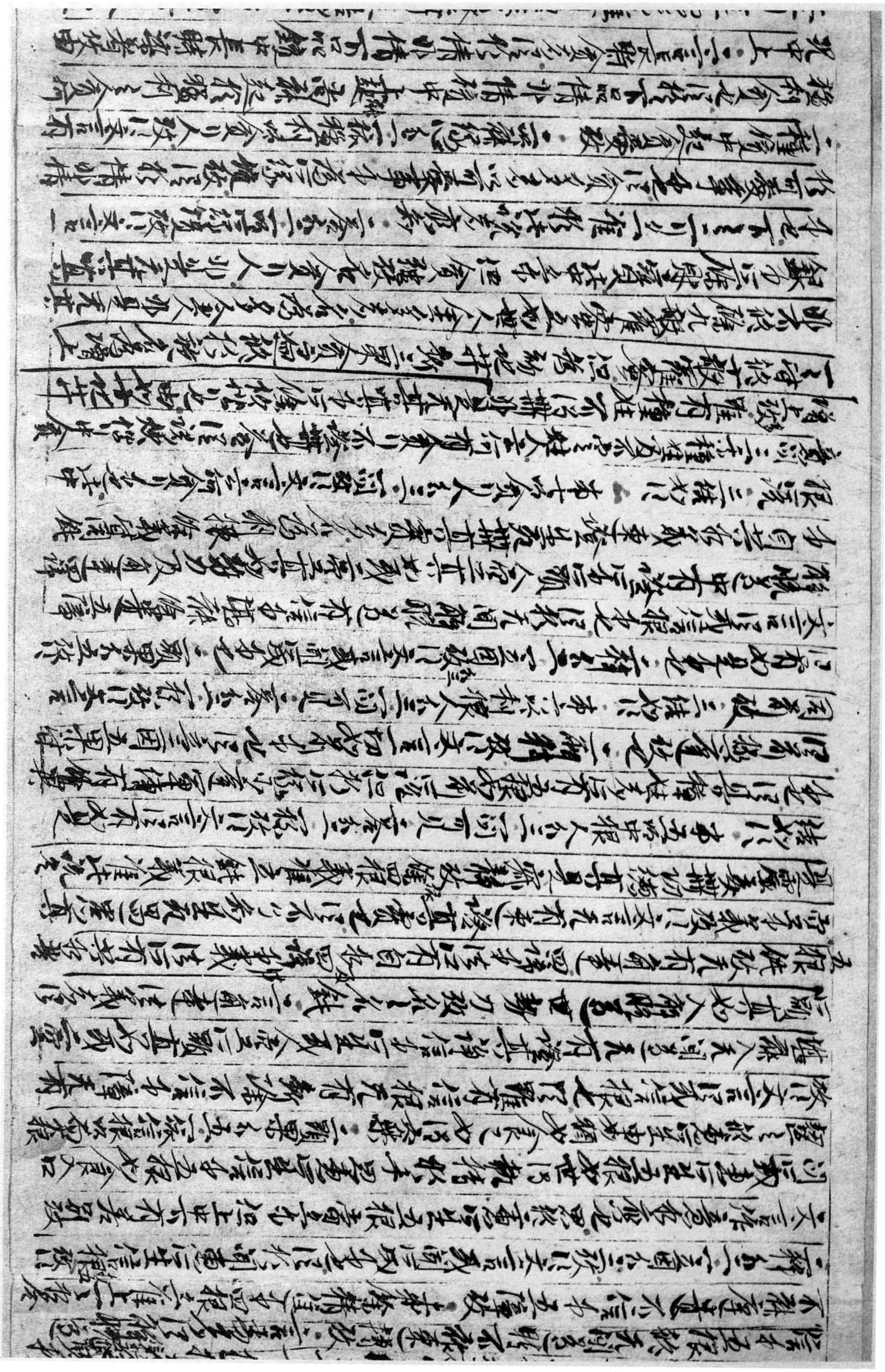

（15–13）

BD03482號　瑜伽師地論隨聽手記卷二

（15–14）

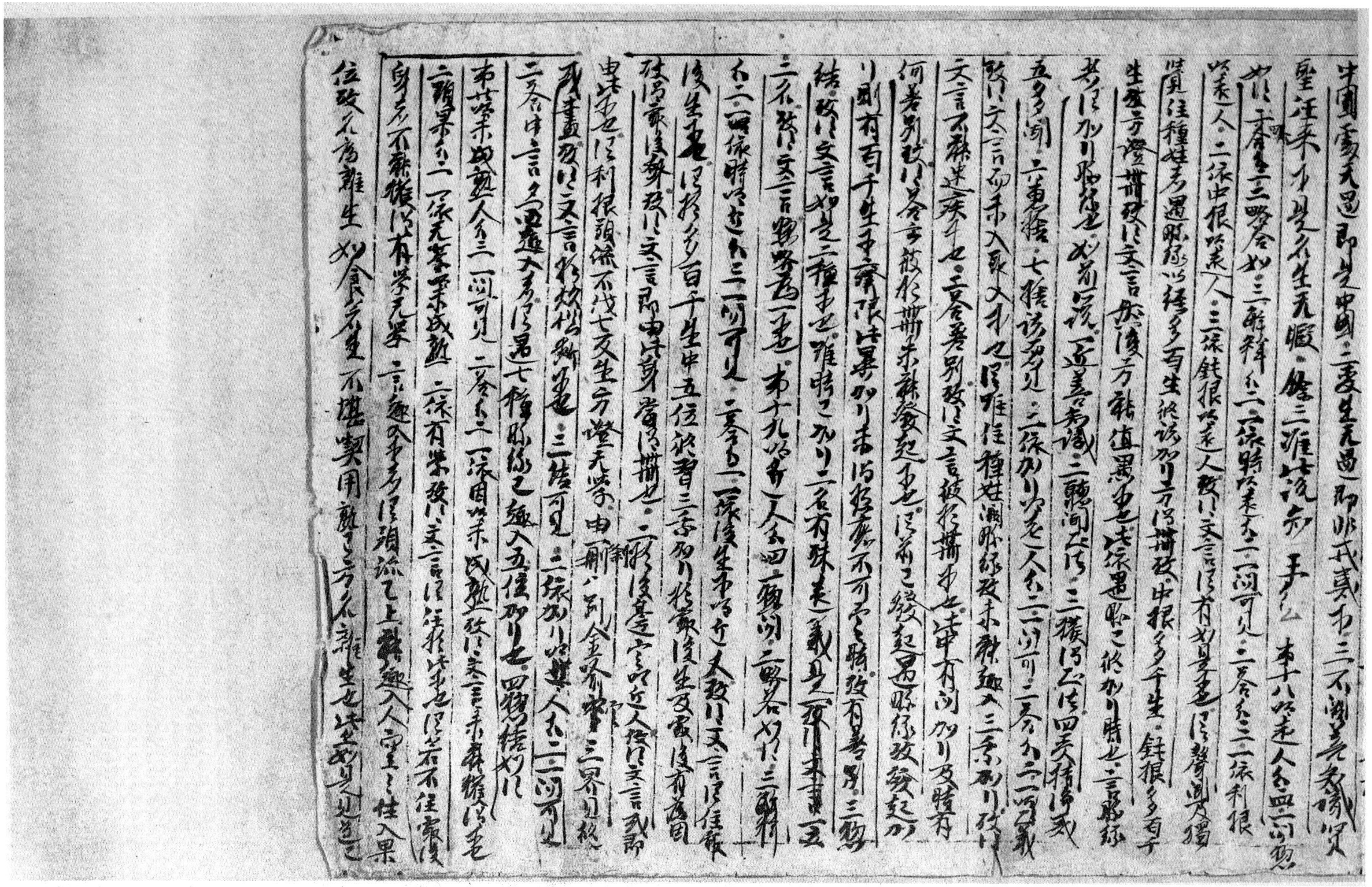

BD03482號　瑜伽師地論隨聽手記卷二一　　　　（15–15）

BD03482號背　題名

（4–1）

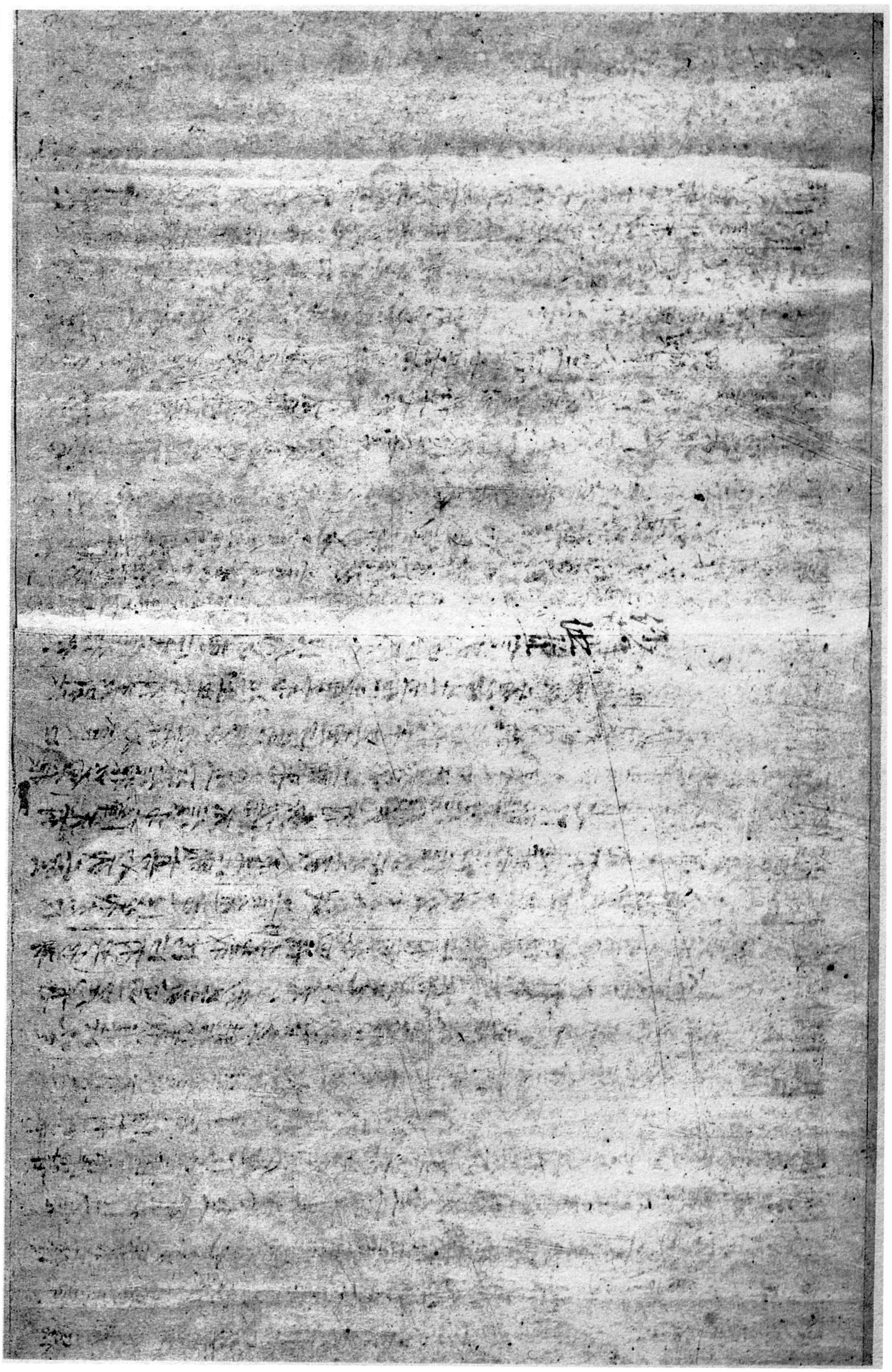

BD03482號背　題名

（4–2）

（4–3）

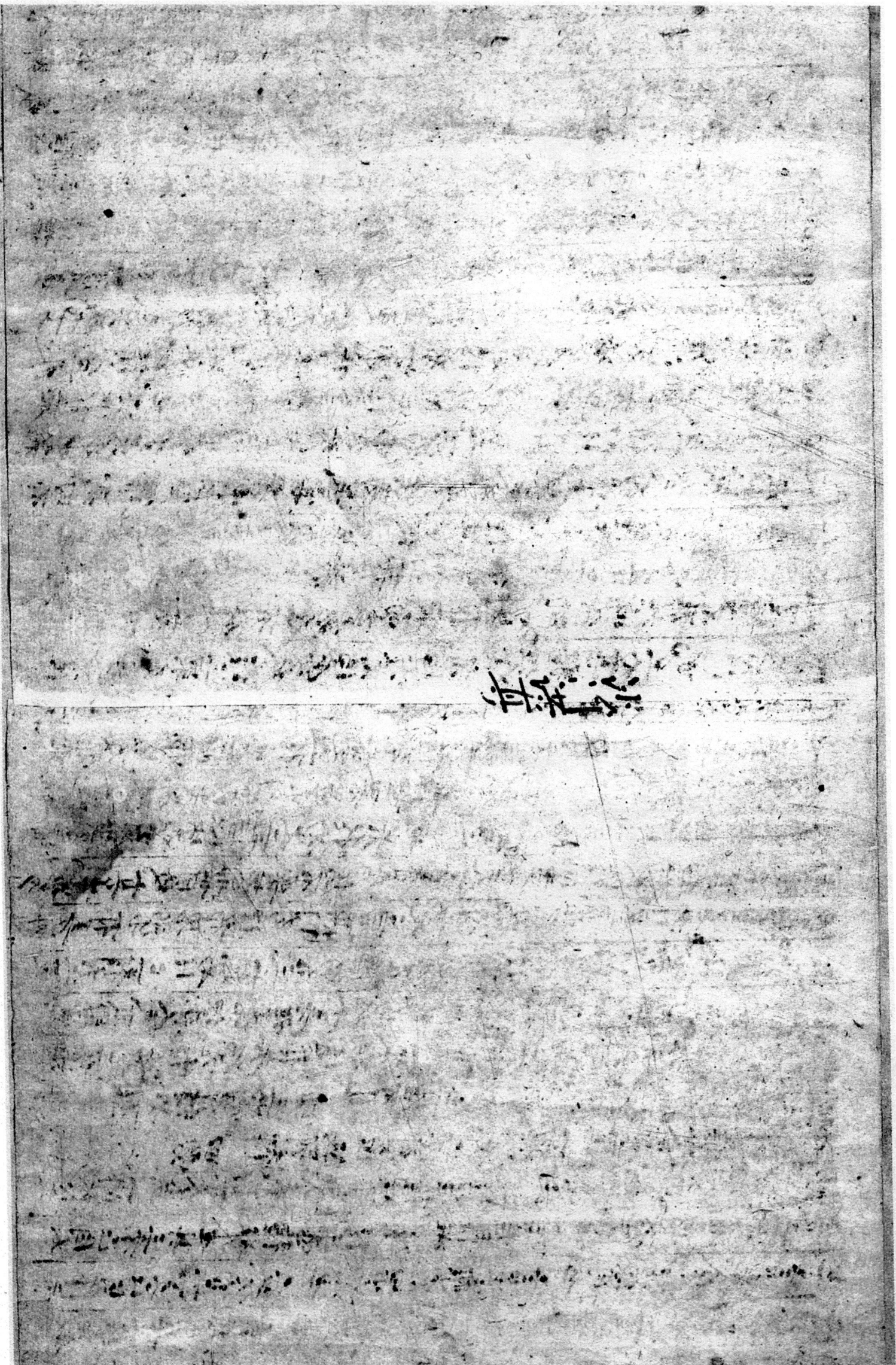

言住種姓趣入者云住種〃姓〃種姓趣入種姓去離皆名初種姓餘如是

故〃文言是說為聲聞也故當本云是說為聲聞姓也

眼真如菩薩摩
眼真如有菩薩摩訶
薩摩訶薩
復次善現汝觀何義言即佛
薩摩訶薩即四无所畏四无礙解十八
共法真如非菩薩摩訶薩異佛十力真
菩薩摩訶薩異四無所畏四無礙解十
不共法真如非菩薩摩訶薩非佛十力
中有菩薩摩訶薩非四无所畏无礙
八佛不共法真如中有菩薩摩訶薩
摩訶薩中有佛十力真如非菩薩摩訶
有四无所畏四无礙解十八佛不共法真如
非離佛十力真如有菩薩摩訶薩非離四无
所畏四無礙解十八佛不共法真如有菩薩
摩訶薩耶具壽善現白言世尊若佛十力若
四无所畏四无礙解十八佛不共法尚畢竟
不可得性非有故況有佛十力真如及四无
所畏四无礙解十八佛不共法真如此真如

BD03483號　大般若波羅蜜多經卷一七　（19–1）

四无所畏四无礙解十八佛不共法尚畢竟
不可得性非有故況有佛十力真如及四无
所畏四无礙解十八佛不共法真如此真如
既非有如何可言即佛十力真如是菩薩摩
訶薩即四无所畏四无礙解十八佛不共法
真如是菩薩摩訶薩異佛十力真如是菩薩
摩訶薩異四无所畏四无礙解十八佛不共法
真如是菩薩摩訶薩佛十力真如中有菩
薩摩訶薩四无所畏四无礙解十八佛不共
法真如中有菩薩摩訶薩菩薩摩訶薩中
有佛十力真如菩薩摩訶薩中有四无所畏四
无礙解十八佛不共法真如離佛十力真如
有菩薩摩訶薩離四无所畏四无礙解十八
佛不共法真如有菩薩摩訶薩
復次善現汝觀何義言即大慈真如非菩
薩摩訶薩即大悲大喜大捨真如非菩薩摩訶
薩異大慈真如非菩薩摩訶薩異大悲大喜
大捨真如非菩薩摩訶薩非大慈真如中有
菩薩摩訶薩非大悲大喜大捨真如中有菩
薩摩訶薩非菩薩摩訶薩中有大慈真如非
菩薩摩訶薩中有大悲大喜大捨真如非離
大慈真如有菩薩摩訶薩非離大悲大喜大
捨真如有菩薩摩訶薩耶具壽善現白言世
尊若大慈若大悲大喜大捨尚畢竟不可得性
非有故況有大慈真如及大悲大喜大捨真
如此真如既非有如何可言即大慈真如是
菩薩摩訶薩即大悲大喜大捨真如〻是菩

BD03483號　大般若波羅蜜多經卷一七　（19–2）

真如大慈大悲大喜大捨尚畢竟不可得性
非有故況有大慈真如及大悲大喜大捨真
如此真如既非有如何可言即大慈真如是
菩薩摩訶薩即大悲大喜大捨真如〻是菩
薩摩訶薩異大慈真如是菩薩摩訶薩異大
悲大喜大捨真如是菩薩摩訶薩大慈真如中
有菩薩摩訶薩大悲大喜大捨真如中有菩
薩摩訶薩菩薩摩訶薩中有大慈真如菩
薩摩訶薩中有大悲大喜大捨真如離大慈真
如有菩薩摩訶薩離大悲大喜大捨真如有
菩薩摩訶薩
復次善現汝觀何義言即三十二大士相真
如非菩薩摩訶薩即八十隨好真如非菩薩
摩訶薩異三十二大士相真如非菩薩摩訶
薩異八十隨好真如非菩薩摩訶薩非三十
二大士相真如中有菩薩摩訶薩非八十隨
好真如中有菩薩摩訶薩非菩薩摩訶薩
有三十二大士相真如非菩薩摩訶薩中有
八十隨好真如非離三十二大士相真如有菩
薩摩訶薩非離八十隨好真如有菩薩摩
素重
薩摩訶薩非離八十隨好真如有菩薩摩
訶薩耶具壽善現白言世尊若三十二大士
相若八十隨好尚畢竟不可得性非有故況
有三十二大士相真如及八十隨好真如此
真如既非有如何可言即三十二大士相真
如是菩薩摩訶薩即八十隨好真如是菩薩
摩訶薩異三十二大士相真如是菩薩摩訶
薩異八十隨好真如是菩薩摩訶薩三十二

真如既非有如何可言即三十二大士相真
如是菩薩摩訶薩即八十隨好真如是菩薩
摩訶薩異三十二大士相真如是菩薩摩訶
薩異八十隨好真如是菩薩摩訶薩三十二
大士相真如中有菩薩摩訶薩八十隨好真
如中有菩薩摩訶薩菩薩摩訶薩中有三十
二大士相真如菩薩摩訶薩中有八十隨好
真如離三十二大士相真如有菩薩摩訶薩
離八十隨好真如有菩薩摩訶薩
復次善現汝觀何義言即无忘失法真如非
菩薩摩訶薩即恒住捨性真如非菩薩摩訶
薩異无忘失法真如非菩薩摩訶薩異恒住
捨性真如非菩薩摩訶薩非無忘失法真如
中有菩薩摩訶薩非恒住捨性真如中有菩
薩摩訶薩非菩薩摩訶薩中有无忘失法真如
非菩薩摩訶薩中有恒住捨性真如非離
无忘失法真如有菩薩摩訶薩非離恒住捨
性真如有菩薩摩訶薩耶具壽善現白言
世尊若无忘失法若恒住捨性尚畢竟不可
得性非有故況有无忘失法真如及恒住捨性
真如此真如既非有如何可言即无忘失法真
如是菩薩摩訶薩即恒住捨性真如是菩薩
摩訶薩異无忘失法真如是菩薩摩訶薩
異恒住捨性真如是菩薩摩訶薩无忘失法
真如中有菩薩摩訶薩恒住捨性真如中有
菩薩摩訶薩菩薩摩訶薩中有无忘失法真
如菩薩摩訶薩中有恒住捨性真如離无忘失
法真如有菩薩摩訶薩離恒住捨性真如有

菩薩摩訶薩菩薩摩訶薩中有无忘失法真
如菩薩摩訶薩中有恒住捨性真如離无忘失
法真如有菩薩摩訶薩離恒住捨性真如有
菩薩摩訶薩
復次善現汝觀何義言即一切智真如非菩
薩摩訶薩即道相智一切相智真如非菩薩
摩訶薩異一切智真如非菩薩摩訶薩異道
相智一切相智真如非菩薩摩訶薩非一切智
真如中有菩薩摩訶薩非道相智一切相智
真如中有菩薩摩訶薩非菩薩摩訶薩中
有一切智真如非菩薩摩訶薩中有道相智
一切相智真如非離一切智真如有菩薩摩
訶薩非離道相智一切相智真如有菩薩摩
訶薩耶具壽善現白言世尊若一切智若道
相智一切相智尚畢竟不可得性非有故況
有一切智真如及道相智一切相智真如此
真如既非有如何可言即一切智真如是菩薩
摩訶薩即道相智一切相智真如是菩薩
摩訶薩異一切智真如是菩薩摩訶薩異道
相智一切相智真如是菩薩摩訶薩一切智真
如中有菩薩摩訶薩道相智一切相智真
如中有菩薩摩訶薩菩薩摩訶薩中有一切
智真如菩薩摩訶薩中有道相智一切相智
真如離一切智真如有菩薩摩訶薩離道相
智一切相智真如有菩薩摩訶薩
世尊色等法及真如既不可得而言即色等
法真如是菩薩摩訶薩或異色等法真如是

智一切相智真如有菩薩摩訶薩
世尊色等法及真如既不可得而言即色等
法真如是菩薩摩訶薩或異色等法真如是
菩薩摩訶薩或色等法真如中有菩薩摩訶
薩或菩薩摩訶薩中有色等法真如或離色
等法真如有菩薩摩訶薩者无有是處佛告
善現善哉善哉如是如是如汝所說善現色
等法不可得故色等法真如亦不可得法及
真如不可得故菩薩摩訶薩亦不可得菩薩
摩訶薩不可得故所行般若波羅蜜多亦不
可得善現諸菩薩摩訶薩脩行般若波羅
蜜多時應如是學
復次善現所言菩薩摩訶薩者於意云何
即色增語是菩薩摩訶薩不不也世尊即受
想行識增語是菩薩摩訶薩不不也世尊即色
常增語是菩薩摩訶薩不不也世尊即受想
行識常增語是菩薩摩訶薩不不也世尊
即色無常增語是菩薩摩訶薩不不也世尊
即受想行識無常增語是菩薩摩訶薩不不
也世尊即色樂增語是菩薩摩訶薩不不也世
尊即受想行識樂增語是菩薩摩訶薩不不
也世尊即色苦增語是菩薩摩訶薩不不也
世尊即受想行識苦增語是菩薩摩訶薩不
不也世尊即色我增語是菩薩摩訶薩不不
也世尊即受想行識我增語是菩薩摩訶薩
不不也世尊即色無我增語是菩薩摩訶薩
不不也世尊即受想行識無我增語是菩薩

不也世尊即色我增語是菩薩摩訶薩不不
也世尊即受想行識我增語是菩薩摩訶薩
不不也世尊即色無我增語是菩薩摩訶薩
不不也世尊即受想行識無我增語是菩薩
摩訶薩不不也世尊即色淨增語是菩薩摩
訶薩不不也世尊即受想行識淨增語是
菩薩摩訶薩不不也世尊即色不淨增語是
菩薩摩訶薩不不世尊即受想行識不淨增
語是菩薩摩訶薩不不世尊即色空增語
是菩薩摩訶薩不不也世尊即受想行識空
增語是菩薩摩訶薩不不也世尊即色不空
增語是菩薩摩訶薩不不也世尊即受想行
識不空增語是菩薩摩訶薩不不也世尊即
色有相增語是菩薩摩訶薩不不也世尊即
受想行識有相增語是菩薩摩訶薩不不也
世尊即色無相增語是菩薩摩訶薩不不也
世尊即受想行識無相增語是菩薩摩訶薩
不不也世尊即色有願增語是菩薩摩訶薩
不不也世尊即受想行識有願增語是菩薩
摩訶薩不不也世尊即色無願增語是菩薩
摩訶薩不不也世尊即受想行識無願增語
是菩薩摩訶薩不不也世尊即色寂靜增語
是菩薩摩訶薩不不也世尊即受想行識寂
靜增語是菩薩摩訶薩不不也世尊即色不
寂靜增語是菩薩摩訶薩不不也世尊即受
想行識不寂靜增語是菩薩摩訶薩不不也
世尊即色遠離增語是菩薩摩訶薩不不也

BD03483 號　大般若波羅蜜多經卷一七　（19–7）

寂靜增語是菩薩摩訶薩不不也世尊即受
想行識不寂靜增語是菩薩摩訶薩不不也
世尊即色遠離增語是菩薩摩訶薩不不也
世尊即受想行識遠離增語是菩薩摩訶薩
不不也世尊即色不遠離增語是菩薩摩訶
薩不不也世尊即受想行識不遠離增語是
菩薩摩訶薩不不也世尊即色有增語是
菩薩摩訶薩不不也世尊即受想行識有為
增語是菩薩摩訶薩不不也世尊即色无為
增語是菩薩摩訶薩不不也世尊即受想行
識无為增語是菩薩摩訶薩不不也世尊即
色有漏增語是菩薩摩訶薩不不也世尊即受
想行識有漏增語是菩薩摩訶薩不不也世尊
即色无漏增語是菩薩摩訶薩不不也世尊
即受想行識无漏增語是菩薩摩訶薩　不
不也世尊即色生增語是菩薩摩訶薩不不
也世尊即受想行識生增語是菩薩摩訶薩
不不也世尊即色滅增語是菩薩摩訶薩不
不也世尊即受想行識滅增語是菩薩摩訶薩
不不也世尊即色善增語是菩薩摩訶
薩不不也世尊即受想行識善增語是菩薩
摩訶薩不不也世尊即色非善增語是菩薩摩訶薩不
不也世尊即受想行識非善增語是菩薩摩訶薩
不不也世尊即色有罪增語是菩薩摩訶薩不不也世尊即受想行識
有罪增語是菩薩摩訶薩不不也世尊即色无罪增語
是菩薩摩訶薩不不也世尊即受想行識无
罪增語是菩薩摩訶薩不不也世尊即色有

BD03483 號　大般若波羅蜜多經卷一七　（19–8）

是菩薩摩訶薩不不也世尊即受想行識无
罪增語是菩薩摩訶薩不不也世尊即色有
煩惱增語是菩薩摩訶薩不不也世尊即受
想行有煩惱增語是菩薩摩訶薩不不也
世尊即色无煩惱增語是菩薩摩訶薩不不也
世尊即受想行識无煩惱增語是菩薩摩
訶薩不不也世尊即色世間增語是菩薩摩
訶薩不不也世尊即受想行識世間增語是
菩薩摩訶薩不不也世尊即色出世間增語
是菩薩摩訶薩不不也世尊即受想行識出
世間增語是菩薩摩訶薩不不也世尊即色
雜染增語是菩薩摩訶薩不不也世尊即受
想行識雜染增語是菩薩摩訶薩不不也世
尊即色清淨增語是菩薩摩訶薩不 不也
世尊即受想行識清淨增語是菩薩摩訶薩
不不也世尊即色屬生死增語是菩薩摩訶薩
不不也世尊即受想行識屬生死增語是 菩
薩摩訶薩不不也世尊即色屬涅槃增 語是
菩薩摩訶薩不不也世尊即受想行識屬涅
槃增語是菩薩摩訶薩不不也世尊即色在
內增語是菩薩摩訶薩不不也世尊即受想
行識在內增語是菩薩摩訶薩不不也世尊
即色在外增語是菩薩摩訶薩不不也世尊
即受想行識在外增語是菩薩摩訶薩不不
也世尊即色在兩間增語是菩薩摩訶薩不
不也世尊即受想行識在兩間增語是菩薩
摩訶薩不不也世尊即色可得增語是菩薩
摩訶薩不不也世尊即受想行識可得增語是

BD03483號　大般若波羅蜜多經卷一七　（19–9）

即受想行識在外增語是菩薩摩訶薩不
也世尊即色在兩間增語是菩薩摩訶薩不
不也世尊即受想行識在兩間增語是菩薩
摩訶薩不不也世尊即色可得增語是菩薩
摩訶薩不不也世尊即受想行識可得增語
是菩薩摩訶薩不不也世尊即色不可得增
語是菩薩摩訶薩不不也世尊即受 想行
識不可得增語是菩薩摩訶薩不不也世尊
復次善現所言菩薩摩訶薩者於意云何
即眼處增語是菩薩摩訶薩不不也世尊即
耳鼻舌身意處增語是菩薩摩訶薩不不也世
尊即眼處常增語是菩薩摩訶薩不不也世
尊即耳鼻舌身意處常增語是菩薩摩訶
薩不不也世尊即眼處无常增語是菩薩摩訶
薩不不也世尊即耳鼻舌身意處无常增語
是菩薩摩訶薩不不也世尊即眼處樂增語
是菩薩摩訶薩不不也世尊即耳鼻舌身意
處樂增語是菩薩摩訶薩不不也世尊即眼
處苦增語是菩薩摩訶薩不不也世尊即耳
鼻舌身意處苦增語是菩薩摩訶薩不 不
也世尊即眼處我增語是菩薩摩訶薩不不也
世尊即耳鼻舌身意處我增語是菩薩摩訶
薩不不也世尊即眼處无我增語是菩薩摩
訶薩不不也世尊即耳鼻舌身意處无我增
語是菩薩摩訶薩不不也世尊即眼處淨增
語是菩薩摩訶薩不不也世尊即耳鼻舌身
意處淨增語是菩薩摩訶薩不不也世尊
即眼處不淨增語是菩薩摩訶薩不不也世尊

BD03483號　大般若波羅蜜多經卷一七　（19–10）

訶薩不不也世尊即耳鼻舌身意處无我增
語是菩薩摩訶薩不不也世尊即眼處淨增
語是菩薩摩訶薩不不也世尊即耳鼻舌身
意處淨增語是菩薩摩訶薩不不也世尊
即眼處不淨增語是菩薩摩訶薩不不也世尊
即耳鼻舌身意處不淨增語是菩薩摩訶
薩不不也世尊即眼處空增語是菩薩摩訶薩
不不也世尊即耳鼻舌身意處空增語是菩
薩摩訶薩不不也世尊即眼處不空增語是
菩薩摩訶薩不不也世尊即耳鼻舌身意處
不空增語是菩薩摩訶薩不不也世尊即眼
處有相增語是菩薩摩訶薩不不也世尊即
耳鼻舌身意處有相增語是菩薩摩訶薩不
不也世尊眼處无相增語是菩薩摩訶薩
不不也世尊即耳鼻舌身意處无相增語是
菩薩摩訶薩不不也世尊即眼處有願增語
是菩薩摩訶薩不不也世尊即耳鼻舌身意
處有願增語是菩薩摩訶薩不不也世尊即
眼處无願增語是菩薩摩訶薩不不也世尊
即耳鼻舌身意處无願增語是菩薩摩訶薩
不不也世尊即眼處寂靜增語是菩薩摩訶
薩不不也世尊即耳鼻舌身意處寂靜增語
是菩薩摩訶薩不不也世尊即眼處不寂靜
增語是菩薩摩訶薩不不也世尊即耳鼻舌
身意處不寂靜增語是菩薩摩訶薩不不也
世尊即眼處遠離增語是菩薩摩訶薩不不
也世即耳鼻舌身意處遠離增語是菩薩

身意處不寂靜增語是菩薩摩訶薩不不也
世尊即眼處遠離增語是菩薩摩訶薩不不
也世即耳鼻舌身意處遠離增語是菩薩
摩訶薩不不也世尊即眼處不遠離增語是
菩薩摩訶薩不不也世尊即耳鼻舌身意處
不遠離增語是菩薩摩訶薩不不也世尊即
眼處有為增語是菩薩摩訶薩不不也世尊
即耳鼻舌身意處有為增語是菩薩摩訶
薩不不也世尊即眼處无為增語是菩薩摩訶
薩不不也世尊即耳鼻舌身意處无為增語
是菩薩摩訶薩不不也世尊即眼處有漏增
語是菩薩摩訶薩不不也世尊即耳鼻舌身
意處有漏增語是菩薩摩訶薩不不也世尊
即眼處无漏增語是菩薩摩訶薩不不也世
尊即耳鼻舌身意處无漏增語是菩薩摩
訶薩不不世尊即眼處生增語是菩薩摩
訶薩不不也世尊耳鼻舌身意處生增語是
菩薩摩訶薩不不也世尊即眼處滅增語是
菩薩摩訶薩不不也世尊即耳鼻舌身意處
滅增語是菩薩摩訶薩不不也世尊即眼處
善增語是菩薩摩訶薩不不也世尊即耳鼻
舌身意處善增語是菩薩摩訶薩不不也世
尊即眼處非善增語是菩薩摩訶薩不不也
世尊即耳鼻舌身意處非善增語是菩薩
摩訶薩不不也世尊眼處有罪增語是菩薩
摩訶薩不不也世尊即耳鼻舌身意處有罪
增語是菩薩摩訶薩不不也世尊即眼處无

摩訶薩不不也世尊眼處有罪增語是菩薩
摩訶薩不不也世尊即耳鼻舌身意處有罪
增語是菩薩摩訶薩不不也世尊即眼處无
罪增語是菩薩摩訶薩不不也世尊即耳鼻
舌身意處无罪增語是菩薩摩訶薩不不也
世尊即眼處有煩惱增語是菩薩摩訶薩不
不也世尊即耳鼻舌身意處有煩惱增語是
菩薩摩訶薩不不也世尊即眼處无煩惱增
語是菩薩摩訶薩不不也世尊即耳鼻舌身
意處无煩惱增語是菩薩摩訶薩不不也世
尊即眼處世間增語是菩薩摩訶薩不不也
世尊即耳鼻舌身意處世間增語是菩薩摩
訶薩不不也世尊即眼處出世間增語是菩薩
摩訶薩不不也世尊即耳鼻舌身意處出
世間增語是菩薩摩訶薩不不也世尊即
眼處雜染增語是菩薩摩訶薩不不也世尊即
耳鼻舌身意處雜染增語是菩薩摩訶薩
不不也世尊即眼處清淨增語是菩薩摩訶
薩不不也世尊即耳鼻舌身意處清淨
增語是菩薩摩訶薩不不也世尊眼處屬生
死增語是菩薩摩訶薩不不也世尊即耳鼻
舌身意處屬生死增語是菩薩摩訶薩不不
也世尊即眼處屬涅槃增語是菩薩摩訶薩
不不也世即耳鼻舌身意處屬涅槃增語
是菩薩摩訶薩不不也世尊眼處在內增語
是菩薩摩訶薩不不也世尊即耳鼻舌身意
處在內增語是菩薩摩訶薩不不也世尊即眼
處在外增語是菩薩摩訶薩不不也世尊即

不不也世即耳鼻舌身意處屬涅槃增語
是菩薩摩訶薩不不也世尊眼處在內增語
是菩薩摩訶薩不不也世尊即耳鼻舌身意
處在內增語是菩薩摩訶薩不不也世尊即眼
處在外增語是菩薩摩訶薩不不也世尊即
耳鼻舌身意處在外增語是菩薩摩訶薩
不不也世尊即眼處在兩間增語是菩薩摩
訶薩不不也世尊即耳鼻舌身意處在兩間
增語是菩薩摩訶薩不不也世尊即眼處可
得增語是菩薩摩訶薩不不也世尊即耳
鼻舌身意處可得增語是菩薩摩訶薩不
不也尊即眼處不可得增語是菩薩摩訶薩
不不也世尊即耳鼻舌身意處不可得增語
是菩薩摩訶薩不不也世尊
復次善現所言菩薩摩訶薩者於意云何即
色處增語是菩薩摩訶薩不不也世尊即聲
香味觸法處增語是菩薩摩訶薩不不也世
尊即色處常增語是菩薩摩訶薩不不也世
尊即聲香味觸法處常增語是菩薩摩訶薩
不不也世尊即色處无常增語是菩薩摩訶薩
不不也世尊即聲香味觸法處无常增語是
菩薩摩訶薩不不也世尊即色處樂增語是
菩薩摩訶薩不不也世尊即聲香味觸法處
樂增語是菩薩摩訶薩不不也世尊即色處
苦增語是菩薩摩訶薩不不也世尊即聲
香味觸法處苦增語是菩薩摩訶薩不不也
世尊即色處我增語是菩薩摩訶薩不不也
世尊即聲香味觸法處我增語是菩薩摩

菩增語是菩薩摩訶薩不不也世尊即聲
香味觸法處苦增語是菩薩摩訶薩不不也
世尊即色處我增語是菩薩摩訶薩不不也
世尊即聲香味觸法處我增語是菩薩摩
訶薩不不也世尊即色處无我增語是菩
薩摩訶薩不不也世尊即聲香味觸法處
无我增語是菩薩摩訶薩不不也世尊即色
處淨增語是菩薩摩訶薩不不也世尊即聲
香味觸法處淨增語是菩薩摩訶薩不不也世
尊即色處不淨增語是菩薩摩訶薩不不也世
尊即聲香味觸法處不淨增語是菩薩摩訶
薩不不也世尊即色處空增語是菩薩摩訶
薩不不也世尊即聲香味觸法處空增語是
菩薩摩訶薩不不也世尊即色處不空增語
是菩薩摩訶薩不不也世尊即聲香味觸法處增語是
菩薩摩訶薩不不也世尊即色處有相增語是
菩薩摩訶薩不不也世尊即聲香味觸法處
有相增語是菩薩摩訶薩不不也世尊即
色處无相增語是菩薩摩訶薩不不也世尊
即聲香味觸法處无相增語是菩薩摩訶薩
不不也世尊即色處有願增語是菩薩摩訶
薩不不也世尊即聲香味觸法處有願增
語是菩薩摩訶薩不不也世尊即色處无
願增語是菩薩摩訶薩不不也世尊即聲香
味觸法處无願增語是菩薩摩訶薩不不也
世尊即色處寂靜增語是菩薩摩訶薩
不不也世尊即聲香味觸法處寂靜增語
是菩薩摩訶薩

味觸法處无願增語是菩薩摩訶薩不不也
世尊即色處寂靜增語是菩薩摩訶薩
不不也世尊即聲香味觸法處寂靜增語
是菩薩摩訶薩不不也世尊即色處不
寂靜增語是菩薩摩訶薩不不也世尊
即聲香味觸法處不寂靜增語是菩薩摩
訶薩不不也世尊即色處遠離增
語是菩薩摩訶薩不不也世尊即聲香
味觸法處遠離增語是菩薩摩訶薩不不
也世尊即色處不遠離增語是菩薩摩訶
薩不不也世尊即聲香味觸法處不遠離增
語是菩薩摩訶薩不不也世尊即色處有
為增語是菩薩摩訶薩不不也世尊即
聲香味觸法處有為增語是菩薩摩訶薩
不不也世尊即色處无為增語是菩薩摩
訶薩不不也世尊即聲香味觸法處无為增
語是菩薩摩訶薩不不也世尊即色處有漏
增語是菩薩摩訶薩不不也世尊即聲香味
觸法處有漏增語是菩薩摩訶薩不不也世
尊即色處无漏增語是菩薩摩訶薩不不也世
尊即聲香味觸法處无漏增語是菩薩摩
訶薩不不也世尊即色處生增語是菩薩摩訶
薩不不也世尊即聲香味觸法處生增語是
菩薩摩訶薩不不也世尊即色處滅增語是
菩薩摩訶薩不不也世尊即聲香味觸法處
滅增語是菩薩摩訶薩不不也世尊即色處
菩增語是菩薩摩訶薩不不也世尊即聲香

滅增語是菩薩摩訶薩不不也世尊即色處
善增語是菩薩摩訶薩不不也世尊即聲香
味觸法處善增語是菩薩摩訶薩不不也世
尊即色處非善增語是菩薩摩訶薩不不也
世尊即聲香味觸法處非善增語是菩薩
摩訶薩不不也世尊即色處有罪增語是善
薩摩訶薩不不也世尊即聲香味觸法處有
罪增語是菩薩摩訶薩不不也世尊即色處无
罪增語是菩薩摩訶薩不不也世尊即聲香
味觸法處无罪增語是菩薩摩訶薩不不也
世尊即色處有煩惱增語是菩薩摩訶薩不
不也世尊即聲香味觸法處有煩惱增語是
菩薩摩訶薩不不也世尊即色處无煩惱增
語是菩薩摩訶薩不不也世尊即聲香味觸
法處无煩惱增語菩薩摩訶薩不不也世
尊即色處世間增語是菩薩摩訶薩不不也
世尊即聲香味觸法處世間增語是菩薩摩
訶薩不不也世尊即色處出世間增語是菩
薩摩訶薩不不也世尊即聲香味觸法處出
世間增語是菩薩摩訶薩不不也世尊即色
處雜染增語是菩薩摩訶薩不不也世尊即
聲香味觸法處雜染增語是菩薩摩訶薩不
不也世尊即色處清淨增語是菩薩摩訶薩
不不也世尊即聲香味觸法處清淨增語是
菩薩摩訶薩不不也世尊即色處屬生死增
語是菩薩摩訶薩不不也世尊即聲香味觸
法處屬生死增語是菩薩摩訶薩不不也世尊

BD03483號　大般若波羅蜜多經卷一七　（19–17）

不也世尊即色處清淨增語是菩薩摩訶薩
不不也世尊即聲香味觸法處清淨增語是
菩薩摩訶薩不不也世尊即色處屬生死增
語是菩薩摩訶薩不不也世尊即聲香味觸
法處屬生死增語是菩薩摩訶薩不不也世尊
即色處屬涅槃增語是菩薩摩訶薩不不
也世尊即聲香味觸法處屬涅槃增語是菩
薩摩訶薩不不也世尊即色處在內增語是
菩薩摩訶薩不不也世尊即聲香味觸法處
在內增語是菩薩摩訶薩不不也世尊即色
處在外增語是菩薩摩訶薩不不也世尊即
聲香味觸法處在外增語是菩薩摩訶薩
不不也世尊即色處在兩間增語是菩薩摩訶
薩不不也世尊即聲香味觸法處在兩間增
語是菩薩摩訶薩不不也世尊即色處可得
增語是菩薩摩訶薩不不也世尊即聲香味
觸法處可得增語是菩薩摩訶薩不不也世
尊即色處不可得增語是菩薩摩訶薩不不
也世尊即聲香味觸法處不可得增語是菩
薩摩訶薩不不也世尊

大般若波羅蜜多經卷第十七

道晉寫

BD03483號　大般若波羅蜜多經卷一七　（19–18）

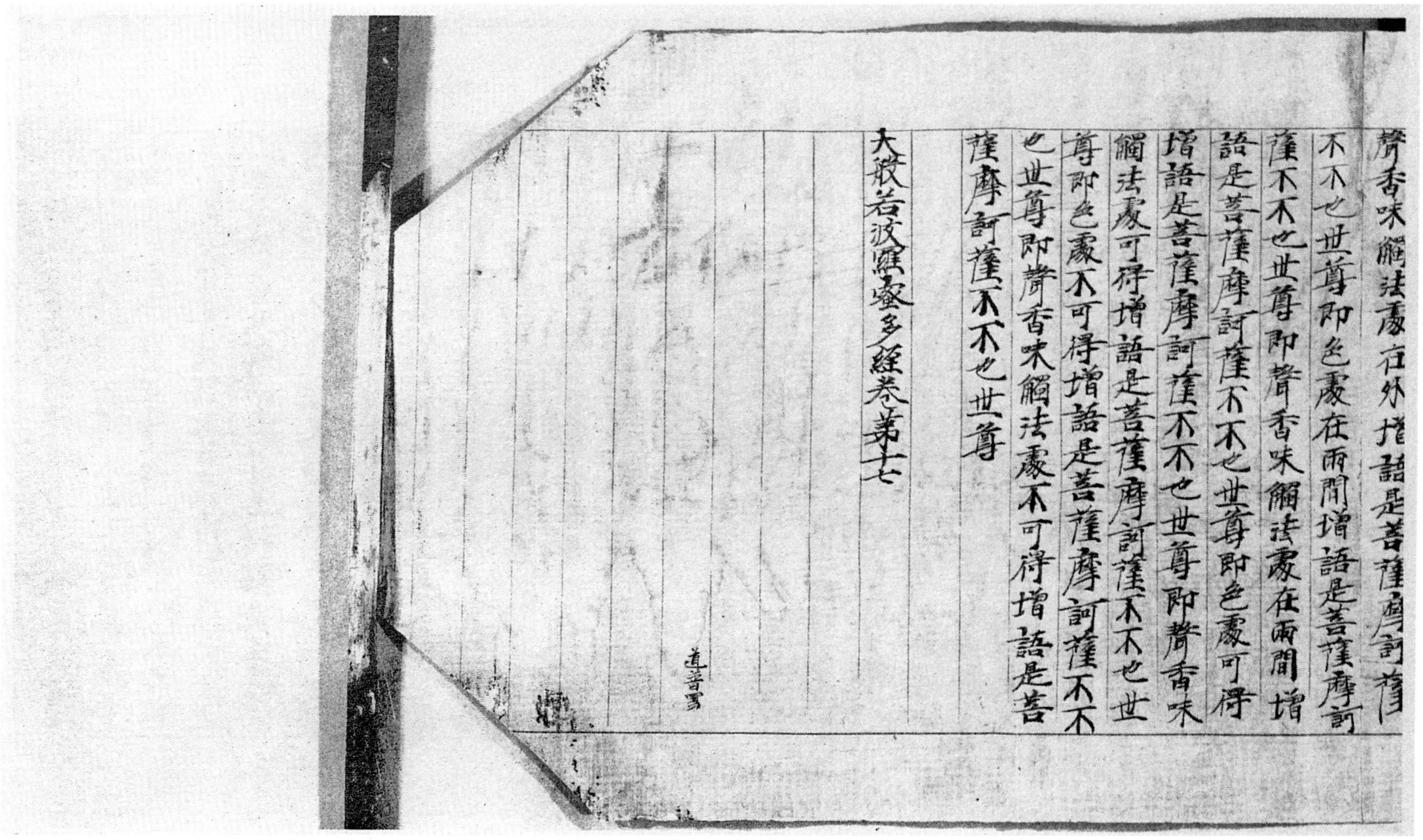

聲香味觸法處在外增語是菩薩摩訶薩
不不也世尊即色處在兩間增語是菩薩摩訶
薩不不也世尊即聲香味觸法處在兩間增
語是菩薩摩訶薩不不也世尊即色處可得
增語是菩薩摩訶薩不不也世尊即聲香味
觸法處可得增語是菩薩摩訶薩不不也世
尊即色處不可得增語是菩薩摩訶薩不不
也世尊即聲香味觸法處不可得增語是菩
薩摩訶薩不不也世尊

大般若波羅蜜多經卷第十七

道晉寫

BD03483號　大般若波羅蜜多經卷一七　（19–19）

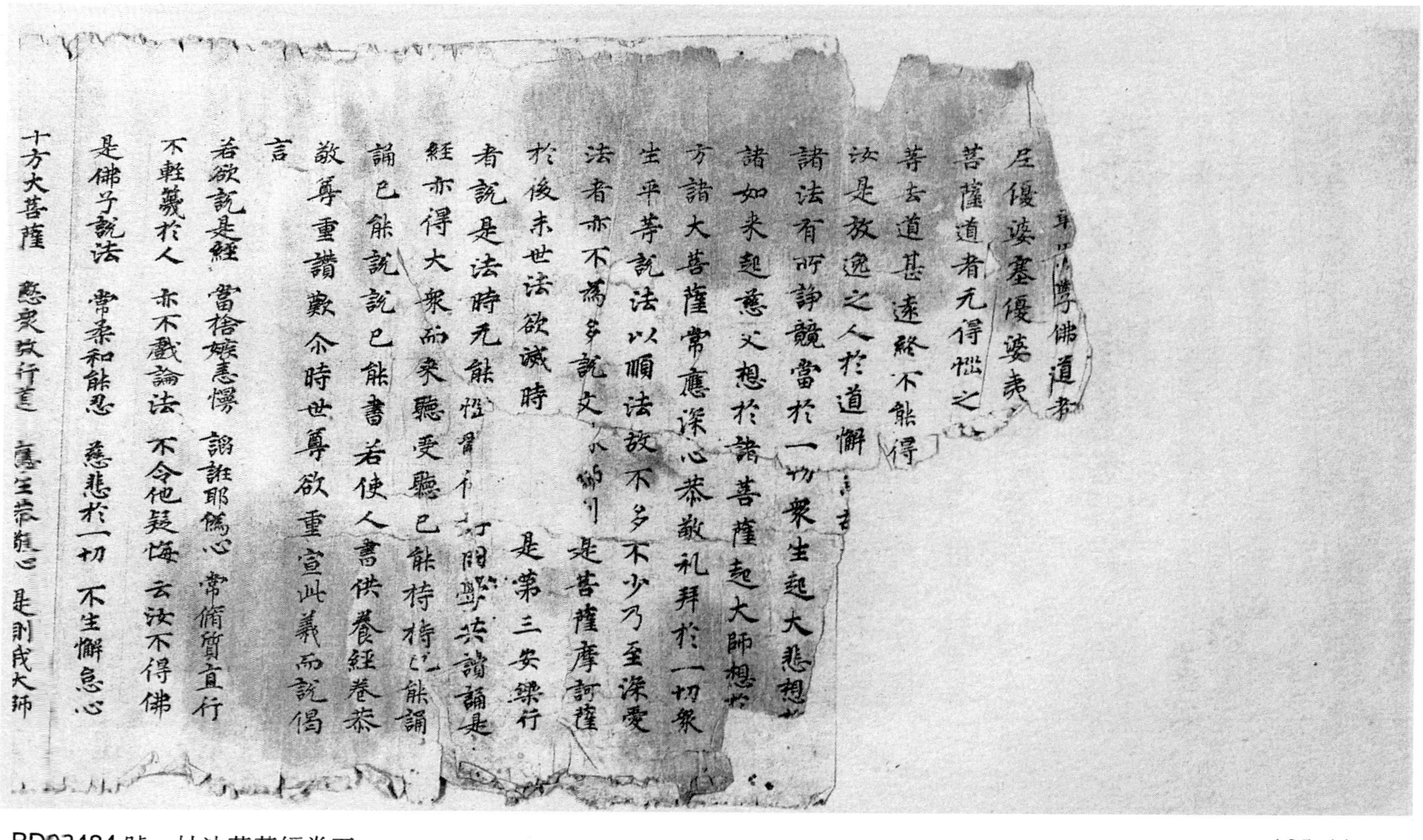

□□學佛道者
尼優婆塞優婆夷
菩薩道者无得惱之
等去道甚遠終不能得
汝是放逸之人於道懈怠
諸法有所諍競當於一切衆生起大悲想於
諸如來起慈父想於諸菩薩起大師想於
方諸大菩薩常應深心恭敬礼拜於一切衆
生平等說法以順法故不多不少乃至深愛
法者亦不為多說文殊師利是菩薩摩訶薩
於後末世法欲滅時　是第三安樂行
者說是法時无能惱亂得好同學共讀誦是
經亦得大衆而來聽受聽已能持持已能誦
誦已能說說已能書若使人書供養經卷恭
敬尊重讚歎尒時世尊欲重宣此義而說偈
言
若欲說是經　當捨嫉恚慢　諂誑耶偽心　常脩質直行
不輕蔑於人　亦不戲論法　不令他疑悔　云汝不得佛
是佛子說法　常柔和能忍　慈悲於一切　不生懈怠心
十方大菩薩　愍衆故行道　應生恭敬心　是則我大師

BD03484號　妙法蓮華經卷五　（25–1）

誦已能說說已能書若使人書供養經卷恭
敬尊重讚歎尒時世尊欲重宣此義而說偈
言
若欲說是經　當捨嫉恚慢　諂誑耶僞心　常脩質直行
不輕蔑於人　亦不戲論法　不令他疑悔　云汝不得佛
是佛子說法　常柔和能忍　慈悲於一切　不生懈怠心
十方大菩薩　愍衆故行道　應生恭敬心　是則我大師
於諸佛世尊　生无上父想　破於憍慢心　說法无障礙
第三法如是　智者應守護　一心安樂行　无量衆所敬
又文殊師利菩薩摩訶薩於後末世法欲滅
時有持法華經者於在家出家人中生大慈
心於非菩薩人中生大悲心應作是念如是
之人則為大失如来方便隨宜說法不聞不
知不覺不問不信不解其人雖不問不信不
解是經我得阿耨多羅三藐三菩提時隨在
何地以神通力智慧力引之令得住是法中
文殊師利是菩薩摩訶薩於如来滅後有成
就此第四法者說是法時无有過失常為比
丘比丘尼優婆塞優婆夷國王王子大臣人
民婆羅門居士等供養恭敬尊重讚歎虛空
諸天為聽法故亦常隨侍若在聚落城邑空
閑林中有人来欲難問者諸天晝夜常為法
故而衛護之能令聽者皆得歡喜所以者何
此經是一切過去未来現在諸佛神力所護
故文殊師利是法華經於无量國中乃至名

BD03484號　妙法蓮華經卷五　（25–2）

此經是一切過去未来現在諸佛神力所護
故文殊師利是法華經於无量國中乃至名
字不可得聞何況得見受持讀誦文殊師利
譬如強力轉輪聖王欲以威勢降伏諸國而
諸小王不順其命時轉輪王起種種兵而往
討伐王見兵衆戰有功者即大歡喜隨功賞
賜或與田宅聚落城邑或與衣服嚴身之具
或與種種珎寶金銀琉璃車𤦲馬瑙珊瑚虎
珀象馬車乘奴婢人民唯髻中明珠不以與
之所以者何獨王頂上有此一珠若以與之
王諸眷屬必大驚怪文殊師利如来亦復如
是以禪定智慧力得法國土王於三界而諸
魔王不肯順伏如来賢聖諸將與之共戰其
有功者心亦歡喜於四衆中為說諸經令其
心悅賜以禪定解脫无漏根力諸法之財又
復賜與涅槃之城言得滅度引導其心令皆
歡喜而不為說是法華經文殊師利如轉輪
王見諸兵衆有大功者心甚歡喜以此難信
之珠久在髻中不妄與人而今與之如来亦
復如是於三界中為大法王以法教化一切衆
生見賢聖軍與五陰魔煩惱魔死魔共戰
有大功勳滅三毒出三界破魔網尒時如来
亦大歡喜此法華經能令衆生至一切智一
切世間多怨難信先所未說而今說之文殊
師利此法華經是諸如来第一之說於諸說

BD03484號　妙法蓮華經卷五　（25–3）

切世間多怨難信先所未說而今說之文殊
師利此法華經是諸如來苐一之說於諸說
中冣為甚深末後賜與如彼强力之王久護
明珠今乃與之文殊師利此法華經諸佛如
來秘密之藏於諸經中冣在其上長夜守護
不妄宣說始於今日乃與汝等而敷演之尒
時世尊欲重宣此義而說偈言
常行忍辱　哀愍一切　乃能演說　佛所讚經
後末世時　持此經者　於家出家　及非菩薩
應生慈悲　斯等不聞　不信是經　則為大失
我得佛道　以諸方便　為說此法　令住其中
譬如强力　轉輪之王　兵戰有功　賞賜諸物
為馬車乘　嚴身之具　及諸田宅　聚落城邑
或與衣服　種種珎寶　奴婢財物　歡喜賜與
如有勇健　能為難事　王解髻中　明珠賜之
如來亦尒　為諸法王　忍辱大力　智慧寶藏
以大慈悲　如法化世　見一切人　受諸苦惱
欲求解脫　與諸魔戰　為是衆生　說種種法
以大方便　說此諸經　既知衆生　得其力已
末後乃為　說是法華　如王解髻　明珠與之
此經為尊　衆經中上　我常守護　不妄開示
今正是時　為汝等說　我滅度後　求佛道者
欲得安隱　演說斯經　應當親近　如是四法
讀是經者　常無憂惱　又無病痛　顏色鮮白
不生貧窮　卑賤醜陋　衆生樂見　如慕賢聖

BD03484號　妙法蓮華經卷五　（25–4）

今正是時　為汝等說　我滅度後　求佛道者
欲得安隱　演說斯經　應當親近　如是四法
讀是經者　常無憂惱　又無病痛　顏色鮮白
不生貧窮　卑賤醜陋　衆生樂見　如慕賢聖
天諸童子　以為給使　刀杖不加　毒不能害
若人惡罵　口則閉塞　遊行无畏　如師子王
智慧光明　如日之照　若於夢中　但見妙事
見諸如來　坐師子座　諸比丘衆　圍繞說法
又見龍神　阿脩羅等　數如恒沙　恭敬合掌
自見其身　而為說法　又見諸佛　身相金色
放无量光　照於一切　以梵音聲　演說諸法
佛為四衆　說無上法　見身處中　合掌讚佛
聞法歡喜　而為供養　得陁羅尼　證不退智
佛知其心　深入佛道　即為授記　成冣正覺
汝善男子　當於來世　得无量智　佛之大道
國土嚴淨　廣大無比　亦有四衆　合掌聽法
又見自身　在山林中　脩習善法　證諸實相
深入禪定　見十方佛
諸佛身金色　百福相莊嚴　聞法為人說　常有是好夢
又夢作國王　捨宮殿眷屬　及上妙五欲　行詣於道場
在菩提樹下　而處師子座　求道過七日　得諸佛之智
成无上道已　起而轉法輪　為四衆說法　經千萬億劫
說无漏妙法　度无量衆生　後當入涅槃　如烟盡燈滅
若後惡世中　說是苐一法　是人得大利　如上諸功德

妙法蓮華經從地踊出品苐十五

BD03484號　妙法蓮華經卷五　（25–5）

成无上道已　起而轉法輪　爲四衆說法　經千萬億劫
說无漏妙法　度无量衆生　後當入涅槃　如烟盡燈滅
若後惡世中　說是第一法　是人得大利　如上諸功德

妙法蓮華經從地踊出品第十五

尒時他方國土諸來菩薩摩訶薩過八恒河
沙數於大衆中起立合掌作礼而白佛言世尊
若聽我等於佛滅後在此娑婆世界勤加精
進護持讀誦書寫供養是經典者當於此土
而廣說之尒時佛告諸菩薩摩訶薩衆止
善男子不須汝等護持此經所以者何我娑婆
世界自有六萬恒河沙等菩薩摩訶薩一一
菩薩各有六萬恒河沙眷屬是諸人等能於
我滅後護持讀誦廣說此經佛說是時娑婆
世界三千大千國土地皆震裂而於其中有
无量千萬億菩薩摩訶薩同時踊出是諸菩
薩身皆金色三十二相无量光明先盡在此
娑婆世界之下此界虛空中住是諸菩薩聞
釋迦牟尼佛所說音聲從下發來一一菩薩
皆是大衆唱導之首各將六萬恒河沙眷屬
況將五萬四萬三萬二萬一萬恒河沙等眷
屬者況復乃至一恒河沙半恒河沙四分之
一乃至千萬億那由他分之一況復千萬億
那由他眷屬況復億萬眷屬況復千萬百萬
乃至一萬況復一千一百乃至一十況復將
五四三二一弟子者況復單已樂遠離行如

BD03484號　妙法蓮華經卷五　（25–6）

那由他眷屬況復億萬眷屬況復千萬百萬
乃至一萬況復一千一百乃至一十況復將
五四三二一弟子者況復單已樂遠離行如
是等比无量无邊算數譬喻所不能知是諸
菩薩從地出已各詣虛空七寶妙塔多寶如
來釋迦牟尼佛所到已向二世尊頭面礼足
及至諸寶樹下師子座上佛所亦皆作礼右
繞三帀合掌恭敬以諸菩薩種種讚法而以
讚歎住在一面欣樂瞻仰於二世尊是諸菩
薩摩訶薩從初踊出以諸菩薩種種讚法而
讚於佛如是時間經五十小劫是時釋迦牟
尼佛嘿然而坐及諸四衆亦皆嘿然五十小
劫佛神力故令諸大衆謂如半日尒時四衆
亦以佛神力故見諸菩薩遍滿无量百千萬
億國土虛空是菩薩衆中有四導師一名上
行二名无邊行三名淨行四名安立行是四
菩薩於其衆中最爲上首唱導之師在大衆
前各共合掌觀釋迦牟尼佛而問訊言世尊
少病少惱安樂行不所應度者受教易不不
令世尊生疲勞耶尒時四大菩薩而說偈言
世尊安樂　少病少惱　教化衆生　得无疲惓
又諸衆生　受化易不　不令世尊　生疲勞耶
尒時世尊於菩薩大衆中而作是言如是如
是諸善男子如來安樂少病少惱諸衆生等
易可化度无有疲勞所以者何是諸衆生世

BD03484號　妙法蓮華經卷五　（25–7）

尒時世尊於菩薩大衆中而作是言如是如
是諸善男子如來安樂少病少惱諸衆生等
易可化度无有疲勞所以者何是諸衆生世
世已來常受我化亦於過去諸佛供養尊重
種諸善根此諸衆生始見我身聞我所說即
皆信受入如來慧除先脩習學小乘者如是
之人我今亦令得聞是經入於佛慧尒時諸
大菩薩而說偈言
善哉善哉　大雄世尊　諸衆生等　易可化度
能問諸佛　甚深智慧　聞已信行　我等隨喜
於時世尊讚歎上首諸大菩薩善哉善哉善
男子汝等能於如來發隨喜心尒時弥勒菩
薩及八千恒河沙諸菩薩衆皆作是念我等
從昔已來不見不聞如是大菩薩摩訶薩衆
從地踊出住世尊前合掌供養問訊如來時
弥勒菩薩摩訶薩知八千恒河沙諸菩薩等
心之所念并欲自決所疑合掌向佛以偈問
曰
无量千萬億　大衆諸菩薩　昔所未曾見　願兩足尊說
是從何所來　以何因緣集　巨身大神通　智慧叵思議
其志念堅固　有大忍辱力　衆生所樂見　為從何所來
一一諸菩薩　所將諸眷屬　其數无有量　如恒河沙等
或有大菩薩　將六萬恒沙　如是諸大衆　一心求佛道
是諸大師等　六萬恒河沙　俱來供養佛　及護持此經
將五萬恒沙　其數過於是　四萬及三萬　二萬至一萬
一千一百等　乃至一恒沙　半及三四分　億萬分之一

BD03484號　妙法蓮華經卷五　（25–8）

是諸大師等　六萬恒河沙　俱來供養佛　及護持此經
將五萬恒沙　其數過於是　四萬及三萬　二萬至一萬
一千一百等　乃至一恒沙　半及三四分　億萬分之一
千萬那由他　萬億諸弟子　乃至於半億　其數復過上
百萬至一萬　一千及一百　五十與一十　乃至三二一
單己無眷屬　樂於獨處者　俱來至佛所　其數轉過上
如是諸大衆　若人行籌數　過於恒沙劫　猶不能盡知
是諸大威德　精進菩薩衆　誰為其說法　教化而成就
從誰初發心　稱揚何佛法　受持行誰經　脩習何佛道
如是諸菩薩　神通大智力　四方地震裂　皆從中踊出
世尊我昔來　未曾見是事　願說其所從　國土之名号
我常遊諸國　未曾見是衆　我於此衆中　乃不識一人
忽然從地出　願說其因緣　今此之大會　无量百千億
是諸菩薩等　皆欲知此事　是諸菩薩　本末之因緣
无量德世尊　唯願決衆疑
尒時釋迦牟尼佛分身諸佛從无量千萬億
他方國土來者在於八方諸寶樹下師子座
上結跏趺坐其佛侍者各各見是菩薩大衆
於三千大千世界四方從地踊出住於虛空
各白其佛言世尊此諸无量无邊阿僧祇菩
薩大衆從何所來尒時諸佛各告侍者諸善
男子且待須臾有菩薩摩訶薩名弥勒釋迦
牟尼佛之所授記次後作佛已問斯事佛今
荅之汝等自當因是得聞尒時釋迦牟尼佛
告弥勒菩薩善哉善哉阿逸多乃能問佛如
是大事汝等當共一心被精進鎧發堅固意

BD03484號　妙法蓮華經卷五　（25–9）

牟尼佛之所授記次後作佛已問斯事佛今
荅之汝等自當因是得聞尒時釋迦牟尼佛
告弥勒菩薩善哉善哉阿逸多乃能問佛如
是大事汝等當共一心被精進鎧發堅固意
如來今欲顯發宣示諸佛智慧諸佛自在神
通之力諸佛師子奮迅之力諸佛威猛大勢
之力尒時世尊欲重宣此義而說偈言
當精進一心　我欲說此事　勿得有疑悔　佛智叵思議
汝今出信力　住於忍善中　昔所未聞法　今皆當得聞
我今安慰汝　勿得懷疑懼　佛無不實語　智慧不可量
所得第一法　甚深叵分別　如是今當說　汝等一心聽
尒時世尊說此偈已告弥勒菩薩我今於此
大衆宣告汝等阿逸多是諸大菩薩摩訶薩
無量無數阿僧祇從地踊出汝等昔所未見
者我於是娑婆世界得阿耨多羅三藐三菩
提已教化示導是諸菩薩調伏其心令發道
意此諸菩薩皆於是娑婆世界之下此界虛
空中住於諸經典讀誦通利思惟分別正憶
念阿逸多是諸善男子等不樂在衆多有所
說常樂靜處勤行精進未曾休息亦不依止
人天而住常樂深智无有障礙亦常樂於諸
佛之法一心精進求无上慧尒時世尊欲重
宣此義而說偈言
阿逸汝當知　是諸大菩薩　從无數劫來　脩習佛智慧
悉是我所化　令發大道心　此等是我子　依止是世界
常行頭陀事　志樂於靜處　捨大衆憒閙　不樂多所說

BD03484號　妙法蓮華經卷五　（25–10）

阿逸汝當知　是諸大菩薩　從无數劫來　脩習佛智慧
悉是我所化　令發大道心　此等是我子　依止是世界
常行頭陀事　志樂於靜處　捨大衆憒閙　不樂多所說
如是諸子等　學習我道法　晝夜常精進　為求佛道故
在娑婆世界　下方空中住　志念力堅固　常勤求智慧
說種種妙法　其心无所畏　我於伽耶城　菩提樹下坐
得成最正覺　轉无上法輪　尒乃教化之　令初發道心
今皆住不退　悉當得成佛　我今說實語　汝等一心信
我從久遠來　教化是等衆
尒時弥勒菩薩摩訶薩及无數諸菩薩等心
生疑惑怪未曾有而作是念云何世尊於少
時間教化如是无量无邊阿僧祇諸大菩薩
令住阿耨多羅三藐三菩提即白佛言世尊
如來為太子時出於釋宮去伽耶城不遠坐
於道場得成阿耨多羅三藐三菩提從是已
來始過四十餘年世尊云何於此少時大作
佛事以佛勢力以佛功德教化如是无量大
菩薩衆當成阿耨多羅三藐三菩提世尊此
大菩薩衆假使有人於千萬億劫數不能盡
不得其邊斯等久遠已來於无量无邊諸佛
所植諸善根成就菩薩道常脩梵行世尊如
此之事世所難信譬如有人色美髮黑年二
十五指百歲人言是我子其百歲人亦指年
少言是我父生育我等是事難信佛亦如是
得道已來其實未久而此大衆諸菩薩等已
於无量千萬億劫為佛道故勤行精進善入

BD03484號　妙法蓮華經卷五　（25–11）

少言是我父生育我等是事難信佛亦如是
得道已來其實未久而此大衆諸菩薩等已
於无量千萬億劫為佛道故勤行精進善入
出住无量百千萬億三昧得大神通久脩梵
行善能次第習諸善法巧於問荅人中之寶
一切世間甚為希有今日世尊方云得佛道
時初令發心教化示導令向阿耨多羅三藐
三菩提世尊得佛未久乃能作此大功德事
我等雖復信佛隨宜所說佛所出言未曾虛
妄佛所知者皆悉通達然諸新發意菩薩於
佛滅後若聞是語或不信受而起破法罪業
因緣唯然世尊願為解說除我等疑及未來
世諸善男子聞此事已亦不生疑尒時弥勒
菩薩欲重宣此義而說偈言
佛昔從釋種　出家近伽耶　坐於菩提樹　尒來尚未久
此諸佛子等　其數不可量　久已行佛道　住於神通力
善學菩薩道　不染世間法　如蓮華在水　從地而踊出
皆起恭敬心　住於世尊前　是事難思議　云何而可信
佛得道甚近　所成就甚多　願為除衆疑　如實分別說
譬如少壯人　年始二十五　示人百歲子　髮白而面皺
是等我所生　子亦說是父　父少而子老　舉世所不信
世尊亦如是　得道來甚近　是諸菩薩等　志固无怯弱
從无量劫來　而行菩薩道　巧於難問荅　其心无所畏
忍辱心決定　端正有威德　十方佛所讚　善能分別說
不樂在人衆　常好在禪定　為求佛道故　於下空中住

BD03484號　妙法蓮華經卷五　（25–12）

忍辱心決定　端正有威德　十方佛所讚　善能分別說
不樂在人衆　常好在禪定　為求佛道故　於下空中住
我等從佛聞　於此事无疑　願佛為未來　演說令開解
若有於此經　生疑不信者　即當墮惡道　願今為解說
是无量菩薩　云何於少時　教化令發心　而住不退地
妙法蓮華經如來壽量品第十六
尒時佛告諸菩薩及一切大衆諸善男子汝
等當信解如來誠諦之語復告大衆汝等當
信解如來誠諦之語又復告諸大衆汝等當
信解如來誠諦之語是時菩薩大衆弥勒為
首合掌白佛言世尊唯願說之我等當信受
佛語如是三白已復言唯願說之我等當信
受佛語尒時世尊知諸菩薩三請不止而告
之言汝等諦聽如來秘密神通之力一切世
間天人及阿脩羅皆謂今釋迦牟尼佛出釋
氏宮去伽耶城不遠坐於道場得阿耨多羅
三藐三菩提然善男子我實成佛已來无量
无邊百千萬億那由他劫譬如五百千萬億
那由他阿僧祇三千大千世界假使有人末
為微塵過於東方五百千萬億那由他阿僧
祇國乃下一塵如是東行盡是微塵諸善男
子於意云何是諸世界可得思惟校計知其
數不弥勒菩薩等俱白佛言世尊是諸世界
无量无邊非算數所知亦非心力所及一切
聲聞辟支佛以无漏智不能思惟知其限數

BD03484號　妙法蓮華經卷五　（25–13）

數不弥勒菩薩等俱白佛言世尊是諸世界
无量无邊非筭數所知亦非心力所及一切
聲聞辟支佛以无漏智不能思惟知其限數
我等住阿惟越致地於是事中亦所不達世
尊如是諸世界无量无邊尒時佛告大菩薩
衆諸善男子今當分明宣語汝等是諸世界
若著微塵及不著者盡以為塵一塵一劫我
成佛已来復過於此百千萬億那由他阿僧
祇劫自從是来我常在此娑婆世界說法教
化亦於餘處百千萬億那由他阿僧祇國導
利衆生諸善男子於是中間我說然燈佛等
又復言其入於涅槃如是皆以方便分別諸
善男子若有衆生来至我所我以佛眼觀其
信等諸根利鈍隨所應度處處自說名字不
同年紀大小亦復現言當入涅槃又以種種
方便說微妙法能令衆生發歡喜心諸善男
子如来見諸衆生樂於小法德薄垢重者為
是人說我少出家得阿耨多羅三藐三菩提
然我實成佛已来久遠若斯但以方便教化
衆生令入佛道作如是說諸善男子如来所
演經典皆為度脫衆生或說己身或說他身
或示己身或示他身或示己事或示他事諸
所言說皆實不虛所以者何如来如實知見
三界之相无有生死若退若出亦无在世及
滅度者非實非虛非如非異不如三界見於

BD03484號　妙法蓮華經卷五

(25–14)

所言說皆實不虛所以者何如来如實知見
三界之相无有生死若退若出亦无在世及
滅度者非實非虛非如非異不如三界見於
三界如斯之事如来明見无有錯謬以諸衆
生有種種性種種欲種種行種種憶想分別
故欲令生諸善根以若干因緣譬喻言辭種
種說法所作佛事未曾暫廢如是我成佛已
来甚大久遠壽命无量阿僧祇劫常住不滅
諸善男子我本行菩薩道所成壽命今猶未
盡復倍上數然今非實滅度而便唱言當取
滅度如来以是方便教化衆生所以者何若
佛久住於世薄德之人不種善根貧窮下賤
貪著五欲入於憶想妄見網中若見如来常
在不滅便起憍恣而懷猒怠不能生難遭之
想恭敬之心是故如来以方便說比丘當知
諸佛出世難可值遇所以者何諸薄德人過
无量百千萬億劫或有見佛或不見者以此
事故我作是言諸比丘如来難可得見斯衆
生等聞如是語必當生於難遭之想心懷戀
慕渴仰於佛便種善根是故如来雖不實滅
而言滅度又善男子諸佛如来法皆如是為
度衆生皆實不虛譬如良醫智慧聰達明練
方藥善治衆病其人多諸子息若十二廿乃
至百數以有事緣遠至餘國諸子於後飲他
毒藥藥發悶亂宛轉于地是時其父還来歸

BD03484號　妙法蓮華經卷五

(25–15)

至百數以有事緣遠至餘國諸子於後飲他
毒藥藥發悶亂宛轉于地是時其父還來歸
家諸子飲毒或失本心或不失者遙見其父
皆大歡喜拜跪問訊善安隱歸我等愚癡誤
服毒藥願見救療更賜壽命父見子等苦惱
如是依諸經方求好藥草色香美味皆悉具
足擣篩和合與子令服而作是言此大良藥
色香美味皆悉具足汝等可服速除苦惱无
復衆患其諸子中不失心者見此良藥色香
俱好即便服之病盡除愈餘失心者見其父
來雖亦歡喜問訊求索治病然與其藥而不
肯服所以者何毒氣深入失本心故於此好
色香藥而謂不美父作是念此子可愍為毒
所中心皆顛倒雖見我喜求索救療如是好
藥而不肯服我今當設方便令服此藥即作
是言汝等當知我今衰老死時已至是好良
藥今留在此汝可取服勿憂不差作是教已
復至他國遣使還告汝父已死是時諸子聞
父背喪心大憂惱而作是念若父在者慈愍
我等能見救護今者捨我遠喪他國自惟孤
露无復恃怙常懷悲感心遂醒悟乃知此藥
色味香美即取服之毒病皆愈其父聞子悉
已得差尋便來歸咸使見之諸善男子於意
云何頗有人能說此良醫虛妄罪不不也世
尊佛言我亦如是成佛已來无量无邊百千
萬億那由他阿僧祇劫為衆生故以方便力

色味香美即取服之毒病皆愈其父聞子悉
已得差尋便來歸咸使見之諸善男子於意
云何頗有人能說此良醫虛妄罪不不也世
尊佛言我亦如是成佛已來无量无邊百千
萬億那由他阿僧祇劫為衆生故以方便力
言當滅度亦无有能如法說我虛妄過者尒
時世尊欲重宣此義而說偈言
自我得佛來　所經諸劫數　无量百千萬　億載阿僧祇
常說法教化　无數億衆生　令入於佛道　尒來无量劫
為度衆生故　方便現涅槃　而實不滅度　常住此說法
我常住於此　以諸神通力　令顛倒衆生　雖近而不見
衆見我滅度　廣供養舍利　咸皆懷戀慕　而生渴仰心
衆生既信伏　質直意柔軟　一心欲見佛　不自惜身命
時我及衆僧　俱出靈鷲山　我時語衆生　常在此不滅
以方便力故　現有滅不滅　餘國有衆生　恭敬信樂者
我復於彼中　為說无上法　汝等不聞此　但謂我滅度
我見諸衆生　沒在於苦惱　故不為現身　令其生渴仰
因其心戀慕　乃出為說法　神通力如是　於阿僧祇劫
常在靈鷲山　及餘諸住處　衆生見劫盡　大火所燒時
我此土安隱　天人常充滿　園林諸堂閣　種種寶莊嚴
寶樹多華菓　衆生所遊樂　諸天擊天鼓　常作衆伎樂
雨曼陀羅華　散佛及大衆　我淨土不毀　而衆見燒盡
憂怖諸苦惱　如是悉充滿　是諸罪衆生　以惡業因緣
過阿僧祇劫　不聞三寶名　諸有脩功德　柔和質直者
則皆見我身　在此而說法　或時為此衆　說佛壽无量
久乃見佛者　為說佛難值　我智力如是　慧光照无量

雨曼陀羅華　散佛及大衆　我淨土不毀　而衆見燒盡
憂怖諸苦惱　如是悉充滿　是諸罪衆生　以惡業因緣
過阿僧祇劫　不聞三寶名　諸有脩功德　柔和質直者
則皆見我身　在此而說法　或時為此衆　說佛壽无量
久乃見佛者　為說佛難值　我智力如是　慧光照无量
壽命无數劫　久脩業所得　汝等有智者　勿於此生疑
當斷令永盡　佛語實不虛　如醫善方便　為治狂子故
實在而言死　无能說虛妄　我亦為世父　救諸苦患者
為凡夫顛倒　實在而言滅　以常見我故　而生憍恣心
放逸著五欲　墮於惡道中　我常知衆生　行道不行道
隨應所可度　為說種種法　每自作是意　以何令衆生
得入无上道　速成就佛身

妙法蓮華經分別功德品第十七

尒時大會聞佛說壽命劫數長遠如是无量
无邊阿僧祇衆生得大饒益於時世尊告弥
勒菩薩摩訶薩阿逸多我說是如来壽命長
遠時六百八十萬億那由他恒河沙衆生得
无生法忍復千倍菩薩摩訶薩得聞持陁羅
尼門復有一世界微塵數菩薩摩訶薩得樂
說无礙辯才復有一世界微塵數菩薩摩訶
薩得百千萬億无量旋陁羅尼復有三千大千
世界微塵數菩薩摩訶薩能轉不退法輪復
有二千中國土微塵數菩薩摩訶薩能轉清
淨法輪復有小千國土微塵數菩薩摩訶薩
八生當得阿耨多羅三藐三菩提復有四四
天下微塵數菩薩摩訶薩四生當得阿耨多

BD03484號　妙法蓮華經卷五　(25–18)

淨法輪復有小千國土微塵數菩薩摩訶薩
八生當得阿耨多羅三藐三菩提復有四四
天下微塵數菩薩摩訶薩四生當得阿耨多
羅三藐三菩提復有三四天下微塵數菩
薩摩訶薩三生當得阿耨多羅三藐三菩提
復有二四天下微塵數菩薩摩訶薩二生當
得阿耨多羅三藐三菩提復有一四天下微
塵數菩薩摩訶薩一生當得阿耨多羅三藐
三菩提復有八世界微塵數衆生皆發阿耨
多羅三藐三菩提心佛說是諸菩薩摩訶薩
得大法利時於虛空中雨曼陁羅華摩訶曼
陁羅華以散无量百千萬億寶樹下師子座
上諸佛并散七寶塔中師子座上釋迦牟尼
佛及久滅度多寶如来亦散一切諸大菩薩
及四部衆又雨細末栴檀沉水香等於虛空
中天鼓自鳴妙聲深遠又雨千種天衣垂諸
瓔珞真珠瓔珞摩尼珠瓔珞如意珠瓔珞遍
於九方衆寶香鑪燒无價香自然周至供養
大會一一佛上有菩薩執持幡蓋次第而
上至于梵天是諸菩薩以妙音聲歌无量頌
讚歎諸佛尒時弥勒菩薩從座而起偏袒右
肩合掌向佛而說偈言

佛說希有法　昔所未曾聞　世尊有大力　壽命不可量
無數諸佛子　聞世尊分別　說得法利者　歡喜充遍身
或住不退地　或得陁羅尼　或无礙樂說　萬億旋總持
或有大千界　微塵數菩薩　各各皆能轉　不退之法輪

BD03484號　妙法蓮華經卷五　(25–19)

肩合掌向佛而說偈言
佛說希有法　昔所未曾聞　世尊有大力　壽命不可量
無數諸佛子　聞世尊分別　說得法利者　歡喜充遍身
或住不退地　或得陁羅尼　或无礙樂說　萬億旋揔持
或有大千界　微塵數菩薩　各各皆能轉　不退之法輪
或有中千界　微塵數菩薩　各各皆能轉　清淨之法輪
復有小千界　微塵數菩薩　餘各八生在　當得成佛道
復有四三二　如是四天下　微塵諸菩薩　隨數生成佛
或一四天下　微塵數菩薩　餘有一生在　當成一切智
如是等衆生　聞佛壽長遠　得无量无漏　清淨之果報
復有八世界　微塵數衆生　聞佛說壽命　皆發无上心
世尊說无量　不可思議法　多有所饒益　如虛空无邊
雨天曼陁羅　摩訶曼陁羅　釋梵如恒沙　无數佛土來
雨栴檀沉水　繽紛而亂墜　如鳥飛空下　供散於諸佛
天鼓虛空中　自然出妙聲　天衣千萬種　旋轉而來下
衆寶妙香爐　燒無價之香　自然悉周遍　供養諸世尊
其大菩薩衆　執七寶幡蓋　高妙萬億種　次第至梵天
一一諸佛前　寶幢懸勝幡　亦以千萬偈　歌詠諸如來
如是種種事　昔所未曾有　聞佛壽无量　一切皆歡喜
佛名聞十方　廣饒益衆生　一切具善根　以助无上心
尒時佛告弥勒菩薩摩訶薩阿逸多其有衆
生聞佛壽命長遠如是乃至能生一念信解
所得功德无有限量若有善男子善女人爲
阿耨多羅三藐三菩提於八十萬億那由他
劫行五波羅蜜檀波羅蜜尸波羅蜜羼提
波羅蜜毗梨耶波羅蜜禪波羅蜜除般若波

阿耨多羅三藐三菩提於八十萬億那由他
劫行五波羅蜜檀波羅蜜尸波羅蜜羼提
波羅蜜毗梨耶波羅蜜禪波羅蜜除般若波
羅蜜以是功德比前功德百分千分百千萬
億分不及其一乃至筭數譬喻所不能知若
善男子有如是功德於阿耨多羅三藐三菩
提退者无有是處尒時世尊欲重宣此義而
說偈言
若人求佛慧　於八十萬億　那由他劫數　行五波羅蜜
於是諸劫中　布施供養佛　及緣覺弟子　并諸菩薩衆
珍異之飲食　上服與卧具　栴檀立精舍　以園林莊嚴
如是等布施　種種皆微妙　盡此諸劫數　以迴向佛道
若復持禁戒　清淨无缺漏　求於无上道　諸佛之所歎
若復行忍辱　住於調柔地　設衆惡來加　其心不傾動
諸有得法者　懷於增上慢　爲此所輕惱　如是亦能忍
若復勤精進　志念常堅固　於无量億劫　一心不懈息
又於无數劫　住於空閑處　若坐若經行　除睡常攝心
以是因緣故　能生諸禪定　八十億萬劫　安住心不亂
持此一心福　願求无上道　我得一切智　盡諸禪定際
是人於百千　萬億劫數中　行此諸功德　如上之所說
有善男女等　聞我說壽命　乃至一念信　其福過於彼
若人悉无有　一切諸疑悔　深心須臾信　其福爲如此
其有諸菩薩　无量劫行道　聞我說壽命　是則能信受
如是諸人等　頂受此經典　願我於未來　長壽度衆生
如今日世尊　諸釋中之王　道場師子吼　說法无所畏

若人悉无有　一切諸疑悔　深心須臾信　其福為如此
其有諸菩薩　无量劫行道　聞我說壽命　是則能信受
如是諸人等　頂受此經典　願我於未來　長壽度衆生
如今日世尊　諸釋中之王　道場師子吼　說法无所畏
我等未來世　一切所尊敬　坐於道場時　說壽亦如是
若有深心者　清淨而質直　多聞能惣持　隨義解佛語
如是諸人等　於此无有疑
又阿逸多若有聞佛壽命長遠解其言趣是
人所得功德无有限量能起如來无上之慧
何況廣聞是經若教人聞若自持若教人持
若自書若教人書若以華香瓔珞幢幡繒蓋
香油蘇燈供養經卷是人功德无量无邊能
生一切種智阿逸多若善男子善女人聞我
說壽命長遠深心信解則為見佛常在耆闍
崛山共大菩薩諸聲聞衆圍繞說法又見此
娑婆世界其地琉璃坦然平正閻浮檀金以
界八道寶樹行列諸臺樓觀皆悉寶成其菩
薩衆咸處其中若有能如是觀者當知是為
深信解相又復如來滅後若聞是經而不毀
呰起隨喜心當知已為深信解相何況讀誦
受持之者斯人則為頂戴如來阿逸多是善
男子善女人不須為我復起塔寺及作僧坊
以四事供養衆僧所以者何是善男子善女
人受持讀誦是經典者為已起塔造立僧坊
供養衆僧則為以佛舍利起七寶塔高廣漸
小至于梵天懸諸幡蓋及衆寶鈴華香瓔珞

BD03484號　妙法蓮華經卷五　（25–22）

以四事供養衆僧所以者何是善男子善女
人受持讀誦是經典者為已起塔造立僧坊
供養衆僧則為以佛舍利起七寶塔高廣漸
小至于梵天懸諸幡蓋及衆寶鈴華香瓔珞
末香塗香燒香衆鼓伎樂簫笛箜篌種種
儛戲以妙音聲歌唄讚頌則為於无量千萬億
劫作是供養已阿逸多若我滅後聞是經典
有能受持若自書若教人書則為起立僧坊
以赤栴檀作諸殿堂三十有二高八多羅樹
高廣嚴好百千比丘於其中止園林流池經
行禪窟衣服飲食牀褥湯藥一切樂具充滿
其中如是僧坊堂閣若干百千萬億其數无
量以此現前供養於我及比丘僧是故我說
如來滅後若有受持讀誦為他人說若自書
若教人書供養經卷不須復起塔寺及造僧
坊供養衆僧況復有人能持是經兼行布施
持戒忍辱精進一心智慧其德最勝无量无
邊譬如虛空東西南北四維上下无量无邊是
人功德亦復如是无量无邊疾至一切種
智若人讀誦受持是經為他人說若自書若
教人書復能起塔及造僧坊供養讚歎聲聞
衆僧亦以百千萬億讚歎之法讚歎菩薩功
德又為他人種種因緣隨義解說此法華經
復能清淨持戒與柔和者而共同止忍辱无
瞋志念堅固常貴坐禪得諸深定精進勇猛
攝諸善法利根智慧善荅問難阿逸多若我

BD03484號　妙法蓮華經卷五　（25–23）

復能清淨持戒與柔和者而共同止忍辱无
瞋志念堅固常貴坐禪得諸深定精進勇猛
攝諸善法利根智慧善荅問難阿逸多若我
滅後諸善男子善女人受持讀誦是經典者
復有如是諸善功德當知是人已趣道場近
阿耨多羅三藐三菩提坐道樹下阿逸多是
善男子若坐若立若行處此中便應起塔一
切天人皆應供養如佛之塔尒時世尊欲重
宣此義而說偈言

若我滅度後　能奉持此經　斯人福无量　如上之所說
是則為具足　一切諸供養　以舍利起塔　七寶而莊嚴
表刹甚高廣　漸小至梵天　寶鈴千萬億　風動出妙音
又於无量劫　而供養此塔　華香諸瓔珞　天衣衆伎樂
然香油蘇燈　周帀常照明　惡世法末時　能持是經者
則為已如上　具足諸供養　若能持此經　則如佛現在
以牛頭栴檀　起僧坊供養　堂有三十二　高八多羅樹
上饌妙衣服　牀卧皆具足　百千衆住處　園林諸流池
經行及禪窟　種種皆嚴好　若有信解心　受持讀誦書
若復教人書　及供養經卷　散華香末香　以須曼瞻蔔
阿提目多伽　薰油常然之　如是供養者　得无量功德
如虛空无邊　其福亦如是　况復持此經　兼布施持戒
忍辱樂禪定　不瞋不惡口　恭敬於塔廟　謙下諸比丘
遠離自高心　常思惟智慧　有問難不瞋　隨順為解說
若能行是行　功德不可量　若見此法師　成就如是德
應以天華散　天衣覆其身　頭面接足礼　生心如佛想
又應作是念　不久詣道樹　得无漏无為　廣利諸人天

BD03484號　妙法蓮華經卷五　（25-24）

如虛空无邊　其福亦如是　况復持此經　兼布施持戒
忍辱樂禪定　不瞋不惡口　恭敬於塔廟　謙下諸比丘
遠離自高心　常思惟智慧　有問難不瞋　隨順為解說
若能行是行　功德不可量　若見此法師　成就如是德
應以天華散　天衣覆其身　頭面接足礼　生心如佛想
又應作是念　不久詣道樹　得无漏无為　廣利諸人天
其所住止處　經行若坐卧　乃至說一偈　是中應起塔
莊嚴令妙好　種種以供養　佛子住此地　則是佛受用
常在於其中　經行及坐卧

妙法蓮華經卷第五

BD03484號　妙法蓮華經卷五　（25-25）

以此辟喻 說一佛乘 汝等若能 信受是語
一切皆當 得成佛道 是乘微妙 清淨弟一
於諸世間 為无有上 佛所悅可 一切眾生
所應稱讚 供養禮拜 无量億千 諸力解脫
禪定智慧 及佛餘法 得如是乘 令諸子等
日夜劫數 常得遊戲 與諸菩薩 及聲聞眾
乘此寶乘 直至道場 以是因緣 十方諦求
更无餘乘 除佛方便 告舍利弗 汝諸人等
皆是吾子 我則是父 汝等累劫 眾苦所燒
我皆濟拔 令出三界 我雖先說 汝等滅度
但盡生死 而實不滅 今所應作 唯佛智慧
若有菩薩 於是眾中 能一心聽 諸佛實法
諸佛世尊 雖以方便 所化眾生 皆是菩薩
若人小智 深著愛欲 為此等故 說於苦諦
眾生心喜 得未曾有 佛說苦諦 真實无異
若有眾生 不知苦本 深著苦因 不能暫捨
為是等故 方便說道 諸苦所因 貪欲為本
若滅貪欲 无所依止 滅盡諸苦 名弟三諦

BD03485號　妙法蓮華經卷二　　（11–1）

若有眾生 不知苦本 深著苦因 不能暫捨
為是等故 方便說道 諸苦所因 貪欲為本
若滅貪欲 无所依止 滅盡諸苦 名弟三諦
為滅諦故 脩行於道 離諸苦縛 名得解脫
是人於何 而得解脫 但離虛妄 名為解脫
其實未得 一切解脫 佛說是人 未實滅度
斯人未得 无上道故 我意不欲 令至滅度
我為法王 於法自在 安隱眾生 故現於世
汝舍利弗 我此法印 為欲利益 世間故說
在所遊方 勿妄宣傳 若有聞者 隨喜頂受
當知是人 阿鞞跋致 若有信受 此經法者
是人已曾 見過去佛 恭敬供養 亦聞是法
若人有能 信汝所說 則為見我 亦見於汝
及比丘僧 并諸菩薩 斯法華經 為深智說
淺識聞之 迷惑不解 一切聲聞 及辟支佛
於此經中 力所不及 汝舍利弗 尚於此經
以信得入 況餘聲聞 其餘聲聞 信佛語故
隨順此經 非己智分 又舍利弗 憍慢懈怠
計我見者 莫說此經 凡夫淺識 深著五欲
聞不能解 亦勿為說 若人不信 毀謗此經
則斷一切 世間佛種 或復顰蹙 而懷疑惑
汝當聽說 此人罪報 若佛在世 若滅度後
其有誹謗 如斯經典 見有讀誦 書持經者
輕賤憎嫉 而懷結恨 此人罪報 汝今復聽

BD03485號　妙法蓮華經卷二　　（11–2）

則斷一切　世間佛種　或復嚬蹙　而懷疑惑
汝當聽說　此人罪報　若佛在世　若滅度後
其有誹謗　如斯經典　見有讀誦　書持經者
輕賤憎嫉　而懷結恨　此人罪報　汝今復聽
其人命終　入阿鼻獄　具足一劫　劫盡更生
如是展轉　至无數劫　從地獄出　當墮畜生
若狗野干　其形頗瘦　黧黮疥癩　人所觸嬈
又復為人　之所惡賤　常困飢渴　骨肉枯竭
生受楚毒　死被瓦石　斷佛種故　受斯罪報
若作駱駝　或生驢中　身常負重　加諸杖捶
但念水草　餘无所知　謗斯經故　獲罪如是
有作野干　來入聚落　身體疥癩　又无一目
為諸童子　之所打擲　受諸苦痛　或時致死
於此死已　更受蟒身　其形長大　五百由旬
聾騃无足　蜿轉腹行　為諸小虫　之所唼食
晝夜受苦　无有休息　謗斯經故　獲罪如是
若得為人　諸根闇鈍　矬陋攣躄　盲聾背傴
有所言說　人不信受　口氣常臭　鬼魅所著
貧窮下賤　為人所使　多病痟瘦　无所依怙
雖親附人　人不在意　若有所得　尋復忘失
若脩醫道　順方治病　更增他疾　或復致死
若自有病　无人救療　設服良藥　而復增劇
若他反逆　抄劫竊盜　如是等罪　橫羅其殃
如斯罪人　永不見佛　眾聖之王　說法教化
如斯罪人　常生難處　狂聾心亂　永不聞法

BD03485號　妙法蓮華經卷二　（11–3）

若自有病　无人救療　設服良藥　而復增劇
若他反逆　抄劫竊盜　如是等罪　橫羅其殃
如斯罪人　永不見佛　眾聖之王　說法教化
如斯罪人　常生難處　狂聾心亂　永不聞法
於无數劫　如恒河沙　生輒聾瘂　諸根不具
常處地獄　如遊園觀　在餘惡道　如己舍宅
駝驢猪狗　是其行處　謗斯經故　獲罪如是
若得為人　聾盲瘖瘂　貧窮諸衰　以自莊嚴
水腫乾痟　疥癩癰疽　如是等病　以為衣服
身常臭處　垢穢不淨　深著我見　增益瞋恚
婬欲熾盛　不擇禽獸　謗斯經故　獲罪如是
告舍利弗　謗斯經者　若說其罪　窮劫不盡
以是因緣　我故語汝　无智人中　莫說此經
若有利根　智慧明了　多聞強識　求佛道者
如是之人　乃可為說　若人曾見　億百千佛
殖諸善本　深心堅固　如是之人　乃可為說
若人精進　常脩慈心　不惜身命　乃可為說
若人恭敬　无有異心　離諸凡愚　獨處山澤
如是之人　乃可為說　又舍利弗　若見有人
捨惡知識　親近善友　如是之人　乃可為說
若見佛子　持戒清潔　如淨明珠　求大乘經
如是之人　乃可為說　若人无瞋　質直柔軟
常愍一切　恭敬諸佛　如是之人　乃可為說
復有佛子　於大眾中　以清淨心　種種因緣
譬喻言辭　說法无礙　如是之人　乃可為說

BD03485號　妙法蓮華經卷二　（11–4）

如是之人　乃可為說　若人无瞋　質直柔軟
常愍一切　恭敬諸佛　如是之人　乃可為說
復有佛子　於大眾中　以清淨心　種種因緣
譬喻言辭　說法无礙　如是之人　乃可為說
若有比丘　為一切智　四方求法　合掌頂受
但樂受持　大乘經典　乃至不受　餘經一偈
如是之人　乃可為說　如人至心　求佛舍利
如是求經　得已頂受　其人不復　志求餘經
亦未曾念　外道典籍　如是之人　乃可為說
告舍利弗　我說是相　求佛道者　窮劫不盡
如是等人　則能信解　汝當為說　妙法華經
妙法蓮華經信解品第四
尒時慧命須菩提摩訶迦旃延摩訶迦葉摩
訶目揵連從佛所聞未曾有法世尊授舍利
弗阿耨多羅三藐三菩提記發希有心歡喜
踊躍即從座起整衣服偏袒右肩右膝著地
一心合掌曲躬恭敬瞻仰尊顏而白佛言我
等居僧之首年並朽邁自謂已得涅槃无所
堪任不復進求阿耨多羅三藐三菩提世尊
往昔說法既久我時在座身體疲懈但念空
无相无作於菩薩法遊戲神通淨佛國土成
就眾生心不憙樂所以者何世尊令我等出
於三界得涅槃證又今我等年已朽邁於佛
教化菩薩阿耨多羅三藐三菩提不生一念
好樂之心我等今於佛前聞授聲聞阿耨多

BD03485號　妙法蓮華經卷二　（11–5）

就眾生心不憙樂所以者何世尊令我等出
於三界得涅槃證又今我等年已朽邁於佛
教化菩薩阿耨多羅三藐三菩提不生一念
好樂之心我等今於佛前聞授聲聞阿耨多
羅三藐三菩提記心甚歡喜得未曾有不謂
於今忽然得聞希有之法深自慶幸獲大善
利无量珎寶不求自得世尊我等今者樂說
譬喻以明斯義譬若有人年既幼稚捨父逃
逝久住他國或十二十至五十歲年既長大
加復窮困馳騁四方以求衣食漸漸遊行遇
向本國其父先來求子不得中止一城其家
大富財寶无量金銀琉璃珊瑚虎珀頗梨珠
等其諸倉庫悉皆盈溢多有僮僕臣佐吏民
為馬車乘牛羊无數出入息利乃遍他國商
估賈客亦甚眾多時貧窮子遊諸聚落經歷
國邑遂到其父所止之城父每念子與子離
別五十餘年而未曾向人說如此事但自思
惟心懷悔恨自念老朽多有財物金銀珎寶
倉庫盈溢无有子息一旦終沒財物散失无
所委付是以慇懃每憶其子復作是念我若
得子委付財物坦然快樂无復憂慮世尊尒
時窮子傭賃展轉遇到父舍住立門側遙見
其父踞師子床寶几承足諸婆羅門剎利居
士皆恭敬圍繞以真珠瓔珞價直千万莊嚴
其身吏民僮僕手執白拂侍立左右覆以寶

BD03485號　妙法蓮華經卷二　（11–6）

其父踞師子床寶几承足諸婆羅門剎利居
士皆恭敬圍繞以真珠瓔珞價直千万莊嚴
其身吏民僮僕手執白拂侍立左右覆以寶
帳垂諸華幡香水灑地散衆名華羅列寶物
出内取與有如是等種種嚴飾威德特尊窮
子見父有大力勢即懷恐怖悔來至此竊作
是念此或是王或是王等非我傭力得物之
處不如往至貧里肆力有地衣食易得若久
住此或見逼迫強使我作作是念已疾走而
去時富長者於師子座見子便識心大歡喜
即作是念我財物庫藏今有所付我常思念
此子无由見之而忽自來甚適我願我雖年
朽猶故貪惜即遣傍人急追將還尒時使者
疾走往捉窮子驚愕稱怨大喚我不相犯何
為見捉使者執之逾急強牽將還于時窮子
自念无罪而被囚執此必定死轉更惶怖悶
絕躃地父遙見之而語使言不須此人勿強
將來以冷水灑面令得醒悟莫復與語所以
者何父知其子志意下劣自知豪貴為子所
難審知是子而以方便不語他人云是我子
使者語之我今放汝隨意所趣窮子歡喜得
未曾有從地而起往至貧里以求衣食尒時
長者將欲誘引其子而設方便密遣二人形
色憔悴无威德者汝可詣彼徐語窮子此有
作處倍與汝直窮子若許將來使作若言欲

BD03485號　妙法蓮華經卷二

(11–7)

使者語之我今放汝隨意所趣窮子歡喜得
未曾有從地而起往至貧里以求衣食尒時
長者將欲誘引其子而設方便密遣二人形
色憔悴无威德者汝可詣彼徐語窮子此有
作處倍與汝直窮子若許將來使作若言欲
何所作便可語之雇汝除糞我等二人亦共
汝作時二使人即求窮子既已得之具陳上
事尒時窮子先取其價尋與除糞其父見子
愍而怪之又以他日於窗牖中遙見子身羸
瘦憔悴糞土塵坌汙穢不淨即脫瓔珞細軟
上服嚴飾之具更著麁弊垢膩之衣塵土坌
身右手執持除糞之器狀有所畏語諸作人
汝等勤作勿得懈息以方便故得近其子後
復告言咄男子汝常此作勿復餘去當加汝
價諸有所須瓫器米麵鹽酢之屬莫自疑難
亦有老弊使人須者相給好自安意我如汝
父勿復憂慮所以者何我年老大而汝少壯
汝常作時无有欺怠瞋恨怨言都不見汝有
此諸惡如餘作人自今已後如所生子即時
長者更與作字名之為兒尒時窮子雖欣此
遇猶故自謂客作賤人由是之故於二十年
中常令除糞過是已後心相體信入出无難
然其所止猶在本處世尊尒時長者有疾自
知將死不久語窮子言我今多有金銀珎寶
倉庫盈溢其中多少所應取與汝悉知之我

BD03485號　妙法蓮華經卷二

(11–8)

中常令除糞過是已後心相體信入出无難
然其所止猶在本處世尊尒時長者有疾自
知將死不久語窮子言我今多有金銀珎寶
倉庫盈溢其中多少所應取與汝悉知之我
心如是當體此意所以者何今我與汝便為
不異宜加用心无令漏失尒時窮子即受教
勑領知衆物金銀珎寶及諸庫藏而无悕取
一飡之意然其所止故在本處下劣之心亦
未能捨復經少時父知子意漸已通泰成就
大志自鄙先心臨欲終時而命其子并會親
族國王大臣剎利居士皆悉已集即自宣言
諸君當知此是我子我之所生於某城中捨
吾逃走跉跰辛苦五十餘年其本字某我名
某甲昔在本城懷憂推覓忽於此閒遇會得
之此實我子我實其父今我所有一切財物
皆是子有先所出內是子所知世尊是時窮
子聞父此言即大歡喜得未曾有而作是念
我本无心有所悕求今此寶藏自然而至世
尊大富長者則是如來我等皆似佛子如來
常說我等為子世尊我等以三苦故於生死
中受諸熱惱迷惑无知樂著小法今日世尊
令我等思惟蠲除諸法戲論之糞我等於中
勤加精進得至涅槃一日之價既得此已心
大歡喜自以為足便自謂於佛法中勤精進
故所得弘多然世尊先知我等心著弊欲樂

令我等思惟蠲除諸法戲論之糞我等於中
勤加精進得至涅槃一日之價既得此已心
大歡喜自以為足便自謂於佛法中勤精進
故所得弘多然世尊先知我等心著弊欲樂
於小法便見縱捨不為分別汝等當有如來
知見寶藏之分世尊以方便力說如來智慧
我等從佛得涅槃一日之價以為大得於此
大乘无有志求我等又因如來智慧為諸菩
薩開示演說而自於此无有志願所以者何
佛知我等心樂小法以方便力隨我等說而
我等不知真是佛子今我等方知世尊於佛
智慧无所悋惜所以者何我等昔來真是佛
子而但樂小法若我等有樂大之心佛則為
我說大乘法此經中唯說一乘而昔於菩薩
前毀呰聲聞樂小法者然佛實以大乘教化
是故我等說本无心有所悕求今法王大寶
自然而至如佛子所應得者皆已得之尒時
摩訶迦葉欲重宣此義而說偈言
我等今日　聞佛音教　歡喜踊躍　得未曾有
佛說聲聞　當得作佛　无上寶聚　不求自得
譬如童子　幼稚无識　捨父逃逝　遠到他土
周流諸國　五十餘年　其父憂念　四方推求
求之既疲　頓止一城　其立舍宅　五欲自娛
其家巨富　多諸金銀　車𤦲馬瑙　真珠瑠璃

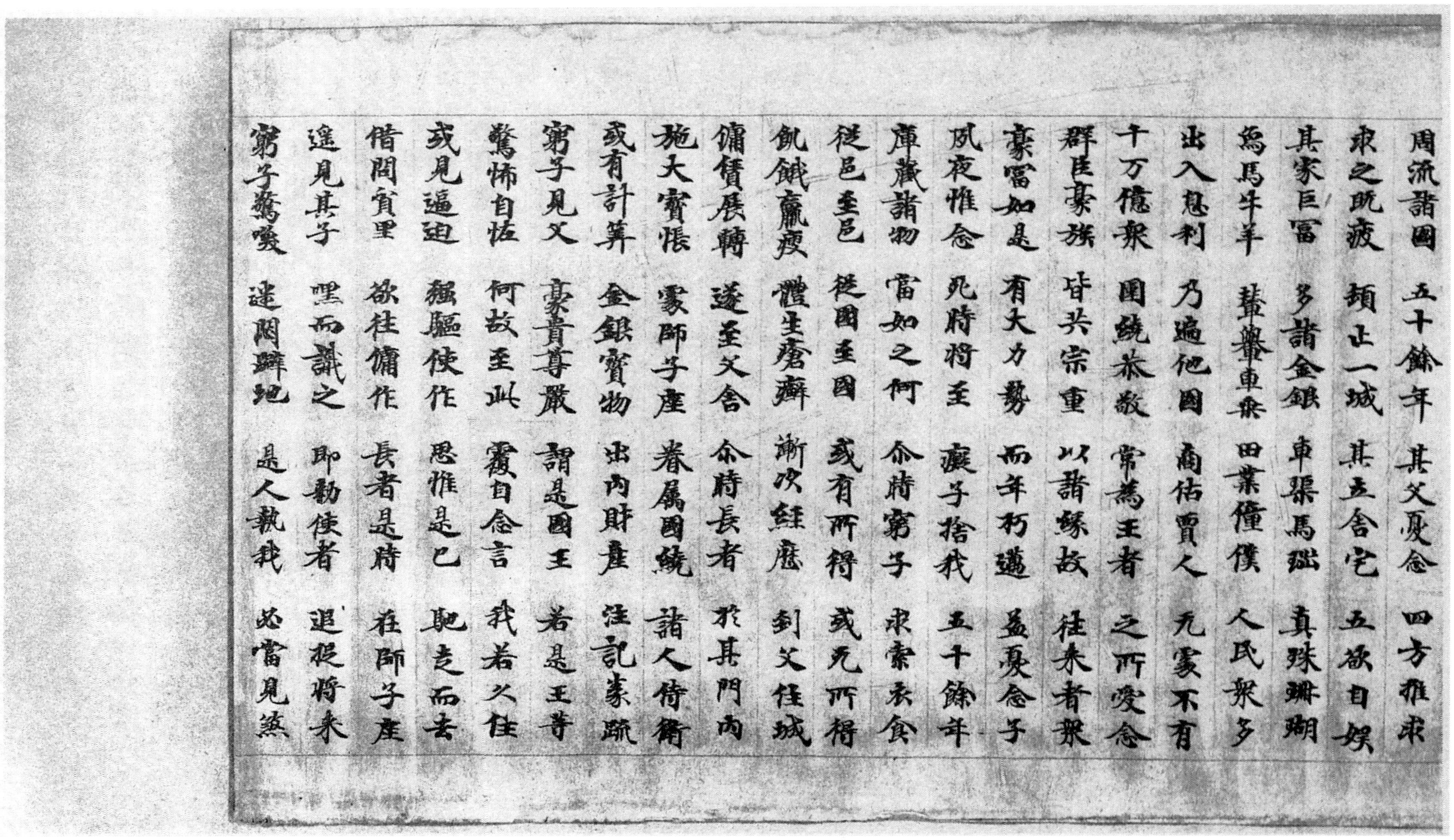
周流諸國 五十餘年 其父憂念 四方推求
求之既疲 頓止一城 其立舍宅 五欲自娛
其家巨富 多諸金銀 車璩馬瑙 真珠珊瑚
爲馬牛羊 輦輿車乘 田業僮僕 人民衆多
出入息利 乃遍他國 商估賈人 无處不有
千万億衆 圍繞恭敬 常為王者 之所愛念
群臣豪族 皆共宗重 以諸緣故 往來者衆
豪富如是 有大力勢 而年朽邁 益憂念子
夙夜惟念 死時將至 癡子捨我 五十餘年
庫藏諸物 當如之何 尒時窮子 求索衣食
從邑至邑 從國至國 或有所得 或无所得
飢餓羸瘦 體生瘡癬 漸次經歷 到父住城
傭賃展轉 遂至父舍 尒時長者 於其門內
施大寶帳 處師子座 眷屬圍繞 諸人侍衛
或有計算 金銀寶物 出內財產 注記券疏
窮子見父 豪貴尊嚴 謂是國王 若是王等
驚怖自怪 何故至此 覆自念言 我若久住
或見逼迫 強驅使作 思惟是已 馳走而去
借問貧里 欲往傭作 長者是時 在師子座
遙見其子 默而識之 即勅使者 追捉將來
窮子驚喚 迷悶躄地 是人執我 必當見煞

BD03485號　妙法蓮華經卷二　　（11–11）

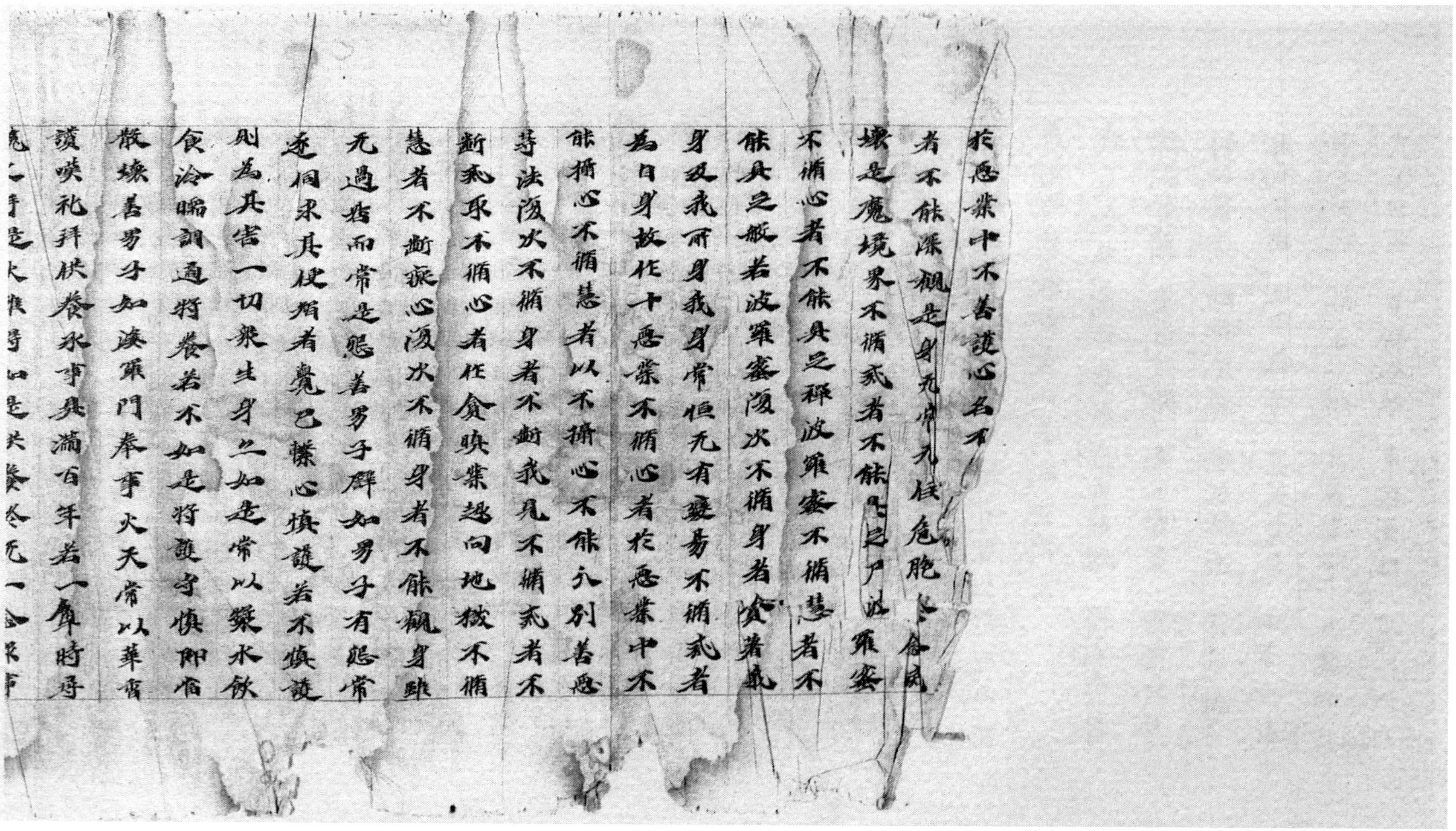
於惡業中不善護心名不
者不能深觀是身无常无住危脆念念滅
壞是魔境界不脩戒者不能具足尸波羅蜜
不脩心者不能具足禪波羅蜜不脩慧者不
能具足般若波羅蜜復次不脩身者貪著我
身及我所身我身常恒无有變易不脩戒者
為自身故作十惡業不脩心者於惡業中不
能攝心不脩慧者以不攝心不能分別善惡
等法復次不脩身者不斷我見不脩戒者不
斷戒取不脩心者作貪恚業趣向地獄不脩
慧者不斷癡心復次不脩身者不能觀身雖
无過咎而常是怨善男子譬如男子有怨常
逐伺求其便有智者覺已繫心慎護若不慎護
則為其害一切衆生身之如是常以冷水飲
食溫暖調適將養若不如是將護守慎即便
散壞善男子如婆羅門奉事火天常以華香
讚歎禮拜供養承事期滿百年若一旦時遇
觸一事是火能燒如是共養終无一念報事

BD03486號　大般涅槃經（北本　宮本）卷三二　　（21–1）

則為其害一切衆生身亦如是常以漿水飲
食冷暖調適將養若不如是將護守慎即當
散壞善男子如婆羅門奉事火天常以華香
讃嘆禮拜供養承事其滿百年若一觸時尋
燒人手是火雖得如是供養終无一念報事
者恩一切衆生身亦如是雖於多年以好香
華瓔珞衣服飲食卧具病瘦醫藥而供給之
若遇內外諸惡因緣即時滅壞都不憶念往
日供給衣食之恩善男子譬如有王畜四毒
蛇置之一篋以付一人仰令瞻養是四蛇中
設一生瞋則能害人是人恐怖常求飲食隨時
守護一切衆生四大毒蛇亦復如是若一大
瞋則能壞身善男子如人久病應當至心求
醫療治若不懃投必死不疑一切衆生身亦如
是常應攝心不令放逸若放逸者則便滅壞
善男子譬如坏瓶不耐風雨打擲埏押一切
衆生身亦如是不耐飢渴寒熱風雨打擲惡罵
善男子如癰未熟常當善護不令人觸設有
觸者則大苦痛一切衆生身亦如是善男子
如騾懷妊自害其軀一切衆生身亦如是內
有風冷身則受害善男子譬如芭蕉生實則
枯一切衆生身亦如是善男子譬如芭蕉內无
堅實一切衆生身亦如是善男子如虵鼠狼各
各相於常生怨心衆生四大亦復如是善男子
譬如鵝王不樂冢墓菩薩亦介於身冢墓亦

BD03486號　大般涅槃經（北本　宮本）卷三二　（21–2）

枯一切衆生身亦如是善男子譬如芭蕉內无
堅實一切衆生身亦如是善男子如虵鼠狼各
各相於常生怨心衆生四大亦復如是善男子
譬如鵝王不樂冢墓菩薩亦介於身冢墓亦
不貪樂善男子如旃陀羅七世相續不捨其
業是故為人之所輕賤是身種子亦復如是
種子精血究竟不淨以不淨故諸佛菩薩之
所輕呵善男子是身不如摩羅耶山生於栴
檀亦不能生優鉢羅華分陀利華瞻婆華摩
利迦華婆師迦華九孔常漏膿血不淨生處
鬼穢醜陋可惡常与諸虫共在一處善男子
譬如世間雖有上妙清淨園林死屍在中則
為不淨衆共捨之不生愛著色界亦介雖復
淨好以有身故諸佛菩薩悉共捨之善男子
若有不能作如是觀不名脩身不脩戒者善
男子若不能觀戒是一切善法梯橙亦是一
切善法根本如地悉是一切樹木所生之本
是諸善根之導首也如彼商主導諸商人戒
是一切善法勝幢如天帝釋所立勝幢戒能
永斷一切惡業及三惡道能療惡病猶如藥
樹戒是生死嶮道資粮戒是摧結惡賊鎧仗
戒是滅結毒蛇良呪戒是度惡業行橋梁若
有不能如是觀者名不脩戒不脩心者不能
觀心輕躁動轉難捉難調馳騁奔逸如大惡
象念念迅速如彼電光躁擾不住猶如獼猴

BD03486號　大般涅槃經（北本　宮本）卷三二　（21–3）

戒是滅結盡之良呪戒是度惡業行橋梁若
有不能如是觀者名不修戒不修心者不能
觀心輕躁動轉難捉難調馳騁奔逸如大惡
象念念迅速如彼電光躁擾不住猶如獼猴
如幻如炎乃是一切諸惡根本五欲難滿如
火得薪亦如大海吞受衆流如彼山草本
滋多不能觀察生死速疾躭惑致患如魚吞
鉤常先引導諸業隨從猶如凡母引導諸子
貪著五欲不樂涅槃如駝食蜜乃至於死不
顧蕎草深著現樂不觀後過如牛貪苗不懼
杖捶馳騁周遍二十五有猶如疾風吹兜羅
毦所不應求求無厭足如無智人求不熱火
常樂生死不樂解脫如蚍婆虫樂蚍婆樹迷
惑愛著生死羸賤猶如獄囚樂獄卒女亦如
廁豬樂處不淨若有不能如是觀者名不修
心不修慧者不觀智慧有大勢力如金翅鳥
能壞惡業壞無明闇猶如日光能拔陰樹如
水漂物焚燒邪見猶如猛火慧是一切善法
根本佛菩薩之種子也若有不能如是觀
者不名修慧善男子第一義中若見身身
相身因身果身聚身一身二此身彼身身滅
身等身修修者若有如是見者名不修身善
男子若見戒戒相戒因戒果上戒下戒戒衆
戒一戒二此戒彼戒戒滅戒等戒修修者戒

BD03486號　大般涅槃經（北本　宮本）卷三二　　（21-4）

男子若見戒戒相戒因戒果上戒下戒戒衆
戒一戒二此戒彼戒戒滅戒等戒修修者戒
波羅蜜若有如是見者名不修戒若見心心
相心因心果心聚心數心一心二此心
彼心心滅心等心修修者上中下心善心惡
心若有如是見者名不修心善男子若見慧
慧相慧因慧果慧聚慧一慧二此慧彼慧慧
滅慧等上中下慧鈍慧利慧慧修修者若有
如是見者名不修慧善男子若有不修身戒
心慧如是之人於小惡業得大惡報以恐怖
故常生是念我為地獄作地獄行雖聞智者
說地獄苦而作是念如鐵打鐵石還打石木
自打木火虫樂火地獄之身還似地獄若似
地獄有何苦事譬如蒼蠅為唾所粘不能得
出是人亦尒於小罪中不能自出心初無悔
不能修善覆藏瑕疵雖有過去一切善業悉
為是罪之所垢汙是人所有現受輕報轉為
地獄極重惡果善男子如小器水置鹽一升
其味鹹苦難可得飲是人罪業亦復如是善
男子譬如有人負他一錢不能償故身被繫
縛多受衆苦是人罪業亦復如是師子吼菩
薩言世尊是人何故令現輕報轉地獄受佛
言善男子一切衆生若具五事令現輕報轉
地獄受何等為五一者愚癡故二者善根微
少故三者惡業深重故四者不識懺悔故五者

BD03486號　大般涅槃經（北本　宮本）卷三二　　（21-5）

言善男子一切衆生若具五事令現輕報轉
地獄受何等爲五一者愚癡故二者善根微
少故三者惡業深重故四者不懺悔故五者
不脩本善業故復有五事一者脩惡業故二
者无戒財故三者遠離善根故四者不脩身
戒心慧故五者親近惡知識故善男子是故
能令現世輕報地獄重受師子吼言世尊何
等人能轉地獄報現世輕受善男子若有脩
習身戒心慧如先所說能觀諸法同如虛空
不見智慧不見智者不見愚癡不見愚者不
見脩習及脩習者是名智者如是之人則能
脩習身戒心慧是人能令地獄果報現世輕
受是人設作極重惡業思惟觀察能令輕微
作是念言我業雖重不如善業譬如疊華雖
有百斤終不能敵真金一兩如恒河中投一
升鹽水无鹹味飲者不覺如巨富者雖多
負人千万寶物无能繫縛令其受苦如大香
象能壞鐵鏁自在而去智慧之人亦復如是
常思惟言我善力多惡業羸弱我能發露懺
悔除惡能脩智慧智慧力多无明力少如是
念已親近善友脩習正見受持讀誦書寫解
說十二部經見有受持讀誦書寫解說之者
心生恭敬并以衣食房舍卧具病藥華香而
供養之讃歎尊重所至到處稱說其善不訟

BD03486號　大般涅槃經（北本　宮本）卷三二　（21–6）

說十二部經見有受持讀誦書寫解說之者
心生恭敬并以衣食房舍卧具病藥華香而
供養之讃歎尊重所至到處稱說其善不訟
其短供養三寶敬信方等大涅槃經如來常
恒无有變易一切衆生悉有佛性是人能令
地獄重報現世輕受善男子以是義故非一
切業悉有定果亦非一切衆生定受師子吼
菩薩言世尊若一切業不定得果一切衆生
悉有佛性應當脩習八聖道者何因緣故一
切衆生悉不得是大般涅槃世尊若一切衆
生有佛性者即當定得阿耨多羅三藐三菩
提何須脩習八聖道耶世尊如此經中說有
病人若得隨藥及瞻病人隨病飲食若使不
得悉皆除差一切衆生亦復如是若遇聲聞
及辟支佛諸佛菩薩諸善知識若聞說法脩
習聖道若不遇不聞不脩習道悉當得成阿
耨多羅三藐三菩提何以故以佛性故世尊
譬如日月无有能遮令不得至安多山邊四
大河水不至大海一闡提等不至地獄一切
衆生亦復如是无有能遮令不得至阿耨多
羅三藐三菩提何以故以佛性故世尊以是
義故一切衆生不須脩道以佛性力故應得
阿耨多羅三藐三菩提不以脩習聖道力故
世尊若一闡提犯四重禁五逆罪等不得何
[illegible]

BD03486號　大般涅槃經（北本　宮本）卷三二　（21–7）

義故一切眾生不須循道以佛性力故應得
阿耨多羅三藐三菩提不以脩習聖道力故
世尊若一闡提犯四重禁五逆罪等不得何
耨多羅三藐三菩提者應須循習以同佛性
定當得故非因循習然後得也世尊譬如慈
石去鐵雖遠以其力故鐵則隨著眾生佛性
亦復如是是故不須懃循習道佛言善哉善
哉善男子如恒河邊有七種人若為洗浴恐
畏寇賊或為採華則入河中第一人者入水
則沈何以故羸無勢力不習浮故第二人者
雖沒還出出已復沒何以故身力大故則能
還出不習浮故出已還沒第三人者沒已即
出出便不沒何以故身重故沒力大故出先
習浮故出已即住第四人者入已便沒沒已
還出出已即住遍觀四方何以故重故則沈
力大故還出習浮則住不知出處故觀四方第
五人者入已即沈沈已便出出已即住住已
觀方觀已即去何以故為怖畏故第六人者
出已即去淺處即住何以故觀賊近遠故第七
人者既至彼岸登上大山無復恐怖離諸怨
賊受大快樂善男子生死大河亦復如是有
七種人畏煩惱賊故發意欲度生死大河出
家剃髮身披法服既出家已親近惡友隨順
其教聽受邪法所謂眾生身者即是五陰五

BD03486號　大般涅槃經（北本　宮本）卷三二　（21-8）

七種人畏煩惱賊故發意欲度生死大河出
家剃髮身披法服既出家已親近惡友隨順
其教聽受邪法所謂眾生身者即是五陰五
陰者即名五大眾生若死永斷五大斷五大
故何須循習善惡諸業是故當知無有善惡及
善惡報如是則名一闡提也一闡提者名斷
善根斷善根故沒生死河不能得出何以故
惡業重故無信力故如恒河邊第一人也善
男子一闡提輩有六因緣沒三惡道不能得
出何等為六一者惡心熾盛故二者不見後
世故三者樂習煩惱故四者遠離善根故五
者惡業鄣隔故六者親近惡知識故復有五
事沒三惡道何等為五一者於比丘邊作非
法故二者比丘尼邊作非法故三者自在用
僧鬘物故四者母邊作非法故五者於五部
僧互生是非故復有五事沒三惡道何等為
五一者常說無善惡果故二者殺發菩提心
眾生故三者喜說法師過失故四者法說非
法非法說法故五者為求法過而聽受故復
有三事沒三惡道何等為三一謂如來無常
永滅二謂正法無常遷變三謂僧寶可滅壞
故是故常沒三惡道中第二人者發意欲度
生死大河斷善根故沒不能出所言出者親
[illegible]

BD03486號　大般涅槃經（北本　宮本）卷三二　（21-9）

永滅二諦正法无常遷變三諦稽實可滅壞
故是故常沒三惡道中第二人者發意欲度
生死大河斷善根故沒不能出所言出者親
近善友則得信心是信心者信施施果信善
善果信惡惡果信生死苦无常敗壞是名爲
信以得信心修習淨戒受持讀誦書寫解說
常樂惠施善修智慧以鈍根故復遇惡友不
能修習身戒心慧聽受邪法或值惡時處惡
國土斷諸善根善根斷故常沒生死如恒河
邊第二人也第三人者發意欲度生死大河
斷善根故於中沉沒親近善友得名爲出信
於如來是一切智常恒无變爲衆生故說无
上道一切衆生悉有佛性如來非滅法僧亦
尒无有滅壞一闡提等不斷其法終不能得
阿耨多羅三藐三菩提要當遠離然後乃得
以信心故修習淨戒修淨戒已受持讀誦書
寫解說十二部經爲諸衆生廣宣流布樂於
惠施修習智慧以利根故堅住信慧心无退
轉如恒河邊第三人也第四人者發意欲度
生死大河斷善根故於中沉沒親近善友故
得信心是名爲出得信心故受持讀誦書寫
解說十二部經爲衆生故廣宣流布樂於惠
施修習智慧以利根故堅住信慧心无退轉
遍觀四方觀四方者四沙門果如恒河邊第

BD03486號　大般涅槃經（北本　宮本）卷三二　（21–10）

得信心是名爲出得信心故受持讀誦書寫
解說十二部經爲衆生故廣宣流布樂於惠
施修習智慧以利根故堅住信慧心无退轉
遍觀四方觀四方者四沙門果如恒河邊第
四人也第五人者發意欲度生死大河斷善
根故於中沉沒親近善友得信心是名爲
出以信心故受持讀誦書寫解說十二部經
爲衆生故廣宣流布樂於惠施修習智慧以
利根故堅住信慧心无退轉无退轉已即便
前進前進者謂辟支佛雖能自度不及衆生
是名爲去如恒河邊第五人也第六人者發
意欲度生死大河斷善根故於中沉沒親近
善友得信心得信心已名之爲出以信心
故受持讀誦書寫解說十二部經爲衆生故
廣宣流布樂於惠施修習智慧以利根故堅
住信慧心无退轉无退轉已即復前進進到
淺處到淺處已即住不去住不去者所謂菩
薩爲欲度脫諸衆生故住觀煩惱如恒河邊
第六人也第七人者發意欲度生死大河斷
善根故於中沉沒親近善友獲得信心得信
心已是名爲出以信心故受持讀誦書寫解
說十二部經爲衆生故廣宣流布樂於惠施
修習智慧以利根故堅住信慧心无退轉无
退轉已即便前進既前進已得到彼岸登涉

BD03486號　大般涅槃經（北本　宮本）卷三二　（21–11）

說十二部經為眾生故廣宣流布樂於惠施
脩習智慧以利根故堅住信慧心无退轉无
退轉已即便前進既前進已得到彼岸登涉
高山離諸怖多受安樂善男子彼岸山者喻
喻於如來受安樂者喻佛常住大高山者喻
大涅槃善男子是恒河邊如是諸人悉具手
足而不能度一切眾生亦復如是實有佛寶
法寶僧寶如來常說諸法要義有八聖道大
般涅槃而諸眾生悉不能得此非我咎亦非
聖道眾生等過當知悉是煩惱過惡以是義
故一切眾生不得涅槃善男子譬如良醫知
病說藥病者不服非醫咎也善男子如有施
主以其所有施一切人有不受者非施主咎
善男子譬如日出幽闇皆明盲瞽之人不見
道路非日過也善男子如恒河水能除渴之
渴者不飲非水咎也善男子譬如大地普生
菓實平等无二農夫不種非地過也善男子
如來普為一切眾生廣開分別十二部經眾
生不受非如來咎善男子若脩道者即得阿
耨多羅三藐三菩提善男子汝言眾生悉有
佛性得阿耨多羅三藐三菩提如慈石者善
哉善哉以有佛性因緣力故得阿耨多羅三
藐三菩提若言不須脩聖道者是義不然
善男子譬如有人行於曠野渴乏遇井其井

BD03486號　大般涅槃經（北本　宮本）卷三二　（21–12）

哉善哉以有佛性因緣力故得阿耨多羅三
藐三菩提若言不須脩聖道者是義不然
善男子譬如有人行於曠野渴乏遇井其井
幽深雖不見水當知必有是人方便求覓罐
綆汲取則見佛性亦尒一切眾生雖復有之
要須脩習无漏聖道然後得見善男子如有
胡麻則得見油離諸方便則不得見甘蔗亦
尒善男子如三十三天北欝單曰雖是有法
若无善業神通道力則不能見地中草根及
地下水以地覆故眾生不見佛性亦尒不脩
聖道故不得見善男子如汝所說世有病人
若遇瞻病良醫好藥隨病飲食及以不遇悉
得差者善男子我為六住諸菩薩等說如是
義善男子譬如虛空於諸眾生非內非外非
內外故亦非實有眾生佛性亦復如是善男
子譬如有人財在異方雖不現前隨意受用
有人問之則言我許何以故以定有故眾生
佛性亦復如是非此非彼以定得故言一切
有善男子譬如眾生造作諸業若善若惡非
內非外如是業性非有非无亦復非是本无
今有非无因出非此作此受此作彼受彼作
彼受无作无受時節和合而得果報眾生佛
性亦復如是亦復非是本无今有非內非外
非有非无非此非彼非餘處來非无因緣亦

BD03486號　大般涅槃經（北本　宮本）卷三二　（21–13）

彼受无作无受時節和合而得果報衆生佛
性亦復如是亦復非是本无今有非内非外
非有非无非此非彼非餘處来非无因緣亦
非一切衆生不見有諸菩薩時節因緣和合得
見時節者所謂十住菩薩摩訶薩脩八聖道
於諸衆生得平等心尒時得見不名為作善
男子汝言如慈石者是義不然何以故石不
吸鐵所以者何无心業故善男子異法有故
異法出生異法无故異法滅壞无有作者无有
壞者善男子猶如猛火不能焚薪火出薪壞
名為焚薪善男子譬如葵藿隨日而轉而是葵
藿亦无敬心无識无業異法性故而自迴轉
善男子如芭蕉樹因雷增長是樹无耳无心
意識異法有故異法增長異法无故異法滅
壞善男子如阿叔伽樹女人摩觸華為之出是
樹无心亦无覺觸異法有故異法出生異法
无故異法滅壞善男子如橘得屍葉則滋多
而是橘樹无心无觸異法有故異法滋多異
法无故異法滅壞善男子如安石留樹坍骨
糞故菓實繁茂安石留樹亦无心觸異法有
故異法出生異法无故異法滅壞善男子慈
石吸鐵亦復如是異法有故異法出生異法
无故異法滅壞衆生佛性亦復如是不能吸
得阿耨多羅三藐三菩提善男子无明不能

BD03486號　大般涅槃經（北本　宮本）卷三二　（21-14）

石吸鐵亦復如是異法有故異法出生異法
无故異法滅壞衆生佛性亦復如是不能吸
得阿耨多羅三藐三菩提善男子无明不能
吸取諸行行亦不能吸取識也亦得名為无
明緣行行緣於識有佛无佛法界常住善男
子若言佛性住衆生中者善男子常法无住
若有住處即是无常善男子如十二因緣无定住
處若有住處十二因緣不得名常如来法身
亦无住處法界法入法陰虚空悉无住處佛
性亦尒都无住處善男子譬如四大力雖均
等有堅有熱有濕有動有輕有重有赤有白
有黄有黒而是四大亦无有業異法界故各
不相似佛性亦尒異法界故時至則見善男
子一切衆生不退佛性故名之為有阿耐跋致
故以當有故决定得故定當見故是故名為
一切衆生悉有佛性善男子譬如有王告一
大臣汝牽一象以示盲者尒時大臣受王勅
已多集衆盲以象示之時彼衆盲各以手觸
大臣即還而白王言臣已示竟尒時大王即
喚衆盲各各問言汝見象耶衆盲各言我已
得見王言象為何類其觸牙者即言象形如
萊茯根其觸耳者言象如箕其觸頭者言象
如石其觸鼻者言象如杵其觸脚者言象如
木臼其觸脊者言象如牀其觸腹者言象如瓮

BD03486號　大般涅槃經（北本　宮本）卷三二　（21-15）

汝見已言見象何類其觸牙者即言象形如
萊茯根其觸耳者言象如箕其觸頭者言象
如石其觸鼻者言象如杵其觸脚者言象如
木臼其觸脊者言象如牀其觸腹者言象如甕
其觸尾者言象如繩善男子如彼衆盲不說
象體亦非不說若是衆相悉非象者離是之
外更无別象善男子王喻如來正遍知也臣
喻方等大涅槃經象喻佛性盲喻一切无明
衆生是諸衆生聞佛說已或作是言色是佛
性何以故是色雖滅次第相續是故獲得无
上如來三十二相如來色常如來色者常不斷
故是故說色名為佛性譬如真金質雖遷變色
常不異或時作釧作鉗作槃然其黃色初无
改易衆生佛性亦復如是質雖无常而色是
常以是故說色為佛性或有說言受是佛性
何以故受因緣故獲得如來真實之樂如來
受者謂畢竟受第一義受衆生受性雖復无
常然其次第相續不斷是故獲得如來常受
譬如有人性憍尸迦人雖无常而性是常經
千万世无有改易衆生佛性亦復如是以是
故說受為佛性又有說言想是佛性何以故
想因緣故獲得如來真實之想如來想者名
无想想无想想者非衆生想非男女想亦非色
受想行識想非想斷想衆生之想雖復无常

BD03486號　大般涅槃經（北本　宮本）卷三二　（21–16）

想因緣故獲得如來真實之想如來想者名
无想想无想想者非衆生想非男女想亦非色
受想行識想非想斷想衆生之想雖復无常
以想次第相續不斷故得如來常恒之想善
男子譬如衆生十二因緣衆生雖滅而因緣
常衆生佛性亦復如是以是故說想為佛性
又有說言行為佛性何以故行名壽命壽因
緣故獲得如來常住壽命衆生壽命雖復无
常而壽次第相續不斷故得如來真實常
壽善男子譬如十二部經聽者說者雖復无
常而是經典常存不變衆生佛性亦復如是
以是故說行為佛性又有說言識為佛性識
因緣故獲得如來平等之心衆生意識雖復
无常而識次第相續不斷故得如來真實常
心如火熱性火雖无常熱非无常衆生佛性
亦復如是以是故說識為佛性又有說言離
陰有我我是佛性何以故我因緣故獲得如
來八自在我有諸外道說言去來見聞悲喜
語說為我如是我相雖復无常而如來我真
實是常善男子如陰入界雖復无常而名是
常衆生佛性亦復如是善男子如彼盲人各
各說象雖不得實非不說象說佛性者亦復
如是非即六法不離六法善男子是故我說
衆生佛性非色非離色乃至非我非離我善

BD03486號　大般涅槃經（北本　宮本）卷三二　（21–17）

實是常善我亦如
常衆生佛性亦復如是善男子如彼盲人各
各說象雖不得實非不說象說佛性者亦復
如是非即六法不離六法善男子是故我說
衆生佛性非色非離色乃至非我非離我善
男子有諸外道雖說有我而實无我衆生我
者即是五陰離陰之外更无別我善男子譬
如莖葉鬚臺合為蓮華離是之外更无別華
衆生我者亦復如是善男子譬如墻壁草木
和合名之為舍離是之外更无別舍如佉陀
羅樹波羅奢樹尼拘陀樹鬱曇鉢樹和合為
林離是之外更无別林譬如車兵象馬步兵和
合為軍離是之外更无別軍譬如五色綖
和合名之為綺離是之外更无別綺如四姓
和合名為大衆離是之外更无別衆衆生
我者亦復如是離五陰外更无別我善男子
如來常住則名為我如來法身无邊无㝵不
生不滅得八自在是名為我衆生真實无如
是我及以我所但以必定當得畢竟第一義
空故名佛性善男子大慈大悲名為佛性何
以故大慈大悲常隨菩薩如影隨形一切衆
生必定當得大慈大悲是故說言一切衆生
悉有佛性大慈大悲者名為佛性佛性者名為
如來大喜大捨名為佛性何以故菩薩摩訶

BD03486號　大般涅槃經（北本　宮本）卷三二　（21-18）

生必定當得大慈大悲是故說言一切衆生
悉有佛性大慈大悲者名為佛性佛性者名為
如來大喜大捨名為佛性何以故菩薩摩訶
薩若不能捨二十五有則不能得阿耨多羅三
藐三菩提以諸衆生必當得故是故說言一
切衆生悉有佛性大喜大捨者即是佛性佛性
者即是如來佛性者名大信心何以故以信
心故菩薩摩訶薩則能具足檀波羅蜜乃至
般若波羅蜜一切衆生必定當得大信心故
是故說言一切衆生悉有佛性大信心者即
是佛性佛性者即是如來佛性者名一子地
何以故以一子地因緣故菩薩則於一切衆
生得平等心一切衆生必定當得一子地故
是故說言一切衆生悉有佛性一子地者即
是佛性佛性者即是如來佛性者名第四力
何以故以第四力因緣故菩薩則能教化
衆生一切衆生必定當得第四力故是故說
言一切衆生悉有佛性第四力者即是佛性
佛性者即是如來佛性者名十二因緣何以故以
因緣故如來常住一切衆生定有如是十二因緣
是故說言一切衆生悉有佛性十二因緣即是
佛性佛性者即是如來佛性者名四无㝵智
以四无㝵因緣故說字義无㝵字義无㝵故能
化衆生四无㝵者即是佛性佛性者即是如

BD03486號　大般涅槃經（北本　宮本）卷三二　（21-19）

佛性佛性者即是如來佛性者名四无㝵智
以四无㝵因緣故說字義无㝵字義无㝵故能
化衆生四无㝵者即是佛性佛性者即是如
來佛性者名頂三昧以脩如是頂三昧故則
能揔稱一切佛法是故說言頂三昧者名爲
佛性十住菩薩脩是三昧未得具足雖見佛
性而不明了一切衆生必定得故是故說言
一切衆生悉有佛性善男子如上所說種種
諸法一切衆生定當得故是故說言一切衆
生悉有佛性善男子我若說色是佛性者
衆生聞已則生邪倒以邪倒故命終則生阿鼻
地獄如來說法爲斷地獄是故不說色是佛
性乃至說識亦復如是善男子若諸衆生了
佛性者則不須脩道十住菩薩脩八聖道少
見佛性况不脩者而得見耶善男子如文殊
師利諸菩薩等已无量世脩習聖道了知佛
佛云何聲聞辟支佛等能知佛性若諸衆生
欲得了了知佛性者應當一心受持讀誦書
寫解說供養恭敬尊重讚嘆是涅槃經凡有
受持乃至讚嘆如是經者應當以好房舍衣
服飲食卧具病瘦醫藥而供給之兼復讚嘆
礼拜問訊善男子若有已於過去无量无邊世
中親近供養无量諸佛深種善根然後乃得
聞是經名善男子佛性不可思議佛法僧寶

BD03486號　大般涅槃經（北本　宮本）卷三二　（21–20）

寫解說供養恭敬尊重讚嘆是涅槃經凡有
受持乃至讚嘆如是經者應當以好房舍衣
服飲食卧具病瘦醫藥而供給之兼復讚嘆
礼拜問訊善男子若有已於過去无量无邊世
中親近供養无量諸佛深種善根然後乃得
聞是經名善男子佛性不可思議佛法僧寶
亦不可思議一切衆生悉有佛性而不能知
是亦不可思議如來常樂我淨之法亦不可
思議一切衆生能信如是大涅槃經亦不可
思議師子吼菩薩言世尊如佛所說一切衆
生能信如是大涅槃經不可思議者世尊是
大衆中有八万五千億人於是經中不生信
心是故有能信是經者名不可思議善男子
如是諸人於未來世亦當定得信是經典見
於佛性得阿耨多羅三藐三菩提

大般涅槃經卷第卅二

BD03486號　大般涅槃經（北本　宮本）卷三二　（21–21）

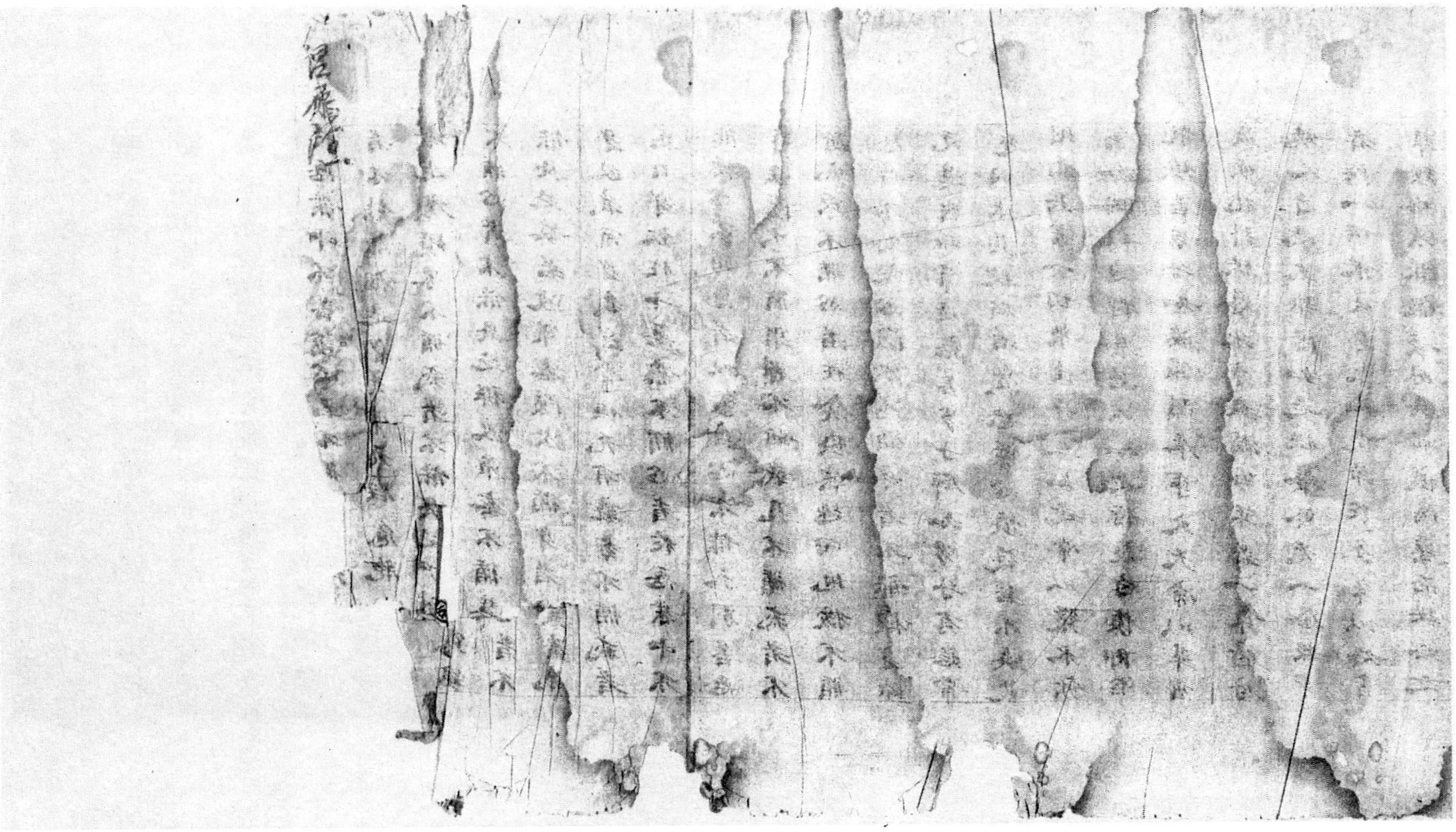

BD03486號背　勘記　　（1–1）

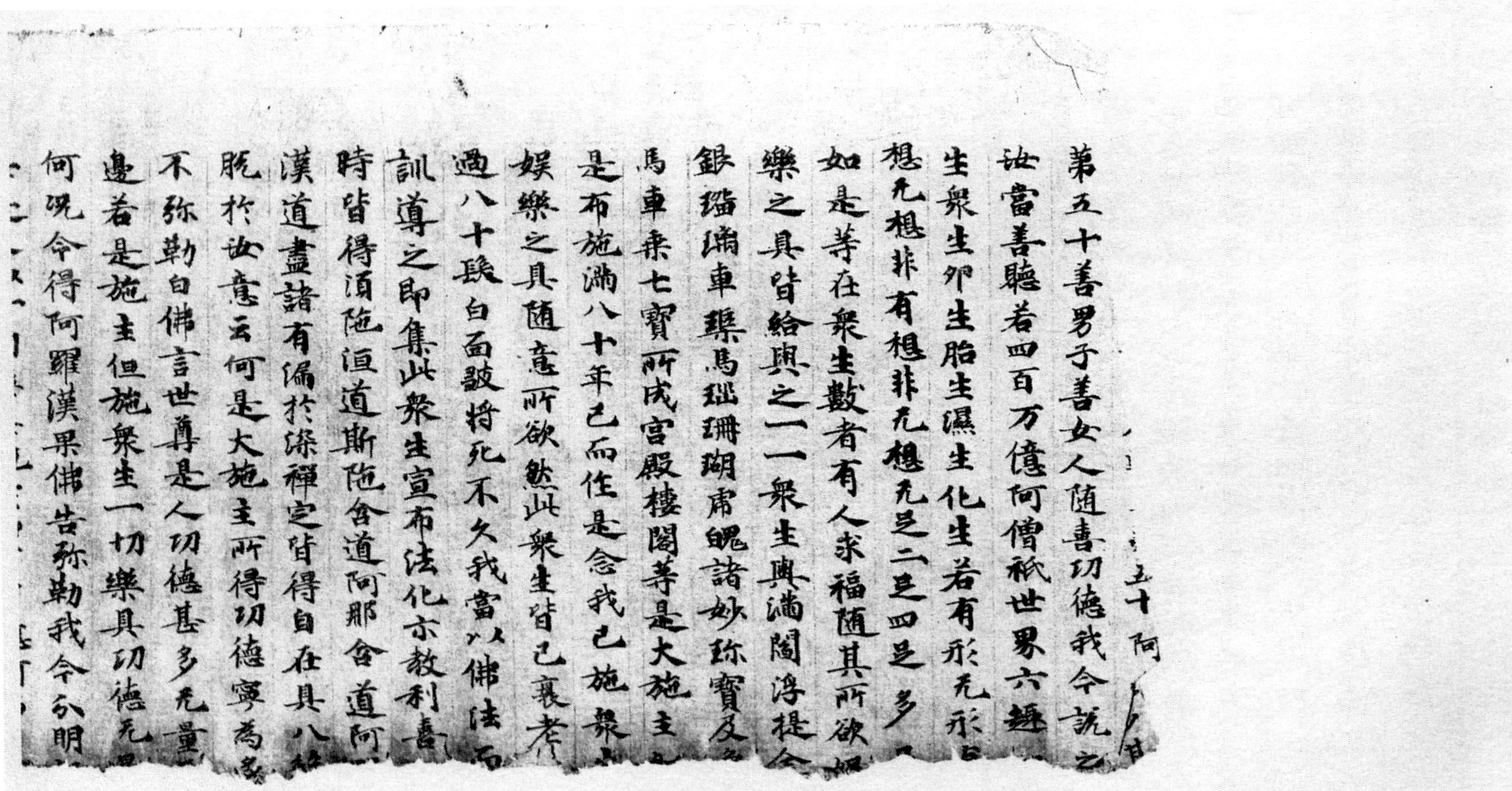
第五十善男子善女人隨喜功德我今說之
汝當善聽若四百万億阿僧祇世界六趣
生衆生卵生胎生濕生化生若有形无形
想无想非有想非无想无足二足四足多
如是等在衆生數者有人求福隨其所欲
樂之具皆給與之一一衆生與滿閻浮提
銀瑠璃車𤦲馬瑙珊瑚虎珀諸妙珎寶及
馬車乘七寶所成宮殿樓閣等是大施主
是布施滿八十年已而作是念我已施衆
娛樂之具隨意所欲然此衆生皆已衰老
過八十髮白面皺將死不久我當以佛法
訓導之即集此衆生宣布法化示教利喜
時皆得須陁洹道斯陁含道阿那含道阿
漢道盡諸有漏於深禪定皆得自在具八
脫於汝意云何是大施主所得功德寧為
不弥勒白佛言世尊是人功德甚多无量
邊若是施主但施衆生一切樂具功德无
何況令得阿羅漢果佛告弥勒我今分明

BD03487號　妙法蓮華經卷六　　（2–1）

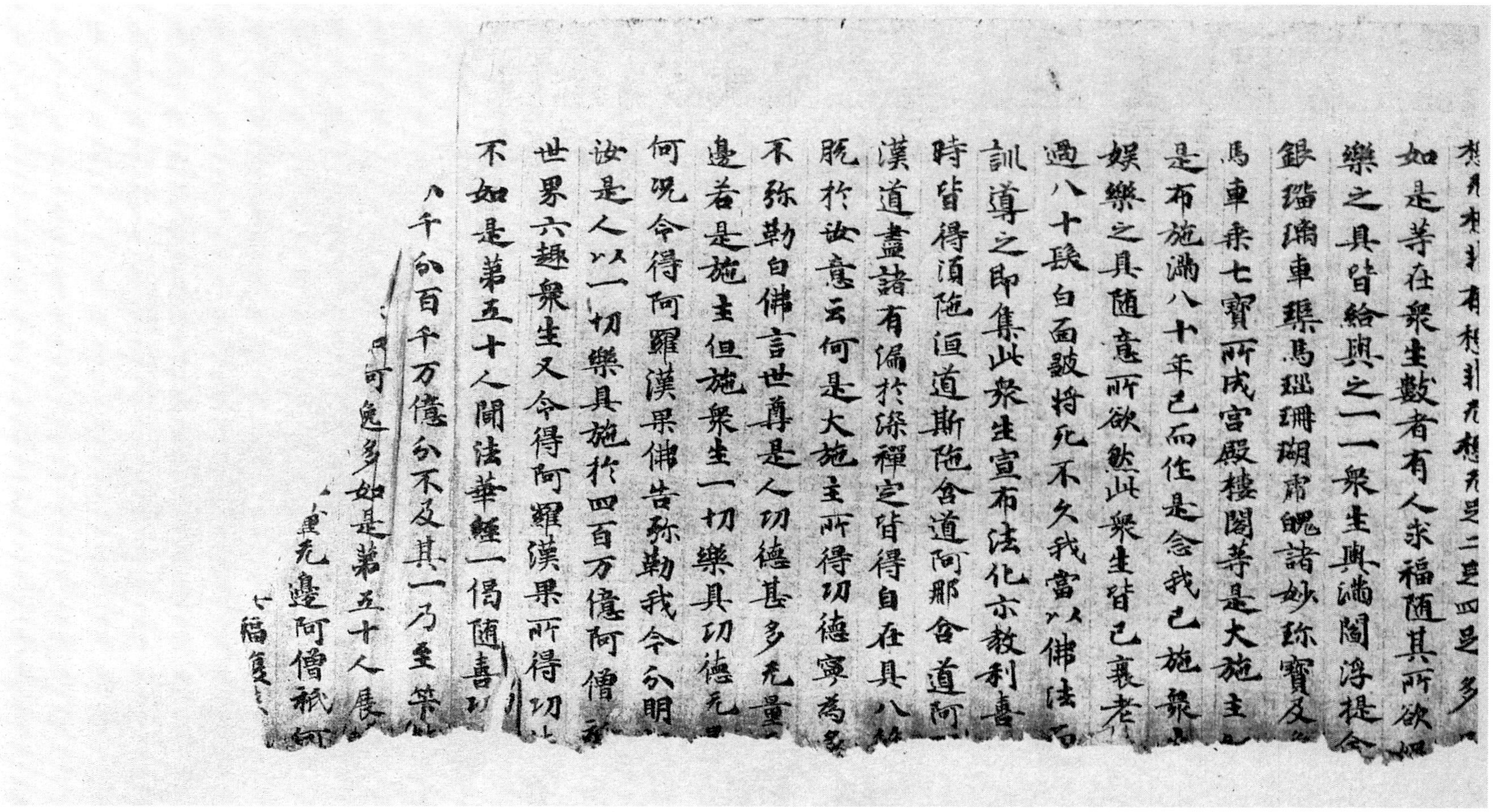
想非想非有想非无想无足二足四足多
如是等在衆生數者有人求福隨其所欲娛
樂之具皆給與之一一衆生與滿閻浮提金
銀琉璃車𤦲馬瑙珊瑚虎珀諸妙珎寶及象
馬車乘七寶所成宮殿樓閣等是大施主如
是布施滿八十年已而作是念我已施衆生
娛樂之具隨意所欲然此衆生皆已衰老年
過八十髮白面皺將死不久我當以佛法而
訓導之即集此衆生宣布法化示教利喜一
時皆得須陁洹道斯陁含道阿那含道阿羅
漢道盡諸有漏於深禪定皆得自在具八解
脫於汝意云何是大施主所得功德寧為多
不彌勒白佛言世尊是人功德甚多无量无
邊若是施主但施衆生一切樂具功德无量
何況令得阿羅漢果佛告彌勒我今分明語
汝是人以一切樂具施於四百万億阿僧祇
世界六趣衆生又令得阿羅漢果所得功德
不如是第五十人聞法華經一偈隨喜功
百分千分百千万億分不及其一乃至筭
阿逸多如是第五十人展
尚无量无邊阿僧祇
福復

BD03487 號　妙法蓮華經卷六　（2–2）

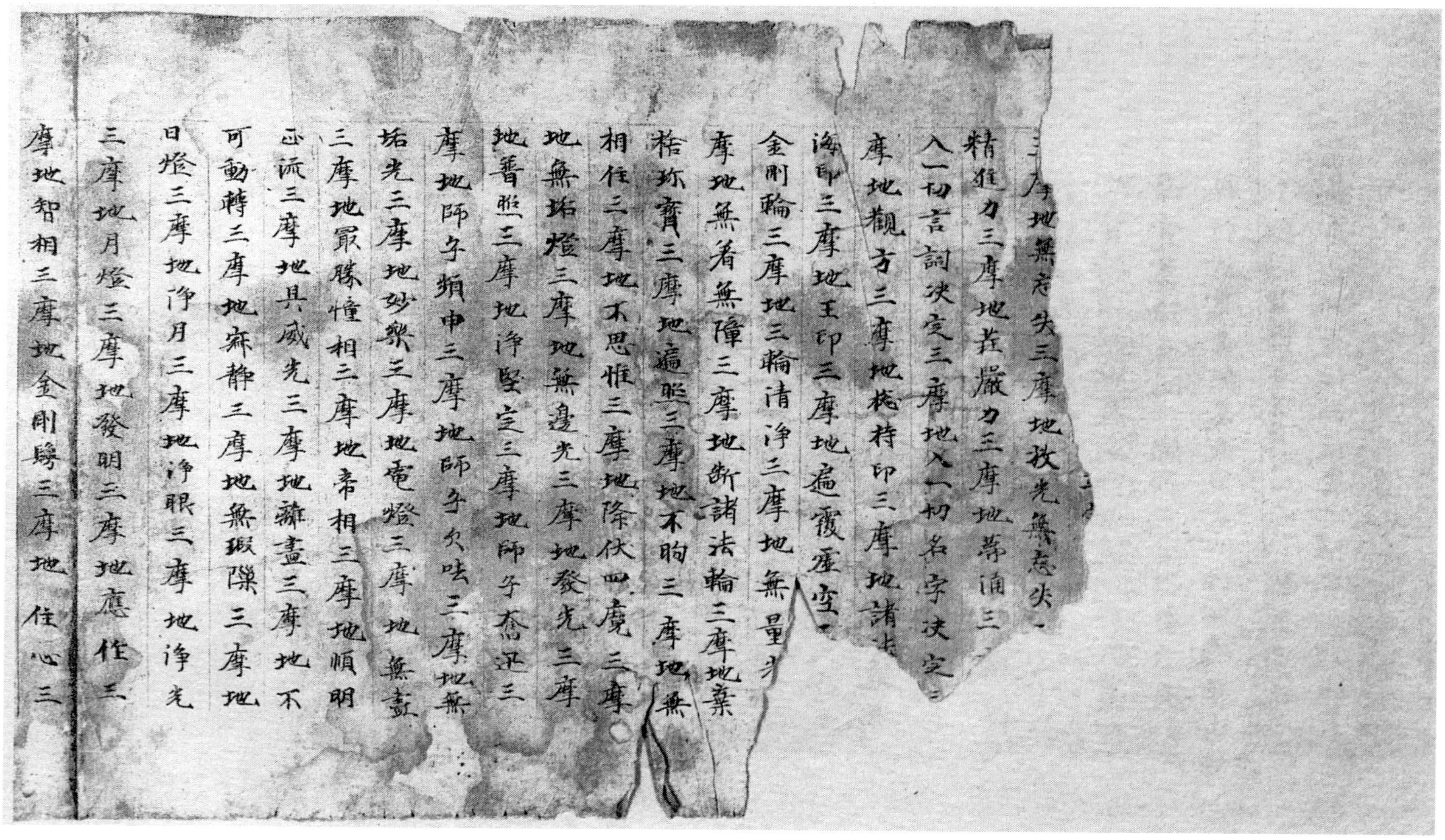
三摩地無忘失三摩地放光無忘失
精進力三摩地莊嚴力三摩地等涌三
入一切言詞決定三摩地入一切名字決定
三摩地觀方三摩地總持印三摩地諸法
海印三摩地王印三摩地遍覆虛空三
金剛輪三摩地三輪清淨三摩地無量光
三摩地無著無障三摩地斷諸法輪三摩地棄
捨珎寶三摩地遍照三摩地不眴三摩地無
相住三摩地不思惟三摩地降伏四魔三摩
地無垢燈三摩地無邊光三摩地發光三摩
地普照三摩地淨堅定三摩地師子奮迅三
摩地師子頻申三摩地師子欠呿三摩地無
垢光三摩地妙樂三摩地電燈三摩地無盡
三摩地最勝幢相三摩地帝相三摩地順明
正流三摩地具威光三摩地離盡三摩地不
可動轉三摩地寂靜三摩地無瑕隙三摩地
日燈三摩地淨月三摩地淨眼三摩地淨光
三摩地月燈三摩地發明三摩地應作三
摩地智相三摩地金剛鬘三摩地住心三

BD03488 號　大般若波羅蜜多經卷五二　（26–1）

日燈三摩地淨月三摩地淨眼三摩地淨光
三摩地月燈三摩地發明三摩地應作三
摩地智相三摩地金剛鬘三摩地住心三
摩地普明三摩地妙安立三摩地寶積三摩
地妙法印三摩地一切法平等性三摩地棄
捨塵愛三摩地法涌圓滿三摩地入法頂三
摩地寶性三摩地捨暄諍三摩地飄散三
摩地分別法句三摩地決定三摩地無垢行
三摩地字平等相三摩地離文字相三摩地
斷所緣三摩地無變異三摩地無品類三摩
地入名相三摩地無所作三摩地入決定名三
摩地無相行三摩地離翳闇三摩地具行三
摩地不變動三摩地度境界三摩地集一切
功德三摩地無心住三摩地決定住三摩地
淨妙華三摩地具覺支三摩地無邊辯三摩
地無邊燈三摩地無等等三摩地超一切法
三摩地決判諸法三摩地散疑三摩地無所住
三摩地一相莊嚴三摩地引發行相三摩
地一行相三摩地離諸行相三摩地妙行三
摩地達諸有底遠離三摩地入一切施設語
言三摩地堅固寶三摩地於一切法無所取
著三摩地電焰莊嚴三摩地除遣三摩地無
勝三摩地法炬三摩地慧燈三摩地趣向不
退轉神通三摩地解脫音聲文字三摩地
炬熾然三摩地嚴淨相三摩地無相三摩

着三摩地電焰莊嚴三摩地除遣三摩地無
勝三摩地法炬三摩地慧燈三摩地趣向不
退轉神通三摩地解脫音聲文字三摩地
炬熾然三摩地嚴淨相三摩地無相三摩
地無濁忍相三摩地具一切妙相三摩地具
總持三摩地不憙一切苦樂三摩地無盡行
相三摩地攝伏一切正耶性三摩地斷憎愛
三摩地離違順三摩地無垢明三摩地極堅
固三摩地滿月淨光三摩地大莊嚴三摩地
無熱電光三摩地能照一切世間三摩地能
救一切世間三摩地定平等性三摩地無塵
有塵平等理趣三摩地無諍有諍平等理趣
三摩地無巢穴無標幟無愛樂三摩地決定
安住真如三摩地器中涌出三摩地燒諸煩
惱三摩地大智慧炬三摩地出生十力三摩
地開闡三摩地壞身惡行三摩地壞語惡行
三摩地壞意惡行三摩地善觀察三摩地
如虛空三摩地無染着如虛空三摩地如是
等三摩地有無量百千是菩薩摩訶薩大
乘相
尒時具壽善現白佛言世尊云何名為健行
三摩地佛言善現謂若住此三摩地時能受
一切三摩地境能辦無邊殊勝健行能為一
切等持導首是故名為健行三摩地世尊云
何名為寶印三摩地善現若住此三摩地
時能印一切三摩地境及定行相所作事業

三摩地佛言善現謂若住此三摩地時能受
一切三摩地境能辦無邊殊勝健行能為一
切等持導首是故名為健行三摩地世尊云
何名為寶印三摩地善現若住此三摩地
時能印一切三摩地境及定行相所作事業
是故名為寶印三摩地世尊云何名為師子
遊戲三摩地善現謂若住此三摩地時於諸
等持遊戲自在是故名為師子遊戲三摩地
世尊云何名為妙月三摩地善現若住此
三摩地時如淨滿月普照諸定是故名為妙
月三摩地世尊云何名為月幢相三摩地善
現謂若住此三摩地時普能執持一切定相
如淨滿月垂妙光幢是故名為月幢相三摩
地世尊云何名為一切法涌三摩地善現謂
若住此三摩地時普能涌出諸三摩地如大
泉池涌出衆水是故名為一切法涌三摩地世
尊云何名為觀頂三摩地善現謂若住此
三摩地時能觀一切三摩地頂是故名為觀頂
三摩地世尊云何名為法界決定三摩地善
現謂若住此三摩地時決定照了一切法界
是故名為法界決定三摩地世尊云何名為
決定幢相三摩地善現謂若住此三摩地時
能決定持諸定幢相是故名為決定幢相三
摩地世尊云何名為金剛喻三摩地善現謂
若住此三摩地時能摧諸定非彼所伏是故
名為金剛喻三摩地世尊云何名為入法印

BD03488 號　大般若波羅蜜多經卷五二　（26–4）

摩地世尊云何名為金剛喻三摩地善現謂
若住此三摩地時能摧諸定非彼所伏是故
名為金剛喻三摩地世尊云何名為入法印
三摩地善現謂若住此三摩地時普能證入
一切法印是故名為入法印三摩地世尊云何
名為三摩地王三摩地善現謂若住此三
摩地時統攝諸定如王自在是故名為三摩
地王三摩地世尊云何名為善安住三摩地
現謂若住此三摩地時持諸功德令不傾動
是故名為善安住三摩地世尊云何名為
善立定王三摩地善現謂若住此三摩地時
於諸定王善能建立是故名為善立定王三
摩地世尊云何名為放光三摩地善現謂若
住此三摩地時於諸定光善能開發是故名
為放光三摩地世尊云何名為無忘失三摩
地善現謂若住此三摩地時於諸等持境界
行相皆能記憶令無所遺是故名為無忘失
三摩地世尊云何名為放光無忘失三摩地
善現謂若住此三摩地時放勝定光照有情
類令彼憶持曾所更事是故名為放光無忘
失三摩地世尊云何名為精進力三摩地善
現謂若住此三摩地時能發諸定精進勢力
是故名為精進力三摩地世尊云何名為莊
嚴力三摩地善現謂若住此三摩地時能引
諸定莊嚴勢力是故名為莊嚴力三摩地世
[illegible]云何名為[illegible]涌三摩地善現謂若住此三

BD03488 號　大般若波羅蜜多經卷五二　（26–5）

現謂若住此三摩地時能發諸定精進勢力
是故名為精進力三摩地世尊云何名為莊
嚴力三摩地善現謂若住此三摩地時能引
諸定莊嚴勢力是故名為莊嚴力三摩地世
尊云何名為等涌三摩地善現謂若住此三
摩地時令諸等持平等涌現是故名為等涌
三摩地世尊云何名為入一切言詞決定三
摩地善現謂若住此三摩地時普於一切決
定言詞皆能悟入是故名為入一切言詞決定
三摩地世尊云住名為入一切名字決定三摩
地善現謂若住此三摩地時普於一切決定
名字皆能悟入是故名為入一切名字決定三
摩地世尊云何名為觀方三摩地善現謂若
住此三摩地時於諸定方普能觀照是故名
為觀方三摩地世尊云何名為總持印三摩
地善現謂若住此三摩地時總能任持諸妙
定印是故名名總持印三摩地世尊云何名
為諸法等趣海印三摩地善現謂若住此三
摩地時令諸勝定等皆趣入如大海印攝受
衆海是故名為諸法等趣海印三摩地世尊
云何名為王印三摩地善現謂若住此三摩
地時令諸事業皆得決定如獲王印所欲皆
成是故名為王印三摩地世尊云何名為遍
覆虛空三摩地善現謂若住此三摩地時於
諸等持能遍覆護無所簡別如太虛空是
故名為遍覆虛空三摩地世尊云何名為金

覆虛空三摩地善現謂若住此三摩地時於
諸等持能遍覆護無所簡別如太虛空是
故名為遍覆虛空三摩地世尊云何名為金
剛三三摩地善現謂若住此三摩地時普能
任持一切勝定令不散壞如金剛輪是故名
為金剛輪三摩地世尊云何名為三輪清淨
三摩地善現謂若住此三摩地時不執諸定
定者定境是故名為三輪清淨三摩地世尊
云何名為無量光三摩地善現謂若住此三
摩地時放種種光過諸數量是故名為無量
光三摩地世尊云何名為無著無障三摩地
善現謂若住此三摩地時於一切法無執無
礙是故名為無著無障三摩地世尊云何名
為斷諸法輪三摩地善現謂若住此三摩地
時能截一切流轉之法是故名為斷諸法轉
三摩地世尊云名為棄捨珍寶三摩地善
現謂若住此三摩地時於諸定相尚皆棄捨
況不棄捨諸煩惱相是故名為棄捨珍寶三
摩地世尊云何名為遍照三地善現謂若住
此三摩地時遍照諸定令彼光顯是故名為
遍照三摩地世尊云何名為不眴三摩地善
現謂若住此三摩地時於此等持其心專
一餘定餘法無取無求是故名為不眴三摩
地世尊云何名為無相住三摩地善現謂若
住此三摩地時不見諸定法有少相可住是

一餘定餘法無取無求是故名爲不眴三摩
地世尊云何名爲無相住三摩地善現謂若
住此三摩地時不見諸定法有少相可住是
故名爲無相住三摩地世尊云何名爲不思
惟三摩地善現謂若住此三摩地時不起一
切心及心所是故名爲不思惟三摩地世尊
云何名爲降伏四魔三摩地善現謂若住此
三摩地時於四魔怨皆能降伏是故名爲
降四魔三摩地世尊云何名爲無垢燈三摩
地善現謂若住此三摩地時如持淨燈照了
諸定是故名爲無垢燈三摩地世尊云何名
爲無邊光三摩地善現謂若住此三摩地時
能發大光照無邊際是故名爲無邊光三摩
地世尊云何名爲發光三摩地善現謂若住
此三摩地時照諸等持合其無間引發種種
殊勝光明是故名爲發光三摩地世尊云
何名爲普照三摩地善現謂若住此三摩地時
於諸定門皆能普照是故名爲普照三摩地
世尊云何名爲淨堅定三摩地善現謂若住
此三摩地時得諸等持淨平等性是故名爲
淨堅定三摩地世尊云何爲師子奮迅三
摩地善現謂若住此三摩地時於諸垢穢縱
任棄捨如師子王自在奮迅是故名爲師子
奮迅三摩地世尊云何名爲師子頻申三摩
地善現謂若住此三摩地時超勝神通自在
無畏降伏一切黑惡魔軍是故名爲師子頻

BD03488號　大般若波羅蜜多經卷五二　（26–8）

任棄捨如師子王自在奮迅是故名爲師子
奮迅三摩地世尊云何名爲師子頻申三摩
地善現謂若住此三摩地時超勝神通自在
無畏降伏一切黑惡魔軍是故名爲師子頻
申三摩地世尊云何名爲師子欠呿三摩地
善現謂若住此三摩地時引妙辯才處衆無
畏摧滅一切外道耶宗是故名爲師子欠呿
三摩地世尊云何名爲無垢光三摩地善現
謂若住此三摩地時善能蠲除一切定垢亦
能遍照諸勝等持是故名爲無垢光三摩地
世尊云何名爲妙樂三摩地善現謂若住此
三摩地時領受一切等持妙樂是故名爲妙
樂三摩地世尊云何名爲電燈三摩地善現
謂若住此三摩地時照諸等持如電燈焰是
故名爲電燈三摩地世尊云何名爲無盡三
摩地善現謂若住此三摩地時引諸等持功
德無盡而不見彼盡不盡相是故名爲無盡
三摩地世尊云何名爲最勝幢相三摩地善
現謂若住此三摩地如最勝幢相起衆定相是
故名爲最勝幢相三摩地世尊云何名爲帝
相三摩地善現謂若住此三摩地時於諸等
持得自在相是故名爲帝相三摩地世尊
云何名爲順明正流三摩地善現謂住此
三摩地時於明正流普能隨順是故名爲順
明正流三摩地世尊云何名爲具威光三摩
[illegible]

BD03488號　大般若波羅蜜多經卷五二　（26–9）

云何名為順明正流三摩地善現謂住此
三摩地時於明正流普皆隨順是故名為順
明正流三摩地世尊云何名為具威光三摩
地善現謂若住此三摩地時於諸等持威光獨
盛是故名為具威光三摩地世尊云何名為
離盡三摩地善現謂若住此三摩地時見諸
等持一切無盡而不見少法有盡不盡相是
故名為離盡三摩地世尊云何名為不可動
轉三摩地善現謂若住此三摩地時令諸等
持無動無著無退轉無戲論是故名為不可
動轉三摩地世尊云何名為寂靜三摩地善
現謂若住此三摩地時於諸等持皆見寂靜
是故名為寂靜三摩地世尊云何名為無瑕
隙三摩地善現謂若住此三摩地時令諸等
持照無瑕隙是故名為無瑕隙三摩地世尊
云何名為日燈三摩地善現謂若住此三摩地
時於諸定門發光普照是故名為日燈三摩
地世尊云何名為淨月三摩地善現謂若
住此三摩地時於諸等持除暗如月是故名
為淨月三摩地世尊云何名為淨眼三摩地
善現謂若住此三摩地時能令五明威得清
淨是故名為淨眼三摩地世尊云何名為淨
光三摩地善現謂若住此三摩地時於諸等
持得四無礙亦令彼定皆能發起是故名為
淨光三摩地世尊云何名為月燈三摩地善
現謂若住此三摩地時除諸有情愚闇如月

光三摩地善現謂若住此三摩地時於諸等
持得四無礙亦令彼定皆能發起是故名為
淨光三摩地世尊云何名為月燈三摩地善
現謂若住此三摩地時除諸有情愚闇如月
是故名為月燈三摩地世尊云何名為發明
三摩地善現謂若住此三摩地時令諸定門
發明普照是故名為發明三摩地世尊云何
名為應作不應作三摩地善現謂若住此三
摩地時知一切等持應作不應作亦令諸定
如此事成是故名為應作不應作三摩地世
尊云何名為智相三摩地善現謂若住此三
摩地時見諸等持所有智相是故名為智相
三摩地世尊云何為金剛鬘三摩地善現
謂若住此三摩地時通達一切等持及法於
定及法都無所見是故名為金剛鬘三摩地
世尊云何名為住心三摩地善現謂若住此
三摩地時心不動搖不轉不照亦不虧損不
念有心是故名為住心三摩地世尊云何名
為普明三摩地善現謂若住此三摩地時於
諸定明普能照了是故名為普明三摩地世
尊云何名為妙安立三摩地善現謂若住此
三摩地時於諸等持妙能安立是故名為妙
安立三摩地世尊云何名為寶積三摩地善
現謂若住此三摩地時見諸等持皆如寶聚
是故名為寶積三摩地世尊云何名為妙法
印三摩地善現謂若住此三摩地時能印諸

現謂若住此三摩地時見諸等持皆如寶聚
是故名為寶積三摩地世尊云何名為妙法
印三摩地善現謂若住此三摩地時能印諸
等持以無印印故是故名為妙法印三摩地
世尊云何名為一切法平等性三摩地善現
謂若住此三摩地時不見有法離平等性是
故名為一切法平等性三摩地世尊云何名
為棄捨塵愛三摩地善現謂若住此三摩地
時於諸定法棄捨塵愛是故名為棄捨塵
愛三摩地世尊云何名為法涌圓滿三摩地善現
謂若住此三摩地時令諸佛法涌現圓滿是
故名為法涌圓滿三摩地世尊云何名為
入法頂三摩地善現謂若住此三摩地時能
永滅除一切法暗亦超諸定而為上首是故名
為入法頂三摩地世尊云何名為寶性三摩地
善現謂若住此三摩地時能出無邊大功德
寶是故名為寶性三摩地世尊云何名為捨
喧諍三摩地善現謂若住此三摩地時捨諸
世間種種喧諍是名為捨喧諍三摩地世
尊云何名為飄散三摩地善現謂若住此三
摩地時飄散一切等持法執是故名為飄散三
摩地世尊云何名為分別法句三摩地善現
謂若住此三摩地時善能分別諸定法句是
故名為分別法句三摩地世尊云何名為決定
三摩地善現謂若住此三摩地時於法等持皆

BD03488號　大般若波羅蜜多經卷五二　（26–12）

摩地世尊云何名為分別法句三摩地善現
謂若住此三摩地時善能分別諸定法句是
故名為分別法句三摩地世尊云何名為決定
三摩地善現謂若住此三摩地時於法等持皆
得決定是故名為決定三摩地世尊云何名為
無垢行三摩地善現謂若住此三摩地時
能發無邊清淨勝行是故名為無垢行三
摩地世尊云何名為字平等相三摩地善現
謂若住此三摩地時得諸等持字平等相
是故名為字平等相三摩地世尊云何名
為離文字相三摩地善現謂若住此三摩地
時於諸等持不得一字是故名為離文字相
三摩地世尊云何名為斷所緣三摩地善現
謂若住此三摩地時絕諸等持所緣境相
是故名為斷所緣三摩地世尊云何名為
無變異三摩地善現謂若住此三摩地時
不得諸法變異之相是故名為無變異三
摩地世尊云何名為無品類三摩地善現
謂若住此三摩地時不見諸法品類異相
是故名為無品類三摩地世尊云何名為
入名相三摩地善現謂若住此三摩地時
悟入諸法名相實際是故名為入名相三摩
地世尊云何名為無所作三摩地善現謂
若住此三摩地時一切所為無不皆息是
故名為無所作三摩地世尊云何名為入
決定名三摩地善現謂若住此三摩地時

BD03488號　大般若波羅蜜多經卷五二　（26–13）

地世尊云何名為無所作三摩地善現謂
若住此三摩地時一切所為無不皆息是
故名為無所作三摩地世尊云何名為入
決定名三摩地善現謂若住此三摩地時
悟入諸法決定名字都無所有但假施設
是名為入決定名三摩地世尊云何名為無
相行三摩地善現謂若住此三摩地時於諸
定相都無所得是故名為無相行三摩地世
尊云何名為離翳闇三摩地善現謂若住此
三摩地時諸定翳闇無不除遣是故名為離
翳闇三摩地世尊云何名為具行三摩地善
現謂若住此三摩地時於諸定行中雖見而
不見是故名為具行三摩地世尊云何名為
不變動三摩地善現謂若住此三摩地時於
諸等持不見變動是故名為不變動三摩
地尊云何名為度境界三摩地善現謂若住
此三摩地時超諸等持所緣境界是故名為
度境界三摩地世尊云何名為集一切功德
三摩地善現謂若住此三摩地時能集諸定
所有功德於一切法而無集想是故名為集
一切功德三摩地世尊云何名為無心住三
摩地善現謂若住此三摩地時心於諸定無
轉無墮是故名為無心住三摩地世尊云何
名為決定住三摩地善現謂若住此三摩地
時於諸定心雖決定住而知其相了不可得
是故名為決定住三摩地世尊云何名為淨

轉無墮是故名為無心住三摩地世尊云何
名為決定住三摩地善現謂若住此三摩地
時於諸定心雖決定住而知其相了不可得
是故名為決定住三摩地世尊云何名為淨
妙華三摩地善現謂若住此三摩地時令諸
等持皆得清淨嚴飾光顯猶如妙華是故名
為淨妙華三摩地世尊云何名為具覺支三
摩地善現謂若住此三摩地時令一切定於
七覺支速得圓滿是故名為具覺支三摩地
世尊云何名為無邊辯三摩地善現謂若住
此三摩地時於諸法中得無邊辯是故名為
無邊辯三摩地世尊云何名為無邊燈三摩
地善現謂若住此三摩地時於一切法皆能
照了猶若明燈是故名為無邊燈三摩地世
尊云何名為無等等三摩地善現謂若住此
三摩地時令諸等持得無等等是故名為無
等等三摩地世尊云何名為超一切法三摩
地善現謂若住此三摩地時於三界法皆能
超度是故名為超一切法三摩地世尊云何
名為決判諸法三摩地善現謂若住此三摩
地時見諸勝定及一切法為諸有情分別無
乱是故名為決判諸法三摩地世尊云何名
為散疑三摩地善現謂若住此三摩地時於
諸等持及一切法所有疑網皆能除散是故
名為散疑三摩地世尊云何名為無所住三
摩地善現謂若住此三摩地時不見諸法有

為散疑三摩地善現謂若住此三摩地時於
諸菩薩及一切法所有疑網皆能除散是故
名為散疑三摩地世尊云何名為無所住三
摩地善現謂若住此三摩地時不見諸法有
所住處是故名為無所住三摩地世尊云何
名為一相莊嚴三摩地善現謂若住此三摩
地時不見諸法而有二相是故名為一相莊
嚴三摩地世尊云何名為引發行相三摩地
善現謂若住此三摩地時於諸菩薩及一切
法雖能引發種種行相而都不見能引發者
是故名為引發行相三摩地世尊云何名為
一行相三摩地善現謂若住此三摩地時見
諸菩薩無二行相是故名為一行相三摩地世
尊云何名為離諸行相三摩地善現謂若住
此三摩地時見諸菩薩都無行相是故名為
離諸行相三摩地世尊云何名為妙行三摩
地善現謂若住此三摩地時令諸菩薩雖起
種種微妙勝行而無所執是故名為妙行三
摩地世尊云何名為達諸有底遠離三摩地
善現謂若住此三摩地時於諸菩薩及一切
法得通達智得此智已於諸有法通達遠離
是故名為達諸有底遠離三摩地世尊云何
名為入一切施設語言三摩地善現謂若住
此三摩地時悟入一切三摩地法施設語言
而無所持是故名為入一切施設語言三摩
地世尊云何名為堅固寶三摩地善現謂若

BD03488 號　大般若波羅蜜多經卷五二　（26–16）

名為入一切施設語言三摩地善現謂若住
此三摩地時悟入一切三摩地法施設語言
而無所持是故名為入一切施設語言三摩
地世尊云何名為堅固寶三摩地善現謂若
住此三摩地時能引無邊無退無壞微妙
殊勝功德珍寶是故名為堅固寶三摩地世
尊云何名為於一切法無所取著三摩地善
現謂若住此三摩地時於諸法中無所取著
以一切法離性相故是故名為於一切法無所
取著三摩地世尊云何名為電焰莊嚴三
摩地善現謂若住此三摩地時發種種光照
諸有情復以無量功德莊嚴是故名為電焰
莊嚴三摩地世尊云何名為除遣三摩地善
現謂若住此三摩地時除遣無邊煩惱習氣
是故名為除遣三摩地世尊云何名為法炬
三摩地善現謂若住此三摩地時照了諸法
自相共相是故名為法炬三摩地世尊云何
名為慧燈三摩地善現謂若住此三摩地時
照了諸法空無我理是故名為慧燈三摩地
世尊云何名為趣向不退轉神通三摩地善
現謂若住此三摩地時能引無量不退難伏
殊勝神通是故名為趣向不退轉神通三摩
地世尊云何名為解脫音聲文字三摩地善
現謂若住此三摩地時見諸菩薩解脫一切
音聲文字眾相寂滅是故名為解脫音聲文
字三摩地世尊云何名為炬熾然三摩地善

BD03488 號　大般若波羅蜜多經卷五二　（26–17）

□形相通是故名爲出向不退轉相通三摩
地世尊云何名爲解脫音聲文字三摩地善
現謂若住此三摩地時見諸等持解脫一切
音聲文字衆相寂滅是故名爲解脫音聲文
字三摩地世尊云何名爲炬熾然三摩地善
現謂若住此三摩地時於諸等持威德獨盛
照了諸定猶如熾炬是故名爲炬熾然三摩
地世尊云何名爲嚴淨相三摩地善現謂若
住此三摩地時於諸等持嚴淨其相是故名
爲嚴淨相三摩地世尊云何名爲無相三摩
地善現謂若住此三摩地時於諸等持不見
其相是故名爲無相三摩地世尊云何名爲
無濁忍相三摩地善現謂若住此三摩地時
於一切法得無濁忍是故名爲無濁忍相三
摩地世尊云何名爲具一切妙相三摩地善
現謂若住此三摩地時諸定妙相無不具足
是故名爲具一切妙相三摩地世尊云何名爲
具總持三摩地善現謂若住此三摩地時能
世尊云何名爲不喜一切苦樂三摩地善現
謂若住此三摩地時於諸等持苦樂之相不
樂觀察是故名爲不喜一切苦樂三摩地世
尊云何名爲無盡行相三摩地善現謂若住
此三摩地時不見諸定行相有盡是故名爲
無盡行相三摩地世尊云何名爲攝伏一切
正邪性三摩地善現謂若住此三摩地時於
諸等持正性邪性攝伏諸見皆令不起是

BD03488號　大般若波羅蜜多經卷五二　（26–18）

此三摩地時不見諸定行相有盡是故名爲
無盡行相三摩地世尊云何名爲攝伏一切
正邪性三摩地善現謂若住此三摩地時於
諸等持正性邪性攝伏諸見皆令不起是
故名爲攝伏一切正邪性三摩地世尊云何
名爲斷憎愛三摩地善現謂若住此三摩
地時不見諸定法有憎有愛相是故名爲斷
憎愛三摩地世尊云何名爲離違順三摩地善
現謂若住此三摩地時不見諸定法有違有
順相是故名爲離違順三摩地世尊云何名爲
無垢明三摩地善現謂若住此三摩地時於
諸等持若明若垢滅悉不見是故名爲無垢
明三摩地世尊云何名爲極堅固三摩地善
現謂若住此三摩地時令諸等持無不堅固
是故名爲極堅固三摩地世尊云何名爲滿
月淨光三摩地善現謂若住此三摩地時令
諸等持功德具足如淨滿月增諸海水是故
名爲滿月淨光三摩地世尊云何名爲大莊
嚴三摩地善現謂若住此三摩地時令諸等

是故名爲具一切妙相三摩地世尊云何名爲
具總持三摩地善現謂若住此三摩地時能
總任持諸定勝事是故名爲具總持三摩地
世尊云何名爲不喜一切苦樂三摩地善現

BD03488號　大般若波羅蜜多經卷五二　（26–19）

是故名爲具一切妙相三摩地世尊云何名爲
具總持三摩地善現謂若住此三摩地時能
總任持諸定殊事是故名爲具總持三摩地
世尊云何名爲不喜一切苦樂三摩地善現
謂若住此三摩地時於諸等持苦樂之相不
樂觀察是故名爲不喜一切苦樂三摩地世
尊云何名爲無盡行相三摩地善現謂若住
此三摩地時不見諸定行相有盡是故名爲
無盡行相三摩地世尊云何名爲攝伏一切
正耶性三摩地善現謂若住此三摩地時於
諸等持正性耶性攝伏諸見皆令不起是
故名爲攝伏一切正耶性三摩地世尊云何
名爲斷憎愛三摩地善現謂若住此三摩
地時不見諸定法有憎有愛相是故名爲斷
憎愛三摩地世尊云何名爲離違順三摩地善
現謂若住此三摩地時不見諸定法有違有
順相是故名爲離違順三摩地世尊云何名爲
無垢明三摩地善現謂若住此三摩地時於
諸等持若明若垢咸悉不見是故名爲無垢
明三摩地世尊云何名爲極堅固三摩地善
現謂若住此三摩地時令諸等持無不堅固
是故名爲極堅固三摩地世尊云何名爲滿
月淨光三摩地善現謂若住此三摩地時令
諸等持功德具足如淨滿月增諸海水是故
名爲滿月淨光三摩地世尊云何名爲大莊
嚴三摩地善現謂若住此三摩地時令諸等

月淨光三摩地善現謂若住此三摩地時令
諸等持功德具足如淨滿月增諸海水是故
名爲滿月淨光三摩地世尊云何名爲大莊
嚴三摩地善現謂若住此三摩地時令諸等
持成就種種微妙希有大莊嚴事是故名爲
大莊嚴三摩地世尊云何名爲熱電光三摩
摩地善現謂若住此三摩地時放清冷光照
有情類令息一切黑暗毒熱是故名爲無
熱電光三摩地世尊云何名爲能照一切世間
三摩地善現謂若住此三摩地時照諸等持
及一切法令有情類咸得開曉是故名爲能
照一切世間三摩地世尊云何名爲救一切世
間三摩地善現謂若住此三摩地時能救
世間種種憂苦是故名爲救一切世間三摩地
世尊云何名爲定平等性三摩地善現謂若
住此三摩地時不見等持定散差別是故名
爲定平等性三摩地世尊云何名爲無塵
有塵平等理趣三摩地善現謂若住此三摩
地時了達諸定及一切法有塵無塵平等理趣
是故名爲無塵有塵平等理趣三摩地世尊
云何名爲無諍有諍平等理趣三摩地善現
謂若住此三摩地時不見諸法及一切定有
諍無諍性相差別是故名爲無諍有諍平
等理趣三摩地世尊云何名爲無巢穴無標
幟無愛樂三摩地善現謂若住此三摩地時破
諸巢穴捨諸標幟斷諸愛樂而無所執是故

諍無諍性相差別是故名為無諍有諍平
等理趣三摩地世尊云何名為無巢穴無標
幟無愛樂三摩地善現謂若住此三摩地時破
諸巢穴捨諸標幟斷諸愛樂而無所執是故
名為無巢穴無標幟無愛樂三摩地世尊云
何名為決定安住真如三摩地善現謂若住
此三摩地時於諸等持及一切法常不棄捨
真如實相是故名為決定安住真如三摩地
世尊云何名為器中涌出三摩地善現謂若
住此三摩地時令諸等持出生功德如天福
力食涌器中是故名為器中涌出三摩地世
尊云何名為燒諸煩惱三摩地善現謂若住
此三摩地時燒諸煩惱令無遺燼是故名為燒
諸煩惱三摩地世尊云何名為大智慧炬三
摩地善現謂若住此三摩地時發智慧光照
了一切是故名為大智慧炬三摩地世尊云
何名為出生十力三摩地善現謂若住此三
摩地時令佛十力速得圓滿是故名為出生十
力三摩地世尊云何名為開闡三摩地善現
謂若住此三摩地時能為有情開闡法要令
速解脫生死大苦是故名為開闡三摩地世
尊云何名為壞身惡行三摩地善現謂若住
此三摩地時雖不見有身而息身惡行是故
名為壞身惡行三摩地世尊云何名為壞語
惡行三摩地善現謂若住此三摩地時雖不

BD03488號　大般若波羅蜜多經卷五二　（26–22）

此三摩地時雖不見有身而息身惡行是故
名為壞身惡行三摩地世尊云何名為壞語
惡行三摩地善現謂若住此三摩地時雖不
見有聲而息語惡行是故名為壞語惡行三
摩地世尊云何名為壞意惡行三摩地善現
謂若住此三摩地時雖不見有心而息意惡
行是故名為壞意惡行三摩地世尊云何名
為善觀察三摩地善現謂若住此三摩地時
於諸有情能善觀察根性勝解而度脫之是
故名為善觀察三摩地世尊云何名為如虛
空三摩地善現謂若住此三摩地時於諸有
情普能饒益其心平等如太虛空是故名為
如虛空三摩地世尊云何名為無染著如虛
空三摩地善現謂若住此三摩地時觀一切
法都無所有猶如虛空無染無著是故名為
無染著如虛空三摩地善現如是等有無量
百千三摩地當知是為菩薩摩訶薩大乘
相
復次善現菩薩摩訶薩大乘相者謂四念
住何等為四謂身念住受念住心念住法念
住善現身念住者諸菩薩摩訶薩脩行
般若波羅蜜多時以無所得而為方便雖於
內身住脩身觀而竟不起身俱尋思熾然精
進具念正知為欲調伏世貪憂故諸菩薩摩
訶薩脩行般若波羅蜜多時以無所得而為

BD03488號　大般若波羅蜜多經卷五二　（26–23）

般若波羅蜜多時以無所得而為方便雖於
内身住脩身觀而竟不起身俱尋思熾然精
進具念正知為欲調伏世貪憂故諸菩薩摩
訶薩脩行般若波羅蜜多時以無所得而為
方便雖於外身住脩身觀而竟不起身俱尋
思熾然精進具念正知為欲調伏世貪憂故
諸菩薩摩訶薩脩行般若波羅蜜多時以無
所得而為方便雖於内外身住脩身觀而竟
不起身俱尋思熾然精進具念正知為欲調
伏世貪憂故善現是為菩薩摩訶薩身念住
善現受念住者諸菩薩摩訶薩脩行般若波
羅蜜多時以無所得而為方便雖於内受住
脩受觀而竟不起受俱尋思熾然精進具念
正知為欲調伏世貪憂故諸菩薩摩訶薩脩
行般若波羅蜜多時以無所得而為方便雖
於外受住脩受觀而竟不起受俱尋思熾然
精進具念正知為欲調伏世貪憂故諸菩薩
摩訶薩脩行般若波羅蜜多時以無所得而
為方便雖於内外受住脩受觀而竟不起受
俱尋思熾然精進具念正知為欲調伏世貪
憂故善現是為菩薩摩訶薩受念住善現心
念住者諸菩薩摩訶薩脩行般若波羅蜜多
時以無所得而為方便雖於内心住脩心觀而
竟不起心俱尋思熾然精進具念正知為欲
調伏世貪憂故諸菩薩摩訶薩脩行般若
羅蜜多時以無所得而為方便雖於外心住脩

時以無所得而為方便雖於内心住脩心觀而
竟不起心俱尋思熾然精進具念正知為欲
調伏世貪憂故諸菩薩摩訶薩脩行般若
羅蜜多時以無所得而為方便雖於外心住脩
心觀而竟不起心俱尋思熾然精進具念正
知為欲調伏世貪憂故諸菩薩摩訶薩脩行
般若波羅蜜多時以無所得而為方便雖於
内外心住脩心觀而竟不起心俱尋思熾然
精進具念正知為欲調伏世貪憂故善現是
為菩薩摩訶薩心念住善現法念住者諸菩
薩摩訶薩脩行般若波羅蜜多時以無所得
而為方便雖於内法住脩法觀而竟不起法
俱尋思熾然精進具念正知為欲調伏世貪
憂故諸菩薩摩訶薩脩行般若波羅蜜多時
以無所得而方便雖於外法住脩法觀而竟
不起法俱尋思熾然精進具念正知為欲
調伏世貪憂故諸菩薩摩訶薩脩行般若波
羅蜜多時以無所得而為方便雖於内外法
住脩法觀而竟不起法俱尋思熾然精進
具念正知為欲調伏世貪憂故善現是為菩
薩摩訶薩法念住

大般若波羅蜜多經卷第五十二

薩摩訶薩脩行般若波羅蜜多時以無所得
而為方便離於內法住脩法觀而竟不起法
俱尋思熾然精進具念正知為欲調伏世貪
憂故諸菩薩摩訶薩脩行般若波羅蜜多時
以無所得而方便離於外法住脩法觀而竟
不起法俱尋思熾然精進具念正知為欲
調伏世貪憂故諸菩薩摩訶薩脩行般若波
羅蜜多時以無所得而為方便離於內外法
住脩法觀而竟不起法俱尋思熾然精進
具念正知為欲調伏世貪憂故善現是為菩
薩摩訶薩法念住

大般若波羅蜜多經卷第五十二

BD03488號　大般若波羅蜜多經卷五二　（26–26）

無淨無自性不可
乃至智波羅蜜多
性不可得而能脩
脩行般若波羅蜜多時能
羅蜜多具壽善現白佛言世尊
訶薩脩行般若波羅蜜多時能
垢地發光地焰慧地極難勝地
地不動地善慧地法雲地佛告善
摩訶薩脩行般若波羅蜜多時如
地無增無減無染無淨無自性不可得
習如實知離垢地乃至法雲地無增
染無淨無自性不可得而能脩習善
菩薩摩訶薩脩行般若波羅蜜多時
喜地乃至法雲地具壽善現白佛言
何菩薩摩訶薩脩行般若波羅蜜
學四念住四正斷四神足五根五力七
八聖道支佛告善現若菩薩摩訶
若波羅蜜多時如實知四念住無增

BD03489號　大般若波羅蜜多經卷三八五　（3–1）

何菩薩摩訶薩修行般若波羅蜜
學四念住四正斷四神足五根五力七
八聖道支佛告善現若菩薩摩訶
若波羅蜜多時如實知四念住無增
染無淨無自性不可得而能修習如
正斷乃至八聖道支無增無減無染無
自性不可得而能修習善現是為菩薩
薩修行般若波羅蜜多時能學四念住
八聖道支
具壽善現白佛言世尊云何菩薩摩訶薩
行般若波羅蜜多時能學四靜慮四無量
無色定佛告善現若菩薩摩訶薩修行
波羅蜜多時如實知四靜慮無增無減無
無淨無自性不可得而能修習如實知四無
量四無色定無增無減無染無淨無自性不
可得而能修習善現是為菩薩摩訶薩修
般若波羅蜜多時能學四靜慮四無量四
色定具壽善現白佛言世尊云何菩薩摩
薩修行般若波羅蜜多時能學八解脫八勝
處九次第定十遍處佛告善現若菩薩摩訶
薩修行般若波羅蜜多時如實知八解脫無
增無減無染無淨無自性不可得而能修習如
實知八勝處九次第定十遍處無
無染無淨無自性不可得而能修習
為菩薩摩訶薩修行般若波羅蜜
八解脫八勝處九次第定十遍處具

BD03489號　大般若波羅蜜多經卷三八五　（3–2）

量四無色定無增無減無染無淨無自性
可得而能修習善現是為菩薩摩訶薩修
般若波羅蜜多時能學四靜慮四無量四
色定具壽善現白佛言世尊云何菩薩摩
薩修行般若波羅蜜多時能學八解脫八勝
處九次第定十遍處佛告善現若菩薩摩訶
薩修行般若波羅蜜多時如實知八解脫無
增無減無染無淨無自性不可得而能修習如
實知八勝處九次第定十遍處無
無染無淨無自性不可得而能修習
為菩薩摩訶薩修行般若波羅蜜
八解脫八勝處九次第定十遍處具
白佛言世尊云何菩薩摩訶薩修行
羅蜜多時能學一切陀羅尼門一切
門佛告善現若菩薩摩訶薩修行
蜜多時如實知一切陀羅尼門無增
染無淨無自性不可得而能修習
切三摩地門無增無減無染無淨
可得而能修習善現是為菩薩摩
般若波羅

BD03489號　大般若波羅蜜多經卷三八五　（3–3）

世尊先說常者
法與外道同即便捨去復
長大能自行來凡所食噉能消
難消本所與蘇則不供是我之所有聲聞弟
子亦復如是如汝嬰兒不能消是常住之法
是故我先說苦無常若我聲聞諸弟子等功
德已備堪任脩習大乘經典我於是經為說
六味云何六味說苦酢味無常醎味無我苦
味樂如甜味我如辛味常如醭味彼世間中
有三種味所謂無常無我樂煩惱為薪智
慧為火以是因緣成涅槃飯謂常樂我淨令
弟子悉皆甘嗜復告女人汝若有緣欲至他
處應駈惡子令出其舍悉以寶藏付示善子
女人白佛實如聖教示寶之藏應示善子不
示惡子姉妹我亦如是般涅槃時如來微密
無上法藏不與聲聞諸弟子等如汝寶藏不
示惡子要當付囑諸菩薩等如汝寶藏委付
善子何以故聲聞弟子生變異想謂佛如來
真實滅度然我真實不滅度也如汝遠行未
還之頃汝之惡子便言汝死汝實不死諸菩
薩等說言如來常不變易如汝善子不言汝
死以是義故我以無上祕密之藏付諸菩薩

BD03490號　大般涅槃經（北本）卷四　（13–1）

真實滅度然我真實不滅度也如汝遠行未
還之頃汝之惡子便言汝死汝實不死諸菩
薩等說言如來常不變易如汝善子不言汝
死以是義故我以無上祕密之藏付諸菩薩
善男子若有衆生謂佛常住不變異者當知
是家則為有佛是名舍他能隨問荅者若有
人來問佛世尊我當云何不捨錢財而得名
為大施檀越佛言若有沙門婆羅門等少欲
知足不受不畜不淨物者當施其人奴婢僕
使脩梵行者施與女人斷酒肉者施以酒肉
不過中食施過中食不著華香施以華香如
是施者施名流布遍至他方財寶之費不失
豪氂是則名為能隨問荅尒時迦葉菩薩白
佛言世尊食肉之人不應施肉何以故我見
不食肉者有大功德佛讚迦葉善哉善哉汝
今乃能善知我意護法菩薩應當如是善男
子從今日始不聽聲聞弟子食肉若受檀越
信施之時應觀是食如子肉想迦葉菩薩復
白佛言世尊云何如來不聽食肉善男子夫
食肉者斷大慈種迦葉又言如來何故先聽
比丘食三種淨肉迦葉是三種淨肉隨事漸
制迦葉菩薩復白佛言世尊何因緣故十種
不淨乃至九種清淨而復不聽佛告迦葉亦
是因事漸次而制當知即是現斷肉義迦葉
菩薩復白佛言云何如來稱讚魚肉為美食
耶善男子我亦不說魚肉之屬為美食也我
說甘蔗粳米石蜜一切穀麦及黑石蜜乳酪
蘇油以為美食雖說應畜種種衣服所應畜
者要是壞色何況貪著是魚肉味迦葉復言
如來若制不食肉者彼五種味乳酪酪漿生
蘇熟蘇胡麻油等及諸衣服憍奢耶衣珂貝

BD03490號　大般涅槃經（北本）卷四　（13–2）

說旨蔗粳米石蜜一切穀麥及黑石蜜乳酪
蘇油以為美食雖說應畜種種衣服所應畜
者要是壞色何況貪著是魚肉味迦葉復言
如來若制不食肉者彼五種味乳酪酪漿生
蘇熟蘇胡麻油等及諸衣服憍奢耶衣珂貝
皮革金銀盂器如是等物亦不應受善男子
不應同彼尼乾所見如來所制一切禁戒各
有異意異意故聽食三種淨肉異想故斷十
種肉異想故一切悉斷及自死者迦葉我從
今日制諸弟子不得復食一切肉也迦葉其
食肉者若行若住若坐若卧一切眾生聞其
肉氣悉生恐怖譬如有人近師子已眾人見
之聞師子臭亦生恐怖善男子如人噉蒜臭
穢可惡餘人見之聞臭捨去設遠見者猶不
欲視況當近之諸食肉者亦復如是一切眾
生聞其肉氣悉皆恐怖生畏死想水陸空行
有命之類悉捨之走咸言此人是我等怨是
故菩薩不習食肉為度眾生示現食肉雖現
食之其實不食善男子如是菩薩清淨之食
猶尚不食況當食肉善男子我涅槃後無量
百歲四道聖人悉復涅槃正法滅後於像法
中當有比丘似像持律少讀誦經貪嗜飲食
長養其身身所被服麤陋醜惡形容憔悴無
有威德放畜牛羊擔負薪草頭鬚髮爪悉皆
長利雖服袈裟猶如獵師細視徐行如猫伺
鼠常唱是言我得羅漢多諸病苦眠卧糞穢
外現賢善內懷貪嫉如受瘂法婆羅門等
實非沙門現沙門像邪見熾盛誹謗正法如是
等人破壞如來所制戒律正行威儀說解脫果
離不淨法及壞甚深祕密之教各自隨意

BD03490 號　大般涅槃經（北本）卷四　（13–3）

實非沙門現沙門像邪見熾盛誹謗正法如是
等人破壞如來所制戒律正行威儀說解脫果
離不淨法及壞甚深祕密之教各自隨意
反說經律而作是言如來皆聽我等食肉自
生此論言是佛說互共諍訟各自稱是沙門
釋子善男子爾時復有諸沙門等貯聚生穀
受取魚肉手自作食執持油瓶寶蓋革屣親
近國王大臣長者占相星宿勤修醫道畜養
奴婢金銀瑠璃車𤦲馬瑙頗梨真珠珊瑚虎
珀璧玉珂貝種種菓蓏學諸伎藝畫師泥作
造書教學種殖根栽蠱道咒幻和合諸藥作
倡伎樂香華治身摴蒱圍碁學諸工巧若有
比丘能離如是諸惡事者當說是人真我弟
子爾時迦葉復白佛言世尊諸比丘比丘尼
優婆塞優婆夷因他而活若乞食時得雜肉
食云何得食應清淨法佛言迦葉當以水洗
令與肉別然後乃食若其食器為肉所污但
使無味聽用無罪若見食中多有肉者則不
應受一切現肉悉不應食食者得罪我今唱
是斷肉之制若廣說者則不可盡涅槃時到
是故略說是則名為能隨問答迦葉云何善
解因緣義也如有四部之眾來問我言世尊
如是之義如來初出何故不為波斯匿王說
是法門深妙之義或時說深或時說淺或名
為犯或名不犯云何名墮云何名律云何名
波羅提木叉義佛言波羅提木叉者名為知
足成就威儀無所受畜亦名淨命墮者名四
惡趣又復墮者墮於地獄乃至阿鼻論其遲
速過於暴雨聞者驚怖堅持禁戒不犯威儀
修習知足不受一切不淨之物又復墮者長

BD03490 號　大般涅槃經（北本）卷四　（13–4）

是成就威儀無所受畜亦名淨命隨者名四
惡趣又復墮者墮於地獄乃至阿鼻論其遲
速過於暴雨聞者驚怖堅持禁戒不犯威儀
脩習知足不受一切不淨之物又復隨者長
養地獄畜生餓鬼以是諸義故名曰墮波羅
提木叉者離身口意不善邪業律者入戒威
儀深經善義遮受一切不淨之物及不淨因
緣亦遮四重十三僧殘二不定法卅捨墮九
十一墮四悔過法衆多學法七滅諍等或復
有人盡破一切戒云何一切謂四重法乃至七
滅諍法或復有人誹謗正法甚深經典及一
闡提具足成就盡一切相無有因緣如是等
人自言我是聰明利智輕重之罪悉皆覆藏
覆藏諸惡如龜藏六如是衆罪長夜不悔以
不悔故晝夜增長是諸比丘所犯衆罪終不
發露是使所犯遂復滋蔓是故如來知是事
已漸次而制不得一時尒時有善男子善女
人白佛言世尊如來久知如是之事何不先
制將無世尊欲令衆生入阿鼻獄譬如多人
欲至他方迷失正路隨逐邪道是諸人等不
知迷故皆謂是道復不見人可聞是非衆生
如是迷於佛法不見正真如來應為先說正
道勅諸比丘此是犯戒此是持戒當如是制
何以故如來正覺是真實者知見正道唯有
如來天中之天能說十善增上功德及其義
味是故啓請應先制戒佛言善男子若言如
來能為衆生宣說十善增上功德是則如來
視諸衆生如羅睺羅云何難言將無世尊欲
令衆生入於地獄我見一人有墮阿鼻地獄
因緣尚為是人住世一劫若減一劫我於衆

BD03490號　大般涅槃經（北本）卷四　（13–5）

來能為衆生宣說十善增上功德是則如來
視諸衆生如羅睺羅云何難言將無世尊欲
令衆生入於地獄我見一人有墮阿鼻地獄
因緣尚為是人住世一劫若減一劫我於衆
生有大慈悲何緣當誑如子想者令入地獄
善男子如王國內有納衣者見衣有孔然後
方補如來亦尒見諸衆生有入阿鼻地獄因
緣即以戒善而為補之善男子譬如轉輪聖王
先為衆生說十善法其後漸漸有行惡者
王即隨事漸漸而斷斷諸惡已然後自行聖
王之法善男子我亦如是雖有所說不得先
制要因比丘漸行非法然後方乃隨事制之
樂法衆生隨教脩行如是等衆乃能得見如
來法身如轉輪王所有輪寶不可思議如來
亦尒不可思議法僧二寶亦不可思議能說
法者及聞法者皆不可思議是名善解因緣
義也菩薩如是分別開示四種相義是名大
乘大涅槃中因緣義也復次自正者所謂得
是大般涅槃正他者我為比丘說言如來常
存不變隨問荅者迦葉因汝所問故得廣為
菩薩摩訶薩比丘比丘尼優婆塞優婆夷說
是甚深微妙義理因緣義者聲聞緣覺不解
如是甚深之義不聞伊字三點而成解脫涅
槃摩訶般若成祕密藏我今於此闡揚分別
為諸聲聞開發慧眼假使有人作如是言如
是四事云何為一非虛妄耶即應反質是虛
空無所有不動無礙如是四事有何等異是
豈得名為虛妄乎不也世尊如是諸句即是
一義所謂空義自正正他能隨問荅解因緣
義亦復如是即大涅槃等無有異佛告迦葉

BD03490號　大般涅槃經（北本）卷四　（13–6）

空無所有不動無礙如是四事有何等異是
豈得名為虛妄乎不也世尊如是諸句即是
一義所謂空義自在他能隨問荅解因緣
義亦復如是即大涅槃等無有異佛告迦葉
若有善男子善女人作如是言如來無常云
何當知是無常邪如佛所言滅諸煩惱名為
涅槃猶如火滅悉無所有滅諸煩惱亦復如
是故名涅槃云何如來為常住法不變易邪
如佛言曰離諸有者乃名涅槃是涅槃中無
有諸有云何如來為常住法不變易邪如衣
壞盡不名為物涅槃亦尒滅諸煩惱不名為
物云何如來為常住法不變易邪如佛言曰
離欲寂滅名曰涅槃如人斬首則無有首離
欲寂滅亦復如是空無所有故名涅槃云何
如來為常住法不變易邪如佛言曰
譬如熱鐵椎打星流散已尋滅　莫知所在
得出解脫亦復如是　已度婬欲　諸有淤泥
得無動處　不知所至
云何如來為常住法不變易邪迦葉若有
作如是難者名為邪難迦葉汝亦不應作是
憶想謂如來性是滅盡也迦葉滅煩惱者不
名為物何以故永畢竟故是故名常是句寂
靜為無有上滅盡諸相無有遺餘是句鮮白
常住無退是故涅槃名曰常住如來亦尒常
住無變言星流者謂煩惱也散已尋滅莫知
所在者謂諸如來煩惱滅已不在五趣是故
如來是常住法無有變易復次迦葉諸佛所
師所謂法也是故如來恭敬供養以法常故
諸佛亦常迦葉菩薩復白佛言若煩惱火滅
如來亦滅是則如來無常住處如彼迸鐵赤

BD03490 號　大般涅槃經（北本）卷四　（13-7）

如來是常住法無有變易復次迦葉諸佛所
師所謂法也是故如來恭敬供養以法常故
諸佛亦常迦葉菩薩復白佛言若煩惱火滅
如來亦滅是則如來無常住處如彼迸鐵赤
色滅已莫知所至如來煩惱亦復如是滅無
所至又如彼鐵熱與赤色滅已無有如來亦
尒滅已無常滅煩惱火便入涅槃當知如來
即是無常善男子所言鐵者名諸凡夫凡夫
之人雖滅煩惱滅已復生故名無常如來不
尒滅已不生是故名常迦葉復言如鐵色滅
已還置火中赤色復生如來若尒應還生結
若結還生即是無常佛言迦葉汝今不應作
如是言如來無常何以故如來是常善男子
如彼然木滅已有灰煩惱滅已便有涅槃壞
衣斬首破瓶等喻亦復如是如是等物各有
名字名曰壞衣斬首破瓶迦葉如鐵冷已可
使還熱如來不尒斷煩惱已畢竟清涼煩惱
熾火更不復生迦葉當知無量眾生猶如彼
鐵我以無漏智慧熾火燒彼眾生諸煩惱結
迦葉復言善哉善哉我今諦知如來所說諸
佛是常佛言迦葉譬如聖王素在後宮或時
遊觀在於後園王雖不在諸婇女中亦不得
言聖王命終善男子如來亦尒雖不現於閻
浮提界入涅槃中不名無常如來出於無量
煩惱入于涅槃安樂之處遊諸覺華歡娛受
樂迦葉復問如佛言曰我已久度煩惱大海
若佛已度煩惱海者何緣復共耶輸陀羅生
羅睺羅以是因緣當知如來未度煩惱諸結
大海唯願如來說其因緣佛告迦葉汝不應
言如來久度煩惱大海何緣復共耶輸陀羅
生羅睺羅以是因緣當知如來未度煩惱諸

BD03490 號　大般涅槃經（北本）卷四　（13-8）

若佛已度煩惱海者何緣復共邪輸陁羅生
羅睺羅以是因緣當知如來未度煩惱諸結
大海唯願如來說其因緣佛告迦葉汝不應
言如來久度煩惱大海何緣復共邪輸陁羅
生羅睺羅以是因緣當知如來未度煩惱諸
結大海善男子是大涅槃能建大義汝等今
當至心諦聽廣為人說莫生驚疑若有菩薩
摩訶薩住大涅槃須弥山王如是高廣悉能
令入亭歷子檜其諸衆生依須弥者亦不迫
迮無往來想如本不異唯應度者見是菩薩
以須弥山內亭歷檜復還安止本所住處善
男子復有菩薩摩訶薩住大涅槃能以三千
大千世界置亭歷檜其中衆生亦無迫迮及
往來想如本不異唯應度者見是菩薩以此
三千大千世界置亭歷檜復還安止本所住
處善男子復有菩薩摩訶薩住大涅槃能以
三千大千世界內一毛孔乃至本處亦復如
是善男子復有菩薩摩訶薩住大涅槃斷取
十方三千大千諸佛世界置於針鋒如貫棗
葉擲著他方異佛世界其中所有一切衆生
不覺往返為在何處唯應度者乃能見之乃
至本處亦復如是善男子復有菩薩摩訶
薩住大涅槃斷取十方三千大千諸佛世界
置於右掌如陶家輪擲置他方微塵世界無
一衆生有往來想唯應度者乃見之耳乃至
本處亦復如是善男子復有菩薩摩訶薩
住大涅槃斷取一切十方無量諸佛世界悉
內己身其中衆生悉無迫迮亦無往返及住
處想唯應度者乃能見之乃至本處亦復如
是善男子復有菩薩摩訶薩住大涅槃以十

住大涅槃斷取一切十方無量諸佛世界悉
內己身其中衆生悉無迫迮亦無往返及住
處想唯應度者乃能見之乃至本處亦復如
是善男子復有菩薩摩訶薩住大涅槃以十
方世界內一塵中其中衆生亦無迫迮往返
之想唯應度者乃能見之乃至本處亦復如
是善男子是菩薩摩訶薩住大涅槃則能示
現種種無量神通變化是故名曰大般涅槃
是菩薩摩訶薩所可示現如是無量神通變
化一切衆生無能測量汝今云何能知如來
習近婬欲生羅睺羅善男子我已久住是大
涅槃種種示現神通變化於此三千大千世
界百億日月百億閻浮提種種示現如首楞
嚴經中廣說我於三千大千世界或閻浮提示
現涅槃亦不畢竟取於涅槃或閻浮提示入
母胎令其父母生我子想而我此身畢竟不
從婬欲和合而得生也我已久從無量劫來
離於愛欲我今此身即是法身隨順世間示
現入胎善男子此閻浮提林微尼園示現從
母摩耶而生生已即能東行七步唱如是言
我於人天阿脩羅中最尊最上父母人天見
已驚喜生希有心而諸人等謂是嬰兒而我
此身無量劫來久離是法如是身者即是法
身非是肉血筋脉骨髓之所成立隨順世間
衆生法故示為嬰兒南行七步示現欲為無
量衆生作上福田西行七步示現生盡永斷
老死是最後身北行七步示現已度諸有生
死東行七步示為衆生而作導首四維七步
示現斷滅種種煩惱四魔種性成於如來應
正遍知上行七步示現不為不淨之物之所

死東行七步示為衆生而作導首四維七步
示現斷滅種種煩惱四魔種性成於如來應
正遍知上行七步示現不為不淨之物之所
染汙猶如虛空下行七步示現法雨滅地獄
火令彼衆生受安隱樂毀禁戒者示作霜雹
於閻浮提生七日已又示剃髮諸人皆謂我
是嬰兒始剃髮一切人天魔王波旬沙門
婆羅門無有能見我頂相者況有持刀臨之
剃髮若有持刀至我頂者無有是處我久已
於無量劫中剃除鬚髮為欲隨順世間法故
示現剃髮我既生已父母將我入天祠中以
我示於摩醯首羅摩醯首羅即見我時合掌
恭敬立在一面我已久於無量劫中捨離如
是入天祠法為欲隨順世間法故示現如是
我於閻浮提示現穿耳一切衆生實無有能
穿我耳者隨順世間衆生法故示現如是復
以諸寶作師子璫用莊嚴耳然我已於無量
劫中離莊嚴具為欲隨順世間法故作是示
現示入學堂脩學書疏然我已於無量劫中
具足成就遍觀三界所有衆生無有堪任為
我師者為欲隨順世間法故示入學堂故名
如來應正遍知習學乘象鞍馬捔力種種伎
藝亦復如是於閻浮提而復示現為王太子
衆生皆見我為太子於五欲中歡娛受樂然
我已於無量劫中捨離如是五欲之樂為欲
隨順世間法故示如是相相師占我若不出
家當為轉輪聖王王閻浮提一切衆生皆信
是言然我已於無量劫中捨轉輪位為法輪
王於閻浮提現離婇女五欲之樂見老病死
及沙門已出家脩道衆生皆謂悉達太子始

家當為轉輪聖王王閻浮提一切衆生皆信
是言然我已於無量劫中捨轉輪位為法輪
王於閻浮提現離婇女五欲之樂見老病死
及沙門已出家脩道衆生皆謂悉達太子始
始出家然我已於無量劫中出家學道隨順
世法故示如是我於閻浮提示現出家受具
足戒精勤脩道得須陀洹果斯陀含果阿那
含果阿羅漢果衆生皆謂是阿羅漢果易得
不難然我已於無量劫中成阿羅漢果為欲
度脫諸衆生故坐於道場菩提樹下以草為
座摧伏衆魔衆皆謂我始於道場菩提樹下
降伏魔官然我已於無量劫中久降伏已為
欲降伏剛強衆生故現是化我又示現大小
便利出息入息衆皆謂我有大小便利出息
入息然我是身所得果報悉無如是大小便
利出入息等隨順世間故示如是我又示現
受人信施然我是身都無飢渴隨順世法故
示如是我又示同諸衆生故現有睡眠然我
已於無量劫中具足無上深妙智慧遠離三
有進止威儀頭痛腹痛背痛木鎗洗足洗手
洗面漱口嚼楊枝等衆皆謂我有如是事然
我此身都無此事我足清淨猶如蓮華口氣
淨潔如優鉢羅香一切衆生謂我是人我實
非人我又示現受糞掃衣浣濯縫打然我久
已不須是衣衆人皆謂羅睺羅者是我之子
輸頭檀王是我之父摩耶夫人是我之母處
在世間受諸快樂離如是事出家學道衆人
復言是王太子瞿曇大姓遠離世樂求出世
法然我久離世間婬欲如是等事悉是示現
一切衆生咸謂是人然我實非善男子我雖

輪頭檀王是我之父摩邪夫人是我之母處
在世間受諸快樂離如是事出家學道衆人
復言是王太子瞿曇大姓遠離世樂求出世
法然我久離世間婬欲如是等事悉是示現
一切衆生咸謂是人然我實非善男子我雖
在此閻浮提中數數示現入於涅槃然我實
不畢竟涅槃而諸衆生皆謂如來真實滅盡
而如來性實不永滅是故當知是常住法不
變易法善男子大涅槃者即是諸佛如來法
界我又示現閻浮提中出於世間衆生皆謂
我始成佛然我已於無量劫中所作已辦隨
順世法故復示現於閻浮提壓出成佛我又
示現於閻浮提不持禁戒犯四重罪衆人皆
見謂我實犯然我已於無量劫中堅持禁戒
無有漏缺我又示現於閻浮提為一闡提衆
人皆見是一闡提然我實非一闡提也一闡
提者云何能成阿耨多羅三藐三菩提我又
示現於閻浮提破和合僧衆生皆謂我是破
僧我觀人天無有能破和合僧者我又示現
於閻浮提護持正法衆人皆謂我是謗法悉
生驚怪諸佛法尒不應驚怪我又示現於閻
浮提為魔波旬衆人皆謂我是波旬然我久
於無量劫中離於魔事清淨無染猶如蓮華
我又示現於閻浮提女身成佛衆人皆言甚
奇女人能成阿耨多羅三藐三菩提如來畢
竟不受女身為欲調伏無量衆生故現女像

BD03490 號　大般涅槃經（北本）卷四　　（13–13）

兊

安忍淨戒布施波羅蜜多是菩薩不能證
內空亦不能證外空內外空空空大空勝義
空有為空无為空畢竟空无際空散空无變
異空本性空自相空共相空一切法空不可
得空无性空自性空无性自性空是菩薩不能
證真如亦不能證法界法性不虛妄性不變
異空平等性離生性法定法住實際虛空界
不思議界是菩薩不能脩四念住亦不能脩
四正斷四神足五根五力七等覺支八聖道
聖諦是菩薩不能脩四靜慮亦不能脩四无
量四无色定是菩薩不能脩八解脫亦不能
脩八勝處九次第定十遍處是菩薩不能脩
空解脫門亦不能脩无相无願解脫門是菩
薩不能脩五眼亦不能脩六神通是菩薩不
空解三摩地門亦不能脩陀羅尼門是菩薩
不能脩佛十力亦不能脩四无所畏四无礙
解大慈大悲大喜大捨十八佛不共法是菩
薩不能脩一切智亦不能脩道相智一切相智
諸天子皆甚厭為斷取五眼故行為棄捨五

BD03491 號　大般若波羅蜜多經（兊廢稿）卷三二〇　　（2–1）

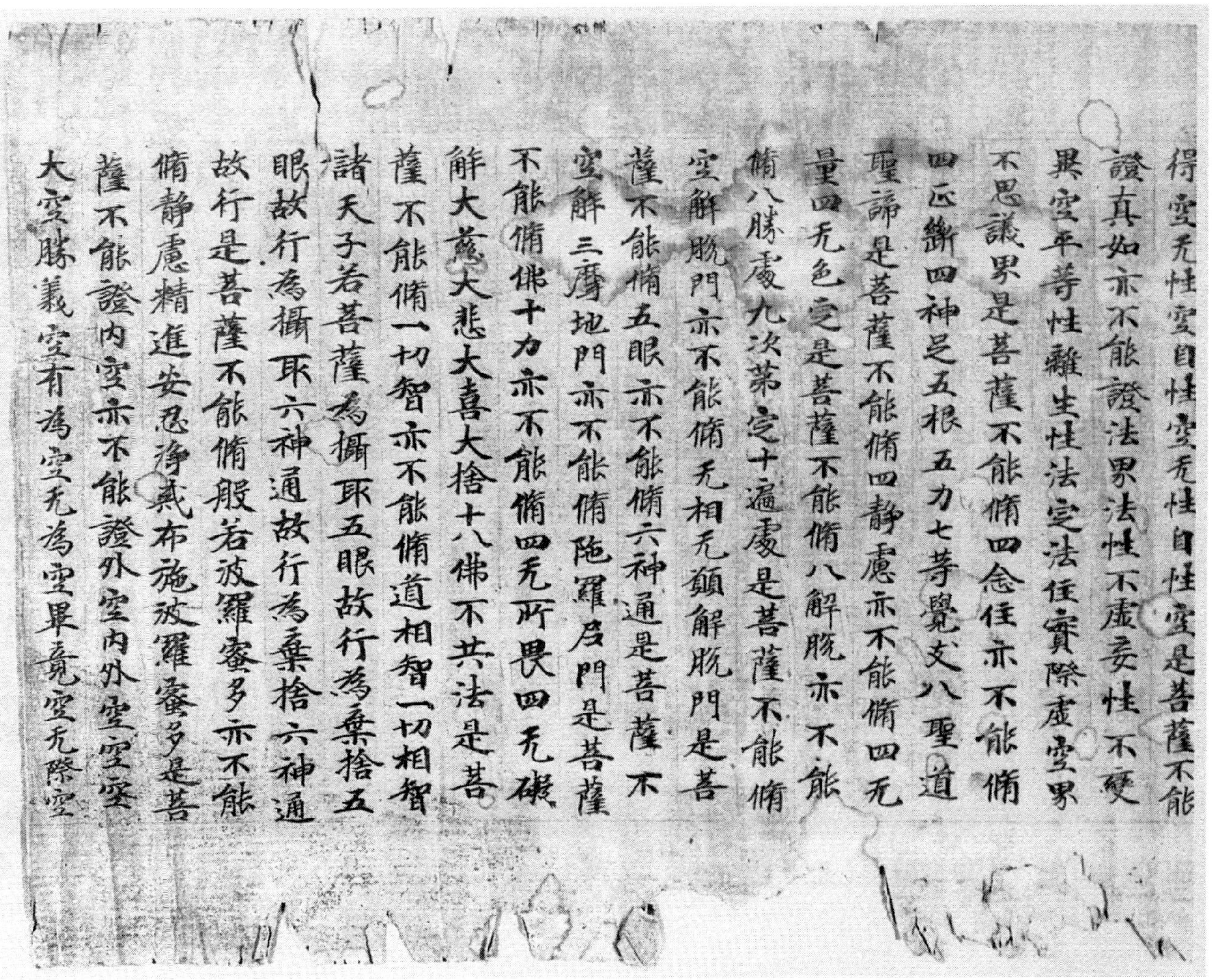

得空无性空自性空无性自性空是菩薩不能
證真如亦不能證法界法性不虛妄性不變
異空平等性離生性法定法住實際虛空界
不思議界是菩薩不能脩四念住亦不能脩
四正斷四神足五根五力七等覺支八聖道
聖諦是菩薩不能脩四靜慮亦不能脩四无
量四无色定是菩薩不能脩八解脫亦不能
脩八勝處九次第定十遍處是菩薩不能脩
空解脫門亦不能脩无相无願解脫門是菩
薩不能脩五眼亦不能脩六神通是菩薩不
空解三摩地門亦不能脩陁羅尼門是菩薩
不能脩佛十力亦不能脩四无所畏四无礙
解大慈大悲大喜大捨十八佛不共法是菩
薩不能脩一切智亦不能脩道相智一切相智
諸天子若菩薩為攝取五眼故行為棄捨五
眼故行為攝取六神通故行為棄捨六神通
故行是菩薩不能脩般若波羅蜜多亦不能
脩靜慮精進安忍淨戒布施波羅蜜多是菩
薩不能證內空亦不能證外空內外空空空
大空勝義空有為空无為空畢竟空无際空

BD03491 號　大般若波羅蜜多經（兌廢稿）卷三二〇　（2–2）

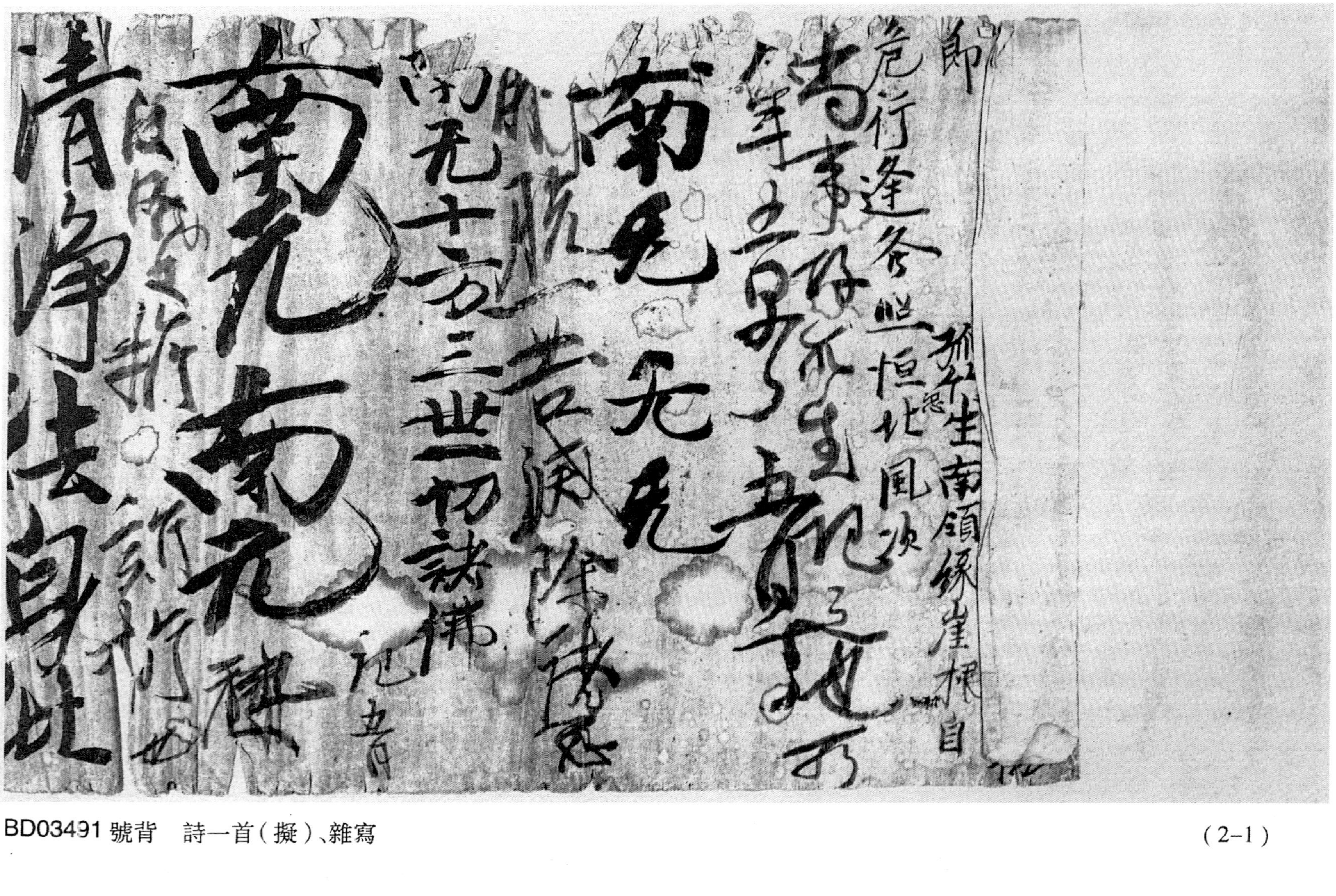

南无十方三世一切諸佛
南无南无南无
清淨法身

BD03491 號背　詩一首（擬）、雜寫　（2–1）

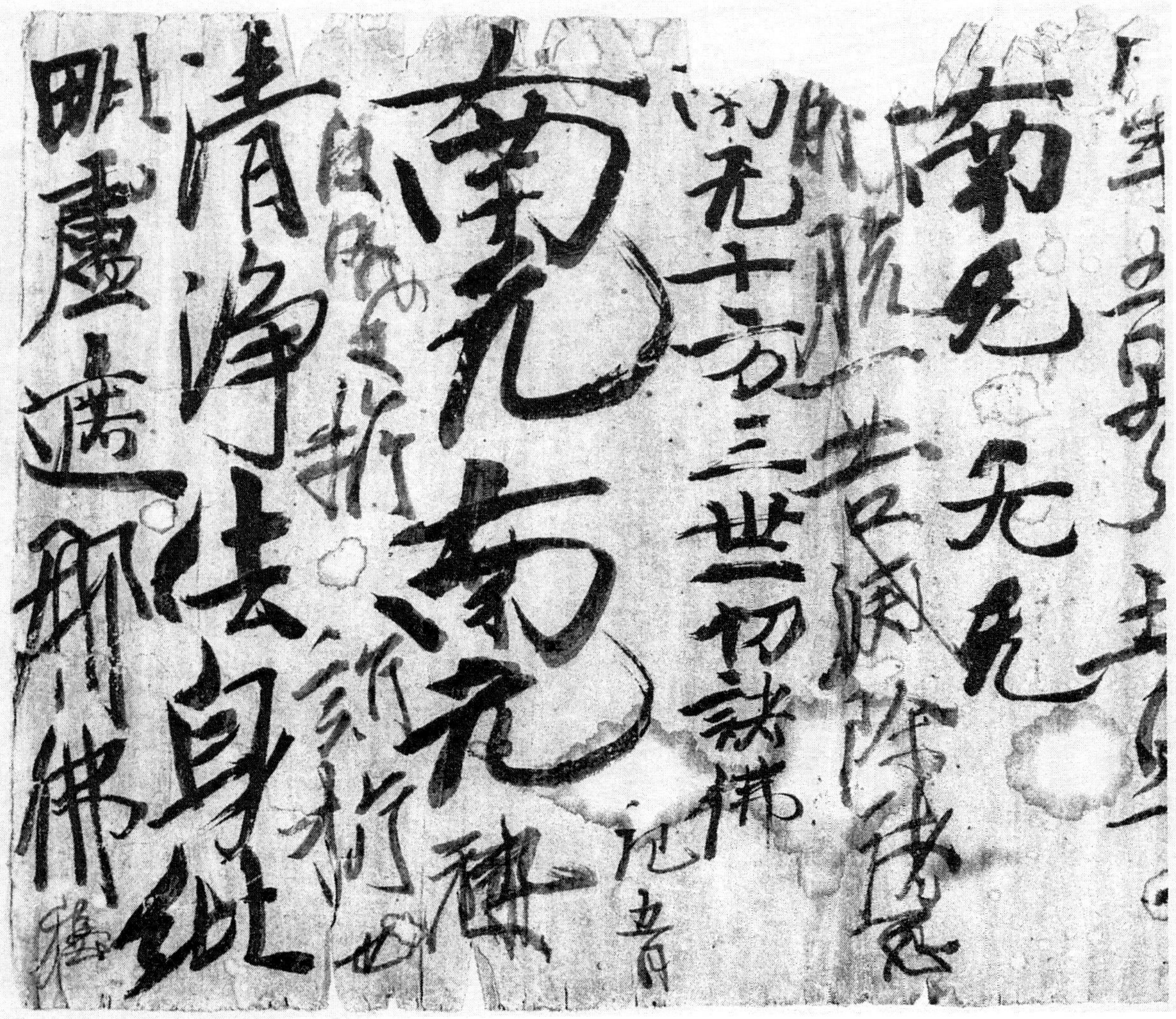
南无十方三世一切諸佛
清淨法身
毗盧遮那佛

BD03491 號背　詩一首（擬）、雜寫　（2–2）

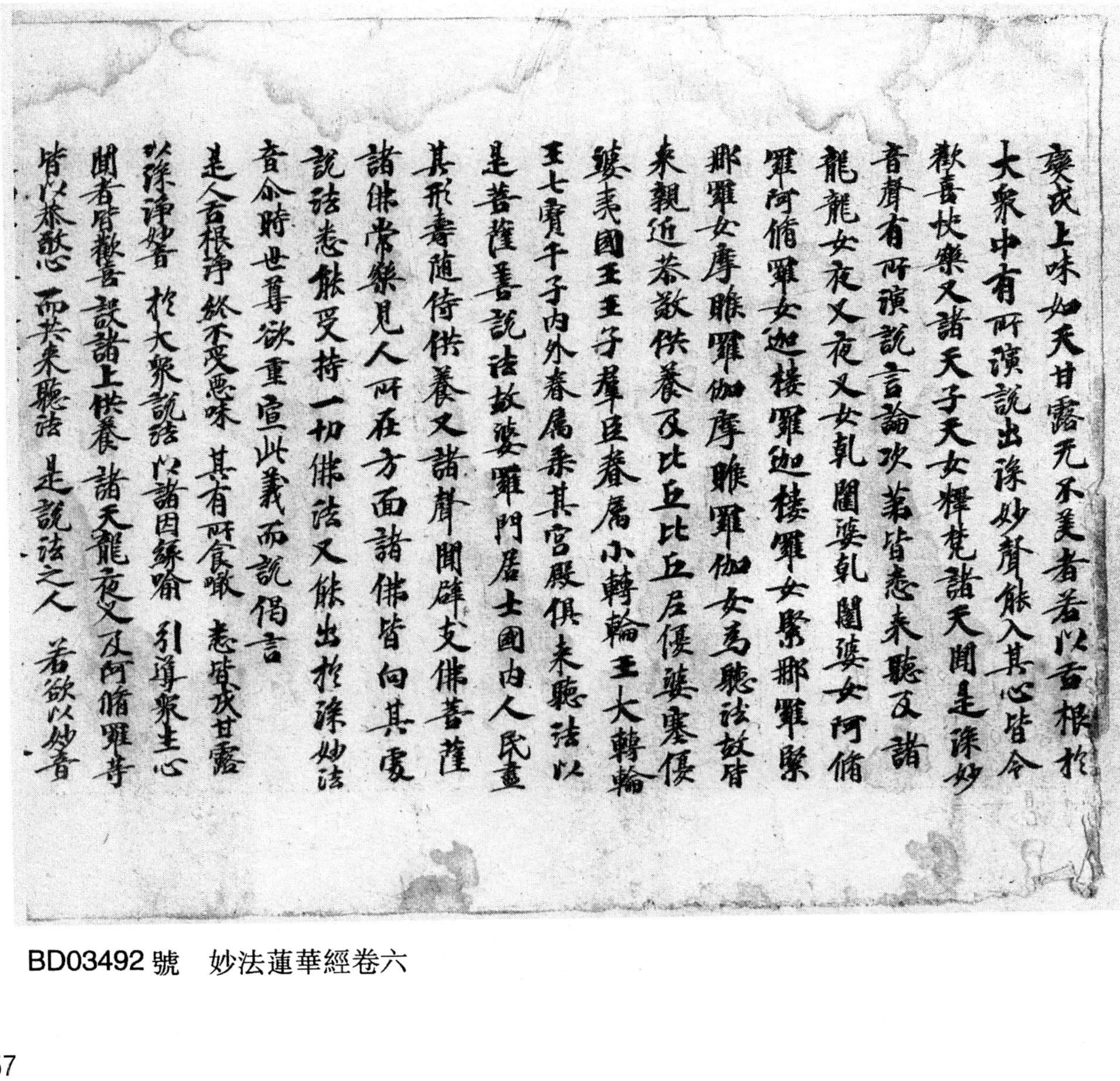
變成上味如天甘露无不美者若以舌根於
大衆中有所演說出深妙聲能入其心皆令
歡喜快樂又諸天子天女釋梵諸天聞是深妙
音聲有所演說言論次第皆悉來聽及諸
龍龍女夜叉夜叉女乾闥婆乾闥婆女阿脩
羅阿脩羅女迦樓羅迦樓羅女緊那羅緊
那羅女摩睺羅伽摩睺羅伽女為聽法故皆
來親近恭敬供養及比丘比丘尼優婆塞優
婆夷國王王子羣臣眷屬小轉輪王大轉輪
王七寶千子內外眷屬乘其宮殿俱來聽法以
是菩薩善說法故婆羅門居士國內人民盡
其形壽隨侍供養又諸聲聞辟支佛菩薩
諸佛常樂見人所在方面諸佛皆向其處
說法悉能受持一切佛法又能出於深妙法
音爾時世尊欲重宣此義而說偈言
是人舌根淨　終不受惡味　其有所食噉　悉皆成甘露
以深淨妙聲　於大衆說法　以諸因緣喻　引導衆生心
聞者皆歡喜　設諸上供養　諸天龍夜叉　及阿脩羅等
皆以恭敬心　而共來聽法　是說法之人　若欲以妙音

BD03492 號　妙法蓮華經卷六　（12–1）

是人舌根淨　終不受惡味　其有所食噉　悉皆成甘露
以深淨妙音　於大衆說法　以諸因緣喻　引導衆生心
聞者皆歡喜　設諸上供養　諸天龍夜叉　及阿脩羅等
皆以恭敬心　而共來聽法　是說法之人　若欲以妙音
遍滿三千界　隨意即能至　大小轉輪王　及千子眷屬
合掌恭敬心　常來聽受法　諸天龍夜叉　羅剎毗舍闍
亦以歡喜心　常樂來供養　梵天王魔王　自在大自在
如是諸天衆　常來至其所　諸佛及弟子　聞其說法音
常念而守護　或時為現身
復次常精進　若善男子善女人　受持是經　若
讀若誦若解說若書寫　得八百身功德　得清
淨身　如淨瑠璃　衆生憙見　其身淨故　三千大
千世界衆生　生時死時　上下好醜　生善處惡處
悉於中現　及鐵圍山　大鐵圍山　彌樓山　摩訶彌
樓山等諸山　及其中衆生　悉於中現　下至
阿鼻地獄　上至有頂　所有及衆生　悉於中現　若
聲聞辟支佛　菩薩諸佛說法　皆於身中現
其色像　尒時世尊　欲重宣此義　而說偈言
若持法華者　其身甚清淨　如彼淨瑠璃　衆生皆憙見
又如淨明鏡　悉見諸色像　菩薩於淨身　皆見世所有
唯獨自明了　餘人所不見　三千世界中　一切諸群萌
天人阿脩羅　地獄鬼畜生　如是諸色像　皆於身中現
諸天等宮殿　乃至於有頂　鐵圍及彌樓　摩訶彌樓山
諸大海水等　皆於身中現　諸佛及聲聞　佛子菩薩等
若獨若在衆　說法悉皆現　雖未得无漏　法性之妙身
以清淨常體　一切於中現
復次常精進　若善男子善女人　如來滅後　受

BD03492號　妙法蓮華經卷六　（12–2）

諸大海水等　皆於身中現　諸佛及聲聞　佛子菩薩等
若獨若在衆　說法悉皆現　雖未得无漏　法性之妙身
以清淨常體　一切於中現
復次常精進　若善男子善女人　如來滅後　受
持是經　若讀若誦若解說若書寫　得千二百
意功德　以是清淨意根　乃至聞一偈一句　通
達无量无邊之義　解是義已　能演說一句一
偈　至於一月四月乃至一歲　諸所說法　隨其義
趣　皆與實相不相違背　若說俗間經書　治
世語言　資生業等　皆順正法　三千大千世界
六趣衆生　心之所行　心所動作　心所戲論　皆
悉知之　雖未得无漏智慧　而其意根清淨如
此　是人有所思惟　籌量言說　皆是佛法　无不
真實　亦是先佛經中所說　尒時世尊　欲重宣
此義　而說偈言
是人意清淨　明利无穢濁　以此妙意根　知上中下法
乃至聞一偈　通達无量義　次第如法說　月四月至歲
是世界內外　一切諸衆生　若天龍及人　夜叉鬼神等
其在六趣中　所念若干種　持法華之報　一時皆悉知
十方无數佛　百福莊嚴相　為衆生說法　悉聞能受持
思惟无量義　說法亦无量　終始不忘錯　以持法華故
悉知諸法相　隨義識次第　達名字語言　如所知演說
此人有所說　皆是先佛法　以演此法故　於衆无所畏
持法華經者　意根淨若斯　雖未得无漏　先有如是相
是人持此經　安住希有地　為一切衆生　歡喜而愛敬
能以千萬種　善巧之語言　分別而說法　持法華經故
妙法蓮華經常不輕菩薩品第二十

BD03492號　妙法蓮華經卷六　（12–3）

是人持此經　安住希有地　爲一切衆生　歡喜而愛敬
能以千万種　善巧之語言　分別而說法　持法華經故

妙法蓮華經常不輕菩薩品第二十

尒時佛告得大勢菩薩摩訶薩汝今當知若
比丘比丘尼優婆塞優婆夷持法華經者若
有惡口罵詈誹謗獲大罪報如前所說其所
得功德如向所說眼耳鼻舌身意清淨得大
勢乃往古昔過无量无邊不可思議阿僧祇
劫有佛名威音王如來應供正遍知明行足
善逝世間解无上士調御丈夫天人師佛世
尊劫名離衰國名大成其威音王佛於彼世
中爲天人阿脩羅說法爲求聲聞者說應四
諦法度生老病死究竟涅槃爲求辟支佛者
說應十二因緣法爲諸菩薩因阿耨多羅三
藐三菩提說應六波羅蜜法究竟佛慧得
大勢是威音王佛壽四十万億那由他恒河沙
劫正法住世劫數如一閻浮提微塵像法住
世劫數如四天下微塵其佛饒益衆生已然後
滅度正法像法滅盡之後於此國土復有佛
出亦号威音王如來應供正遍知明行足善
逝世間解无上士調御丈夫天人師佛世尊
如是次第有二万億佛皆同一号最初威音
王如來既已滅度正法滅後於像法中增上
慢比丘有大勢力尒時有一菩薩比丘名
常不輕得大勢以何因緣名常不輕是比丘
凡有所見若比丘比丘尼優婆塞優婆夷皆
悉礼拜讚歎而作是言我深敬汝等不敢輕

BD03492號　妙法蓮華經卷六　（12-4）

常不輕得大勢以何因緣名常不輕是比丘
凡有所見若比丘比丘尼優婆塞優婆夷皆
悉礼拜讚歎而作是言我深敬汝等不敢輕
慢所以者何汝等皆行菩薩道當得作佛而
是比丘不專讀誦經典但行礼拜乃至遠見四
衆亦復故往礼拜讚歎而作是言我不敢
輕於汝等汝等皆當作佛故四衆之中有生
瞋恚心不淨者惡口罵詈言是无智比丘從
何所來自言我不輕汝而與我等受記當得作
佛我等不用如是虛妄受記如此經歷多
年常被罵詈不生瞋恚常作是言汝當作佛
說是語時衆人或以杖木瓦石而打擲之避走
遠住猶高聲唱言我不敢輕於汝等汝等皆
當作佛以其常作是語故增上慢比丘比
丘尼優婆塞優婆夷号之爲常不輕是比丘臨
欲終時於虛空中具聞威音王佛先所說法
華經二十千万億偈悉能受持即得如上
眼根清淨耳鼻舌身意根清淨得是六根
清淨已更增壽命二百万億那由他歲廣爲人
說是法華經於時增上慢四衆比丘比丘尼優
婆塞優婆夷輕賤是人爲作不輕名者見
其得大神通力樂說辯力大善寂力聞其所
說皆信伏隨從是菩薩復化千万億衆令住
阿耨多羅三藐三菩提命終之後得值二千
億佛皆号日月燈明於其法中說是法華經
以是因緣復值二千億佛同号雲自在燈王
於此諸佛法中受持讀誦爲諸四衆說此經

BD03492號　妙法蓮華經卷六　（12-5）

阿耨多羅三藐三菩提命終之後得值二千
億佛皆号日月燈明於其法中說是法華經
以是因緣復值二千億佛同号雲自在燈王
於此諸佛法中受持讀誦為諸四衆說此經
典故得是常眼清淨耳鼻舌身意諸根清
淨於四衆中說法心无所畏得大勢是常不輕
菩薩摩訶薩供養如是若干諸佛恭敬尊重
讚嘆種諸善根於後復值千万億佛亦於諸
佛法中說是經典功德成就當得作佛得大勢
於意云何爾時常不輕菩薩豈異人乎則我
身是若我於宿世不受持讀誦此經為他人
說者不能疾得阿耨多羅三藐三菩提我
於先佛所受持讀誦此經為人說故疾得阿
耨多羅三藐三菩提得大勢彼時四衆比丘
比丘尼優婆塞優婆夷以瞋恚意輕賤我故
二百億劫常不值佛不聞法不見僧千劫於
阿鼻地獄受大苦惱畢是罪已復遇常不輕
菩薩教化阿耨多羅三藐三菩提得大勢於
汝意云何爾時四衆常輕是菩薩者豈異人
乎今此會中跋陀婆羅等五百菩薩師子月
等五百比丘尼思佛等五百優婆塞皆於阿
耨多羅三藐三菩提不退轉者是得大勢當
知是法華經大饒益諸菩薩摩訶薩能令至
於阿耨多羅三藐三菩提是故諸菩薩摩訶
薩於如來滅後常應受持讀誦解說書寫
是經爾時世尊欲重宣此義而說偈言
過去有佛　号威音王　神智无量　将導一切

BD03492號　妙法蓮華經卷六　（12-6）

於阿耨多羅三藐三菩提是故諸菩薩摩訶
薩於如來滅後常應受持讀誦解說書寫
是經爾時世尊欲重宣此義而說偈言
過去有佛　号威音王　神智无量　将導一切
天人龍神　所共供養　是佛滅後　法欲盡時
有一菩薩　名常不輕　時諸四衆　計著於法
不輕菩薩　往到其所　而語之言　我不輕汝
汝等行道　皆當作佛　諸人聞已　輕毀罵詈
不輕菩薩　能忍受之　其罪畢已　臨命終時
得聞此經　六根清淨　神通力故　增益壽命
復為諸人　廣說是經　諸著法衆　皆蒙菩薩
教化成就　令住佛道　不輕命終　值无數佛
說是經故　得无量福　漸具功德　疾成佛道
彼時不輕　則我身是　時四部衆　著法之者
聞不輕言　汝當作佛　以是因緣　值无數佛
此會菩薩　五百之衆　并及四部　清信士女
今於我前　聽法者是　我於前世　勸是諸人
聽受斯經　第一之法　開示教人　令住涅槃
世世受持　如是經典　億億万劫　至不可議
時乃得聞　是法華經　億億万劫　至不可議
諸佛世尊　時說是經　是故行者　於佛滅後
聞如是經　勿生疑惑　應當一心　廣說此經
世世值佛　疾成佛道
妙法蓮華經如來神力品第二十一
爾時千世界微塵等菩薩摩訶薩從地踊出
者皆於佛前一心合掌瞻仰尊顔而白佛言
世尊我等於佛滅後世尊分身所在國土滅

BD03492號　妙法蓮華經卷六　（12-7）

尒時千世界微塵等菩薩摩訶薩從地踊出
者，皆於佛前一心合掌瞻仰尊顔而白佛言
世尊我等於佛滅後世尊分身所在國土滅
度之處當廣說此經所以者何我等亦自欲
得是真淨大法受持讀誦解說書寫而供養
之尒時世尊於文殊師利等无量百千万億
舊住娑婆世界菩薩摩訶薩及諸比丘比丘
尼優婆塞優婆夷天龍夜叉乾闥婆阿脩羅
迦樓羅緊那羅摩睺羅伽人非人等一切衆
前現大神力出廣長舌上至梵世一切毛孔
放於无量无數色光皆悉遍照十方世界衆
寶樹下師子座上諸佛亦復如是出廣長舌
放无量光釋迦牟尼佛及寶樹下諸佛現神
力時滿百千歲然後還攝舌相一時謦欬俱
共彈指是二音聲遍至十方諸佛世界地皆
六種震動其中衆生天龍夜叉乾闥婆阿脩
羅迦樓羅緊那羅摩睺羅伽人非人等以佛
神力故皆見此娑婆世界无量无邊百千万億
衆寶樹下師子座上諸佛及見釋迦牟尼
佛共多寶如來在寶塔中坐師子座又見无
量无邊百千万億菩薩摩訶薩及諸四衆恭
敬圍繞釋迦牟尼佛既見是已皆大歡喜得
未曾有即時諸天於虛空中高聲唱言過此
无量无邊百千万億阿僧祇世界有國名娑
婆是中有佛名釋迦牟尼今為諸菩薩摩訶
薩說大乘經名妙法蓮華教菩薩法佛所護
念汝等當深心隨喜亦當礼拜供養釋迦牟

无量无邊百千万億阿僧祇世界有國名娑
婆是中有佛名釋迦牟尼今為諸菩薩摩訶
薩說大乘經名妙法蓮華教菩薩法佛所護
念汝等當深心隨喜亦當礼拜供養釋迦牟
尼佛彼諸衆生聞虛空中聲已合掌向娑婆
世界作如是言南无釋迦牟尼佛南无釋迦
牟尼佛以種種華香瓔珞幡蓋及諸嚴身之
具珎寶妙物皆共遥散娑婆世界所散諸物
從十方來譬如雲集變成寶帳遍覆此間
諸佛之上于時十方世界通達无礙如一佛土
尒時佛告上行等菩薩大衆諸佛神力如
是无量无邊不可思議若我以是神力於无
量无邊百千万億阿僧祇劫為囑累故說此經
功德猶不能盡以要言之如來一切所有之法
如來一切自在神力如來一切秘要之藏
如來一切甚深之事皆於此經宣示顯說
是故汝等於如來滅後應一心受持讀誦解說
書寫如說脩行所在國土若有受持讀誦解
說書寫如說脩行若經卷所住之處若於
園中若於林中若於樹下若於僧坊若白
衣舍若在殿堂若山谷曠野是中皆應起塔供
養所以者何當知是處即是道場諸佛於此得
阿耨多羅三藐三菩提諸佛於此轉于法輪
諸佛於此而般涅槃尒時世尊欲重宣此義
而說偈言
諸佛救世者　住於大神通　為悅衆生故　現无[illegible]
舌相至梵天　身放无數光　為求佛道者　現此希有事
諸佛謦欬聲　及彈指之聲　周聞十方國　地皆六種動

而說偈言
諸佛救世者　住於大神通　為悅衆生故　現无量神力
舌相至梵天　身放无數光　為求佛道者　現此希有事
諸佛謦欬聲　及彈指之聲　周聞十方國　地皆六種動
以佛滅度後　能持是經故　諸佛皆歡喜　現无量神力
囑累是經故　讚美受持者　於无量劫中　猶故不能盡
是人之功德　无邊无有窮　如十方虛空　不可得邊際
能持是經者　則為已見我　亦見多寶佛　及諸分身者
又見我今日　教化諸菩薩　能持是經者　令我及分身
滅度多寶佛　一切皆歡喜　十方現在佛　并過去未來
亦見亦供養　亦令得歡喜　諸佛坐道場　所得秘要法
能持是經者　不久亦當得　能持是經者　於諸法之義
名字及言辭　樂說无窮盡　如風於空中　一切无障礙
於如來滅後　知佛所說經　因緣及次第　隨義如實說
如日月光明　能除諸幽冥　斯人行世間　能滅衆生闇
教无量菩薩　畢竟住一乘　是故有智者　聞此功德利
於我滅度後　應受持斯經　是人於佛道　決定无有疑

妙法蓮華經囑累品第二十二

尒時釋迦牟尼佛從法座起現大神力以右
手摩无量菩薩摩訶薩頂而作是言我於无
量百千万億阿僧祇劫脩習是難得阿耨多
羅三藐三菩提法今以付囑汝等汝等應當
一心流布此法廣令增益如是三摩諸菩薩
摩訶薩頂而作是言我於无量百千万億阿
僧祇劫脩習是難得阿耨多羅三藐三菩提
法今以付囑汝等汝等當受持讀誦廣宣此
法令一切衆生普得聞知所以者何如來有大
慈悲无諸慳悋亦无所畏能與衆生佛之智

僧祇劫習是難得阿耨多羅三藐三菩提
法今以付囑汝等汝等當受持讀誦廣宣此
法令一切衆生普得聞知所以者何如來有大
慈悲无諸慳悋亦无所畏能與衆生佛之智
慧如來智慧自然智慧如來是一切衆生
之大施主汝等亦應隨學如來之法勿生慳
悋於未來世若有善男子善女人信如來智
慧者當為演說此法華經使得聞知為令
其人得佛慧故若有衆生不信受者當於如
來餘深法中示教利喜汝等若能如是則為
已報諸佛之恩時諸菩薩摩訶薩聞佛作是
說皆大歡喜遍滿其身益加恭敬曲躬低頭合
掌向佛俱發聲言如世尊勅當具奉行唯
然世尊願不有慮諸菩薩摩訶薩衆如是三
反俱發聲言如世尊勅當具奉行唯然世尊
願不有慮尒時釋迦牟尼佛令十方來諸分
身佛各還本土而作是言諸佛各隨所安多
寶佛塔還可如故說是語時十方无量分身
諸佛坐寶樹下師子座上者及多寶佛并
上行等无邊阿僧祇菩薩大衆舍利弗等聲
聞四衆及一切世間天人阿脩羅等聞佛所說
皆大歡喜

妙法蓮華經藥王菩薩本事品第二十三

尒時宿王華菩薩白佛言世尊藥王菩薩云
何遊於娑婆世界世尊是藥王菩薩有若干
百千万億那由他難行苦行善哉世尊願少
解說諸天龍神夜叉乾闥婆阿脩羅迦樓羅
緊那羅摩睺羅伽人非人等又他國土諸來菩

願不有慮尒時釋迦牟尼佛令十方來諸分
身佛各還本土而作是言諸佛各隨所安多
寶佛塔還可如故說是語時十方无量分身
諸佛坐寶樹下師子座上者及多寶佛并
上行等无邊阿僧祇菩薩大衆舍利弗等聲
聞四衆及一切世間天人阿脩羅等聞佛所說
皆大歡喜

妙法蓮華經藥王菩薩本事品第二十三

尒時宿王華菩薩白佛言世尊藥王菩薩云
何遊於娑婆世界世尊是藥王菩薩有若干
百千万億那由他難行苦行善哉世尊願少
解說諸天龍神夜叉乾闥婆阿脩羅迦樓羅
緊那羅摩睺羅伽人非人等又他國土諸來菩
薩及此聲聞衆聞皆歡喜尒時佛告宿王
華菩薩乃往過去无量恒河沙劫有佛号日
月淨明德如來應供正遍知明行足善逝世
間解无上士調御丈夫天人師世尊其佛有
八十億大菩薩摩訶薩七十二恒河沙大聲

BD03492號　妙法蓮華經卷六

（12–12）

大乘无量壽經

如是我聞一時薄伽梵在舍衛國祇樹給孤獨園與大苾芻僧千二百五十人大菩薩
摩訶薩衆俱同會坐尒時世尊告曼殊室利童子曼殊上方有世界名无
量功德聚彼國土有佛号无量智決定王如來阿羅訶三藐三菩提現為衆
生開示說法曼殊諦聽南閻浮人皆短壽大限百年於中夭枉橫死者衆曼殊
如是无量壽如來功德名稱法要若有衆生得聞名号若自書教使人書能
為經卷受持讀誦若於舍宅所住之處以種種花鬘瓔珞塗香末香而為供養如其
命盡復得延年滿足百歲如是曼殊若有衆生得聞是无量壽智決定王如來
一百八名号者益其長壽若有衆生大命將盡憶念是如來名号更得增壽
如是曼殊若有善男子善女人欲求長壽於是无量壽如來一百八名号有得聞
者或自書若使人書受持讀誦得如是等果報福德具足陀羅尼曰
南謨薄伽勃底一 阿波唎蜜多二 阿喻紇硯那三 須毗你悉指陀四 囉佐耶五 怛他揭
他耶六 怛姪他唵七 薩婆桑塞迦囉八 鉢唎輸底九 達磨底十 伽迦那十一 莎訶某特
迦底十二 莎婆婆毗輸底十三 摩訶娜耶十四 波唎婆莎訶十五
世尊復告曼殊室利如是如來一百八名号若自書或使人書為經卷受持讀誦如
壽命盡復滿百年壽終此身後得往生无量福智世界无量壽淨土陀
羅尼曰 南謨薄伽勃底一 阿波唎蜜多二 阿喻紇硯那三 須毗你斯指陀四
囉佐耶五 怛他揭他耶六 怛姪他唵七 薩婆桑塞迦囉八 鉢唎輸底九 達磨底十
伽迦那十一 莎訶某特迦底十二 莎婆婆毗輸底十三 摩訶娜耶十四 波唎婆莎訶十五
尒時有九十九俱胝佛等一時同聲說是无量壽宗要經陀羅尼曰
南謨薄伽勃底一 阿波唎蜜多二 阿喻紇硯那三 須毗你悉指陀四 囉佐耶五 怛

BD03493號　無量壽宗要經

（7–1）

壽命盡復滿百年壽終身後得往生无量福智世界无量壽淨土陀
羅尼曰 南謨薄伽勃底一 阿波唎蜜哆二 阿喻紇硯娜三 須毗你斯指陀四
囉佐耶五 怛他羯他耶六 怛姪他唵七 薩婆桑悉迦囉八 鉢唎輸底九 達磨底十
伽迦娜十一 莎訶某特迦底十二 莎婆婆輸底十三 摩訶娜耶十四 波唎婆嚩莎訶十五
尒時有九十九姟佛等一時同聲說是无量壽宗要經陀羅尼曰
南謨薄伽勃底一 阿波唎蜜哆二 阿喻紇硯娜三 須毗你悉陀四 囉佐耶五 怛
他羯他耶六 怛姪他唵七 薩婆桑悉迦囉八 鉢唎輸底九 達磨底十 伽迦娜十一 莎訶
某特迦底十二 莎婆毗輸底十三 摩訶娜耶十四 波唎婆唎莎訶十五
尒時復有百四姟佛一時同聲說是无量壽宗要經陀羅尼曰
南謨薄伽勃底一 阿波唎蜜哆二 阿喻紇硯娜三 須毗你悉指陀四 囉佐耶五
怛他羯他耶六 怛姪他唵七 薩婆桑悉迦囉八 波唎輸底九 達磨底十 伽迦娜十一
莎訶某特迦底十二 薩婆婆毗輸底十三 摩訶娜耶十四 波唎婆嚩莎訶十五
尒時復有七姟佛一時同聲說是无量壽宗要經陀羅尼曰
南謨薄伽勃底一 阿波唎蜜哆二 阿喻紇硯娜三 須毗你悉指陀四 囉佐耶五
怛他羯他耶六 怛姪他唵七 薩婆桑悉迦囉八 波唎輸底九 達磨底十 伽迦娜十一
莎訶某特迦底十二 薩婆婆毗輸底十三 摩訶娜耶十四 波唎婆嚩莎訶十五
尒時復有六十五姟佛一時同聲說是无量壽宗要經陀羅尼曰
南謨薄伽勃底一 阿波唎蜜哆二 阿喻紇硯娜三 須毗你悉指陀四 囉佐耶五 怛他羯他
耶六 怛姪他唵七 薩婆桑悉迦囉八 波唎輸底九 達磨底十 伽迦娜十一 莎訶某特迦
底十二 莎婆婆毗輸底十三 摩訶娜耶十四 波唎婆嚩莎訶十五
尒時復有五十五姟佛一時同聲說是无量壽宗要經陀羅尼曰 南謨薄伽
勃底一 阿波唎蜜哆二 阿喻紇硯娜三 須毗你悉指陀四 囉佐耶五 怛他羯他耶六
怛姪他唵七 薩婆桑悉迦囉八 波唎輸底九 達磨底十 伽迦娜十一 莎訶某特迦底十二
薩婆婆毗輸底十三 摩訶娜耶十四 波唎婆嚩莎訶十五
尒時復有四十五姟佛一時同聲說是无量壽宗要經陀羅尼曰
南謨薄伽勃底一 阿波唎蜜哆二 阿喻紇硯娜三 須毗你悉指陀四 囉佐耶五
怛他羯他耶六 怛姪他唵七 薩婆桑悉迦囉八 波唎輸底九 達磨底十 伽迦娜十一
莎訶某特伽底十二 薩婆婆毗輸底十三 摩訶娜耶十四 波唎婆嚩莎訶十五
尒時復有三十六姟佛一時同聲說是无量壽宗要經陀羅尼曰
南謨薄伽勃底一 阿波羅蜜哆二 阿喻紇硯娜三 須毗你悉指陀四 囉佐耶五 怛他羯
他耶六 怛姪他唵七 薩婆桑悉迦囉八 波唎輸底九 達磨底十 伽迦娜十一 莎訶某特迦
底十二 薩婆婆毗輸底十三 摩訶娜耶十四 波唎婆嚩莎訶十五

BD03493 號　無量壽宗要經　（7–2）

莎訶某特伽底十二 薩婆婆毗輸底十三 摩訶娜耶十四 波唎婆嚩莎訶十五
尒時復有三十六姟佛一時同聲說是无量壽宗要經陀羅尼曰
南謨薄伽勃底一 阿波羅蜜哆二 阿喻紇硯娜三 須毗你悉指陀四 囉佐耶五 怛他羯
他耶六 怛姪他唵七 薩婆桑悉迦囉八 波唎輸底九 達磨底十 伽迦娜十一 莎訶某特迦
底十二 薩婆婆毗輸底十三 摩訶娜耶十四 波唎婆嚩莎訶十五
尒時復有恒河沙姟佛一時同聲說是无量壽宗要經陀羅尼曰
南謨薄伽勃底一 阿波唎蜜哆二 阿喻紇硯娜三 須毗你悉指陀四 囉佐耶五 怛他羯
他耶六 怛姪他唵七 薩婆桑悉迦囉八 波唎輸底九 達磨底十 伽迦娜十一 莎訶
某特迦底十二 薩婆婆毗輸底十三 摩訶娜耶十四 波唎婆嚩莎訶十五
善男子若有自書寫教人書寫是无量壽宗要經如其命盡復得長壽滿
年陀羅尼曰 南謨薄伽勃底一 阿波唎蜜哆二 阿喻紇硯娜三
須毗你悉指陀四 囉佐耶五 怛他羯他耶六 怛姪他唵七 薩婆桑悉迦囉八 波唎輸底九
達磨底十 伽迦娜十一 莎訶某迦底十二 薩婆婆毗輸底十三 摩訶娜耶十四 波唎婆
嚩莎訶十五
若有自書寫教人書寫是无量壽宗要經讀誦受持畢竟不墮地獄在在所生
得宿命智陀羅尼曰 南謨薄伽勃底一 阿波唎蜜哆二 阿喻紇硯娜三 須
毗你悉指陀四 囉佐耶五 怛他羯他耶六 怛姪他唵七 薩婆桑悉迦囉八 波唎輸底九
達磨底十 伽迦娜十一 莎訶某特迦底十二 薩婆婆毗輸底十三 摩訶娜耶十四 波唎婆
嚩莎訶十五
若有自書寫教人書寫是无量壽宗要經受持讀誦如同書寫八万四千一切經典
陀羅尼曰 南謨薄伽勃底一 阿波唎蜜哆二 阿喻紇硯娜三 須毗你悉指陀四
囉佐耶五 怛他羯他耶六 怛姪他唵七 薩婆桑悉迦囉八 波唎輸底九 達磨底十 伽迦娜十一
莎訶某特迦底十二 薩婆婆毗輸底十三 摩訶娜耶十四 波唎婆嚩莎訶十五
若有自書寫教人書是无量壽宗要經即是書寫八万四千部建立塔廟陀羅
尼曰 南謨薄伽勃底一 阿波唎蜜哆二 阿喻紇硯娜三 須毗你悉
指陀四 囉佐耶五 怛他羯他耶六 怛姪他唵七 薩婆桑悉迦囉八 波唎輸底九 達
磨底十 伽迦娜十一 莎訶某特迦底十二 薩婆婆毗輸底十三 摩訶娜耶十四 波唎婆
嚩莎訶十五
若有自書寫教人書寫是无量壽宗要經能消五无間等一切重罪陀羅尼曰
南謨薄伽勃底一 阿波唎蜜哆二 阿喻紇硯娜三 須毗你悉指陀四 囉佐耶五 怛姪

BD03493 號　無量壽宗要經　（7–3）

栺陁四　囉佐耶五　怛他羯他耶六　怛姪他唵七　薩婆桒悉迦囉八　波唎輸底九　達
磨底十　伽迦娜十一　莎訶某特迦底十二　薩婆婆眡輸底十三　摩訶娜耶十四　波唎婆
瀌莎訶　十五
若有自書寫教人書寫是无量壽宗要經能消五无間等一切重罪陁羅尼曰
南謨薄伽勃底一　阿波唎蜜哆二　阿喻纥硯娜三　須毗你恙栺陁四　囉佐耶五　怛姪
他唵七　薩婆桒悉迦囉八　波唎輸底九　達磨底十　伽迦娜十一　莎訶某特迦底十二
薩婆婆眡輸底十三　摩訶娜耶十四　波唎婆瀌莎訶　十五
若有自書寫教人書寫是无量壽宗要經受持讀誦設有重罪猶如須弥盡能
除滅陁羅尼曰
南謨薄伽勃底一　阿波唎蜜哆二　阿喻纥硯娜三　須毗你恙栺陁四　囉佐耶五　怛他羯
他耶六　怛姪他唵七　薩婆桒悉迦囉八　波唎輸底九　達磨底十　伽迦娜十一　莎訶某特
迦底十二　薩婆婆眡輸底十三　摩訶娜耶十四　波唎婆瀌莎訶　十五
若有自書寫教人書寫是无量壽宗要經受持讀誦若魔魔之眷屬夜叉羅剎
得其便終无枉死陁羅尼曰
南謨薄伽勃底一　阿波唎蜜哆二　阿喻纥硯娜三　須毗你恙栺陁四　囉佐耶五　怛他羯他
耶六　怛姪他唵七　薩婆桒悉迦囉八　波唎輸底九　達磨底十　伽迦娜十一　莎訶某特迦底十二
薩婆婆眡輸底十三　摩訶娜耶十四　波唎婆瀌莎訶　十五
若有自書寫教人書寫是无量壽宗要經受持讀誦當命終時有九十九億佛現其人前來
千佛授手能遊一切佛剎莫於此經生於疑惑陁羅尼曰
南謨薄伽勃底一　阿波唎蜜哆二　阿喻纥硯娜三　須毗你恙栺陁四　囉佐耶五　怛他羯
他耶六　怛姪他唵七　薩婆桒悉迦囉八　波唎輸底九　達磨底十　伽迦娜十一　莎訶某特
迦底十二　薩婆婆眡輸底十三　摩訶娜耶十四　波唎婆瀌莎訶　十五
若有自書寫教人書寫是无量壽宗要經受持讀誦常得四天大王隨其衛護
陁羅尼曰
南謨薄伽勃底一　阿波唎蜜哆二　阿喻纥硯娜三　須毗你恙栺陁四
囉佐耶五　怛他羯他耶六　怛姪他唵七　薩婆桒悉迦囉八　波唎輸底九　達磨底十　伽迦娜十一
莎訶某特迦底十二　薩婆婆眡輸底十三　摩訶娜耶十四　波唎婆瀌莎訶　十五
若有自書寫教人書寫是无量壽宗要經受持讀誦當得往生西方極樂世界
阿弥陁淨土陁羅尼曰　南謨薄伽勃底一　阿喻纥　阿波唎蜜哆二　阿喻
纥硯娜三　須毗你恙栺陁四　囉佐耶五　怛他羯他耶六　怛姪他唵七　薩婆桒悉迦囉八
波唎輸底九　達磨底十　伽迦娜十一　莎訶某特迦底十二　薩婆婆眡輸底十三　摩訶

若有自書寫教人書寫是无量壽宗要經受持讀誦當得往生西方極樂世界
阿弥陁淨土陁羅尼曰　南謨薄伽勃底一　阿喻纥　阿波唎蜜哆二　阿喻
纥硯娜三　須毗你恙栺陁四　囉佐耶五　怛他羯他耶六　怛姪他唵七　薩婆桒悉迦囉八
波唎輸底九　達磨底十　伽迦娜十一　莎訶某特迦底十二　薩婆婆眡輸底十三　摩訶
娜耶十四　波唎婆瀌莎訶　十五
若有方所自書寫使人書寫是无量壽經典之處則為是塔皆應恭敬作礼
若是畜生或為鳥獸得聞是經必是等類皆當不久得成一切種智陁羅尼曰
南謨薄伽勃底一　阿波唎蜜哆二　阿喻纥硯娜三　須毗你恙栺陁四　囉佐耶五　怛他羯
他耶六　怛姪他唵七　薩婆桒悉迦囉八　波唎輸底九　達磨底十　伽迦娜十一　莎訶某特迦
底十二　薩婆婆眡輸底十三　摩訶娜耶十四　波唎婆瀌莎訶　十五
若有於无量壽經自書寫若使人書寫畢竟不受女人之身陁羅尼曰
南謨薄伽勃底一　阿波唎蜜哆二　阿喻纥硯娜三　須毗你恙栺陁四　囉佐耶五　怛他羯他
耶六　怛姪他唵七　薩婆婆桒悉迦囉八　波唎輸底九　達磨底十　伽迦娜十一　莎訶某特迦
底十二　薩婆婆眡輸底十三　摩訶娜耶十四　波唎婆婆唎莎訶　十五
若有能於是經少分能惠施者等於三千大千世界滿足七寶布施陁羅尼曰
南謨薄伽勃底一　阿波唎蜜哆二　阿喻纥硯娜三　須毗你恙栺陁四　囉佐耶五　怛他羯他耶六
怛姪他唵七　薩婆桒悉迦囉八　波唎輸底九　達磨底十　伽迦娜十一　莎訶某特迦底十二
莎婆婆眡輸底十三　摩訶娜耶十四　波唎婆瀌莎訶　十五
若有能供養是經者則是供養一切諸經等无有異陁羅尼曰
南謨薄伽勃底一　阿婆唎蜜哆二　阿喻纥硯娜三　須毗你恙栺陁四　囉佐耶五　怛他羯他耶六
怛姪他唵七　薩婆桒悉迦囉八　波唎輸底九　達磨底十　伽迦娜十一　莎訶某特迦底十二
薩婆婆眡底十三　摩訶娜耶十四　波唎婆瀌莎訶　十五
如是毗婆尸佛尸棄佛毗舍浮佛俱留孫佛俱那含牟尼佛迦葉佛釋迦牟尼佛若有
若有人以七寶供養如是七佛其福有限書寫受持是无量壽經典所有功德不可
限量陁羅尼曰
南謨薄伽勃底一　阿波唎蜜哆二　阿喻纥硯娜三　須毗你恙栺陁四　囉佐耶五　怛他羯他耶六
怛姪他唵七　薩婆桒悉迦囉八　波唎輸底九　達磨底十　伽迦娜十一　莎訶某特底十二　薩婆
婆眡輸底十三　摩訶娜耶十四　波唎婆瀌莎訶　十五
若有七寶等於須弥以用布施其福上能知其限量是无量壽經典其福不可知數陁
羅尼曰　南謨薄伽勃底一　阿波唎蜜哆二　阿喻纥硯娜三　須毗你恙栺

限量陁羅尼曰
南謨薄伽勒底一 阿波唎蜜哆二 阿喻紇硯娜三 須毗你悉指陁四 囉佐耶五 怛他羯他耶六
怛姪他唵七 薩婆桑悉迦囉八 波唎輸底九 達磨底十 伽迦娜十一 莎訶某特底十二 薩婆
婆毗輸底十三 摩訶娜耶十四 波唎婆灑莎訶十五
若有七寶等於須弥以用布施其福上能知其限量是无量壽經典其福不可知數陁
羅尼曰 南謨薄伽勒底一 阿波唎蜜哆二 阿喻紇硯娜三 須毗你悉指
陁四 囉佐耶五 怛姪他唵七 薩婆桑悉迦囉八 波唎輸底九 達磨底十 伽迦娜十一 莎訶某特
迦底十二 薩婆婆毗輸底十三 摩訶娜耶十四 波唎婆灑莎訶十五
如是四大海水可知滴數是无量壽經典所生果報不可數量陁羅尼曰
南謨薄伽勒底一 阿波唎蜜哆二 阿喻紇硯娜三 須毗你悉指陁五 怛他羯他耶六 怛姪
他唵七 薩婆桑悉迦囉八 波唎輸底九 達磨底十 伽迦娜十一 莎訶某特迦底十二 薩
婆婆毗輸底十三 摩訶娜耶十四 波唎婆灑莎訶十五
南謨薄伽勒底一 阿
若有自書使人書寫是无量壽經典又能護持供養即如恭供養一切十方佛土如來无
有别異陁羅尼曰
南謨薄伽勒底一 阿波唎蜜哆二 阿喻紇硯娜三 須毗你悉指陁四 囉佐耶五 怛他羯他耶六
怛姪他唵七 薩婆桑悉迦囉八 波唎輸底九 達磨底十 伽迦娜十一 莎訶某特迦底十二 薩婆
婆毗輸底十三 摩訶娜耶十四 波唎婆嚩莎訶十五
布施力能成正覺 悟布施力人師子 布施力能聲普聞
慈悲階漸最能入 持戒力能成正覺 悟持戒力人師子
持戒力能聲普聞 慈悲階漸最能入 忍辱力能成正覺
悟忍辱力人師子 忍辱力能成普聞 慈悲階漸最能入
精進力能成正覺 悟精進力人師子 精進力能聲普聞
慈悲階漸最能入 禪定力能聲普聞 慈悲階漸最能入
智慧力能成正覺 悟智慧力人師子 智慧力能聲普聞
慈悲階漸力能入
尒時如來説是經已一切世間天人阿脩羅揵闥婆等聞佛所説皆大歡喜
信受奉行
佛説无量壽宗要經

BD03493號　無量壽宗要經　（7-6）

他唵七 薩婆桑悉迦囉八 波唎輸底九 達磨底十 伽迦娜十一 莎訶某特迦底十二 薩
婆婆毗輸底十三 摩訶娜耶十四 波唎婆灑莎訶十五
南謨薄伽勒底一 阿
若有自書使人書寫是无量壽經典又能護持供養即如恭供養一切十方佛土如來无
有别異陁羅尼曰
南謨薄伽勒底一 阿波唎蜜哆二 阿喻紇硯娜三 須毗你悉指陁四 囉佐耶五 怛他羯他耶六
怛姪他唵七 薩婆桑悉迦囉八 波唎輸底九 達磨底十 伽迦娜十一 莎訶某特迦底十二 薩婆
婆毗輸底十三 摩訶娜耶十四 波唎婆嚩莎訶十五
布施力能成正覺 悟布施力人師子 布施力能聲普聞
慈悲階漸最能入 持戒力能成正覺 悟持戒力人師子
持戒力能聲普聞 慈悲階漸最能入 忍辱力能成正覺
悟忍辱力人師子 忍辱力能成普聞 慈悲階漸最能入
精進力能成正覺 悟精進力人師子 精進力能聲普聞
慈悲階漸最能入 禪定力能聲普聞 慈悲階漸最能入
智慧力能成正覺 悟智慧力人師子 智慧力能聲普聞
慈悲階漸力能入
尒時如來説是經已一切世間天人阿脩羅揵闥婆等聞佛所説皆大歡喜
信受奉行
佛説无量壽宗要經

BD03493號　無量壽宗要經　（7-7）

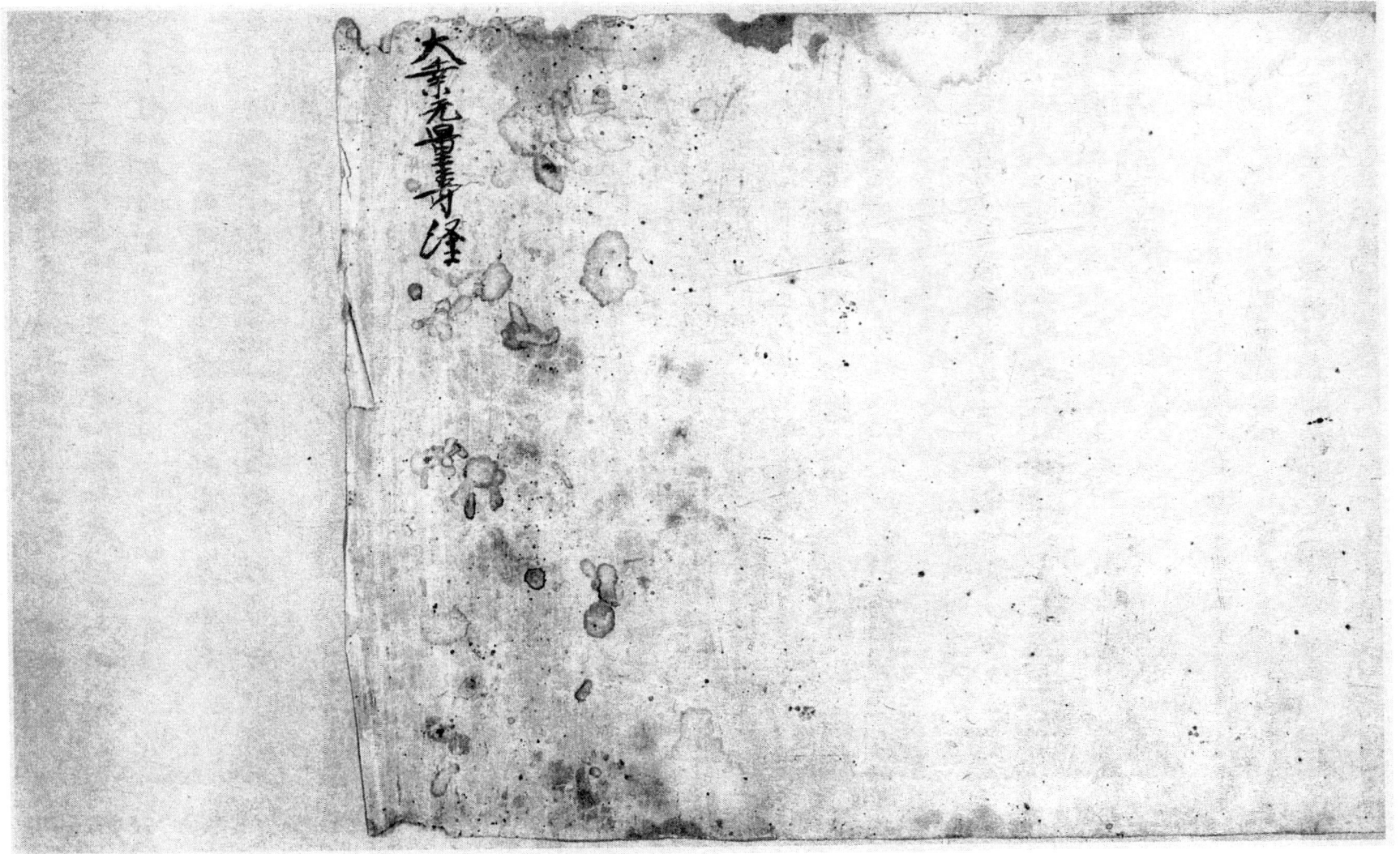

BD03493號背　勘記　(1–1)

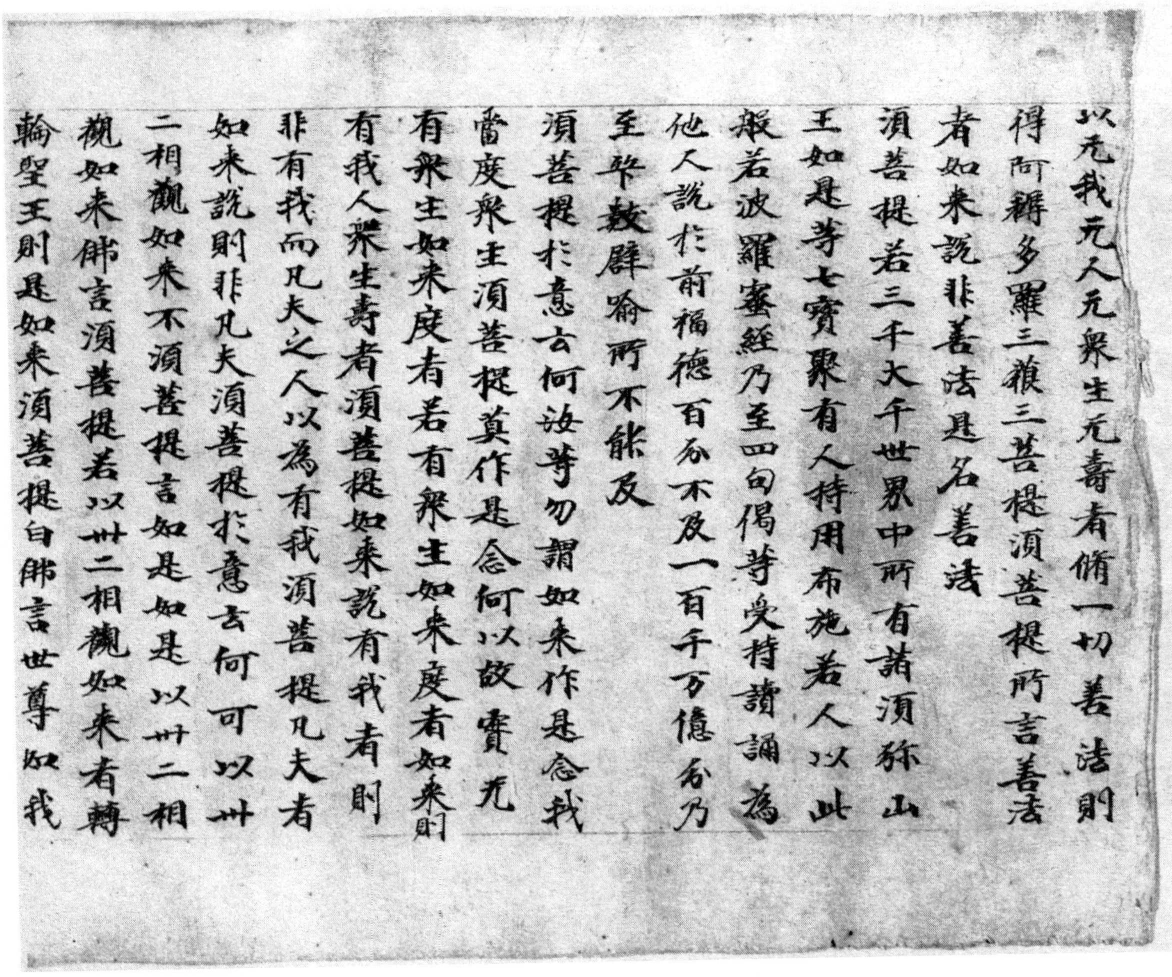

以无我无人无衆生无壽者脩一切善法則
得阿耨多羅三藐三菩提須菩提所言善法
者如來說非善法是名善法
須菩提若三千大千世界中所有諸須弥山
王如是等七寶聚有人持用布施若人以此
般若波羅蜜經乃至四句偈等受持讀誦為
他人說於前福德百分不及一百千万億分乃
至筭數譬喻所不能及
須菩提於意云何汝等勿謂如來作是念我
當度衆生須菩提莫作是念何以故實无
有衆生如來度者若有衆生如來度者如來則
有我人衆生壽者須菩提如來說有我者則
非有我而凡夫之人以為有我須菩提凡夫者
如來說則非凡夫須菩提於意云何可以卅
二相觀如來不須菩提言如是如是以卅二相
觀如來佛言須菩提若以卅二相觀如來者轉
輪聖王則是如來須菩提白佛言世尊如我

BD03494號　金剛般若波羅蜜經　(4–1)

如來說則非凡夫須菩提於意云何可以卅
二相觀如來不須菩提言如是如是以卅二相
觀如來佛言須菩提若以卅二相觀如來者轉
輪聖王則是如來須菩提白佛言世尊如我
解佛所說義不應以卅二相觀如來尒時世
尊而說偈言
若以色見我　以音聲求我　是人行邪道　不能見如來
須菩提汝若作是念如來不以具足相故得
阿耨多羅三藐三菩提須菩提莫作是念如
來不以具足相故得阿耨多羅三藐三菩
提須菩提汝若作是念發阿耨多羅三藐三
菩提者說諸法斷滅相莫作是念何以故發
阿耨多羅三藐三菩提者於法不說斷滅相
須菩提若菩薩以滿恒河沙等世界七寶布
施若復有人知一切法无我得成於忍此菩
薩勝前菩薩所得功德須菩提以諸菩薩
不受福德故須菩提白佛言世尊云何菩薩
不受福德須菩提菩薩所作福德不應貪著
是故說不受福德須菩提若有人言如來若
來若去若坐若卧是人不解我所說義
何以故如來者无所從來亦无所去故名如來
須菩提若善男子善女人以三千大千世界
碎為微塵於意云何是微塵衆寧為多不
甚多世尊何以故若微塵衆實有者佛則
不說是微塵衆所以者何佛說微塵衆則
非微塵衆是名微塵衆世尊如來所說三千

BD03494號　金剛般若波羅蜜經　（4–2）

碎為微塵於意云何是微塵衆寧為多不
甚多世尊何以故若微塵衆實有者佛則
不說是微塵衆所以者何佛說微塵衆則
非微塵衆是名微塵衆世尊如來所說三千
大千世界則非世界是名世界何以故若世界
實有者則是一合相如來說一合相則非一
合相是名一合相須菩提一合相者則是不
可說但凡夫之人貪著其事
須菩提若人言佛說我見人見衆生見壽
者見須菩提於意云何是人解我所說義
不世尊是人不解如來所說義何以故世
尊說我見人見衆生見壽者見即非我見
人見衆生見壽者見是名我見人見衆生
見壽者見須菩提發阿耨多羅三藐三菩
提心者於一切法應如是知如是見如是信
解不生法相須菩提所言法相者如來說
即非法相是名法相須菩提若有人以滿
无量阿僧祇世界七寶持用布施若有
善男子善女人發菩薩心者持於此經
乃至四句偈等受持讀誦為人演說其福勝
彼云何為人演說不取於相如如不動何以
故
一切有為法　如夢幻泡影　如露亦如電　應作如是觀
佛說是經已長老須菩提及諸比丘比丘尼
優婆塞優婆夷一切世間天人阿脩羅聞
佛所說皆大歡喜信受奉行

BD03494號　金剛般若波羅蜜經　（4–3）

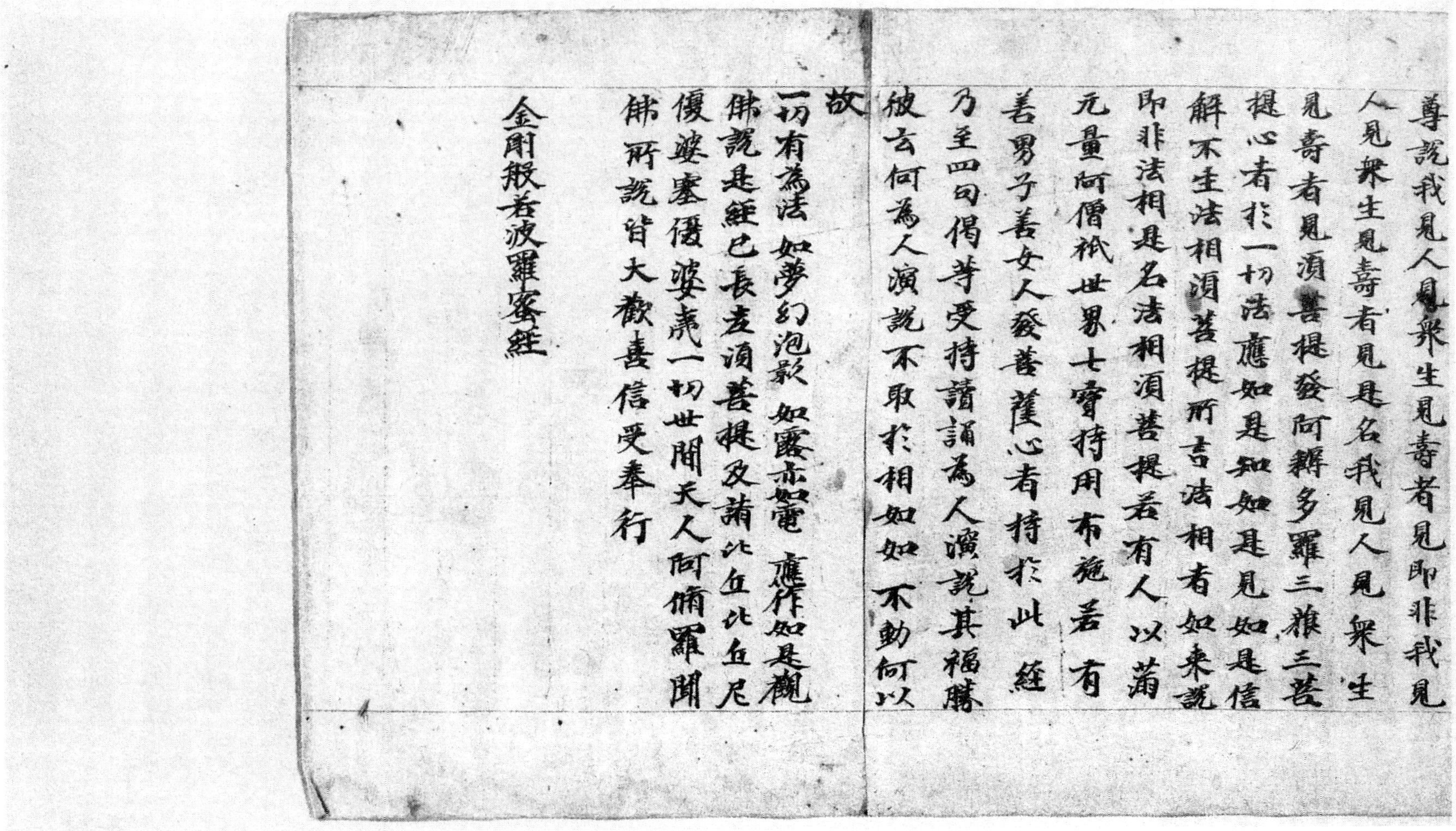
尊說我見人見衆生見壽者見即非我見
人見衆生見壽者見是名我見人見衆生
見壽者見須菩提發阿耨多羅三藐三菩
提心者於一切法應如是知如是見如是信
解不生法相須菩提所言法相者如來說
即非法相是名法相須菩提若有人以滿
无量阿僧祇世界七寶持用布施若有
善男子善女人發菩薩心者持於此經
乃至四句偈等受持讀誦為人演說其福勝
彼云何為人演說不取於相如如不動何以
故
一切有為法 如夢幻泡影 如露亦如電 應作如是觀
佛說是經已長老須菩提及諸比丘比丘尼
優婆塞優婆夷一切世間天人阿脩羅聞
佛所說皆大歡喜信受奉行
金剛般若波羅蜜經

BD03494 號　金剛般若波羅蜜經　（4–4）

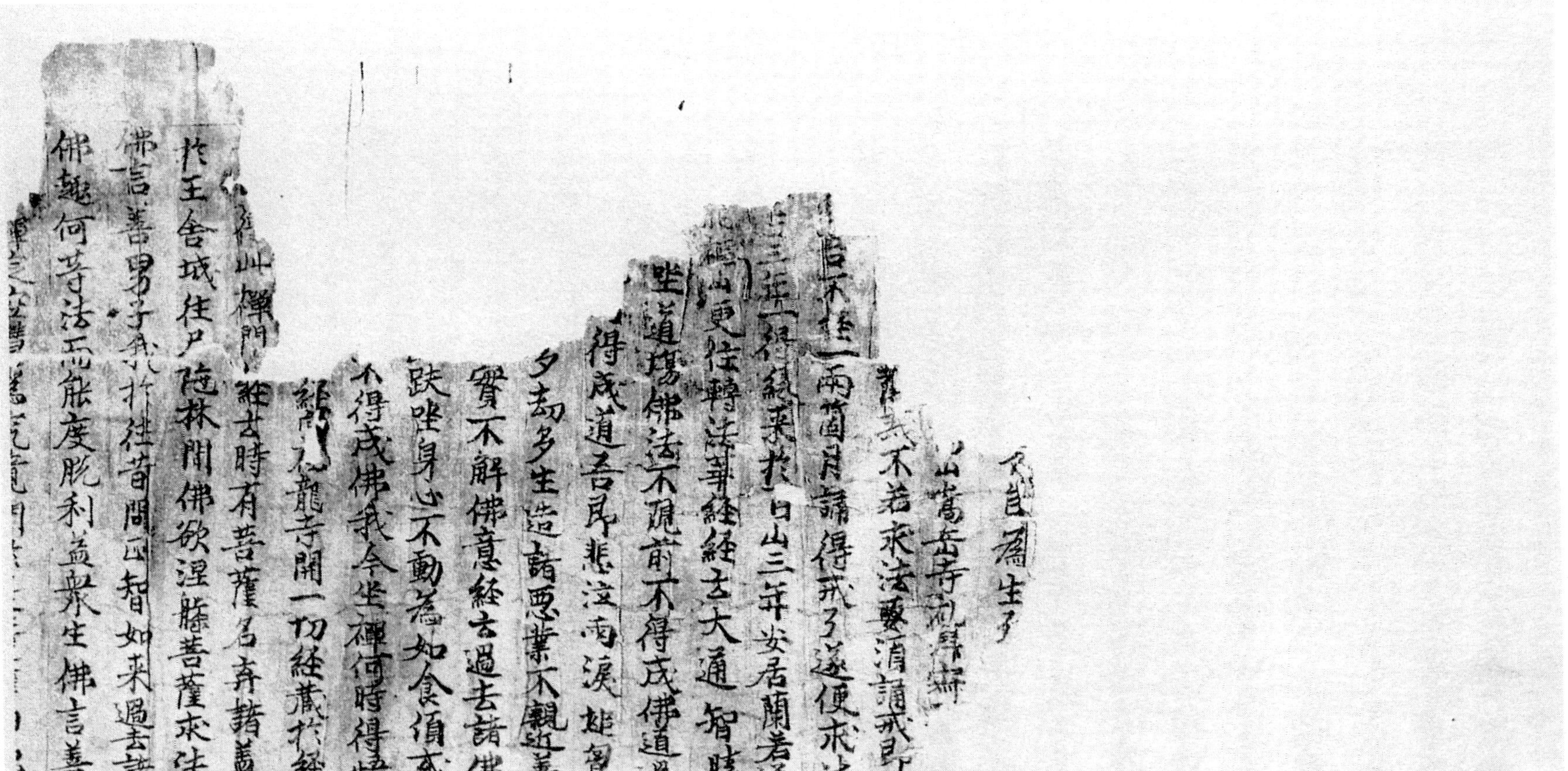
為生了
山嵩岳寺沙彌
義不若求法要須誦戒
一兩箇月誦得戒了遂便求法
經來於白山三年安居蘭若逐
山更住轉法華經經云大通智勝
坐道場佛法不現前不得成佛道過
得成道吾見悲泣雨淚雄智
多劫多生造諸惡業不親近善
賢不解佛意經云過去諸佛
趺坐身心不動為如食須臾
不得成佛我今坐禪何時得悟
龍寺開一切經藏於經
山禪門　經云時有菩薩名普賢
於王舍城住尸陁林間佛欲涅槃菩薩求法
佛言善男子我於往昔聞四智如來過去諸
佛號何等法亦能度脫利益衆生佛言善

BD03495 號 1　禪門經序　（8–1）

於王舍城住尸陀林間佛欲涅槃菩薩求法
佛言善男子我於往昔問正智如来過去諸
佛趣何等法而能度脫利益衆生佛言善
禪定空慧爲究竟門於是菩薩白佛
言世尊如餘經中或說四禪十二觀門云何此
經直言禪定而不具說耶善男子一切衆生
根性差異如餘經中爲說淺近權立方便種
種教法此禪要經則不如是何以故唯論究竟
大乘破諸有數故不爲說淺近之語吾
讀誦此經忽然得悟發願誦三万遍及寫三
百卷普及一切受持讀誦沙門慧光聊述
意囊趣之於後
如是我聞一時佛住王舍城普告大衆我今
住彼尸陀林間欲入涅槃請諸弟子无量數
衆来白佛言我等曾聞如来世尊大慈大
悲普覆憐愍爲衆生父何故見捨唯願世
尊留神住世我諸弟子從曠劫来迷失正
道隨順耶見輪迴生死受種種苦被无明縛
不能解脫唯願如来敷楊秘要開悟衆生亦
教利善今斷疑結佛言善男子善女人諦聽
諦受善思念之吾當爲汝分別顯示善男子
一切衆生於无量劫常被五陰煩惱枷鏁之所繫
縛不得自在何以故虛妄之身非真有故譬
如坯器必不久全无常易壞亦復如是尒時
衆中有一菩薩名奔諸蓋而白佛言世尊未知
我等依何脩觀而得解脫佛言善男子於身

BD03495號1　禪門經序　（8–2）
BD03495號2　禪門經

如坯器必不久全无常易壞亦復如是尒時
衆中有一菩薩名奔諸蓋而白佛言世尊未知
我等依何脩觀而得解脫佛言善男子於身
相中求无漏智其是法忍當得阿耨多羅三藐
三菩提譬如有人經五十年安居一宅其宅之
中有真金藏雖復久住都不覺知以不知故
常受貧苦善男子一切衆生亦復如是於自
己身有如来世尊佛法之藏從无量劫和合共
居業鄣深厚心迷不悟隨順生死輪迴惡道
善男子我於往昔問正智如来過去諸佛趣
何等法而能度脫利益衆生佛言善男子
禪定空慧爲究竟門不可思議菩薩摩訶
薩脩覺如是得大福德莊嚴其身是時奔諸
蓋菩薩白佛言世尊此禪要門從何而入若有
處所即名衆生如其无者云何令我而得知
見佛言善男子五陰虛宅爲禪定院内照開
解即大乘門善男子若欲入者推四大性究
竟本空云何問言而有處耶既知无者是名真
見何以故諸佛如来見非見故奔諸蓋菩薩
白佛言世尊六根體相從何而生若因四
大而能生者四大无主虛幻不實四大定有
得名爲根如其無者云何空中而立根耶
唯願說之佛言善男子能住是間凡夫妄相
虛幻受身四大六根互相因待妄繫造業而
謂有生推其體性實空无有善男子信如
是法□□者□禪要之門

BD03495號2　禪門經　（8–3）

得名為相如是無者云何空中而立相耶
唯願說之佛言善男子能作是問凡夫妄相
虛幻受身四大六根耳相因待妄繫造業而
謂有生推其體性實空无有善男子信如
是法即知諸佛禪要之門
弃諸蓋菩薩白佛言世尊云何為禪定耶禪
定脩想而无因果不見善可脩惡可斷佛言
善男子汝信是法禪定解脫不可思議何以
故非无因果如外道空而斷佛種善男子菩
薩摩訶薩了无因果得大果報何以故真如妙體
同於虛空實性不变善惡業緣本无有異雖復
不異不共居止若能如是清淨觀行當知此人
行住坐卧无非禪定
弃諸蓋菩薩白佛言世尊諸佛如来具一切智
云何令我安禪寂滅能生知耶若言禪定而發
智者有智覺觀復不名定云何禪定而有利
智佛言善男子息諸妄念畢竟不生寂滅安禪
即無漏智譬如有人愛樹花葉便種菓實即下
種已尋復翻動為數動故牙莖不生如无動
者花葉自出善男子一切衆生亦復如是求
佛聖智要須禪定如无禪定想念喧動壞
其善根何以故悟性安禪即无漏智
弃諸蓋菩薩白佛言世尊如餘經中或說四
禪十二觀門云何此經直言禪定而不具說耶
佛言善男子汝未能解云何言我不具說耶
善男子一切衆生根性差異如餘經中為說淺

BD03495 號 2　禪門經　（8–4）

弃諸蓋菩薩白佛言世尊如餘經中或說四
禪十二觀門云何此經直言禪定而不具說耶
佛言善男子汝未能解云何言我不具說耶
善男子一切衆生根性差異如餘經中為說淺
近權立方便種種教法何以故此禪要經則不
如是唯論究竟頓教大乘破諸有數故不為
說淺近之語何以故如除穢草但興其火不計
多少一切衆生亦復如是種種方便入究竟禪
我今究竟何用諸數
弃諸蓋菩薩白佛言世尊如来往昔六年苦
行不能得道我今雖復學脩禪定何時當得
阿耨多羅三藐三菩提佛言善男子如来非
實六年苦行為破二乘小見之人亦現此法故
今雖復脩習禪定之斷諸有苦不可思議善
男子若外相求雖經劫數終不能得於內
覺觀如一念頃即得阿耨多羅三藐三菩提
弃諸蓋菩薩白佛言世尊坐禪觀中見佛形
像三十二相種種光明飛騰虛空變現自在
為真實耶為虛妄乎佛言善男子坐禪息
見空无有物若見於佛種種光明三十二相
皆是顛倒繫著魔網何以故真如實性
无有分別善男子於空寂滅見如是事
即為虛妄
弃諸蓋菩薩白佛言世尊曾聞如来而坐
道場道在何處為近為遠而可見不佛言善
男子法身遍滿无非佛土十方世界五陰精

BD03495 號 2　禪門經　（8–5）

即爲虛妄
爾時諸蓋菩薩白佛言世尊曾聞如來而坐
道場道在何處爲近爲遠而可見不佛言善
男子法身遍滿无非佛土十方世界五陰精
舍性空自離即是道場云何問言爲近爲
遠耶善男子若能悟解道在身心如是
之人則名正見
爾時諸蓋菩薩白佛言世尊禪門秘要爲
有一門爲是多門若有多者法則爲二若見
一者云何容受无量无邊衆生而不迫迮佛
言善男子此禪要門亦非是一亦非多數
一切衆生性同虛空各於身心自有禪門實
不備遮何以故息口不言冥合於理口爲禪門
攝眼不分别混合无異眼爲禪門耳共聲
聞了知虛妄畢竟寂滅猶如聾人耳爲
禪門乃至身意亦復如是善男子攝諸
塵勞入不二門曠徹清虛湛然凝定
爾時諸蓋菩薩白佛言世尊如來自說有
神通力不可思議具大慈悲救衆生苦我
等何故猶在惡趣不見救濟何以故若其
能救一切衆生應度已盡若其不能如來
世尊不名爲智佛言善男子如來世尊
愛念衆生猶如一子何以故善巧方便能
爲救護善男子佛性非相无有因緣爲諸
衆生亦現於世譬如春月天龍降雨普

BD03495號2　禪門經　（8–6）

愛念衆生猶如一子何以故善巧方便能
爲救護善男子佛性非相无有因緣爲諸
衆生亦現於世譬如春月天龍降雨普
潤一切枯樹雄種而不生芽如來亦尒
等澍甘露慈悲妙法闡提无信非如來咎
爾時諸蓋菩薩白佛言世尊脩習禪定得
何等果佛言善男子如是之人得无漏果
何以故有爲功德而有齊限空无相福不
可比量善男子譬 如大地无量世界碎
爲微塵如是諸塵是爲多不
爾時諸蓋菩薩白佛言甚多世尊佛言善
男子此門禪定解脫真如福慧不可比量
復過於是善男子若有人能於此經中生
少信心決定不疑當知此人入菩薩位何況
久脩精進正念不懈癈者如是人同於如來等
无有異爾時諸蓋菩薩白佛言世尊我等
蒙佛慈悲接引曠劫迷醉今得醒悟歡
喜踊躍不自勝持佛言善男子我爲一切
衆生之父教育諸子无有疲勞齊地獄苦
得涅槃樂汝今欣慶我願滿足善男子
大乘妙義 至理空曠有爲衆生而不能
入何以故禪門祕要不可思議三世諸佛
依此經教而得解脫善男子汝等流布普
及衆生若有聞見此經典者護持清淨莫
令輕慢如有毀謗之者當知是人壞如

BD03495號2　禪門經　（8–7）

何法解導法令所度乎願流是善男子
大乘妙義　至理空曠有爲衆生而不能
入何以故禪門秘要不可思議三世諸佛
依此經教而得解脫善男子汝等流布普
及衆生若有聞見此經典者讀持清淨莫
令輕慢如有假毀誹謗之者當知是人懷如
來法身墮无間地獄善男子若有人能於
此經中生信順心當知是人爲无有上得阿
耨多羅三藐三菩提尒時世尊說此經已
无量衆生發菩提心无量衆生得无生法
忍及諸天龍八部鬼神皆各歡喜敬心
奉行

佛說禪門經一卷

BD03495 號 2　禪門經　（8–8）

等以悲心於上中下衆生之類其心平等於輕毀供養心无
有二於他闕失莫見其過見種種乘皆是一乘聞三惡道亦
不驚畏於諸菩薩生如來想佛出五濁生希有想梵天汝當
以十法遊彼世界思益梵天白佛言世尊我不敢於如來前作
師子吼我所能行佛自知之尒當以此十法於彼世界一心脩行尒
時日月光佛國有諸菩薩白佛言世尊我得大利不生如是惡
衆生中其佛告言善男子勿作是語所以者何若菩薩於
此國中百千劫淨脩梵行不如彼土從旦至食无𥁞礙心其福
爲勝即時有万二千菩薩與思益梵天俱共發來而作是言
我等亦欲以此十法遊彼世界見釋迦牟尼佛於是思益梵天
與万二千菩薩俱於彼佛土忽然不現譬如壯士屈身譬頃到
娑婆世界釋迦牟尼佛所却住一面尒時佛告網明菩薩汝見
思益梵天不唯然已見網明當知思益梵天於諸問正菩薩
中爲第一於諸善分別諸法菩薩中爲最第一於諸說隨
宜經意菩薩中爲最第一於諸慈心菩薩中爲最第一於諸
悲心菩薩中爲最第一於諸喜心菩薩中爲最第一於諸捨心
菩薩中爲最第一於諸惡語菩薩中爲最第一於諸不嗔礙菩
薩中爲最第一於諸意問訊菩薩中爲最第一於諸決疑菩
薩中爲最第一尒時思益梵天與万二千菩薩俱頭面礼佛足
右繞三匝合掌向佛以偈讚曰　世尊大名稱　普聞於十方
所在諸如來　无不稱歎者　有諸餘淨國　无三惡道名　捨如是妙土
慈悲故生此　佛智无減少　與諸如來等　以大悲本願　處斯穢惡土
若人於淨國　持戒滿一劫　此土須臾間　行慈爲最勝　若人於此土

BD03496 號 1　思益梵天所問經卷一　（27–1）

薩中為最第一尒時思益梵天與万二千菩薩俱頭面礼佛足
右繞三匝合掌向佛以偈讚曰　世尊大名稱　普聞於十方
所在諸如来　无不稱歎者　有諸餘淨國　无三惡道名　捨如是妙土
慈悲故生此　佛智无減少　與諸如来等　以大悲本願　處斯穢惡土
若人於淨國　持戒滿一劫　此土須臾間　行慈為最勝　若人於此土
起身口意罪　應墮三惡道　現世受得除　生此土菩薩　不應懷憂怖
設有惡道罪　頭痛則得除　此土諸菩薩　若能守護法　世世所生處
不失於正念　若人欲斷縛　滅煩惱業罪　於此土護法　增益一切智
淨土多億劫　受持法解說　於此娑婆界　從旦至食時　我見喜樂國
及見安樂土　此中无苦惱　亦无苦惱名　於彼作功德　未是以為奇
於此煩惱處　能忍不可事　亦教化此法　其福為最勝　我礼无上尊
大悲救苦者　能為惡衆生　說法甚為難　佛集无量衆　十方世界中
名聞諸菩薩　聽法无猒足　佛集十方界　名聞諸菩薩　聽法无猒足
如海吞衆流　為如是人等　廣說於佛道　釋梵四天王　諸天龍神等
皆集欲求法　隨所信樂說　比丘比丘尼　及清信士女　是四衆普集
願時為演說　有樂佛乘者　及緣覺聲聞　佛知其深心　悉皆為斷疑
不斷佛種者　能出生三寶　為是諸菩薩　我今請法王　名稱普流布
十方菩薩聞　皆悉共来集　為說无上道　此无上大法　二乘所不及
我等信力故　得入如是法　不可思議慧　非我所能及　佛雖无疲惓
我今有所請　悔過於世尊　願說菩提道　尒時思益梵天說
此偈已白佛言世尊何謂菩薩其心堅固而无疲惓何謂菩薩所
言決定而不中悔何謂菩薩增長善根何謂菩薩无所怖畏威
儀不動何謂菩薩成就白法何謂菩薩善知從一地至一地何謂
菩薩於衆生中善知方便何謂菩薩善化衆生何謂菩薩世世
不失菩提之心何謂菩薩能一其心而无雜行何謂菩薩善求
法寶何謂菩薩善出毀禁之罪何謂菩薩善鄣煩惱何謂菩
薩善入諸大衆何謂菩薩善開法施何謂菩薩得先因力不失
善根何謂菩薩不由他教而能自行六波羅蜜何謂菩薩能
轉捨禪定還生欲界何謂菩薩於諸法佛得不退轉何謂菩
薩不斷佛種尒時世尊讚思益梵天善哉善哉能問如来如此
之事汝今諦聽善思念之唯然世尊願樂欲聞佛告思益梵
天菩薩有四法堅固其心而不疲惓何等四一者於諸衆生起大悲

BD03496 號 1　思益梵天所問經卷一　（27–2）

……六波羅蜜何謂菩薩能
轉捨禪定還生欲界何謂菩薩於諸法佛得不退轉何謂菩
薩不斷佛種尒時世尊讚思益梵天善哉善哉能問如来如此
之事汝今諦聽善思念之唯然世尊願樂欲聞佛告思益梵
天菩薩有四法堅固其心而不疲惓何等四一者於諸衆生起大悲
心二者精進不懈三者信解生死如夢四者正思惟佛之智慧菩
薩有此四法堅固其心而不疲惓梵天菩薩有四法所言決定而不
中悔何等為四一者決定說諸法无我二者決定說諸生處无可
樂者三者決定常讚大乘四者決定說罪福業不失是為四法
梵天菩薩有四法增長善根何等四一者持戒二者多聞三者
布施四者出家是為四梵天菩薩有四法无所怖畏威儀不轉
何等四一者失利二者惡名三者毀辱四者苦惱是為四梵天
菩薩有四法成就白法何等四一者教人令信罪福二者布施不
求果報三者守護正法四者以智慧教諸菩薩是為四梵天
菩薩有四法善知從一地至一地何等四一者久植善根二者離
諸過咎三者善知方便迴向四者勤行精進是為四梵天菩
薩有四法善知方便何等四一者順衆生意二者於他功德起
隨喜心三者悔過除罪四者勸請諸佛是為四梵天菩薩有
四法善化衆生何等四一者常求利安衆生二者自捨己樂三
者心和忍辱四者除捨憍慢是為四梵天菩薩有四法世世不
失菩提之心何等四一者常憶念佛二者所作功德常為菩提
三者親近善知識四者稱揚大乘是為四梵天菩薩有四法能
一其心而无雜行何等四一者離聲聞心二者離辟支佛心三者求
法无猒四者如所聞法廣為人說是為四梵天菩薩有四法善
求法寶何等四一者於法中生寶想以難得故二者於法中生
藥想療衆病故三者於法中生財利想以不失故四者於法中
生滅一切苦想至涅槃故是為四梵天菩薩有四法善出毀禁
之罪何等四一者得无生法忍以諸法无来故二者得无滅忍
以諸法无去故三者得因緣忍知諸法因緣生故四者得无住
忍无異心想續故是為四梵天菩薩有四法善鄣煩惱何等
四一者正憶念二者鄣諸根三者得善法力四者獨處遠離是
為四梵天菩薩有四法善入諸大衆何等四一者求法不求勝

BD03496 號 1　思益梵天所問經卷一　（27–3）

以諸法无去故三者得因緣忍知諸法因緣生故四者得无住
忍无異心想續故是為四梵天菩薩有四法善護煩惱何等
四一者正憶念二者護諸根三者得善法力四者獨處遠離是
為四梵天菩薩有四法善入諸大衆何等四一者求法不求勝
二者恭敬心无憍慢三者唯求法利不自顯現四者教人善法
不求名利是為四梵天菩薩有四法善聞法施何等四一者守
護於法二者自益智慧亦益他人三者行善人法四者示人垢淨
是為四梵天菩薩有四法得先因力不失善根何等四一者見
他人闕失不以為過二者於瞋恚人常脩慈心三者常說諸法
因緣四者常念菩提是為四梵天菩薩有四法不由他教而能
自行六波羅蜜何等四一者以施尊人二者不訊他人毀禁之
罪三者善知攝法教化衆生四者解達深法是為四梵天菩
薩有四法能轉捨禪定還生欲界何等四一者其心柔軟二者
得諸善根力三者不捨一切衆生四者善脩智慧方便之力
是為四梵天菩薩有四法於諸佛法得不退轉何等四一者受无
量生死二者供養无量諸佛三者脩行无量慈心四者信解无
量佛慧是為四梵天菩薩有四法不斷佛種何等四一者不退
本願二者言必施行三者大欲精進四者深心行於佛道是為
菩薩有四法不斷佛種說是諸四法時三万二千天及人皆發阿
耨多羅三藐三菩提心五千人得无生法忍十方諸來菩薩供
養於佛所散天華周遍三千大千世界積至于膝
尒時網明菩薩問思益梵天言佛說汝於正問菩薩中為最第
一何謂菩薩所問為正問邪梵天言網明若菩薩以彼我問名
為邪問分別法問名為邪問若无彼我問名為正問不分別法
問名為正問又網明以生故問名為邪問以滅故問名為邪問以
住故問名為邪問若不以生故問不以滅故問不以住故問名為
正問又網明若菩薩為垢故問名為邪問為淨故問名為邪問為
生死故問名為邪問為出生死故問名為邪問為涅槃故問名為
邪問若不為垢淨故問不為生死出生死故問不為涅槃故問
名為正問所以者何法位中无垢无淨无生死无涅槃又網明
若菩薩為見故問為斷故問為證故問為脩故問為得故問

BD03496 號 1　思益梵天所問經卷一　（27–4）

邪問若不為垢淨故問不為生死出生死故問不為涅槃故問
名為正問所以者何法位中无垢无淨无生死无涅槃又網明
若菩薩為見故問為斷故問為證故問為脩故問為得故問
為果故問名為邪問若无見无斷无證无脩无得无果故問
名為正問又網明是善是不善名為邪問是世間法是出世間
法是有罪法是无罪法是有漏法是无漏法是有為法是无
為法如是等二法隨所依而問者名為邪問若不見二不見
不二問名為正問　又網明若菩薩分別佛問名為邪問
分別法分別僧分別衆生分別佛國分別諸乘問名為邪問
若於法不作一異問者名為正問又網明一切法正一切法邪網
明言梵天何謂一切法正一切法邪梵天言於諸法性无心故一切
法名為正若於无心法中以心分別觀者一切法名為邪一切法
離相名為正若不信解是離相是即分別諸法若分別諸法
則入增上慢隨所分別皆名為邪網明言何謂為諸法正性梵
天言諸法離自性離欲際是名正性網明言少有能解如是正
性梵天言是正性不一不多網明若有善男子善女人能如是知
諸法正性若以知若令知若當知是人无有法令
得无有法當得所以者何佛說无得无分別名為所作已辦相
若人聞是諸法正性勤行精進是名如說脩行不從一地至一
地若不從一地至一地是人不在生死不在涅槃所以者何諸佛
不得生死不得涅槃網明言佛不為度生死故說法邪梵天言
佛所示法有度生死邪網明言无也梵天言以是因緣當知佛
不令衆生出生死入涅槃但為度妄想分別生死涅槃二相者
耳此中實无度生死至涅槃者所以者何諸法平等无有往來
生死无入涅槃尒時世尊讚思益梵天言善哉善哉說諸法
正性應如汝所說說是法時二千比丘不受諸法漏盡心得解
脫佛告梵天我不得生死不得涅槃如來雖說生死實无有人
往來生死雖說涅槃實无有人得滅度者若有入此法門者
是人非生相死非滅度相尒時會中五百比丘從坐而起作是言
我等空脩梵行今實見有滅度者而言无有滅度我等何
用脩道求智慧為　尒時網明菩薩白佛言世尊若有

BD03496 號 1　思益梵天所問經卷一　（27–5）

脫佛告梵天我不得生死不得涅槃如來雖說生死實无有人
往來生死雖說涅槃實无有人得滅度者若有入此法門者
是人非生相死非滅度相尒時會中五百比丘從坐而起作是言
我等空脩梵行今實見有滅度者而言无有滅度我等何
用脩道求智慧爲　尒時網明菩薩白佛言世尊若有
於法生見則於其人佛不出世世尊若有決定見涅槃者是人
不度生死所以者何涅槃名爲除滅諸相遠離一切動念戲論
世尊是諸比丘於佛正法出家而今墮於外道邪見涅槃決定
相譬如從麻出油從酪出蘇世尊若人於諸法滅相中求涅槃
者我說是輩皆爲增上慢人世尊正行道者於法不作生不
作滅无得无果網明謂梵天言是五百比丘從坐起者汝當爲
作方便引導其心入此法門令得信解離諸邪見梵天言善男
子縱使令去至恒河沙劫不能得出如此法門譬如癡人畏於虛
空捨空而走在所至處不離虛空此諸比丘亦復如是雖復遠
去不出空相不出无相相不出无作相又如一人求索虛空東西
馳走言我欲得空我欲得空是人但說虛空名字而不得空於
空中行而不見空此諸比丘亦復如是欲求涅槃行涅槃中而不
得涅槃所以者何涅槃者但有名字猶如虛空但有名字不可
得取涅槃亦復如是但有名字而不可得尒時五百比丘聞說
是法不受諸法漏盡心得解脫得阿羅漢道作是言世尊若
人於諸法畢竟滅相中求涅槃者則於其人佛不出世世尊我
等今者非凡夫非學非无學不在生死不在涅槃所以者何佛
出世故名爲遠離一切動念戲論　尒時長老舍利弗謂
諸比丘言汝今得正智爲已利邪五百比丘言長老舍利弗我
等今者得諸煩惱不可作而作舍利弗言何故說此諸比丘
言知諸煩惱實相故言得諸煩惱涅槃是无作性我等已證故
說不可作而作舍利弗言善哉善哉汝等今者住於福田能消
供養諸比丘言大師世尊尚不能消諸供養何況我等舍利
弗言何故說此諸比丘言世尊知見法性性常淨故於是思益梵
天白佛言世尊誰應受供養佛告梵天不爲世法之所牽者
世尊誰能消供養佛言於法无所取者世尊誰爲世間福田
佛言不壞善提性者世尊誰爲衆生善知識佛言於一切衆

BD03496 號 1　思益梵天所問經卷一　（27–6）

供養諸比丘言大師世尊尚不能消諸供養何況我等舍利
弗言何故說此諸比丘言世尊知見法性性常淨故於是思益梵
天白佛言世尊誰應受供養佛告梵天不爲世法之所牽者
世尊誰能消供養佛言於法无所取者世尊誰爲世間福田
佛言不壞善提性者世尊誰爲衆生善知識佛言於一切衆
生不捨慈心者世尊誰知報佛恩佛言不斷佛種者世尊誰
能供養佛佛言能通達无生際者世尊誰能親近於佛佛言
乃至失命因緣不毀禁者世尊誰能恭敬於佛佛言善覆六
根者世尊誰名財富佛言成就七財者世尊誰名知足佛言
得出世間智慧者世尊誰爲遠離佛言於三界中无所願者
世尊誰爲具足佛言能斷一切諸結使者世尊誰爲樂人佛
言无貪著者世尊誰无貪著佛言知見五陰者世尊誰度
欲河佛言能捨六入者世尊誰住彼岸佛言能知諸道平等者
世尊何謂菩薩能爲施主佛言菩薩能教化衆生一切智心世
尊何謂菩薩能奉禁戒佛言常能不捨善提之心世尊何
謂菩薩能行忍辱佛言見心想念念滅世尊何謂菩薩能
行精進佛言求心想不可得世尊何謂菩薩能行禪定佛言
除身心麤相世尊何謂菩薩能行智慧佛言於一切法无有戲論
世尊何謂菩薩能行慈心佛言不生衆生想世尊何謂菩薩
能行悲心佛言不生法想世尊何謂菩薩能行喜心佛言不生我
想世尊何謂菩薩能行捨心佛言不生彼我想世尊何謂菩薩
安住於信佛言信解心淨无有濁法世尊何謂菩薩安住於空
佛言不著一切語言世尊何謂菩薩名爲有慚佛言知見內
法世尊何謂菩薩名爲有愧佛言捨於外法世尊何謂菩薩
遍行佛言能淨身口意業尒時世尊而說偈言
若身淨无惡　口淨常實語　心淨常行慈　是菩薩遍行　行慈无貪著
觀不淨无恚　行捨而不癡　是菩薩遍行　若在聚空野　及与處大衆
威儀終不轉　是菩薩遍行　知法名爲佛　知離名爲法　知无爲名僧
是菩薩遍行　知多欲所行　知恚癡所行　善知轉此行　是菩薩遍行
不依止欲界　不住色无色　行如是禪定　是菩薩遍行　信解善法空
及无相无作　而不盡諸漏　是菩薩遍行　善知聲聞乘　及辟支佛乘

BD03496 號 1　思益梵天所問經卷一　（27–7）

[illegible]是菩薩遍行　行慈无貪著
觀不淨无恚　行捨而不癡　是菩薩遍行　若在衆空野　及与處大衆
威儀終不轉　是菩薩遍行　知法名為佛　知離名為法　知无為名僧
是菩薩遍行　知多欲所行　知恚癡所行　善知轉此行　是菩薩遍行
不依止欲界　不住色无色　行如是禪定　是菩薩遍行　信解諸法空
及无相无作　而不盡諸漏　是菩薩遍行　善知聲聞乘　及辟支佛乘
通達於佛乘　是菩薩遍行　明解於諸法　不疑道非道　憎愛心无異
是菩薩遍行　於過去未來　及與現在世　一切无分別　是菩薩遍行
尒時思益梵天白佛言世尊何謂菩薩過世間法通達世間法通達
世間法已度衆生於世間法行於世間不壞世間尒時世尊以偈荅言
說五陰是世　世間所依止　依止於五陰　不脫世間法　菩薩有智慧
知世間實性　所謂五陰如　世間法不染　利衰及毀譽　稱譏与苦樂
如此之八法　常牽於世間　大智慧菩薩　散滅世間法　見世敗壞相
處之而不動　得利心不高　失利心不下　其心堅不動　譬如須弥山
利衰及毀譽　稱譏与苦樂　於此世八法　其心常平等　知世間虛妄
皆從顛倒起　如是之人等　不行世間道　世間所有道　菩薩皆識知
故能於世間　度衆生苦惱　雖行於世間　如蓮華不染　亦不壞世間
通達法性故　世間行世間　不知是世間　菩薩行世間　明了世間相
世間虛空相　虛空亦无相　菩薩知如是　不染於世間　如所知世間
隨知而演說　知世間性故　亦不壞世間　五陰无自性　即是世間性
若人不知是　常住於世間　若見知五陰　无生亦无起　是人行世間
而不依世間　凡夫不知法　於世起諍訟　是實不是實　住是二相中
我常不與世　起於諍訟事　世間之實相　悉已了知故　諸佛所說法
皆悉无諍訟　知世平等故　非實非虛妄　若佛法決定　有實有虛妄
是即為貪著　與外道无異　而今實義中　无實无虛妄　是故我常說
出世法无二　若人知世間　如是之實性　於實於虛妄　不取此恶見
如是知世相　清淨如虛空　是大名稱人　照世間如日　若人見世間
如我之所見　如斯之人等　能見十方佛　諸法從緣生　自无有定性
若知此因緣　則達法實相　若知法實性　是則智空相　若能知空相
則為見道師　若有人得聞　如是世間相　雖行於世間　而不住世間
依止諸見人　不能及此事　云何行世間　而不依世間　若佛滅度後
有樂是法者　佛則於其人　常現於法身　若人解達此　則守護我法

BD03496 號 1　思益梵天所問經卷一　　（27–8）

如我之所見　如斯之人等　能見十方佛　諸法從緣生　自无有定性
若知此因緣　則達法實相　若知法實性　是則智空相　若能知空相
則為見道師　若有人得聞　如是世間相　雖行於世間　而不住世間
依止諸見人　不能及此事　云何行世間　而不依世間　若佛滅度後
有樂是法者　佛則於其人　常現於法身　若人解達此　則守護我法
亦為供養我　亦是世尊師　若人須臾聞　世間性如此　是人終不為
恶魔所得便　若能達此義　則為大智慧　法財之施主　亦是具禁戒
若知世如此　忍辱力勇健　具是諸禪定　通達於智慧　所在聞此法
其方則有佛　如是諸菩薩　不久坐道場　若有深愛樂　如是世間性
則能降衆魔　疾得无上道　　佛復告思益梵天如如來出過世間
亦說世間苦世間集世間滅世間滅道梵天五陰名為世間貪著
五陰名為世間集五陰盡名為世間滅以无二法求五陰名為世間
滅道又梵天所言五陰者但有言說於中取相分別生見而說是名
世間若不捨是見是名世間集是見自相是名世間滅隨以何道
不取是見是名世間滅道梵天以是因緣故我為外道仙人說言
仙人於汝身中即為說世間世間集世間滅世間滅道
尒時思益梵天白佛言世尊所說四聖諦何等是真聖諦梵天
苦不名為聖諦苦集不名為聖諦苦滅不名為聖諦苦滅道
不名為聖諦所以者何若苦是聖諦者一切牛驢畜生等皆應
有苦聖諦若集是聖諦者一切在所生處衆生皆應有集聖
諦所以者何以集故生諸趣中若苦滅是聖諦者觀滅者說
斷滅者皆應有滅聖諦若道是聖諦者緣一切有為道者皆應有
道聖諦梵天以是因緣故當知聖諦非苦非集非滅非道聖諦
者知苦无生是名苦聖諦知集无和合是名集聖諦於畢竟滅
法中知无生无滅是名滅聖諦於一切法平等以不二法得道
是名道聖諦梵天真聖諦者无有虛妄虛妄者所謂著我
著衆生著人著壽命者著養育者著有著无著生著滅
著生死著涅槃梵天若行者言我知見苦是虛妄我斷集
是虛妄我滅證是虛妄我脩道是虛妄所以者何是人違失
佛所許念是故說為虛妄何等是佛所許念所謂不憶念一
切諸法是為佛所許念若行者住是念中則不住一切相若不
住一切相則住實際若住實際是名不住心若不住心是人名

BD03496 號 1　思益梵天所問經卷一　　（27–9）

佛所許念是故說為虛妄何等是佛所許念所謂不憶念一
切諸法是為佛所許念若行者住是念中則不住一切相若不
住一切相則住實際若住實際是名不住心若不住心是人名
為非實語非妄語者梵天是故當知若非實非虛妄若是名
聖諦梵天實者終不作實不着有佛若无佛法性常住所謂
生死性涅槃性常實所以者何非離生死得涅槃名為聖諦
若人證如是四聖諦是名世間實語者梵天當來有比丘不
脩身不脩戒不脩心不脩慧是人說生相是苦諦衆緣和合是集
諦滅法是滅諦以二法相求是道諦佛言我說此愚人等是外
道徒黨我非彼人師彼非我弟子是人隨我邪道破失法故說
言有諦梵天汝且觀我坐道場時不得一法是實是虛妄若佛
不得法是法寧可於衆中有言說有論議有教化邪梵天言
不也世尊梵天以諸法无所得故諸法離自性故我說菩提是
无貪愛　尒時思益梵天白佛言世尊若如來於法无所得者
有何利益說如來得菩提名為佛佛言梵天於汝意云何我所
說諸法若有為若无為是法為實為虛妄耶梵天言是法虛
妄非實於汝意云何若法虛妄非實是法為有為无梵天言
世尊若法虛妄是法不應說有不應說无於汝意云何若法
非有非无是法有得者不梵天言无有得者梵天如來坐道
場時唯得虛妄顛倒所起煩惱畢竟空性以无所得故以无所
知故所以者何我所得法不可見不可聞不可識不可取不可着
不可說不可難出過一切法相无語无說无有文字无言說道
梵天此法如是猶如虛空汝欲於是法中得利益耶梵天言不
也世尊諸佛如來甚為希有成就未曾有法深入大慈大悲得
如是寂滅相法而以文字言說教人令得悟解世尊其有聞是
能信解者當知是人不從小功德來世尊是法一切世間難信
所以者何世間貪著實而是法无實无虛妄世間貪著法而
是法无法无非法世間貪著涅槃而是法无生死无涅槃世間貪
著善法而是法无善无非善世間貪著樂而是法无苦无樂世間
貪着佛出世而是法无佛出世亦无涅槃雖有說法而是法非可
說相雖讚說僧而僧即是无為是故此法一切世間之所難信辭
如水中出火火中出水難可得信如是煩惱中有菩提

著善法而是法无善无非善世間貪著樂而是法无苦无樂世間
貪著佛出世而是法无佛出世亦无涅槃雖有說法而是法非可
說相雖讚說僧而僧即是无為是故此法一切世間之所難信辭
如水中出火火中出水難可得信如是煩惱中有菩提菩提中
有煩惱是亦難信所以者何如來得是虛妄顛倒煩惱之性而亦
无法不得有所說法亦无有衣雖有所知亦无分別雖證涅槃
亦无滅者世尊若善男子善女人能信解如是法義者當知
是人得脫諸見當知是人已親近无量諸佛當知是人已供養
无量諸佛當知是人為善知識所護當知是人志意曠大當知
是人善根深厚當知是人守護諸佛法藏當知是人能善思量
起於善業當知是人種姓尊貴生如來家當知是人能行大捨
捨諸煩惱當知是人得持戒力非煩惱力當知是人得忍辱力
非瞋恚力當知是人得精進力无有疲懈當知是人得禪定力
滅諸惡心當知是人得智慧力離惡邪見當知是人一切惡魔
不能得便當知是人一切怨賊所不能破當知是人不誑世間當
知是人是真語者善說法相故當知是人是實語者說第一義
故當知是人善為諸佛之所護念當知是人柔和質善同止安
樂當知是人名為大富有聖財故當知是人常能知足行聖種
故當知是人易滿易養離貪食故當知是人得安隱心到彼
岸故當知是人度未度者當知是人解未解者當知是安未
安者當知是人滅未滅者當知是人能示正道當知是人能
說解脫當知是為大醫王善知諸藥當知是人猶如良藥善
療衆病當知是人智慧勇健當知是人為有大力堅固究竟
當知是人有精進力不隨他語當知是人為如師子无所怖畏
當知是人為如鳥王其心調柔當知是人為如老鳥其心調
順當知是人為如牛王能導大衆當知是人為大勇健能破魔
怨當知是人為大丈夫象衆无畏當知是人无所忌難得无畏
法故當知是人无所畏難說真諦法故當知是人其清白法如月
盛滿當知是人智慧光照猶如日明當知是人除諸闇冥猶如
執炬當知是人樂行捨心離諸憎愛當知是人戴育衆生猶如
地當知是人洗諸塵垢猶如水當知是人燒諸動念猶如火當
知是人[illegible]

[illegible]無畏
法故當知是人无所畏難說真諦法故當知是人具清白法如月
盛滿當知是人智慧光照猶如日明當知是人除諸闇冥猶如
執炬當知是人樂行捨心離諸憎愛當知是人戴育衆生猶如
地當知是人洗諸塵垢猶如水當知是人燒諸動念猶如火當
知是人於法无鄣猶如風當知是人其心不動猶如須弥當知是
人其心堅固如金剛山當知是人一切外道覺㪍論者所不能動當
知是人一切聲聞辟支佛所不能測當知是人多饒法寶猶如大
海當知是人煩惱不現如波陁羅當知是人求法无猒當知是人
以智慧知足當知是人能轉法輪如轉輪王當知是人身色殊妙
如天帝釋當知是人心得自在如梵天王當知是人說法音聲猶
如雷震當知是人降法甘露猶如時雨當知是人能增長无漏
根力覺分當知是人已度生死汙泥當知是人入佛智慧當知是人
近佛菩提當知是人能多學問无與等者當知是人无有量已
過量當知是人智慧辯才无有鄣礙當知是人憶念堅固得陁
羅尼當知是人知諸衆生深心所行當知是人行於正念正觀
諸法解達義趣當知是人勤行精進利安世間當知是人超出於世
當知是人不可染汙猶如蓮華當知是人不為世法所覆當知是
人利根者所愛當知是人多聞者所敬當知是人智者所念當
知是人人天供養當知是人坐禪者所敬礼當知是人善人所貴
當知是人聲聞辟支佛之所貪慕當知是人不貪小行當知是人
不覆藏罪不顯功德當知是人威儀備具生他淨心當知是人身
色端正見者悅樂當知是人有大威德衆所宗仰當知是人以
三十二相莊嚴其身當知是人能紹佛種當知是人能護法寶
當知是人能供養僧當知是人諸佛所見當知是為得法眼當
知是人以佛智慧而得受記當知是人具是三忍當知是人安住
道場當知是人破壞魔軍當知是人得一切智當知是人轉
於法輪當知是人作无量佛事若人信解如是法義不驚疑
怖畏者得如是功德是人於諸佛阿耨多羅三藐三菩提甚深
難解難知難信難入而能信受讀誦通利奉持為人廣說如說
脩行亦教他人如說脩行如是之人我以一劫若減一劫說其功德
猶不能盡
思益經卷第一

BD03496 號 1　思益梵天所問經卷一　（27–12）

於法輪當知是人作无量佛事若人信解如是法義不驚疑
怖畏者得如是功德是人於諸佛阿耨多羅三藐三菩提甚深
難解難知難信難入而能信受讀誦通利奉持為人廣說如說
脩行亦教他人如說脩行如是之人我以一劫若減一劫說其功德
猶不能盡
思益經卷第一
思益梵天所問經卷第二
佛告梵天汝何能稱說是人功德
如如来以无礙智慧之所知乎是人所有功德復過於此若人能於
如来所說文字言說章句通達隨順不違不逆和合為一隨其義
理不隨章句言辭而善知言辭所應之相知如来以何言說說法
以何隨宜說法以何方便說法以何法門說法以何大悲說法梵天
若菩薩能知如来以是五力說法是菩薩能作佛事梵天言何
謂如来所用五力佛言一者說法二者隨宜三者方便四者法門五
者大悲是名如来所用五力一切聲聞辟支佛所不能及世尊
何謂為說佛言梵天如来說過去法說未来現在法說垢淨
法說世間出世間法說有罪无罪法有漏无漏法說有為无
為法說我人衆生壽命法說得證法說生死涅槃法梵天當
知是諸言說如幻人說无決定故如夢中說虛妄見故如響聲
說從空出故說如影衆緣和合故說如鏡中像因不入鏡故說如
野馬顛倒見故說如虛空无生滅故當知是說為无所說諸法相
不可說故梵天若菩薩能知此諸說者是菩薩雖有一切言說
而於諸法无所貪著以不貪著故得无礙辯才以是辯才若恒
河沙劫說法无盡无礙諸有言說不壞法性亦復不著不壞法
性梵天是名如来說也梵天言世尊何謂如来隨宜所說佛言如
来或垢法說淨淨法說垢菩薩於此應知如来隨宜所說梵天何
謂垢法說淨不得垢法性故何謂淨法說垢貪著淨法故又梵
天我說布施即是涅槃凡人无智不能善解隨宜所說菩薩
應如是思量布施後得大富此中无法可從一念至一念若不
從一念至一念即是諸法實相即是涅槃持戒是
涅槃不作不起故忍辱是涅槃念念滅故精進是涅槃无所取
故禪定是涅槃不貪味故智慧是涅槃不得相故貪欲是實
際法性无欲相故瞋恚是實際法性无瞋相故愚癡是實際法
性无癡故生死是涅槃无退生故涅槃是生死以貪著故實語

BD03496 號 2　思益梵天所問經卷二　（27–13）

從一念至一念即是諸法實相即是涅槃持戒是
涅槃不作不起故忍辱是涅槃念念滅故精進是涅槃无所取
故禪定是涅槃不貪味故智慧是涅槃不得相故貪欲是實
際法性无欲相故瞋恚是實際法性无瞋相故愚癡是實際法
性无癡故生死是涅槃无退生故涅槃是生死以貪著故實語
是虛妄生語見故虛妄是實語為增上慢人故又梵天如來以
隨宜故或自說我是說常邊者或自說我是說斷邊者或自
說我是說无作者或自說我是邪見者或自說我是不信者
或自說我是不知報恩者或自說我是食吐者或自說我是不
受者如來无有如此諸事而有此說當知是為隨宜所說欲令衆
生捨增上慢故若菩薩善通達如來隨宜所說者若聞佛出世
則便信受示衆生善業色身果報故若聞佛不出世亦信受諸
佛法性身故若聞佛說法亦信受為喜樂文字衆生故若聞
佛不說法亦信受諸法位性以不可說故若聞有涅槃亦信受滅
顛倒所起煩惱故若聞无涅槃亦信受諸法无生滅相故若聞有衆
生亦信受入世諦門故若聞无衆生亦信受入第一義故梵天菩薩
如是善知如來隨宜所說於諸音聲无疑无畏亦能利益无量
衆生　世尊何謂方便佛言如來為衆生說布施得大富持
戒得生天忍辱得端正精進得具諸功德禪定得法喜智慧
得捨諸煩惱故多聞得智慧故行十善道得人天福樂故慈悲
喜捨得生梵世故禪定得如實智慧故如實智慧得道果故
學地得无學地故辟支佛地得消諸供養故佛地得无量智慧
故涅槃得滅一切苦惱故梵天我如是方便為衆生讚說是法如
來實不得我人衆生壽命者亦不得施亦不得慳亦不得持戒亦
不得毀戒亦不得忍辱亦不得瞋恚亦不得精進亦不得懈怠亦
不得禪定亦不得亂心亦不得智慧亦不得智慧果亦不得菩
提亦不得涅槃亦不得苦亦不得樂梵天若衆生聞是法者勤行精
進是人為何利故勤行精進不得是法若須陀洹果斯陀含果阿
那含果阿羅漢果辟支佛道阿耨多羅三藐三菩提乃至无餘涅
槃亦復不得梵天是名如來方便說也菩薩於此方便應勤精進
令諸衆生得於法利世尊何謂法門佛言眼是解脫門耳鼻舌身

BD03496 號 2　思益梵天所問經卷二　（27–14）

進是人為何利故勤行精進不得是法若須陀洹果斯陀含果阿
那含果阿羅漢果辟支佛道阿耨多羅三藐三菩提乃至无餘涅
槃亦復不得梵天是名如來方便說也菩薩於此方便應勤精進
令諸衆生得於法利世尊何謂法門佛言眼是解脫門耳鼻舌身
意是解脫門所以者何眼空无我无我所性自尒耳鼻舌身意空
无我无我所性自尒梵天當知是諸入皆空是解脫門正行則不虛
故色聲香味觸法亦復如是一切諸法皆入是門所謂空門无相門
无作門无生門无滅門无所從來門无所從去門无退門无起門
性常清淨門離自體門又梵天如來於一切文字中亦是解脫門所
以者何諸文字无合无用性鈍故梵天當知如來於一切文字中
說聖諦說解脫門如來所說法无有垢一切諸法皆入解脫令住
涅槃是名如來說法入於法門菩薩於此法門應當脩學
世尊何謂大悲佛言如來以卅二種大悲救護衆生何等卅二一切諸
法无我而衆生不信不解如來於此而起大悲一切法无衆生而衆生
說有衆生如來於此而起大悲一切法无壽命者而衆生說有
壽命者如來於此而起大悲一切法无人而衆生說有人如來於
此而起大悲一切法无所有而衆生住於有見如來於此而起大悲
一切法无住而衆生有住如來於此而起大悲一切法无歸處而衆
生樂於歸處如來於此而起大悲一切法非我所而衆生著於我
所如來於此而起大悲一切法无所屬而衆生計有所屬如來於
此而起大悲一切法无取相而衆生有取相如來於此而起大悲一
切法无生而衆生住於有生如來於此而起大悲一切法无退生而
衆生住於退生如來於此而起大悲一切法无垢而衆生著垢如
來於此而起大悲一切法離染而衆生有染如來於此而起大悲
一切法離瞋而衆生有瞋如來於此而起大悲一切法離癡而
衆生有癡如來於此而起大悲一切法无所從來而衆生著有
所從來如來於此而起大悲一切法无所去而衆生著於有去如
來於此而起大悲一切法无起而衆生計有所起如來於此而起大
悲一切法无戲論而衆生著於戲論如來於此而起大悲一切法空
而衆生隨於有見如來於此而起大悲一切法无相而衆生著於有
相如來於此而起大悲一切法无作而衆生著於有作如來於此
而起大悲如來觀知世間常共瞋諍競如來於此而起大悲

BD03496 號 2　思益梵天所問經卷二　（27–15）

於此而起大悲一切法无起而衆生計有所起如來於此而起大
悲一切法无戲論而衆生著於戲論如來於此而起大悲一切法空
而衆生墮於有見如來於此而起大悲一切法无相而衆生著於有
相如來於此而起大悲一切法无作而衆生著於有作如來於此
而起大悲如來觀知世間常共瞋恨諍競如來於此而起大悲世
間住於邪見顛倒行於邪道欲令衆生住於正道如來於此而
起大悲如來觀知世間貪餋无有猒足爭相陵奪欲令衆生住於
聖財信戒聞施慧等如來於此而起大悲衆生是産業妻子恩
愛之僕於此危脆之物生堅固想欲令衆生知悉无常如來於
此而起大悲如來觀知衆生身爲怨賊貪著養育以爲親友欲爲
衆生作真知識令畢衆苦究竟涅槃如來於此而起大悲衆生好
行欺誑邪命自活欲令衆生行於正命如來於此而起大悲衆生
樂著衆苦不淨居家欲令衆生出於三界如來於此而起大
悲如來觀知一切諸法皆從因緣有而衆生於聖解脫法生於懈
怠想我當爲說精進令樂解脫如來於此而起大悲衆生棄
捨最上无礙智慧求於聲聞辟支佛道欲引導之令發大
心緣於佛法如來於此而起大悲梵天如來如是於諸衆生行
此卅二種大悲是故如來名爲行大悲者若菩薩於衆生中常
能脩集此大悲心者則爲入阿惟越致爲大福田威德具足常
能利益一切衆生說是大悲法門品時三万二千人皆發阿耨多
羅三藐三菩提心八千菩薩得无生法忍　尒時網明菩薩
摩訶薩白佛言世尊思益梵天云何聞是大悲法門而不喜悅
梵天言善男子若識在二法則有喜悅若識在无二實際法中
則无喜悅譬如幻人見幻戲事无所喜悅若菩薩知諸法相如是
則於如來若說法若神通亦无喜悅又善男子如佛所化人聞佛
說法亦不喜不悅菩薩知諸法與化无異於如來所不加喜悅
於餘衆生无下劣想網明言梵天汝今見諸法如幻相邪梵天
言若人分別諸法者汝當問之網明言汝今於何處行梵天言一
切凡夫行處吾於彼行網明言凡夫人行貪欲瞋恚愚癡身見
疑網我我所等行於邪道汝於是處行邪梵天言善男子汝欲
得凡夫法決定相邪網明言我尚不欲決定得凡夫何況凡夫法善
男子若是法无決定者寧有貪欲瞋恚愚癡法邪網明言无也

BD03496號2　思益梵天所問經卷二　（27–16）

言若人分別諸法者汝當問之網明言汝今於何處行梵天言一
切凡夫行處吾於彼行網明言凡夫人行貪欲瞋恚愚癡身見
疑網我我所等行於邪道汝於是處行邪梵天言善男子汝欲
得凡夫法決定相邪網明言我尚不欲決定得凡夫何況凡夫法善
男子若是法无決定者寧有貪欲瞋恚愚癡法邪網明言无也
善男子一切法離貪恚癡相行相亦如是善男子凡夫行賢聖
行皆无二无差別善男子一切行非行一切說非說一切道非道網
明言何謂一切行非行梵天言善男子若人千万億劫行道於法
性不增不減是故言一切行非行何謂一切說非說梵天言善男子
如來以不可說相說一切法是故言一切說非說何謂一切道非道梵
天言以无所至故一切道非道　尒時世尊讚思益梵天言善哉
善哉說諸法相應當如是網明菩薩謂梵天言汝說一切凡夫行
處吾於彼行者則有行相梵天言若我有所生處應有行相網
明言汝若不生云何教化衆生梵天言佛所化生吾如彼生網明言
佛所化生无有生處梵天言寧可見不網明言以佛力故見梵天
言我生亦如是以業力故網明言汝於起業中行邪梵天言我不
於起業中行網明言云何言以業力故梵天言如業性力亦如是
是二不出於如　尒時舍利弗白佛言世尊若有能入是菩薩
隨宜所說法中者得大功德所以者何世尊乃至聞是上人名
字尚得大利何況聞其所說譬如有樹不依於地在虛空中
而現根莖枝葉華菓甚爲希有此人行相亦復如是不住
一切法而於十方現有行有生死亦有如是智慧辯才世尊
若有善男子善女人聞是智慧自在力者其誰不發阿耨
多羅三藐三菩提心　尒時有一菩薩名曰普華在會中
坐謂長老舍利弗仁者已得法性佛亦稱汝於智慧人中
爲最第一何以不能現如是智慧辯才自在力邪舍利弗言
普華佛諸弟子隨其智力能有所說普華言舍利弗法性
有多少邪舍利弗言无也普華言汝何以言佛諸弟子隨
其智力能有所說舍利弗言隨所得法而有所說普華言汝
證法性无量相邪舍利弗言然普華言汝云何言隨所得法而
有所說如法性无量相得亦如是如得說亦如是何以故法性无

BD03496號2　思益梵天所問經卷二　（27–17）

有多少邪舍利弗言无也普華言汝何以言佛諸苐子随
其智力能有所說舍利弗言随所得法而有所說普華言汝
益法性无量相邪舍利弗言然普華言汝云何言随所得法而
有所說如法性无量相得亦如是如得說亦如是何以故法性无
量故舍利弗言法性非得相普華言若法性非得相者汝出法
性得解脫邪舍利弗言不也普華言何故尒邪舍利弗言若出
法性得解脫者則壞法性普華言是故舍利弗如仁者得道法
性亦尒舍利弗言我為聽来非為說也普華言一切法皆入佛性
此中寧有說有聽者不舍利弗言不也普華言若然者汝何故
言我為聽来非為說邪舍利弗言佛說二人得福无量一者專
精說法二者一心聽受是故汝今應說我當聽受普華言汝入
滅盡定能聽法邪舍利弗言入滅盡定无有二行而聽法也普
華言汝信佛說一切法是滅盡相不舍利弗言然一切法皆滅盡
相我信是說普華言若然者舍利弗常不能聽法所以者何一
切法常滅盡相故舍利弗言汝能不起于定而說法邪普華言
頗有一法非是定邪舍利弗言无也普華言是故當知一切凡夫
常在於定舍利弗言以何定故一切凡夫常在定邪普華言以不
壞法性三昧故舍利弗言若然者凡夫聖人无有差别普華言如
是如是我不欲令凡夫聖人有差别也所以者何聖人无所斷凡夫
无所生是二法不出法性平等之相舍利弗言何等是諸法平
等相普華言如舍利弗所得知見舍利弗汝生賢聖法邪答言不
也汝滅凡夫法邪答言不也汝得賢聖法邪答言不也汝見凡夫
法邪答言不也舍利弗汝何知見說言得道邪答言汝不聞凡
夫如即是漏盡解脫如漏盡解脫如即是无餘涅槃如舍利弗
是如名不異如不壞如應以是如知一切法尒時舍利弗白佛言世
尊譬如大火一切諸炎皆是燒相如是諸善男子所說法皆入法
性佛告舍利弗如汝所言是諸善男子所說法皆入法性尒時網明
菩薩謂舍利弗佛說仁者於智慧人中為最苐一以何智慧得
苐一邪舍利弗言所謂聲聞因聲得解以是智慧說我於中為
苐一耳非謂菩薩網明言智慧是戲論相邪答言不也網明言
是智慧非平等相邪答言是也網明言今仁者得平等智慧
不可說智慧有量答言善男子以法性相故智慧无量随入

性佛告舍利弗如汝所言是諸善男子所說法皆入法性尒時網明
菩薩謂舍利弗佛說仁者於智慧人中為最苐一以何智慧得
苐一邪舍利弗言所謂聲聞因聲得解以是智慧說我於中為
苐一耳非謂菩薩網明言智慧是戲論相邪答言不也網明言
是智慧非平等相邪答言是也網明言今仁者得平等智慧
云何說智慧有量答言善男子以法性相故智慧无量随入
法性多少故智慧有量網明言无量法終不作有量仁者何故
說智慧有量即時舍利弗嘿然不答　尒時長老大迦葉承
佛聖旨白佛言世尊是網明菩薩以何因緣号網明乎佛告網明
善男子現汝福報光明因緣令諸天人一切世間皆得歡喜其有
福德因緣者當發菩提心於是網明即受佛教偏袒右肩從右
手赤白莊嚴爪指間放大光明普照十方无量无邊阿僧祇佛
國皆悉通達其中地獄畜生餓鬼盲聾瘖瘂手足拘躄老病苦
痛貪欲瞋恚愚癡裸形醜陋貧窮飢渴囹圄繫閉困厄垂死慳
貪破戒瞋恚懈怠妄念无慧少於聞見无慚无愧墮邪疑網如
是等衆生遇斯光者皆得快樂无有衆生為貪欲瞋恚愚癡憍
慢憂愁懷恨等之所惱也其在佛前大會之衆菩薩摩訶薩
天龍夜叉乾闥婆等及比丘比丘尼優婆塞優婆夷衆是諸衆
生同一金色與佛无異有卅二相八十隨形好无見頂者皆坐寶
蓮華坐寶交露蓋羅覆其上等无差别諸會衆生皆得快
樂譬如菩薩入發喜莊嚴三昧時諸大衆得未曾有各各相
見如佛无異不見佛身為大色身為小又以光明故尋時下方
有四菩薩從地涌出合掌而立欲共礼佛作是念言何者真佛
我欲礼敬即聞空中聲曰是網明菩薩光明之力一切大衆同一金
色與佛无異時四菩薩發希有心作如是言今此衆會其色
无異一切諸法亦復如是若我此言誠實无虚世尊釋迦牟尼
當現異相令我今得供養礼事即時佛以蓮華寶師子坐上
昇虚空高一多羅樹於是四菩薩頭面礼佛足作如是言如来
智慧不可思議網明菩薩福德本願亦不可思議能放如是无
量光明　尒時佛告網明菩薩言善男子汝今已作佛事令
无量衆生住於佛道可攝光明於是網明即受佛教還攝光明
攝光明已此諸大衆威儀色相還復如故見佛坐本師子坐上

智慧不可思議網明菩薩福德本願亦不可思議能放如是无
量光明　　尒時佛告網明菩薩言善男子汝今已作佛事令
无量衆生住於佛道可攝光明於是網明即受佛教還攝光明
攝光明已此諸大衆威儀色相還復如故見佛坐本師子坐上
尒時長老大迦葉白佛言世尊此四菩薩從何所來四菩薩言
我等從下方世界來迦葉言其國何名佛號何等四菩薩言國名
現諸寶莊嚴佛号一寶蓋今現在說法大迦葉言其佛國土去
此幾何四菩薩言佛自知之大迦葉言汝等何故來此四菩薩言
是網明菩薩光明照彼我等遇之即聞釋迦牟尼佛名及網明
菩薩是故我等今來見佛并網明上人大迦葉白佛言世尊一
寶蓋佛現諸寶莊嚴世界去此幾何佛言去此七十二恒河沙
佛土大迦葉言世尊是四菩薩從彼發來幾時至此佛言如一
念頃於彼不現忽然而至大迦葉言世尊此諸菩薩光明遠照
神通速疾甚為希有今是網明菩薩光明遠照是四菩薩發來
速疾佛言迦葉如汝所說菩薩摩訶薩所行不可思議一切聲聞
辟支佛所不能及　　尒時長老大迦葉謂網明菩薩言善男子
汝現光明照此大會皆作金色以何因緣網明言長老大迦葉可
問世尊當為汝說即時大迦葉以此白佛佛言迦葉是網明菩薩
後成佛時其會大衆同一金色咸共信樂一切智慧其佛國土
乃至无聲聞辟支佛名唯有清淨諸菩薩摩訶薩會大迦葉
白佛言世尊生彼菩薩當知如佛等无有異佛言如汝所說生
彼菩薩當知如佛於是會中四万四千人皆發阿耨多羅三藐三
菩提心已願生彼國白佛言世尊若網明菩薩得成佛時我等
當生其國　　尒時長老大迦葉白佛言世尊網明菩薩幾時當
得阿耨多羅三藐三菩提佛言迦葉汝自問網明幾時當得阿耨
多羅三藐三菩提於是大迦葉即問網明菩薩言善男子仁者
幾時當得阿耨多羅三藐三菩提網明言大迦葉若有問幻
所化人汝幾時當得阿耨多羅三藐三菩提是幻人當云何荅
大迦葉言善男子幻所化人无决定相當何所荅網明言大迦
葉一切諸法亦如幻所化人无决定相誰可問言汝幾時當成阿
耨多羅三藐三菩提大迦葉言善男子幻所化人離於自相无
異无別无所志願汝亦如是耶若如是者汝云何

BD03496 號 2　思益梵天所問經卷二

(27–20)

所化人汝幾時當得阿耨多羅三藐三菩提是幻人當云何荅
大迦葉言善男子幻所化人无决定相當何所荅網明言大迦
葉一切諸法亦如幻所化人无决定相誰可問言汝幾時當成阿
耨多羅三藐三菩提大迦葉言善男子幻所化人離於自相无
異无別无所志願汝亦如是耶若如是者汝云何能利益无量
衆生網明言阿耨多羅三藐三菩提即是一切衆生性一切衆生性
即是幻性幻性即是一切法性於是法中我不見有利不見无利大
迦葉言善男子汝今不令衆生住菩提耶網明言諸佛菩提有
住相耶大迦葉言无也網明言是故我不令衆生住於菩提亦不令
住聲聞辟支佛道大迦葉言善男子汝今欲趣何所網明言我所趣
如如趣大迦葉言如无所趣亦无有轉網明言如如无趣无轉一切法
住如相故我无趣无轉大迦葉言若无趣无轉汝云何教化衆生
網明言大迦葉若人發願則是不能教化衆生若人於法有轉是
亦不能教化衆生大迦葉言善男子汝不轉衆生生死耶網明言
我尚不得生死何況於生死中而轉衆生大迦葉言汝不令衆生
得涅槃耶網明言我尚不見涅槃何況教化衆生令住涅槃大迦
葉言善男子若汝不得生死不得涅槃何故今无量衆生行於菩
提此豈不為滅度衆生耶網明言若菩薩得生死分別涅槃因衆
生行菩提此則不應說為菩薩大迦葉言善男子汝今於何處
行網明言我非生死中行非涅槃中行亦不以衆生相行大迦葉如
汝所問汝何處行者如佛所化人行處吾於彼行大迦葉言佛所
化人无有行處網明言當知一切衆生所行亦如是相大迦葉言
佛所化人无貪无恚无癡若一切衆生所行如是相者衆生貪恚
癡從何所起網明言我今問汝隨意荅我大迦葉汝今寧有貪恚
癡不荅言无也網明言是貪恚癡盡滅耶荅言不也網明言若
大迦葉今无貪恚癡亦不盡滅者汝置貪恚癡於何所耶荅言
善男子凡夫人從顛倒起妄想分別生貪恚癡耳於賢聖法中
善知顛倒實性故无妄想分別是以无貪恚癡大迦葉於汝意
云何若法從顛倒起是法為實為虛妄耶荅言是法虛妄非
是實耶網明言若法非實可令實耶荅言不耶網明言若法非
實仁者欲於是中得貪恚癡耶荅言不也網明言若然者何所
是貪恚癡能惱衆生者荅言善男子若尒者一切法從本已來

BD03496 號 2　思益梵天所問經卷二

(27–21)

善知顛倒實性故无妄想分別是以无貪恚癡大迦葉於汝意
云何若法從顛倒起是法為實為虛妄耶荅言是法虛妄非
是實耶網明言若法非實可令實耶荅言不耶網明言若法非
實仁者欲於是中得貪恚癡耶荅言不也網明言若然者何所
是貪恚癡能惱衆生者荅言善男子若尒者一切法從本已來
離貪恚癡相網明言以是故我說一切法相如佛所化人說是法時
四万四千菩薩得柔順法忍　尒時長老大迦葉白佛言世尊若
網明菩薩所見衆生不應復畏墮三惡道若聞網明所說法者
魔不得便若為網明所教化者不畏墮聲聞辟支佛道世尊
願說網明功德莊嚴國土佛言迦葉是網明菩薩在在國土遊行
之處利益无量衆生迦葉汝見網明所放光明不荅言已見佛
言若三千大千世界滿中芥子尚可筭數令網明光明令諸衆
生住菩提者不可數也迦葉是網明菩薩所放光明饒益尚尒
何況說法汝今諦聽我當粗略說其功德迦葉是網明菩薩過
七百六十万阿僧祇劫當得作佛号普光自在王如來應正遍
知世界名日集妙功德其佛趣菩提樹時國中諸魔魔民悉
皆正定於阿耨多羅三藐三菩提其佛國土以真琉璃寶為地地
平如掌柔軟細滑如迦陵伽衣處處皆以衆寶莊嚴无三惡道亦
无八難其國廣長皆以妙寶蓮華色香具好以為校飾普光自在王
如來有无量菩薩僧善脩无量法門得无量自在神通皆以光明莊
嚴其身得諸陀羅尼藏无礙辯才善能說法光明神力皆悉通達
能破魔怨慚愧念慧諸妙功德以脩其心彼佛國土无有女人其諸菩
薩皆於寶蓮華中結加趺坐自然化生以禪樂為食諸所須物經
行之處房舍牀榻園林浴池應念即至迦葉是普光自在王如來
不以文字說法但放光明照諸菩薩光觸其身即得无生法忍復
照十方通達无礙令諸衆生得離煩惱又其光明常出卅二種清淨
法音何等卅二所謂諸法空无諸見故諸法无相離分別故諸法无
作出三界故諸法離欲性寂靜故諸法離瞋无有礙故諸法離癡
无闇冥故諸法无所從來本无性故諸法无所去无所至故諸法
不住无所依故諸法過三世去來現在无所有故諸法无異其性
一故諸法不生離於報故諸法无業業報作者不可得故諸法不

BD03496 號 2　思益梵天所問經卷二　（27–22）

法音何等卅二所謂諸法空无諸見故諸法无相離分別故諸法无
作出三界故諸法離欲性寂靜故諸法離瞋无有礙故諸法離癡
无闇冥故諸法无所從來本无性故諸法无所去无所至故諸法
不住无所依故諸法過三世去來現在无所有故諸法无異其性
一故諸法不生離於報故諸法无業業報作者不可得故諸法不
作无所起故諸法无起无為性故諸法无為離生滅故諸法真不
從和合生故諸法實一道門故諸法无衆生衆生不可得故諸法无
我第一義故諸法鈍无所知故諸法捨離憎愛故諸法離煩惱
无有熱故諸法无垢性不汙故諸法一相離欲實際故諸法離相
常定故諸法住實際性不壞故諸法如相不分別故諸法入法性
遍入故諸法无緣諸緣不合故諸法是菩提如實見故諸法是
涅槃无因緣故迦葉普光自在王如來光明常出如是清淨法音亦
能令諸菩薩施作佛事其佛國土无有魔事佛壽无量阿僧祇
劫大迦葉白佛言世尊若人欲得清淨佛土者應取如網明菩薩
所脩一切功德具足清淨國土如是迦葉是網明菩薩於諸无量阿僧
祇佛所隨順脩行功德具足故尒時思益梵天謂網明菩薩仁者
已得從佛受記乎網明言一切衆生皆從佛得受記梵天言於何事
中而得受記網明言隨業受報而得受記梵天言汝作何業而得受
記網明言若業非身作非口作非意作是業可得示不梵天言不
可示也網明言菩提是起作相耶梵天言不也何以故菩提是无為
非起作相網明言可以起作相得无為菩提不梵天言不也梵天是
故當知若无業无業報无諸行无起諸行是名菩提如菩提性
得亦如是如得性受記亦如是不可以起作法而得受記梵天言善
男子汝不行六波羅蜜然後得受記耶網明言如汝所說菩薩行
六波羅蜜而得受記梵天若菩薩捨一切煩惱名為檀波羅蜜於
諸法无所起名為尸波羅蜜於諸法无所傷名為羼提波羅蜜
於諸法離相名為毗梨耶波羅蜜於諸法无所住名為禪波羅
蜜於諸法无戲論名為般若波羅蜜梵天若菩薩如是行六波羅
蜜於何處行梵天言无處行也所以者何凡有所行皆是不行若
行即是不行若行不即是行梵天以是故當知一无所行即是菩
提如汝所問汝得受菩提記者如如法性得受記我所受記亦如
是梵天言善男子如如法性无受記網明言諸菩薩受記相皆

BD03496 號 2　思益梵天所問經卷二　（27–23）

蜜於諸法无戲論名為般若波羅蜜梵天若菩薩如是行六波羅
蜜於何處行梵天言无處行也所以者何凡有所行皆是不行若
行即是不行若行不即是行梵天以是故當知一无所行即是菩
提如汝所問汝得受菩提記者如如法性得受記我所受記亦如
是梵天言善男子如如法性无受記綱明言諸菩薩受記相皆
亦如是如如如法性　　尒時思益梵天白佛言世尊菩薩以何行
諸佛授阿耨多羅三藐三菩提記佛言若菩薩不行生法不行滅
法不行善不行不善不行世間不行出世間不行有罪法不行无罪
法不行有漏法不行无漏法不行有為法不行无為法不行脩道
不行除斷不行生死不行涅槃不行見法不行聞法不行覺法不行
知法不行施不行捨不行戒不行覆不行忍不行善不行發不行
精進不行禪不行三昧不行慧不行行不行智不行得梵天若
菩薩如是行者諸佛則授阿耨多羅三藐三菩提記所以者何諸
所有行皆有所是无所是是菩提諸所有行皆是分別无分別
是菩提諸有所行皆是起作无起作是菩提諸所有行皆是
戲論无戲論是菩提是故當知若菩薩過諸所行則得授記唯
然世尊授記者有何義佛言離諸法二相是授記義不分別生
滅是受記義離身口意業相是受記義梵天我念過去有劫名
善見我於此劫供養七十二那由他佛是諸如來不見受記又過
是劫劫名善化我於此劫供養廿二億佛是諸如來亦不見授記
又過是劫劫名梵歎我於此劫供養万八千佛是諸如來亦不
見授記又過是劫劫名无咎我於此劫供養三万二千佛是諸如
來亦不見授記又過是劫劫名莊嚴我於此劫供養四百卌万佛
我皆以一切供養之具而供養之是諸如來亦不見授記梵天我
於往昔供養諸佛恭敬尊重讚歎淨脩梵行一切布施一切持
戒及行頭陁離於瞋恚忍辱慈心如所說行勤脩精進一切所
聞皆能受持獨處遠離入諸禪定隨所聞慧讀誦思惟是諸如
來亦不見受記何以故我依止所行故以是當知若諸菩薩出
過一切諸行則得授記我以一劫若減一劫說是諸佛名号不可
得盡梵天我於是後見然燈佛即得无生法忍佛時授我記
言汝於來世當得作佛号釋迦牟尼如來應供正遍知我於尒時
出過一切諸行具足六波羅所以者何若菩薩能捨諸相名為

BD03496號2　思益梵天所問經卷二　（27–24）

來亦不見受記何以故我依止所行故以是當知若諸菩薩出
過一切諸行則得授記我以一劫若減一劫說是諸佛名号不可
得盡梵天我於是後見然燈佛即得无生法忍佛時授我記
言汝於來世當得作佛号釋迦牟尼如來應供正遍知我於尒時
出過一切諸行具足六波羅所以者何若菩薩能捨諸相名為
檀波羅蜜能滅諸所受持名為尸波羅蜜不為蜜所傷名為
羼提波羅蜜離諸所行名為毗梨耶波羅蜜不憶念一切法名為
禪波羅蜜能忍諸法无生性名為般若波羅蜜我於然燈佛所
具足如是六波羅蜜梵天我從初發菩提心已來所作布施於
此五華布施百分不及一百千分百千万億分乃至筭數譬喻
所不能及我從初發心已來受戒持戒及行頭陁於此常滅戒
百分不及一乃至筭數譬喻所不能及我從初發心已來柔和忍
辱於畢竟忍法百分不及一乃至筭數譬喻所不能及我從初發
心已來發懃精進於此不取不捨精進百分不及一乃至筭數譬
喻所不能及我從初發心已來禪定獨處於此无住禪定百分
不及一乃至筭數譬喻所不能及我從初發心已來思惟籌量
智慧於此无戲論智慧百分不及一百千分百千万億分乃至筭
數譬喻所不能及梵天是故當知我尒時得具足六波羅蜜世
尊云何名為具足六波羅蜜梵天若不念施不依止戒不分別忍
不取精進不住禪定不二於慧是名具足六波羅蜜又問具足六
波羅蜜已能滿足何法佛言具足六波羅蜜已能滿足薩婆若
世尊云何具足六波羅蜜已能滿足薩婆若梵天布施平等即是薩
婆若平等持戒平等即是薩婆若平等忍辱平等即是薩
婆若平等精進平等即是薩婆若平等禪定平等即是薩婆
若平等智慧平等即是薩婆若平等以是平等等一切法名為
薩婆若又梵天具足布施相持戒相忍辱相精進相禪定相智
慧相是薩婆若梵天如是具足六波羅蜜能滿足薩婆若世
尊云何當知滿足薩婆若梵天若不受眼不受色不受二不受聲
不受鼻不受香不受舌不受味不受身不受觸不受意不受
法若不受是內外二入名為滿足薩婆若我得如是滿足薩婆若
於眼无所著於色耳聲鼻香舌味身觸意法无所著是故如來
名為无礙知見薩婆若梵天薩婆若於法无所受何以故以无

BD03496號2　思益梵天所問經卷二　（27–25）

若平等智慧平等即是薩婆若平等以是平等等一切法名爲
薩婆若又梵天具足布施相持戒相忍辱相精進相禪定相智
慧相是薩婆若梵天如是具足六波羅蜜能滿足薩婆若世
尊云何當知滿足薩婆若梵天若不受眼不受色不受二不受聲
不受鼻不受香不受舌不受味不受身不受觸不受意不受
法若不受是內外十二入名爲滿足薩婆若我得如是滿足薩婆若
於眼无所著於色耳聲鼻香舌味身觸意法无所著是故如來
名爲无礙知見薩婆若梵天薩婆若於法无所受何以故以无
用故无用即是无所有義无所有義即是空如虛空義同虛
空相即是薩婆若是故於法无所受梵天譬如一切所作皆同虛
空而虛空无所依如是諸智慧皆從薩婆若出而薩婆若无
所依梵天白佛言世尊所說薩婆若薩婆若者爲何謂也梵
天一切行是智爲真智非聲諸聞辟支佛所不能及故故名薩
婆若諸有所行皆成就故名薩婆若能破一切邪念戲論故
名薩婆若諸所教勑諸所防制如此衆生所行之處皆從中出故名
薩婆若得諸聖智若學智若无學智若辟支佛智皆從中出故
名薩婆若正行故名薩婆若分別一切藥故名薩婆若能滅
一切衆生病故名薩婆若能除一切煩惱習氣故名薩婆若常在
定故名薩婆若一切法中无疑故名薩婆若一切世間出世間智慧
皆從中出故名薩婆若善知一切智慧方便相故名薩婆若
尒時思益梵天白佛言世尊未曾有也世尊諸佛如來智慧甚
深心无所緣而知一切衆生心心所行世尊薩婆若得如是无量功德
其誰善男子善女人不發阿耨多羅三藐三菩提心
於是網明菩薩白佛言世尊若有菩薩悕望功德利發而菩提心
者不名爲發大乘也所以者何一切法无功德利以无對象故世尊
菩薩摩訶薩不應爲功德利故發菩提心但爲大悲心故滅衆生
諸苦惱故不自憂苦故生諸善法故解脫諸邪見故滅除諸病故
捨我所貪故著不觀憎愛故不沒世法故猒患有爲故安住涅槃故
發菩提心世尊菩薩不應於衆生求其恩報亦不應觀作與不
作又於苦樂心不傾動世尊何謂菩薩家清淨佛言善男子菩薩
若生轉輪聖王家不名家清淨若生帝釋中若生梵王中亦不名

BD03496 號 2　思益梵天所問經卷二　（27–26）

名薩婆若正行故名薩婆若分別一切藥故名薩婆若能滅
一切衆生病故名薩婆若能除一切煩惱習氣故名薩婆若常在
定故名薩婆若一切法中无疑故名薩婆若一切世間出世間智慧
皆從中出故名薩婆若善知一切智慧方便相故名薩婆若
尒時思益梵天白佛言世尊未曾有也世尊諸佛如來智慧甚
深心无所緣而知一切衆生心心所行世尊薩婆若得如是无量功德
其誰善男子善女人不發阿耨多羅三藐三菩提心
於是網明菩薩白佛言世尊若有菩薩悕望功德利發而菩提心
者不名爲發大乘也所以者何一切法无功德利以无對象故世尊
菩薩摩訶薩不應爲功德利故發菩提心但爲大悲心故滅衆生
諸苦惱故不自憂苦故生諸善法故解脫諸邪見故滅除諸病故
捨我所貪故著不觀憎愛故不沒世法故猒患有爲故安住涅槃故
發菩提心世尊菩薩不應於衆生求其恩報亦不應觀作與不
作又於苦樂心不傾動世尊何謂菩薩家清淨佛言善男子菩薩
若生轉輪聖王家不名家清淨若生帝釋中若生梵王中亦不名
家清淨在所生處乃至畜生自不失善根亦令衆生生諸善根
是名菩薩家清淨又網明慈是菩薩家心平等故悲是菩薩家
深心念故喜是菩薩家生法喜故捨是菩薩家離貪著故不
捨菩提是菩薩家不貪聲聞辟支佛地故
思益梵天所問經卷第二

BD03496 號 2　思益梵天所問經卷二　（27–27）

大般涅槃經梵行品之六　十九

爾時王舍大城阿闍世王其性弊惡憙行煞
戮具口四惡貪恚愚癡其心熾盛唯見現在
不見未來純以惡人而為眷屬貪著現在五
欲樂故父王无辜横加逆害因害父已心生
悔熱身諸瓔珞伎樂不御心悔熱故遍體生
瘡其瘡臭穢不可附近尋自念言我今此身
已受華報地獄果報將近不遠爾時其母字
韋提希以種種藥而為傅之其瘡遂增无有
降損王即白母如是瘡者從心而生非四大起
若言衆生有能治者无有是處時有大臣名
曰月稱往至王所在一面立白言大王何故
愁悴顔容不悅為身痛耶為心痛乎王荅臣
言我今身心豈得不痛我父无辜横加逆害
我從智者曾聞是義世有五人不脫地獄謂
五逆罪我今已有无量无邊阿僧祇罪云何
身心而得不痛又无良醫治我身心臣言大
王莫大愁苦即說偈言

BD03497號　大般涅槃經（北本　異卷）卷一九　（25–1）

我從智者曾聞是義世有五人不脫地獄謂
五逆罪我今已有无量无邊阿僧祇罪云何
身心而得不痛又无良醫治我身心臣言大
王莫大愁苦即說偈言

若常愁苦　愁遂增長　如人喜眠　眠則滋多
貪婬嗜酒　亦復如是

如王所言世有五人不脫地獄誰往見之來
語王耶言地獄者直是世間多智者說如王
所言世无良醫治身心者今有大醫名富蘭
那一切知見得自在定畢定脩集清淨梵行
常為无量无邊衆生演說无上涅槃之道為
諸弟子說如是法无有黑業无黑業報无有
白業无白業報无黑白業无黑白業報无有
上業及以下業是師今在王舍城中唯願大
王屈駕往彼可令是師療治身心時王荅言
審能如是滅除我罪我當歸依復有一臣名
曰藏德復往王所而作是言大王何故面貌
憔悴脣口乾燋音聲微細猶如怯人見大怨
敵顔色數剣將何所苦為心痛耶為身痛乎
王即荅言我今身心云何不痛我之癡盲无
有慧目近諸惡友而為親善隨提婆達惡人
之言正法之王横加逆害我昔曾聞智人說
偈

若於父母　佛及弟子　生不善心　起於惡業
如是果報　在阿鼻獄

以是事故令我心怖生大苦惱又无良醫而
見救療大臣復言唯願大王且莫愁怖

BD03497號　大般涅槃經（北本　異卷）卷一九　（25–2）

若於父母　佛及弟子　生不善心　起於惡業
如是果報　在阿鼻獄
以是事故令我心怖生大苦惱又无良醫而
見救療大臣復言唯願大王且莫愁怖法有
二種一者出家二者王法王法者謂害其父
則王國土雖云是逆實无有罪如迦迦羅虫
要壞母腹然後乃生生法如是雖破母身實
亦无罪騾懷任等亦復如是治國之法法應
如是雖煞父兄實无有罪出家法者乃至蚊
蟻煞亦有罪唯願大王寬意莫愁何以故
若常愁苦　愁遂增長　如人喜眠　眠則滋多
貪婬嗜酒　亦復如是
如王所言世无良醫治身心者今有大師名
末伽利拘舍離子一切知見憐愍衆生猶如
赤子已離煩惱能拔衆生三毒利箭一切衆
生於一切法无知見覺唯是一人獨知見覺
如是大師常為弟子說如是法一切衆生身
有七分何等為七地水火風苦樂壽命如是
七法非化非作不可毀害如伊師迦草安住
不動如須弥山不捨不作猶如乳酪各不諍
訟若苦若樂若善不善投之利刀无所傷害
何以故七分空中无妨㝵故命亦无害何以
故无有害者及死者故无作无受无說无聽
无有念者及以教者常說是法能令衆生滅
除一切无量重罪是師今在王舍大城唯願
大王往至其所王若見者衆罪消除時王荅
言審能如是滅除我罪我當歸依復有一臣

无有念者及以教者常說是法能令衆生滅
除一切无量重罪是師今在王舍大城唯願
大王往至其所王若見者衆罪消除時王荅
言審能如是滅除我罪我當歸依復有一臣
名曰實得復到王所即說偈言
大王何故　身脫瓔珞　首髮蓬亂　乃至如是
王身何故　戰慄不安　猶如猛風　吹動華樹
王今何故容色愁悴猶如農夫下種之後天
不降雨愁苦如是為是心痛為身痛耶王即
荅言我今身心豈得不痛我父先王慈愛仁
惻特見矜念實无過咎往問相師相師荅言
是兒生已定必害父雖聞是語猶見瞻養甞
聞智者作如是言若人通母汙比丘尼偷僧
秖物害發无上菩提心人煞及其父如是之
人必定當墮阿鼻地獄我今身心豈得不痛
大臣復言唯願大王且莫愁苦如其父王脩
解脫者害則有罪若治國法煞則无罪大王
非法者名為无法无法者名為无法譬如无
子名為无子又如惡子亦名无子雖言无子
實非无子如食无鹽名為无鹽食若少鹽亦
名无鹽如河无水名為无水若有少水亦名
无水如念念滅名曰无常雖住一劫亦名无
常如人受苦名為无樂雖受少樂亦名无樂
如不自在名為无我雖少自在亦名无我如
暗夜時名為无日雲霧之時亦言无日大王
雖言小法名為无法實非无法願王留神聽
臣所說一切衆生皆有餘業以業緣故數受

如不自在者名為无我[illegible]自在之名无我如
暗夜時名為无日雲霧之時亦言无日大王
雖言小法名為无法實非无法願王留神聽
臣所說一切衆生皆有餘業以業緣故數受
生死若使先王有餘業者王今害之竟有何
罪唯願大王寬意莫愁何以故
若常愁苦　愁遂增長　如人喜眠　眠則滋多
貪婬嗜酒　亦復如是
如王所言世无良醫治身心者今有大師名
尉闍耶毗羅胝子一切知見其智淵廣猶如
大海有大威德具大神通能令衆生離諸疑
網一切衆生不知見覺唯是一人獨知見覺
今者近在王舍城住為諸弟子說如是法一
切衆中若是王者自在隨意造作善惡雖為
衆惡悉无有罪如火燒物无淨不淨王亦如
是與火同性譬如大地淨穢普載雖為是事
初无瞋喜王亦如是與地同性譬如水性淨
穢俱洗雖為是事亦无憂喜王亦如是與水
同性譬如風性淨穢等吹雖為是事亦无憂
喜王亦如是與風同性如秋髡樹春則還生
雖復髡斫實无有罪一切衆生亦復如是此
間命終還生此間以還生故當有何罪一切
衆生苦樂果報悉皆不由現在世業因在過
去現在受果現在无因未來无果以現果故
衆生持戒勤修精進遮現惡果以持戒故則
得无漏得无漏故盡有漏業以盡業故衆苦
得盡衆苦盡故故得解脫唯願大王速往其

所令其療治身心苦痛王若見者衆罪得除
衆生持戒勤修精進遮現惡果以持戒故則
得无漏得无漏故盡有漏業以盡業故衆苦
得盡衆苦盡故故得解脫唯願大王速往其
所令其療治身心若痛王若見者衆罪得除
王即荅言審有是師能除我罪我當歸依復
有一臣名悉知義即至王所作如是言王今
何故形不端嚴如失國者如泉枯涸池无蓮
華樹无華葉破戒比丘身无威德為身痛耶
為心痛乎王即荅言我今身心豈得无痛我
父先王慈愍流念然我不孝不知報恩常以
安樂安樂於我而我背恩反斷其樂先王无
辜橫興逆害我亦曾聞智者說言若有害父
當於无量阿僧祇劫受大苦惱我今不久必
墮地獄又无良醫療治我罪大臣即言唯願
大王放捨愁苦王不聞耶昔者有王名曰羅
摩害其父已得紹王位跋提大王毗樓真王
那睺沙王迦帝迦王毗舍佉王月光明王日
光明王愛王持多人王如是等王皆害其父
得紹王位然无一王入地獄者於今現在毗
琉離王優陀耶王惡性王鼠王蓮華王如是
等王皆害其父悉无一王生愁惱者雖言地
獄餓鬼天中誰有見者大王唯有二有一者
人道二者畜生雖有是二非因緣生非因緣
死若非因緣何有善惡唯願大王勿懷愁怖
何以故
若常愁若　愁遂增長　如人喜眠　眠則滋多
貪婬嗜酒　亦復如是

何以故
若常愁若　愁遂增長　如人喜眠　眠則滋多
貪婬嗜酒　亦復如是
如王所言世无良醫治身心者今有大師名
阿耆多翅舍欽婆羅一切知見觀金與土平
等无二刀斫右脅栴檀塗左於此二人心无
差別等視怨親心无異想此師真是世之良
醫若行若立若坐若卧常在三昧心无分散
告諸弟子作如是言若自作若教他作若自
斫若教他斫若自炙若教他炙若自害若教
他害若自偷若教他偷若自婬若教他婬若
自妄語若教他妄語若自飲酒若教他飲酒
若殺一村一城一國若以刀輪殺一切衆生
若恒河以南布施衆生恒河以北殺害衆生
悉无罪福无施戒定今者近在王舍城住願
王速往王若見者衆罪除滅王言大臣審能
如是除滅我罪我當歸依復有一臣名曰吉
德復往王所作如是言王今何故面无光澤
如日中燈如晝時月如失國君如荒敗土大
王今者四方清泰无諸怨敵而今何故如是
愁苦為身苦耶為心苦乎有諸王子常生此
念我今何時當得自在大王今者已果所願
自在王領摩伽陁國先王寶藏具之而得唯
當快意縱情娛樂如是愁苦何用經懷王即
答言我今云何得不愁惱大臣譬如愚人但
貪其味不見利刀如食雜毒不見其過我之

BD03497號　大般涅槃經（北本　異卷）卷一九　（25-7）

自在王領摩伽陁國先王寶藏具之而得唯
當快意縱情娛樂如是愁苦何用經懷王即
答言我今云何得不愁惱大臣譬如愚人但
貪其味不見利刀如食雜毒不見其過我之
如是如鹿見草不見深穽如鼠貪食不見猫
狸我之如是見現在樂不見未來不善若果
曾從智者聞如是言寧於一日受三百鑽不
於父母生一念惡我今已近地獄熾火云何
當得不愁惱也大臣復言誰來誑王言有地
獄如剌頭利誰之所造飛鳥色異復誰所作
水性潤清石性堅鞕如風動性如火熱性一
切万物自死自生誰之所作言地獄者直是
智者文辭造作言地獄者為有何義臣當說
之地者名地獄者名破破於地獄无有罪報
是名地獄又復地者名人獄者名天以害其
父故到人天以是義故婆藪仙人唱言殺羊
得人天樂是名地獄又復地者名命獄者名
長以殺生故得壽命長故名地獄大王是故
當知實无地獄大王如種麦得麦種稻得稻
殺地獄者還得地獄殺害於人應還得人大
王今當聽臣所說實无殺害若有我者實亦
无害若无我者復无所害何以故若有我者
常不變易以常住故不可殺害不破不壞不
繫不縛不瞋不喜猶如虛空云何當有殺害
之罪若无我者諸法无常以无常故念念壞
滅念念滅故殺者死者皆念念滅若念念滅

BD03497號　大般涅槃經（北本　異卷）卷一九　（25-8）

繫不縛不瞋不喜猶如虛空云何當有煞害
之罪若无我者諸法无常以无常故念念壞
滅念念滅故煞者死者皆念念滅若念念滅
誰當有罪大王如火燒木火則無罪如斧斫
樹斧亦无罪如鎌刈草鎌實无罪如刀煞人
刀實非人刀亦无罪人云何罪如毒煞人毒
實非人毒藥非罪人云何罪一切万物皆亦
如是實无煞害云何有罪唯願大王莫生愁
苦何以故
若常愁苦　愁遂增長　如人喜眠　眠則滋多
貪婬嗜酒　亦復如是
如王所言世无良醫治惡業者今有大師名
迦羅鳩䭾迦栴延一切知見明了三世於一
念頃能見无量无邊世界聞聲亦尒能令眾
生遠離過惡猶如恒河若內若外所有諸惡
皆悉清淨是大良師亦復如是能除眾生內
外眾罪為諸弟子說如是法若人煞害一切
眾生心无慚愧終不墮惡猶如虛空不受塵
水有慚愧者即入地獄猶如大水潤濕於地
一切眾生悉是自在天之所化自在天喜眾
生安樂自在天瞋眾生苦惱一切眾生若罪
若福乃是自在之所為也云何當言人有罪
福辟如工匠作機關木人行住坐卧唯不能
言眾生亦尒自在天者喻如工匠木人者喻
眾生身如是造化誰當有罪如是大師今者
近在王舍城住唯願速往如其見者眾罪消
滅王即答言審有是人能滅我罪我當歸依

BD03497號　大般涅槃經（北本　異卷）卷一九　（25-9）

眾生身如是造化誰當有罪如是大師今者
近在王舍城住唯願速往如其見者眾罪消
滅王即答言審有是人能滅我罪我當歸依
復有一臣名无所畏往至王所說如是言大
王世有愚人一日之中百喜百憂百眠百寤
百驚百哭有智之人斯无是事大王何故憂
愁如是如失侶客如墮深泥无救拔者如人
渴之不得漿水猶如迷人无有導者如困病
人无醫救療如海船破无救接者大王今者
為身痛耶為心痛乎王即答言我今身心豈
得不痛我近惡友不觀口過先王无辜橫興
逆害我今定知當入地獄復无良醫而見救
濟臣即白言唯願大王莫生愁毒夫剎利者
名為王種若為國土若為沙門及婆羅門為
安人民雖復煞害无有罪也先王雖復恭敬
沙門不能承事諸婆羅門心无平等无平等
故則非剎利大王今者為欲供養諸婆羅門
煞害先王當有何罪大王實无煞害夫煞害
者煞害壽命命名風氣風氣之性不可斫害
云何害命而當有罪唯願大王莫復愁苦何
以故
若常愁苦　愁遂增長　如人喜眠　眠則滋多
貪婬嗜酒　亦復如是
如王所言世无良醫而療治者今有大師名
尼乾陀若提子一切知見憐愍眾生善知眾
生諸根利鈍達解一切隨宜方便世間八法
所不能汙寂靜脩集清淨梵行為諸弟子說

BD03497號　大般涅槃經（北本　異卷）卷一九　（25-10）

貪婬嗜酒　亦復如是
如王所言世无良醫而療治者今有大師名
尼乾陁若提子一切知見憐愍衆生善知衆
生諸根利鈍達解一切隨宜方便世間八法
所不能汙寂靜脩集清淨梵行為諸弟子說
如是言无施无善无父无母今世後世无阿
羅漢无脩无道一切衆生經八万劫於生死
輪自然得脫有罪无罪悉亦如是如四大河
所謂辛頭恒河博叉私陁悉入大海无有差
別一切衆生亦復如是得解脫時悉无差別
是師今在王舍城住唯願大王速往其所若
得見者衆罪消除王即荅言審有是師能滅
我罪我當歸依尒時大醫名曰耆婆往至王
所白言大王得安眠不王即以偈荅言
若有能永斷　一切諸煩惱　不貪染三界　乃得安隱眠
若得大涅槃　演說甚深義　名真婆羅門　乃得安隱眠
身无諸惡業　口離於四過　心无有疑網　乃得安隱眠
身心无熱惱　安住寂靜處　獲致无上樂　乃得安隱眠
心无有取著　遠離諸怨讎　常和无諍訟　乃得安隱眠
若不造惡業　心常懷慚愧　信惡有果報　乃得安隱眠
敬養於父母　不害一生命　不盜他人財　乃得安隱眠
調伏於諸根　親近善知識　破壞四魔衆　乃得安隱眠
不見吉不吉　及以苦樂等　為諸衆生故　輪轉於生死
若能如是者　乃得安隱眠
誰得安隱眠　所謂諸佛是　深觀空三昧　身心安不動
誰得安隱眠　所謂慈悲者　常脩不放逸　視衆如一子
衆生无明冥　不見煩惱果　常造諸惡業　不得安隱眠
為於自身　及以他人身　造作十惡業　不得安隱眠

BD03497號　大般涅槃經（北本　異卷）卷一九　（25-11）

若能如是者　乃得安隱眠
誰得安隱眠　所謂諸佛是　深觀空三昧　身心安不動
誰得安隱眠　所謂慈悲者　常脩不放逸　視衆如一子
衆生无明冥　不見煩惱果　常造諸惡業　不得安隱眠
若為於自身　及以他人身　造作十惡業　不得安隱眠
若言為樂故　害父无過咎　隨是惡知識　不得安隱眠
若食過節度　冷飲而過差　如是則病苦　不得安隱眠
若於王有過　邪念他婦女　及行曠路者　不得安隱眠
持戒果未熟　太子未紹位　盜者未獲財　不得安隱眠
耆婆我今病重於正法王興惡逆害一切良
醫妙藥呪術善巧瞻病所不能治何以故我
父法王如法治國實无辜咎橫加逆害如魚
處陸當有何樂如鹿在羂初无歡心如人自
知命不終日如王失國逃迸他土如人聞病
不可療治如破戒者聞說罪過我昔曾聞智
者說言身口意業若不清淨當知是人必墮
地獄我亦如是云何當得安隱眠耶今我又
无无上大醫演說法藥除我病苦耆婆荅言
善哉善哉王雖作罪心生重悔而懷慚愧大
王諸佛世尊常說是言有二白法能救衆生
一慚二愧慚者自不作罪愧者不教他作慚
者內自羞恥愧者發露向人慚者羞人愧者
羞天是名慚愧无慚愧者不名為人名為畜
生有慚愧故則能恭敬父母師長有慚愧故
說有父母兄弟姉妹善哉大王具有慚愧大
王且聽臣聞佛說智者有二一者不造諸惡
二者作已懺悔愚者亦二一者作罪二者覆

BD03497號　大般涅槃經（北本　異卷）卷一九　（25-12）

說有父母兄弟姊妹善哉大王具有慚愧大
王且聽臣聞佛說智者有二一者不造諸惡
二者作已懺悔愚者亦二一者作罪二者覆
藏雖先作惡後能發露悔已慚愧更不敢作
猶如濁水置之明珠以珠威力水即爲清如
煙雲除月即清明作惡能悔亦復如是王若
懺悔懷慚愧者罪則除滅清淨如本大王富
有二種一者象馬種種畜生二者金銀種種
珎寶象馬雖多不敵一珠大王衆生亦尒一者
惡富二者善富多作諸惡不如一善臣聞佛
說脩一善心破百種惡大王如少金剛能壞
須弥亦如少火能燒一切如少毒藥能害衆
生少善亦尒能破大惡雖名少善其實是大
何以故破大惡故大王如佛所說覆藏者漏
不覆藏者則无有漏發露悔過是故不漏若
作衆罪不覆不藏以不覆故罪則微薄若悔
慚愧罪則消滅大王如水渧雖微漸盈大器
善心亦尒一一善心能破大惡若覆罪者罪
則增長發露慚愧罪則消滅是故諸佛說有
智者不覆藏罪善哉大王能信因果信業信
報唯願大王莫懷愁怖若有衆生造作諸惡
覆藏不悔心无慚愧不見因果及以業報不
能諮啓有智之人不近善友如是之人一切
良醫乃至瞻病所不能治如迦摩羅病世醫
拱手覆罪之人亦復如是云何罪人謂一闡
提一闡提者不信因果无有慙愧不信業報
不見現在及未來世不親善友不隨諸佛所說
教戒如是之人名一闡提諸佛世尊所不能

拱手覆罪之人亦復如是云何罪人謂一闡
提一闡提者不信因果无有慙愧不信業報
不見現在及未來世不親善友不隨諸佛所說
教戒如是之人名一闡提諸佛世尊所不能
治何以故如世死屍醫不能治一闡提者亦
復如是諸佛世尊所不能治大王今者非一
闡提云何而言不可救療如王所言无能治
者大王當知迦毗羅城淨飯王子姓瞿曇氏
字悉達多无師獨悟自然而得阿耨多羅三
藐三菩提三十二相八十種好莊嚴其身具
足十力四无所畏一切知見大慈大悲憐愍
一切如羅睺羅隨善衆生如犢逐母知時而
說非時不語實語淨語妙語義語法語一語
能令衆生永斷煩惱善知衆生諸根心性隨
冝方便无不通達其智高大如須弥山深遂
廣遠猶如大海是佛世尊有金剛智能破衆
生一切惡罪若有不能无有是處今者去此
十二由旬在拘尸那城婆羅雙樹間而爲无
量阿僧祇等諸菩薩僧演種種法若有若无
若有爲若无爲若有漏若无漏若煩惱果若
善法果若色法若非色法若非色非非色法
若我若非我若非我非非我若常若非常若
常非非常若樂若非樂若非樂非非樂若相
若非相若非相非非相若斷若非斷若非斷
非非斷若世若出世若非世非非世若乘若
非乘若非乘非非乘若自作自受若自作他
受若无作无受大王若當於佛所聞无作无

若非相若非相非非相若斷若非斷若非斷
非非斷若世若出世若非世非非世若乘若
非乘若非乘非非乘若自作自受若自作他
受若无作无受大王若當於佛所聞无作无
受所有重罪即當消滅王今且聽釋提桓因
命將欲終有五相現一者衣裳垢膩二者頭
上華萎三者身體臭穢四者腋下汗出五者
不樂本坐時天帝釋或於淨處若見沙門若
婆羅門即至其所生於佛想尒時沙門及婆
羅門見帝釋來深自慶幸即說是語天主我
今歸依於汝釋聞是已乃知非佛復自念言
彼若非佛不能治我五退沒相是時御臣名
般遮尸語帝釋言憍尸迦乾闥婆王名敦浮
樓其王有女字須跋陀王若能以此女見與
臣當亦王除棄相處釋即答言善男子毗摩
質多阿脩羅王有女舍脂是吾所敬卿若必
能亦吾消滅惡相處者猶當相與況須跋陀
憍尸迦有佛世尊字釋迦牟尼今者在於王
舍大城若能往彼諮稟未聞衰沒之相必得
除滅善男子若佛世尊審能滅者便可迴駕
至其住處御臣奉命即迴車乘到王舍城耆
闍崛山至於佛所頭面礼足却坐一面白佛
言世尊天人之中誰為繫縛答言憍尸迦慳
貪嫉妬又言慳貪嫉妬因何而生答言因无
明生又言无明復因何生答言因放逸生又
言放逸復因何生答言因顛倒生又言顛倒
復因何生答言因疑心生世尊顛倒之法因

貪嫉妬又言慳貪嫉妬因何而生答言因无
明生又言无明復因何生答言因放逸生又
言放逸復因何生答言因顛倒生又言顛倒
復因何生答言因疑心生世尊顛倒之法因
疑生者實如聖教何以故我有疑心以疑心
故則生顛倒於非世尊生世尊想我今見佛
疑網即除疑網除故顛倒亦盡顛倒盡故无
有慳心乃至妬心
佛言汝言无有慳妬者汝今已得阿那含耶
阿那含者无有貪心若无貪心云何為命來
至我所而阿那含實不求命世尊有顛倒者
則有求命无顛倒者則不求命然我今者實
不求命所欲求者唯佛法身及佛智慧憍尸
迦求佛法身及佛慧者將來之世必當得之
尒時帝釋聞佛說已五衰沒相即時消滅便
起作礼遶佛三迊恭敬合掌而白佛言世尊
我今即死即生失命得命又聞佛說當得阿
耨多羅三藐三菩提是為更生為更得命世
尊一切人天云何增益復以何緣而致損減
憍尸迦闘諍因緣人天損減善脩和敬則得
增益世尊若以闘諍而損減者我從今日更
不復與阿脩羅戰佛言善哉善哉憍尸迦諸
佛世尊說忍辱法是阿耨多羅三藐三菩提
因尒時釋提桓因即前礼佛於是還去大王
如来以能除諸惡相是故稱佛不可思議王
若往者所有重罪必當得除大王且聽有婆

佛世尊說忍辱法是阿耨多羅三藐三菩提
因尒時釋提桓因即前礼佛於是還去大王
如来以能除諸惡相是故稱佛不可思議王
若往者所有重罪必當得除大王且聽有婆
羅門子字曰不害以煞无量諸衆生故名鴦
掘摩羅復欲害母惡心起時身亦隨動身心
動故即五逆因五逆因故必墮地獄殘見佛
時身心俱動復欲生害身心動者即五逆因
五逆因故當入地獄是人得遇如来大師即
時得滅地獄因緣發阿耨多羅三藐三菩提
心是故稱佛爲无上醫非六師也大王復有
須毗羅王子其父瞋之截其手足推之深井
其母憐愍使人牽出將至佛所尋見佛時手
足還具即發阿耨多羅三藐三菩提心大王
以見佛故得現果報是故稱佛爲无上醫非
六師也大王如恒河邊有諸餓鬼其數五百
於无量歲初不見水雖至河上純見流火飢
渴所逼發聲號哭尒時如来在其河側欝曇
鉢林坐一樹下時諸餓鬼来至佛所白佛言
世尊我等飢渴命將不遠佛言恒河流水汝
何不飲鬼即荅言如来見水我則見火佛言
恒河清流實无火也以惡業故心即顛倒謂
爲是火我當爲汝除滅顛倒令汝見水尒時
世尊廣爲諸鬼說慳貪過諸鬼即言我今渴
之雖有法言都不入心佛言汝若渴之先可
入水恣意飲之是諸鬼等以佛力故即得飲
水既飲水已如来復爲種種說法既聞法已
悉發阿耨多羅三藐三菩提心捨餓鬼形得

BD03497號　大般涅槃經（北本　異卷）卷一九　（25–17）

之雖有法言都不入心佛言汝若渴之先可
入水恣意飲之是諸鬼等以佛力故即得飲
水既飲水已如来復爲種種說法既聞法已
悉發阿耨多羅三藐三菩提心捨餓鬼形得
於天身大王是故稱佛爲无上醫非六師也
大王舍婆提國群賊五百波斯匿王挑出其
目盲无前導不能得往至於佛所佛憐愍故
即至賊所慰喻之言善男子善護身口更勿
造惡諸賊即時聞如来音微妙清徹尋還得
眼即於佛前合掌礼佛而白佛言世尊我今
知佛慈心普覆一切衆生非獨人天尒時如
来即爲說法既聞法已悉發阿耨多羅三藐
三菩提心是故如来真是世間无上良醫非
六師也大王舍婆提國有旃陁羅名曰氣嘘
煞无量人見佛弟子大目揵連即時得破地
獄因緣而得上生三十三天以有如是聖弟
子故稱佛如来爲无上醫非六師也大王波
羅柰城有長者子名阿逸多婬匿其母以是
因緣煞殺其父其母復與外人交通子既知
已便復害之有阿羅漢是其知識於此知識
復生愧恥即復煞之煞已即到祇洹精舍求
欲出家時諸比丘具知此人有三逆罪无敢
聽者以不聽故倍生瞋恚即於其夜放大猛
火焚燒僧坊多煞无辜然後復往王舍城中
至如来所求哀出家如来即聽爲說法要令
其重罪漸漸輕微發阿耨多羅三藐三菩提
心是故稱佛爲世良醫非六師也大王王本

BD03497號　大般涅槃經（北本　異卷）卷一九　（25–18）

至如来所求良出家如来即聽為說法要令
其重罪漸漸輕微發阿耨多羅三藐三菩提
心是故稱佛為世良醫非六師也大王王本
性暴悪信受悪人提婆達多故大醉象欲令
蹋佛象既見佛即時醒悟佛便申手摩其頂
上復為說法悉令得發阿耨多羅三藐三菩
提心大王畜生見佛猶得破壞畜生業果况
復人耶大王當知若見佛者所有重罪必得
消滅大王世尊未得阿耨多羅三藐三菩提
時魔與无量无邊眷屬至菩薩所菩薩尒時
以忍辱力壞魔悪心令受法尋發阿耨多
羅三藐三菩提心
佛有如是大功德力大王有曠野鬼多害衆
生如来尒時為善賢長者至曠野村為其說
法時曠野鬼聞法歡喜即以長者施於如来
然後便發阿耨多羅三藐三菩提心大王波
羅柰國有屠兒名曰廣額於日日中煞无量
羊見舍利弗即受八戒経一日夜以是因緣
命終得為北方天王毗沙門子如来弟子尚
有如是大功德果况復佛也大王北天竺有
城名曰細石其城有王名曰龍印貪國重位
欲害其父害其父已心生悔恨即捨國政来
至佛所求長出家佛言善来即成比丘重罪
消滅發阿耨多羅三藐三菩提心大王當知
佛有如是无量大功德果大王如来有弟提
婆達多破壞衆僧出佛身血害蓮華比丘尼
作三逆罪如来為說種種法要令其重罪尋

消滅發阿耨多羅三藐三菩提心大王當知
佛有如是无量大功德果大王如来有弟提
婆達多破壞衆僧出佛身血害蓮華比丘尼
作三逆罪如来為說種種法要令其重罪尋
得微薄是故如来為大良醫非六師也大王
若能信臣語者唯願速往至如来所若不見
信願善思之大王諸佛世尊大悲普覆不限
一人正法弘廣无所不苞怨親平等心无憎
愛終不偏為一人令得阿耨多羅三藐三菩
提餘人不得如来非獨四部之師普是一切
天人龍鬼地獄畜生餓鬼等師一切衆生之
當視佛如父母想大王當知如来不但獨為
豪貴之人跋提迦王而演說法之為下賤優
波離等不獨偏為須達多阿那邠提所奉飯
食之受貧人須達多食不但獨為舍利弗等
利根說法之為鈍根周梨槃特不但獨聽大
迦葉等无貪之性出家求道之聽大貪難陁
出家不但獨聽煩惱薄者優樓頻螺迦葉等
出家求道之聽煩惱深厚造重罪者波斯匿
王弟循陁耶出家求道不以深草恭敬供養
救其頭根鬘崛魔羅悪心欲害捨而不殺不
但獨為有智男子而演說法之為極愚伴合
智女人說法不但獨令出家之人得四道果
之令在家得三道果不但獨為富多羅等捨
諸忩務閑家思惟而說法要之為頻婆娑羅
王等繞領國事理王務者而說法要不但獨
為斷酒之人之為酖酒郁伽長者荒醉者說

之令在家淨三道是不作我[illegible]
諸怱務閑家思惟而說法要之爲頻婆娑羅
王等統領國事理王務者而說法要不但獨
爲斷酒之人之爲酗酒郁伽長者荒醉者說
不但獨爲入禪定者離波多等之爲啞子亂
心婆羅門女婆私吒說不但獨爲己之弟子
之爲外道居乾子說不但獨爲盛壯之年二
十五者之爲衰老八十者說不但獨爲根熟
之人之爲善根未熟者說不但獨爲末利夫
人之爲婬女蓮華女說不但獨受波斯匿王
上膳甘味之受長者尸利毱多雜毒之食大
王當知尸利毱多往昔之作逆罪之日以遇
佛聞法即發阿耨多羅三藐三菩提心大王
假使一月常以衣食供養恭敬一切衆生不
如有人一念念佛所得功德十六分一大王
假使鍛金爲人車馬載寶其數各百以用布
施不如有人發心向佛舉足一步大王假使
復以象車百乘載大秦國種種珍寶及其女
人身佩瓔珞數之滿百持用布施猶故不如
發心向佛舉足一步復置是事若以四事供
養三千大千世界所有衆生猶之不如發心
向佛舉足一步復置是事若使大王供養恭
敬恒河沙等无量衆生不如一往娑羅雙樹
到如來所誠心聽法
尒時大王荅言耆婆如來世尊性已調柔故
得調柔以爲眷屬如栴檀林純以栴檀而爲
圍遶如來清淨所有眷屬之復清淨猶如大
龍純以諸龍而爲眷屬如來寂靜所有眷屬

BD03497號　大般涅槃經（北本　異卷）卷一九　　（25–21）

敬恒河沙等无量衆生不如一往娑羅雙樹
到如來所誠心聽法
尒時大王荅言耆婆如來世尊性已調柔故
得調柔以爲眷屬如栴檀林純以栴檀而爲
圍遶如來清淨所有眷屬之復清淨猶如大
龍純以諸龍而爲眷屬如來寂靜所有眷屬
之復寂靜如來无貪所有眷屬之復无貪佛
无煩惱所有眷屬之无煩惱吾今既是極惡
之人惡業纏裹其身臭穢繫屬地獄去何當
得至如來所吾設往者恐不顧念接叙言說
卿雖勸我令往佛所然吾今日深自鄙悼都
无去心尒時虛空尋出聲言无上佛法將欲
衰殄甚深法河於是欲涸大法明燈將滅不
久法山欲頹法船欲沒法橋欲壞法殿欲崩
法幢欲倒法樹欲折善友欲去大怖將至法
饑衆生將至不久煩惱疾病將欲流行大闇
時至渴法時來魔王欣慶解釋甲冑佛曰將
沒大涅槃山大王佛若去世王之重惡更无
治者大王汝今已造阿鼻地獄極重之業以
是業緣必受不疑大王阿者言无鼻者言間
間无暫樂故言无間大王假使一人獨墮是
獄其身長大八万由旬遍滿其中間无空處
其身周匝受種種苦設有多人身之遍滿不
相妨㝵大王寒地獄中暫遇熱風以之爲樂
熱地獄中暫遇寒風之名爲樂活地獄中設
命終已若聞活聲即便還活阿鼻地獄都无
是事大王阿鼻地獄四方有門一一門外各
有猛火東西南北交過通徹八万由旬周匝

BD03497號　大般涅槃經（北本　異卷）卷一九　　（25–22）

[illegible]
熱地獄中暫遇寒風之名為樂活地獄中設
命終已若聞活聲即便還活阿鼻地獄都无
是事大王阿鼻地獄四方有門一一門外各
有猛火東西南北交過通徹八万由旬周迊
鐵牆鐵網旅覆其地之鐵上火徹下下火徹
上大王若魚在鏊脂膏燋然是中罪人亦復
如是大王作一逆者則便具受如是一罪若
造二逆罪則二倍五逆具者罪亦五倍大王
我今定知王之惡業必不得免唯願大王速
往佛所除佛世尊餘无能救我今愍汝故相
勸導尒時大王聞是語已心懷怖懼舉身戰
慄五體掉動如芭蕉樹仰而荅曰汝為是誰
不現色像而但有聲大王吾是汝父頻婆娑
羅汝今當隨耆婆所說莫隨耶師六臣之言
時王聞已悶絕躃地身瘡增劇臭穢倍前雖
以冷藥塗而治之瘡蒸毒熱但增无損尒時
世尊在雙樹間見阿闍世悶絕躃地即告大
衆我今當為是王住世至无量劫不入涅槃迦
葉菩薩白佛言世尊如來當為无量衆生不
入涅槃何故獨為阿闍世王佛言善男子是
大衆中无有一人謂我必定入於涅槃阿闍
世王定謂我當畢竟永滅是故悶絕自投於
地善男子如我所言為阿闍世不入涅槃如
是密義汝未能解何以故我言為者一切凡
夫阿闍世者普及一切造五逆者又復為者
即是一切有為衆生我終不為无為衆生而
住於世何以故夫无為者非衆生也阿闍世

BD03497 號　大般涅槃經（北本　異卷）卷一九　（25–23）

是密義汝未能解何以故我言為者一切凡
夫阿闍世者普及一切造五逆者又復為者
即是一切有為衆生我終不為无為衆生而
住於世何以故夫无為者非衆生也阿闍世
者即是具足煩惱等者又復為者即是不見
佛性衆生若見佛性我終不為久住於世何
以故見佛性者非衆生也阿闍世者即是一
切未發阿耨多羅三藐三菩提心者又復為
者即是阿難迦葉二衆阿闍世者即是阿闍
世王後宮妃后及王舍城一切婦女又復為
者名為佛性言阿闍者名為不生世者名怨
以不生佛性故則煩惱怨生煩惱怨生故不
見佛性以不生煩惱故則見佛性已見佛性
則得安住大般涅槃是名不生是故名為為
阿闍世善男子阿闍者名不生不生者名涅
槃世名世法為者名不汙以世八法所不汙
故无量无邊阿僧祇劫不入涅槃是故我言
為阿闍世无量億劫不入涅槃善男子如來
密語不可思議佛法衆僧亦不可思議菩薩
摩訶薩亦不可思議大涅槃經亦不可思議

大般涅槃經卷第十九

BD03497 號　大般涅槃經（北本　異卷）卷一九　（25–24）

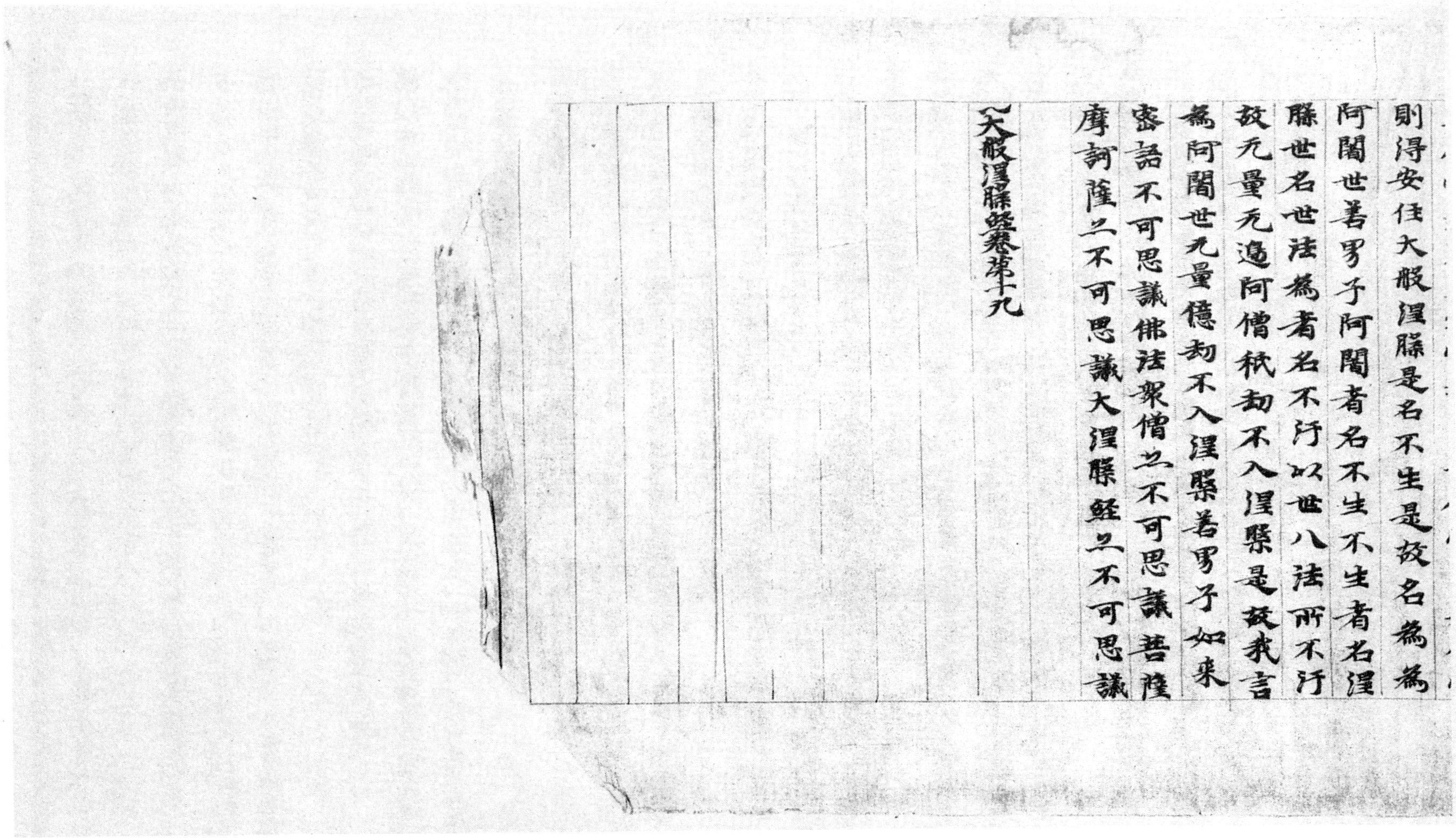

則得安住大般涅槃是名不生是故名為為
阿闍世善男子阿闍者名不生不生者名涅
槃世名世法為者名不汙以世八法所不汙
故无量无邊阿僧秖劫不入涅槃是故我言
為阿闍世无量億劫不入涅槃善男子如来
密語不可思議佛法衆僧亦不可思議菩薩
摩訶薩亦不可思議大涅槃經亦不可思議

大般涅槃經卷第十九

BD03497 號　大般涅槃經（北本　異卷）卷一九　　（25–25）

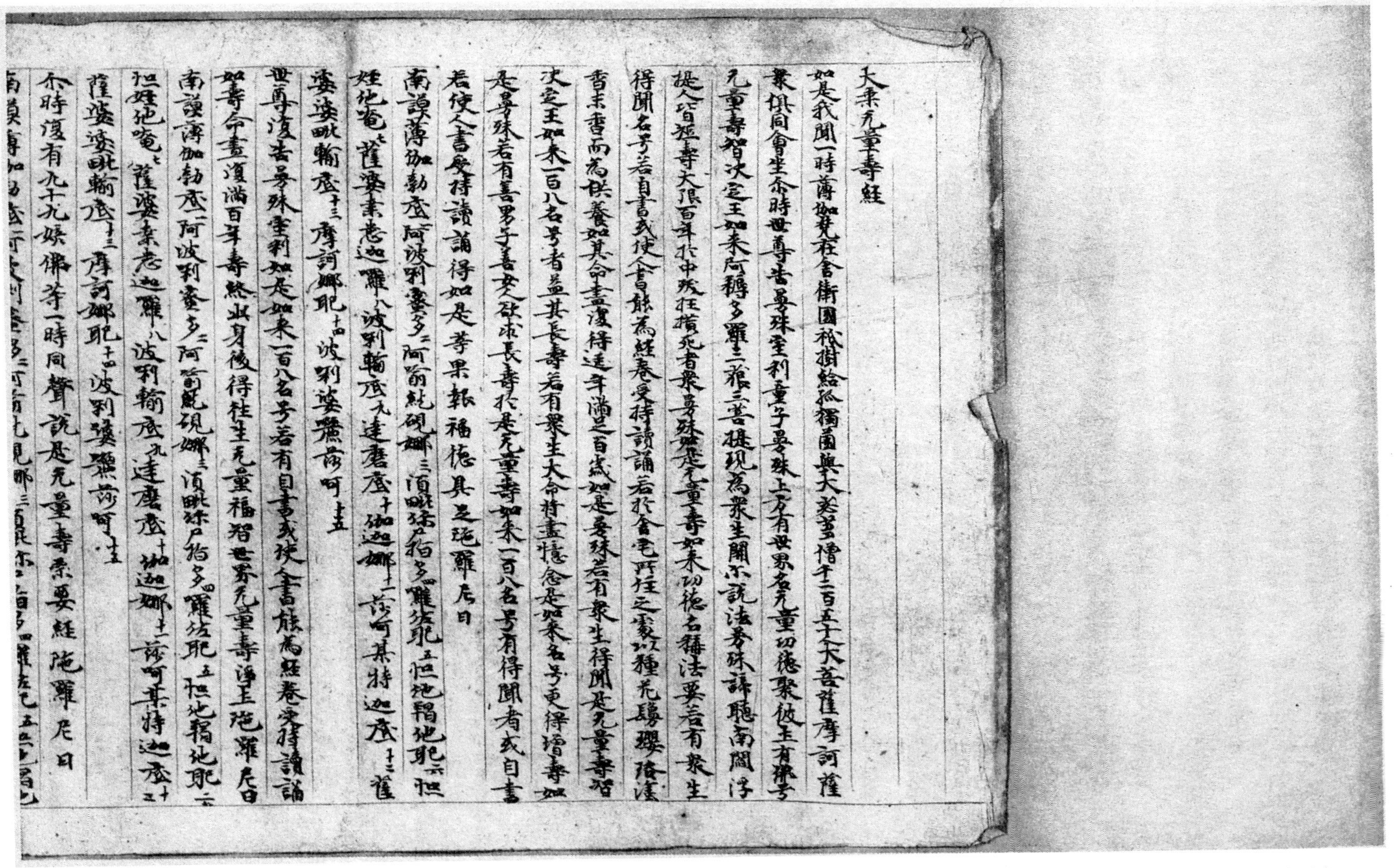

大乘无量壽經
如是我聞一時薄伽梵在舍衛國祇樹給孤獨薗與大苾蒭僧千二百五十人大菩薩摩訶薩
衆俱同會坐尒時世尊告曼殊室利童子曼殊上方有世界名无量功德聚彼土有佛號
无量壽智決定王如来応稱多羅三藐三菩提現為衆生開示說法曼殊諦聽南閻浮
提人皆短壽大限百年於中殀狂横死者衆曼殊是无量壽如来功德名稱法要若有衆生
得聞名号若自書或使人書能為經卷受持讀誦若於舍宅所住之處以種種花鬘瓔珞塗
香末香而為供養如其命盡復得延年滿足百歲如是曼殊若有衆生得聞是无量壽智
決定王如来一百八名号者益其長壽若有衆生大命將盡憶念是如来名号更得增壽如
是曼殊若有善男子善女人欲求長壽於是无量壽如来一百八名号有得聞者或自書
若使人書受持讀誦得如是等果報福德具足陁羅尼曰
南謨薄伽勃底一阿波唎蜜多二阿喻紇硯娜三須毗你失指多四囉佐耶五怛他羯他耶六怛
姪他唵七薩婆桑悉迦羅八波唎輸底九達磨底十伽迦娜十一莎訶某特迦底十二薩
婆婆毗輸底十三摩訶娜耶十四波唎婆嚟莎訶十五
世尊復告曼殊室利如是如来一百八名号若有自書或使人書能為經卷受持讀誦
如壽命盡復滿百年壽終以身後得往生无量福智世界无量壽淨土陁羅尼曰
南謨薄伽勃底一阿波唎蜜多二阿喻紇硯娜三須毗你失指多四囉佐耶五怛他羯他耶六
怛姪他唵七薩婆桑悉迦羅八波唎輸底九達磨底十伽迦娜十一莎訶某特迦底十二
薩婆婆毗輸底十三摩訶娜耶十四波唎婆嚟莎訶十五
尒時復有九十九姟佛等一時同聲說是无量壽宗要經陁羅尼曰
南謨薄伽勃底一阿波唎蜜多二阿喻紇硯娜三須毗你失指多四囉佐耶五怛他[illegible]

BD03498 號　無量壽宗要經　　（6–1）

南謨薄伽勃底阿波唎蜜多阿喻紇硯娜須毗你尸指多囉佐耶怛他羯他耶
怛姪他唵七薩婆桑悉迦囉八波唎輸底九達磨底十伽迦娜十一莎呵其特迦底十二
薩婆婆毗輸底十三摩訶娜耶十四波唎婆囉莎呵十五
尒時復有九十九姟佛一時同聲說是无量壽宗要經陀羅尼曰
南謨薄伽勃底一阿波唎蜜多二阿喻紇硯娜三須毗你尸指多四囉佐耶五怛他羯他
耶六怛姪他唵七薩婆桑悉迦囉八波唎輸底九達磨底十伽迦娜十一莎呵其特迦底十二
薩婆婆毗輸底十三摩訶娜耶十四波唎婆囉莎呵十五
尒時復有一百四姟佛一時同聲說是无量壽宗要經陀羅尼曰
南謨薄伽勃底一阿波唎蜜多二阿喻紇硯娜三須毗你尸指多四囉佐耶五怛他羯他耶
怛姪他唵七薩婆桑悉迦囉八波唎輸底九達磨底十伽迦娜十一莎呵其特迦底
薩婆婆毗輸底十三摩訶娜耶十四波唎婆囉莎呵十五
尒時復有七姟佛一時同聲說是无量壽宗要經陀羅尼曰
南謨薄伽勃底阿波唎蜜多二阿喻紇硯娜三須毗你尸指多四囉佐耶五怛他羯他耶六怛
姪他唵七薩婆桑悉迦囉八波唎輸底九達磨底十伽迦娜十一莎呵其特迦底十二
薩婆婆毗輸底十三摩訶娜耶十四波唎婆囉莎呵十五
尒時復有六十五姟佛一時同聲說是无量壽宗要經陀羅尼曰
南謨薄伽勃底一阿波唎蜜多二阿喻紇硯娜三須毗你尸指多四囉佐耶五怛他羯他耶六怛
姪他唵七薩婆桑悉迦囉八波唎輸底九達磨底十伽迦娜十一莎呵其特迦底十二
薩婆婆毗輸底十三摩訶娜耶十四波唎婆囉莎呵十五
尒時復有五十五姟佛一時同聲說是无量壽宗要經陀羅尼曰
南謨薄伽勃底阿波唎蜜多二阿喻紇硯娜三須毗你尸指多四囉佐耶五怛他羯他耶六
怛姪他唵七薩婆桑悉迦囉八波唎輸底九達磨底十伽迦娜十一莎呵其特迦底十二
薩婆婆毗輸底十三摩訶娜耶十四波唎婆囉莎呵十五
尒時復有四十五姟佛一時同聲說是无量壽宗要經陀羅尼曰
南謨薄伽勃底一阿波唎蜜多二阿喻紇硯娜三須毗你尸指多四囉佐耶五怛他羯他耶
怛姪他唵七薩婆桑悉迦囉八波唎輸底九達磨底十伽迦娜十一莎呵其特迦底十二
薩婆婆毗輸底十三摩訶娜耶十四波唎婆囉莎呵十五
尒時復有三十六姟佛一時同聲說是无量壽宗要經陀羅尼曰
南謨薄伽勃底一阿波唎蜜多二阿喻紇硯娜三須毗你尸指多四囉佐耶五怛他羯他耶六
怛姪他唵七薩婆桑悉迦囉八波唎輸底九達磨底十伽迦娜十一莎呵其特迦底十二

BD03498號　無量壽宗要經　（6–2）

怛姪他唵七薩婆桑悉迦囉八波唎輸底九達磨底十伽迦娜十一莎呵其特迦底十二
薩婆婆毗輸底十三摩訶娜耶十四波唎婆囉莎呵十五
尒時復有三十六姟佛一時同聲說是无量壽宗要經陀羅尼曰
南謨薄伽勃底一阿波唎蜜多二阿喻紇硯娜三須毗你尸指多四囉佐耶五怛他羯他耶六
怛姪他唵七薩婆桑悉迦囉八波唎輸底九達磨底十伽迦娜十一莎呵其特迦底十二
薩婆婆毗輸底十三摩訶娜耶十四波唎婆囉莎呵十五
尒時復有二十五姟佛一時同聲說是无量壽宗要經陀羅尼曰
南謨薄伽勃底一阿波唎蜜多二阿喻紇硯娜三須毗你尸指多四囉佐耶五怛他羯他耶六
怛姪他唵七薩婆桑悉迦囉八波唎輸底九達磨底十伽迦娜十一莎呵其特迦底十二
薩婆婆毗輸底十三摩訶娜耶十四波唎婆囉莎呵十五
尒時復有恒河沙姟佛一時同聲說是无量壽宗要經陀羅尼曰
南謨薄伽勃底一阿波唎蜜多二阿喻紇硯娜三須毗你尸指多四囉佐耶五怛他羯他耶
怛姪他唵七薩婆桑悉迦囉八波唎輸底九達磨底十伽迦娜十一莎呵其特迦底十二
薩婆婆毗輸底十三摩訶娜耶十四波唎婆囉莎呵十五
善男子若有自書寫教人書寫是无量壽宗要經如其命盡復得長壽滿年陀羅尼曰
南謨薄伽勃底阿波唎蜜多二阿喻紇硯娜三須毗你尸指多四囉佐耶五怛他羯他耶六
怛姪他唵七薩婆桑悉迦囉八波唎輸底九達磨底十伽迦娜十一莎呵其特迦底十二
薩婆婆毗輸底十三摩訶娜耶十四波唎婆囉莎呵十五
若有自書寫教人書寫是无量壽宗要經讀誦是人待畢竟不墮地獄在在所生得宿命智陀羅尼曰
南謨薄伽勃底阿波唎蜜多二阿喻紇硯娜三須毗你尸指多四囉佐耶五怛他羯他耶六怛姪
他唵七薩婆桑悉迦囉八波唎輸底九達磨底十伽迦娜十一莎呵其特迦底十二薩婆
婆毗輸底十三摩訶娜耶十四波唎婆囉莎呵十五
若有自書寫教人書寫是无量壽宗要經受持讀誦如同書寫八万四千一切經典陀羅尼曰
南謨薄伽勃底阿波唎蜜多二阿喻紇硯娜三須毗你尸指多四囉佐耶五怛他羯他耶六
怛姪他唵七薩婆桑悉迦囉八波唎輸底九達磨底十伽迦娜十一莎呵其特迦底十二
薩婆婆毗輸底十三摩訶娜耶十四波唎婆囉莎呵十五
若有自書寫教人書寫是无量壽宗要經即是書寫八万四千部建立塔廟陀羅尼曰
南謨薄伽勃底阿波唎蜜多二阿喻紇硯娜三須毗你尸指多四囉佐耶五怛他羯他耶六
怛姪他唵七薩婆桑悉迦囉八波唎輸底九達磨底十伽迦娜十一莎呵其特迦底十二
薩婆婆毗輸底十三摩訶娜耶十四波唎婆囉莎呵十五

BD03498號　無量壽宗要經　（6–3）

若有自書寫教人書寫是无量壽宗要經卽是書寫八万四千部建立塔廟陁羅尼曰
南謨薄伽勃底一阿波唎蜜多二阿喻紇硯娜三須毗你尸指多四囉佐耶五怛他羯他耶六
怛姪他唵七薩婆桑悉迦囉八波唎輸底九達磨底十伽伽娜十一莎訶某特迦底十二
薩婆婆毗輸底十三摩訶娜耶十四波唎婆嚹莎訶十五
若有自書寫教人書寫是无量壽宗要經能消五无間等一切重罪陁羅尼曰
南謨薄伽勃底一阿波唎蜜多二阿喻紇硯娜三須毗你尸指多四囉佐耶五怛他羯他耶六怛
姪他唵七薩婆桑悉迦囉八波唎輸底九達磨底十伽伽娜十一莎訶某特迦底十二薩
婆婆毗輸底十三摩訶娜耶十四波唎婆嚹莎訶十五
若有自書寫教人書寫是无量壽宗要經受持讀誦設有重罪猶如須弥盡能除滅陁羅尼曰
南謨薄伽勃底一阿波唎蜜多二阿喻紇硯娜三須毗你尸指多四囉佐耶五怛他羯他耶六怛
姪他唵七薩婆桑悉迦囉八波唎輸底九達磨底十伽伽娜十一莎訶某特迦底十二薩
婆婆毗輸底十三摩訶娜耶十四波唎婆嚹莎訶十五
若有自書寫教人書寫是无量壽宗要經受持讀誦若魔魔之眷屬夜叉羅刹不得其便終无死
陁羅尼曰　南謨薄伽勃底一阿波唎蜜多二阿喻紇硯娜三須毗你尸指多四囉佐耶五怛他
羯他耶六怛姪他唵七薩婆桑悉迦囉八波唎輸底九達磨底十伽伽娜十一莎訶某特迦
底十二薩婆婆毗輸底十三摩訶娜耶十四波唎婆嚹莎訶十五
若有自書寫教人書寫是无量壽宗要經受持讀誦當命終時有九十九姟佛現其人前蒙千
佛授手能遊一切佛刹莫於此經生於疑惑陁羅尼曰
南謨薄伽勃底一阿波唎蜜多二阿喻紇硯娜三須毗你尸指多四囉佐耶五怛他羯他耶六
怛姪他唵七薩婆桑悉迦囉八波唎輸底九達磨底十伽伽娜十一莎訶某特迦底十二薩
婆婆毗輸底十三摩訶娜耶十四波唎婆嚹莎訶十五
若有自書寫教人書寫是无量壽宗要經受持讀誦常得四天大王隨其衛護陁羅尼曰
南謨薄伽勃底一阿波唎蜜多二阿喻紇硯娜三須毗你尸指多四囉佐耶五怛他羯他耶六
怛姪他唵七薩婆桑悉迦囉八波唎輸底九達磨底十伽伽娜十一莎訶某特迦底十二
薩婆婆毗輸底十三摩訶娜耶十四波唎婆嚹莎訶十五
若有自書寫教人書寫是无量壽宗要經受持讀誦當得往生西方極樂世界阿弥陁淨土陁
羅尼曰　南謨薄伽勃底一阿波唎蜜多二阿喻紇硯娜三須毗你尸指多四囉佐耶五怛他羯他
耶六怛姪他唵七薩婆桑悉迦囉八波唎輸底九達磨底十伽伽娜十一莎訶某特迦底十二
薩婆婆毗輸底十三摩訶娜耶十四波唎婆嚹莎訶十五

BD03498號　無量壽宗要經

(6–4)

若有自書寫教人書寫是无量壽宗要經受持讀誦當得往生西方極樂世界阿弥陁淨土陁
羅尼曰　南謨薄伽勃底一阿波唎蜜多二阿喻紇硯娜三須毗你尸指多四囉佐耶五怛他羯他
耶六怛姪他唵七薩婆桑悉迦囉八波唎輸底九達磨底十伽伽娜十一莎訶某特迦底十二
薩婆婆毗輸底十三摩訶娜耶十四波唎婆嚹莎訶十五
若有方所自書使人書寫是无量壽經典之處則爲是塔皆應恭敬作禮若是畜生或
爲鳥獸得聞是經如是等類皆當不久得成一切種智陁羅尼曰
南謨薄伽勃底一阿波唎蜜多二阿喻紇硯娜三須毗你尸指多四囉佐耶五怛他羯他耶
怛姪他唵七薩婆桑悉迦囉八波唎輸底九達磨底十伽伽娜十一莎訶某特迦底十二
薩婆婆毗輸底十三摩訶娜耶十四波唎婆嚹莎訶十五
若有於是无量壽經自書使人書畢竟不受女人之身陁羅尼曰
南謨薄伽勃底一阿波唎蜜多二阿喻紇硯娜三須毗你尸指多四囉佐耶五怛他羯他耶
怛姪他唵七薩婆桑悉迦囉八波唎輸底九達磨底十伽伽娜十一莎訶某特迦底十二
薩婆婆毗輸底十三摩訶娜耶十四波唎婆嚹莎訶十五
若有能於是經少分能惠施者等於三千大千世界滿中七寶布施陁羅尼曰
南謨薄伽勃底一阿波唎蜜多二阿喻紇硯娜三須毗你尸指多四囉佐耶五怛他羯他耶六
怛姪他唵七薩婆桑悉迦囉八波唎輸底九達磨底十伽伽娜十一莎訶某特迦底十二
薩婆婆毗輸底十三摩訶娜耶十四波唎婆嚹莎訶十五
若有能供養是經者則是供養一切諸經等无有異陁羅尼曰
南謨薄伽勃底一阿波唎蜜多二阿喻紇硯娜三須毗你尸指多四囉佐耶五怛他羯他耶六
怛姪他唵七薩婆桑悉迦囉八波唎輸底九達磨底十伽伽娜十一莎訶某特迦底十二
薩婆婆毗輸底十三摩訶娜耶十四波唎婆嚹莎訶十五
如是毗婆尸佛尸弃佛毗舍浮佛俱留孫佛俱那含牟尼佛迦葉佛釋迦牟尼佛
若有以七寶供養如是七佛其福有限書寫受持是无量壽經典所有功德不可限量陁羅尼曰
南謨薄伽勃底一阿波唎蜜多二阿喻紇硯娜三須毗你尸指多四囉佐耶五怛他羯他耶六
怛姪他唵七薩婆桑悉迦囉八波唎輸底九達磨底十伽伽娜十一莎訶某特迦底十二薩
婆婆毗輸底十三摩訶娜耶十四波唎婆嚹莎訶十五
若有七寶等於須弥以用布施其福上能知其限量是无量壽經典其福不可知數陁羅尼曰
南謨薄伽勃底一阿波唎蜜多二阿喻紇硯娜三須毗你尸指多四囉佐耶五怛他羯他耶六
怛姪他唵七薩婆桑悉迦囉八波唎輸底九達磨底十伽伽娜十一莎訶某特迦底十二
薩婆婆毗輸底十三摩訶娜耶十四波唎婆嚹莎訶十五

BD03498號　無量壽宗要經

(6–5)

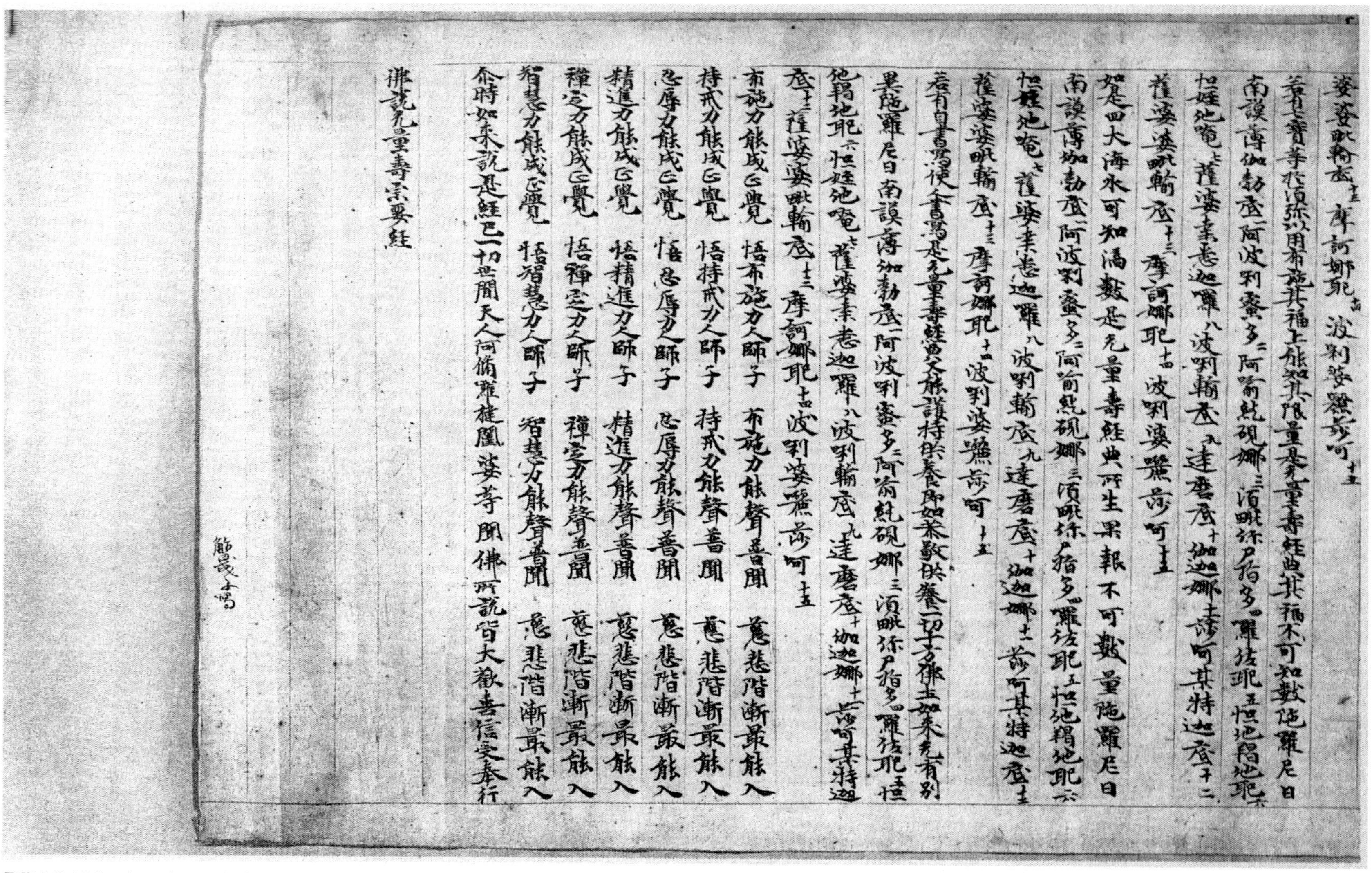

娑婆毗輸底十三 摩訶娜耶十四 波唎婆囉莎訶十五
若有七寶等於須彌以用布施其福上能知其限量是無量壽經典其福不可知數陁羅尼曰
南謨薄伽勃底一 阿波唎蜜多二 阿喻紇硯娜三 須毗你失指多四 囉拔耶五 怛他揭他耶六
怛姪他唵七 薩婆桑悉迦囉八 波唎輸底九 達磨底十 伽迦娜十一 莎訶其特迦底十二
薩婆婆毗輸底十三 摩訶娜耶十四 波唎婆囉莎訶十五
如是四大海水可知滴數是無量壽經典所生果報不可數量陁羅尼曰
南謨薄伽勃底一 阿波唎蜜多二 阿喻紇硯娜三 須毗你失指多四 囉拔耶五 怛他揭他耶六
怛姪他唵七 薩婆桑悉迦囉八 波唎輸底九 達磨底十 伽迦娜十一 莎訶其特迦底十二
薩婆婆毗輸底十三 摩訶娜耶十四 波唎婆囉莎訶十五
若有自書寫使人書寫是無量壽經典又能護持供養即如恭敬供養一切十方佛土如來无有別
異陁羅尼曰 南謨薄伽勃底一 阿波唎蜜多二 阿喻紇硯娜三 須毗你失指多四 囉拔耶五 怛
他揭他耶六 怛姪他唵七 薩婆桑悉迦囉八 波唎輸底九 達磨底十 伽迦娜十一 莎訶其特迦
底十二 薩婆婆毗輸底十三 摩訶娜耶十四 波唎婆囉莎訶十五
布施力能成正覺 悟布施力人師子 布施力能聲普聞 慈悲階漸最能入
持戒力能成正覺 悟持戒力人師子 持戒力能聲普聞 慈悲階漸最能入
忍辱力能成正覺 悟忍辱力人師子 忍辱力能聲普聞 慈悲階漸最能入
精進力能成正覺 悟精進力人師子 精進力能聲普聞 慈悲階漸最能入
禪定力能成正覺 悟禪定力人師子 禪定力能聲普聞 慈悲階漸最能入
智慧力能成正覺 悟智慧力人師子 智慧力能聲普聞 慈悲階漸最能入
尒時如來說是經已一切世間天人阿脩羅揵闥婆等聞佛所說皆大歡喜信受奉行
佛說無量壽宗要經

節嚴寺寫

BD03498號　無量壽宗要經　（6–6）

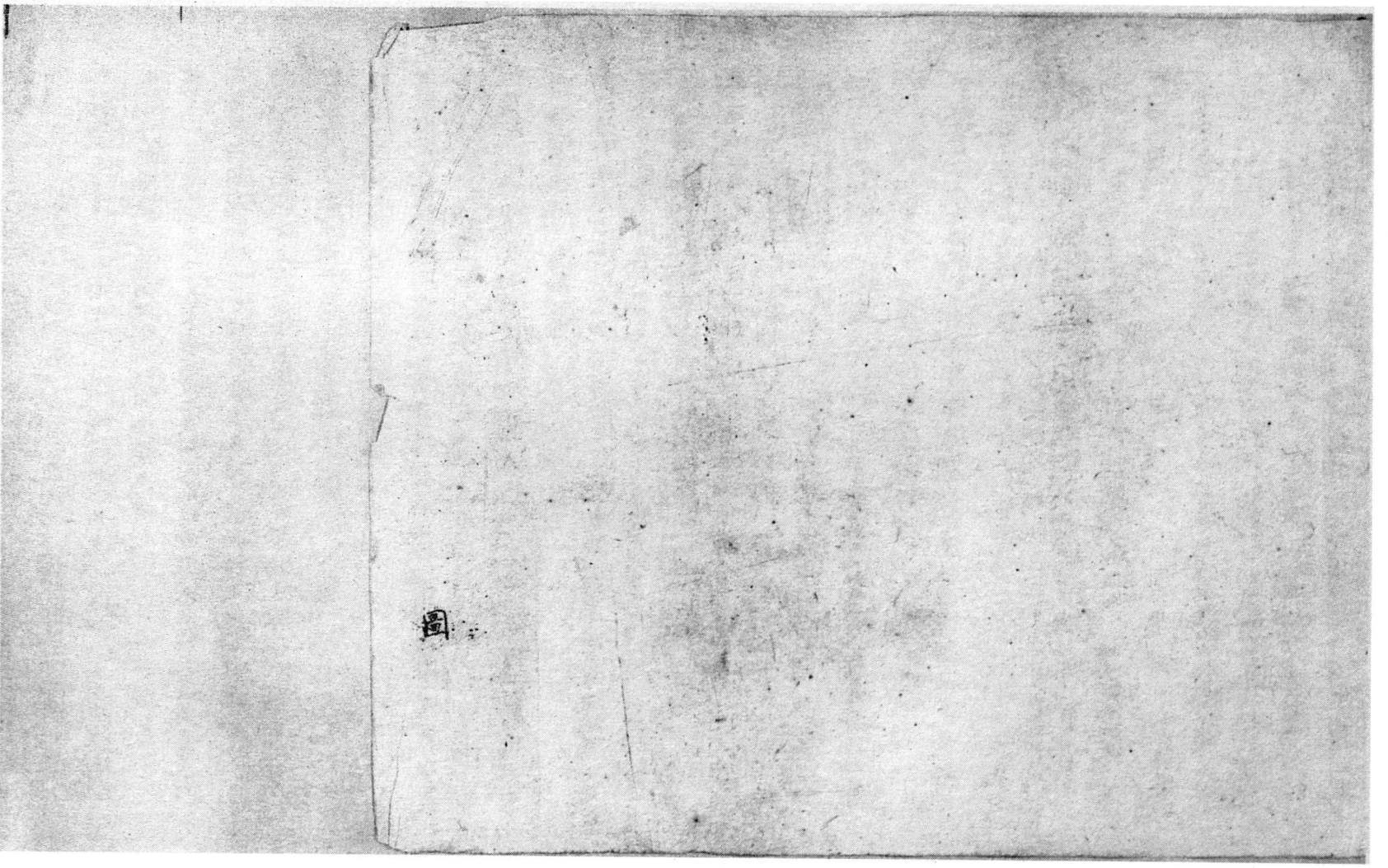

BD03498號背　寺院題名　（1–1）

若遠離若不遠離增語非菩薩摩訶薩耶世
尊若無忘失法遠離不遠離若恒住捨性遠
離不遠離尚畢竟不可得性非有故況有無忘
失法遠離不遠離增語及恒住捨性遠離不
遠離增語此增語既非有如何可言即無
忘失法若遠離若不遠離增語是菩薩摩訶
薩即恒住捨性若遠離若不遠離增語是菩
薩摩訶薩善現汝復觀何義言即無忘失法
若有為若無為增語非菩薩摩訶薩即恒住
捨性若有為若無為增語非菩薩摩訶薩
耶世尊若無忘失法有為無為若恒住捨性有
為無為尚畢竟不可得性非有故況有無忘
失法有為無為增語及恒住捨性有為無為
增語此增語既非有如何可言即無忘失法
若有為若無為增語是菩薩摩訶薩即恒
住捨性若有為若無為增語是菩薩摩訶薩
善現汝復觀何義言即無忘失法若有漏若無
漏增語非菩薩摩訶薩即恒住捨性若有漏
若無漏增語非菩薩摩訶薩耶世尊若無
忘失法有漏無漏若恒住捨性有漏無漏尚畢

BD03499號　大般若波羅蜜多經卷三四

（16–1）

善現汝復觀何義言即無忘失法若有漏若無
漏增語非菩薩摩訶薩即恒住捨性若有漏
若無漏增語非菩薩摩訶薩耶世尊若無
忘失法有漏無漏若恒住捨性有漏無漏尚畢
竟不可得性非有故況有無忘失法有漏无
漏增語及恒住捨性有漏無漏增語此增語
既非有如何可言即無忘失法若有漏若無
漏增語是菩薩摩訶薩即恒住捨性若有漏
若無漏增語是菩薩摩訶薩善現汝復觀何
義言即無忘失法若生若滅增語非菩薩摩
訶薩即恒住捨性若生若滅增語非菩薩摩
訶薩耶世尊若無忘失法生滅若恒住捨性
生滅尚畢竟不可得性非有故況有無忘失
法生滅增語及恒住捨性生滅增語此增語
既非有如何可言即無忘失法若生若滅增
語是菩薩摩訶薩即恒住捨性若生若滅增
語是菩薩摩訶薩善現汝復觀何義言即无
忘失法若善若非善增語非菩薩摩訶薩
即恒住捨性若善若非善增語非菩薩摩訶
薩耶世尊若無忘失法善非善若恒住捨性
善非善尚畢竟不可得性非有故況有無忘失
法善非善增語及恒住捨性善非善增語此
增語既非有如何可言即無忘失法若善若
非善增語是菩薩摩訶薩即恒住捨性若
善若非善增語是菩薩摩訶薩善現汝復觀何
義言即無忘失法若有罪若無罪增語非菩

BD03499號　大般若波羅蜜多經卷三四

（16–2）

非善增語是菩薩摩訶薩即恒住捨性若
善若非善增語是菩薩摩訶薩善現汝復觀何
義言即無忘失法若有罪若無罪增語非善
薩摩訶薩即恒住捨性若有罪若無罪增語
非菩薩摩訶薩耶世尊若無忘失法有罪無
罪若恒住捨性有罪無罪尚畢竟不可得性
非有故況有無忘失法有罪無罪增語及恒
住捨性有罪無罪增語此增語既非有如何
可言即無忘失法若有罪若無罪增語是菩
薩摩訶薩即恒住捨性若有罪若無罪增語
是菩薩摩訶薩善現汝復觀何義言即無忘
失法若有煩惱若無煩惱增語非菩薩摩訶
薩即恒住捨性若有煩惱若無煩惱增語非
菩薩摩訶薩耶世尊若無忘失法有煩惱無
煩惱若恒住捨性有煩惱無煩惱尚畢竟不
可得性非有故況有無忘失法有煩惱無煩
惱增語及恒住捨性有煩惱無煩惱增語此
增語既非有如何可言即無忘失法若有煩
惱若無煩惱增語是菩薩摩訶薩即恒住捨
性若有煩惱若無煩惱增語是菩薩摩訶薩
善現汝復觀何義言即無忘失法若世間若
出世間增語非菩薩摩訶薩即恒住捨性
若世間若出世間增語非菩薩摩訶薩耶世尊
若無忘失法世間出世間若恒住捨性世間出
世間尚畢竟不可得性非有故況有無忘
失法世間出世間增語及恒住捨性世間出

BD03499號　大般若波羅蜜多經卷三四　（16–3）

出世間增語非菩薩摩訶薩即恒住捨性
若世間若出世間增語非菩薩摩訶薩耶世尊
若無忘失法世間出世間若恒住捨性世間出
世間尚畢竟不可得性非有故況有無忘
失法世間出世間增語及恒住捨性世間出
世間增語此增語既非有如何可言即無忘
失法若世間若出世間增語是菩薩摩訶薩
即恒住捨性若世間若出世間增語是菩薩摩
訶薩善現汝復觀何義言即無忘失法若雜
染若清淨增語非菩薩摩訶薩即恒住捨
性若雜染若清淨增語非菩薩摩訶薩耶世
尊若無忘失法雜染清淨若恒住捨性雜染
清淨尚畢竟不可得性非有故況有無忘失
法雜染清淨增語及恒住捨性雜染清淨增
語此增語既非有如何可言即無忘失法若
雜染若清淨增語是菩薩摩訶薩即恒住捨
性若雜染若清淨增語是菩薩摩訶薩善現
汝復觀何義言即無忘失法若屬生死若屬
涅槃增語非菩薩摩訶薩即恒住捨性若屬
生死若屬涅槃增語非菩薩摩訶薩耶世尊
若無忘失法屬生死屬涅槃若恒住捨性屬生
死屬涅槃尚畢竟不可得性非有故況有无
忘失法屬生死屬涅槃增語及恒住捨性屬
生死屬涅槃增語此增語既非有如何可
言即無忘失法若屬生死若屬涅槃增語是
菩薩摩訶薩即恒住捨性若屬生死若屬涅

BD03499號　大般若波羅蜜多經卷三四　（16–4）

忘失法屬生死屬涅槃增語及恒住捨性屬
生死屬涅槃增語此增語既非有如何可
言即無忘失法若屬生死若屬涅槃增語是
菩薩摩訶薩即恒住捨性若屬生死若屬涅
槃增語是菩薩摩訶薩善現汝復觀何義
言即無忘失法若在內若在外若在兩間增語
非菩薩摩訶薩即恒住捨性若在內若在外
若在兩間增語非菩薩摩訶薩耶世尊若
無忘失法在內在外在兩間若恒住捨性在內
在外在兩間尚畢竟不可得性非有故況有
無忘失法在內在外在兩間增語及恒住捨
性在內在外在兩間增語此增語既非有如
何可言即無忘失法若在內若在外若在兩間
增語是菩薩摩訶薩即恒住捨性若在內
若在外若在兩間增語是菩薩摩訶薩善
現汝復觀何義言即無忘失法若可得若不可
得增語非菩薩摩訶薩即恒住捨性若可得
若不可得增語非菩薩摩訶薩耶世尊若無
忘失法可得不可得若恒住捨性可得不可得
得尚畢竟不可得性非有故況有無忘失法
可得不可得增語及恒住捨性可得不可得
增語此增語既非有如何可言即無忘失法
若可得若不可得增語是菩薩摩訶薩即恒
住捨性若可得若不可得增語是菩薩摩訶
薩復次善現汝觀何義言即一切智增語非
菩薩摩訶薩即道相智一切相智增語非菩
薩摩訶薩耶具壽善現答言世尊若一切智

住捨性若可得若不可得增語是菩薩摩訶
薩復次善現汝觀何義言即一切智增語非
菩薩摩訶薩即道相智一切相智增語非菩
薩摩訶薩耶具壽善現答言世尊若一切智
若道相智一切相智尚畢竟不可得性非有
故況有一切智增語及道相智一切相智增
語此增語既非有如何可言即一切智增語
是菩薩摩訶薩即道相智一切相智增語是
菩薩摩訶薩善現汝復觀何義言即一切智
若常若無常增語非菩薩摩訶薩即道相
智一切相智若常若無常增語非菩薩摩訶
薩耶世尊若一切智常無常若道相智一切相
智常無常尚畢竟不可得性非有故況有一
切智常無常增語及道相智一切相智常無
常增語此增語既非有如何可言即一切智
若常若無常增語是菩薩摩訶薩即道相
智一切相智若常若無常增語是菩薩摩訶
薩善現汝復觀何義言即一切智若樂若苦增
語非菩薩摩訶薩即道相智一切相智若樂
若苦增語非菩薩摩訶薩耶世尊若一切智
樂苦若道相智一切相智樂苦尚畢竟不可
得性非有故況有一切智樂苦增語及道相
智一切相智樂苦增語此增語既非有如何
可言即一切智若樂若苦增語是菩薩摩
訶薩即道相智一切相智若樂若苦增語是
[illegible]現汝復觀何義言即一切智

[illegible]
智一切相智樂若苦增語此增語既非有如何
可言即一切智若樂若苦增語是菩薩摩
訶薩即道相智一切相智若樂若苦增語是
菩薩摩訶薩善現汝復觀何義言即一切智
若我若無我增語非菩薩摩訶薩即道相智一
切相智若我若無我增語非菩薩摩訶薩耶
世尊若一切智我無我若道相智一切相智
我無我尚畢竟不可得性非有故況有一切
智我無我增語及道相智一切相智我無我
增語此增語即非有如何可言即一切智若
我若無我增語是菩薩摩訶薩即道相智一
切相智若我若無我增語是菩薩摩訶薩善
現汝復觀何義言即一切智若淨若不淨增語
非菩薩摩訶薩即道相智一切相智若淨
若不淨增語非菩薩摩訶薩耶世尊若
一切智淨不淨若道相智一切相智淨不淨尚
畢竟不可得性非有故況有一切智淨不淨增
語及道相智一切相智淨不淨增語此增語
既非有如何可言即一切智若淨若不淨增
語是菩薩摩訶薩即道相智一切相智若淨
若不淨增語是菩薩摩訶薩善現汝復觀何
義言即一切智若空若不空增語非菩薩摩
訶薩即道相智一切相智若空若不空增語
非菩薩摩訶薩耶世尊若一切智空不空若
道相智一切相智空不空尚畢竟不可得
性非有故況有一切智空不空增語及道相

BD03499號　大般若波羅蜜多經卷三四　（16–7）

訶薩即道相智一切相智若空若不空增語
非菩薩摩訶薩耶世尊若一切智空不空若
道相智一切相智空不空尚畢竟不可得
性非有故況有一切智空不空增語及道相
智一切相智空不空增語此增語既非有如
何可言即一切智若空若不空增語是菩薩
摩訶薩即道相智一切相智若空若不空增
語是菩薩摩訶薩善現汝復觀何義言即一
切智若有相若無相增語非菩薩摩訶薩即
道相智一切相智若有相若無相增語非菩薩
摩訶薩耶世尊若一切智有相無相若道相
智一切相智有相無相尚畢竟不可得性非
有故況有一切智有相無相增語及道相智
一切相智有相無相增語此增語既非有如
何可言即一切智若有相若無相增語是菩
薩摩訶薩即道相智一切相智若有相若
無相增語是菩薩摩訶薩善現汝復觀何
義言即一切智若有願若無願增語非菩薩摩
訶薩即道相智一切相智若有願若無願增語
非菩薩摩訶薩耶世尊若一切智有願無願
若道相智一切相智有願無願尚畢竟不可
得性非有故況有一切智有願無願增語
及道相智一切相智有願無願增語此增語既
非有如何可言即一切智若有願若無願增
語是菩薩摩訶薩即道相智一切相智若有
願若無願增語是菩薩摩訶薩善現汝復
[illegible]

BD03499號　大般若波羅蜜多經卷三四　（16–8）

非有如何可言即一切智若有願若無願增
語是菩薩摩訶薩即道相智一切相智若有
願若無願增語是菩薩摩訶薩善現汝復
觀何義言即一切智若寂靜若不寂靜增
語非菩薩摩訶薩即道相智一切相智若寂靜若
不寂靜增語非菩薩摩訶薩耶世尊若一切
智寂靜不寂靜若道相智一切相智寂靜不
寂靜尚畢竟不可得性非有故況有一切智
寂靜不寂靜增語及道相智一切相智寂靜
不寂靜增語此增語既非有如何可言即一
切智若寂靜若不寂靜增語是菩薩摩訶薩
即道相智一切相智若寂靜若不寂靜增語
是菩薩摩訶薩善現汝復觀何義言即一切
智若遠離若不遠離增語非菩薩摩訶薩即
道相智一切相智若遠離若不遠離增語非
菩薩摩訶薩耶世尊若一切智遠離不遠
離若道相智一切相智遠離不遠離尚畢竟
不可得性非有故況有一切智遠離不遠離
增語及道相智一切相智遠離不遠離增語此
增語既非有如何可言即一切智若遠離若
不遠離增語是菩薩摩訶薩即道相智一切
相智若遠離若不遠離增語是菩薩摩訶薩
善現汝復觀何義言即一切智若有為若無
為增語非菩薩摩訶薩即道相智一切相智
若有為若無為增語非菩薩摩訶薩耶世

善現汝復觀何義言即一切智若有為若無
為增語非菩薩摩訶薩即道相智一切相智
若有為若無為增語非菩薩摩訶薩耶世
尊若一切智有為無為若道相智一切相智有
為無為尚畢竟不可得性非有故況有一切
智有為無為增語及道相智一切相智有為
無為增語此增語既非有如何可言即一切
智若有為若無為增語是菩薩摩訶薩即
道相智一切相智若有為若無為增語是菩
薩摩訶薩善現汝復觀何義言即一切智若
有漏若無漏增語非菩薩摩訶薩即道相
智一切相智若有漏若無漏增語非菩薩摩
訶薩耶世尊若一切智有漏無漏若道相智
一切相智有漏無漏尚畢竟不可得性非有故
況有一切智有漏無漏增語及道相智一切
智有漏無漏增語此增語既非有如何可言
即一切智若有漏若無漏增語是菩薩摩訶
薩即道相智一切相智若有漏若無漏增
語是菩薩摩訶薩善現汝復觀何義言即一
切智若生若滅增語非菩薩摩訶薩即道相
智一切相智若生若滅增語非菩薩摩訶薩耶
世尊若一切智生滅若道相智一切相智生滅
尚畢竟不可得性非有故況有一切智生
滅增語及道相智一切相智生滅增語此增
語既非有如何可言即一切智若生若滅增

世尊若一切智生滅若道相智一切相智生滅
尚畢竟不可得性非有故況有一切智生
滅增語及道相智一切相智生滅增語此增
語既非有如何可言即一切智若生若滅增
語是菩薩摩訶薩即道相智一切相智若生
若滅增語是菩薩摩訶薩善現汝復觀何
義言即一切智若善若非善增語非菩薩摩訶
薩即道相智一切相智若善若非善增語非
菩薩摩訶薩耶世尊若一切智善非善若道
相智一切相智善非善尚畢竟不可得性非
有故況有一切智善非善增語及道相智一
切相智善非善增語此增語既非有如何可
言即一切智若善若非善增語是菩薩摩訶
薩即道相智一切相智若善若非善增語是
菩薩摩訶薩善現汝復觀何義言即一切智
若有罪若無罪增語非菩薩摩訶薩即道相
智一切相智若有罪若無罪增語非菩薩摩
訶薩耶世尊若一切智有罪無罪若道相智
一切相智有罪無罪尚畢竟不可得性非有故
況有一切智有罪無罪增語及道相智一
切相智有罪無罪增語此增語既非有如何
可言即一切智若有罪若無罪增語是菩薩
摩訶薩即道相智一切相智若有罪若無罪
增語是菩薩摩訶薩善現汝復觀何義言即
一切智若有煩惱若無煩惱增語非菩薩摩
訶薩即道相智一切相智若有煩惱若無煩

BD03499號　大般若波羅蜜多經卷三四　（16–11）

增語是菩薩摩訶薩善現汝復觀何義言即
一切智若有煩惱若無煩惱增語非菩薩摩
訶薩即道相智一切相智若有煩惱若無煩
惱增語非菩薩摩訶薩耶世尊若一切智有
煩惱無煩惱若道相智一切相智有煩惱無
煩惱尚畢竟不可得性非有故況有一切智
有煩惱無煩惱增語及道相智一切相智有
煩惱無煩惱增語此增語既非有如何可言
即一切智若有煩惱若無煩惱增語是菩薩
摩訶薩即道相智一切相智若有煩惱若
無煩惱增語是菩薩摩訶薩善現汝復觀
何義言即一切智若世間若出世間增語非菩
薩摩訶薩即道相智一切相智若世間若出
世間增語非菩薩摩訶薩耶世尊若一切智世
間出世間若道相智一切相智世間出世間
尚畢竟不可得性非有故況有一切智世間
出世間增語及道相智一切相智世間出世
間增語此增語既非有如何可言即一切智
若世間若出世間增語是菩薩摩訶薩即
道相智一切相智若世間若出世間增語是
菩薩摩訶薩善現汝復觀何義言即一切智
若雜染若清淨增語非菩薩摩訶薩即道
相智一切相智若雜染若清淨增語非菩薩摩
訶薩耶世尊若一切智雜染清淨若道相智一
切相智雜染清淨尚畢竟不可得性非有故

BD03499號　大般若波羅蜜多經卷三四　（16–12）

菩薩摩訶薩善現汝復觀何義言即一切智
若雜染若清淨增語非菩薩摩訶薩即道
相智一切相智若雜染若清淨增語非菩薩摩
訶薩耶世尊若一切智雜染清淨若道相智一
切相智雜染清淨尚畢竟不可得性非有故
況有一切智雜染清淨增語及道相智一切
相智雜染清淨增語此增語既非有如何可
言即一切智若雜染若清淨增語是菩薩摩
訶薩即道相智一切相智若雜染若清淨
增語是菩薩摩訶薩善現汝復觀何義言
即一切智若屬生死若屬涅槃增語非菩薩
摩訶薩即道相一切相智若屬生死若屬涅槃
增語非菩薩摩訶薩耶世尊若一切智屬
生死屬涅槃若道相智一切相智屬生死屬涅
槃尚畢竟不可得性非有故況有一切智屬
生死屬涅槃增語及道相智一切相智屬生
死屬涅槃增語此增語既非有如何可言即
一切智若屬生死若屬涅槃增語是菩薩摩
訶薩即道相智一切相智若屬生死若屬涅
槃增語是菩薩摩訶薩善現汝復觀何義
言即一切智若在內若在外若在兩間增語非
菩薩摩訶薩即道相智一切相智若在內若
在外若在兩間增語非菩薩摩訶薩耶世尊
若一切智在內在外在兩間若道相智一切相
智在內在外在兩間尚畢竟不可得性非有
故況有一切智在內在外在兩間增語及道

菩薩摩訶薩即道相智一切相智若在內若
在外若在兩間增語非菩薩摩訶薩耶世尊
若一切智在內在外在兩間若道相智一切相
智在內在外在兩間尚畢竟不可得性非有
故況有一切智在內在外在兩間增語及道
相智一切相智在內在外在兩間增語此增
語既非有如何可言即一切智若在內若在
外若在兩間增語是菩薩摩訶薩即道相
智一切相智若在內若在外若在兩間增語
是菩薩摩訶薩善現汝復觀何義言即一切
智若可得若不可得增語非菩薩摩訶薩即
道相智一切相智若可得若不可得增語非
菩薩摩訶薩耶世尊若一切智可得不可得
若道相智一切相智可得不可得尚畢竟不
可得性非有故況有一切智可得不可得增語
及道相智一切相智可得不可得增語此增
語既非有如何可言即一切智若可得若不
可得增語是菩薩摩訶薩即道相智一切
相智若可得若不可得增語是菩薩摩訶
薩復次善現汝觀何義言即預流果增語非
菩薩摩訶薩即一來不還阿羅漢果增語非菩
薩摩訶薩耶具壽善現答言世尊若預流
果若一來不還阿羅漢果尚畢竟不可得性非
有故況有預流果增語及一來不還阿羅漢
果增語此增語既非有如何可言即預流果
增語是菩薩摩訶薩即一來不還阿羅漢果增

果若一来不還阿羅漢果尚畢竟不可得性非
有故況有預流果增語及一来不還阿羅漢
果增語此增語既非有如何可言即預流果
增語是菩薩摩訶薩即一来不還阿羅漢果增
語是菩薩摩訶薩善現汝復觀何義言即預
流果若常若無常增語非菩薩摩訶薩即一
来不還阿羅漢果若常若無常增語非菩薩
摩訶薩耶世尊若預流果常無常若一来
不還阿羅漢果常無常尚畢竟不可得性非
有故況有預流果常無常增語及一来不還
阿羅漢果常無常增語此增語既非有如
何可言即預流果若常若無常增語是菩薩
摩訶薩即一来不還阿羅漢果若常若無常
語增是菩薩摩訶薩善現汝復觀何義言即
預流果若樂若苦增語非菩薩摩訶薩即一来
不還阿羅漢果若樂若苦增語非菩薩摩
訶薩耶世尊若預流果樂苦若一来不還阿羅
漢果樂苦尚畢竟不可得性非有故況有預
流果樂苦增語及一来不還阿羅漢果樂苦
增語此增語既非有如何可言即預流果若樂
若苦增語是菩薩摩訶薩即一来不還阿羅
漢果若樂若苦增語是菩薩摩訶薩善現
汝復觀何義言即預流果若我若無我增語
非菩薩摩訶薩即一来不還阿羅漢果若我
若無我增語非菩薩摩訶薩耶世尊若預流
果我無我若一来不還阿羅漢果我無我尚

BD03499 號　大般若波羅蜜多經卷三四　　（16–15）

汝復觀何義言即預流果若我若無我增語
非菩薩摩訶薩即一来不還阿羅漢果若我
若無我增語非菩薩摩訶薩耶世尊若預流
果我無我若一来不還阿羅漢果我無我尚
畢竟不可得性非有故況有預流果我無我
增語及一来不還阿羅漢果我無我增語此
增語既非有如何可言即預流果若我若無
我增語是菩薩摩訶薩即一来不還阿羅漢
果若我若無我增語是菩薩摩訶薩

大般若波羅蜜多經卷第卌四

BD03499 號　大般若波羅蜜多經卷三四　　（16–16）

BD03499 號背　勘記　（1–1）

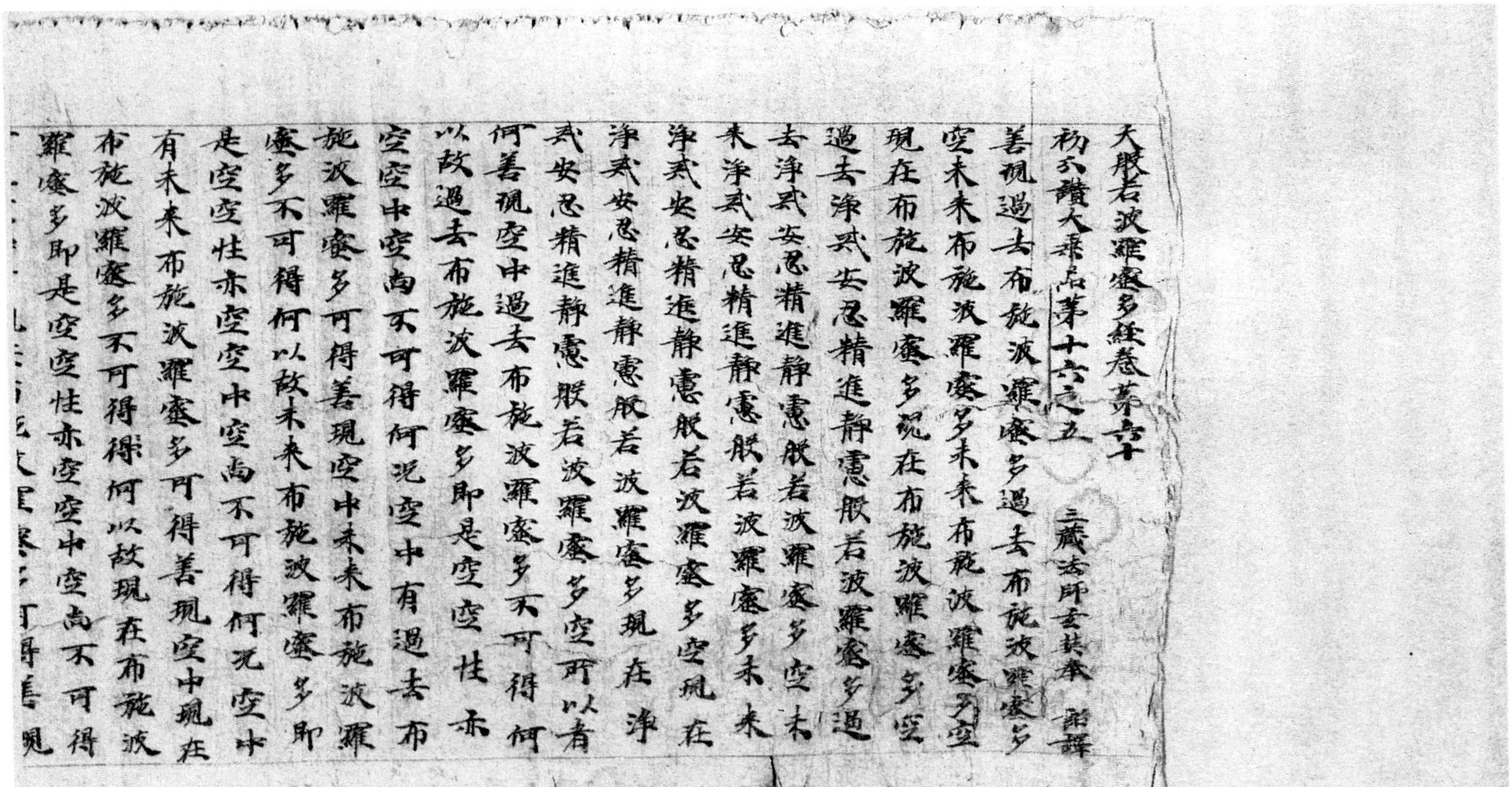
大般若波羅蜜多經卷第六十
初分讚大乘品第十六之五　三藏法師玄奘奉　詔譯
善現過去布施波羅蜜多過去布施波羅蜜多
空未來布施波羅蜜多未來布施波羅蜜多空
現在布施波羅蜜多現在布施波羅蜜多空
過去淨戒安忍精進靜慮般若波羅蜜多過
去淨戒安忍精進靜慮般若波羅蜜多空未
來淨戒安忍精進靜慮般若波羅蜜多未來
淨戒安忍精進靜慮般若波羅蜜多空現在
淨戒安忍精進靜慮般若波羅蜜多現在淨
戒安忍精進靜慮般若波羅蜜多空所以者
何善現空中過去布施波羅蜜多不可得何
以故過去布施波羅蜜多即是空空性亦
空空中空尚不可得何況空中有過去布
施波羅蜜多可得善現空中未來布施波羅
蜜多不可得何以故未來布施波羅蜜多即
是空空性亦空空中空尚不可得何況空中
有未來布施波羅蜜多可得善現空中現在
布施波羅蜜多不可得得何以故現在布施波
羅蜜多即是空空性亦空空中空尚不可得

BD03500 號　大般若波羅蜜多經卷六〇　（2–1）

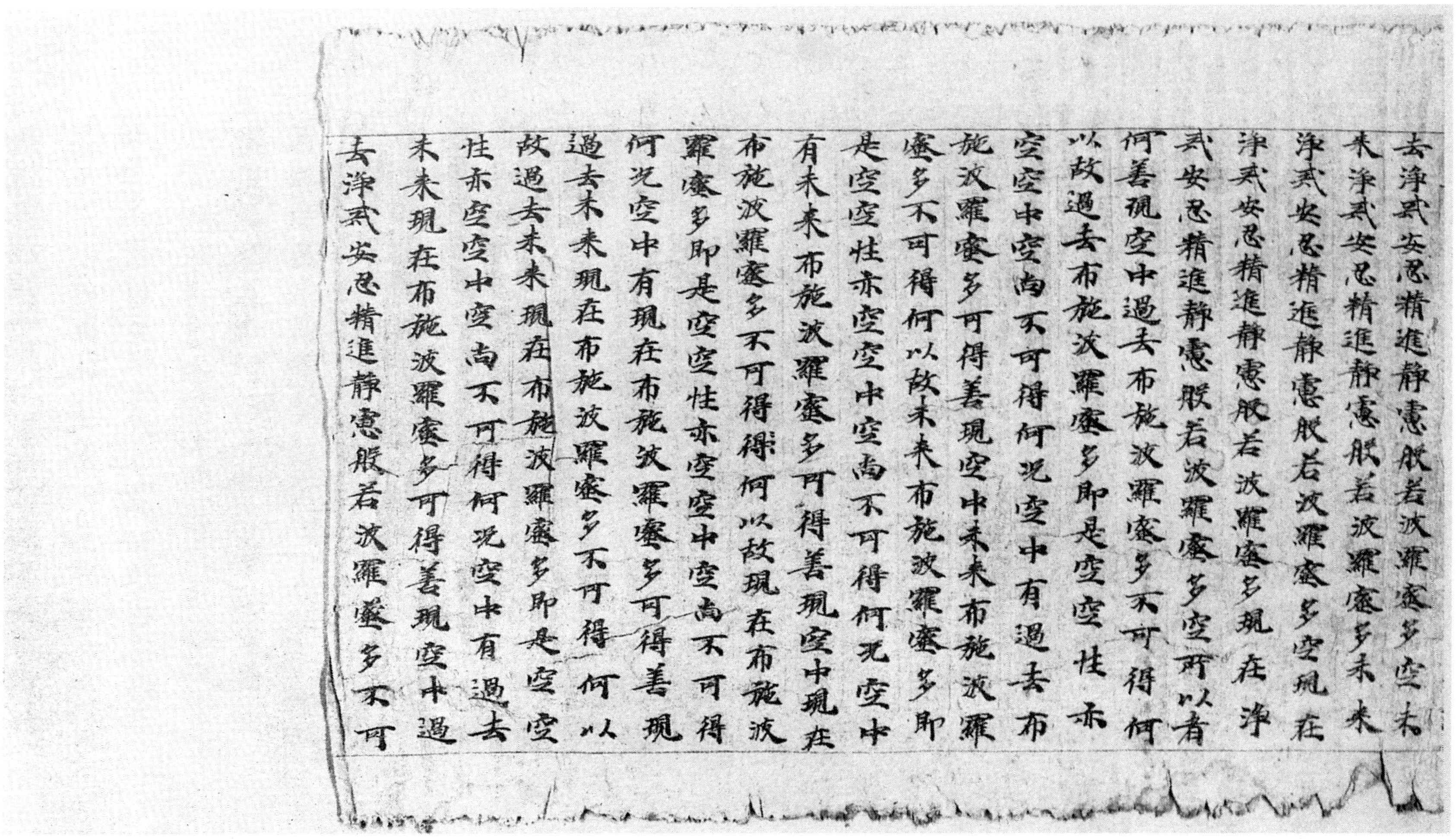

去淨戒安忍精進靜慮般若波羅蜜多空未
來淨戒安忍精進靜慮般若波羅蜜多未來
淨戒安忍精進靜慮般若波羅蜜多空現在
淨戒安忍精進靜慮般若波羅蜜多現在淨
戒安忍精進靜慮般若波羅蜜多空所以者
何善現空中過去布施波羅蜜多不可得何
以故過去布施波羅蜜多即是空空性亦
空空中空尚不可得何况空中有過去布
施波羅蜜多可得善現空中未來布施波羅
蜜多不可得何以故未來布施波羅蜜多即
是空空性亦空空中空尚不可得何况空中
有未來布施波羅蜜多可得善現空中現在
布施波羅蜜多不可得何以故現在布施波
羅蜜多即是空空性亦空空中空尚不可得
何况空中有現在布施波羅蜜多可得善現
過去未來現在布施波羅蜜多不可得何以
故過去未來現在布施波羅蜜多即是空空
性亦空空中空尚不可得何况空中有過去
未來現在布施波羅蜜多可得善現空中過
去淨戒安忍精進靜慮般若波羅蜜多不可

BD03500 號　大般若波羅蜜多經卷六〇　（2–2）

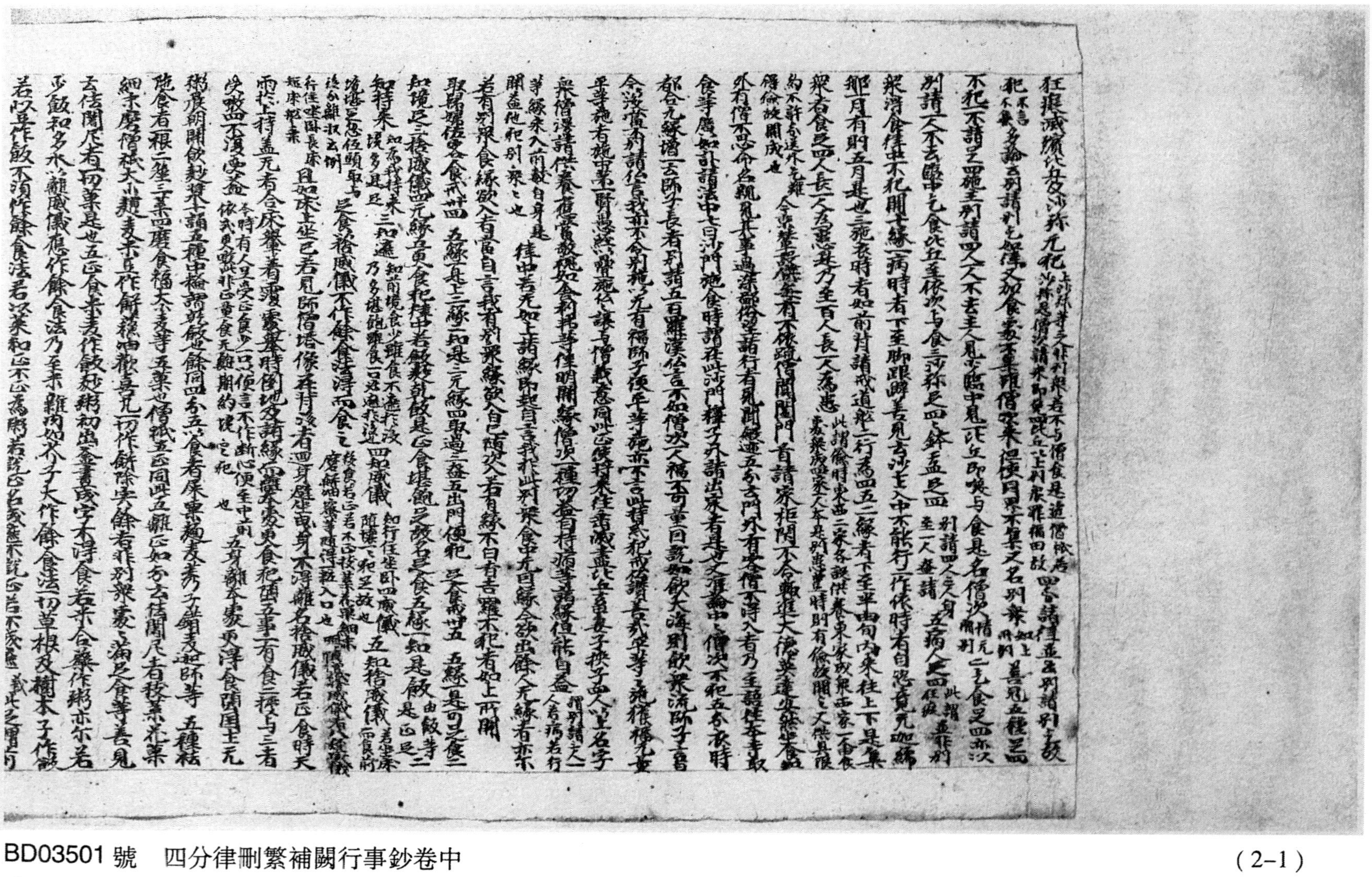

BD03501 號　四分律刪繁補闕行事鈔卷中　（2–1）

BD03501號　四分律刪繁補闕行事鈔卷中　（2–2）

BD03501號背　四分律刪繁補闕行事鈔卷中　（2–1）

BD03501 號背　四分律刪繁補闕行事鈔卷中　　（2–2）

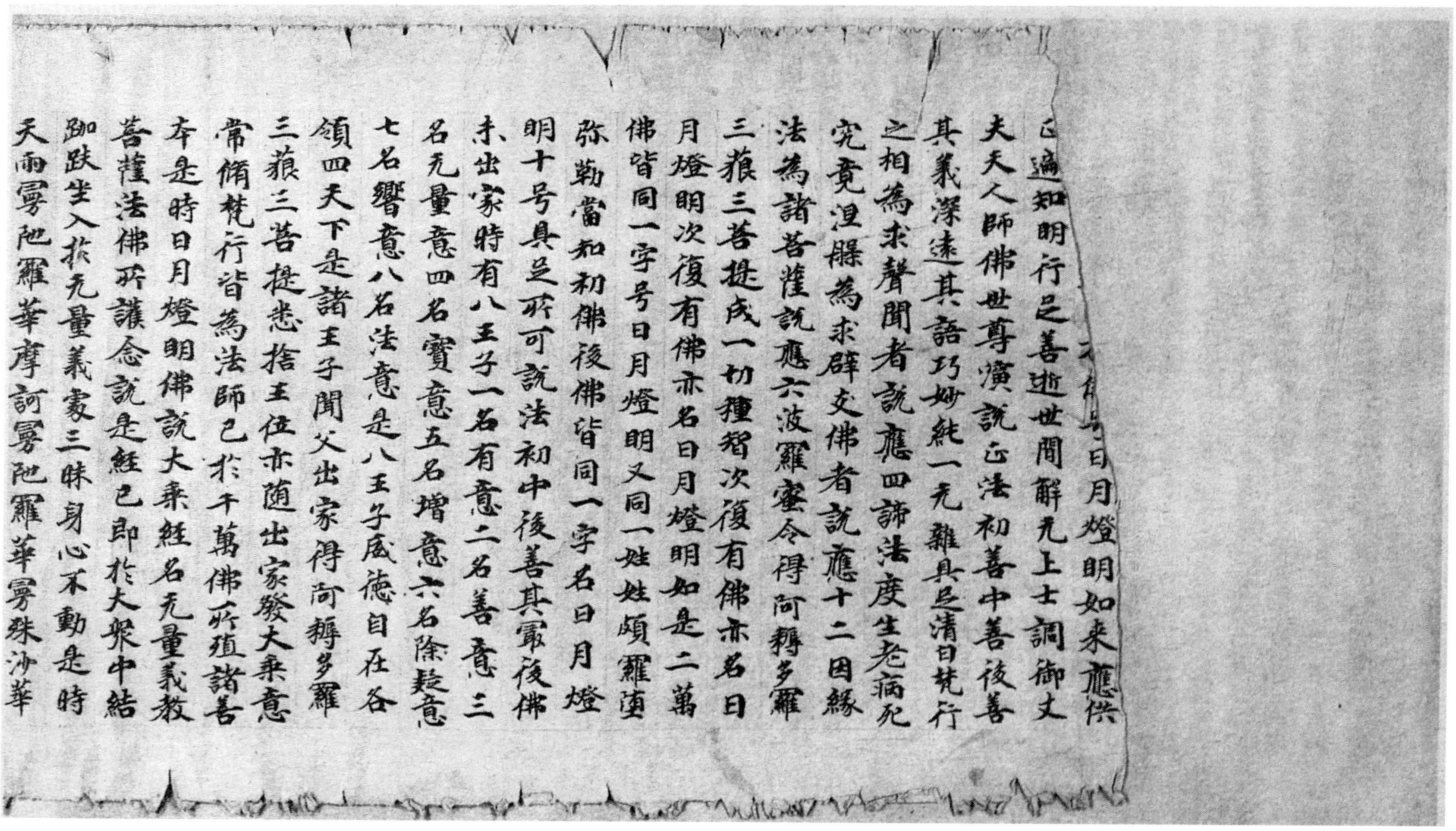

……日月燈明如来應供
正遍知明行足善逝世間解无上士調御丈
夫天人師佛世尊演說正法初善中善後善
其義深遠其語巧妙純一无雜具足清白梵行
之相為求聲聞者說應四諦法度生老病死
究竟涅槃為求辟支佛者說應十二因緣
法為諸菩薩說應六波羅蜜令得阿耨多羅
三藐三菩提成一切種智次復有佛亦名日
月燈明次復有佛亦名日月燈明如是二萬
佛皆同一字号日月燈明又同一姓姓頗羅堕
弥勒當知初佛後佛皆同一字名日月燈
明十号具足所可說法初中後善其最後佛
未出家時有八王子一名有意二名善意三
名无量意四名寶意五名增意六名除疑意
七名響意八名法意是八王子威德自在各
領四天下是諸王子聞父出家得阿耨多羅
三藐三菩提悉捨王位亦随出家發大乘意
常脩梵行皆為法師已於千萬佛所殖諸善
本是時日月燈明佛說大乘經名无量義教
菩薩法佛所護念說是經已即於大衆中結
跏趺坐入於无量義處三昧身心不動是時
天雨曼陁羅華摩訶曼陁羅華曼殊沙華

BD03502 號　妙法蓮華經卷一　　（2–1）

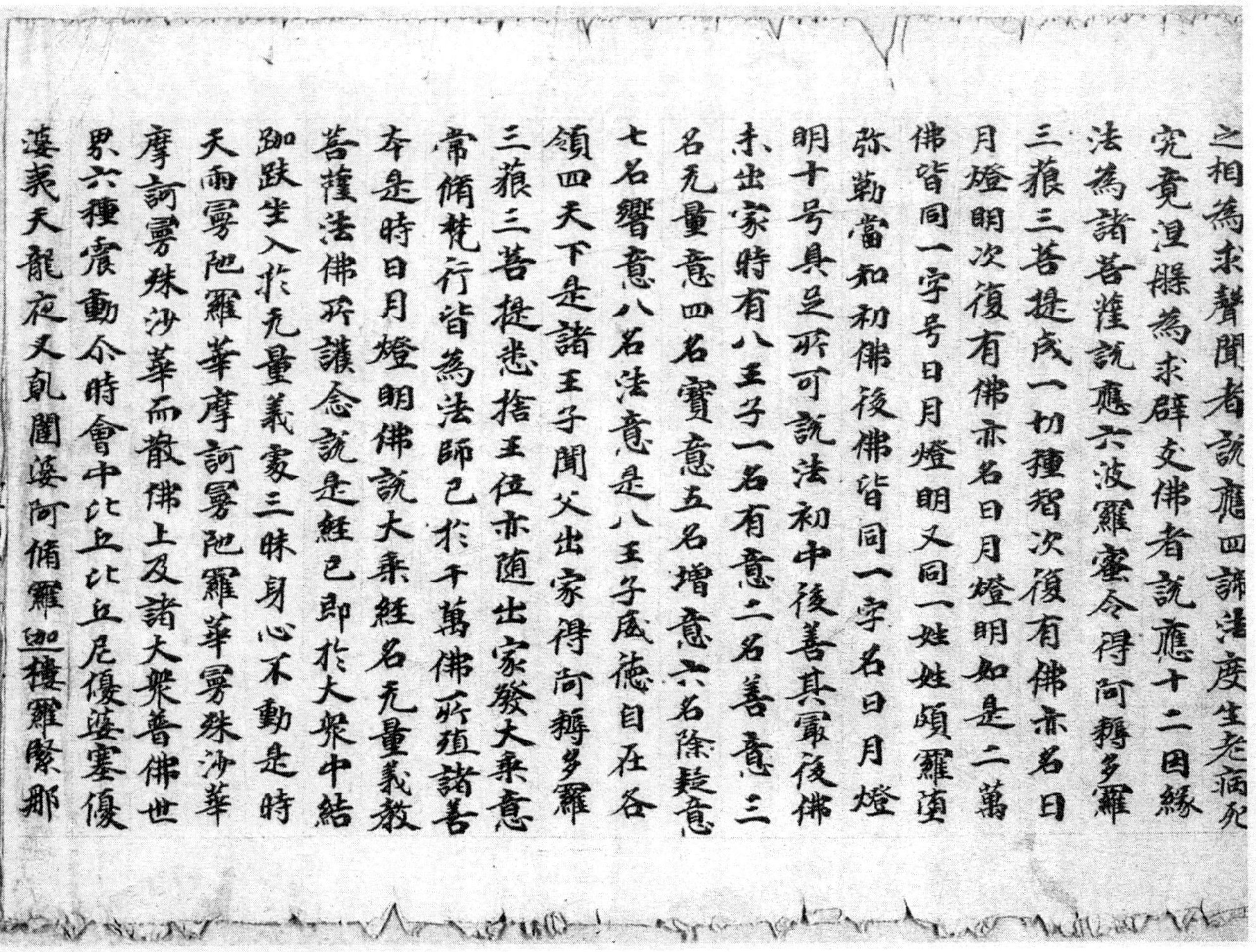

之相為求聲聞者說應四諦法度生老病死
究竟涅槃為求辟支佛者說應十二因緣
法為諸菩薩說應六波羅蜜令得阿耨多羅
三藐三菩提成一切種智次復有佛亦名日
月燈明次復有佛亦名日月燈明如是二萬
佛皆同一字号日月燈明又同一姓姓頗羅墮
弥勒當知初佛後佛皆同一字名日月燈
明十号具足所可說法初中後善其最後佛
未出家時有八王子一名有意二名善意三
名无量意四名寶意五名增意六名除疑意
七名嚮意八名法意是八王子威德自在各
領四天下是諸王子聞父出家得阿耨多羅
三藐三菩提悉捨王位亦隨出家發大乘意
常脩梵行皆為法師已於千萬佛所殖諸善
本是時日月燈明佛說大乘經名无量義教
菩薩法佛所護念說是經已即於大眾中結
跏趺坐入於无量義處三昧身心不動是時
天雨曼陁羅華摩訶曼陁羅華曼殊沙華
摩訶曼殊沙華而散佛上及諸大眾普佛世
界六種震動尒時會中比丘比丘尼優婆塞優
婆夷天龍夜叉乾闥婆阿脩羅迦樓羅緊那

BD03502號　妙法蓮華經卷一　（2–2）

BD03503號　四分律刪繁補闕行事鈔卷中　（2–1）

BD03503 號　四分律刪繁補闕行事鈔卷中　（2–2）

BD03503 號背　四分律刪繁補闕行事鈔卷中　（2–1）

罪隨至僧中舉難往至有衣是捨要 五種懺本罪法往僧懺人前具儀已云大德一心念我某甲比丘故畜長衣衆
多不說淨犯捨墮波逸提此衣物已捨与僧各犯波逸提罪如上犯數又犯長衣財已用壞盡發露
根本波逸提罪不憶數 若記者用等 自上未盡不須 今向大德發露懺悔不敢覆藏懺悔則安樂不懺悔不安樂憶念發露
知而不敢覆藏大德憶我清淨戒身具足清淨布薩三說 六可責應治應言汝自責心生厭離 答言爾
言尔 大段四門 還衣鞭法 初對闇異非一出中 立長衣者又須壹斷從後作還捨長者本已受取還法下出
立留過者羅還之令行事者有忍心不斷故令經夜還今不同之乞不斷心多日亦犯若捨心當日得還如上論
文今且依捨還法者有請言衣有長衣過十日捨墮過者等宿還之 律云若大衆多人難捨故立
有因緣事欲遠行僧即應還彼衣彼得衣已展轉付之若僧得難者如云大衆物法如云僧令持是衣与
某甲比丘當還某甲比丘如是白如是 二明付法 律云應問言此衣与誰隨彼与之若非五長明
還者若作羯磨還之和合還說自言大德僧聽某甲比丘故離僧伽梨宿犯捨墮 飲食實 時隨稱 具請衣物也
捨与僧者僧得時還僧今持是衣還某甲比丘若大德僧聽某甲比丘故離僧伽梨宿犯捨墮此
衣已捨与僧今持是衣還某甲比丘誰諸長老忍僧持是衣還某甲比丘者默然誰不忍者說僧忍
還某甲比丘衣竟僧忍默然故是事如是持 律云若不還衣者得吉羅若依他部如前其解文如下集說
部別行事中間衆懺法今後懺吉羅者不合如僧懺不異故罪亦得出問四人單白得受懺不答前已明之並須
今捨法捨財還財如前僧法不異捨心尚乃至二人且有須捨者須且懺面對僧人對對故
三人以上方行轉懺若人者准但得對首如上僧中餘有諸捨如前捨別明竟 二明還多人捨者三副數
即元白又餘詞同上但改單白為問邊人云諸長老若長老聽我某甲比丘懺悔者我當受彼今示餘
如前捨將羯磨對二人三人向既是今別於捨衣与衆多大德一心念我某甲比丘捨与衆多大德捨
中問邊人云即無異餘並同一部還衣前須羯磨自他具得一僧羯對人法亦略可知捨財還
衣者對四已若無除罪無邊人故但具法如上護除為知不述 二明懺元大衆憑法隨犯多少為對
通懺方法同前應懺遮亦知更重輕又一位且說方便為緣自餘有犯隨名味入若有從生之罪如前根
本之初懺之其元品六品四品三品二品依知有元如過量亞具斷已亦並者有用故須先悔並同前示
三正懺法先請清淨知律比丘能解懺罪者共在靜處對佛像前具儀請之請法如上不異 三請已
當為分別名種相三種又為說放持兩相令生怖心如上具懺已然後悔根本法詞云大德一心念我某甲
比丘犯故妄語一波逸提罪今向大德發露懺悔餘如上前說 若見云若生時亦應為彼人若入涅槃寫者
求悔當於涅槃處作懺悔 已天道門不開 五明懺提舍尼法 云与波逸提同一說為異今依
律敘自在懺法不取人語顯相四罪文中具 須先請清淨比丘文云今請大德為波羅提舍尼懺悔主
餘上下文同前三為分別罪相三正懺悔罪文云大德一心念我某甲比丘无病從非親尼自手受食
大德我犯可呵法所不應為今向大德悔過 一說便呵治 立捨懺法云餘詞大同四分前人間

BD03503 號背　四分律删繁補闕行事鈔卷中　（2–2）

又緣具緣缺或多相對 初句人作人想 心境相當 二人非人疑 境是心疑 三人非人想 境定心差 四非人人想 境心差 五非人疑 境差心疑
五句能所以多少者但由第二人非人想此二不足故或四或五所以爾者前後輕重相對是有第二故即成五如
婬戒轉想及迷並得本罪若愛非人轉想闕無本迷亦吉故須第三已成五階若犯蓋
二境相對不爰爲諸等是也 盜戒即四 有主无主想故 不爰分具五 不爰分想 五謂轉想有兩心闕故四約本迷
二境合元罪故此戒五若犯不犯或四或五 又解重輕之中但有三種若轉想迷本或四五云何或四五者
如對二境犯境起迷須有吉羅故為斯具五想對無情一切無犯是以但四如似露說類前亦尔若對
下三轉想應五然落闕通此具足重非罪而露說者无犯戒是本迷或四或五若准此義犯位亦有三
別如上輕重通本定立進就不犯故即成或四五者今犯不犯如殺戒中本是迷犯中對非畜
二物作想轉迷俱立並成三位此即一對理齊文中偏說殺妄觸等就輕重以釋後約犯以說故殺
盡四多具此謂犯中有輕重者如前所論若攝地不受分非時等犯中无輕重取者但有
或四或五餘准可知又後上來如此釋者通約本異二境論之故言足或四五句若唯據本境犯之
有无者一切境想即應四謂本迷故五則俱五謂轉想故但文中不說開斯犯等皆據本境論想
若異境後心得並不結其罪 如非人疑想闕者是本想闕得作非人疑想 但得吉羅其是五緣若非人闕令無人想亦吉羅 故約略論敘境想
之義可對諸戒類明持犯五次釋其文五階之位如前所列以犯不犯起就境闕心以其成業但以境有
復多是非心有識迷鎮侯或心境俱想犯齊品中業有輕重八品約或心不當境 人作人想 非時想疑 或境
不犯心 非人人想 境犯心宋犯 地非地想 犯不犯 非地地想 有斯差降境想明須業位既定四句之中輕重亦須分料
五位 具上五階具四初句心境相當通犯究竟之殺後業非人疑前輕重以本緣人心不捨臨殺有果
緣人心疑後輕雖本心未捨終時境非本期故二非人想四人非人想為自想並本緣心境相當逆起
以為時單有本心无本境故又更重明本境中疑重想輕以心境相稱故重單境无心故輕後異境
中想重疑輕以生人想与方便不異故重疑者雙緣人闕之緣故非人闕緣境疑心闕本期故分斯
兩緣法罪屬本宜解如此 五雜料簡得任以持犯諸道非可一法包羅教別諸門持緣亦可粗知指歸
此門所明略有不可具雜試列異名任自消釋或約對彼或約銷燈或隨自他或分身口或人自成兩
業各分多人通使緣別同業如斯諸例未得陳之所以者意在易識即行前論難知希闡故且
剛約 懺六聚法篇第十六 夫結戒罪種理須懺除則形清心淨進同僧法故隨篇多立元有一
法疾於心者不可以暫惡便永棄之故須懺悔淨緣亦云如我呵責貶黜之人令彼自責誦持其戒
離三惡道為備在故略述五之師並犯悔法增減隱顯顯現有多眼教先父輸行決律故此言有
犯不能如法懺悔是為愚人聖教微明但不信受今欲顯其疑位俗其心璅使是非鏡其耳目僧史

BD03504 號　四分律删繁補闕行事鈔卷中　（2–1）

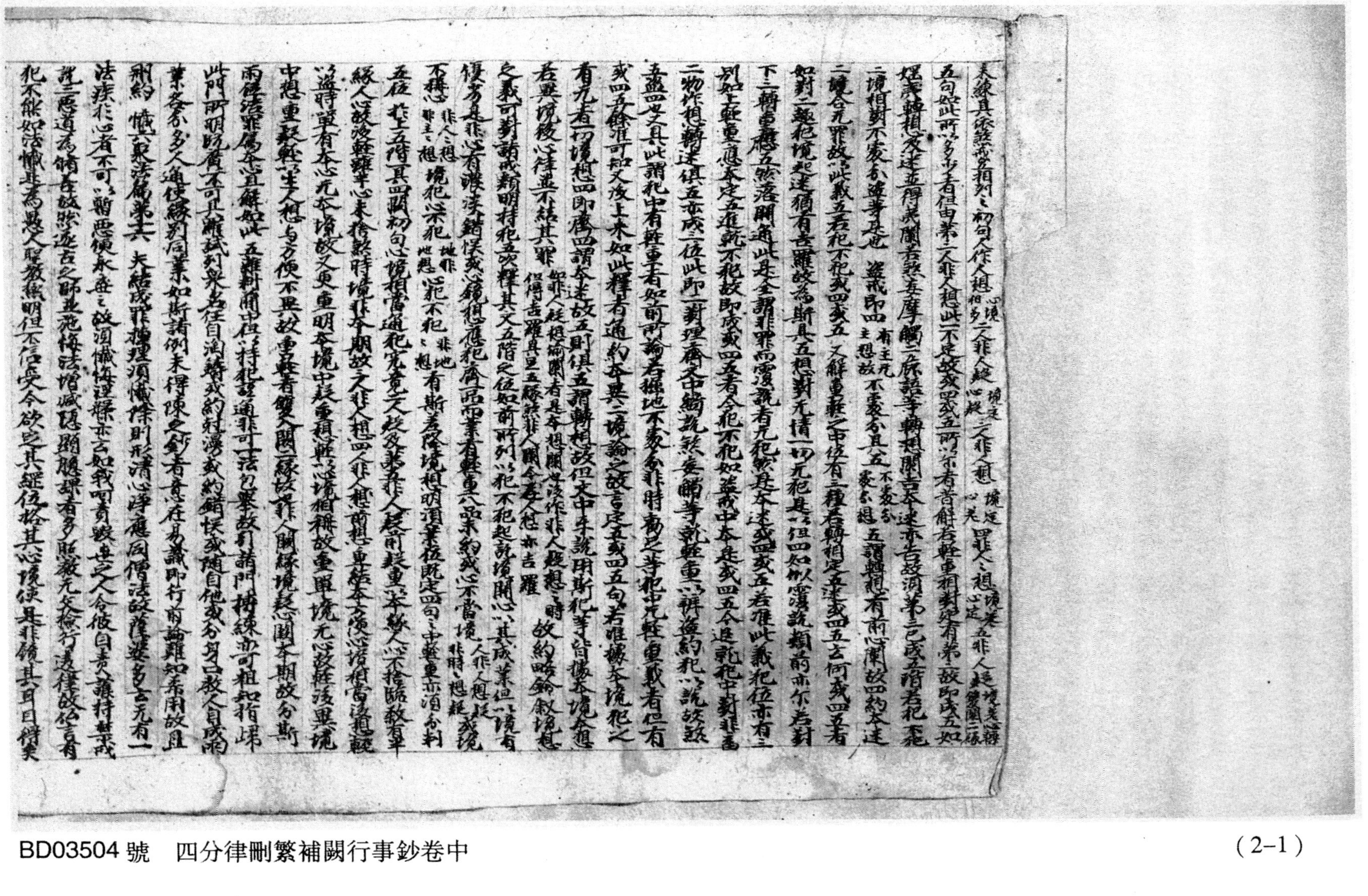

BD03504 號　四分律刪繁補闕行事鈔卷中　（2–2）

BD03504 號背　四分律刪繁補闕行事鈔卷中　（2–1）

BD03504 號背　四分律删繁補闕行事鈔卷中　（2–2）

BD03505 號 A　四分律删繁補闕行事鈔卷中　（2–1）

BD03505 號 A　四分律刪繁補闕行事鈔卷中　（2–2）

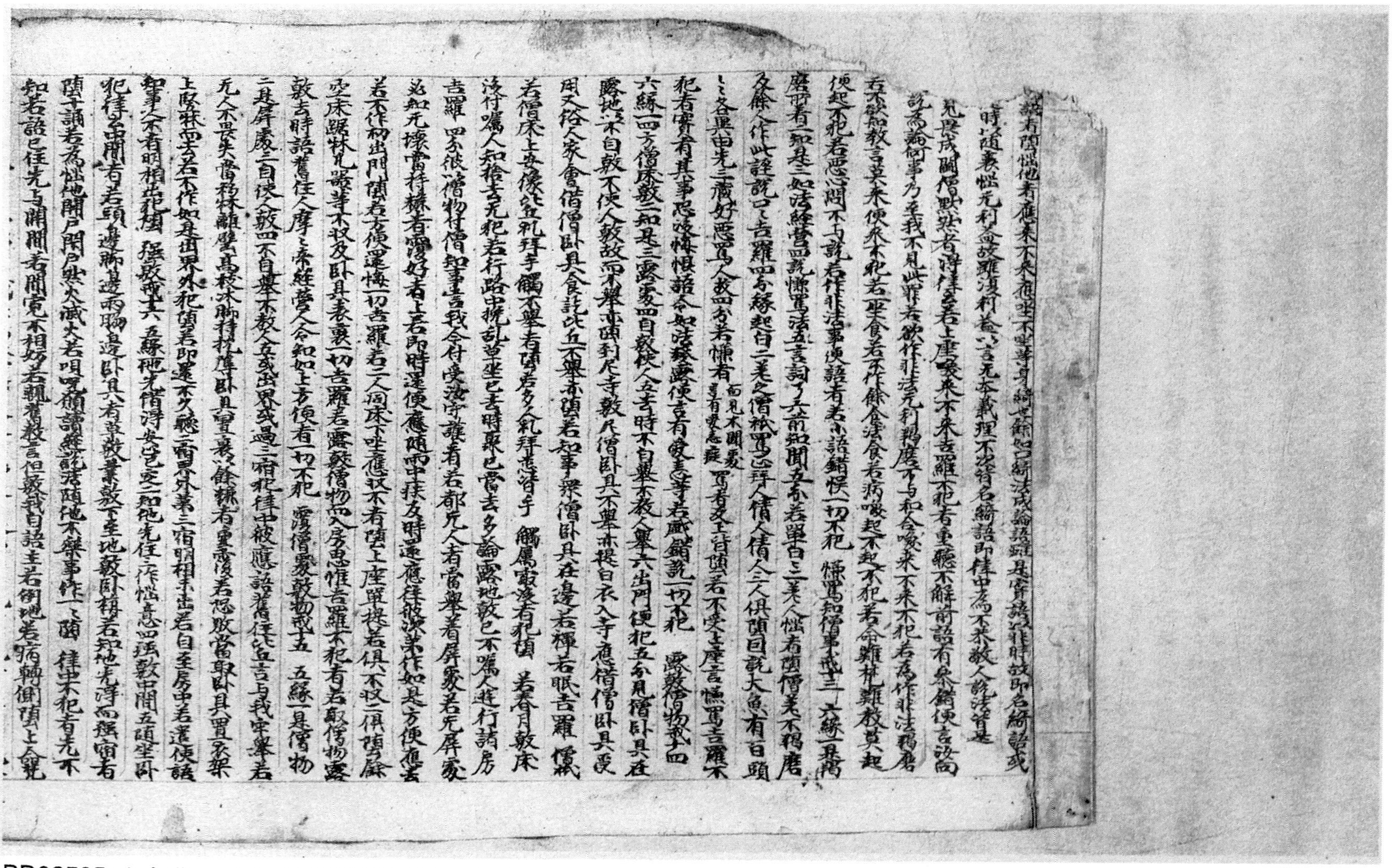

BD03505 號 A 背　四分律刪繁補闕行事鈔卷中　（2–1）

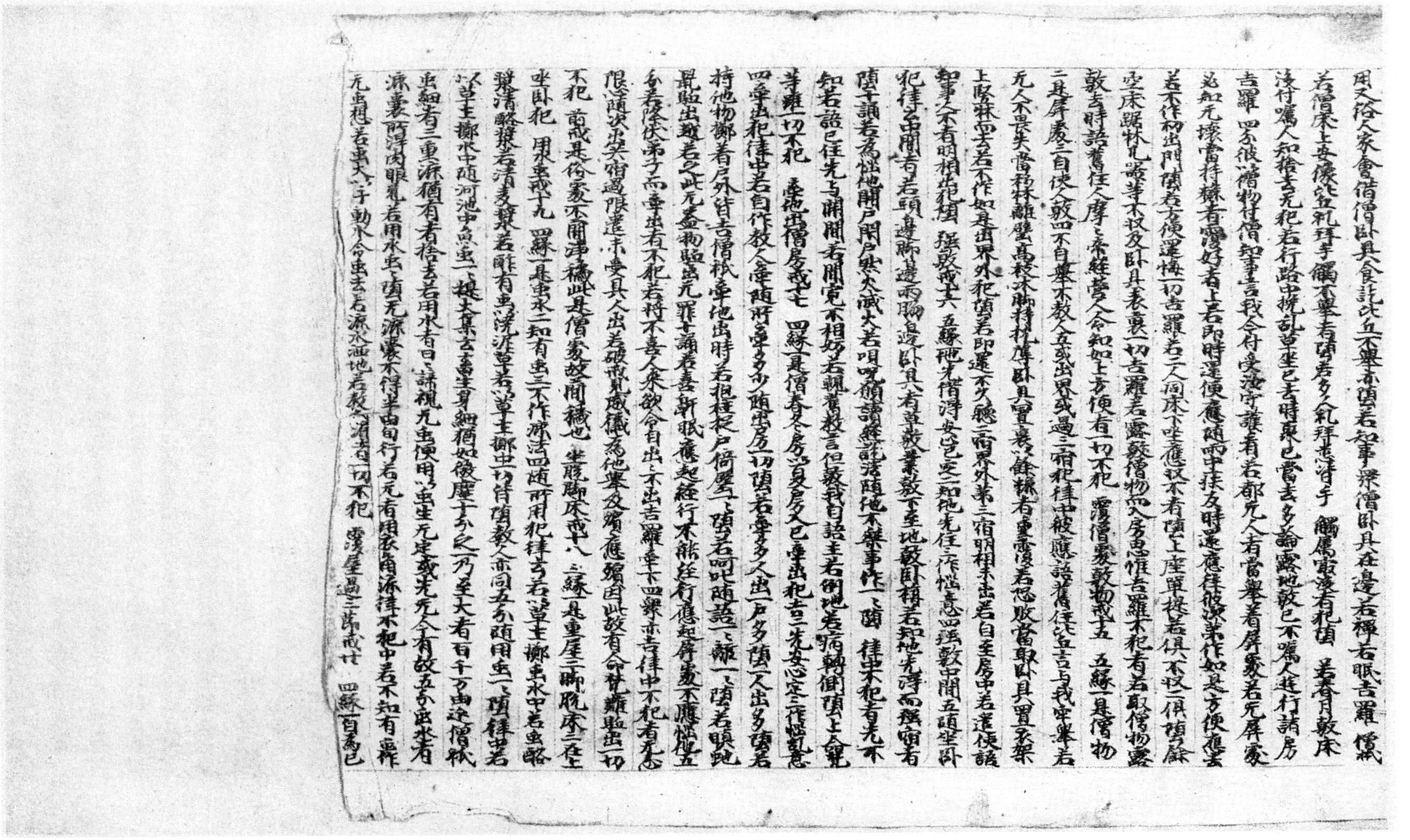

BD03505 號 A 背　四分律刪繁補闕行事鈔卷中　（2–2）

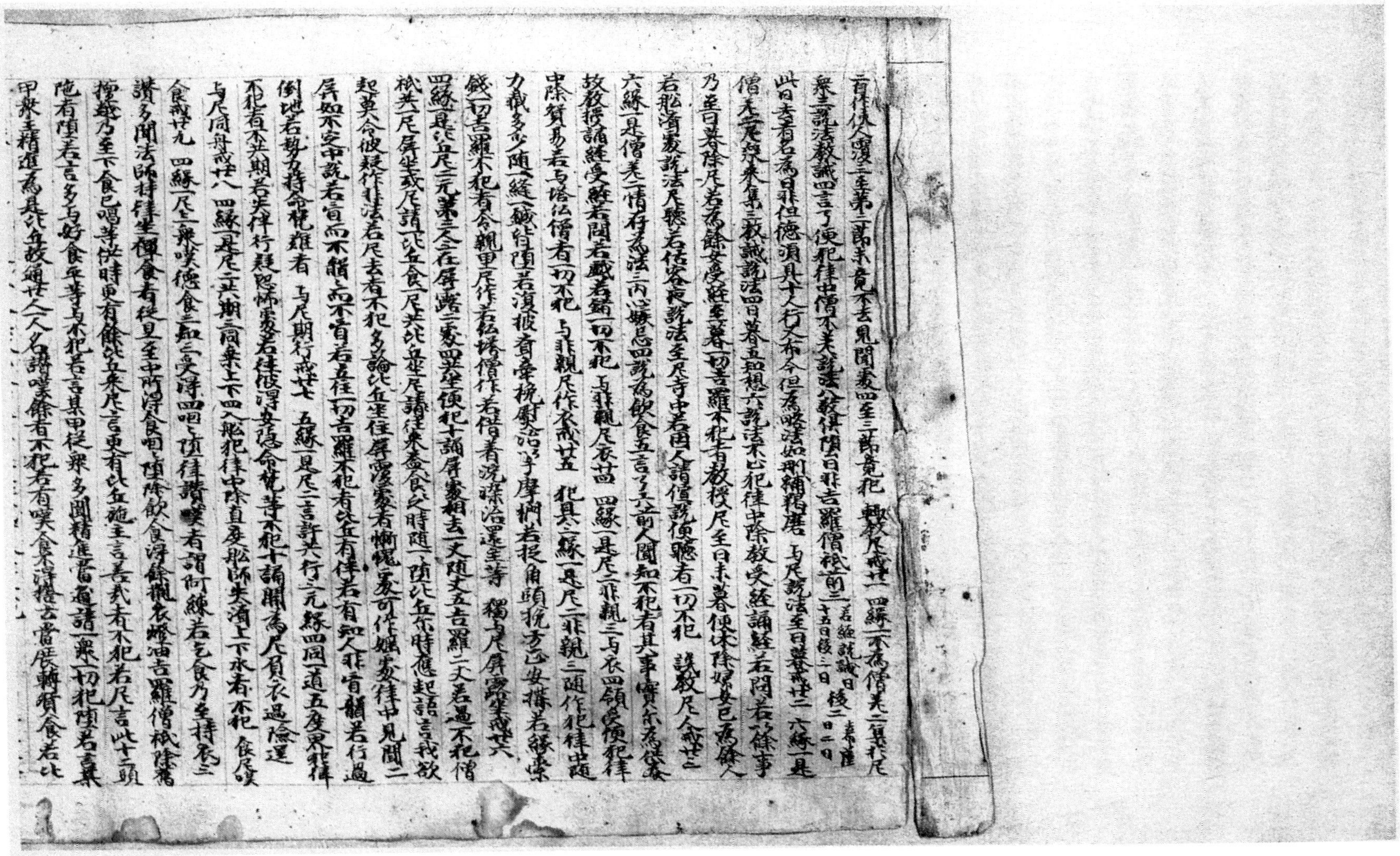

BD03505 號 B　四分律刪繁補闕行事鈔卷中　（2–1）

BD03505 號 B　四分律刪繁補闕行事鈔卷中　　　（2–2）

BD03505 號 B 背　四分律刪繁補闕行事鈔卷中　　　（2–1）

BD03505 號 B 背　四分律刪繁補闕行事鈔卷中　　（2–2）

……界清淨
……智清淨若
……無二無二分無別
……清淨故香界鼻識界及鼻
……緣所生諸受清淨香界乃至鼻觸
爲緣所生諸受清淨故預流果清淨何以故
若一切智智清淨若香界乃至鼻觸爲緣所
生諸受清淨若預流果清淨無二無二分無
別無斷故善現一切智智清淨故舌界清淨
舌界清淨故預流果清淨何以故若一切智
智清淨若舌界清淨若預流果清淨無二無
二分無別無斷故一切智智清淨故味界舌識界
及舌觸舌觸爲緣所生諸受清淨味界乃
至舌觸爲緣所生諸受清淨故預流果清
淨何以故若一切智智清淨若味界乃至舌
觸爲緣所生諸受清淨若預流果清淨無二
無二分無別無斷故善現一切智智清淨故
身界清淨身界清淨故預流果清淨何以故
若一切智智清淨若身界清淨若預流果清
淨無二無二分無別無斷故一切智智清淨
故觸界身識界及身觸身觸爲緣所生諸受

BD03506 號　大般若波羅蜜多經卷二八二　　（10–1）

無二分無別無斷故善現一切智智清淨故
身界清淨身界清淨故預流果清淨何以故
若一切智智清淨若身界清淨若預流果清
淨無二無二分無別無斷故一切智智清淨
故觸界身識界及身觸身觸為緣所生諸受
清淨觸界乃至身觸為緣所生諸受清淨故
預流果清淨何以故若一切智智清淨若觸
界乃至身觸為緣所生諸受清淨若預流果
清淨無二無二分無別無斷故善現一切智
智清淨故意界清淨意界清淨故預流果清
淨何以故若一切智智清淨若意界清淨若
預流果清淨無二無二分無別無斷故一切
智智清淨故法界意識界及意觸意觸為緣
所生諸受清淨法界乃至意觸為緣所生諸
受清淨故預流果清淨何以故若一切智智
清淨若法界乃至意觸為緣所生諸受清淨
若預流果清淨無二無二分無別無斷故善
現一切智智清淨故地界清淨地界清淨故
預流果清淨何以故若一切智智清淨若地
界清淨若預流果清淨無二無二分無別無
斷故一切智智清淨故水火風空識界清淨
水火風空識界清淨故預流果清淨何以故
若一切智智清淨若水火風空識界清淨若
預流果清淨無二無二分無別無斷故善現
一切智智清淨故無明清淨無明清淨故預
流果清淨何以故若一切智智清淨若無明
清淨若預流果清淨無二無二分無別無斷

BD03506號　大般若波羅蜜多經卷二八二　（10–2）

若一切智智清淨若水火風空識界清淨若
預流果清淨無二無二分無別無斷故善現
一切智智清淨故無明清淨無明清淨故預
流果清淨何以故若一切智智清淨若無明
清淨若預流果清淨無二無二分無別無斷
故一切智智清淨故行識名色六處觸受愛
取有生老死愁歎苦憂惱清淨行乃至老死
愁歎苦憂惱清淨故預流果清淨何以故若
一切智智清淨若行乃至老死愁歎苦憂惱
清淨若預流果清淨無二無二分無別無斷
故
善現一切智智清淨故布施波羅蜜多清淨
布施波羅蜜多清淨故預流果清淨何以故
若一切智智清淨若布施波羅蜜多清淨若
預流果清淨無二無二分無別無斷故一切
智智清淨故淨戒安忍精進靜慮般若波羅
蜜多清淨淨戒乃至般若波羅蜜多清淨故
預流果清淨何以故若一切智智清淨若淨
戒乃至般若波羅蜜多清淨若預流果清淨
無二無二分無別無斷故善現一切智智清
淨故內空清淨內空清淨故預流果清淨何
以故若一切智智清淨若內空清淨若預流
果清淨無二無二分無別無斷故一切智智
清淨故外空內外空空空大空勝義空有為
空無為空畢竟空無際空散空無變異空本
性空自相空共相空一切法空不可得空無
性空自性空無性自性空清淨外空乃至無

BD03506號　大般若波羅蜜多經卷二八二　（10–3）

界清淨無二無二分無別無斷故一切智智
清淨故外空內空內外空空空大空勝義空有為
空無為空畢竟空無際空散空無變異空本
性空自相空共相空一切法空不可得空無
性空自性空無性自性空清淨外空乃至無
性自性空清淨故預流果清淨何以故若一
切智智清淨若外空乃至無性自性空
若預流果清淨無二無二分無別無斷
現一切智智清淨故真如清淨真如清淨
預流果清淨何以故若一切智智清淨
如清淨若預流果清淨無二無二分無別
斷故一切智智清淨故法界法性不虛妄性
不變異性平等性離生性法定法住實際虛
空界不思議界清淨法界乃至不思議界清
淨故預流果清淨何以故若一切智智清淨
若法界乃至不思議界清淨若預流果清淨
無二無二分無別無斷故善現一切智智清
淨故苦聖諦清淨苦聖諦清淨故預流果清
淨何以故若一切智智清淨若苦聖諦清淨
若預流果清淨無二無二分無別無斷故一
切智智清淨故集滅道聖諦清淨集滅道聖
諦清淨故預流果清淨何以故若一切智智
清淨若集滅道聖諦清淨若預流果清淨無
二無二分無別無斷故
善現一切智智清淨故四靜慮清淨四靜慮
清淨故預流果清淨何以故若一切智智清
淨若四靜慮清淨若預流果清淨無二無二

BD03506號　大般若波羅蜜多經卷二八二　（10–4）

清淨若集滅道聖諦清淨若預流果清淨無
二無二分無別無斷故
善現一切智智清淨故四靜慮清淨四靜慮
清淨故預流果清淨何以故若一切智智清
淨若四靜慮清淨若預流果清淨無二無二
分無別無斷故一切智智清淨故四無量四
無色定清淨四無量四無色定清淨故預流
果清淨何以故若一切智智清淨若四無量
四無色定清淨若預流果清淨無二無二分
無別無斷故善現一切智智清淨故八解脫
清淨八解脫清淨故預流果清淨何以故若
一切智智清淨若八解脫清淨若預流果清
淨無二無二分無別無斷故一切智智清淨
故八勝處九次第定十遍處清淨八勝處九
次第定十遍處清淨故預流果清淨何以故
若一切智智清淨若八勝處九次第定十遍
處清淨若預流果清淨無二無二分無別無
斷故善現一切智智清淨故四念住清淨四
念住清淨故預流果清淨何以故若一切智
智清淨若四念住清淨若預流果清淨無二
無二分無別無斷故一切智智清淨故四正
斷四神足五根五力七等覺支八聖道支清
淨四正斷乃至八聖道支清淨故預流果清
淨何以故若一切智智清淨若四正斷乃至
八聖道支清淨若預流果清淨無二無二分
無別無斷故善現一切智智清淨故空解脫
門清淨空解脫門清淨故預流果清淨何以

BD03506號　大般若波羅蜜多經卷二八二　（10–5）

斷四神足五根五力七等覺支八聖道支清
淨四正斷乃至八聖道支清淨故預流果清
淨何以故若一切智智清淨若四正斷乃至
八聖道支清淨若預流果清淨無二無二分
無別無斷故善現一切智智清淨故空解脫
門清淨空解脫門清淨故預流果清淨何以
故若一切智智清淨若空解脫門清淨若預
流果清淨無二無二分無別無斷故一切智
智清淨故無相無願解脫門清淨無相無願
解脫門清淨故預流果清淨何以故若一切
智智清淨若無相無願解脫門清淨若預流
果清淨無二無二分無別無斷故善現一切
智智清淨故菩薩十地清淨菩薩十地清淨
故預流果清淨何以故若一切智智清淨若
菩薩十地清淨若預流果清淨無二無二分
無別無斷故
善現一切智智清淨故五眼清淨五眼清淨
故預流果清淨何以故若一切智智清淨若
五眼清淨若預流果清淨無二無二分無別
無斷故一切智智清淨故六神通清淨六神
通清淨故預流果清淨何以故若一切智智
清淨若六神通清淨若預流果清淨無二無
二分無別無斷故善現一切智智清淨故佛
十力清淨佛十力清淨故預流果清淨何以
故若一切智智清淨若佛十力清淨若預流
果清淨無二無二分無別無斷故一切智智
清淨故四無所畏四無礙解大慈大悲大喜

BD03506號　大般若波羅蜜多經卷二八二　（10–6）

二分無別無斷故善現一切智智清淨故佛
十力清淨佛十力清淨故預流果清淨何以
故若一切智智清淨若佛十力清淨若預流
果清淨無二無二分無別無斷故一切智智
清淨故四無所畏四無礙解大慈大悲大喜
大捨十八佛不共法清淨四無所畏乃至十
八佛不共法清淨故預流果清淨何以故若
一切智智清淨若四無所畏乃至十八佛不
共法清淨若預流果清淨無二無二分無別
無斷故善現一切智智清淨故無忘失法清
淨無忘失法清淨故預流果清淨何以故若
一切智智清淨若無忘失法清淨若預流果
清淨無二無二分無別無斷故一切智智清
淨故恒住捨性清淨恒住捨性清淨故預流
果清淨何以故若一切智智清淨若恒住捨
性清淨若預流果清淨無二無二分無別無
斷故善現一切智智清淨故一切智清淨一
切智清淨故預流果清淨何以故若一切智
智清淨若一切智清淨若預流果清淨無二
無二分無別無斷故一切智智清淨故道相
智一切相智清淨道相智一切相智清淨故
預流果清淨何以故若一切智智清淨若道
相智一切相智清淨若預流果清淨無二無
二分無別無斷故善現一切智智清淨故一
切陁羅尼門清淨一切陁羅尼門清淨故預
流果清淨何以故若一切智智清淨若一切

BD03506號　大般若波羅蜜多經卷二八二　（10–7）

預流果清淨何以故若一切智智清淨若道
相智一切相智清淨若預流果清淨無二無
二分無別無斷故善現一切智智清淨故一
切陁羅尼門清淨一切陁羅尼門清淨故預
流果清淨何以故若一切智智清淨若一切
陁羅尼門清淨若預流果清淨無二無二分
無別無斷故一切智智清淨故一切三摩地
門清淨一切三摩地門清淨故預流果清淨
何以故若一切智智清淨若一切三摩地門
清淨若預流果清淨無二無二分無別無斷
故善現一切智智清淨故一来果清淨一来
果清淨故預流果清淨何以故若一切智智
清淨若一来果清淨若預流果清淨無二無
二分無別無斷故一切智智清淨故不還向
羅漢果清淨不還阿羅漢果清淨故預流果
清淨何以故若一切智智清淨若不還阿羅
漢果清淨若預流果清淨無二無二分無別
無斷故善現一切智智清淨故獨覺菩提清
淨獨覺菩提清淨故預流果清淨何以故若
一切智智清淨若獨覺菩提清淨若預流果
清淨無二無二分無別無斷故善現一切智
智清淨故一切菩薩摩訶薩行清淨一切菩
薩摩訶薩行清淨故預流果清淨何以故若
一切智智清淨若一切菩薩摩訶薩行清淨
若預流果清淨無二無二分無別無斷故善
現一切智智清淨故諸佛無上正等菩提清
淨諸佛無上正等菩提清淨故預流果清淨

BD03506 號　大般若波羅蜜多經卷二八二　（10–8）

若預流果清淨無二無二分無別無斷故善
現一切智智清淨故諸佛無上正等菩提清
淨諸佛無上正等菩提清淨故預流果清淨
何以故若一切智智清淨若諸佛無上正等
菩提清淨若預流果清淨無二無二分無別
無斷故
復次善現一切智智清淨故色清淨色清淨
故一来果清淨何以故若一切智智清淨若
色清淨若一来果清淨無二無二分無別無
斷故一切智智清淨故受想行識清淨受想
行識清淨故一来果清淨何以故若一切智
智清淨若受想行識清淨若一来果清淨無
二無二分無別無斷故善現一切智智清淨
故眼處清淨眼處清淨故一来果清淨何以
故若一切智智清淨若眼處清淨若一来果
清淨無二無二分無別無斷故一切智智清
淨故耳鼻舌身意處清淨耳鼻舌身意處清
淨故一来果清淨何以故若一切智智清淨若
耳鼻舌身意處清淨若一来果清淨無二
無二分無別無斷故善現一切智智清淨故
色處清淨色處清淨故一来果清淨何以故
若一切智智清淨若色處清淨若一来果清
淨無二無二分無別無斷故一切智智清淨
故聲香味觸法處清淨聲香味觸法處清淨
故一来果清淨何以故若一切智智清

BD03506 號　大般若波羅蜜多經卷二八二　（10–9）

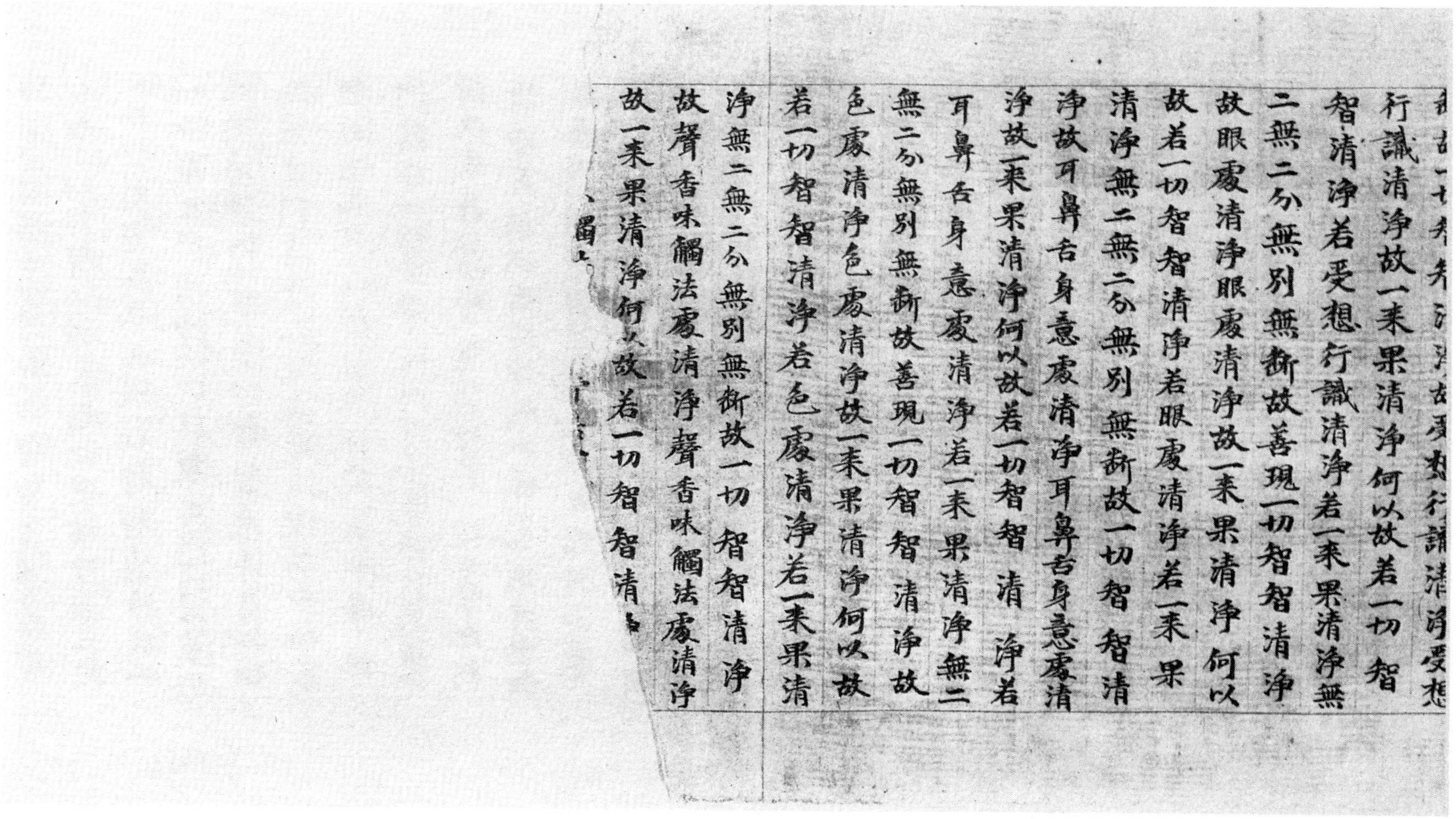

行識清淨故一来果清淨何以故若一切智
智清淨若受想行識清淨若一来果清淨無
二無二分無別無斷故善現一切智智清淨
故眼處清淨眼處清淨故一来果清淨何以
故若一切智智清淨若眼處清淨若一来果
清淨無二無二分無別無斷故一切智智清
淨故耳鼻舌身意處清淨耳鼻舌身意處清
淨故一来果清淨何以故若一切智智清淨若
耳鼻舌身意處清淨若一来果清淨無二
無二分無別無斷故善現一切智智清淨故
色處清淨色處清淨故一来果清淨何以故
若一切智智清淨若色處清淨若一来果清
淨無二無二分無別無斷故一切智智清淨
故聲香味觸法處清淨聲香味觸法處清淨
故一来果清淨何以故若一切智智清

BD03506號　大般若波羅蜜多經卷二八二　　（10–10）

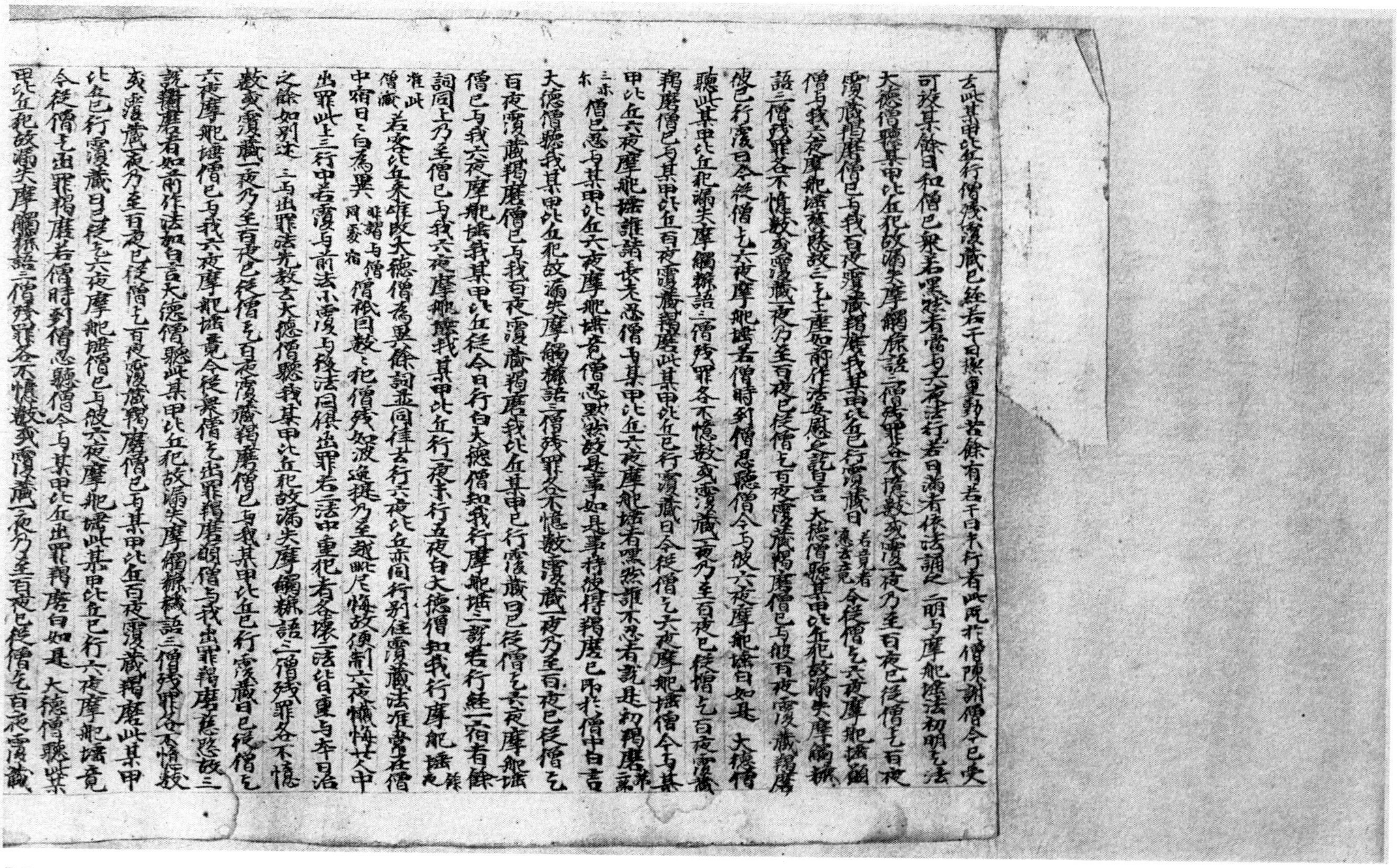

BD03507號　四分律刪繁補闕行事鈔卷中　　（2–1）

BD03507 號　四分律刪繁補闕行事鈔卷中　（2–2）

BD03507 號背　四分律刪繁補闕行事鈔卷中　（2–1）

BD03507 號背　四分律刪繁補闕行事鈔卷中　（2–2）

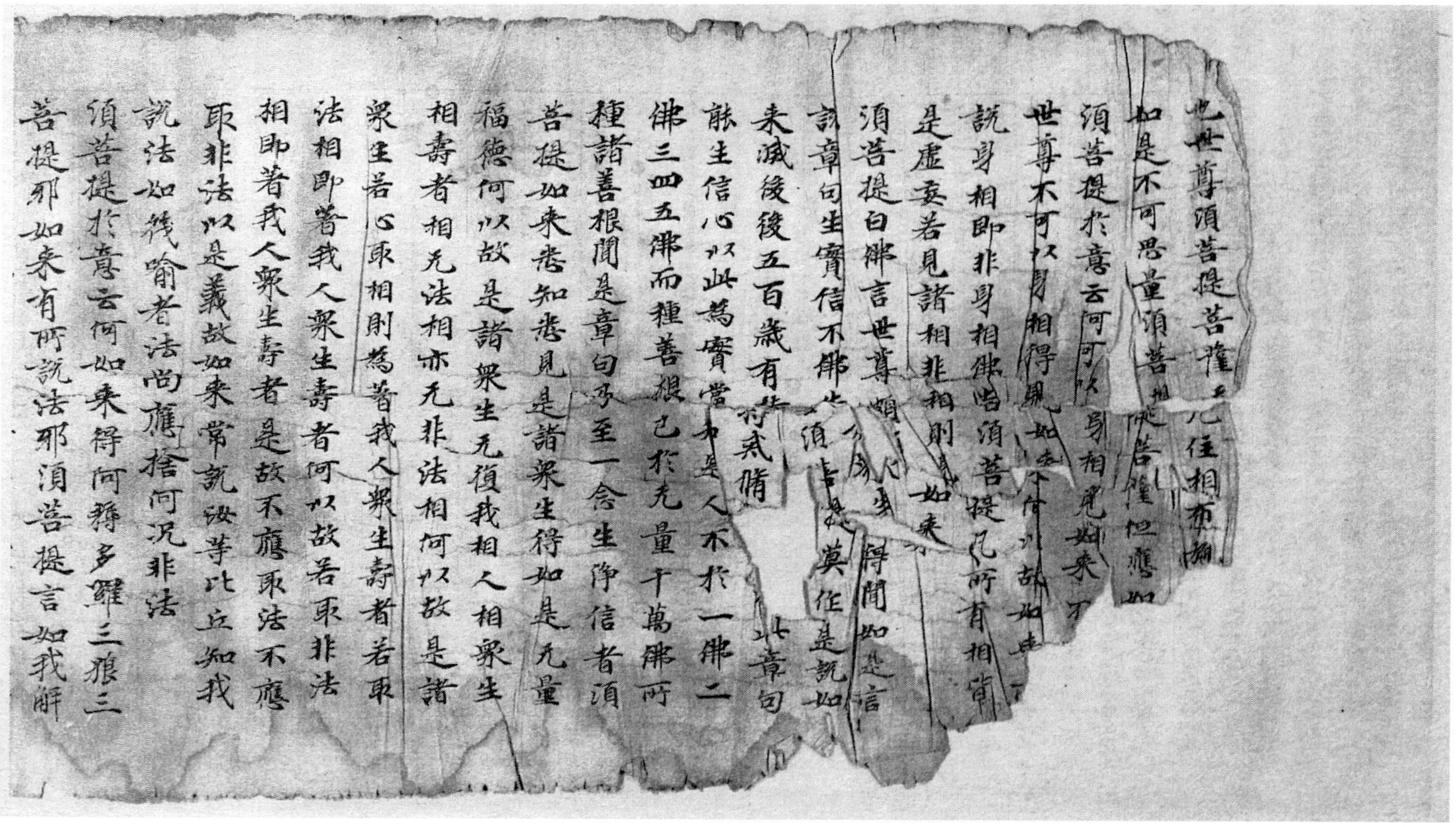

也世尊須菩提菩薩[illegible]住相布施
如是不可思量須菩提菩薩但應如[illegible]
須菩提於意云何可以身相見如來不
世尊不可以身相得見如來何以故如來
說身相即非身相佛告須菩提凡所有相皆
是虛妄若見諸相非相則見如來
須菩提白佛言世尊頗有眾生得聞如是言
說章句生實信不佛告須菩提莫作是說如
來滅後後五百歲有持戒脩福者於此章句
能生信心以此為實當知是人不於一佛二
佛三四五佛而種善根已於无量千萬佛所
種諸善根聞是章句乃至一念生淨信者須
菩提如來悉知悉見是諸眾生得如是无量
福德何以故是諸眾生无復我相人相眾生
相壽者相无法相亦无非法相何以故是諸
眾生若心取相則為著我人眾生壽者若取
法相即著我人眾生壽者何以故若取非法
相即著我人眾生壽者是故不應取法不應
取非法以是義故如來常說汝等比丘知我
說法如筏喻者法尚應捨何況非法
須菩提於意云何如來得阿耨多羅三藐三
菩提耶如來有所說法耶須菩提言如我解

BD03508 號　金剛般若波羅蜜經　（6–1）

取非法以是義故如來常說汝等比丘知我
說法如栰喻者法尚應捨何況非法
須菩提於意云何如來得阿耨多羅三藐三
菩提耶如來有所說法耶須菩提言如我解
佛所說義无有定法名阿耨多羅三藐三菩
提亦无有定法如來可說何以故如來所說
法皆不可取不可說非法非非法所以者何
一切賢聖皆以无爲法而有差別
須菩提於意云何若人滿三千大千世界七
寶以用布施是人所得福德寧爲多不須菩
提言甚多世尊何以故是福德即非福德性
是故如來說福德多若復有人於此經中受
持乃至四句偈等爲他人說其福勝彼何以
故須菩提一切諸佛及諸佛阿耨多羅三藐
三菩提法皆從此經出須菩提所謂佛法者
即非佛法
須菩提於意云何須陁洹能作是念我得須
陁洹果不須菩提言不也世尊何以故須陁
洹名爲入流而无所入不入色聲香味觸法
是名須陁洹須菩提於意云何斯陁含能作
是念我得斯陁含果不須菩提言不也世尊
何以故斯陁含名一往來而實无往來是名
斯陁含須菩提於意云何阿那含能作是念
我得阿那含果不須菩提言不也世尊何以
故阿那含名爲不來而實无來是故名阿那

是念我得阿那含果不須菩提言不也世尊
何以故斯陁含名一往來而實无往來是名
斯陁含須菩提於意云何阿那含能作是念
我得阿那含果不須菩提言不也世尊何以
故阿那含名爲不來而實无來是故名阿那
含須菩提於意云何阿羅漢能作是念我得
阿羅漢道不須菩提言不也世尊何以故實
无有法名阿羅漢世尊若阿羅漢作是念我
得阿羅漢道即爲著我人衆生壽者世尊佛
說我得无諍三昧人中最爲第一是第一離
欲阿羅漢我不作是念我是離欲阿羅漢世
尊我若作是念我得阿羅漢道世尊則不說
須菩提是樂阿蘭那行者以須菩提實无所
行而名須菩提是樂阿蘭那行
佛告須菩提於意云何如來昔在然燈佛所
於法有所得不世尊如來在然燈佛所於法
實无所得須菩提於意云何菩薩莊嚴佛土
不不也世尊何以故莊嚴佛土者則非莊嚴
是名莊嚴是故須菩提諸菩薩摩訶薩應如
是生清淨心不應住色生心不應住聲香味
觸法生心應无所住而生其心須菩提譬如
有人身如須弥山王於意云何是身爲大不
須菩提言甚大世尊何以故佛說非身是名
大身
須菩提如恒河中所有沙數如是沙等恒河

有人身如須彌山王於意云何是身為大不
須菩提言甚大世尊何以故佛說非身是名
大身
須菩提如恒河中所有沙數如是沙等恒河
於意云何是諸恒河沙寧為多不須菩提言
甚多世尊但諸恒河尚多无數何况其沙須
菩提我今實言告汝若有善男子善女人以
七寶滿尒所恒河沙數三千大千世界以用
布施得福多不須菩提言甚多世尊佛告須
菩提若善男子善女人於此經中乃至受持
四句偈等為他人說而此福德勝前福德
復次須菩提隨說是經乃至四句偈等當知
此處一切世間天人阿脩羅皆應供養如佛
塔廟何况有人盡能受持讀誦須菩提當知
是人成就最上第一希有之法若是經典所
在之處則為有佛若尊重弟子
尒時須菩提白佛言世尊當何名此經我等
云何奉持佛告須菩提是經名為金剛般若
波羅蜜以是名字汝當奉持所以者何須菩
提佛說般若波羅蜜則非般若波羅蜜須菩
提於意云何如來有所說法不須菩提白佛
言世尊如來无所說須菩提於意云何三千
大千世界所有微塵是為多不須菩提言甚
多世尊須菩提諸微塵如來說非微塵是名
微塵如來說世界非世界是名世界須菩提

BD03508 號　金剛般若波羅蜜經　　（6–4）

言世尊如來无所說須菩提於意云何三千
大千世界所有微塵是為多不須菩提言甚
多世尊須菩提諸微塵如來說非微塵是名
微塵如來說世界非世界是名世界須菩提
於意云何可以三十二相見如來不不也世
尊不可以三十二相得見如來何以故如來
說三十二相即是非相是名三十二相須菩
提若有善男子善女人以恒河沙等身命布
施若復有人於此經中乃至受持四句偈等
為他人說其福甚多
尒時須菩提聞說是經深解義趣涕淚悲泣
而白佛言希有世尊佛說如是甚深經典我
從昔來所得慧眼未曾得聞如是之經世尊
若復有人得聞是經信心清淨則生實相當
知是人成就第一希有功德世尊是實相者
則是非相是故如來說名實相世尊我今得
聞如是經典信解受持不足為難若當來世
後五百歲其有眾生得聞是經信解受持是
人則為第一希有何以故此人无我相人相
眾生相壽者相所以者何我相即是非相人
相眾生相壽者相即是非相何以故離一切
諸相則名諸佛
佛告須菩提如是如是若復有人得聞是經
不驚不怖不畏當知是人甚為希有何以故
須菩提如來說第一波羅蜜非第一波羅蜜

BD03508 號　金剛般若波羅蜜經　　（6–5）

若復有人得聞是經信心清淨則生實相當
知是人成就第一希有功德世尊是實相者
則是非相是故如來説名實相世尊我今得
聞如是經典信解受持不足為難若當來世
後五百歲其有衆生得聞是經信解受持是
人則為第一希有何以故此人无我相人相
衆生相壽者相所以者何我相即是非相人
相衆生相壽者相即是非相何以故離一切
諸相則名諸佛
佛告須菩提如是如是若復有人得聞是經
不驚不怖不畏當知是人甚為希有何以故
須菩提如來説第一波羅蜜非第一波羅蜜
是名第一波羅蜜須菩提忍辱波羅蜜如來
説非忍辱波羅蜜何以故須菩提如我昔為
歌利王割截身體我於尒時无我相无人相
无衆生相无壽者相何以故我於往昔節節
支解時若有我相人相衆生相壽者相應生
瞋恨須菩提又念過去於五百世作忍辱仙
人於尒所世无我相无人相无衆生相无壽

BD03508號　金剛般若波羅蜜經　（6–6）

明弟常以等者效上行人著糞掃衣不著者比丘衣更
無異說故曰趣得知是次聞中下著種越施衣著
此衣時之袪封滯故曰我之說等下三合說可解次結
以文第三呵責先問自言次正呵責呵中文三謂舉
列結列中文三一呵行斷二是故下彰報決定三時世
尊下經家條呵有少利益初文四句一呵所行故云汝
云何以五法教諸比丘等以上二呵所斷故云汝莫斷
四聖種以上三舉前所行將成破事即是斷前所
行故曰汝今莫方便破四聖等舉前所斷勸令不斷即是
行前所故曰汝當與僧和等即是初三句呵行令
斷二四句呵斷令行條文可知次明諫法文分為四一
佛教比丘設諫儀軌二僧為下奉命設諫比丘廣彰
諫之軌則並迴於下辯相中明以下結罪義便故
爾三比丘白佛四因辯諫法通被一切然調達損僧壞
有呵責為辯諫法該通便立戒本由此佛僧並
無呵責非直此戒餘諫亦然乃至違略之無直有
制廣以此之得違文不繁多解　次明戒本之六
句一諫所為人二欲壞下諫下諫所為事三彼比丘下
屏諫方法四是比丘下捨屏諫五彼比丘下僧諫
六不捨者下結罪此六通該一切諫戒次下廣解

無河責非直此戒條諫亦並乃至違略亦無直有
制廣以法並得遮文不繁多解　次明戒本文六
句一諫所為人二欲壞下諫下諫所為事三彼比丘下
屏諫方法四是比丘下振屏諫五彼比丘下僧諫
六不捨者下結罪此六通該一切諫戒次下廣解
文中分二初釋戒本六句次作白二羯磨竟不明輕
重相釋中初句可知二所為事中先解和合僧謂以二
法釋成和合四人等衆以解僧義衆正翻僧和合乃是
僧家義用不得想以和合衆以翻於僧次明壞義破
是壞之異名文中有四一舉破數二列破名三結破數
四屬破事然十八法並依多論第三解然論中無廣
惡非廣惡制非制條亦翻具明法非法律非律並
為五法以正手說犯說不犯者翁不翁翻疑亦似言
犯戒而亦疑亦有命不亦犯亦言犯者律防身語不
制心戒而說心起三毒即是犯戒輕亦重者如鉢羅
龍以摘樹葉罪不可懺因此便亦盡草木者切是
重亦之輕者見須提達足等先作不得重便亦
婬盜等切是輕有殘者下四篇戒犯則有殘言
而無亦殘亦者四重犯則無殘而說有殘廣惡者如
初二犯及二逆偷蘭此是廣惡說非廣惡非廣惡
者提等條蘭是非廣惡說作廣惡以常所行非常
所行者以正五法手說制者五犯金口所宣名亦為制
說為非亦制亦者五法非出金口名為非制說以
為制說不說者四集是重條篇是輕此是正教名
亦為說以為非說事輕倒說此非佛教名為非說而
以說為但不諳文亦法者皆同此釋不能更明次第
三屏諫文舉四眾理應通亦第四分不用語者振屏
諫同法得何罪答此違亦眾同並吉羅然約事成
只罪自用者僧諫亦文第六亦答下吉罪覺

〻爲說〻爲非說重輕伺說此非化者名爲非說不
以說爲但下諸文亦法者皆因此釋不能通明次第
三屏諫文舉四衆理應通亡第四若不用語者擯屏
諫同此得何罪答此違亡衆因並吉羅然約事成
果罪兩别第五僧諫如文第六若不捨下結罪相境
四闡等成僧殘此中上下四重因果一破僧二違比丘屏
諫三違尼等六衆諫四違僧諫此〻四因其位還四
及論得果階級唯兩僧殘在此餘三俱那是則殘
因雖後果乃先成餘三因雖在前果便後剋若輕重
文二初約自作次辨教人前文復二初約羯磨〻
磨明業多少次若一切未白下辨法前方便罪隨
時長短乃至未羯磨前皆曰一切次教人有三可知
應有法想文並者略　次助破違諫戒調達破僧
衆法不忍既乖和合應心設諫僧正諫時四伴影
助復尋設諫拒而不從故曰助破違戒〻諫別緣
具六第一調達執耶行化第二諸比丘設諫第三違
僧設諫助成破僧第四僧尋諫故第五拒而不從
第六三羯磨竟闕緣比知文二如前〻文有三一隨調
達執耶行破二諸比丘如法諫勸三正影助爲所諫
事次呵諫類知戒本六句一舉伴數爲諫所者二
明伴助相勿諫所爲事於中文二初則一住邊僧莫
諫二比比丘下釋其勸意所以勸者爲人如法是
故此中四句初二句明人如法調達發言〻有執故
曰法語復能藏惡生善名爲律語次兩句法是能令我
等慶喜遇所聞故曰喜樂雖合道理安心順從名爲忍
可次屏諫文四一總舉人法俱非違其影助二然此
比丘下請顯人非不出法非者略三大德下申其諫意四大
德下彰和利益餘三句可解廣解具釋初句文三

等度過所聞故白書樂雜合道理安心順從名爲思
可次屏諫文四一惣舉人法俱非違其影助二然此
比丘下清顯人非不出法非者略三大德下申其諫意四大
德下彰和利益條三句可解廣解具釋初句文三
一比丘義如上者正是所諫之人二以順從釋伴黨義
二種順從俱須設諫三明伴黨數元共興謀立計名
爲伴黨要四人已上始成羯僧等條群黨名爲助伴
謂從一人乃至衆多此二伴黨俱須設諫條文准前
次僧違諫戒別意有六一解聽依聚落意謂比丘
進道要藉資成後令白衣得修福業二不聽汙家
惡行義聽依聚落本欲益及自他今壞俗信翻成
兩損三損出意違教壞行具有見聞多不損治罰
陂佳四解謗僧意因過六人不治甚四言僧愛增嫉
義二五明設諫意因過者六但治二人似有愛增須僧
設諫六結罪意如前次釋名者依勢及財損壞
俗信故曰汙家所爲垢濁能感穢果名爲惡行別緣
有七一作汙家惡行二忘不改悔三作擯法四非理謗僧
五如法設諫六拒而不從七三羯磨竟闕中闕初全
是無罪闕二直有汙家等德闕三四緣同於闕二闕
五謂落七非寶七闕罪等闕六七義可准知次下釋文
諫所爲事中四作惡行甚汙家布在辨相中二明
呵責三告舍利下擯羅四時阿還下非理謗僧擯中
文二初立擯法以付身子二舍利弗下奉命行羯於
中文六一時諸衆造羯遣二時阿還下求其外護三舍
利下因乞略化四時諸下承教誹謗五時舍利下調伏
生信六時尊者下正行擯羯謗僧如文身子親爲他
謗不得有何但以謗事具白世尊次呵諫如文戒本
六句如前第二諫所爲中有三一依靈起過自他俱壞近
者目屬名爲一見遠者耳聞名爲之聞二諸比丘下隱
過驗擯三是比丘下非理謗僧以聞隨迴面隨袁逆

生信六時等者下正行擯罰謗僧如文身子雜惡他
謗不得有何但以謗事具白世尊次呵諫如文戒本
六句如前第二諫所為中有三一依處起過自他俱壞近
者目屬名為一見遠者耳聞名為之聞二諸比丘下歸
過驗擯三是比丘下非理謗僧以聞陁逊面陁襄逆
路識悔堂不治故名為有愛三聞達多摩醯沙達
多達至王道聚落攝不治故稱云有怖唯瞋我二名
為有恚我觀眾僧兼此擯法非是解心所為故日
有癡如是因罪比丘下顯其謗意次屏諫之三一勸不
聽謗僧故日莫作是語等二而諸比丘下明僧自處治
逆路識者無罪可治名為不愛走又不現復不合
名為不怖汝等二人過則不識退則不逃人過俱現正
合理罰故日不恚然僧善解擯治方法名為不癡三大
德汗他家等者推過屬彼餘文可解釋中初人可知
次所為文三一解比丘所依住處戒本之中雖無村字
然以城聚通得名村二明汗家惡行此中先明其家次
釋其汗然汗家文四一總舉四二列四名三云何下一一
解釋四以比下總結次惡行可知三爲比丘下明擯僧
過流次屏諫等同前　次惡性違諫戒別意者
惡性愚人縱情造罪致無師教觸事有違有德之
人以法開悟及被輕陵不受訓導遂言仏是我家仏法
是我家法我應教諸大德大德不應反教我說此語時
近情謂是須僧設諫開示是非臨令理宜從順
固執不捨結以僧殘別緣具六一身語不淨數數
犯戒二諸善比丘如法諫勸三發人師教不受訓
道四眾僧設諫五拒而不從六三法竟是次釋文諫
所為事文三一明不受語二舉兩喻及合三是故下結
拒諫意初文持戒順理名好犯戒違理名惡此好與
惡以勿語我我應教諸大德此是僧倚勝人恃己陵

道四衆僧設諫五拒而不從六三法結是次釋文諫
所爲事文三一明不受語二舉兩喻及合三是故下結
拒諫意初文持戒順理名好犯戒違理名惡此好与
惡必勿語我々癡教諸大德此是倚倚勝人持己陵
物何以故下釋不受諫意次二喻者水喻於教風喻
於行教有津潤之益將好於水行有遠化之能譬
善於風次結可知何諫好文戒本六句好前於所爲
事中文三一明惡性不受人語二於戒法下諸善比丘好
法諫助三自身下拒諫不從屏諫文二一諫前人令
受語二好是下顯諫利益條文可知廣文具解屏
諫受相受語道根時進故日增益訓以善法名日相
教遮防未非緣云相諫滅除已起故日懺悔名復此
受爲滅緣展轉多論第四問云經中說但自觀身
行諦視善不善今云展轉相教不相違耶答佛因
時制教言乖趣合不相違背佛以前人心有憂增皺
亡有損是以云但自觀身行善爲慈心有利益者應
善相教又解善能根無智亡說無利是故說亡但自
觀身善慈智利根設亡有益故亡展轉相教條文
可解上來僧殘竟　次解不定先總料簡六門分別
第一釋不定名第二辨所防體第三置之處所第四定
罪初二以第五人處通局第六僧尼有無言釋名者
可信雖舉不識罪名僧又未得定結何等是以文
言是中無定法故名不定又以五戒通防諸罪不的
其一名爲不定十誦第四云之何名不定可信優婆
夷不知犯不知何處起不知犯名字但亡我見
女人是處來去坐立見比丘來去坐立不見善作
婬欲善作偷奪善奪人命善觸女人身善與草木
善過中食善飲酒好是事中不決定故名爲不定此
不定之義今以四一已不定注實犯事雖是其空

（15–6）

BD03509號　四分律開宗記

女人是處來去坐立亦見比丘來去坐立不見若作
婬欲若作偷奪若奪人命若觸女人身若盛草木
若過中食若飲酒如是事中不決定故名為不定此
不定之義舍有四一犯不定謂實犯事雖是其定
然以不的處等名為不定文中雖舉二三理通六七二
舉不定聖女不識名種但知舉事白佛三自言不定
謂言處等及不犯四治罪不定謂作擯處等若全
不言與罪處所又言二者僧斷處也此中雖通七罪
然類不是但攝要染招譏等戒如遮謗長等不定
中無故了論云此二不定似律本義以類少故不得
如律本義即是此略彼廣若人能引略入廣謂以
不定中罪與篇聚相應或攝廣入略以篇聚中罪
與不定相應如是引略入廣攝廣從略是人於律
則明了　次所防體舊解云謂於二處四威
儀中為可信女舉來告僧僧眾既聞應須窮於
犀廿八露廿四中未獲實者是所防過無別罪名雜
染清淨不於二處行住坐立是能治行若尒三罪二
罪豈非罪名答此是所於之事若未獲實者攝
在不定之即篇聚非此所收今此所明制令於審聽
之不定何有罪名今古諸師重戒者案雖名豈思
釋此所防但以無其實事意趣難見今述舊章
一解稍將近理條釋繁多不能廣引又可更舉
但以可信舉事不識名種僧又未知定結何等於
此中間未得定者名為不定而此比丘將拒諱心不
引實事是所防過作實語心順教引罪是能治行
又解此中但欲易於比丘知犯不犯本無有過猶
如戒本受戒後生疑悔數賠等識知犯不之是
闇時始結其罪此之如是不繁多解然比丘犯實
已定說為事難知制令窮於之來實時在不定斷物

如戒本受戒受後生疑開數賠等識知犯不〻是
聞時始結其罪此亦如是不繁多解然比丘犯實
已定說爲事難知制令窮撿〻未實時在不定斷物
撿實已即定聚收何須於此明所防犯〻
决明處者因此二不定是諸罪因能生諸罪不過
屏露既有此義意在初明戒應置在定罪〻下
答不定並其置在初者即使輕根之懸在於重義
〻上或並置在定罪下者復使重義〻罪在於
輕者〻下義勢降絕輕重難均是故不得置於
初後故今通論五犯結治皆有防非齋婬乃戒故
諸戒言窮初犯戒並攝五犯身語進止威有法式
總曰威儀故諸戒言非威儀等今且約位〻〻爲二
前兩過廣能防律戒下三罪細行日威儀今置戒下
威儀上者爲彰可信通舉七五上收於戒下攝威
儀義勢得中故置於此是以十誦優波問可信舉下
四品罪得在不定中治不作〻得　次明初二者解
不定是第二人以戒本云如優波移治後無窮初開五
犯戒本一無治罪法下有窮初開尔者云何緣起有
窮初犯答名同義異諸篇違略此中犯廣以處別
故名得窮初五篇制廣〻補略云初此制總廣〻以補別
廣〻初五篇隨事別制隨事難故就處總制名別得
初今解不然並就所撿三罪二罪以明初者並是第二
以彼犯中並制初說明此獲實即當第二並取此
中要須窮〻撿〻未得名不定者即此窮撿是
其初人以對此前未有犯故〻使文云窮初犯戒故
此初二望於犯中體既不同實然有異同此是初人何以
無開答此既窮撿並須獲實既未得實是以無開又
律直有以善見有窮初不犯及廣枉等此文無者

其初人以對此前未有犯故〻文云有初犯戒故
此初二望於犯中體既不同儀然有異同此是初人何以
无開答此就實捨此須機既未得實是以无開又
解應有如善見有宗初不犯及癡狂等此文无者
略也　次人處道為者人位有四謂僧尼二俗未禁
定[illegible]是俗女為之得道僧等三位解僧尼二位體識
名種又因恣亦故无不定又僧尼輩罪道於已聖但
驗二根有无不顯勘當〻事与此俗女全是有解
義故僧尼不成然俗男者義亦通許可得執文唯
聽聖女俗男輩來不為窮捨俗義既同女男皆
許猶如謗人難寄皆要為緣條不知僧事者謗之成
犯處中有三謂僧尼俗處等執文者唯是俗處等
以義通之謂僧尼二處等對此處聖俗輩來皆
以僧尼住處不合窮捨等既須捨義何不通然者
更有立非上三離見聞屏處此〻屏處不離前三
不[illegible]見文別說即立離明如文更說障〻處〻立合離
明障處既也不離屏處皆繁別說　次僧尼有
無者舊解云佛制輩罪男女二眾通相監察見過
須舉使無造罪之地如大僧有犯因徒輩過等
女眾見之須舉白然尼弟子恐違致教不得舉師是以
可信俗女替尼舉罪由俗女〻聖多慧得實又不識名
種致有差殊故使比丘有二不定尼等造過出家
男子二眾得舉既義舉隨何須俗男替僧舉尼有
不定義故无不定此或容尔又有一義尼无不定者
以制伴故謂等被舉僧問有伴以不等言无先治
獨罪恐治獨故便應引伴〻即定故立殘無犯道
退有妨故无不定又解此是僧尼有无不同戒比丘
有緣故有尼為无緣故无立制應不出於聖情

以制伴故謂若被舉僧問有伴以不若言無先治
獨罪已治獨故便應引伴々即定故亦殘無犯進
退有妨故無不定又解此是僧尼有無不同戒比丘
有緣故有尼為無緣故無立制應不出在聖情
不得以事很相比決且如尼後四諫所以僧殘比丘作時
何以不犯但知有並輕重等戒制法故並不繁相決
次下釋文多論四義故制一為止誹謗故二為除鬪諍故三
為增上法故比丘出家遠絕俗穢為人天所宗以道化
物而與女人屏處私曲鄙碎上違聖意下失人天宗
向從散四為斷惡業次第四故初既屏處漸舜纏
綿無所不至是以防之指始釋名如上別有六
屏處二人女三無第三人四說非法不是實事五可信
告僧六指未樓實具此六緣攝入不定下戒亦然唯
以露處為異闕緣比說緣起可解戒本五句一人二
犯不定三有住信下舉不定四是坐下自言不定
五如住信下治罪不定廣解具釋第二犯中文有
六句可解住信樂下釋第三句五系可信者見四真諦
不為身不為人不為利而作妄語若比丘下解第
四句自言不定此自言五句古師以五犯來配謂初
是去乃至第五是處又舊解云自言所趣向處是
行威儀列是住坐是坐卧是卧作通作七屏約四
威儀卅八罪露除處故但卅四今解七罪雖是義
通不合配文局限又比不必具彰威儀理亦不勞
指文屬當但此五句唯約戒本三罪釋之所以知者
以後戒無處即除其作為比自言所趣向處及
是所住處坐者是據戒可無前住處亦得提
罪卧是殘作是處次若比丘下解第五句治罪不
定此中五句雖有引不引咸罪處所即應是定然
以至中說是處等治文言不定下戒准同

以後戒無義即隨其作者得自言所遮向處不
是非法處定者是提戒可無前法處与得提
罪卧是殘作是突次第法丘下解第五句治罪不
定此中五句雖有引不引咸罪處所即應是定然
以治中或是突等治突等治故言不定下戒並同
不勞別釋上來不定竟　次明卅捨墮總作四門
分別第一釋捨墮名第二先後次第三三九十對決
第四正辨卅初釋名者薩婆云居薩耆此詳為捨古舊諸師
依多釋云捨有三義一捨財物二捨相續貪心之事俱
捨故次第三便能捨罪今解滿無三義正文據理但
捨財故名之為捨若以捨罪捨心名為捨者是則罪
提之應名捨以單提中亦捨心罪故提名隨者如下
當明故曰卅捨墮次先後者卅九十罪性均等合為
一犯斯義可然所以先明卅後辨九十答此卅戒本由
財生若發識深要先伐本故須對境先捨過之財
之臨捨罪方可悔由此捨故作法是難九十不捨作法
是易欲使僧尼先識於難後知其易次第如尒
次對決者古舊釋云凡入捨者咸具三義一是屬己
財物二財體現在生罪受用有過三捨已歸主受
用無愆今解不然但由不捨用則有罪作法捨竟用
則無愆由此一義入捨不須餘二下九十中雖有因財
生者從使捨竟用還有罪是以但在九十不入
卅
　　次辨卅先總解十門分別第一定能犯人第二犯
屬身語第三自作教人第四遮性差別第五持犯方軌
第六二問之意　第七重犯不重第八捨識儀則第
九二部同異第十下衆任運初門所以定能犯人者以
下文云有三人犯尼薩耆故今須定然此三位一人
遍犯衆多与僧有犯不犯且僧位中有四方現前其
四方僧全是不犯以物屬衆別人無分故下文云衆

屬身語第三自作教人第四屬十三……第五共……
第六二問三意　第七重犯不重第八捨懺儀則第
九二部同異第十下衆位逕初門所以宜能犯人者以
下文云有三人犯𡰱薩者故今須定然此三位一人
過犯衆多与僧有犯不犯且僧位中有四方現前其
四方僧全是不犯以物屬衆別人無分故下文云衆
僧衣過十日仏言不犯現前若其攝四已上同共領作
名為僧者是則諸戒一切同犯以同領作者有分故好
和僧作媒嫁事又如一切僧同犯不得懺悔及僧為
根僧擧僧等共同治人雖四已上俱是同治非僧所
攝其衆多犯者謂是多人同心作者若據此為衆多
而同犯若望由我作故令彼成犯仍此為衆多者
唯同治人是於中不共犯者有十五戒謂二離浣故迴雜
黑白二毛六年乞雨衣棄藥其藥攝長不殊理應同
犯但為有治成雜巳異餘長故不同犯　次身語門此卅戒
離有卅二戒對二浣各有三戒離有卅六且依前說於中
擔用局身條通語通中位三一有五戒語家心業共身
犯語五長是二有兩戒身語心作業共身犯謂二離衣
三條卅三戒語作共身犯位復為三一有三戒自語假他
身語二浣乞縷二有八戒自作局身為道教他自語假
他身謂謂五敷二寶奪衣三條十三領受戒身自語假
他身犯　次自作教人者此卅中二浣乞縷一向教人中
犯以自乞縷但犯吉羅二浣尼罪前言一人盡犯者通
自作教人故尔若浣教人作此卅不為巳者盡不犯提
但以教人作惡故有吉羅若其教人為巳但十戒犯謂二
浣乞縷唯教人犯以假使尼及非親織并五敷二寶奪
衣自餘諸戒非不為巳但以制捉不專唯犯吉羅亦可教
人毀易過前受急施兩衣迴僧既以為巳有遂情義
上真有犯文若者略　次過捨者唯迴僧是捨條
……多寺巳舍……戒且三寺犯謂五過二……

浣乞淚唯教人犯以假使尼及非親織并五數二寶奪
衣自餘諸戒非不為已但以剃捉不奪唯犯吉羅亦可教
人販易過前受急施兩衣迴僧既以為已有遂情義
□□有犯文差者略
次遮性者唯迴僧是性餘
悉是遮
次持犯者此中八戒是三持犯謂五過二
雜六年難相可知其畜寶戒通有二持然以不得自
畜故開不論自餘諸戒唯是止持作犯
次二因意者卅有財可捨作法不得別衆九十無為捨
法悔時許得別衆以此義故分為二因尔者前發諫
不諫別亦應分二答此為捨罪緣殊故分二問前別
無別故合為一又可此有別衆不別衆殊故分二問前
雜諫不諫別唯不聽別故一
次重犯不者有四戒
重犯謂捨因二浣然浣染打三尼薩者是異類重
不如捨用同數重犯謂捨毛數過兩衣數因然古
師云語使浣染打三尼薩者浣上既染犯打類知浣
亦然今解不尔再浣義同新衣不犯尼薩然准多
論第一時作三事得一捨墮第浣捨染衣吉染打相
別尚不再違況後浣得有重犯自餘諸戒咸不得重
謂一奪二離五過六作十四領亦受亦者謂取尼衣乞衣
過於是受二二一居士王臣二寶販易乞鉢勸織兩衣
急施過前未受及迴僧物所以須明重不重者為識
業果多少故尔
次捨懺者准文有四謂捨財懺
罪還衣不還先明捨亦財亦有四所捨財謂衣藥鉢
寶尼加十六牧若此捨有二全壞不同綿褥捨餘皆
是全二所對境亦有對不綿褥獨捨餘咸有對亦
中並俗亦唯二寶道通餘戒道中僧別乞鉢局僧餘
僧別又綿褥二寶聽別衆捨以不對道餘咸盡集
不蓋謂自然作法乞鉢一局餘通二位二作法中浚
小鉢唯大界餘通大小三位處作位處者乞鉢

[illegible]

是金二所對境，境有對不佛縛獨捨係威有對之

中道俗之唯二寶道，道係戒道中僧別乞鉢局僧餘

消別又佛縛二寶聽別衆捨以不對道係戒盡集

又寶謂自從作法乞鉢一局係通二位二作法中後

八鉢唯大界係通大小三位處中並處者乞鉢

位處所留餘者入僧庫故自餘諸戒通一切處

財法之中位二謂語羯之磨之一法捨財中無所捨

已財不須羯磨等論語法佛縛即無所不對人等

繫須法係者通有手中道俗後有僧別辨異可知

次捨罪之四二所捨罪須知所犯財事多少設財已無

業果須陈罪須緣知数多少法品類並文當辨

二捨罪境見等論捨財有對不對之中後有道俗差別

論其捨罪一切對道以深法僧境須同類道中乞

鉢局唯對僧寶等三戒專對其別餘廿八通該三境此望所對

假不假說論其除罪唯是別人又寶等三捨得別衆論其識時亦不

同集三捨罪處寶等三戒處該一切餘廿九若論僧秉鉢唯局

大餘通二作若其除鉢餘廿八對下二境同前寶等又與捨財之處

差手亦得謂此處捨財餘處識罪對處差別位約為三第一乞

鉢局大第二除寶等三餘廿八對僧捨邊專在二作第三寶

等三戒及廿八對下二境處通一切四捨罪法寶等三戒唯是語法除

寶等三餘廿九對僧捨邊有識白則具二法若除乞鉢餘廿八對

下二境亦但語法　　次還衣亦四所還之財之中須除綿褥既不對

境不須論還餘戒還中除去二寶揔為兩位謂長等五經宿

方還離等廿四即座聽付所以爾者良由長等貯畜經日貪心

續生不得即付要須經宿事隔還者斷彼畜心方成清淨

若當有緣許令轉付問捨者各別還法可知或若合捨還

復如何解或若一三三等與長合者等自經宿還餘者不妨

即付故多論第四云衣已捨罪已悔次續心斷即日若先所求

衣來若衣外衣來不[illegible]

等三戒及廿六對下二境處通一切四捨罪法寶等三戒唯是語法除
寶等三餘廿九對僧捨是有爲識白則具二法若除衣鉢餘廿六對
下二境亦但語法　次還衣亦四一所還之財之中須除綿褥既不對
境不須論還餘戒還中除去二寶捴爲兩位謂長等五經宿
方還離等卌即座聽付所以尔者良由長等貯畜經日貪心
續生不得即付要須經宿事隔還者斷彼畜心方成清淨
若當有緣許令轉付問捨着各別還法可知或若合捨還
復如何解或若一三三等与長合者等自經宿還餘者不妨
即付故多論第四云衣已捨罪已悔次續心斷即日着先所求
衣來若衣外衣來不須次續心斷故不同古舊釋云長等与
餘合捨唯除二離二毛乞鉢餘諸戒等若捨即還容爲
待經宿次還財境除去綿褥不對無境自餘請
戒還通道俗及以僧別一唯捨財不得差乎然對別中容
可差乎別衆得不義可准知次還財處准捨中說次還財
法若論譲法理是通義論其羯磨三人下無若是僧還須
有白二然鉢不同具如文載但爲捨財有離有合若合捨
者還或二若各別捨但白二　次不還者綿褥無還以不
對境餘有境者不還有罪二俗不還如文返索不歡虛損信施
故尔餘若未還計直犯重　次同異者十八戒同不繫解釋
十二有異事須別明此十二中衣戒三住一有九戒輕重不同謂五數
二衣浣二毛但以僧作數故提尼爲法衣若次有兩戒僧有足

BD03510 號　四分律刪繁補闕行事鈔卷中　　（2–1）

BD03510 號　四分律刪繁補闕行事鈔卷中　　（2–2）

BD03510 號背　四分律刪繁補闕行事鈔卷中　　（2–1）

BD03510 號背　四分律刪繁補闕行事鈔卷中　　（2–2）

想若非無相我皆令入
之如是滅度無量無數無
得滅度者何以故須菩提
相人相衆生相壽者相即非菩
復次須菩提菩薩於法應無所住行於布
所謂不住色布施不住聲香味觸法布施須
菩提菩薩應如是布施不住於相何以故若
菩薩不住相布施其福德不可思量須菩提
於意云何東方虛空可思量不不也世尊須
菩提南西北方四維上下虛空可思量不　不
也世尊須菩提菩薩无住相布施福德亦復
如是不可思量須菩提菩薩但應如所教住
須菩提於意云何可以身相見如來不不也
世尊不可以身相得見如來何以故如來所
說身相即非身相佛告須菩提凡所有相
皆是虛妄若見諸相非相即見如來
須菩提白佛言世尊頗有衆生得聞如是言
說章句生實信不佛告須菩提莫作是說
来滅後後五百歲有持戒脩福者於此章

BD03511號　金剛般若波羅蜜經　（10–1）

皆是虛妄若見諸相非相則見如來
須菩提白佛言世尊頗有衆生得聞如是言
說章句生實信不佛告須菩提莫作是說
来滅後後五百歲有持戒脩福者於此章
句生信心以此為實當知是人不於一佛二
佛三四五佛而種善根已於無量千万佛所
種諸善根聞是章句乃至一念生淨信者須
菩提如來悉知悉見是諸衆生得如是無量
福德何以故是諸衆生无復我相人相衆生
相壽者相无法相亦无非法相何以故是諸
衆生若心取相則為著我人衆生壽者若取
法相即著我人衆生壽者何以故若取非法
相即著我人衆生壽者是故不應取法不應
取非法以是義故如來常說汝等比丘知我
說法如筏喻者法尚應捨何況非法
須菩提於意云何如來得阿耨多羅三藐三
菩提耶如來有所說法耶須菩提言如我解
佛所說義無有定法名阿耨多羅三藐三菩
提亦无有定法如來可說何以故如來所說
法皆不可取不可說非法非法所以者何
一切賢聖皆以无為法而有差別
須菩提於意云何若人滿三千大千世界七
寶以用布施是人所得福德寧為多不須菩
提言甚多世尊何以故是福德即非福德性

BD03511號　金剛般若波羅蜜經　（10–2）

一切賢聖皆以无為法而有差別
須菩提於意云何若人滿三千大千世界七
寶以用布施是人所得福德寧為多不須善
提言甚多世尊何以故是福德即非福德性
是故如来説得福德多須菩提於意云何若
復有人於此經中受持乃至四句偈等他
人説其福勝彼何以故須菩提一切諸佛及
諸佛阿耨多羅三藐三菩提法皆從此經出
須菩提所謂佛法者即非佛法
須菩提於意云何須陁洹能作是念我得須
陁洹果不須菩提言不也世尊何以故須陁洹
名為入流而无所入不入色聲香味觸法是名
須陁洹須菩提於意云何斯陁含能作
是念我得斯陁含果不須菩提言不也世尊
何以故斯陁含名一往来而實无往来是名
斯陁含須菩提於意云何阿那含能作是
念我得阿那含果不須菩提言不也世尊
何以故阿那含名為不来而實无来是故名阿那
含須菩提於意云何阿羅漢能作是念我得
阿羅漢道不須菩提言不也世尊何以故實
无有法名阿羅漢世尊若阿羅漢作是念我
得阿羅漢道即為著我人衆生壽者世尊
佛説我得无諍三昧人中最為第一是第一離
欲阿羅漢我不作是念我是離欲阿羅漢
世尊我若作是念我得阿羅漢道世尊則不

BD03511 號　金剛般若波羅蜜經

（10–3）

得阿羅漢道即為著我人衆生壽者世尊
佛説我得无諍三昧人中最為第一是第一離
欲阿羅漢我不作是念我是離欲阿羅漢
世尊我若作是念我得阿羅漢道世尊則不
説須提菩是樂阿蘭那行者以須菩提實无
所行而名須菩提是樂阿蘭那行
佛告須菩提於意云何如来昔在然燈佛所
於法有所得不世尊如来在然燈佛所於法
實无所得須菩提於意云何菩薩莊嚴佛土不
不也世尊何以故莊嚴佛土者則非莊嚴是
名莊嚴是故須菩提諸菩薩摩訶薩應如
是生清淨心不應住色生心不應住聲香味
觸法生心應无所住而生其心須菩提譬如
有人身如須弥山王於意云何是身為大
不須菩提言甚大世尊何以故佛説非身是
名大身須菩提如恒河中所有沙數如是沙等
恒河於意云何是諸恒河沙寧為多不須菩
提言甚多世尊但諸恒河尚多无數何況其
沙須菩提我今實言告汝若有善男子善
女人以七寶滿尒所恒河沙數三千大千世界以
用布施得福多不須菩提言甚多世尊佛
告須菩提若善男子善女人於此經中乃至
受持四句偈等為他人説而此福德勝前福
德復次須菩提隨説是經乃至四句偈等當

BD03511 號　金剛般若波羅蜜經

（10–4）

告須菩提若善[illegible]
受持四句偈等為他人說而此福德勝前福
德復次須菩提隨說是經乃至四句偈等當
知此處一切世間天人阿脩羅皆應供養如
佛塔廟何況有人盡能受持讀誦須菩提
當知是人成就最上第一希有之法若是經典
所在之處則為有佛若尊重弟子
尒時須菩提白佛言世尊當何名此經我等
云何奉持佛告須菩提是經名為金剛般若
波羅蜜以是名字汝當奉持所以者何須菩
提佛說般若波羅蜜則非般若波羅蜜
須菩提於意云何如來有所說法不須菩提白
佛言世尊如來无所說須菩提於意云何三千
大千世界所有微塵是為多不須菩提言
甚多世尊須菩提諸微塵如來說非微塵
是名微塵如來說世界非世界是名世界須菩
提於意云何可以三十二相見如來不不也世
尊何以故如來說三十二相即是非相是名三十
二相須菩提若有善男子善女人以恒河沙
等身命布施若復有人於此經中乃至受
持四句偈等為他人說其福甚多
尒時須菩提聞說是經深解義趣涕淚悲泣
而白佛言希有世尊佛說如是甚深經典我
從昔來所得慧眼未曾得聞如是之經世尊
若復有人得聞是經信心清淨則生實相當

BD03511號　金剛般若波羅蜜經　（10–5）

而白佛言希有世尊佛說如是甚深經典我
從昔來所得慧眼未曾得聞如是之經世尊
若復有人得聞是經信心清淨則生實相當
知是人成就第一希有功德世尊是實相者
則是非相是故如來說名實相世尊我今得
聞如是經典信解受持不足為難若當來世
後五百歲其有眾生得聞是經信解受持是
人則為第一希有何以故此人无我相人相眾
生相壽者相所以者何我相即是非相人
相眾生相壽者相即是非相何以故離一切
諸相則名諸佛佛告須菩提如是如是若復
有人得聞是經不驚不怖不畏當知是人甚
為希有何以故須菩提如來說第一波羅蜜
非第一波羅蜜是名第一波羅蜜
須菩提忍辱波羅蜜如來說非忍辱波羅
蜜何以故須菩提如我昔為歌利王割截身
體我於尒時无我相无人相无眾生相无壽者
相何以故我於往昔節節支解時若有我
相人相眾生相壽者相應生瞋恨須菩提又念
過去於五百世作忍辱仙人於尒所世无我
相无人相无眾生相无壽者相是故須菩提
菩薩應離一切相發阿耨多羅三藐三菩提
心不應住色生心不應住聲香味觸法生心
應生无所住心若心有住則為非住是故佛
說菩薩心不應住色布施須菩提菩薩為利

BD03511號　金剛般若波羅蜜經　（10–6）

菩薩應離一切相發阿耨多羅三藐三菩提
心不應住色生心不應住聲香味觸法生心
應生无所住心若心有住則為非住是故佛
說菩薩心不應住色布施須菩提菩薩為利
益一切衆生應如是布施如來說一切諸相
即是非相又說一切衆生則非衆生須菩提
如來是真語者實語者如語者不誑語者
不異語者須菩提如來所得法此法无實无虛
須菩提若菩薩心住於法而行布施如人入
闇則无所見若菩薩心不住法而行布施如
人有目日光明照見種種色須菩提當來之
世若有善男子善女人能於此經受持讀誦
則為如來以佛智慧悉知是人悉見是人皆
得成就无量无邊功德
須菩提若有善男子善女人初日分以恒河
沙等身布施中日分復以恒河沙等身布施
後日分亦以恒河沙等身布施如是无量百
千万億劫以身布施若復有人聞此經典信
心不逆其福勝彼何況書寫受持讀誦為人
解說須菩提以要言之是經有不可思議不
可稱量无邊功德如來為說大乘者說為發
最上乘者說若有人能受持讀誦廣為人說
如來悉知是人悉見是人皆得成就不可量
不可稱无有邊不可思議功德如是人等則

BD03511號　金剛般若波羅蜜經　（10–7）

最上乘者說若有人能受持讀誦廣為人說
如來悉知是人悉見是人皆得成就不可量
不可稱无有邊不可思議功德如是人等則
為荷擔如來阿耨多羅三藐三菩提何以故
須菩提若樂小法者著我見人見衆生見壽
者見則於此經不能聽受讀誦為人解說須
菩提在在處處若有此經一切世間天人阿
脩羅所應供養當知此處則為是塔皆應恭
敬作禮圍遶以諸華香而散其處
復次須菩提若善男子善女人受持讀誦此經
若為人輕賤是人先世罪業應墮惡道以今
世人輕賤故先世罪業則為消滅當得阿
耨多羅三藐三菩提須菩提我念過去无量
阿僧祇劫於然燈佛前得值八百四千万億
那由他諸佛悉皆供養承事无空過者若復
有人於後末世能受持讀誦此經所得功德
於我所供養諸佛功德百分不及一千万億
分乃至筭數譬喻所不能及須菩提若善
男子善女人於後末世有受持讀誦此經所得
功德我若具說者或有人聞心則狂亂狐
疑不信須菩提當知是經義不可思議果報
亦不可思議
尒時須菩提白佛言世尊善男子善女人發
阿耨多羅三藐三菩提心云何應住云何降伏

BD03511號　金剛般若波羅蜜經　（10–8）

疑不信須菩提當知是經義不可思議果報
亦不可思議
尒時須菩提白佛言世尊善男子善女人發
阿耨多羅三藐三菩提心云何應住云何降伏
其心佛告須菩提善男子善女人發阿耨多
羅三藐三菩提者當生如是心我應滅度一
切衆生滅度一切衆生已而无有一衆生實
滅度者何以故若菩薩有我相人相衆生
相壽者相則非菩薩所以者何須菩提實
无有法發阿耨多羅三藐三菩提者須菩提
於意云何如來於然燈佛所有法得阿耨多
羅三藐三菩提不不也世尊如我解佛所說義
佛於然燈佛所无有法得阿耨多羅三藐三
菩提佛言如是如是須菩提實无有法如來
得阿耨多羅三藐三菩提
須菩提若有法如來得阿耨多羅三藐三菩
提者然燈佛則不與我受記汝於來世當
得作佛号釋迦牟尼以實无有法得阿耨多
羅三藐三菩提是故然燈佛與我受記作是
言汝於來世當得作佛号釋迦牟尼何以故
如來者即諸法如義若有人言如來得阿耨
耨多羅三藐三菩提須菩提如來所得阿耨
多羅三藐三菩提於是中无實无虛是故如
來說一切法皆是佛法須菩提所言一切法者

BD03511號　金剛般若波羅蜜經　（10–9）

羅三藐三菩提不不也世尊如我解佛所說義
佛於然燈佛所无有法得阿耨多羅三藐三
菩提佛言如是如是須菩提實无有法如來
得阿耨多羅三藐三菩提
須菩提若有法如來得阿耨多羅三藐三菩
提者然燈佛則不與我受記汝於來世當
得作佛号釋迦牟尼以實无有法得阿耨多
羅三藐三菩提是故然燈佛與我受記作是
言汝於來世當得作佛号釋迦牟尼何以故
如來者即諸法如義若有人言如來得阿耨
耨多羅三藐三菩提須菩提如來所得阿耨
多羅三藐三菩提於是中无實无虛是故如
來說一切法皆是佛法須菩提所言一切法者
即非一切法是故名一切法須菩提譬如人
身長大須菩提言世尊如來說人身長大
則非大身是名大身須菩提菩薩亦如是
若作是言我當滅度无量衆生則不名菩薩何以

BD03511號　金剛般若波羅蜜經　（10–10）

多羅尼
說法又聞授諸大
菩提記復聞宿世因緣
有大自在神通之力得未曾有心淨
從座起到於佛前頭面禮足却住一面瞻仰
尊顏目不暫捨而住是念世尊甚奇特所為
希有隨順世間若干種性以方便知見而為
說法拔出眾生處處貪著我等於佛功德言
唯佛世尊能知我等深心本願尒時
比丘汝等見是富樓那弥多羅尼子
我常稱其於說法人中最為第一亦常歎
其種種功德精勤護持助宣我法能於四眾
示教利喜具足解釋佛之正法而大饒益同
梵行者自捨如來无能盡其言論之辯汝等
勿謂富樓那但能護持助宣我法亦於過去
九十億諸佛所護持助宣佛之正法於彼說
法人中亦最第一又於諸佛所說空法明了
通達得四无礙智常能審諦清淨說法无有
疑惑具足菩薩神通之力隨其壽命常脩梵
行彼佛世人咸皆謂之實是聲聞而富樓那
以斯方便饒益无量百千眾生又化无量阿
僧祇人令立阿耨多羅三藐三菩提為淨佛
土故常作佛事教化眾生諸比丘富樓那亦
於七佛說法人中而得第一今於我所說法

BD03512 號　妙法蓮華經卷四　（31–1）

疑惑具足菩薩神通之力隨其壽命常脩梵
行彼佛世人咸皆謂之實是聲聞而富樓那
以斯方便饒益无量百千眾生又化无量阿
僧祇人令立阿耨多羅三藐三菩提為淨佛
土故常作佛事教化眾生諸比丘富樓那亦
於七佛說法人中而得第一今於我所說法
人中亦為第一於賢劫中當來諸佛說法人
中亦復第一而皆護持助宣佛法亦於未來
護持助宣无量无邊諸佛之法教化饒益无
量眾生令立阿耨多羅三藐三菩提為淨佛
土故常勤精進教化眾生漸漸具足菩薩之
道過无量阿僧祇劫當於此土得阿耨多羅
三藐三菩提号曰法明如來應供正遍知明
行足善逝世間解无上士調御丈夫天人師
佛世尊其佛以恒河沙等三千大千世界為
一佛土七寶為地地平如掌无有山陵谿澗
溝壑七寶臺觀充滿其中諸天宮殿近處虛
空人天交接兩得相見无諸惡道亦无女人
一切眾生皆以化生无有婬欲得大神通身
出光明飛行自在志念堅固精進智慧普皆
金色三十二相而自莊嚴其國眾生常以二
食一者法喜食二者禪悅食有无量阿僧祇
千万億那由他諸菩薩眾得大神通四无礙
智善能教化眾生之類其聲聞眾筭數校計
所不能知皆得具足六通三明及八解脫其
佛國土有如是等无量功德莊嚴成就劫名
寶明國名善淨其佛壽命无量阿僧祇劫法

BD03512 號　妙法蓮華經卷四　（31–2）

千万億那由他諸菩薩衆得大神通四无礙
智善能教化衆生之類其聲聞衆筭數挍計
所不能知皆得具足六通三明及八解脫其
佛國土有如是等无量功德莊嚴成就劫名
寶明國名善淨其佛壽命无量阿僧祇劫法
住甚久佛滅度後起七寶塔遍滿其國尒時
世尊欲重宣此義而說偈言
諸比丘諦聽　佛子所行道　善學方便故　不可得思議
知衆樂小法　而畏於大智　是故諸菩薩　作聲聞緣覺
以无數方便　化諸衆生類　自說是聲聞　去佛道甚遠
度脫无量衆　皆悉得成就　雖小欲懈怠　漸當令作佛
內秘菩薩行　外現是聲聞　少欲猒生死　實自淨佛土
示衆有三毒　又現邪見相　我弟子如是　方便度衆生
若我具足說　種種現化事　衆生聞是者　心則懷疑惑
今此富樓那　於昔千億佛　勤脩所行道　宣護諸佛法
為求无上慧　而於諸佛所　現居弟子上　多聞有智慧
所說无所畏　能令衆歡喜　未曾有疲惓　而以助佛事
已度大神通　具四无礙智　知衆根利鈍　常說清淨法
演暢如是義　教諸千億衆　令住大乘法　而自淨佛土
未來亦供養　无量无數佛　護助宣正法　亦自淨佛土
常以諸方便　說法无所畏　度不可計衆　成就一切智
供養諸如來　護持法寶藏　其後當作佛　号名曰法明
其國名善淨　七寶所合成　劫名為寶明　菩薩衆甚多
其數无量億　皆度大神通　威德力具足　充滿其國土
聲聞亦无數　三明八解脫　得四无礙智　以是等為僧
其國諸衆生　婬欲皆已斷　純一變化生　具相莊嚴身
法喜禪悅食　更无餘食想　无有諸女人　亦无諸惡道

其數无量億　皆度大神通　威德力具足　充滿其國土
聲聞亦无數　三明八解脫　得四无礙智　以是等為僧
其國諸衆生　婬欲皆已斷　純一變化生　具相莊嚴身
法喜禪悅食　更无餘食想　无有諸女人　亦无諸惡道
富樓那比丘　功德悉成滿　當得斯淨土　賢聖衆甚多
如是无量事　我今但略說
尒時千二百阿羅漢心自在者作是念我等
歡喜得未曾有若世尊各見授記如餘大弟
子者不亦快乎佛知此等心之所念告摩訶
迦葉是千二百阿羅漢我今當現前次第與
受阿耨多羅三藐三菩提記於此衆中我大
弟子憍陳如比丘當供養六万二千億佛然
後得成為佛号曰普明如來應供正遍知明
行足善逝世間解无上士調御丈夫天人師
佛世尊其五百阿羅漢優樓頻螺迦葉伽耶
迦葉那提迦葉迦留陁夷優陁夷阿㝹樓馱
離婆多劫賓那薄拘羅周陁莎伽陁等皆當
得阿耨多羅三藐三菩提盡同一号名曰普
明尒時世尊欲重宣此義而說偈言
憍陳如比丘　當見无量佛　過阿僧祇劫　乃成等正覺
常放大光明　具足諸神通　名聞遍十方　一切之所敬
常說无上道　故号為普明　其國土清淨　菩薩皆勇猛
咸昇妙樓閣　遊諸十方國　以无上供具　奉獻於諸佛
作是供養已　心懷大歡喜　須臾還本國　有如是神力
佛壽六万劫　正法住倍壽　像法復倍是　法滅天人憂
其五百比丘　次第當作佛　同号曰普明　轉次而授記
我滅度之後　某甲當作佛　其所化世間　亦如我今日

住是供養已　心懷大歡喜　須臾還本國　有如是神力
佛壽六万劫　正法住倍壽　像法復倍是　法滅天人憂
其五百比丘　次第當作佛　同号曰普明　轉次而授記
我滅度之後　某甲當作佛　其所化世間　亦如我今日
國土之嚴淨　及諸神通力　菩薩聲聞衆　正法及像法
壽命劫多少　皆如上所說　迦葉汝已知　五百自在者
餘諸聲聞衆　亦當復如是　其不在此會　汝當為宣說
尒時五百阿羅漢於佛前得受記已歡喜踊
躍即從座起到於佛前頭面礼足悔過自責
世尊我等常作是念自謂已得究竟滅度今
乃知之如无智者所以者何我等應得如來
智慧而便自以小智為足世尊譬如有人至
親友家醉酒而卧是時親友官事當行以无
價寶珠繫其衣裏與之而去其人醉卧都不
覺知起已遊行到於他國為衣食故勤力求
索甚大艱難若少有所得便以為足於後親
友會遇見之而作是言咄哉丈夫何為衣食
乃至如是我昔欲令汝得安樂五欲自恣於
某年日月以无價寶珠繫汝衣裏今故現在
而汝不知勤苦憂惱以求自活甚為癡也汝
今可以此寶貿易所須常可如意无所乏短
佛亦如是為菩薩時教化我等令發一切智
心而尋癈忘不知不覺既得阿羅漢道自謂
滅度資生艱難得少為足一切智願猶在不
失今者世尊覺悟我等作如是言諸比丘汝
等所得非究竟滅我久令汝等種佛善根以

滅度資生艱難得少為足一切智願猶在不
失今者世尊覺悟我等作如是言諸比丘汝
等所得非究竟滅我久令汝等種佛善根以
方便故示涅槃相而汝謂為實得滅度世尊
我今乃知實是菩薩得受阿耨多羅三藐三
菩提記以是因緣甚大歡喜得未曾有尒時
阿若憍陳如等欲重宣此義而說偈言
我等聞无上　安隱授記聲　歡喜未曾有　礼无量智佛
今於世尊前　自悔諸過咎　於无量佛寶　得少涅槃分
如无智愚人　便自以為足　譬如貧窮人　往至親友家
其家甚大富　具設諸餚饍　以无價寶珠　繫著內衣裏
嘿與而捨去　時卧不覺知　是人既已起　遊行詣他國
求衣食自濟　資生甚艱難　得少便為足　更不願好者
不覺內衣裏　有无價寶珠　與珠之親友　後見此貧人
苦切責之已　示以所繫珠　貧人見此珠　其心大歡喜
富有諸財物　五欲而自恣　我等亦如是　世尊於長夜
常愍見教化　令種无上願　我等无智故　不覺亦不知
得少涅槃分　自足不求餘　今佛覺悟我　言非實滅度
得佛无上慧　尒乃為真滅　我今從佛聞　授記莊嚴事
及轉次受決　身心遍歡喜

妙法蓮華經授學无學人記品第九

尒時阿難羅睺羅而作是念我等每自思惟
設得受記不亦快乎即從座起到於佛前頭
面礼足俱白佛言世尊我等於此亦應有分
唯有如來我等所歸又我等為一切世間天
人阿脩羅所見知識阿難常為侍者護持法
藏羅睺羅是佛之子若佛見授阿耨多羅三

設得受記不亦快乎即從座起到於佛前頭
面禮足俱白佛言世尊我等於此亦應有分
唯有如來我等所歸又我等為一切世間天
人阿脩羅所見知識阿難常為侍者護持法
藏羅睺羅是佛之子若佛見授阿耨多羅三
藐三菩提記者我願既滿眾望亦足尒時學
无學聲聞弟子二千人皆從座起偏袒右肩
到於佛前一心合掌瞻仰世尊如阿難羅睺
羅所願住立一面尒時佛告阿難汝於來世
當得作佛号山海慧自在通王如來應供正
遍知明行足善逝世間解无上士調御丈夫
天人師佛世尊當供養六十二億諸佛護持
法藏然後得阿耨多羅三藐三菩提教化二
十千万億恒河沙諸菩薩等令成阿耨多羅
三藐三菩提國名常立勝幡其土清淨瑠璃
為地劫名妙音遍滿其佛壽命无量千万億
阿僧祇劫若人於千万億无量阿僧祇劫中
筭數校計不能得知正法住世倍於壽命像
法住世復倍正法阿難是山海慧自在通王
佛為十方无量千万億恒河沙等諸佛如來
所共讚歎稱其功德尒時世尊欲重宣此義
而說偈言
我今僧中說　阿難持法者　當供養諸佛　然後成正覺
号曰山海慧　自在通王佛　其國土清淨　名常立勝幡
教化諸菩薩　其數如恒沙　佛有大威德　名聞滿十方
壽命无有量　以愍眾生故　正法倍壽命　像法復倍是
如恒河沙等　无數諸眾生　於此佛法中　種佛道因緣

我今僧中說　阿難持法者　當供養諸佛　然後成正覺
号曰山海慧　自在通王佛　其國土清淨　名常立勝幡
教化諸菩薩　其數如恒沙　佛有大威德　名聞滿十方
壽命无有量　以愍眾生故　正法倍壽命　像法復倍是
如恒河沙等　无數諸眾生　於此佛法中　種佛道因緣
尒時會中新發意菩薩八千人咸作是念我
等尚不聞諸大菩薩得如是記有何因緣而
諸聲聞得如是決尒時世尊知諸菩薩心之
所念而告之曰諸善男子我與阿難等於空
王佛所同時發阿耨多羅三藐三菩提心阿
難常樂多聞我常勤精進是故我已得成阿
耨多羅三藐三菩提而阿難護持我法亦護
將來諸佛法藏教化成就諸菩薩眾其本願
如是故獲斯記阿難面於佛前自聞授記及國
土莊嚴所願具足心大歡喜得未曾有即
時憶念過去无量千万億諸佛法藏通達无
礙如今所聞亦識本願尒時阿難而說偈言
世尊甚希有　令我念過去　无量諸佛法　如今日所聞
我今无復疑　安住於佛道　方便為侍者　護持諸佛法
尒時佛告羅睺羅汝於來世當得作佛号蹈
七寶華如來應供正遍知明行足善逝世間
解无上士調御丈夫天人師佛世尊當供養
十世界微塵等數諸佛如來常為諸佛而作
長子猶如今也是蹈七寶華佛國土莊嚴壽
命劫數所化弟子正法像法亦如山海慧自
在通王如來无異亦為此佛而作長子過是
已後當得阿耨多羅三藐三菩提尒時世尊

十世界微塵等數諸佛如來常為諸佛而作
長子猶如今也是蹈七寶華佛國土莊嚴壽
命劫數所化弟子正法像法亦如山海慧自
在通王如來无異亦為此佛而作長子過是
已後當得阿耨多羅三藐三菩提尒時世尊
欲重宣此義而說偈言
我為太子時　羅睺為長子　我今成佛道　受法為法子
於未來世中　見无量億佛　皆為其長子　一心求佛道
羅睺羅密行　唯我能知之　現為我長子　以示諸衆生
无量億千万　功德不可數　安住於佛法　以求无上道
尒時世尊見學无學二千人其意柔軟寂然
清淨一心觀佛佛告阿難汝見是學无學二
千人不唯然已見阿難是諸人等當供養五
十世界微塵數諸佛如來恭敬尊重護持法
藏末後同時於十方國各得成佛皆同一号
名曰寶相如來應供正遍知明行足善逝世
間解无上士調御丈夫天人師佛世尊壽命
一劫國土莊嚴聲聞菩薩正法像法皆悉同
等尒時世尊欲重宣此義而說偈言
是二千聲聞　今於我前住　悉皆與受記　未來當成佛
所供養諸佛　如上說塵數　護持其法藏　後當成正覺
各於十方國　悉同一名号　俱時坐道場　以證无上慧
皆名為寶相　國土及弟子　正法與像法　悉等无有異
咸以諸神通　度十方衆生　名聞普周遍　漸入於涅槃
尒時學无學　二千人聞佛　授記歡喜踊躍而
說偈言
世尊慧燈明　我聞授記音　心歡喜充滿　如甘露見灌

皆名為寶相　國土及弟子　正法與像法　悉等无有異
咸以諸神通　度十方衆生　名聞普周遍　漸入於涅槃
尒時學无學　二千人聞佛　授記歡喜踊躍而
說偈言
世尊慧燈明　我聞授記音　心歡喜充滿　如甘露見灌
妙法蓮華經法師品第十
尒時世尊因藥王菩薩告八万大士藥王汝
見是大衆中无量諸天龍王夜叉乾闥婆阿
脩羅迦樓羅緊那羅摩睺羅伽人與非人及
比丘比丘尼優婆塞優婆夷求聲聞者求辟
支佛者求佛道者如是等類咸於佛前聞妙
法華經一偈一句乃至一念隨喜者我皆與
受記當得阿耨多羅三藐三菩提佛告藥
王又如來滅度之後若有人聞妙法華經乃至
一偈一句一念隨喜者我亦與受阿耨多羅
三藐三菩提記若復有人受持讀誦解說書
寫妙法華經乃至一偈於此經卷敬視如佛
種種供養華香瓔珞末香塗香燒香繒蓋
幢幡衣服伎樂乃至合掌恭敬藥王當知是諸
人等已曾供養十万億佛於諸佛所成就大
願愍衆生故生此人間藥王若有人問何等
衆生於未來世當得作佛應示是諸人等於
未來世必得作佛何以故若善男子善女人
於法華經乃至一句受持讀誦解說書寫種
種供養經卷華香瓔珞末香塗香燒香繒蓋
幢幡衣服伎樂合掌恭敬是人一切世間所
應瞻奉應以如來供養而供養之當知此人

[illegible]
衆生於未來世當得作佛應示是諸人等於
未來世必得作佛何以故若善男子善女人
於法華經乃至一句受持讀誦解說書寫種
種供養經卷華香瓔珞末香塗香燒香繒蓋
幢幡衣服伎樂合掌恭敬是人一切世間所
應瞻奉應以如來供養而供養之當知此人
是大菩薩成就阿耨多羅三藐三菩提哀愍
衆生願生此間廣演分別妙法華經何況盡
能受持種種供養者藥王當知是人自捨清
淨業報於我滅度後愍衆生故生於惡世廣
演此經若是善男子善女人我滅度後能竊
為一人說法華經乃至一句當知是人則如
來使如來所遣行如來事何況於大衆中廣
為人說藥王若有惡人以不善心於一劫中
現於佛前常毀罵佛其罪尚輕若人以一惡
言毀呰在家出家讀誦法華經者其罪甚重
藥王其有讀誦法華經者當知是人以佛莊
嚴而自莊嚴則為如來肩所荷擔其所至方
應隨向礼一心合掌恭敬供養尊重讚歎華
香瓔珞末香塗香燒香繒蓋幢幡衣服餚饌
作諸伎樂人中上供而供養之應持天寶而
以散之天上寶聚應以奉獻所以者何是人
歡喜說法須臾聞之即得究竟阿耨多羅三
藐三菩提故尒時世尊欲重宣此義而說偈
言
若欲住佛道　成就自然智　常當勤供養　受持法華者
其有欲疾得　一切種智慧　當受持是經　并供養持者

BD03512號　妙法蓮華經卷四　（31–11）

歡喜說法須臾聞之即得究竟阿耨多羅三
藐三菩提故尒時世尊欲重宣此義而說偈
言
若欲住佛道　成就自然智　常當勤供養　受持法華者
其有欲疾得　一切種智慧　當受持是經　并供養持者
若有能受持　妙法華經者　當知佛所使　愍念諸衆生
諸有能受持　妙法華經者　捨於清淨土　愍衆故生此
當知如是人　自在所欲生　能於此惡世　廣說无上法
應以天華香　及天寶衣服　天上妙寶聚　供養說法者
吾滅後惡世　能持是經者　當合掌礼敬　如供養世尊
上饌衆甘美　及種種衣服　供養是佛子　兾得須臾聞
若能於後世　受持是經者　我遣在人中　行於如來事
若於一劫中　常懷不善心　作色而罵佛　獲无量重罪
其有讀誦持　是法華經者　須臾加惡言　其罪復過彼
有人求佛道　而於一劫中　合掌在我前　以无數偈讚
由是讚佛故　得无量功德　歎美持經者　其福復過彼
於八十億劫　以最妙色聲　及與香味觸　供養持經者
如是供養已　若得須臾聞　則應自欣慶　我今獲大利
藥王今告汝　我所說諸經　而於此經中　法華最第一
尒時佛復告藥王菩薩摩訶薩我所說經典
无量千万億已說今說當說而於其中此法華
經最為難信難解藥王此經是諸佛秘要之
藏不可分布妄授與人諸佛世尊之所守護
從昔已來未曾顯說而此經者如來現在猶
多怨嫉況滅度後藥王當知如來滅後其能
書持讀誦供養為他人說者如來則為以衣
覆之又為他方現在諸佛之所護念是人有

BD03512號　妙法蓮華經卷四　（31–12）

藏不可分布妄授與人諸佛世尊之所守護
從昔已來未曾顯說而此經者如來現在猶
多怨嫉況滅度後藥王當知如來滅後其能
書持讀誦供養為他人說者如來則為以衣
覆之又為他方現在諸佛之所護念是人有
大信力及志願力諸善根力當知是人與如
來共宿則為如來手摩其頭藥王在在處處
若說若讀若誦若書若經卷所住處皆應起
七寶塔極令高廣嚴飾不須復安舍利所以
者何此中已有如來全身此塔應以一切華
香瓔珞繒蓋幢幡伎樂歌頌供養恭敬尊重
讚歎若有人得見此塔礼拜供養當知是等
皆近阿耨多羅三藐三菩提藥王多有人在
家出家行菩薩道若不能得見聞讀誦書持
供養是法華經者當知是人未善行菩薩道
若有得聞是經典者乃能善行菩薩之道其
有衆生求佛道者若見若聞是法華經聞已
信解受持者當知是人得近阿耨多羅三藐
三菩提藥王譬如有人渴乏須水於彼高原
穿鑿求之猶見乾土知水尚遠施功不已轉
見濕土遂漸至泥其心決定知水必近菩薩
亦復如是若未聞未解未能脩習是法華經
當知是人去阿耨多羅三藐三菩提尚遠若
得聞解思惟脩習必知得近阿耨多羅三藐
三菩提所以者何一切菩薩阿耨多羅三藐
三菩提皆屬此經此經開方便門示真實相
是法華經藏深固幽遠无人能到今佛教化

BD03512號　妙法蓮華經卷四　　(31-13)

當知是人去阿耨多羅三藐三菩提尚遠若
得聞解思惟脩習必知得近阿耨多羅三藐
三菩提所以者何一切菩薩阿耨多羅三藐
三菩提皆屬此經此經開方便門示真實相
是法華經藏深固幽遠无人能到今佛教化
成就菩薩而為開示藥王若有菩薩聞是法
華經驚疑怖畏當知是為新發意菩薩若聲
聞人聞是經驚疑怖畏當知是為增上慢者
藥王若有善男子善女人如來滅後欲為四
衆說是法華經者云何應說是善男子善女
人入如來室著如來衣坐如來座尒乃應為
四衆廣說斯經如來室者一切衆生中大慈
悲心是如來衣者柔和忍辱心是如來座者
一切法空是安住是中然後以不懈怠心為
諸菩薩及四部衆廣說是法華經藥王我於餘
國遣化人為其集聽法衆亦遣化比丘比丘
尼優婆塞優婆夷聽其說法是諸化人聞法
信受隨順不逆若說法者在空閑處我時廣
遣天龍鬼神乾闥婆阿脩羅等聽其說法我
雖在異國時時令說法者得見我身若於此
經忘失句逗我還為說令得具足尒時世尊
欲重宣此義而說偈言

欲捨諸懈怠　應當聽此經　是經難得聞　信受者亦難
如人渴須水　穿鑿於高原　猶見乾燥土　知去水尚遠
漸見濕土泥　決定知近水　藥王汝當知　如是諸人等
不聞法華經　去佛智甚遠　若聞是深經　決了聲聞法
是諸經之王　聞已諦思惟　當知此人等　近於佛智慧

BD03512號　妙法蓮華經卷四　　(31-14)

如人渴須水　穿鑿於高原　猶見乾燥土　知去水尚遠
漸見濕土泥　決定知近水　藥王汝當知　如是諸人等
不聞法華經　去佛智甚遠　若聞是深經　決了聲聞法
是諸經之王　聞已諦思惟　當知此人等　近於佛智慧
若人說此經　應入如來室　著於如來衣　而坐如來座
處衆无所畏　廣為分別說　大慈悲為室　柔和忍辱衣
諸法空為座　處此為說法　若說此經時　有人惡口罵
加刀杖瓦石　念佛故應忍　我千万億土　現淨堅固身
於无量億劫　為衆生說法　若我滅度後　能說此經者
我遣化四衆　比丘比丘尼　及清信士女　供養於法師
引導諸衆生　集之令聽法　若人欲加惡　刀杖及瓦石
則遣變化人　為之作衛護　若說法之人　獨在空閑處
寂漠无人聲　讀誦此經典　我尒時為現　清淨光明身
若忘失章句　為說令通利　若人具是德　或為四衆說
空處讀誦經　皆得見我身　若人在空閑　我遣天龍王
夜叉鬼神等　為作聽法衆　是人樂說法　分別无罣礙
諸佛護念故　能令大衆喜　若親近法師　速得菩薩道
隨順是師學　得見恒沙佛

妙法蓮華經見寶塔品第十一

尒時佛前有七寶塔高五百由旬縱廣二百
五十由旬從地踊出住在空中種種寶物而
莊校之五千欄楯龕室千万无數幢幡以為
嚴飾垂寶瓔珞寶鈴万億而懸其上四面皆
出多摩羅跋栴檀之香充遍世界其諸幡蓋
以金銀瑠璃車𤦲馬瑙真珠玫瑰七寶合成（高至四天王宮三十三天雨天曼陀羅華供）
養寶塔餘諸天龍夜叉乾闥婆阿脩羅迦樓
羅緊那羅摩睺羅伽人非人等千万億衆以

出多摩羅跋栴檀之香充遍世界其諸幡蓋
以金銀瑠璃車𤦲馬瑙真珠玫瑰七寶合成（高至四天王宮三十三天雨天曼陀羅華供）
養寶塔餘諸天龍夜叉乾闥婆阿脩羅迦樓
羅緊那羅摩睺羅伽人非人等千万億衆以
一切華香瓔珞幡蓋伎樂供養寶塔恭敬尊
重讚歎尒時寶塔中出大音聲歎言善哉善
哉釋迦牟尼世尊能以平等大慧教菩薩法
佛所護念妙法華經為大衆說如是如是釋
迦牟尼世尊如所說者皆是真實尒時四衆
見大寶塔住在空中又聞塔中所出音聲皆
得法喜怪未曾有從座而起恭敬合掌却住
一面尒時有菩薩摩訶薩名大樂說知一切
世間天人阿脩羅等心之所疑而白佛言世
尊以何因緣有此寶塔從地踊出又於其中
發是音聲尒時佛告大樂說菩薩此寶塔中
有如來全身乃往過去東方无量千万億阿僧
祇世界國名寶淨彼中有佛號曰多寶其
佛行菩薩道時作大誓願若我成佛滅度之
後於十方國土有說法華經處我之塔廟為
聽是經故踊現其前為作證明讚言善哉彼
佛成道已臨滅度時於天人大衆中告諸比丘
我滅度後欲供養我全身者應起一大塔其
佛神通願力十方世界在在處處若有說法
華經者彼之寶塔皆踊出其前全身在於
塔中讚言善哉善哉大樂說今多寶如來塔
聞說法華經故從地踊出讚言善哉善哉是
時大樂說菩薩以如來神力故白佛言世尊

華經者彼之寶塔皆踊出其前全身在於
塔中讚言善哉善哉大樂說今多寶如來塔
聞說法華經故從地踊出讚言善哉善哉是
時大樂說菩薩以如來神力故白佛言世尊
我等願欲見此佛身佛告大樂說菩薩摩訶
薩是多寶佛有深重願若我寶塔為聽法華
經故出於諸佛前時其有欲以我身示四衆
者彼佛分身諸佛在於十方世界說法盡還
集一處然後我身乃出現耳大樂說我分身
諸佛在於十方世界說法者今應當集大樂
說白佛言世尊我等亦願欲見世尊分身諸
佛礼拜供養尒時佛放白豪一光即見東方
五百万億那由他恒河沙等國土諸佛彼諸
國土皆以頗梨為地寶樹寶衣以為莊嚴无
數千万億菩薩充滿其中遍張寶幔寶網羅
上彼國諸佛以大妙音而說諸法及見无量
万億菩薩遍滿諸國為衆說法南西北方四
維上下白豪相光所照之處亦復如是尒時
十方諸佛各告衆菩薩言善男子我今應往
娑婆世界釋迦牟尼佛所并供養多寶如來
寶塔時娑婆世界即變清淨瑠璃為地寶樹
莊嚴黃金為繩以界八道无諸聚落村營城
邑大海江河山川林藪燒大寶香曼陁羅華
遍布其地以寶網幔羅覆其上懸諸寶鈴唯
留此會衆移諸天人置於他土是時諸佛各
將一大菩薩以為侍者至娑婆世界各到寶
樹下一一寶樹高五百由旬枝葉華菓次第
莊嚴諸寶樹下皆有師子之座高五由旬亦

留此會衆移諸天人置於他土是時諸佛各
將一大菩薩以為侍者至娑婆世界各到寶
樹下一一寶樹高五百由旬枝葉華菓次第
莊嚴諸寶樹下皆有師子之座高五由旬亦
以大寶而校飾之尒時諸佛各於此座結跏
趺坐如是展轉遍滿三千大千世界而於釋
迦牟尼佛一方所分之身猶故未盡時釋迦
牟尼佛欲容受所分身諸佛故八方各更變
二百万億那由他國皆令清淨无有地獄餓
鬼畜生及阿脩羅又移諸天人置於他土所
化之國亦以瑠璃為地寶樹莊嚴樹高五百
由旬枝葉華菓次第嚴飾樹下皆有寶師子
座高五由旬種種諸寶以為莊校亦无大海
江河及目真隣陁山摩訶目真隣陁山鐵圍
山大鐵圍山須弥山等諸山王通為一佛國
土寶地平正寶交露幔遍覆其上懸諸幡蓋
燒大寶香諸天寶華遍布其地釋迦牟尼佛
為諸佛當來坐故復於八方各變二百万億
那由他國皆令清淨无有地獄餓鬼畜生及
阿脩羅又移諸天人置於他土所化之國亦
以瑠璃為地寶樹莊嚴樹高五百由旬枝葉
華菓次第莊嚴樹下皆有寶師子座高五由
旬亦以大寶而校飾之亦无大海江河及目
真隣陁山摩訶目真隣陁山鐵圍山大鐵圍
山須弥山等諸山王通為一佛國土寶地平
正寶交露幔遍覆其上懸諸幡蓋燒大寶
[illegible]

真隣陁山摩訶目真隣陁山鐵圍山大鐵圍
山須弥山等諸山王通為一佛國土寶地平
正寶交露幔遍覆其上懸諸幡蓋燒大寶
香諸天寶華遍布其地尒時東方釋迦牟尼
所分之身百千万億那由他恒河沙等國土中
諸佛各各說法來集於此如是次第十方諸
佛皆悉來集坐於八方尒時一一方四百万
億那由他國土諸佛如來遍滿其中是時諸
佛各在寶樹下坐師子座皆遣侍者問訊釋
迦牟尼佛各賫寶華滿掬而告之言善男子
汝往詣耆闍崛山釋迦牟尼佛所如我辭曰
少病少惱氣力安樂及菩薩聲聞衆悉安隱
不以此寶華散佛供養而作是言彼某甲佛
與欲開此寶塔諸佛遣使亦復如是尒時釋
迦牟尼佛見所分身佛悉已來集各各坐於
師子之座皆聞諸佛與欲同開寶塔即從座
起住虛空中一切四衆起立合掌一心觀佛
於是釋迦牟尼佛以右指開七寶塔戶出大
音聲如却關鑰開大城門即時一切衆會皆
見多寶如來於寶塔中坐師子座全身不散
如入禪定又聞其言善哉善哉釋迦牟尼佛
快說是法華經我為聽是經故而來至此尒
時四衆等見過去无量千万億劫滅度佛說
如是言歎未曾有以天寶華聚散多寶佛及
釋迦牟尼佛上尒時多寶佛於寶塔中分半

BD03512號　妙法蓮華經卷四　(31–19)

快說是法華經我為聽是經故而來至此尒
時四衆等見過去无量千万億劫滅度佛說
如是言歎未曾有以天寶華聚散多寶佛及
釋迦牟尼佛上尒時多寶佛於寶塔中分半
座與釋迦牟尼佛而作是言釋迦牟尼佛可
就此座即時釋迦牟尼佛入其塔中坐其半
座結跏趺坐尒時大衆見二如來在七寶塔
中師子座上結跏趺坐各作是念佛座高遠
唯願如來以神通力令我等輩俱處虛空即
時釋迦牟尼佛以神通力接諸大衆皆在虛
空以大音聲普告四衆誰能於此娑婆國土
廣說妙法華經今正是時如來不久當入涅
槃佛欲以此妙法華經付囑有在尒時世尊
欲重宣此義而說偈言
聖主世尊　雖久滅度　在寶塔中　尚為法來
諸人云何　不勤為法　此佛滅度　无鞅數劫
處處聽法　以難遇故　彼佛本願　我滅度後
在在所往　常為聽法　又我分身　无量諸佛
如恒沙等　來欲聽法　及見滅度　多寶如來
各捨妙土　及弟子衆　天人龍神　諸供養事
令法久住　故來至此　為坐諸佛　以神通力
移无量衆　令國清淨　諸佛各各　詣寶樹下
如清淨池　蓮華莊嚴　其寶樹下　諸師子座
佛坐其上　光明嚴飾　如夜闇中　然大炬火
身出妙香　遍十方國　衆生蒙薰　喜不自勝
譬如大風　吹小樹枝　以是方便　令法久住

BD03512號　妙法蓮華經卷四　(31–20)

如清涼池　蓮華莊嚴　其寶樹下　諸師子座
佛坐其上　光明嚴飾　如夜闇中　燃大炬火
身出妙香　遍十方國　衆生蒙薰　喜不自勝
譬如大風　吹小樹枝　以是方便　令法久住
告諸大衆　我滅度後　誰能護持　讀誦斯經
今於佛前　自說誓言　其多寶佛　雖久滅度
以大誓願　而師子吼　多寶如來　及與我身
所集化佛　當知此意　諸佛子等　誰能護法
當發大願　令得久住　其有能護　此經法者
則為供養　我及多寶　此多寶佛　處於寶塔
常遊十方　為是經故　亦復供養　諸來化佛
莊嚴光飾　諸世界者　若說此經　則為見我
多寶如來　及諸化佛　諸善男子　各諦思惟
此為難事　宜發大願　諸餘經典　數如恒沙
雖說此等　未足為難　若接須彌　擲置他方
无數佛土　亦未為難　若以足指　動大千界
遠擲他國　亦未為難　若立有頂　為衆演說
无量餘經　亦未為難　若佛滅後　於惡世中
能說此經　是則為難　假使有人　手把虛空
而以遊行　亦未為難　於我滅後　若自書持
若使人書　是則為難　若以大地　置足甲上
昇於梵天　亦未為難　佛滅度後　於惡世中
暫讀此經　是則為難　假使劫燒　擔負乾草
入中不燒　亦未為難　我滅度後　若持此經
為一人說　是則為難　若持八万　四千法藏
十二部經　為人演說　令諸聽者　得六神通

暫讀此經　是則為難　假使劫燒　擔負乾草
入中不燒　亦未為難　我滅度後　若持此經
為一人說　是則為難　若持八万　四千法藏
十二部經　為人演說　令諸聽者　得六神通
雖能如是　亦未為難　於我滅後　聽受此經
問其義趣　是則為難　若人說法　令千万億
无量无數　恒沙衆生　得阿羅漢　具六神通
雖有是益　亦未為難　於我滅後　若能奉持
如斯經典　是則為難　我為佛道　於无量土
從始至今　廣說諸經　而於其中　此經第一
若有能持　則持佛身　諸善男子　於我滅後
誰能護持　讀誦此經　今於佛前　自說誓言
此經難持　若暫持者　我則歡喜　諸佛亦然
如是之人　諸佛所歎　是則勇猛　是則精進
是名持戒　行頭陀者　則為疾得　无上佛道
能於來世　讀持此經　是真佛子　住淳善地
佛滅度後　能解其義　是諸天人　世間之眼
於恐畏世　能須臾說　一切天人　皆應供養

妙法蓮華經提婆達多品第十二

尒時佛告諸菩薩及天人四衆吾於過去无
量劫中求法華經无有懈惓於多劫中常作
國王發願求於无上菩提心不退轉為欲滿
足六波羅蜜勤行布施心无悋惜象馬七珎
國城妻子奴婢僕從頭目髓腦身肉手足不
惜軀命時世人民壽命无量為於法故捐捨

國王發願求於无上菩提心不退轉爲欲滿
足六波羅蜜勤行布施心无悋惜象馬七珎
國城妻子奴婢僕從頭目髓腦身肉手足不
惜軀命時世人民壽命无量爲於法故捐捨
國位委政太子擊鼓宣令四方求法誰能爲
我說大乘者吾當終身供給走使時有仙人
來白王言我有大乘名妙法華經若不違我當
爲宣說王聞仙言歡喜踊躍即隨仙人供給
所須採菓汲水拾薪設食乃至以身而爲牀
座身心无惓于時奉事經於千歲爲於法故
精勤給侍令无所乏尒時世尊欲重宣此義
而說偈言
我念過去劫　爲求大法故　雖作世國王　不貪五欲樂
槌鍾告四方　誰有大法者　若爲我解說　身當爲奴僕
時有阿私仙　來白於大王　我有微妙法　世間所希有
若能脩行者　吾當爲汝說　時王聞仙言　心生大喜悅
即便隨仙人　供給於所須　採薪及菓蓏　隨時恭敬與
情存妙法故　身心无懈惓　普爲諸衆生　勤求於大法
亦不爲己身　及以五欲樂　故爲大國王　勤求獲此法
遂致得成佛　今故爲汝說
佛告諸比丘尒時王者則我身是時仙人者
今提婆達多是由提婆達多善知識故令我
具足六波羅蜜慈悲喜捨三十二相八十種
好紫磨金色十力四无所畏四攝法十八不
共神通道力成等正覺廣度衆生皆因提婆
達多善知識故告諸四衆提婆達多却後過

今提婆達多是由提婆達多善知識故令我
具足六波羅蜜慈悲喜捨三十二相八十種
好紫磨金色十力四无所畏四攝法十八不
共神通道力成等正覺廣度衆生皆因提婆
達多善知識故告諸四衆提婆達多却後過
无量劫當得成佛号曰天王如來應供正遍
知明行足善逝世間解无上士調御丈夫天
人師佛世尊世界名天道時天王佛住世二
十中劫廣爲衆生說於妙法恒河沙衆生得
阿羅漢果无量衆生發緣覺心恒河沙衆生
發无上道心得无生忍至不退轉時天王佛
般涅槃後正法住世二十中劫全身舍利起
七寶塔高六十由旬縱廣四十由旬諸天人
民悉以雜華末香燒香塗香衣服瓔珞幢幡
寶蓋伎樂歌頌礼拜供養七寶妙塔无量衆
生得阿羅漢果无量衆生悟辟支佛不可思議
衆生發菩提心至不退轉佛告諸比丘未來
世中若有善男子善女人聞妙法華經提婆
達多品淨心信敬不生疑惑者不墮地獄餓
鬼畜生生十方佛前所生之處常聞此經若
生人天中受勝妙樂若在佛前蓮華化生於
時下方多寶世尊所從菩薩名曰智積白多
寶佛當還本土釋迦牟尼佛告智積曰善男
子且待須臾此有菩薩名文殊師利可與相
見論說妙法可還本土尒時文殊師利坐千
葉蓮華大如車輪俱來菩薩亦坐寶華從

寶佛當還本土釋迦牟尼佛告智積曰善男
子且待須臾此有菩薩名文殊師利可與相
見論說妙法可還本土尒時文殊師利坐千
葉蓮華大如車輪俱來菩薩亦坐寶華從
於大海娑竭羅龍宮自然踊出住虛空中詣靈鷲
山從蓮華下至於佛所頭面敬禮二世尊足
脩敬已畢往智積所共相慰問却坐一面智
積菩薩問文殊師利仁往龍宮所化衆生其
數幾何文殊師利言其數无量不可稱計非
口所宣非心所測且待須臾自當有證所言
未竟无數菩薩坐寶蓮華從海踊出詣靈
鷲山住在虛空此諸菩薩皆是文殊師利之所
化度具菩薩行皆共論說六波羅蜜本聲聞
人在虛空中說聲聞行今皆脩行大乘空義
文殊師利謂智積曰於海教化其事如是尒
時智積菩薩以偈讚曰
大智德勇健　化度无量衆　今此諸大會　及我皆已見
演暢實相義　開闡一乘法　廣度諸群生　令速成菩提
文殊師利言我於海中唯常宣說妙法華經
智積問文殊師利言此經甚深微妙諸經中
寶世所希有頗有衆生勤加精進脩行此經
速得佛不文殊師利言有娑竭羅龍王女年
始八歲智慧利根善衆生諸根行業得陁
羅尼諸佛所說甚深秘藏悉能受持深入禪
定了達諸法於剎那頃發菩提心得不退轉
辯才无礙慈念衆生猶如赤子功德具足心

BD03512號　妙法蓮華經卷四　(31–25)

始八歲智慧利根善衆生諸根行業得陁
羅尼諸佛所說甚深秘藏悉能受持深入禪
定了達諸法於剎那頃發菩提心得不退轉
辯才无礙慈念衆生猶如赤子功德具足心
念口演微妙廣大慈悲仁讓志意和雅能至
菩提智積菩薩言我見釋迦如來於无量劫
難行苦行積功累德求菩薩道未曾止息觀
三千大千世界乃至无有如芥子許非是菩
薩捨身命處為衆生故然後乃得成菩提道
不信此女於須臾頃便成正覺言論未訖時
龍王女忽現於前頭面禮敬却住一面以偈
讚曰
深達罪福相　遍照於十方　微妙淨法身　具相三十二
以八十種好　用莊嚴法身　天人所戴仰　龍神咸恭敬
一切衆生類　无不宗奉者　又聞成菩提　唯佛當證知
我闡大乘教　度脫苦衆生
時舍利弗語龍女言汝謂不久得无上道是
事難信所以者何女身垢穢非是法器云何
能得无上菩提佛道懸曠經无量劫勤苦積
行具脩諸度然後乃成又女人身猶有五障
一者不得作梵天王二者帝釋三者魔王四
者轉輪聖王五者佛身云何女身速得成佛
尒時龍女有一寶珠價直三千大千世界持
以上佛佛即受之龍女謂智積菩薩尊者舍
利弗言我獻寶珠世尊納受是事疾不答言
甚疾女言以汝神力觀我成佛復速於此當

BD03512號　妙法蓮華經卷四　(31–26)

尒時龍女有一寶珠價直三千大千世界持
以上佛佛即受之龍女謂智積菩薩尊者舍
利弗言我獻寶珠世尊納受是事疾不答言
甚疾女言以汝神力觀我成佛復速於此當
時衆會皆見龍女忽然之間變成男子具菩
薩行即往南方无垢世界坐寶蓮華成等正
覺三十二相八十種好普為十方一切衆生
演說妙法尒時娑婆世界菩薩聲聞天龍八
部人與非人皆遥見彼龍女成佛普為時會
人天說法心大歡喜悉遥敬礼无量衆生聞
法解悟得不退轉无量衆生得受道記无垢
世界六反震動娑婆世界三千衆生住不退
地三千衆生發菩提心而得受記智積菩薩
及舍利弗一切衆會嘿然信受

妙法蓮華經持品第十三

尒時藥王菩薩摩訶薩及大樂說菩薩摩訶
薩與二万菩薩眷屬俱皆於佛前住是誓言
唯願世尊不以為慮我等於佛滅後當奉持
讀誦說此經典後悪世衆生善根轉少多增
上慢貪利供養增不善根遠離解脫雖難可
敎化我等當起大忍力讀誦此經持說書寫
種種供養不惜身命尒時衆中五百阿羅漢
得受記者白佛言世尊我等亦自誓願於異
國土廣說此經復有學无學八千人得受記
者從座而起合掌向佛住是誓言世尊我等

種種供養不惜身命尒時衆中五百阿羅漢
得受記者白佛言世尊我等亦自誓願於異
國土廣說此經復有學无學八千人得受記
者從座而起合掌向佛住是誓言世尊我等
亦當於他國土廣說此經所以者何是娑婆
國中人多弊悪懷增上慢功德淺薄瞋濁諂
曲心不實故尒時佛姨母摩訶波闍波提比
丘尼與學无學比丘尼六千人俱從座而起
一心合掌瞻仰尊顏目不暫捨於時世尊告
憍曇弥何故憂色而視如來汝心將无謂我
不說汝名授阿耨多羅三藐三菩提記耶憍
曇弥我先總說一切聲聞皆已授記今汝欲
知記者將來之世當於六万八千億諸佛法
中為大法師及六千學无學比丘尼俱為法
師汝如是漸漸具菩薩道當得作佛号一切
衆生憙見如來應供正遍知明行足善逝世
間解无上士調御丈夫天人師佛世尊憍曇
弥是一切衆生憙見佛及六千菩薩轉次授
記得阿耨多羅三藐三菩提尒時羅睺羅母
耶輸陀羅比丘尼作是念世尊於授記中獨
不說我名佛告耶輸陀羅汝於來世百千万億
諸佛法中脩菩薩行為大法師漸具佛道於
善國中當得作佛号具足千万光相如來應
供正遍知明行足善逝世間解无上士調御
丈夫天人師佛世尊佛壽无量阿僧祇劫尒

善國中當得作佛号具足千万光相如來應
供正遍知明行足善逝世間解无上士調御
丈夫天人師佛世尊佛壽无量阿僧祇劫尒
時摩訶波闍波提比丘尼及耶輸陁羅比丘
尼并其眷屬皆大歡喜得未曾有即於佛前
而說偈言

世尊導師　安隱天人　我等聞記　心安具足

諸比丘尼說是偈已白佛言世尊我等亦能
於他方國土廣宣此經尒時世尊視八十万
億那由他諸菩薩摩訶薩是諸菩薩皆是阿
惟越致轉不退法輪得諸陁羅尼即從座起
至於佛前一心合掌而作是念若世尊告勅
我等持說此經者當如佛教廣宣斯法復作
是念佛今嘿然不見告勅我當云何時諸菩
薩敬順佛意并欲自滿本願便於佛前作師
子吼而發誓言世尊我等於如來滅後周旋
往反十方世界能令衆生書寫此經受持讀
誦解說其義如法脩行正憶念皆是佛之威
力唯願世尊在於他方遥見守護即時諸菩
薩俱同發聲而說偈言

唯願不為慮　於佛滅度後　恐怖惡世中　我等當廣說
有諸无智人　惡口罵詈等　及加刀杖者　我等皆當忍
惡世中比丘　邪智心諂曲　未得謂為得　我慢心充滿
或有阿練若　納衣在空閑　自謂行真道　輕賤人間者
貪著利養故　與白衣說法　為世所恭敬　如六通羅漢
是人懷惡心　常念世俗事　假名阿練若　好出我等過

BD03512號　妙法蓮華經卷四　（31–29）

唯願不為慮　於佛滅度後　恐怖惡世中　我等當廣說
有諸无智人　惡口罵詈等　及加刀杖者　我等皆當忍
惡世中比丘　邪智心諂曲　未得謂為得　我慢心充滿
或有阿練若　納衣在空閑　自謂行真道　輕賤人間者
貪著利養故　與白衣說法　為世所恭敬　如六通羅漢
是人懷惡心　常念世俗事　假名阿練若　好出我等過
而作如是言　此諸比丘等　為貪利養故　說外道論議
自作此經典　誑惑世間人　為求名聞故　分別於是經
常在大衆中　欲毀我等故　向國王大臣　婆羅門居士
及餘比丘衆　誹謗說我惡　謂是邪見人　說外道論議
我等敬佛故　悉忍是諸惡　為斯所輕言　汝等皆是佛
如此輕慢言　皆當忍受之　濁劫惡世中　多有諸恐怖
惡鬼入其身　罵詈毀辱我　我等敬信佛　當著忍辱鎧
為說是經故　忍此諸難事　我不愛身命　但惜无上道
我等於來世　護持佛所囑　世尊自當知　濁世惡比丘
不知佛方便　隨宜所說法　惡口而顰蹙　數數見擯出
遠離於塔寺　如是等衆惡　念佛告勅故　皆當忍是事
諸聚落城邑　其有求法者　我皆到其所　說佛所囑法
我是世尊使　處衆无所畏　我當善說法　願佛安隱住
我於世尊前　諸來十方佛　發如是誓言　佛自知我心

妙法蓮華經卷第四

BD03512號　妙法蓮華經卷四　（31–30）

我等於來世　讀持佛所囑　世尊自當知　濁世惡比丘
不知佛方便　隨宜所說法　惡口而顰蹙　數數見擯出
遠離於塔寺　如是等衆惡　念佛告勅故　皆當忍是事
諸聚落城邑　其有求法者　我皆到其所　說佛所囑法
我是世尊使　處衆無所畏　我當善說法　願佛安隱住
我於世尊前　諸來十方佛　發如是誓言　佛自知我心

妙法蓮華經卷第四

BD03512號　妙法蓮華經卷四　（31–31）

□次第可信下犯□二□此事四句前三不應
第四應与對治解義二門分別 第一僧別二地須處
分不 第二現有妨難處分成不初門本制處分為防
妨難從非僧地義容妨難故但造房藏須處分如
後戒云何處有妨地堪起房舍爾時近拘睒彌城
有居拘律神樹多人住返象馬車乘心息甚不時尊
者聞隨住伐此樹即制處分此並僧地第二門同觀
有妨難處分成不舊解成就處分本防不處分僧
殘不正妨防難既所防不同雖有妨難從僧乞處分
者免彼不乞專任之過故得成就為法文言不應
僧處分得妨難二者此文良證言不應者得小罪故
此釋不然違於正理凡所為事必須稱法事既現有
妨難處分如何得成又制處分令捨妨難文言妨難
乎有及俱並不應与妨難俱無應与處分今有
違文如何成就又若与法成者如何瞻波云不如白法
作白不如羯磨法作羯磨非法等不成若爾何故
文言僧處分有難有妨處二突吉羅解云先得法妨
難後生以法先成若有殘罪為有妨難但結不應
次与處分法於中文二一明与法二明作事既与法中先
善秉法人毋經第六東為四位不善者年者以羞不
堪故乞非下坐者以卑小故上坐次坐但能秉法不問

文言僧處分有難有妨處二窦吉羅解法先得法妨
難後生以法先成並有殘罪為有妨難但結不應
次与處分法於中文二一明与法二明作事既与法中先
若羸法人母經第六未為四位不差者年者以毫不
堪故之非下坐者以界小故上坐次坐但能羸法不同
誦律不誦故云應差堪能者作次明与法之是白
二四人僧收於中文二初正与法次僧已忍下結前
中先白後羯磨白中事繁重者即有四句一告
衆勅聽二牒所因事今衆同知三作法時列勅衆詳
忍四舉其所作結成白詞白中事不繁重者但有
三句如受日差人之類次羯磨文二初舉所作諮僧
可不次僧与下決判是非前中初句標告攝心次舉
所作約別勸忍次決判中亦二初僧後別結文可知因
明處分法与何相應者謂与人處相應唯此人法受
得或法人餘處餘人此處並悉不得多論云若爾時
作相已不得餘處作房若異比丘不得法處作房
正應法比丘作又云若法房上更異比丘欲作房不須
白僧但房主聽作得不聽不得以法狭故雖是人處相
應不者結界之然若界本為衆即是衆同之本此元
為別故不相顧次明作事乃至一圍臣在俯關竟即
僧殘文後一圍擬作者關若其心絕之殘法解第九句文
有五三第一三二殘作頭妨難俱手作第二三以不處分
為頭作第三三以過量為頭作第四三並殘負吉俱
示作第五三並吉直殘俱手作攝理合然有文同法
或有經文殘中唯有過量一句略無餘二故有十三句次
輕重文五一自作二使他作三為他作四房主行師法彼
犯義文有四句初句現前指地應量作者過量作
者犯此謂房主結殘行師關罪為類一言通結彼法
是故直言作者犯次句之然三不報四不同法之同報
[illegible]

輕重文五一自作二使他作三為他作四為主作巧師法彼
犯義文有四句初句現前指授遣量作者過量作
者犯此謂為主結殘巧師闍羅為類一言通結彼法
是故直言作者犯次句亡並三不報四不問法三問報
但結無殘第五境想文有四重此是犯不犯門轉
想故五　次有主不處分造房戒以有主故不辯
主唯法為異餘悉同前明有主辯何須所樹
答為欲取地不須樹用如文何處有好地堪起房
舍即便伐樹　次無根謗戒別制意者法衆
所居理須和合不相惱觸是白衆僧今乃懷瞋謗
誣重事塵玷良善點出衆外法則增長生死毀
滅正法難詞事條故須[illegible]制多論云為法久住故為
止謗毀令梵行安樂住不妨道經行是故次釋名
有三一釋名者內無三實離曰無根重事加謗名之為
謗次離合者問謗義是一以何分為二戒答為無
根處癡理應合制但以無根假根殊是故別築為兩
其一向無根或言見聞疑等或嫌言盜殺等並前
戒中收故十誦五十一云若比丘語比丘言我犯婬是比丘
以無根謗言汝犯殺盜妄語得僧殘餘盜殺妄綺手
額法蘊知等或異事上見假言見法聞疑亦然假根
摘問三根謗人各別得罪何以合一不分三戒答若聖
三根各別得罪不亦相假亦蘊立三但以無根處癡得罪
義等又容共從一犯是以合制次多少者問謗他犯重
實無三根僧處解遣犯無提不答若雖見論得謗
無妄故論十三云以無根謗比丘得僧殘無庭提以
謗一向假虛成故又解若望所謗之人理實得無妄
以謗一向假虛成故若對僧前妄心說實令僧虛解亦成
妄語故五分第三僧語慈地云於僧前妄語其罪重於
百阿羅漢猶如妄語惡口兩舌對以有無實罪者是

實無三根僧塵解遣犯妄提不答具諦問詞
無妄故論十三云以無根褒謗比丘得僧殘無竊提以
謗一向假塵成故又解爲望所謗之人理實得無妄
以謗一向假塵成故爲對僧前妄心說實令僧塵解之成
妄僣故五分第三僧語慈地云於僧前妄語其罪重於
百阿羅漢猶如妄語惡口兩舌對以有無定罪者是
次列緣有八一大僧尼二僧尼想三起瞋心四無三根五
知無根六說重說事七言詞了了以前境知解初緣大
僧尼者顯下三衆下三衆名隨輕謗豈得重猶如打奪
下三罪亦不重爾者隨順解義何以同提解同遣
僧命眾法應故又大比丘不同淨儀爲以無根事謗皆
成謗罪故云又彼人不清淨不見彼犯便言見犯無
根法謗僧殘下戒云不清清淨人相似以法謗彼
後以清淨者根謗不淨者皆成謗罪以法及知儀亡
成謗次下諸緣隨義可解無根謗法至文中解次關
緣者爲關初緣以大僧与尼互爲闕境及下三衆闕
境便闕名四成八條闕准知　次下釋文犯相文三一
明如來住處第二尊者下謗緣第三時慈地下謗犯
第二緣中分二初請營僧爲謗遠緣二時有慈地下
爲謗近緣前文分五初默念營僧第二時沓婆下舉
念申請第三從世尊下遂請差遣第四時尊者下
受差處分第五時世尊下稱悵嘉讚同阿羅漢者
所作已辨云何念身不牢營僧以求牢固答比身危
脆不久無常望請營僧布施求勝利故見論云大德何
以作如是言比寂後身所作已極當取涅槃譬如燃
燈置於風處不久當滅比身亦復如是我當爲僧
分布房舍及諸飲食又解羅漢雖復諸惑[illegible]除
然條福智恒須修習如下離波伽那入慈定等定次
應四方僧法白二差之見論請仏聽已世尊見未來慈
地比丘於生誹謗爲此誹謗語諸比丘汝當請沓婆爲

[illegible]
分布房舍及諸飲食又餘羅漢雖復諸或靈際
無餘福智恒須修習如下離波伽那入慈定等之次
應四方僧法白二差之見論請仏聽已世尊見未來慈
地比丘非生誹謗爲以誹謗語諸比丘汝當請沓婆為
僧差請會令竟應作羯磨差次明撩理僧事於中文二先
舊次客舊中後二初標次別行以標擧者欲使同行
相欽資緣易具住心和合不廢正修故白同意者共
同次別後二先擧行同人次唄遥下擧業同人先行
同者謂十二頭陀義如下釋次明業同此有五人多論
但四謂除唄匿僧祇乃至四果三明六通及無威儀
者各別次舊客比丘五分陀婆即入火光三昧左手
出光右手示處僧祇亦云左手小指出燈明見論云
從定起放右手第二指以為光明須臾名聞滿閻浮提
諸比丘從遠方來欲宿神力至已語沓婆言長老為
我等安心住處敷施床座如是衆多皆沓婆自臨一比
丘為安心處為餘比丘安心住處悉是化身如真身
無異問光明神力要入定心云何不定心中而有光答解
定心所為不違道理多論第三有三解一云有四不可思
議謂諸仏禪定龍業報第二此人利根禪定之利當出
尔時或入或出甚同駛速謂是發心如人手擊口唱二
心恒別但以駛疾謂是一心第三先入定心手出光明出
光明已然後出定以定勢力光明不滅如陶師輪餘勢
未盡次據理合儀大聖嘉讚次近緣文二初得惡房
惡食生瞋瞋由次羅閭下興方謗計文有七句一居住
見所設處問評二乘前悲意默無所說三無憑依默儆
問所由四擧事相擊以申默意五問其所欲請設方
儀六宗以謗儀令僧擯彼七即述所言歎已能作五
尔先第二人遍居令謗居弥多羅言陀婆清淨我等

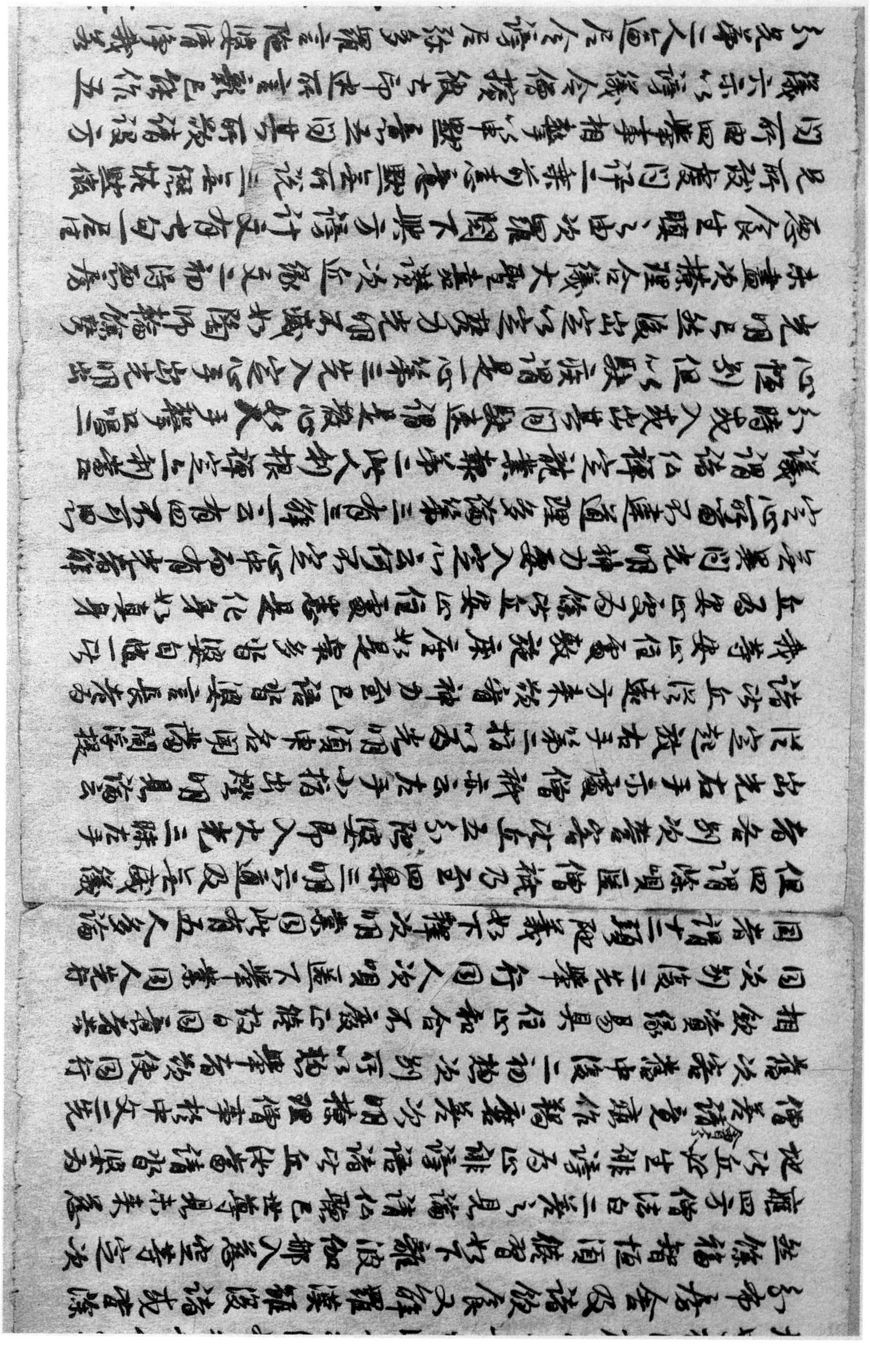

儀六宗以諍儀令僧擯彼七而述所言彰已錯作五
分兄弟二人適尼令諍尼彌多羅言陀婆清淨我等
諍之僧安當作自言擯我〻既出衆當何所依慈地等
言我當證汝擯於陀婆何緣使汝得自言擯彌多
羅之等僧擯陀婆我豈得異慈地等之但令世
尊序述陀婆爲吾受擯之後何告我等自當好
相安處妹穀重兄不敢違命次下正諍比丘僧諍故對僧
說理實成諍不假對僧故僧祇第六云對面四目諍
語〻僧殘次發覺文二初皆婆自言以彰發覺次於
校慈地以明發覺前文五句初明佛問二彰知請證
三世尊不可四自言清淨夢中行者以難況易餘之
三律皆婆自言清淨與壞念時尼〻以身諍故與藏
擯白四五世尊盡讚問佛一切智善知淨識所以不證
皆婆清淨慈地是犯答佛等自證一是一非生人
誹諍僧佛受境故佛不證正誹諍故次於校文三初令
於問比丘奉教二比丘奉教於問本末者比丘末者慈
尼又解唯次自之文奉者因得惡房惡食末者是
己諍情三盡彼清淨自申諍意次明何責佛何文
二初行有違失何次得報決定何文言一向入地獄者
彰過之也 戒本七句一犯人二瞋心三所諍境
界法中雖之清淨廣解言不淨四無根五波羅夷
下重事從諍顯己諍情故之欲壞等六第於異時
下非前行諍時是後重皆婆時見論第問第不
問者以無根波羅夷法諍己第衆僧問第二三人至
一人第於師前自說成罪得僧殘七第比丘不結犯
廣〻中不解第六句餘者是明瞋者不解第二句十惡
法者僧祇之瞋者九惱及非處起得憂惡家增我
善友及我己身配之三世及通非情處起是名爲十

法者僧祇之瞋者九惱及非處起謂愛恚家增我
善友及我己身配之三世及通非情處起是名為十
次根者下先解第四句將解無根先又釋有根解
味義根五門分別第一列數釋名第二定根多
少第三明根塵虛實第四辨諍成不第五開卷釋妨
初門根者謂有生罪之義故名為根根之義不同有
其三種謂見聞疑觀示青等雜之為見細響狀
聲目之為聞見聞之後猶豫不決心無定執名之
曰疑唯法得罪[illegible]論第三云眼根有亡
使清淨見事審諦可依可信唯聽肉眼不聽天眼
若聽說過者妨餘事多耳根亦爾第二門三根約位
想有其四謂自他想疑自根文明他者文云若他
見從彼聞亦名見若彼說從彼聞亦名聞然文不
出疑者照也理實亦有想三根者文言見聞疑
想疑三根者文言彼[illegible]疑然想疑二位不得名根
但今就通故言有四第三門以境而言皆並塵以清
淨者不妨有根犯者無根是以文言清淨之相
似以法謗彼不淨相似以法謗彼然就四中前二是實
後兩橫起說之為塵前中名見聞是實疑又是塵
雖有塵實但有聽罪第四門自他兩種有則成罪
無則成謗想心三者有不成罪以想橫起誑義弱故
亦不成謗以心實故若無成謗文言後忌此想便言
我見聞疑犯疑心三者有不成罪謗則謗成若雖
疑說亦不成謗為隱橫疑以實根往謗故文言彼有
疑後便言我無疑我見聞疑以無根謗僧殘第五
門問見聞境界別從別立二根疑從見聞生亦應
分二耶小宴中疑見疑聞說戒復云見疑亦如是聞疑亦如
是解小妄與說戒不類別立根隨句以相及疑從見聞

疑說亦不成謗為隱藏疑以塞根往謗故文言須有
疑後便言我無疑我見聞疑以無根謗僧殘第五
門問見聞境界別從別立二根疑從見聞生應當亦
分二如小妄中疑見疑聞說戒復云見疑亦如是聞疑亦如
是解小妄与說戒不殊別立根隨句以相及疑從見聞
別此中為立根不得別分二疑通收彼此總立一疑根
如惡心聞隨事雖多一名命盡此疑亦□文此解文中猶
明詳理無別所以知者以此文云疑有二種謂從見生疑從聞
生疑故知盖是別意則与小妄說戒無殊但以隨事故離
立根即合同想通見等三以三別三想疑亦該於三如
何合為一直言彼有疑解根中無想名以三別三想根
中有疑名故不以三別分以三別應云疑疑作文不便
想言彼有疑又解想義當見聞容徹分立想疑當
猶豫根不可故合一又尋文意疑別亦得成是集法
聖豎成是勸律大德為離繁文故合為一故多論
云見疑聞疑疑見忘聞忘疑忘又可一種是橫起而
文想離擬合者為顯作文影略學者應知自古
諸德思不洽文雖復推尋終令人成諍不擇文先
解有根見根但約前三戒說聲非見境故無妄語聞
則義通想舉四戒從見生疑略舉□無從聞生
疑還通四戒除此已下順解無根 次下合解戒本三五
七三句謗言方法文有七章第一無三舉三謗作六句二
無一見根以聞疑二根謗三無一聞根以見疑二根謗四無
一疑根以見聞二根謗下文繫中更有三章五無見
聞二根以一疑根謗六無見疑二根以一聞根謗七無聞疑
二根以一見根謗此之七章位約為三初一以三根往謗次
三以二根往謗次三以一根往謗位雖如是且學七說七位
各有六心即成卌二心此亦理盡不須更作多句解此六
心三門分別第一定心名字第二釋除妨難第三對小
妄辨異初門六心者一無想不忘心二有想忘想心三有疑

BD03513號　四分律開宗記　（17–8）

三以二根往謗次三以一根往謗位雖如是且從七說七位
各有六心即成卌二心此之理盡不須更作多句解此六
心三門分別第一定心名字第二釋除妨難第三對小
妄辯異初門六心者一無想不忘心二有想忘想心三有疑
言無疑心四有疑忘五無疑言有疑心六無疑忘第二門
初心既是無想不忘何以文中不言無想不忘答不見
是無相知無是不忘為此雖無律文得種無想不忘問
初句既是無想不忘對此應有無想忘想所以但立不
忘而無忘想答如想先是有對有得種忘無想先
是無先無不得忘爾者無想先是無不得忘無疑之
先無不立無疑忘答疑心猶豫得有隱沒雖復先
無而得立忘想是微不可隱沒先知是無不得立
忘又解初心是根本直是無而言有不須更以忘等
別之下五是枝條為別前故舉忘不差別相對問
第二心是有想忘想所以不立有想不忘作文應云不
見聞疑彼犯是中有見聞疑想便言我見聞疑犯
答夫言謗者必假虛成若有三想而復不忘即是心實
豈得成謗如小妄第二心不成俱違句如彼見想還言
道見乃是實語不成妄懲妄既不成寧得成謗又不
開云意有見想便說不犯古德不能孰詳文義立有
想心成謗者違前理教也爾者有疑言無疑亦不成謗答
此為隱却撗疑以實根成謗是以文言是中有疑便言我
無疑我實見聞疑若爾即應許隱撗想別舉實根々
成謗其答想是究徹一向是有不知是非故不得隱疑
是猶豫自知是非隱他不信隱而成謗條有疑等相對
理盡不繁更作問答分別第三門此處六心並是境心俱
虛以有想疑心要志方成謗下小妄中直辯違心不要俱虛故
無有忘又下妄中前六初三五此約於彼以無不臨知故
後六初三五全是翻對二處二四六境順心違与此懸殊
辯異可解次下釋文初章可解第二章中初句不見彼

BD03513號　四分律開宗記　（17–9）

處々有疑心[illegible]
無有忘又下妄中前六初三五此秩於彼以無不觸知故
後六初三五全是翻列二處二四六境順心違與此懸殊
辨異可解次下釋文初章可解第二章中初句不見彼
犯以聞疑謗者未知聞疑為有為無聞疑若是有可獨
言不見然以聞疑有故不應成謗既以聞疑無故得成謗
者亦應通舉不聞疑何以獨言一不見答論其理實
並無三根今文所以獨言不見者此據謗情不以見聞為
因聞疑往謗故作是言文為顯此聞疑是實謗僧生
信擯斥前人第二句不見彼犯是中有見想後忘見想
以聞疑謗者亦可前章第二心為舉三謗不應有三
想是忘三想答前章是想擾三為法俱有並忘方
盡其理此等皆為謗情防巧弄舉多少不同前位亦
者此已聞疑往謗准前應云有聞疑想忘聞疑想如
何乃舉有見想忘見想答理實准前應作此說然
為初句立不見對前有見想為聞不聞疑故無聞疑
想條下顯因不能繁述次輕重文三一謗比丘二謗尼三謗
下眾說比丘中復三初以四重往謗但使內無三根莫問
實不實自作使等皆成謗罪以第二以作比丘法十三難
事謗實比丘亦成殘罪若實十三難人雖無三根冥伏
說著不成殘罪但以比丘想故得偷蘭遮不同四重往
謗體是汙戒比丘第三條比下謂以條篇謗人殘得提
罪下三犯吉以有重輕故云隨前所犯次謗尼等可解
五分比丘謗尼四眾吉尼謗比丘提條眾吉理有境想
無者文略不犯中說實者謂實三根　次假根謗戒
此假異事上根以謗於此見雖相當事不相當即是人畜
類殊名之為異取彼經此稱之為分故曰異分條異
准此制意等同前唯以假根為異戒本八句一犯人二瞋心
三假異分上根四所謗境界五無根六重事七彼於下自
言八是比丘下結罪廣解中不釋五七二句條悉具解之
[illegible]

顯殊名之為異取彼經此稱之為分故曰異分僧異
准此制意等同前唯以假根為異戒本八句一犯人二嗔心
三假異分上根四所謗境界五無根六重事七假於下自
言八是比丘下結罪廣解中不釋五七二句餘悉具解之
中上二可知異分不合解三四六八四句於中文五第一異趣明
異分第二無比丘不犯不異罪明異分第三不清淨人下
異人明異分第四無見本在家時不異時明異
分第五無比丘自語不假纏明異分初異趣者如緣起
說但假見根略無聞疑次明異罪有二六句初六不犯
夷見謂犯餘六假餘異分謗言犯夷時中分二初之
一句謂犯僧殘後之五句是犯提等之見謂文錯於宗
理疑癡見並謂始順文意次之六句實犯僧殘見謂
餘六謗言犯夷此中二初之一句犯殘謗之犯夷後之
五句犯殘提等之可此之四句文中不次初句是第四句
頭第二句是第三句尾此中具約見謂作法不論聞疑
次明異人文有四句初二以不淨上根謗不淨之次二以清
淨上根謗不淨之文中直言以比人事謗彼理實並通
異分三根次異時中但舉見聞略無疑也次假纏中
爲是聞根以餘二根非所勢故略文可知
次破僧違諫戒之初五門分別第一列戒多少
第二諫不諫別第三定罪名種第四明違重輕第五
舉不舉異初門比丘有十三之衆合有十六諫戒
然比丘六戒該及尼衆尼別有六故成十六此中二是屏諫
餘是僧諫第二門屏諫 雜通攝王一戒無問心作成
之設屏諫之僧諫者悉是作犯但於事中有僧傳者
須諫故之文言展轉相教展轉相諫乃止 此中違僧
須僧設諫言僧傳者二破僧傳四依言說相似汙家謗
僧執六人因作惡性違諫自恃輕說說見有在家
聖人餘尼諫戒僧傳唯知自餘諸戒無僧傳義直作即
犯故不須諫第三門違諫之罪據究竟說但有其四

須僧設諫言倚傍者二破倚傍四依言說拒似計家詼
僧執六人因作惡世違諫自恃韓種說欲見有在家
聖人條尼諫戒倚傍雖知自條諸戒無倚傍義直作即
犯故不須諫第三門違諫之罪種究竟說但有其四
謂衆殘提吉為通方便更加一開為以因果往分即有十
衆殘二果各自帶因二提亦然故有其八又違屏諫事實
及條六衆復各有因合十二罪於中六是僧諫謂衆
殘提各及因罪條六是屏諫五吉第四門舊解云就
心處實故罪輕重此之四戒所諫之人了了知已所
作事非僧諫者是故違僧命不犯彰法情過是重違
諫僧殘刹吒說欲迷情執實謂已是爲是僧諫者
非不作故違僧諫之意情過輕微違諫提罪又以所
諫事證如調達破僧非法想等前三罪重第四句輕
豈況違諫寧不約就心處便重心實則輕又一人諫中心處
提罪心實吉羅豈況僧諫不就心之處實消輕重問
所以得知此處彼實答此戒既云我身滅後可得名
稱故知此處下戒文云唯此真實餘皆虛妄故知不同尔
者茲由處實罪有重輕者且如破僧四句之中初句心
處可發殘罪第四心實應得逸提中間兩句合結蘭以
通處實何以俱殘又於丘尼習近居士子既發提罪
心應是實瞋心 謗三寶發起四諍何得成處結殘
罪說欲心實可得提罪如也心處應發殘罪然真云
不顯心實豈其本計之是錯詞隨業違諫處得成
衆實意拒僧因呵犯壞以法推究舊解不然義既
不通別申正解但是世尊善知諸法通達罪相結
位不同違諫雖齊犯非一蓋故隨輕重定業差殊不須
於中德明所以且五犯戒違教之齊何不對論以明輕重
非諫不尔諫爲豈如何答第五門利吒說欲有順情義
既多僧受舉絕化道今法二破倒說成邪准下律文
亦是合舉所以不舉者爲聖應不應如增二說爲論
[illegible]

於中須明所以且立犯違教之愆何者粗多以故事
非諫不示諫義豈如何第五門制既說欲有順情義
恐多作受舉絕化道今此二破倒說成耶准下律文
亦是合舉所以不舉者爲塹應不應如增二說義論
作法如何責明今此辨諫何須出舉爾者制吒亦然
何以有舉答事相由者故即出舉義不出彼所隨
之舉何以結此能隨之愆又以隨及違諫俱得提愆彼
此門隨非殘故隱此謂理合治舉不須此明又解
倒說成耶理須舉者謂耶人不作破事義作破
事耶不須舉以今衆法別行法事非因一和何得有
舉義與舉者非是對治下二非耶何須有舉故四
違諫並不須舉　次隨別釋制意有三一不聽破
僧者僧衆和同安樂有法理直詳遵猶如水乳今
又倚傍聖教說相似語或能群情壞僧斷法墜陷
無辜爲惡滋甚由斯故制不聽爲其破僧義至
文當辨二須諫意者然以調達立計像真翳法
詞時事是可愍須僧設諫開示是罪冀彼改耶從
正弃惡宗善三結罪者然彼僧衆詳心設諫明宣
是非開示令捨而復固執已心不肯從勸惱衆情重
故結僧殘次釋名者耶法改真分衆異執錄爲破僧
因情爲惡不柾衆命名違爲諫別緣有五一立耶
三寶謂是諫所爲事二行化於時義不行化即不須
諫三如法設諫簡非法等四固執不捨五三羯磨竟
次闕緣義闕初緣並無條罪義闕第二亦闕下三
單有立耶三寶（容直有彼僻諫吉羅）方便吉羅義闕第三亦有違
僧殘闕吉羅義僧事法不成然不成者亦無違諫因
果等罪義其羯磨落在七分作如法心拒得亡闕
罪義闕第四作白未竟捨者吉羅白竟一闕乃至第
三未竟捨得四闕闕第五緣准前可解餘違諫戒
準此因此且有東成犯翻少異者宋文二初望不依

罪有五耶三寶容直有彼异諫吉羅方便吉羅爲闘第三亦有違
僧殘闘吉羅爲僧案法不成知不成者亦無違諫因
果等罪爲甚羯磨爲七分作如法心拒得七闘
羅爲闘第四作白未竟捨者吉羅白竟一闘乃至第
三未竟捨得四闘闘第五緣准前可解餘違諫戒
釋皆同此但諸諫戒犯緣少異此中文二初室不良
炙肉起破僧因諫所爲事第二衆多比丘可下責
設諫前文有五第一先出能破僧人第二亦時世
尊下化得太子起破僧心第三時提婆達下篡
棄勝位與仏害王第四亦時提婆達下惡名
斷利因情別食第五提婆達下立耶三寶破壞
僧輪初人文二初明出家之緣第二亦時世尊下出
家受戒前文有六第一觀事爲緣第二時有下相
率求受第三時跋提下厭俗事畢第四時阿那
律下諸釋雲集第五名淨洗浴下進詣致處第六
白仏言下正請出家初文所有諸釋出家者第論第
四云仏初還國迦葉兄弟千比丘本從婆羅門法昔
行山間形容憔悴父王見之以此諸比丘不足光飾世
尊即選諸釋貴人子弟無人少壯乃遣一人總令出
家次相率辭親文二先明那律辭親文中有四初
明俗法娛樂二相率推讓三辭母弄三但以慈子情
重初不欲離望盡餘生終不聽去又死非我欲尚不
捨之生四我若當聽別四母施柳計次跋提文五初
對跋提三勸三拒二以已要彼三責要所以四申已勸情
五受勸辭母法式如前次貴俗可知次雲集者同那
律跋提具彰緣起諸條六釋何以忽來五分釋子
有七甚相愛重若有所作撰不相捨是那律自跋提
王亡令有嚴敕之後見從王亡吾等本要撰不相

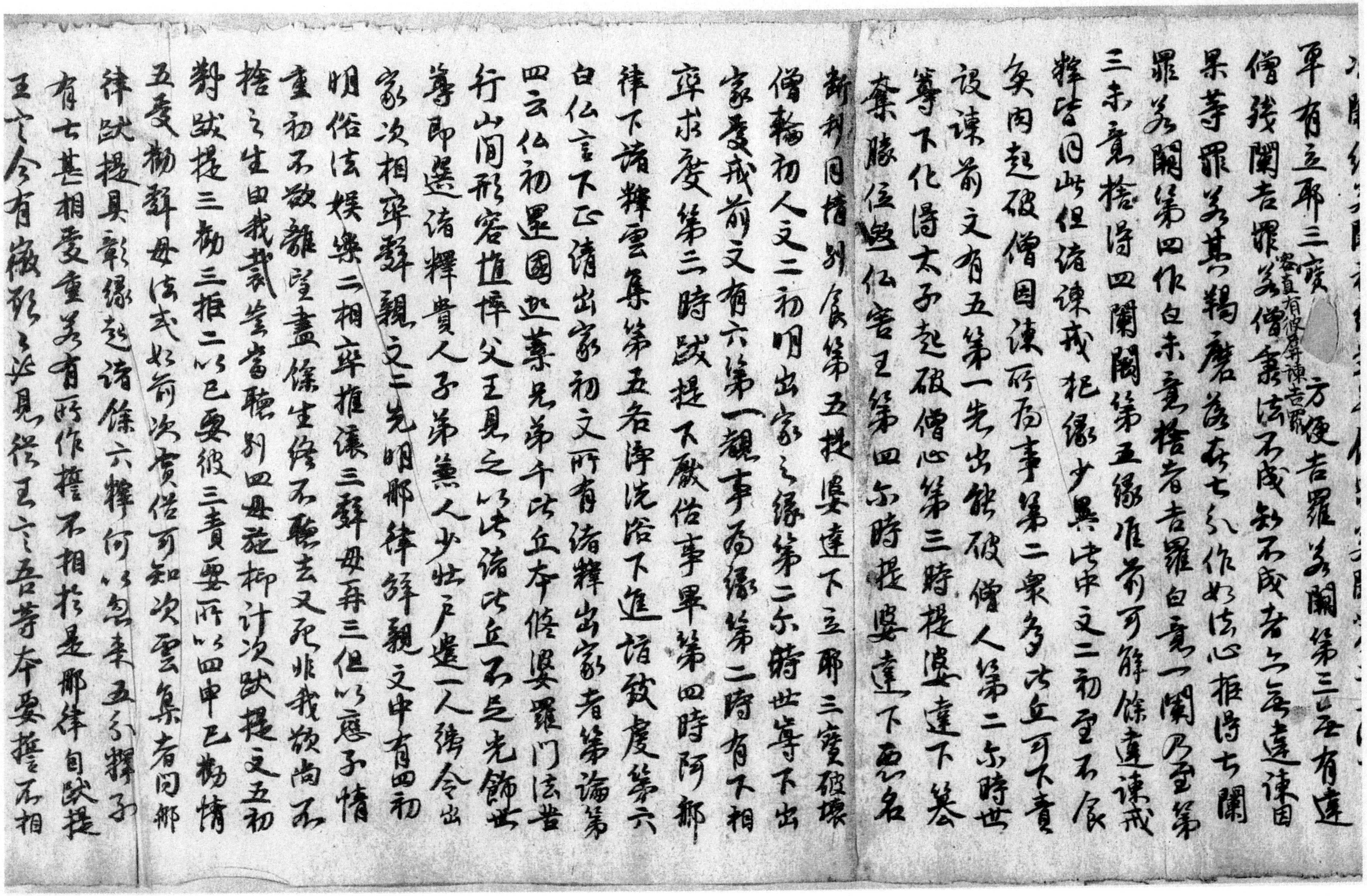

律跋提具彰緣起諸條六釋何以忽來五分釋子
有七甚相愛重若有所作攝不相於是那律白跋提
王言今有微緣欲共見從王言吾等本要攝不相
違若相違者頭破七分但今卿欲出可從耳耶
律初論跋提不許要擧更勸遂不相違次告五人
欣然莫逆歡道信文四一出城道語二歡捨車服三捨
寶尋從四俱往致敬次請於文第二出家受戒文中
有三一出家受戒二修道剋獲三除疑通化仏度五
人餘三無緣不度又為正謗不度問仏所度者皆是
初果於何度已皆獲增上答增上者通證向四果
乃至以四證三者是增上五分六人遍盡得阿羅漢侍仏
不盡諸漏調達一人空無所獲既聞無得愧恥盈深
便往仏所請說通法仏即為說調達學通安居之
中便獲神通次化太子文中有四一化令信令畜徒眾
二時與下目連以加逆依語白仏之彰彼語無實三示時
下重現神通增信獲利文中有五一改形說法二益增
信敬三獲利供養四比丘白仏五仏令稱念有法喻合
四時摩竭下婦利失通求黨徒眾文中有四一婦仏黨
利退失神通衰者罷名六升四升日衰二從仏索眾
三仏何不付四生不忍心前得外護加利供養即是順
情之極今失神通更被訶責便是違情之甚為
此創起逆心故曰冣初生不忍心次覲聽位文中有二初
立二章次依章解之中先辨無仏於中文三初正起害
二時眾多下弟子欲護三時世尊告下若人說過前
害文三初明教人次投婆達下正明自害三時世尊下酬
因念忍前文有六一立計無仏二仏念本緣謂孫陀摩
納事於下文明三念害不前捨害往見四聖慈說法
獲利悟道五分辰轉卅二人皆得初果若准彼文此六
十四立到仏所五教復本道破前立計六重見本人白
如監寶見自害但爲足智者滌仏五指無此事雖

BD03513號　四分律開宗記　（17–15）

目念忍前文有六一立計無仏二仏念忍本緣謂孫陀摩
納事如下文明三念害不前捨害注見四聖慈說法
發利悟道五分展轉卅二人皆得初果等准彼文此六
十四分别仏所五教後本道破前立計六重見本合
知驗積次明自害但傷是指諸條仏王皆無此事唯
我獨有宿緣出血此乖仏儀故日未曾有也次念
忍者順世法也次弟子護及四一比丘護仏二仏從窟
下問答所以三仏告下彰勝諸惡四告諸比丘下舉
五須護顯不須護以現作惡後受苦報故自後自當
知誡擾受體命謂耶示見慧是解文說是教行
不依教故法律非下五叉說可解次說過文四一若舍
說過二陳疑為決三奉命彰過不干仏僧之飜惡名
即是治罰遠与不作脫得之緣四明大衆忍不忍異次
解熱文文五六句一處教害父二發覺得實三詳評治
罰四舉以啓王拴實呵責調達雖教太子害我仏法
治人唱惡如死罪不重於故自不療五勅令教道六不平
王意次別辰文四謂過舉呵制次作破事文分為二
第一興心立計第二時提婆達下依計施行前文有
五第一不忍前制起念破僧第二時提婆下等勸請
第國所作第三時提婆伴下懸事不果捱而未從
第四提婆達下立計謀真必望諸遂第五時三聞
達下顯耶有能發言順可餘文可解但第四文中
開之為四一立計謀真二當語下陳謀宣示三年少下
所破達順四比下結耶切力初文破計像真而立
我者是耶仏五法是耶法出離是耶僧然仏僧已
識耶法未知故畫形壽下出耶五法此五耶中前三相似
後二妄語故下文云以二事破僧謂妄語及相之似之語
之者言同意異妄語者自制施行之可前三另出不
受之是妄語以出所受故言相似後第二出所受之是相

謗耶法未知故盡形壽下出耶五作此五耶中前三相似
後二妄語故下文云以二事破僧謂妄語及相似語
々者言因意異妄語者自制施行亦可前三並出不
受名是妄語以出所受故言相似後第二出所受亦是相
似以出不受故言妄語蘇塩著味合為一斷無內害生
後因為一上座者謂是耆舊了知耶正故離第三云
凡夫壞非聖人以正宗聚不壞淨故又說得忍凡夫亦
不壞及入決定聖僧世尊不壞眷屬故
次明呵諫先釋其呵々文分三第一比丘白仏第二仏告
下說正顯耶第三時世尊下顯已呵責問衆多比丘
何以不呵答言濫戒彼不了故無但見異法輩以
白仏亦可惜懼不敢轉呵第二文三第一總舉欲斷
第二舉所[illegible]斷體第三總結欲斷初文說五耶法謗
誑新學令使行耶識正名為欲斷問何以五法為耶
四法為正答仏說具四義故名之為正一本為益生
慈心所說非為希求眷屬名利二善識根性隨機授
藥依教修行必能會聖三為識根性善達開遮令
三品人隨根修道四以識根藥隨法而設如多論云四
聖種能得八聖道成沙門四果調達所說翻前四義
不如實說名之為耶一惡心所奉求名利故云我
等死後可得名稱二不識根性無長道益三唯制
無開益不具足四不識根藥顛倒妄說故多論云
八聖道趣向涅槃反更違離修行五法以求解脫其
道甚遠次所斷體先微次釋之中文法列說下三合

自說是
尼陀那經如諸經偈所因根本爲他演說如
舍衛國有一丈夫羅網捕鳥得已籠繫隨與
水穀而復還放世尊知其本末因緣而說偈言
莫輕小罪 以爲无殃 水渧雖微 漸盈大器
是名尼陀那經何等名爲阿波陀那經如戒
律中所說譬喻是名阿波陀那經何等名爲
伊帝目多伽經如 佛所說比丘當知我出世
時所可說者名曰戒經鳩留秦佛出世之時名
甘露鼓拘那含牟尼佛時名曰法鏡迦葉
佛時名分別空是名伊帝曰多伽何等名爲
闍陀伽經如佛世尊本爲菩薩脩諸苦行所
謂比丘當知我於過去作鹿作羆作獐作兔
作粟散王轉輪聖王龍金翅鳥諸如是等行
菩薩道時所可受身是名闍陀伽何等名爲
毗佛略經所謂大乘方等經典其義廣大猶
如虛空是名毗佛略何等名爲未曾有經如
彼菩薩初出生時无人扶持即行七步放大
光明遍觀十方亦如獼猴手奉蜜器以獻如
來如白項狗佛邊聽法如魔波旬變爲青牛
行凡鉢間令諸凡鉢手相振觸无所傷損如
佛初生入天廟時令彼天像起下禮敬如是

BD03514 號　大般涅槃經（北本）卷一五　（8–1）

光明遍觀十方亦如獼猴手奉蜜器以獻如
來如白項狗佛邊聽法如魔波旬變爲青牛
行凡鉢間令諸凡鉢手相振觸无所傷損如
佛初生入天廟時令彼天像起下禮敬如是
等經名未曾有經何等名爲優波提舍經如
佛世尊所說諸經若作義論分別廣說辯其
相貌是名優波提舍經菩薩若能如是了知
十二部經名爲知法云何菩薩摩訶薩知義
菩薩摩訶薩若於一切文字語言廣知其義
是名知義云何菩薩摩訶薩知時善男子菩
薩善知如是時中任脩寂靜如是時中任脩
精進如是時中任脩捨定如是時中任供養
佛如是時中任供養師如是時中任脩布施
持戒忍辱精進禪定具足般若波羅蜜是名
知時云何菩薩摩訶薩知足善男子菩薩摩
訶薩知足所謂飲食醫藥行住坐臥睡寤語
默是名知足善男子云何菩薩摩訶薩自知
是菩薩自知我有如是信如是戒如是多聞
如是捨如是慧如是去來如是正念如是善
行如是問如是答是名自知云何菩薩摩訶
薩知衆善男子是菩薩知如是等是刹利衆
婆羅門衆居士衆沙門衆應於是衆如是行
來如是坐起如是說法如是問答是名知衆
善男子云何菩薩摩訶薩知人尊卑善男子
人有二種一者信二者不信菩薩當知信者

BD03514 號　大般涅槃經（北本）卷一五　（8–2）

來如是坐起如是説法如是問荅是名知衆
善男子云何菩薩摩訶薩知人尊卑善男子
人有二種一者信二者不信菩薩當知信者
是善其不信者不名為善復次信有二種一
者常往僧坊二者不往菩薩當知其往者善
其不往者不名為善往僧坊者復有二種一
者礼拜二不礼拜菩薩當知礼拜者善不礼
拜者不名為善其礼拜者復有二種一者聽
法二者不聽菩薩當知聽法者善不聽法者
不名為善其聽法者復有二種一至心聽二
不至心菩薩當知至心聽者是則名善不至
心者不名為善至心聽法復有二種一者思
義二不思義菩薩當知思義者善不思義者
不名為善其思義者復有二種一如説行二
不如説行如説行者是則為善不如説行不
名為善如説行者復有二種一求聲聞不能
利安饒益一切苦惱衆生二者迴向无上大
乘利益多人令得安樂菩薩應知能利多人
得安樂者最上最勝善男子如諸寶中如意
寶珠最為勝妙如諸味中甘露最上如是菩
薩於人天中最勝最上不可譬喻善男子是
名菩薩摩訶薩住於大乘大涅槃經住七善
法菩薩住是七善法已得具梵行
復次善男子復有梵行謂慈悲喜捨迦葉菩
薩白佛言世尊若多脩慈能斷瞋恚脩悲心

BD03514號　大般涅槃經（北本）卷一五　（8–3）

名菩薩摩訶薩住於大乘大涅槃經住七善
法菩薩住是七善法已得具梵行
復次善男子復有梵行謂慈悲喜捨迦葉菩
薩白佛言世尊若多脩慈能斷瞋恚脩悲心
者亦斷瞋恚云何而言四无量心推義而言
則應有三世尊慈有三緣一緣衆生二緣於法
三則无緣悲喜捨心亦復如是若從是義唯
應有三不應有四衆生緣者緣於五陰願與
其樂是名生緣法緣者緣諸衆生所須之物
而施與之是名法緣无緣者緣於如來是名
无緣慈者多緣貧窮衆生如來大師永離貧
窮受第一樂若緣衆生則不緣佛法亦如是
以是義故緣如來者名曰无緣世尊慈之所
緣一切衆生如緣父母妻子親屬以是義故
名曰生緣法緣者不見父母妻子親屬見一
切法皆從緣生是名法緣无緣者不住法相
及衆生相是名无緣悲喜捨心亦復如是是
故應三不應有四世尊人有二種一者見行
二者愛行見行之人多脩慈悲愛行之人多
脩喜捨是故應二不應有四世尊夫无量者
名曰无邊邊不可得故名无量若无量者則
應是一不應言四若言四者何得无量是故
應一不應四世佛告迦葉善男子諸佛如來
為諸衆生所宣法要其言祕密難可了知或
為諸衆生説一因緣如説何等為一因緣所

BD03514號　大般涅槃經（北本）卷一五　（8–4）

應一不應四世佛告迦葉善男子諸佛如来
為諸衆生所宣法要其言祕密難可了知或
為諸衆生說一因緣如說何等為一因緣所
謂一切有為之法善男子或說二種因之與
果或說三種煩惱業苦或說四種无明諸行
生與老死或說五種所謂受愛取有及生或
說六種三世因果或說七種謂識名色六入
觸受及以愛取或說八種除无明行及生老
死其餘八事或說九種如城經中除无明行
識其餘九事或說十一如為薩遮尼揵子說
除生一法其餘十一或時具說十二因緣如
王舍城為迦葉等具說十二无明乃至生老
病死善男子如一因緣為衆生故種種分別
无量心法亦復如是善男子以是義故於諸
如来深密行處不應生疑善男子如来世尊
有大方便无常說常常說无常說樂為苦說
苦為樂不淨說淨淨說不淨我說无我无我
說我於非衆生說為衆生於實衆生說非衆
生非物說物物說非物非實說實實說非實
非境說境境說非境非生說生生說非生乃
至无明說明明說无明色說非色非色說色
非道說道道說非道善男子如来以是无量
方便為調衆生豈虛妄耶善男子或有衆生
貪於財貨我於其人自化其身作轉輪王於
无量歲隨其所須種種供給然後教化令其

貪於財貨我於其人自化其身作轉輪王於
无量歲隨其所須種種供給然後教化令其
安住阿耨多羅三藐三菩提若有衆生貪著
五欲於无量歲以妙五欲充滿其願然後勸
化令其安住阿耨多羅三藐三菩提若有衆
生榮豪自貴我於其人无量歲中為作僕使
趍走給侍得其心已即復勸化令其安住阿
耨多羅三藐三菩提若有衆生性戾自是須
人呵諫我於无量百千歲中救呵教喻令其
心調然後復勸令其安住阿耨多羅三藐三
菩提善男子如来如是於无量歲以種種方
便令諸衆生安住阿耨多羅三藐三菩提豈
虛妄耶諸佛如来雖處衆惡无所染汙猶如
蓮華善男子應如是知四无量義善男子是
无量心體性有四若有脩行生大梵處善男
子如是无量伴侶有四是故名四夫脩慈者
能斷貪欲脩悲心者能斷瞋恚脩喜心者能
斷不樂脩捨心者能斷貪欲瞋恚衆生善男
子以是義故得名為四非一二三善男子如
汝所言慈能斷瞋悲亦如是應說三者汝今
不應作如是難何以故善男子恚有二種一
能奪命二能鞭撻脩慈則能斷彼奪命脩
悲則能除彼鞭撻善男子以是義故豈非四耶
復次瞋有二種一瞋衆生二瞋非衆生脩慈
心者斷瞋衆生脩悲心者斷非衆生復次瞋

能奪命二能鞭撻俻慈則能斷彼奪命俻
悲則能除彼鞭撻善男子以是義故豈非四耶
復次瞋有二種一瞋衆生二瞋非衆生俻慈
心者斷瞋衆生俻悲心者斷非衆生復次瞋
有二種一有因緣二无因緣俻慈心者斷有
因緣俻悲心者斷无因緣復次瞋有二種一
者久於過去俻集二者於今現在俻集俻慈
心者能斷過去俻悲心者斷於現在復次瞋
有二種一瞋聖人二瞋凡夫俻慈心者斷瞋
聖人俻悲心者斷瞋凡夫復次瞋有二種一
上二中俻慈斷上俻悲斷中善男子以是義
故則名為四何得并言應三非四是故迦葉
是无量心伴侶相對分別為四復以器故應
名為四器若有慈則不得有非喜捨心以是
義故應四无識善男子以行分別故應有四
若行慈時无悲喜捨是故有四善男子以无
量故亦得名四夫无量者則有四種有无量
心有緣非自在有无量心自在非緣有无量
心亦緣亦自在有无量心非緣非自在何等
无量有緣非自在緣於无量无邊衆生而不
能得自在三昧雖得不定或得或失何等无
量自在非緣如緣父母兄弟姉妹欲令安樂
非无量緣何等无量亦緣亦自在謂諸佛菩
薩何等无量非緣非自在聲聞緣覺不能廣
緣无量衆生亦非自在善男子以是義故名

BD03514 號　大般涅槃經（北本）卷一五　（8-7）

心亦緣亦自在有无量心非緣非自在何等
无量有緣非自在緣於无量无邊衆生而不
能得自在三昧雖得不定或得或失何等无
量自在非緣如緣父母兄弟姉妹欲令安樂
非无量緣何等无量亦緣亦自在謂諸佛菩
薩何等无量非緣非自在聲聞緣覺不能廣
緣无量衆生亦非自在善男子以是義故名
四无量非諸聲聞緣覺所知乃是諸佛如來
境界善男子如是四事聲聞緣覺雖名无量
少不足言諸佛菩薩乃得名為无量无邊
迦葉菩薩白佛言世尊如是如是實如聖言
諸佛如來所有境界非諸聲聞緣覺所及世
尊頗有菩薩住於大乘大般涅槃得慈悲心
非是大慈大悲心不佛言有善男子菩薩若
於諸衆生中三品分別一者親人二者怨憎
三者中人於親人中復作三品謂上中下怨
憎亦介是菩薩摩訶薩於上親所與增上樂
於中下親亦復平等與增上樂於上怨所與

BD03514 號　大般涅槃經（北本）卷一五　（8-8）

如……亦復如是能敬能消一切衆生
消住於大乘大般涅槃菩薩摩訶薩復次迦
葉譬如河岸所有草木大水暴漲悉隨𠟼流
入於大海唯除楊柳以其耎故善男子一切衆
生亦復如是悉皆隨流入于死海唯除菩薩
住於大乘大般涅槃復次迦葉如那羅延悉
能摧伏一切力士唯除大風何以故以无礙
故善男子死那羅延亦復如是悉能摧伏一
切衆生唯除菩薩住於大乘大般涅槃何以
故以无礙故復次迦葉譬如有人於怨憎中
詐現親善常相追逐如影隨形伺求其便而
欲殺之彼怨謹慎堅牢自備故使是人不能
得殺善男子死怨亦尒常伺衆生而欲殺之
唯不能殺住於大乘大般涅槃菩薩摩訶薩
何以故以是菩薩不放逸故復次迦葉譬如
卒降金剛暴雨悉壞藥木諸樹山林土沙瓦
石金銀琉璃一切之物唯不能壞金剛真寶

BD03515號　大般涅槃經（南本）卷一一　　（5-1）

欲殺之彼怨謹慎堅牢自備故使是人不能
得殺善男子死怨亦尒常伺衆生而欲殺之
唯不能殺住於大乘大般涅槃菩薩摩訶薩
何以故以是菩薩不放逸故復次迦葉譬如
卒降金剛暴雨悉壞藥木諸樹山林土沙瓦
石金銀琉璃一切之物唯不能壞金剛真寶
善男子金剛死雨亦復如是悉能破壞一切
衆生唯除金剛菩薩住於大乘大般涅槃復
次迦葉如金翅鳥能敬諸龍唯不能敬受三
歸者善男子死金翅鳥亦復如是能敬一切
无量衆生唯除菩薩住三空者何謂三空空
无相願復次迦葉如摩羅那毒虵凡所蛆螫
雖有良呪上妙好藥无如之何唯阿竭多星
呪能令除愈善男子死□所螫亦復如是一切
醫方无如之何唯除□□住於大乘大涅槃
呪復次迦葉譬如有人為王所瞋其人若能
以耎善語貢上財寶便可得脫善男子死王
不尒雖以耎語錢財珎寶而貢上之亦不得
脫善男子夫死者於嶮難處无有資粮去處
懸遠而无伴侶晝夜常行不知邊際深邃幽
闇无有燈明入无門戶而有處所雖无痛處
不可療治往无遮止到不得脫无所破壞見
者愁毒非是惡色而令人怖敷在身邊不可
覺知迦葉以是等喻及餘无量无邊譬喻當
知是死真為大苦迦葉是名菩薩摩訶薩脩
行大乘大涅槃經觀於死苦迦葉云何菩薩

BD03515號　大般涅槃經（南本）卷一一　　（5-2）

不可療治往无遮止到不得脫无所破壞見
者愁毒非是惡色而令人怖數在身邊不可
覺知迦葉以是等喻及餘无量无邊譬喻當
知是死真為大苦迦葉是名菩薩摩訶薩脩
行大乘大涅槃經觀於死苦迦葉云何菩薩
摩訶薩住於大乘大涅槃經觀愛別離苦愛
別離苦能為一切衆苦根本如說
因愛生憂因愛生怖 若離於愛何憂何怖
愛因緣故則生憂苦以憂苦故則令衆生生
於衰老愛別離苦所謂命終善男子以別離
故能生種種微細諸苦今當為汝分別顯示
善男子過去之世人壽无量時世有王名為
善住其王尒時為童子身太子治事及登王
位各八万四千歲時王頂上生一肉皰其皰
柔耎如兜羅綿細耎劫貝漸漸增長不以為
患足滿十月皰即開剖生一童子其形端正
奇異少雙色象分明人中第一父王歡喜字
之頂生時善住王因以國事委付頂生棄捨
宮殿妻子眷屬入山學道滿八万四千歲尒
時頂生於十五日處在高樓沐浴受齋即於
東方有金輪寶其輪千輻轂輞具足非工匠
造自然成就而來應之頂生大王即作是念
我昔曾聞五通仙說若刹利王於十五日處
在高樓沐浴受齋若有金輪千輻不減轂輞
具足非工匠造自然成就而來應者當知是
王即當得作轉輪聖帝復作是念我今當試

BD03515號　大般涅槃經（南本）卷一一　（5–3）

造自然成就而來應之頂生大王即作是念
我昔曾聞五通仙說若刹利王於十五日處
在高樓沐浴受齋若有金輪千輻不減轂輞
具足非工匠造自然成就而來應者當知是
王即當得作轉輪聖帝復作是念我今當試
即以左手擎此輪寶右執香爐右膝着地而
發誓言是金輪寶若實不虛應如過去轉輪
聖王所行道去作是誓已是金輪寶飛昇虛
空遍十方已還來住在頂生左手尒時頂生
心生歡喜踊躍无量復作是言我今定當作
轉輪聖王其後不久復有象寶狀貌端嚴如
白蓮華七支拄地頂生見已復作是念我昔
曾聞五通仙說若轉輪□……□高
樓沐浴受齋若有象寶狀貌□
七枝拄地而來應者當知是王即
作是念我今當試即擎香爐右膝着地而發
誓言是白象寶若實不虛應如過去轉輪聖
王所行道去作是誓已是白象寶從旦至夕
周遍八方盡大海際還住本處尒時頂生心
大歡喜踊躍无量復作是言我今定是轉輪
聖王其後不久次有馬寶其色紺琰髦尾金
色頂生見已復作是念我昔曾聞五通仙說
若轉輪王於十五日處在高樓沐浴受齋若
有馬寶其色紺琰髦尾金色而來應者當知
是王即是聖王復作是念我今當試即執香

BD03515號　大般涅槃經（南本）卷一一　（5–4）

作是念我今當試即執香爐右膝着地而發
誓言是白象寶若實不虛應如過去轉輪聖
王所行道去作是誓已是白象寶從旦至夕
周遍八方盡大海際還住本處尒時頂生心
大歡喜踊躍无量復作是言我今定是轉輪
聖王其後不久次有馬寶其色紺焰髦尾金
色頂生見已復作是念我昔曾聞五通仙說
若轉輪王於十五日處在高樓沐浴受齋若
有馬寶其色紺焰髦尾金色而來應者當知
是王即是聖王復作是念我今當試即執香
爐右膝着地而發誓言是紺馬寶若實不虛
應如過去轉輪聖王所行道去作是誓已是
紺馬寶從旦至夕周遍八方盡大海際還住
本處尒時頂生心大歡喜踊躍无量復作是
言我今定是轉輪聖王其後不久復有女寶
形容端正微妙第一不長不短不麁不白不黑身
諸毛孔出栴檀香口氣香潔如青蓮華其目
遠視見一由旬耳聞鼻齅亦復如是其舌廣
大出能覆面形色細薄如赤銅葉心聰叡哲
有大智慧於諸衆生常
王衣時即知王身安
處尒時頂生復
是女寶其
尼珠紺青

BD03515 號　大般涅槃經（南本）卷一一　（5–5）

迴向無上正等菩提如佛無上正等菩提
甚深而起迴向善現是菩薩摩訶薩
若波羅蜜多時持此般若俱行作意
此起心及善根與諸有情平等共有迴
上正等菩提如佛無上正等菩提微妙甚
而起迴向由此迴向巧方便力證得無上
等菩提
尒時具壽善現白佛言世尊何謂無上
菩提佛言善現諸法真如是謂無上
提具壽善現復言世尊何謂諸法真如
諸法真如是謂無上正等菩提佛言善現諸
諸色真如是謂無上正等菩提受想行識真如
是謂無上正等菩提善現眼處真如是謂無
上正等菩提耳鼻舌身意處真如是謂無上
正等菩提善現色處真如是謂無上正等菩
提聲香味觸法處真如是謂无上正等菩提
善現眼界真如是謂无上正等菩提耳鼻舌
身意界真如是謂无上正等菩提善現色界

BD03516 號　大般若波羅蜜多經卷三三〇　（20–1）

正等菩提善現色處真如是謂無上正等菩
提聲香味觸法處真如是謂无上正等菩提
善現眼界真如是謂无上正等菩提耳鼻舌
身意界真如是謂无上正等菩提善現色界
真如是謂无上正等菩提聲香味觸法界真
如是謂无上正等菩提善現眼識界真如是
謂无上正等菩提耳鼻舌身意識界真如是
謂无上正等菩提善現眼觸真如是謂无上
正等菩提耳鼻舌身意觸真如是謂无上正
等菩提善現眼觸為緣所生諸受真如是謂
无上正等菩提耳鼻舌身意觸為緣所生諸
受真如是謂无上正等菩提善現地界真如
是謂无上正等菩提水火風空識界真如是
謂无上正等菩提善現因緣性真如是謂无
上正等菩提等无間緣所緣緣增上緣性真
如是謂无上正等菩提善現无明真如是謂
无上正等菩提行識名色六處觸受愛取有
生老死真如是謂无上正等菩提
善現布施波羅蜜多真如是謂无上正等菩
提淨戒安忍精進靜慮般若波羅蜜多真如
是謂无上正等菩提善現內空真如是謂无
上正等菩提外空內外空空空大空勝義空
有為空无為空畢竟空无際空散空无變異
空本性空自相空共相空一切法空不可得空
无性空自性空无性自性空真如是謂无上
正等菩提善現真如真如是謂无上正等菩
提法界法性不虛妄性不變異性平等性離

BD03516號　大般若波羅蜜多經卷三三〇　（20–2）

空本性空自相空共相空一切法空不可得空
无性空自性空无性自性空真如是謂无上
正等菩提善現真如真如是謂无上正等菩
提法界法性不虛妄性不變異性平等性離
生性法定法住實際虛空界不思議界真如
是謂无上正等菩提善現四念住真如是謂
无上正等菩提四正斷四神足五根五力七等
覺支八聖道支真如是謂无上正等菩提
善現苦聖諦真如是謂无上正等菩提集滅
道聖諦真如是謂无上正等菩提善現四靜
慮真如是謂无上正等菩提四无量四无色
定真如是謂无上正等菩提善現八解脫真
如是謂无上正等菩提八勝處九次第定十
遍處真如是謂无上正等菩提善現空解脫
門真如是謂无上正等菩提无相无願解脫
門真如是謂无上正等菩提善現極喜地真
如是謂无上正等菩提離垢地發光地焰慧地
極難勝地現前地遠行地不動地善慧地法
雲地真如是謂无上正等菩提
善現五眼真如是謂无上正等菩提六神通
真如是謂无上正等菩提善現三摩地門真
如是謂无上正等菩提陀羅尼門真如是謂
无上正等菩提善現佛十力真如是謂无上正
等菩提四无所畏四无礙解大慈大悲大喜
大捨十八佛不共法真如是謂无上正等菩
提善現无忘失法真如是謂无上正等菩
提恒住捨性真如是謂无上正等菩提善現
[illegible]如是謂无上正等菩提[illegible]

BD03516號　大般若波羅蜜多經卷三三〇　（20–3）

等菩提四无所畏四无礙解大慈大悲大喜
大捨十八佛不共法真如是謂无上正等菩
提善現无妄失法真如是謂无上正等菩
提恒住捨性真如是謂无上正等菩提善現
預流果真如是謂无上正等菩提一來不還
阿羅漢果真如是謂無上正等菩提善現獨
覺菩提真如是謂无上正等菩提善現一切
智真如是謂无上正等菩提道相智一切相
智真如是謂无上正等菩提善現生死真如
是謂无上正等菩提涅槃真如是謂无上正
等菩提善現諸法真如无增无減故諸佛无
上正等菩提亦无增无減
善現諸菩薩摩訶薩不離般若波羅蜜多常
樂安住諸法真如都不見法有增有減由此
因緣不可說義无增无減布施波羅蜜多亦
無增無減淨戒安忍精進靜慮般若波羅蜜
多亦無增無減四念住亦無增無減四正斷
四神足五根五力七等覺支八聖道支亦無
增無減四靜慮亦無增無減四無量四無色
定亦無增無減八解脫亦無增無減八勝處
九次第定十遍處亦無增無減空解脫門亦
無增無減無相無願解脫門亦無增無減極
喜地亦無增無減離垢地發光地焰慧地極
難勝地現前地遠行地不動地善慧地法雲
地亦無增無減五眼亦無增無減六神通亦无
增無減三摩地門亦無增無減陀羅尼門亦
無增無減佛十力亦無增無減四無所畏四

喜地亦無增無減離垢地發光地焰慧地極
難勝地現前地遠行地不動地善慧地法雲
地亦無增無減五眼亦無增無減六神通亦无
增無減三摩地門亦無增無減陀羅尼門亦
無增無減佛十力亦無增無減四無所畏四
無礙解大慈大悲大喜大捨十八佛不共法
亦無增無減無忘失法亦無增無減恒住捨
性亦無增無減一切智亦無增無減道相智
一切相智亦無增無減善現諸菩薩摩訶薩
依止無增無減方便修行般若波羅蜜多由此
為門集諸功德便證無上正等菩提
尒時具壽善現白佛言世尊若菩薩摩訶薩
依止無增無減方便修行般若波羅蜜多由此
為門集一切功德便證無上正等菩提者是
菩薩摩訶薩為用初心證得无上正等菩提
為用後心證得无上正等菩提世尊是菩薩
摩訶薩若用初心證得无上正等菩提初心
起時後心未起無和合義若用後心證得无
上正等菩提後心起時前心已滅无和合義
如是前後心心所法進退推徵无和合義云
何可得積集善根若諸善根不可積集如
何菩薩能證无上正等菩提佛言善現吾當
為汝略說一喻令有智者於所說義易可得
解善現於意云何如然燈時為初焰能燋炷
為後焰能燋炷世尊如我意解非初焰能燋
炷亦不離初焰能燋炷非後焰能燋炷亦不
離後焰能燋炷善現於意云何炷為燋不世
尊世間現見其炷實燋佛言善現諸菩薩摩

解善現於意云何如然燈時為初焰能燋炷
為後焰能燋炷世尊如我意解非初焰能燋
炷亦不離初焰能燋炷非後焰能燋炷亦不
離後焰能燋炷善現於意云何炷為燋不世
尊世間現見其炷實燋佛言善現諸菩薩摩
訶薩亦復如是非用初心證得无上正等菩
提亦不離初心證得无上正等菩提非用後
心證得無上等菩提亦不離後心證得無上
正等菩提而諸菩薩摩訶薩證得无上正
等菩提
復次善現諸菩薩摩訶薩從初發心脩行般
若波羅蜜多圓滿十地證得無上正等菩提
時具壽善現白佛言世尊諸菩薩摩訶薩脩
學何等十地圓滿證得無上正等菩提佛言
善現諸菩薩摩訶薩脩行極喜地乃至法雲
地令其圓滿證得無上正等菩提亦學淨觀
地種姓地第八地見地薄地離欲地已辦地
獨覺地菩薩地如來地令其圓滿證得無上
正等菩提善現諸菩薩摩訶薩於此十地精
勤脩學得圓滿時非用初心證得無上正等
菩提亦不離初心證得無上正等菩提非用
後心證得無上正等菩提亦不離後心證得
無上正等菩提而諸菩薩摩訶薩證得無上
正等菩提具壽善現白佛言世尊如是緣起
甚深甚妙謂諸菩薩摩訶薩非用初心證得
無上正等菩提非離初心詞無上正等菩提
非用後心證得無上正等菩提非離後心證
得無上正等菩提而諸菩薩摩訶薩證得

BD03516 號　大般若波羅蜜多經卷三三〇　（20–6）

正等菩提具壽善現白佛言世尊如是緣起
甚深甚妙謂諸菩薩摩訶薩非用初心證得
無上正等菩提非離初心詞無上正等菩提
非用後心證得無上正等菩提非離後心證
得無上正等菩提而諸菩薩摩訶薩證得
无上正等菩提
佛告善現於意云何若心已滅可更生不善
現答言不也世尊不也善逝佛告善現於意
云何若心已生有滅法不善現答言如是世尊
如是善逝佛告善現於意云何有滅法心非
當滅不善現答言不也世尊不也善逝佛
告善現於意云何心住為如心真如不善現
答言如是世尊如是善逝佛告善現於意云
何心如真如住為如實際不善現答言不也
世尊不也善逝佛告善現於意云何真如實
際為甚深不善現答言如是世尊如是善逝
佛告善現於意云何即真如是心不善現答
言不也世尊不也善逝佛告善現於意云何
離真如有心不善現答言不也世尊不也善
逝佛告善現於意云何即心是真如不善現
答言不也世尊不也善逝佛告善現於意云
何離心有真如不善現答言不也世尊不也善
逝佛告善現於意云何真如見真如不善現
答言不也世尊不也善逝佛告善現於意云
何若菩薩摩訶薩能如是行是行深般若
波羅蜜多不善現答言若菩薩摩訶薩能
如是行是行深般若波羅蜜多佛告善現於意

BD03516 號　大般若波羅蜜多經卷三三〇　（20–7）

答言不也世尊不也善逝佛告善現於意云
何若菩薩摩訶薩能如是行是行深般若
波羅蜜多不善現答言若菩薩摩訶薩能
如是行深般若波羅蜜佛告善現於意
云何若菩薩摩訶薩能如是行為行何處善
現答言若菩薩摩訶薩能如是行都无行處
所以者何世尊若菩薩摩訶薩行深般若波
羅蜜多無心現行無現行處何以故世尊住
真如中都無現行現行處故佛告善現於意
云何若菩薩摩訶薩行深般若波羅蜜多時
為行在何處善現答言若菩薩摩訶薩行深
般若波羅蜜多時行在勝義諦此中現行及
現行處俱無所有能取所取不可得故佛告
善現於意云何若菩薩摩訶薩行深般若波
羅蜜多時行勝義諦中雖不取相而行相不
善現答言不也世尊不也善逝佛言善現於
意云何是菩薩摩訶薩行深般若波羅蜜多
時行勝義諦中為懷相不善現答言不也世
尊不也善逝佛告善現於意云何是菩薩摩
訶薩行深般若波羅蜜多時行勝義諦中懷
相想不善現答言不也世尊不也善逝佛言
善現是菩薩摩訶薩行深般若波羅蜜多
時云何不懷相亦不懷相想善現答言是菩薩
摩訶薩行深般若波羅蜜多時不作是念我
當懷相及懷相想亦不作是念我當懷無相
及懷無相想於一切種無分別故世尊是菩
薩摩訶薩行深般若波羅蜜多雖能如是離

摩訶薩行深般若波羅蜜多時不作是念我
當懷相及懷相想亦不作是念我當懷無相
及懷無相想於一切種無分別故世尊是菩
薩摩訶薩行深般若波羅蜜多雖能如是離
諸分別而佛十力四無所畏四無礙解大慈大
大悲大喜大捨十八佛不共法等無量勝功
德未圓滿故未證無上正等菩提
世尊是菩薩摩訶薩成就微妙善巧方便由
此善巧方便力故於一切法不取不壞何以故
世尊是菩薩摩訶薩知一切法自相空故
世尊是菩薩摩訶薩住一切法自相空中為
度諸有情入三三摩地大悲願力所牽逼故
用此三定成熟有情佛言善現如是如是如
汝所說時具壽善現白佛言世尊是菩薩摩
訶薩云何入此三三摩地成熟有情佛言善
現是菩薩摩訶薩安住空三摩地見諸有情
多執我者以方便力教令安住空三摩地善
現是菩薩摩訶薩安住無相三摩地見諸有
情多行相者以方便力教令安住無相三摩
地善現是菩薩摩訶薩安住無願三摩地見
諸有情多願樂者以方便力教令安住無願
三摩地善現是菩薩摩訶薩行深般若波羅
蜜多如是入此三三摩地成熟有情
尒時具壽舍利子問具壽善現言善現若菩
薩摩訶薩夢中入此三三摩地於深般若波
羅蜜多有增益不善現答言舍利子若菩薩
摩訶薩晝時入此三三摩地於深般若波羅
不可曾益有文多中入亦可曾益可以文

尒時具壽舍利子問具壽善現言若菩
薩摩訶薩夢中入此三三摩地於深般若波
羅蜜多有增益不善現答言舍利子若菩薩
摩訶薩晝時入此三三摩地於深般若波羅
蜜多有增益者彼夢中入亦有增益何以故
舍利子晝與夢中無差別故舍利子若菩薩
摩訶薩晝行般若波羅蜜多既名脩習甚
深般若波羅蜜多是菩薩摩訶薩夢行般
若波羅蜜多亦名脩習甚深般若波羅蜜多之
三摩地於深般若波羅蜜多能為增益亦應如
是時舍利子問善現言諸菩薩摩訶薩夢
中作業為有增益或損減不佛說有為虛妄
不實如夢所作云何彼業能有增減所以者
何非於夢中所作諸業能有增益或能損減
要至覺時憶想分別夢中所作乃有增減善
現答言諸有晝日斷他命已於夜夢中憶想
分別深自慶快或復有人夢斷他命謂在覺
位生大歡喜如是二業於意云何舍利子言
無所緣事若思若業俱不得生要有所緣思
業方起夢中思業緣何而生善現答言如是
如是若夢若覺無所緣事思業不生要有所
緣思業方起何以故舍利子若夢若覺要於
見聞覺知法中有覺惠轉由斯起染或復起
淨若無見聞覺知諸法無覺慧轉亦無染淨
由此故知若夢若覺有所緣事思業方起無
所緣事思業不生時舍利子問善現言佛說
思業皆離自性云何可言有所緣起善現答
言雖諸思業及所緣事自性皆空而由自心

BD03516 號　大般若波羅蜜多經卷三三〇　（20–10）

淨若無見聞覺知諸法無覺慧轉亦無染淨
由此故知若夢若覺有所緣事思業方起無
所緣事思業不生時舍利子問善現言佛說
思業皆離自性云何可言有所緣起善現答
言雖諸思業及所緣事自性皆空而由自心
取相分別故說思業有所緣生若無所緣思
業不起
尒時具壽舍利子復問具壽善現言若菩薩
摩訶薩夢中脩行布施淨戒安忍精進靜慮
般若持此善根與諸有情平等共有迴向無
上正等菩提是菩薩摩訶薩為實迴向大菩
提不時具壽善現語舍利子言慈氏菩薩摩訶
薩久已受得不退轉記唯隔一生定當作
佛善能酬答一切難問現在此會宜請問之
補處慈尊定應為答時舍利子如善現言
恭敬請問慈氏菩薩時慈氏菩薩語舍利子
言謂何等名慈氏能答為色耶為受想行識
耶為色空耶為受想行識空耶且色不能答
受想行識亦不能答色空不能答受想行識空
亦不能答何以故舍利子我都不見有法能答
有法所答答處答時及由此答亦皆不見我
都不見有法能記有法所記記處記時及
由此記亦皆不見以一切法本性皆空都無
所有無二無別畢竟推徵不可得故時舍利
子復問慈氏菩薩摩訶薩言仁者所說法
為如所證不慈氏菩薩摩訶薩言我所說法非
如所證何以故舍利子我所證法不可說故時

BD03516 號　大般若波羅蜜多經卷三三〇　（20–11）

所有無二無別畢竟推徵不可得故時舍利
子復問慈氏菩薩摩訶薩言仁者所說法
為如所證不慈氏菩薩摩訶薩言我所說非
如所證何以故舍利子我所證法不可說故時
舍利子作是念言慈氏菩薩智慧深廣脩
一切種布施淨戒安忍精進靜慮般若波羅
蜜多久已圓滿以無所得而為方便於所問
事能如是荅尒時佛告舍利子言舍利子於意
云何汝由是法得阿羅漢果為見此法是可
說不舍利子言不也世尊不也善逝佛言舍利
子諸菩薩摩訶薩行深般若波羅蜜多所
證諸法亦復如是舍利子是菩薩摩訶薩
不作是念我由此法當得受記我由此法現
得受記我由此法已得受記不作是念我由
此法當證無上正等菩提舍利子是菩薩摩
訶薩行深般若波羅蜜多不生猶豫我於無
上正等菩提為得不得但作是念我於無上
上等菩提定當證得舍利子是菩薩摩訶薩
行深般若波羅蜜多聞甚深法其心不驚不
怖不畏於得無上正等菩提亦不怖畏決定
自知我當證得所求無上正等菩提

初分願行品第五十一

尒時佛告具壽善現言善現有菩薩摩訶
薩脩行布施波羅蜜多見諸有情飢渴所逼
衣服弊卧具乏少善現是菩薩摩訶薩見此
事已作是思惟我當云何救濟如是諸有情
類令離慳貪無所乏少既思惟已作是願言我
當精勤不顧身命脩行布施波羅蜜多成熟

薩脩行布施波羅蜜多見諸有情飢渴所逼
衣服弊卧具乏少善現是菩薩摩訶薩見此
事已作是思惟我當云何救濟如是諸有情
類令離慳貪無所乏少既思惟已作是願言我
當精勤不顧身命脩行布施波羅蜜多成熟
有情嚴淨佛土令速圓滿疾證無上正等菩
提我佛土中得無如是貧具乏少諸有情類
如四大王眾天三十三天夜摩天覩史多天
樂變化天他化自在天受用種種上妙樂具
我佛土中眾生亦尒受用種種上妙樂具善
現是菩薩摩訶薩由此布施波羅蜜多速得
圓滿隣近無上正等菩提

復次善現有菩薩摩訶薩脩行淨戒波羅蜜
多見諸有情煩惱熾盛更相煞害行不與取
作欲邪行造虛誑詞現麁惡語發離間語設
雜穢言發起種種貪恚邪見由此因緣短壽
多病顏容顦顇無有威德資財乏尠生下賤
家體面形殘身儀醜穢諸有所說人不信受
言詞麁礦親友乖離凡所陳說咸皆鄙俚慳
貪嫉妬惡見熾然誹謗正法毀辱賢聖善
現是菩薩摩訶薩見此事已作是思惟我當
云何救濟如是諸有情類令其遠離諸惡業
果既思惟已作是願言我當精勤不顧身命脩
行淨戒波羅蜜多成熟有情嚴淨佛土令速
圓滿疾證無上正等菩提我佛土中得無如
是衆惡業果諸有情類一切有情皆行十善
受長壽等勝妙果報善現是菩薩摩訶薩
由此淨戒波羅蜜多速得圓滿隣近無上正

圓滿疾證無上正等菩提我佛土中得無如
是衆惡業果諸有情類一切有情皆行善
受長壽等勝妙果報善現是菩薩摩訶薩
由此淨戒波羅蜜多速得圓滿隣近無上正
等菩提
復次善現有菩薩摩訶薩修行安忍波羅蜜
多見諸有情相忿恚毀罵陵辱刀杖瓦石
拳拚撾搒手相殘害乃至斷命惡不捨善
現是菩薩摩訶薩見此事已作是思惟我當
云何救濟如是諸有情類令其遠離如是諸
惡既思惟已作是願言我當精勤不顧身命
修行安忍波羅蜜多成熟有情嚴淨佛土令
速圓滿疾證無上正等菩提我佛土中得無
如是煩惱惡業諸有情類一切有情展轉相
視如父如母如兄如弟如姊如妹如男如女
如友如親慈心相向和為饒益善現是菩薩
摩訶薩由此安忍波羅蜜多速得圓滿鄰近
無上正等菩提
復次善現有菩薩摩訶薩修行精進波羅蜜
多見諸有情懈怠懶惰不勤精進棄捨三乘
亦不能修人天善業善現是菩薩摩訶薩見
此事已作是思惟我當云何救濟如是諸有
情類令其遠離懶惰懈怠既思惟已作是願
言我當精勤不顧身命修行精進波羅蜜多
成熟有情嚴淨土令速圓滿疾證無上正
等菩提我佛土中得無如是懶惰懈怠諸有
情類一切有情精進勇猛勤修善趣及三乘
因生天人中速證解脫善現是菩薩摩訶薩

BD03516號　大般若波羅蜜多經卷三三〇　（20–14）

成熟有情嚴淨土令速圓滿疾證無上正
等菩提我佛土中得無如是懶惰懈怠諸有
情類一切有情精進勇猛勤修善趣及三乘
因生天人中速證解脫善現是菩薩摩訶薩
由此精進波羅蜜多速得圓滿隣近無上正
等菩提
復次善現有菩薩摩訶薩修行靜慮波羅蜜
多見諸有情貪欲瞋恚惛沈睡眠掉舉惡作
疑蓋所覆失念散亂於四靜慮及四無量四無
色定尚不能修況能修得出世間定善現
是菩薩摩訶薩見此事已作是思惟我當云
何救濟如是諸有情類令其遠離諸蓋散動
既思惟已作是願言我當精勤不顧身命修
行靜慮波羅蜜多成熟有情嚴淨佛土令速
圓滿疾證無上正等菩提我佛土中得無如
是具蓋散動諸有情類一切有情自在遊戲
靜慮無量無色定等善現是菩薩摩訶薩
由此靜慮波羅蜜多速得圓滿隣近無上正
等菩提
復次善現有菩薩摩訶薩修行般若波羅蜜
多見諸有情愚癡惡慧於世出世正見俱失
撥無善惡業及業果執斷執常執一執異
俱不俱等種種耶法善現是菩薩摩訶薩見
此事已作是思惟我當云何救濟如是諸有
情類令其遠離惡見耶執既思惟已作是願
言我當精勤不顧身命修行般若波羅蜜
多成熟有情嚴淨佛土令速圓滿疾證無上正

BD03516號　大般若波羅蜜多經卷三三〇　（20–15）

此事已作是思惟我當去何救濟如是諸有
情類令其遠離惡見耶執既思惟已作是願
言我當精勤不顧身命脩行般若波羅蜜
多成熟有情嚴淨佛土令速圓滿疾證无上正
等菩提我佛土中得無如是惡慧耶執諸有情
類一切有情成就正見種種妙慧具足三明
善現是菩薩摩訶薩由此般若波羅蜜多
速得圓滿隣近無上正等菩提
復次善現有菩薩摩訶薩具脩六種波羅蜜
多見諸有情三聚差別一耶定聚二正定聚三
不定聚善現是菩薩摩訶薩見此事已作是
思惟我當云何方便拔濟諸有情類令離耶
定及不定聚既思惟已作是願言我當精勤
不顧身命脩行六種波羅蜜多成熟有情嚴
淨佛土令速圓滿疾證无上正等菩提我佛
土中得无耶定及不定聚諸有情類亦无如
是二聚名聲一切有情皆正定聚善現是菩
薩摩訶薩由此六種波羅蜜多速得圓滿隣
近無上正等菩提
復次善現有菩薩摩訶薩具脩六種波羅蜜
多見諸有情墮惡趣一者地獄二者傍生
三者鬼界善現是菩薩摩訶薩見此事已作
是思惟我當云何拔濟如是諸有情類令其
永離三惡趣苦既思惟已作是願言我當精
勤不顧身命脩行六種波羅蜜多成熟有情
嚴淨佛土令速圓滿疾證无上正等菩提我
佛土中得无地獄傍生鬼界亦无如三惡趣

勤不顧身命脩行六種波羅蜜多成熟有情
嚴淨佛土令速圓滿疾證无上正等菩提我
佛土中得无地獄傍生鬼界亦无如三惡趣
多一切有情皆攝善趣善現是菩薩摩訶薩由
此六種波羅蜜多速得圓滿隣近无上正等菩提
復次善現有菩薩摩訶薩具脩六種波羅蜜
多見諸有情由惡業障所居大地高下不平
堆阜溝坑穢草株杌毒刺荊棘不淨充滿
善現是菩薩摩訶薩見此事已作是思惟我
當云何拔濟如是諸有情類令其永滅諸惡業
障所居之處地平如掌无諸穢草株杌等事
既思惟已作是願言我當精勤不顧身命脩
行六種波羅蜜多成熟有情嚴淨佛土令速
圓滿疾證无上正等菩提我佛土中得无如
是諸雜穢業所感大地有情居處其地平坦
園林池沼諸妙香花間雜莊嚴甚可愛樂善
現是菩薩摩訶薩由此六種波羅蜜多速得
圓滿隣近无上正等菩提
復次善現有菩薩摩訶薩具脩六種波羅蜜
多見諸有情薄福德故所居大地无諸珎寶
唯有種種土石瓦礫善現是菩薩摩訶薩見
此事已作是思惟我當云何拔濟如是多罪
少福諸有情類令所居處豐饒珎寶既思惟
已作是願言我當精勤不顧身命脩行六種
波羅蜜多成熟有情嚴淨佛土令速圓滿
疾證无上正等菩提我佛土中得無如是多罪
少福諸有情類金沙布地處處皆有大瑠璃

波羅蜜多成熟有情嚴淨佛土令速圓滿
疾證无上正等菩提我佛土中得無如是多罪
少福諸有情類金沙布地處處皆有大瑠璃
等衆妙珎奇有情受用而无染着善現是
菩薩摩訶薩由此六種波羅蜜多速得圓滿
隣近无上正等菩提
復次善現有菩薩摩訶薩具脩六種波羅蜜
多見諸有情凡所攝受多生慳著起諸惡
事善現是菩薩摩訶薩見此事已作是思惟我
當云何拔濟如是惡所攝受諸有情類令其
永離慳著惡業既思惟已作是願言我當精
勤不顧身命脩行六種波羅蜜多成熟有情
嚴淨佛土令速圓滿疾證无上正等菩提我佛
土中得无如是惡所攝受諸有情類一切有
情於色等境都无攝受不生慳著善現
是菩薩摩訶薩由此六種波羅蜜多速得圓
滿隣近无上正等菩提
復次善現有菩薩摩訶薩具脩六種波羅蜜
多見諸有情四色類貴賤差別一刹帝利二
婆羅門三者吠舍四戍達羅善現是菩薩
摩訶薩見此事已作是思惟我當云方便
拔濟諸有情類令无如是四種色類貴賤差
別既思惟已作是願言我當精勤不顧身命
脩行六種波羅蜜多成熟有情嚴淨佛土令
速圓滿疾證无上正等菩提我佛土中得无
如是四種色類貴賤差別一切有情同一色類
皆悉尊貴人趣所攝善現是菩薩摩訶薩

BD03516 號　大般若波羅蜜多經卷三三〇　（20–18）

別既思惟已作是願言我當精勤不顧身命
脩行六種波羅蜜多成熟有情嚴淨佛土令
速圓滿疾證无上正等菩提我佛土中得无
如是四種色類貴賤差別一切有情同一色類
皆悉尊貴人趣所攝善現是菩薩摩訶薩
由此六種波羅蜜多速得圓滿隣近无上正
等菩提
復次善現有菩薩摩訶薩具脩六種波羅蜜
多見諸有情有下中上家族差別善現是菩
薩摩訶薩見此事已作是思惟我當云何方
便拔濟諸有情類令无如是下中上品家族差
別既思惟已作是願言我當精勤不顧身命
脩行六種波羅蜜多成熟有情嚴淨佛土
令速圓滿疾證无上正等菩提我佛上中得
无如是下中上品家族差別一切有情皆同上
品善現是菩薩摩訶薩由此六種波羅蜜多
速得圓滿隣近无上正等菩提
復次善現有菩薩摩訶薩具脩六種波羅蜜
多見諸有情端正醜陋形色差別善現是菩
薩摩訶薩見此事已作是思惟我當云何方
便拔濟諸有情類令无如是形色差別既思
惟已作是願言我當精勤不顧身命脩行六
種波羅蜜多成熟有情嚴淨佛土令速圓滿
疾證无上正等菩提我佛土中得无如是形色
差別諸有情類一切有情皆具金色端嚴殊
妙衆所樂見成就第一圓滿淨色善現是菩
薩摩訶薩由此六種波羅蜜多速得圓滿

BD03516 號　大般若波羅蜜多經卷三三〇　（20–19）

多見諸有情醜陋形色差別善現是菩
薩摩訶薩見此事已作是思惟我當云何方
便拔濟諸有情類令无如是形色差別既思
惟已作是願言我當精勤不顧身命脩行六
種波羅蜜多成熟有情嚴淨佛土令速圓滿
疾證无上正等菩提我佛土中得无如是形色
差別諸有情類一切有情皆真金色端嚴殊
妙衆所樂見成就第一圓滿淨色善現是菩
薩摩訶薩由此六種波羅蜜多速得圓滿隣
近无上正等菩提

大般若波羅蜜多經卷第三百卅

BD03516號　大般若波羅蜜多經卷三三〇　(20–20)

三百卅
第三十三袟十

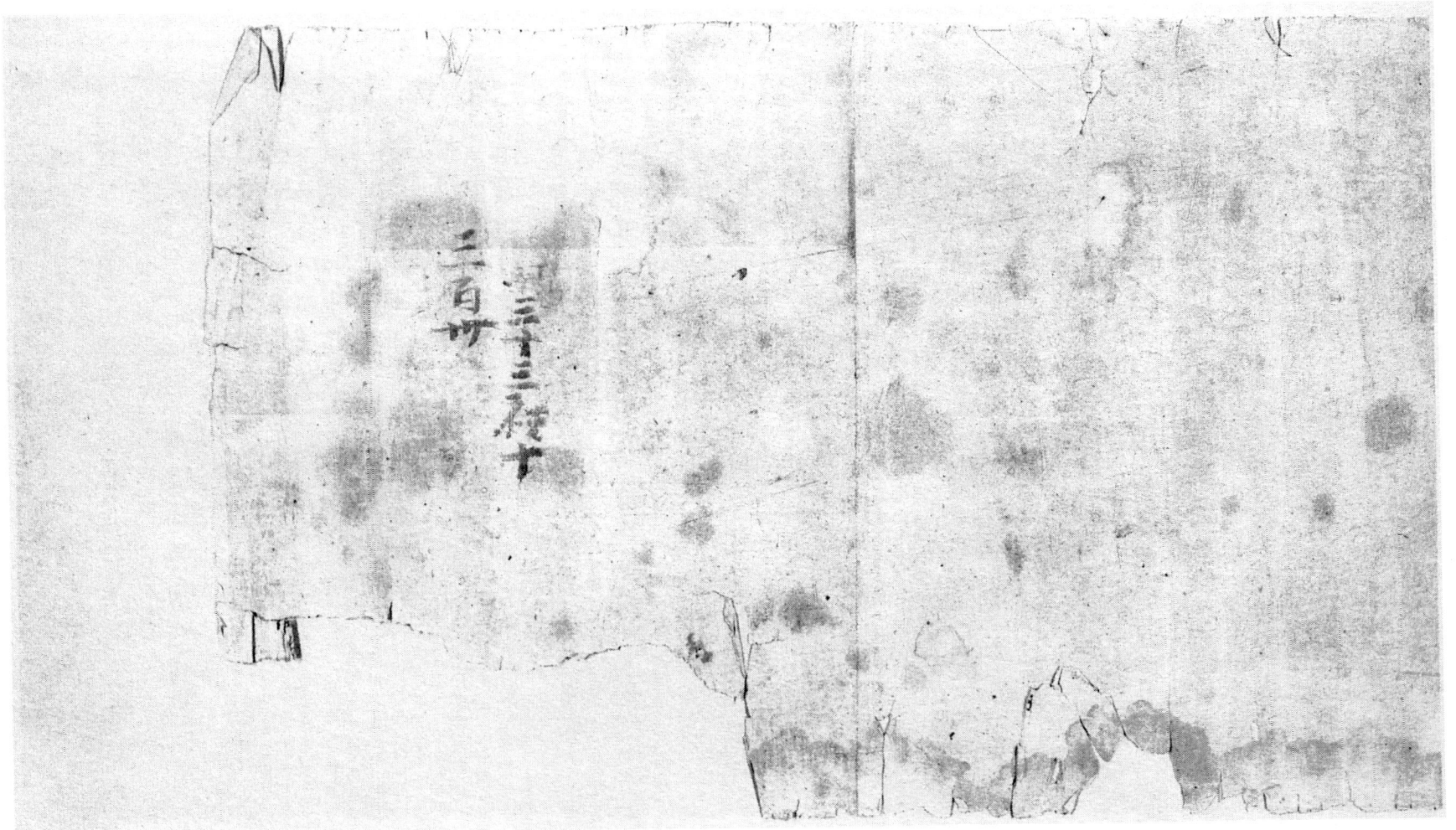

BD03516號背　勘記　(1–1)

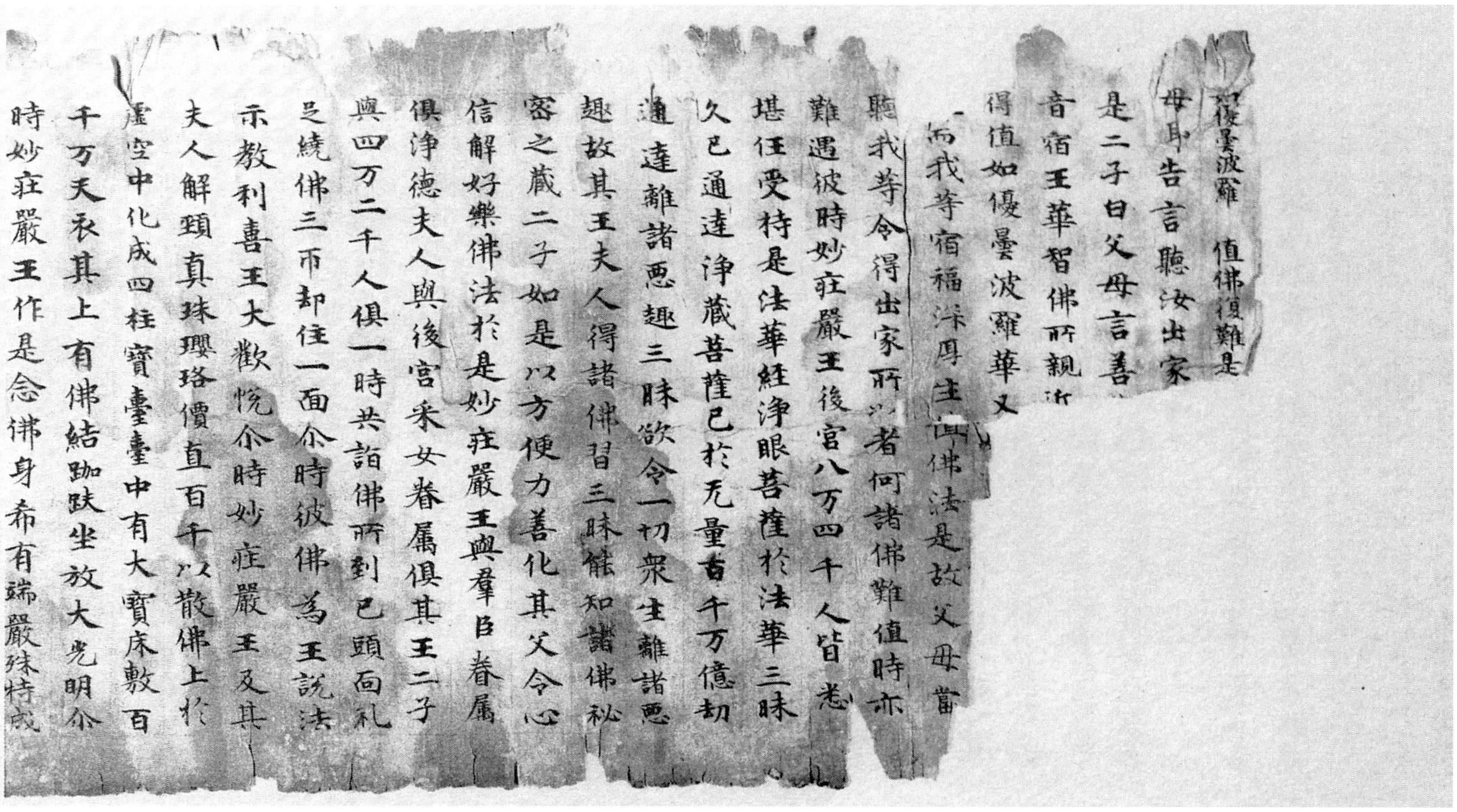

□優曇波羅　值佛復難是
母耶告言聽汝出家
是二子白父母言善
音宿王華智佛所親近
得值如優曇波羅華又
而我等宿福深厚生値佛法是故父母當
聽我等令得出家所以者何諸佛難值時亦
難遇彼時妙莊嚴王後宮八万四千人皆悉
堪任受持是法華經淨眼菩薩於法華三昧
久已通達淨藏菩薩已於无量百千万億劫
通達離諸惡趣三昧欲令一切衆生離諸惡
趣故其王夫人得諸佛習三昧能知諸佛秘
密之藏二子如是以方便力善化其父令心
信解好樂佛法於是妙莊嚴王與羣臣眷屬
俱淨德夫人與後宮婇女眷屬俱其王二子
與四万二千人俱一時共詣佛所到已頭面礼
足繞佛三帀却住一面尒時彼佛爲王說法
示教利喜王大歡悅尒時妙莊嚴王及其
夫人解頸真珠瓔珞價直百千以散佛上於
虛空中化成四柱寶臺臺中有大寶床敷百
千万天衣其上有佛結跏趺坐放大光明尒
時妙莊嚴王作是念佛身希有端嚴殊特成

BD03517號　妙法蓮華經卷七　（8–1）

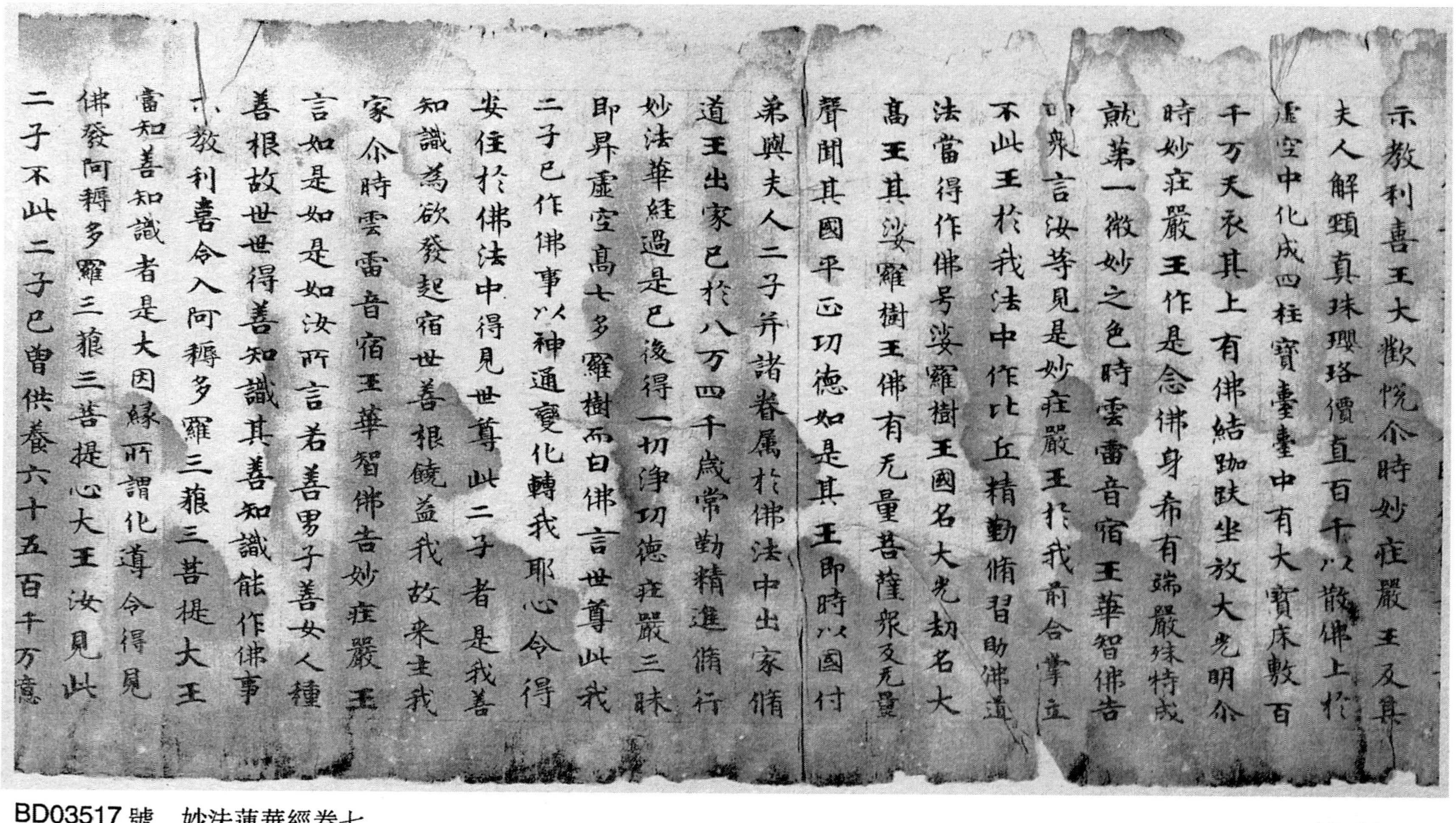

示教利喜王大歡悅尒時妙莊嚴王及其
夫人解頸真珠瓔珞價直百千以散佛上於
虛空中化成四柱寶臺臺中有大寶床敷百
千万天衣其上有佛結跏趺坐放大光明尒
時妙莊嚴王作是念佛身希有端嚴殊特成
就第一微妙之色時雲雷音宿王華智佛告
四衆言汝等見是妙莊嚴王於我前合掌立
不此王於我法中作比丘精勤脩習助佛道
法當得作佛号娑羅樹王國名大光劫名大
高王其娑羅樹王佛有无量菩薩衆及无量
聲聞其國平正功德如是其王即時以國付
弟與夫人二子并諸眷屬於佛法中出家脩
道王出家已於八万四千歲常勤精進脩行
妙法華經過是已後得一切淨功德莊嚴三昧
即昇虛空高七多羅樹而白佛言世尊此我
二子已作佛事以神通變化轉我邪心令得
安住於佛法中得見世尊此二子者是我善
知識爲欲發起宿世善根饒益我故來生我
家尒時雲雷音宿王華智佛告妙莊嚴王
言如是如是如汝所言若善男子善女人種
善根故世世得善知識其善知識能作佛事
示教利喜令入阿耨多羅三藐三菩提大王
當知善知識者是大因緣所謂化導令得見
佛發阿耨多羅三藐三菩提心大王汝見此
二子不此二子已曾供養六十五百千万億

BD03517號　妙法蓮華經卷七　（8–2）

佛發阿耨多羅三藐三菩提心大王汝見此
二子不此二子已曾供養六十五百千万億
那由他恒河沙諸佛親近恭敬於諸佛所受
持法華經慈念耶見衆生令住正見妙莊嚴
王即從虗空中下而白佛言世尊如來甚希
有以功德智慧故頂上肉髻光明顯照其眼長
廣而紺青色眉間豪相白如珂月齒白齊密
常有光明脣色赤好如頻婆菓尒時妙莊嚴
王讚歎佛如是等无量百千万億功德已於
如來前一心合掌復白佛言世尊未曾有
也如來之法具足成就不可思議微妙功德教
戒所行安隱快善我從今日不復自随心行
不生耶見憍慢瞋恚諸悪之心說是語已礼
佛而出佛告大衆於意云何妙莊嚴王豈異
人乎今華德菩薩是其淨德夫人今佛前
光照莊嚴相菩薩是哀愍妙莊嚴王及諸眷
屬故於彼中生其二子者今藥王菩薩藥上
菩薩是是藥王藥上菩薩成就如此諸大功
德已於无量百千万億諸佛所殖衆德本成
就不可思議諸善功德若有人識是二菩薩
名字者一切世間諸天人民亦應礼拜佛說
是妙莊嚴王本事品時八万四千人遠塵離
垢於諸法中得法眼淨

妙法蓮華經普賢菩薩勸發品第二十八

尒時普賢菩薩以自在神通威德名聞與大菩

一切世間諸天人民亦應礼拜佛說
是妙莊嚴王本事品時八万四千人遠塵離
垢於諸法中得法眼淨

妙法蓮華經普賢菩薩勸發品第二十八

尒時普賢菩薩以自在神通威德名聞與大菩
薩无量无邊不可稱數從東方來所經諸國
普皆震動雨寶蓮華作无量百千万億種種
伎樂又與无數諸天龍夜叉乾闥婆阿脩羅
迦樓羅緊那羅摩睺羅伽人非人等大衆圍
繞各現威德神通之力到娑婆世界耆闍崛
山中頭面礼釋迦牟尼佛右繞七帀白佛言
世尊我於寶威德上王佛國遥聞此娑婆世
界說法華經與无量无邊百千万億諸菩薩
衆共來聽受唯願世尊當為說之若善男子
善女人於如來滅後云何能得是法華經
佛告普賢菩薩若善男子善女人成就四法於
如來滅後當得是法華經一者為諸佛護念
二者殖衆德本三者入正定聚四者發救一
切衆生之心善男子善女人如是成就四法
於如來滅後必得是經尒時普賢菩薩白佛
言世尊於後五百歳濁悪世中其有受持是
經典者我當守護除其衰患令得安隱使无
伺求得其便者若魔若魔子若魔女若魔
民若為魔所著者若夜叉若羅刹若鳩槃荼
若毗舍闍若吉蔗若富單那若韋陀羅等諸惱
人者皆不得便是人若行若立讀誦此經我

民若為魔所著者若夜叉若羅剎若鳩槃荼
若毗舍闍若吉蔗若富單那若韋陀羅等諸惱
人者皆不得便是人若行若立讀誦此經我
尒時乘六牙白象王與大菩薩衆俱詣其所
而自現身供養守護安慰其心亦為供養法
華經故是人若坐思惟此經尒時我復乘白
象王現其人前其人若於法華經有所忘失
一句一偈我當教之與共讀誦還令通利尒
時受持讀誦法華經者得見我身甚大歡
喜轉復精進以見我故即得三昧及陀羅尼名
為旋陀羅尼百千万億旋陀羅尼法音方便
陀羅尼得如是等陀羅尼世尊若後世後五
百歲濁惡世中比丘比丘尼優婆塞優婆夷求
索者受持者讀誦者書寫者欲脩習是法
華經於三七日中應一心精進滿三七日已
我當乘六牙白象與无量菩薩而自圍繞以
一切衆生所憙見身現其人前而為說法示
教利喜亦復與其陀羅尼呪得是陀羅尼故
无有非人能破壞者亦不為女人之所惑亂
我身亦自常護是人唯願世尊聽我說此陀
羅尼即於佛前而說呪曰
阿檀地途賣反一 檀陀婆地二 檀陀婆帝三 檀陀鳩舍
隸四 檀陀脩陀隸五 脩陀隸六 脩陀羅婆底七
佛馱波羶祢八 薩婆陀羅尼阿婆多尼九 薩婆
婆沙阿婆多尼十 脩阿婆多尼十一 僧伽婆履
叉尼十二 僧伽涅伽陀尼十三 阿僧祇十四 僧伽波

BD03517號　妙法蓮華經卷七　（8-5）

隸四 檀陀脩陀隸五 脩陀隸六 脩陀羅婆底七
佛馱波羶祢八 薩婆陀羅尼阿婆多尼九 薩婆
婆沙阿婆多尼十 脩阿婆多尼十一 僧伽婆履
叉尼十二 僧伽涅伽陀尼十三 阿僧祇十四 僧伽波
伽地十五 帝隸阿惰僧伽兜略盧遮反 波羅帝十六 薩
婆僧伽三摩地伽蘭地十七 薩婆達磨脩波
利刹帝十八 薩婆薩埵樓馱憍舍略阿㝹伽地
辛阿毗吉利地帝二十
世尊若有菩薩得聞是陀羅尼者當知普賢
神通之力若法華經行閻浮提有受持者應
作此念皆是普賢威神之力若有受持讀誦
正憶念解其義趣如說脩行當知是人行普
賢行於无量无邊諸佛所深種善根為諸如
來手摩其頭若但書寫是人命終當生忉
利天上是時八万四千天女作衆伎樂而來迎
之其人即著七寶冠於婇女中娛樂快樂何況
受持讀誦正憶念解其義趣如說脩行若有
人受持讀誦解其義趣是人命終為千佛授
手令不恐怖不墮惡趣即往兜率天上弥勒
菩薩所弥勒菩薩有三十二相大菩薩衆所
共圍繞有百千万億天女眷屬而於中生有
如是等功德利益是故智者應當一心自書
若使人書受持讀誦正憶念如說脩行世尊
我今以神通力守護是經於如來滅後閻浮
提內廣令流布使不斷絕

BD03517號　妙法蓮華經卷七　（8-6）

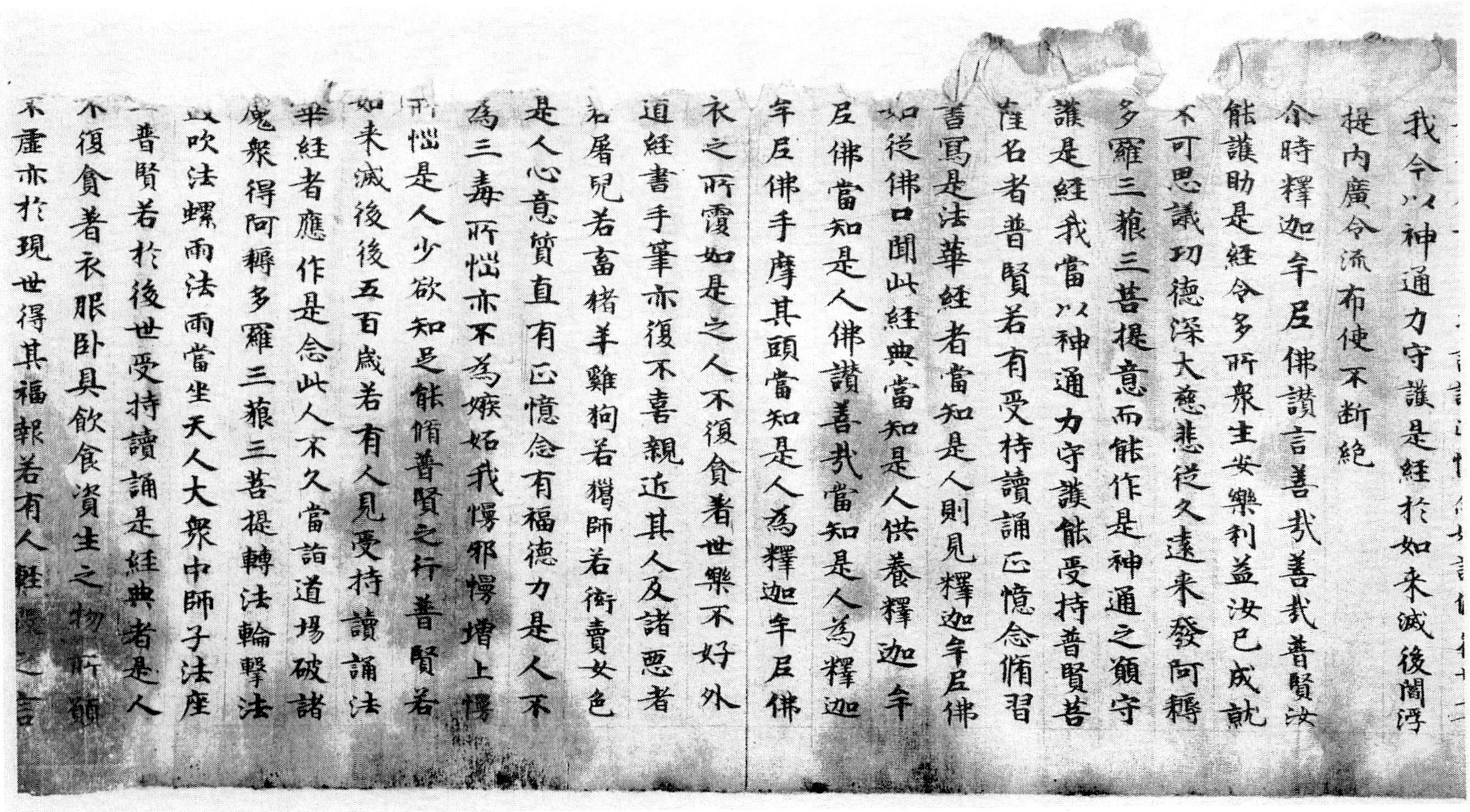

我今以神通力守護是經於如來滅後閻浮
提內廣令流布使不斷絶
尒時釋迦牟尼佛讃言善哉善哉普賢汝
能護助是經令多所衆生安樂利益汝已成就
不可思議功德深大慈悲從久遠来發阿耨
多羅三藐三菩提意而能作是神通之願守
護是經我當以神通力守護能受持普賢菩
薩名者普賢若有受持讀誦正憶念脩習
書寫是法華經者當知是人則見釋迦牟尼佛
如從佛口聞此經典當知是人供養釋迦牟
尼佛當知是人佛讃善哉當知是人為釋迦
牟尼佛手摩其頭當知是人為釋迦牟尼佛
衣之所覆如是之人不復貪著世樂不好外
道經書手筆亦復不喜親近其人及諸惡者
若屠兒若畜猪羊雞狗若獵師若衒賣女色
是人心意質直有正憶念有福德力是人不
為三毒所惱亦不為嫉妬我慢邪慢增上慢
所惱是人少欲知足能脩普賢之行普賢若
如来滅後後五百歲若有人見受持讀誦法
華經者應作是念此人不久當詣道場破諸
魔衆得阿耨多羅三藐三菩提轉法輪擊法
鼓吹法螺雨法雨當坐天人大衆中師子法座
普賢若於後世受持讀誦是經典者是人
不復貪著衣服臥具飲食資生之物所願
不虛亦於現世得其福報若有人輕毀之言

BD03517號　妙法蓮華經卷七　　（8–7）

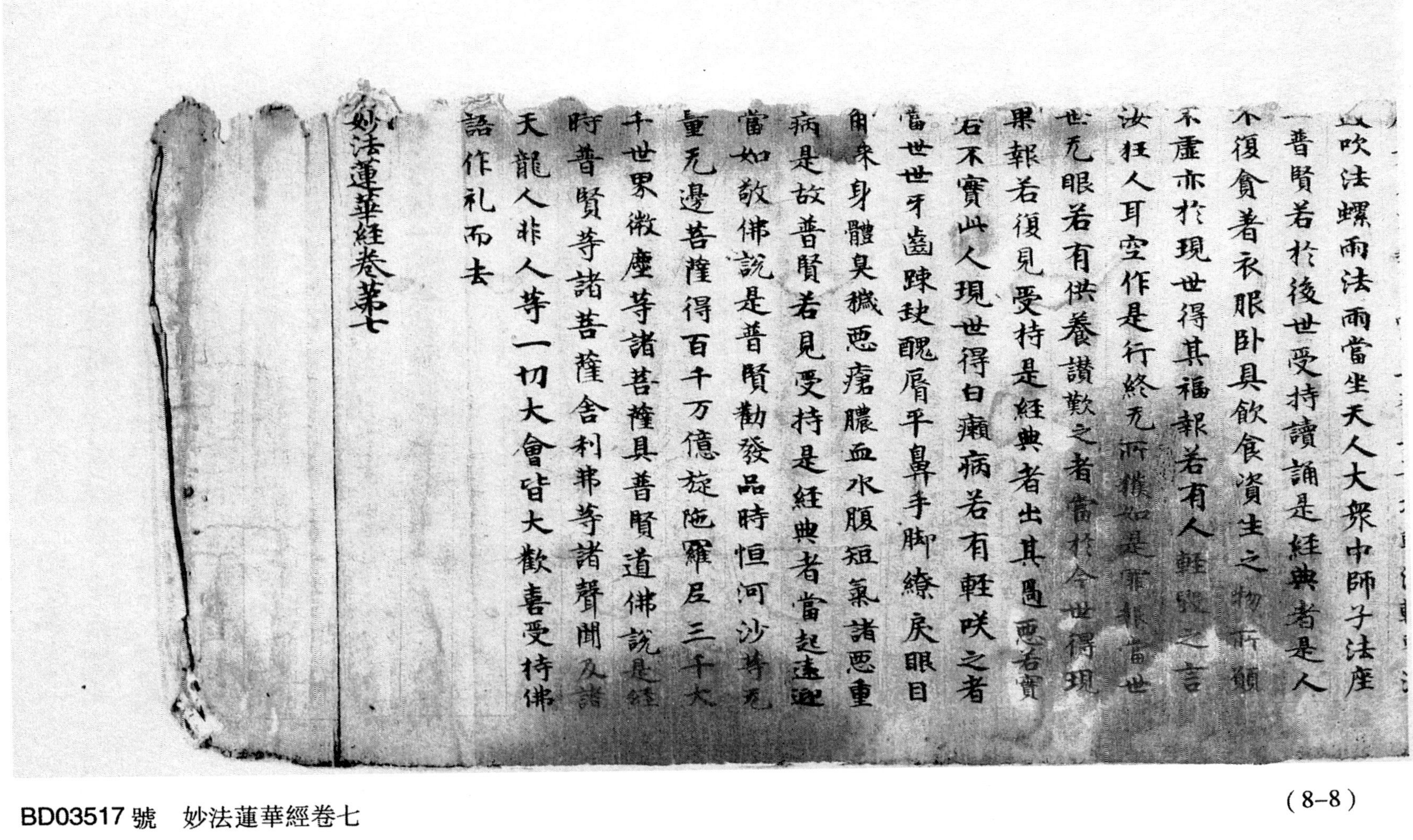

鼓吹法螺雨法雨當坐天人大衆中師子法座
普賢若於後世受持讀誦是經典者是人
不復貪著衣服臥具飲食資生之物所願
不虛亦於現世得其福報若有人輕毀之言
汝狂人耳空作是行終无所獲如是罪報當世
世无眼若有供養讚歎之者當於今世得現
果報若復見受持是經典者出其過惡若實
若不實此人現世得白癩病若有輕笑之者
當世世牙齒踈缺醜脣平鼻手脚繚戾眼目
角睞身體臭穢惡瘡膿血水腹短氣諸惡重
病是故普賢若見受持是經典者當起遠迎
當如敬佛說是普賢勸發品時恒河沙等无
量无邊菩薩得百千万億旋陁羅尼三千大
千世界微塵等諸菩薩具普賢道佛說是經
時普賢等諸菩薩舍利弗等諸聲聞及諸
天龍人非人等一切大會皆大歡喜受持佛
語作礼而去

妙法蓮華經卷第七

BD03517號　妙法蓮華經卷七　　（8–8）

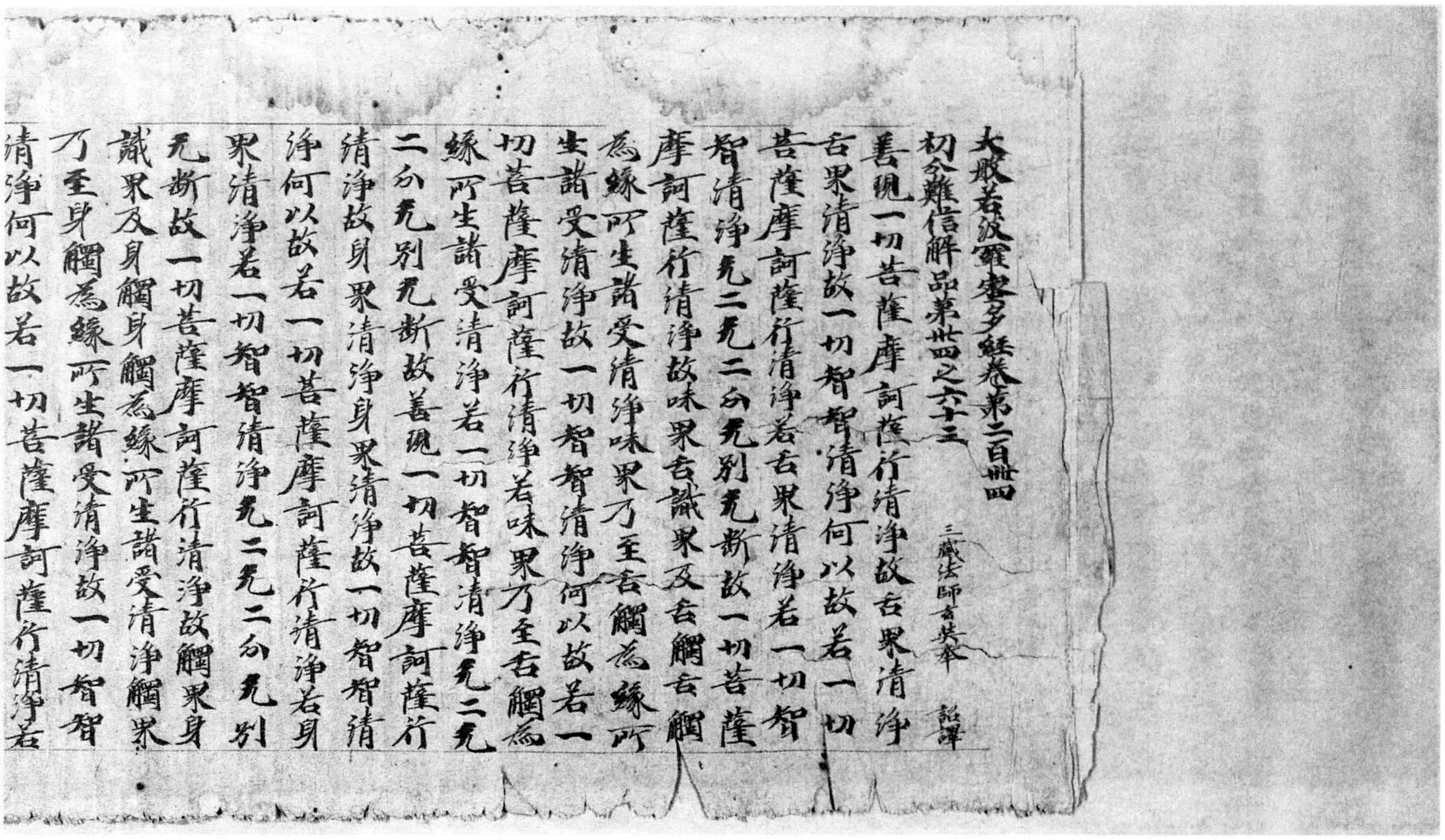

大般若波羅蜜多經卷第二百卌四
初分難信解品第卌四之六十三　　三藏法師玄奘奉　詔譯
善現一切菩薩摩訶薩行清淨故舌界清淨
舌界清淨故一切智智清淨何以故若一切
菩薩摩訶薩行清淨若舌界清淨若一切智
智清淨无二无二分无別无斷故一切菩薩
摩訶薩行清淨故味界舌識界及舌觸舌觸
為緣所生諸受清淨味界乃至舌觸為緣所
生諸受清淨故一切智智清淨何以故若一
切菩薩摩訶薩行清淨若味界乃至舌觸為
緣所生諸受清淨若一切智智清淨无二无
二分无別无斷故善現一切菩薩摩訶薩行
清淨故身界清淨身界清淨故一切智智清
淨何以故若一切菩薩摩訶薩行清淨若身
界清淨若一切智智清淨无二无二分无別
无斷故一切菩薩摩訶薩行清淨故觸界身
識界及身觸身觸為緣所生諸受清淨觸界
乃至身觸為緣所生諸受清淨故一切智智
清淨何以故若一切菩薩摩訶薩行清淨若

BD03518 號　大般若波羅蜜多經卷二四四　　（2–1）

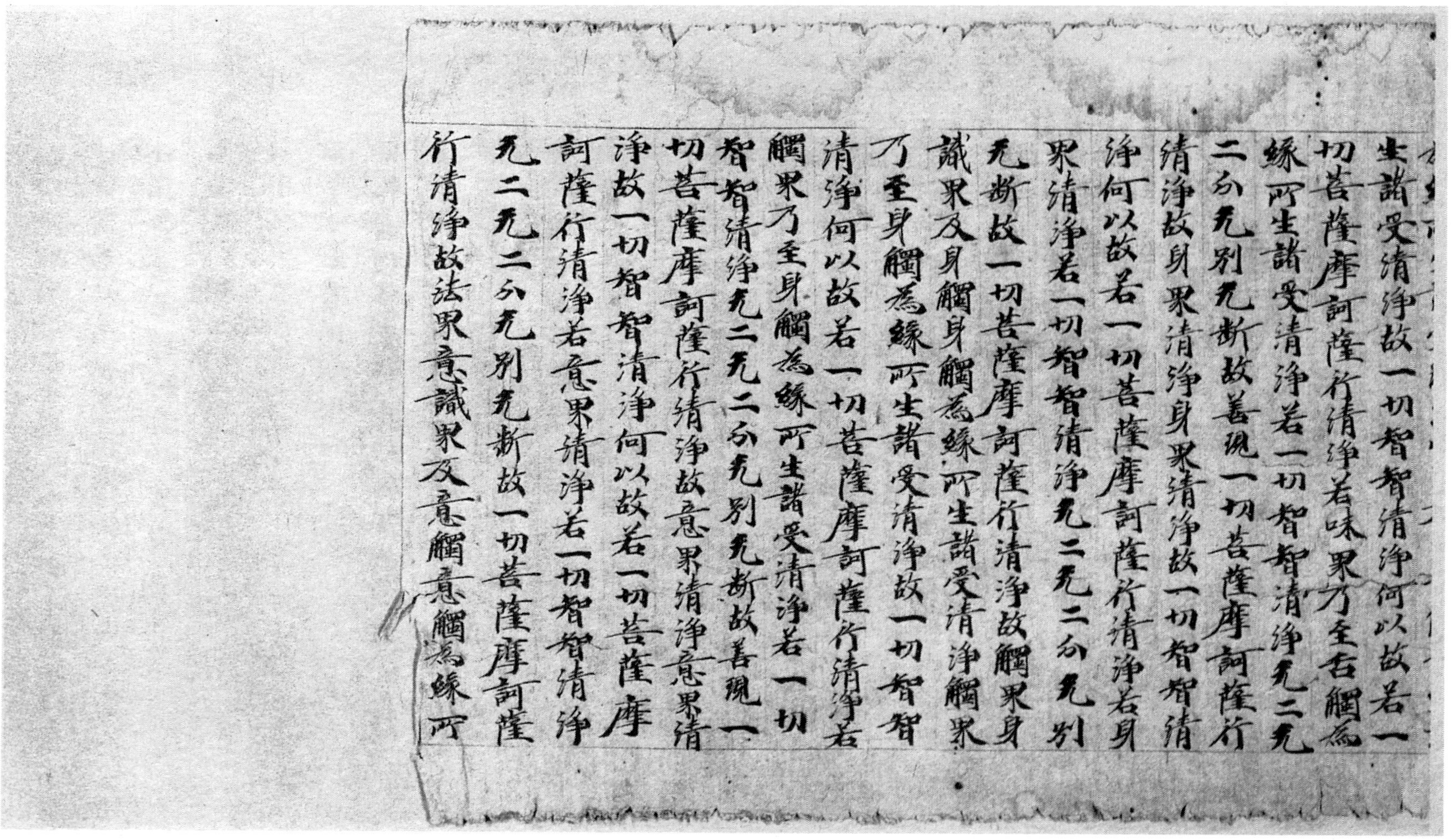

生諸受清淨故一切智智清淨何以故若一
切菩薩摩訶薩行清淨若味界乃至舌觸為
緣所生諸受清淨若一切智智清淨无二无
二分无別无斷故善現一切菩薩摩訶薩行
清淨故身界清淨身界清淨故一切智智清
淨何以故若一切菩薩摩訶薩行清淨若身
界清淨若一切智智清淨无二无二分无別
无斷故一切菩薩摩訶薩行清淨故觸界身
識界及身觸身觸為緣所生諸受清淨觸界
乃至身觸為緣所生諸受清淨故一切智智
清淨何以故若一切菩薩摩訶薩行清淨若
觸界乃至身觸為緣所生諸受清淨若一切
智智清淨无二无二分无別无斷故善現一
切菩薩摩訶薩行清淨故意界清淨意界清
淨故一切智智清淨何以故若一切菩薩摩
訶薩行清淨若意界清淨若一切智智清淨
无二无二分无別无斷故一切菩薩摩訶薩
行清淨故法界意識界及意觸意觸為緣所

BD03518 號　大般若波羅蜜多經卷二四四　　（2–2）

得阿耨多羅三藐三菩提須菩提若有法如
来得阿耨多羅三藐三菩提者然燈佛則不
與我受記汝於来世當得作佛号釋迦牟尼
以實无有法得阿耨多羅三藐三菩提是故
然燈佛與我受記作是言汝於来世當得作
佛号釋迦牟尼何以故如来者即諸法如義
若有人言如来得阿耨多羅三藐三菩提須
菩提實无有法佛得阿耨多羅三藐三菩提
須菩提如来所得阿耨多羅三藐三菩提於
是中无實无虚是故如来說一切法皆是佛
法須菩提所言一切法者即非一切法是故
名一切法須菩提譬如人身長大須菩提言
世尊如来說人身長大則為非大身是名大
身須菩提菩薩亦如是若作是言我當滅度
无量衆生則不名菩薩何以故須菩提實无
有法名為菩薩是故佛說一切法无我无人
无衆生无壽者須菩提若菩薩作是言我當
莊嚴佛土是不名菩薩何以故如来說莊嚴
佛土者即非莊嚴是名莊嚴須菩提若菩薩

BD03519號　金剛般若波羅蜜經　（6–1）

无量衆生則不名菩薩何以故須菩提實无
有法名為菩薩是故佛說一切法无我无人
无衆生无壽者須菩提若菩薩作是言我當
莊嚴佛土是不名菩薩何以故如来說莊嚴
佛土者即非莊嚴是名莊嚴須菩提若菩薩
通達无我法者如来說名真是菩薩
須菩提於意云何如来有肉眼不如是世尊
如来有肉眼須菩提於意云何如来有天眼
不如是世尊如来有天眼須菩提於意云何
如来有慧眼不如是世尊如来有慧眼須菩
提於意云何如来有法眼不如是世尊如来
有法眼須菩提於意云何如来有佛眼不如
是世尊如来有佛眼須菩提於意云何恒河
中所有沙佛說是沙不如是世尊如来說是
沙須菩提於意云何如一恒河中所有沙有
如是等恒河是諸恒河所有沙數佛世界如
是寧為多不甚多世尊佛告須菩提尒所國
土中所有衆生若干種心如来悉知何以故
如来說諸心皆為非心是名為心所以者何
須菩提過去心不可得現在心不可得未来
心不可得須菩提於意云何若有人滿三千
大千世界七寶以用布施是人以是因緣得
福多不如是世尊此人以是因緣得福甚多
須菩提若福德有實如来不說得福德多以

BD03519號　金剛般若波羅蜜經　（6–2）

大千世界七寶以用布施是人以是因緣得
福多不如是世尊此人以是因緣得福甚多
須菩提若福德有實如來不說得福德多以
福德无故如來說得福德多
須菩提於意云何佛可以具足色身見不不也
世尊如來不應以具足色身見何以故如來說
具足色身即非具足色身是名具足色身須
菩提於意云何如來可以具足諸相見不不
也世尊如來不應以具足諸相見何以故如
來說諸相具足即非具足是名諸相具足須
菩提汝勿謂如來作是念我當有所說法莫
作是念何以故若人言如來有所說法即為
謗佛不能解我所說故須菩提說法者无法
可說是名說法須菩提白佛言世尊佛得阿
耨多羅三藐三菩提為无所得耶如是如是
須菩提我於阿耨多羅三藐三菩提乃至无
有少法可得是名阿耨多羅三藐三菩提復
次須菩提是法平等无有高下是名阿耨多
羅三藐三菩提以无我无人无衆生无壽者
脩一切善法則得阿耨多羅三藐三菩提須
菩提所言善法者如來說非善法是名善法
須菩提若三千大千世界中所有諸須弥山
王如是等七寶聚有人持用布施若人以此
般若波羅蜜經乃至四句偈等受持讀誦為
他人說於前福德百分不及一百千萬億分

BD03519號　金剛般若波羅蜜經　（6–3）

菩提所言善法者如來說非善法是名善法
須菩提若三千大千世界中所有諸須弥山
王如是等七寶聚有人持用布施若人以此
般若波羅蜜經乃至四句偈等受持讀誦為
他人說於前福德百分不及一百千萬億分
乃至筭數譬喻所不能及
須菩提於意云何汝等勿謂如來作是念我
當度衆生須菩提莫作是念何以故實无有
衆生如來度者若有衆生如來度者如來則
有我人衆生壽者須菩提如來說有我者則
非有我而凡夫之人以為有我須菩提凡夫
者如來說則非凡夫須菩提於意云何可以
三十二相觀如來不須菩提言如是如是以
三十二相觀如來佛言須菩提若以三十二
相觀如來者轉輪聖王則是如來須菩提白
佛言世尊如我解佛所說義不應以三十二
相觀如來尒時世尊而說偈言
若以色見我　以音聲求我　是人行邪道　不能見如來
須菩提汝若作是念如來不以具足相故得
阿耨多羅三藐三菩提須菩提莫作是念如
來不以具足相故得阿耨多羅三藐三菩提
須菩提汝若作是念發阿耨多羅三藐三菩
提者說諸法斷滅相莫作是念何以故發阿
耨多羅三藐三菩提者於法不說斷滅相須
菩提若菩薩以滿恒河沙等世界七寶布施

BD03519號　金剛般若波羅蜜經　（6–4）

須菩提汝若作是念發阿耨多羅三藐三菩
提者說諸法斷滅相莫作是念何以故發阿
耨多羅三藐三菩提者於法不說斷滅相須
菩提若菩薩以滿恒河沙等世界七寶布施
若復有人知一切法无我得成於忍此菩薩
勝前菩薩所得功德須菩提以諸菩薩不受
福德故須菩提白佛言世尊云何菩薩不受
福德須菩提菩薩所作福德不應貪著是故
說不受福德須菩提若有人言如来若来若
去若坐若卧是人不解我所說義何以故如
来者无所從来亦无所去故名如来
須菩提若善男子善女人以三千大千世界
碎爲微塵於意云何是微塵衆寧爲多不甚
多世尊何以故若是微塵衆實有者佛則不
說是微塵衆所以者何佛說微塵衆則非微
塵衆是名微塵衆世尊如来所說三千大千
世界則非世界是名世界何以故若世界實
有者則是一合相如来說一合相則非一合
相是名一合相須菩提一合相者則是不可
說但凡夫之人貪著其事須菩提若人言佛
說我見人見衆生見壽者見須菩提於意云
何是人解我所說義不世尊是人不解如来
所說義何以故世尊說我見人見衆生見壽
者見即非我見人見衆生見壽者見是名我

BD03519號　金剛般若波羅蜜經　（6–5）

何是人解我所說義不世尊是人不解如来
所說義何以故世尊說我見人見衆生見壽
者見即非我見人見衆生見壽者見是名我
見人見衆生見壽者見須菩提發阿耨多羅
三藐三菩提心者於一切法應如是知如是
見如是信解不生法相須菩提所言法相者
如来說即非法相是名法相須菩提若有人
以滿无量阿僧祇世界七寶持用布施若有
善男子善女人發菩薩心者持於此經乃至
四句偈等受持讀誦爲人演說其福勝彼云
何爲人演說不取於相如如不動何以故
一切有爲法　如夢幻泡影　如露亦如電　應作如是觀
佛說是經已長老須菩提及諸比丘比丘尼
優婆塞優婆夷一切世間天人阿脩羅聞佛
所說皆大歡喜信受奉行

金剛般若波羅蜜經

BD03519號　金剛般若波羅蜜經　（6–6）

大般若波羅蜜多經卷第三百五十四　三藏法師玄奘奉　詔譯
初分多問不二品第六十一之四
復次善現若菩薩摩訶薩作如是念甚深般
若波羅蜜多遍能攝受布施淨戒安忍精進

BD03520 號　大般若波羅蜜多經卷三五四　（3-1）

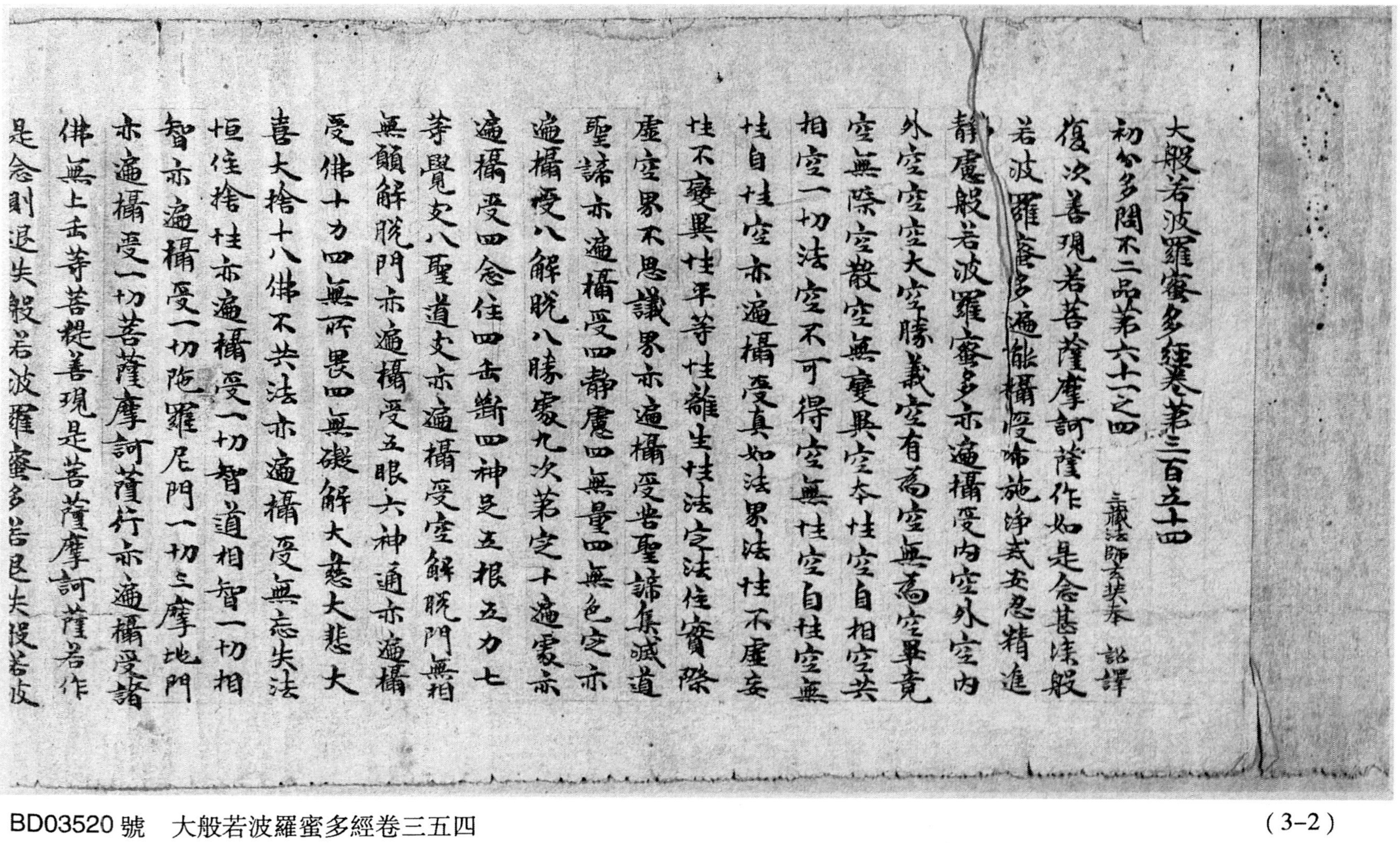

大般若波羅蜜多經卷第三百五十四　三藏法師玄奘奉　詔譯
初分多問不二品第六十一之四
復次善現若菩薩摩訶薩作如是念甚深般
若波羅蜜多遍能攝受布施淨戒安忍精進
靜慮般若波羅蜜多亦遍攝受內空外空內
外空空空大空勝義空有為空無為空畢竟
空無際空散空無變異空本性空自相空共
相空一切法空不可得空無性空自性空無
性自性空亦遍攝受真如法界法性不虛妄
性不變異性平等性離生性法定法住實際
虛空界不思議界亦遍攝受苦聖諦集滅道
聖諦亦遍攝受四靜慮四無量四無色定亦
遍攝受八解脫八勝處九次第定十遍處亦
遍攝受四念住四正斷四神足五根五力七
等覺支八聖道支亦遍攝受空解脫門無相
無願解脫門亦遍攝受五眼六神通亦遍攝
受佛十力四無所畏四無礙解大慈大悲大
喜大捨十八佛不共法亦遍攝受無忘失法
恒住捨性亦遍攝受一切智道相智一切相
智亦遍攝受一切陀羅尼門一切三摩地門
亦遍攝受一切菩薩摩訶薩行亦遍攝受諸
佛無上正等菩提善現是菩薩摩訶薩若作
是念則退失般若波羅蜜多若退失般若波

BD03520 號　大般若波羅蜜多經卷三五四　（3-2）

性不變異性平等性離生性法定法住實際
虛空界不思議界亦遍攝受苦聖諦集滅道
聖諦亦遍攝受四靜慮四無量四無色定亦
遍攝受八解脫八勝處九次第定十遍處亦
遍攝受四念住四正斷四神足五根五力七
等覺支八聖道支亦遍攝受空解脫門無相
無願解脫門亦遍攝受五眼六神通亦遍攝
受佛十力四無所畏四無礙解大慈大悲大
喜大捨十八佛不共法亦遍攝受無忘失法
恒住捨性亦遍攝受一切智道相智一切相
智亦遍攝受一切陀羅尼門一切三摩地門
亦遍攝受一切菩薩摩訶薩行亦遍攝受諸
佛無上正等菩提善現是菩薩摩訶薩若作
是念則退失般若波羅蜜多若退失般若波
羅蜜多則不能攝受布施淨戒安忍精進靜
慮般若波羅蜜多亦不能攝受內空外空內
外空空空大空勝義空有為空無為空畢竟

BD03520 號　大般若波羅蜜多經卷三五四

(3–3)

諸子等安隱得出皆於四衢道中露地而坐
无復障礙其心泰然歡喜踊躍時諸子等各
白父言父先所許玩好之具羊車鹿車牛車
願時賜與舍利弗尒時長者各賜諸子等一
大車其車高廣衆寶莊校周帀欄楯四面懸
鈴又於其上張設幰蓋亦以珎奇雜寶而嚴
飾之寶繩交絡垂諸華纓重敷綩綖安置丹
枕駕以白牛膚色充潔形體姝好有大筋力
行步平正其疾如風又多僕從而侍衛之所
以者何是大長者財富无量種種諸藏悉皆
充溢而作是念我財物無極不應以下劣小
車與諸子等今此幼童皆是吾子愛无偏黨
我有如是七寶大車其數无量應當等心各
各與之不宜差別所以者何以我此物周給一
國猶尚不匱何況諸子是時諸子各乘大
車得未曾有非本所望舍利弗於汝意云
何是長者等與諸子珎寶大車寧有虛妄不
舍利弗言不也世尊是長者但令諸子得免
火難全其軀命非為虛妄何以故若全身命
便為已得玩好之具況復方便於彼火宅而

BD03521 號　妙法蓮華經卷二

(22–1)

……舍利弗於汝意云
何是長者等與諸子珍寶大車寧有虛妄不
舍利弗言不也世尊是長者但令諸子得免
火難全其軀命非為虛妄何以故若全身命
便為已得玩好之具況復方便於彼火宅而
拔濟之世尊若是長者乃至不與最小一車猶
不虛妄何以故是長者先作是意我以方便
令子得出以是因緣无虛妄也何況長者自
知財富无量欲饒益諸子等與大車佛告舍
利弗善哉善哉如汝所言舍利弗如來亦復
如是則為一切世間之父於諸怖畏衰惱憂
患无明闇蔽永盡无餘而悉成就无量知見
力无所畏有大神力及智慧力具足方便智
慧波羅蜜大慈大悲常无懈倦恒求善事利
益一切而生三界朽故火宅為度眾生生老
病死憂悲苦惱愚癡闇蔽三毒之火教化令
得阿耨多羅三藐三菩提見諸眾生為生老
病死憂悲苦惱之所燒煮亦以五欲財利故
受種種苦又以貪著追求故現受眾苦後受
地獄畜生餓鬼之苦若生天上及在人間貧
窮困苦愛別離苦怨憎會苦如是等種種諸
苦眾生沒在其中歡喜遊戲不覺不知不
驚不怖亦不生厭不求解脫於此三界火宅
東西馳走雖遭大苦不以為患舍利弗佛見
此已便作是念我為眾生之父應拔其苦難
與无量无邊佛智慧樂令其遊戲舍利弗如
來復作是念若我但以神力及智慧力捨於

BD03521號　妙法蓮華經卷二　（22–2）

東西馳走雖遭大苦不以為患舍利弗佛見
此已便作是念我為眾生之父應拔其苦難
與无量无邊佛智慧樂令其遊戲舍利弗如
來復作是念若我但以神力及智慧力捨於
方便為諸眾生讚如來知見力无所畏者眾
生不能以此得度所以者何是諸眾生未免
生老病死憂悲苦惱而為三界火宅所燒何
由能解佛之智慧舍利弗如彼長者雖復身
手有力而不用之但以慇懃方便勉濟諸子
火宅之難然後各與珍寶大車如來亦復
如是雖有力无所畏而不用之但以智慧方
便於三界火宅拔濟眾生為說三乘聲聞辟
支佛佛乘而作是言汝等莫得樂住三界火
宅勿貪麁弊色聲香味觸也若貪著生愛則
為所燒汝速出三界當得三乘聲聞辟支佛
佛乘我今為汝保任此事終不虛也汝等但
當勤修精進如來以是方便誘進眾生復作
是言汝等當知此三乘法皆是聖所稱歎自
在无繫无所依求乘是三乘以无漏根力覺
道禪定解脫三昧等而自娛樂便得无量安
隱快樂舍利弗若有眾生內有智性從佛世
尊聞法信受慇懃精進欲速出三界自求涅
槃是名聲聞乘如彼諸子為求羊車出於火
宅若有眾生從佛世尊聞法信受慇懃精進
求自然慧樂獨善寂深知諸法因緣是名辟
支佛乘如彼諸子為求鹿車出於火宅若有

BD03521號　妙法蓮華經卷二　（22–3）

尊聞法信受殷勤精進欲速出三界自求涅
槃是名聲聞乘如彼諸子為求羊車出於火
宅若有眾生從佛世尊聞法信受殷勤精進
求自然慧樂獨善寂深知諸法因緣是名辟
支佛乘如彼諸子為求鹿車出於火宅若有
眾生從佛世尊聞法信受勤脩精進求一切
智佛智自然智无師智如來知見力无所畏
愍念安樂无量眾生利益天人度脫一切是
名大乘菩薩求此乘故名為摩訶薩如彼諸
子為求牛車出於火宅舍利弗如彼長者見
諸子等安隱得出火宅到无畏處自惟財富
无量等以大車而賜諸子如來亦復如是為
一切眾生之父若見无量億千眾生以佛教
門出三界苦怖畏險道得涅槃樂如來尒時
便作是念我有无量无邊智慧力无畏等諸
佛法藏是諸眾生皆是我子等與大乘不令有
人獨得滅度皆以如來滅度而滅度之是諸
眾生脫三界者悉與諸佛禪定解脫等娛樂
之具皆是一相一種聖所稱歎能生淨妙第
一之樂舍利弗如彼長者初以三車誘引諸
子然後但與大車寶物莊嚴安隱第一然後
長者无虛妄之咎如來亦復如是无有虛妄
初說三乘引導眾生然後但以大乘而度脫
之何以故如來有无量智慧力无所畏諸法
之藏能與一切眾生大乘之法但不盡能受
舍利弗以是因緣當知諸佛方便力故於一
佛乘分別說三佛欲重宣此義而說偈言

BD03521號　妙法蓮華經卷二　（22–4）

初說三乘引導眾生然後但以大乘而度脫
之何以故如來有无量智慧力无所畏諸法
之藏能與一切眾生大乘之法但不盡能受
舍利弗以是因緣當知諸佛方便力故於一
佛乘分別說三佛欲重宣此義而說偈言
譬如長者　有一大宅　其宅久故　而復頓弊
堂舍高危　柱根摧朽　梁棟傾斜　基陛頹毀
牆壁圮坼　泥塗褫落　覆苫亂墜　椽梠差脫
周障屈曲　雜穢充遍　有五百人　止住其中
鵄梟雕鷲　烏鵲鳩鴿　蚖蛇蝮蠍　蜈蚣蚰蜒
守宮百足　狖狸鼷鼠　諸惡蟲輩　交橫馳走
屎尿臭處　不淨流溢　蜣蜋諸蟲　而集其上
狐狼野干　咀嚼踐蹋　嚌齧死屍　骨肉狼藉
由是群狗　競來搏撮　飢羸慞惶　處處求食
鬪諍摣掣　啀喍嘷吠　其舍恐怖　變狀如是
處處皆有　魑魅魍魎　夜叉惡鬼　食噉人肉
毒蟲之屬　諸惡禽獸　孚乳產生　各自藏護
夜叉競來　爭取食之　食之既飽　惡心轉熾
鬪諍之聲　甚可怖畏　鳩槃荼鬼　蹲踞土埵
或時離地　一尺二尺　往返遊行　縱逸嬉戲
捉狗兩足　撲令失聲　以腳加頸　怖狗自樂
復有諸鬼　其身長大　裸形黑瘦　常住其中
發大惡聲　叫呼求食　復有諸鬼　其咽如針
復有諸鬼　首如牛頭　或食人肉　或復噉狗
頭髮蓬亂　殘害凶險　飢渴所逼　叫喚馳走
夜叉餓鬼　諸惡鳥獸　飢急四向　窺看窗牖
如是諸難　恐畏无量　是朽故宅　屬于一人

BD03521號　妙法蓮華經卷二　（22–5）

頭髮蓬亂　殘害凶險　飢渴所逼　叫喚馳走
夜叉餓鬼　諸惡鳥獸　飢急四向　窺看窓牖
如是諸難　恐畏无量　是朽故宅　屬于一人
其人近出　未久之間　於後宅舍　忽然火起
四面一時　其焰俱熾　棟梁椽柱　爆聲震裂
摧折墮落　牆壁崩倒　諸鬼神等　揚聲大叫
鵰鷲諸鳥　鳩槃茶等　周章惶怖　不能自出
惡獸毒虫　藏竄孔穴　毗舍闍鬼　亦住其中
薄福德故　為火所逼　共相殘害　飲血噉肉
野干之屬　並已前死　諸大惡獸　競來食噉
臭烟熢㶿　四面充塞　蜈蚣蚰蜒　毒蛇之類
為火所燒　爭走出穴　鳩槃茶鬼　隨取而食
又諸餓鬼　頭上火然　飢渴熱惱　周章悶走
其宅如是　甚可怖畏　毒害火災　眾難非一
是時宅主　在門外立　聞有人言　汝諸子等
先因遊戲　來入此宅　稚小无知　歡娛樂著
長者聞已　驚入火宅　方宜救濟　令无燒害
告喻諸子　說眾患難　惡鬼毒虫　災火蔓莚
眾苦次第　相續不絕　毒蛇蚖蝮　及諸夜叉
鳩槃茶鬼　野干狐狗　鵰鷲鵄梟　百足之屬
飢渴惱急　甚可怖畏　此苦難處　況復大火
諸子无知　雖聞父誨　猶故樂著　嬉戲不已
是時長者　而作是念　諸子如此　益我愁惱
今此舍宅　无一可樂　而諸子等　耽湎嬉戲
不受我教　將為火害　即便思惟　設諸方便
告諸子等　我有種種　珍玩之具　妙寶好車
羊車鹿車　大牛之車　今在門外　汝等出來

BD03521號　妙法蓮華經卷二　（22-6）

不受我教　將為火害　即便思惟　設諸方便
告諸子等　我有種種　珍玩之具　妙寶好車
羊車鹿車　大牛之車　今在門外　汝等出來
吾為汝等　造作此車　隨意所樂　可以遊戲
諸子聞說　如此諸車　即時奔競　馳走而出
到於空地　離諸苦難　長者見子　得出火宅
住於四衢　坐師子座　而自慶言　我今快樂
此諸子等　生育甚難　愚小无知　而入險宅
多諸毒虫　魑魅可畏　大火猛焰　四面俱起
而此諸子　貪樂嬉戲　我已救之　令得脫難
是故諸人　我今快樂
尒時諸子　知父安坐　皆詣父所　而白父言
願賜我等　三種寶車　如前所許　諸子出來
當以三車　隨汝所欲　今正是時　惟垂給與
長者大富　庫藏眾多　金銀琉璃　車𤦲馬瑙
以眾寶物　造諸大車　莊挍嚴飾　周帀欄楯
四面懸鈴　金繩交絡　真珠羅網　張施其上
金華諸瓔　處處垂下　眾綵雜飾　周帀圍繞
柔耎繒纊　以為茵蓐　上妙細氎　價直千億
鮮白淨潔　以覆其上　有大白牛　肥壯多力
形體姝好　以駕寶車　多諸儐從　而侍衛之
以是妙車　等賜諸子　諸子是時　歡喜踊躍
乘是寶車　遊於四方　嬉戲快樂　自在无礙
告舍利弗　我亦如是　眾聖中尊　世間之父
一切眾生　皆是吾子　深著世樂　无有慧心
三界无安　猶如火宅　眾苦充滿　甚可怖畏

BD03521號　妙法蓮華經卷二　（22-7）

告舍利弗 我亦如是 衆聖中尊 世間之父
一切衆生 皆是吾子 深著世樂 元有慧心
三界元安 猶如火宅 衆苦充滿 甚可怖畏
常有生老 病死憂患 如是等火 熾然不息
如來已離 三界火宅 寂然閑居 安處林野
今此三界 皆是我有 其中衆生 悉是吾子
而今此處 多諸患難 唯我一人 能為救護
雖復教詔 而不信受 於諸欲染 貪著深故
以是方便 為說三乘 令諸衆生 知三界苦
開示演說 出世間道 是諸子等 若心決定
具足三明 及六神通 有得緣覺 不退菩薩
汝舍利弗 我為衆生 以此譬喻 說一佛乘
汝等若能 信受是語 一切皆當 得成佛道
是乘微妙 清淨第一 於諸世間 為元有上
佛所悅可 一切衆生 所應稱讚 供養礼拜
元量億千 諸力解脫 禪定智慧 及佛餘法
得如是乘 令諸子等 日夜劫數 常得遊戲
與諸菩薩 及聲聞衆 乘此寶乘 直至道場
以是因緣 十方諦求 更元餘乘 除佛方便
告舍利弗 汝諸人等 皆是吾子 我則是父
汝等累劫 衆苦所燒 我皆濟拔 令出三界
我雖先說 汝等滅度 但盡生死 而實不滅
今所應作 唯佛智慧
若有菩薩 於是衆中 能一心聽 諸佛實法
諸佛世尊 雖以方便 所化衆生 皆是菩薩
若人小智 深著愛欲 為此等故 說於苦諦
衆生心喜 得未曾有 佛說苦諦 真實元異

若有菩薩 於是衆中 能一心聽 諸佛實法
諸佛世尊 雖以方便 所化衆生 皆是菩薩
若人小智 深著愛欲 為此等故 說於苦諦
衆生心喜 得未曾有 佛說苦諦 真實元異
若有衆生 不知苦本 深著苦因 不能暫捨
為是等故 方便說道 諸苦所因 貪欲為本
若滅貪欲 元所依止 滅盡諸苦 名第三諦
為滅諦故 脩行於道 離諸苦縛 名得解脫
是人於何 而得解脫 但離虛妄 名為解脫
其實未得 一切解脫 佛說是人 未實滅度
斯人未得 元上道故 我意不欲 令至滅度
我為法王 於法自在 安隱衆生 故現於世
汝舍利弗 我此法印 為欲利益 世間故說
在所遊方 勿妄宣傳
若有聞者 隨喜頂受 當知是人 阿鞞跋致
若有信受 此经法者 是人已曾 見過去佛
恭敬供養 亦聞是法
若人有能 信汝所說 則為見我 亦見於汝
及比丘僧 并諸菩薩
斯法華经 為深智說 淺識聞之 迷惑不解
一切聲聞 及辟支佛 於此经中 力所不及
汝舍利弗 尚於此经 以信得入 況餘聲聞
其餘聲聞 信佛語故 隨順此经 非己智分
又舍利弗 憍慢懈怠 計我見者 莫說此经
凡夫淺識 深著五欲 聞不能解 亦勿為說
若人不信 毀謗此经 則斷一切 世間佛種

其餘聲聞 信佛語故 隨順此經 非己智分
又舍利弗 憍慢懈怠 計我見者 莫說此經
凡夫淺識 深著五欲 聞不能解 亦勿為說
若人不信 毀謗此經 則斷一切 世間佛種
或復顰蹙 而懷疑惑 汝當聽說 此人罪報
若佛在世 若滅度後 其有誹謗 如斯經典
見有讀誦 書持經者 輕賤憎嫉 而懷結恨
此人罪報 汝今復聽
其人命終 入阿鼻獄 具足一劫 劫盡更生
如是展轉 至无數劫 從地獄出 當墮畜生
若狗野干 其形頷瘦 黧黮疥癩 人所觸嬈
又復為人 之所惡賤 常困飢渴 骨肉枯竭
生受楚毒 死被瓦石 斷佛種故 受斯罪報
若作駱駝 或生驢中 身常負重 加諸杖捶
但念水草 餘无所知 謗斯經故 獲罪如是
有作野干 來入聚落 身體疥癩 又无一目
為諸童子 之所打擲 受諸苦痛 或時致死
於此死已 更受蟒身 其形長大 五百由旬
聾騃无足 宛轉腹行 為諸小虫 之所唼食
晝夜受苦 无有休息 謗斯經故 獲罪如是
若得為人 諸根闇鈍 矬陋攣躄 盲聾背傴
有所言說 人不信受 口氣常臭 鬼魅所著
貧窮下賤 為人所使 多病痟瘦 无所依怙
雖親附人 人不在意 若有所得 尋復忘失
若脩醫道 順方治病 更增他疾 或復致死
若自有病 无人救療 設服良藥 而復增劇
若他反逆 抄劫竊盜 如是等罪 橫羅其殃

BD03521號　妙法蓮華經卷二　(22–10)

貧窮下賤 為人所使 多病痟瘦 无所依怙
雖親附人 人不在意 若有所得 尋復忘失
若脩醫道 順方治病 更增他疾 或復致死
若自有病 无人救療 設服良藥 而復增劇
若他反逆 抄劫竊盜 如是等罪 橫羅其殃
如斯罪人 永不見佛 衆聖之王 說法教化
如斯罪人 常生難處 狂聾心亂 永不聞法
於无數劫 如恒河沙 生輒聾瘂 諸根不具
常處地獄 如遊園觀 在餘惡道 如己舍宅
駝驢猪狗 是其行處 謗斯經故 獲罪如是
若得為人 聾盲瘖瘂 貧窮諸衰 以自莊嚴
水腫乾痟 疥癩癰疽 如是等病 以為衣服
身常臭處 垢穢不淨
深著我見 增益瞋恚 婬欲熾盛 不擇禽獸
謗斯經故 獲罪如是
告舍利弗 謗斯經者 若說其罪 窮劫不盡
以是因緣 我故語汝 无智人中 莫說此經
若有利根 智慧明了 多聞強識 求佛道者
如是之人 乃可為說
若人曾見 億百千佛 殖諸善本 深心堅固
如是之人 乃可為說
若人精進 常脩慈心 不惜身命 乃可為說
若人恭敬 无有異心 離諸凡愚 獨處山澤
如是之人 乃可為說
又舍利弗 若見有人 捨惡知識 親近善友
如是之人 乃可為說
若見佛子 持戒清潔 如淨明珠

BD03521號　妙法蓮華經卷二　(22–11)

如是之人　乃可為說
又舍利弗　若見有人　捨惡知識　親近善友
如是之人　乃可為說
若見佛子　持戒清潔　如淨明珠　求大乘經
如是之人　乃可為說
若人无瞋　質直柔耎　常愍一切　恭敬諸佛
如是之人　乃可為說
復有佛子　於大衆中　以清淨心　種種因緣
譬喻言詞　說法无礙　如是之人　乃可為說
若有比丘　為一切智　四方求法　合掌頂受
但樂受持　大乘經典　乃至不受　餘經一偈
如是之人　乃可為說
如人至心　求佛舍利　如是求經　得已頂受
其人不復　志求餘經　亦未曾念　外道典籍
如是之人　乃可為說
告舍利弗　我說是相　求佛道者　窮劫不盡
如是等人　則能信解　汝當為說　妙法華經

妙法蓮華經信解品第四

尒時慧命須菩提摩訶迦旃延摩訶迦葉摩
訶目揵連從佛所聞未曾有法世尊授舍利
弗阿耨多羅三藐三菩提記發希有心歡喜
踊躍即從座起整衣服偏袒右肩右膝著地
一心合掌曲躬恭敬瞻仰尊顏而白佛言我
等居僧之首年並朽邁自謂已得涅槃无所
堪任不復進求阿耨多羅三藐三菩提世尊
往昔說法既久我時在座身體疲懈但念空

踊躍即從座起整衣服偏袒右肩右膝著地
一心合掌曲躬恭敬瞻仰尊顏而白佛言我
等居僧之首年並朽邁自謂已得涅槃无所
堪任不復進求阿耨多羅三藐三菩提世尊
往昔說法既久我時在座身體疲懈但念空
无相无作於菩薩法遊戲神通淨佛國土成
就衆生心不憙樂所以者何世尊令我等出
於三界得涅槃證又今我等年已朽邁於佛
教化菩薩阿耨多羅三藐三菩提不生一念
好樂之心我等今於佛前聞授聲聞阿耨多
羅三藐三菩提記心甚歡喜得未曾有不謂
於今忽然得聞希有之法深自慶幸獲大善
利无量珎寶不求自得世尊我等今者樂
說譬喻以明斯義譬若有人年既幼稚捨父
逃逝久住他國或十二十至五十歲年既長大
加復窮困馳騁四方以求衣食漸漸遊行遇
向本國其父先來求子不得中止一城其家
大富財寶无量金銀瑠璃珊瑚虎珀頗梨珠
等其諸倉庫悉皆盈溢多有僮僕臣佐吏
民象馬車乘牛羊无數出入息利乃遍他國
商估賈客亦甚衆多時貧窮子遊諸聚落
經歷國邑遂到其父所止之城父每念子與子
離別五十餘年而未曾向人說如此事但自思
惟心懷悔恨自念老朽多有財物金銀珎寶
倉庫盈溢无有子息一旦終沒財物散失无
所委付是以慇勤每憶其子復作是念我若

離別五十餘年而未曾向人說如此事但自思
惟心懷悔恨自念老朽多有財物金銀珎寶
倉庫盈溢无有子息一旦終沒財物散失无
所委付是以慇勤每憶其子復作是念我若
得子委付財物坦然快樂无復憂慮世尊尒
時窮子傭賃展轉遇到父舍住立門側遥見
其父踞師子牀寶几承足諸婆羅門剎利居
士皆恭敬圍遶以真珠瓔珞價直千萬莊嚴
其身吏民僮僕手執白拂侍立左右覆以寶
帳垂諸華幡香水灑地散眾名華羅列寶
物出內取與有如是等種種嚴飾威德特尊
窮子見父有大力勢即懷恐怖悔來至此竊作
是念此或是王或是王等非我傭力得物之
處不如往至貧里肆力有地衣食易得若久
住此或見逼迫强使我作作是念已疾走而
去時富長者於師子座見子便識心大歡喜
即作是念我財物庫藏今有所付我常思念
此子无由見之而忽自來甚適我願我雖年
朽猶故貪惜即遣傍人急追將還尒時使者
疾走往捉窮子驚愕稱怨大喚我不相犯何
為見捉使者執之愈急强牽將還于時窮子
自念无罪而被囚執此必定死轉更惶怖悶
絕躃地父遥見之而語使言不須此人勿强
將來以冷水灑面令得醒悟莫復與語所以
者何父知其子志意下劣自知豪貴為子所
難審知是子而以方便不語他人云是我子
使者語之我今放汝隨意所趣窮子歡喜得

BD03521號　妙法蓮華經卷二

(22-14)

將來以冷水灑面令得醒悟莫復與語所以
者何父知其子志意下劣自知豪貴為子所
難審知是子而以方便不語他人云是我子
使者語之我今放汝隨意所趣窮子歡喜得
未曾有從地而起往至貧里以求衣食尒時
長者將欲誘引其子而設方便密遣二人形
色憔悴无威德者汝可詣彼徐語窮子此有
作處倍與汝直窮子若許將來使作若言欲
何所作便可語之雇汝除糞我等二人亦共
汝作時二使人即求窮子既已得之具陳上
事尒時窮子先取其價尋與除糞其父見子
愍而怪之又以他日於窓牖中遥見子身羸
瘦憔悴糞土塵坌污穢不淨即脫瓔珞細軟
上服嚴飾之具更著麁弊垢膩之衣塵土坌
身右手執持除糞之器狀有所畏語諸作人
汝等勤作勿得懈息以方便故得近其子後
復告言咄男子汝常此作勿復餘去當加汝
價諸有所須瓫器米麵鹽醋之屬莫自疑難
亦有老弊使人須者相給好自安意我如汝
父勿復憂慮所以者何我年老大而汝少壯
汝常作時无有欺怠瞋恨怨言都不見汝有
此諸惡如餘作人自今以後如所生子即時
長者更與作字名之為兒尒時窮子雖欣此
遇猶故自謂客作賤人由是之故於二十年
中常令除糞過是已後心相體信入出无難
然其所止猶在本處世尊尒時長者有疾自
[illegible]

BD03521號　妙法蓮華經卷二

(22-15)

遇猶故自謂客作賤人由是之故於二十年
中常令除糞過是已後心相體信入出无難
然其所止猶在本處世尊尒時長者有疾自
知將死不久語窮子言我今多有金銀珍寶
倉庫盈溢其中多少所應取與汝悉知之我
心如是當體此意所以者何今我與汝便為
不異宜加用心无令漏失尒時窮子即受教
勅領知衆物金銀珍寶及諸庫藏而无希取
一飡之意然其所止故在本處下劣之心亦
未能捨復經少時父知子意漸已通泰成就
大志自鄙先心臨欲終時而命其子并會親
族國王大臣剎利居士皆悉已集即自宣言
諸君當知此是我子我之所生於其城中捨
吾逃走伶俜辛苦五十餘年其本字其我名
其甲昔在本城懷憂推覓忽於是間遇會
得之此實我子我實其父今吾所有一切財物
皆是子有先所出內是子所知世尊是時窮
子聞父此言即大歡喜得未曾有而作是念
我本无心有所希求今此寶藏自然而至世
尊大富長者則是如來我等皆似佛子如來
常說我等為子世尊我等以三苦故於生死
中受諸熱惱迷惑无知樂著小法今日世尊
令我等思惟蠲除諸法戲論之糞我等於中
勤加精進得至涅槃一日之價既得此已心
大歡喜自以為足而便自謂於佛法中勤精
進故所得弘多然世尊先知我等心著弊欲

BD03521號　妙法蓮華經卷二　（22–16）

令我等思惟蠲除諸法戲論之糞我等於中
勤加精進得至涅槃一日之價既得此已心
大歡喜自以為足而便自謂於佛法中勤精
進故所得弘多然世尊先知我等心著弊欲
樂於小法便見縱捨不為分別汝等當有如
來知見寶藏之分世尊以方便力說如來智
慧我等從佛得涅槃一日之價以為大得於
此大乘无有志求我等又因如來智慧為諸
菩薩開示演說而自於此无有志願所以者
何佛知我等心樂小法以方便力隨我等說
而我等不知真是佛子今我等方知世尊於
佛智慧无所悋惜所以者何我等昔來真是
佛子而但樂小法若我等有樂大之心佛則
為我說大乘法於此經中唯說一乘而昔於
菩薩前毀呰聲聞樂小法者然佛實以大乘
教化是故我等說本无心有所希求今法王
大寶自然而至如佛子所應得者皆已得之
尒時摩訶迦葉欲重宣此義而說偈言
我等今日　聞佛音教　歡喜踊躍　得未曾有
佛說聲聞　當得作佛　无上寶聚　不求自得
譬如童子　幼稚无識　捨父逃逝　遠到他土
周流諸國　五十餘年　其父憂念　四方推求
求之既疲　頓止一城　造立舍宅　五欲自娛
其家巨富　多諸金銀　車𤦲馬瑙　真珠瑠璃
象馬牛羊　輦輿車乘　田業僮僕　人民衆多
出入息利　乃遍他國　商估賈人　无處不有

BD03521號　妙法蓮華經卷二　（22–17）

其家巨富　多諸金銀　車𤦲馬瑙　真珠瑠璃
烏馬牛羊　輦轝車乘　田業僮僕　人民衆多
出入息利　乃遍他國　商估賈人　无處不有
千萬億衆　圍繞恭敬　常為王者　之所愛念
群臣豪族　皆共宗重　以諸緣故　往來者衆
豪富如是　有大力勢　而年朽邁　益憂念子
夙夜惟念　死時將至　癡子捨我　五十餘年
庫藏諸物　當如之何
尒時窮子　求索衣食　從邑至邑　從國至國
或有所得　或无所得　飢餓羸瘦　體生瘡癬
漸次經歷　到父住城　傭賃展轉　遂至父舍
尒時長者　於其門內　施大寶帳　處師子座
眷屬圍繞　諸人侍衛
或有計筭　金銀寶物　出內財產　注記券疏
窮子見父　豪貴尊嚴　謂是國王　若是王等
驚怖自怪　何故至此
覆自念言　我若久住　或見逼迫　強驅使作
思惟是已　馳走而去　借問貧里　欲往傭作
長者是時　在師子座　遥見其子　默而識之
即勑使者　追捉將來　窮子驚喚　迷悶躃地
是人執我　必當見殺　何用衣食　使我至此
長者知子　愚癡狹劣　不信我言　不信是父
即以方便　更遣餘人　眇目矬陋　无威德者
汝可語之　云當相雇　除諸糞穢　倍與汝價
窮子聞之　歡喜隨來　為除糞穢　淨諸房舍
長者於牖　常見其子　念子愚劣　樂為鄙事

BD03521號　妙法蓮華經卷二　（22–18）

即以方便　更遣餘人　眇目矬陋　无威德者
汝可語之　云當相雇　除諸糞穢　倍與汝價
窮子聞之　歡喜隨來　為除糞穢　淨諸房舍
長者於牖　常見其子　念子愚劣　樂為鄙事
於是長者　著弊垢衣　執除糞器　往到子所
方便附近　語令勤作
既益汝價　并塗足油　飲食充足　薦席厚暖
如是苦言　汝當勤作　又以耎語　若如我子
長者有智　漸令入出　經二十年　執作家事
示其金銀　真珠頗梨　諸物出入　皆使令知
猶處門外　止宿草菴　自念貧事　我无此物
父知子心　漸已廣大　欲與財物　即聚親族
國王大臣　剎利居士　於此大衆　說是我子
捨我他行　經五十歲　自見子來　已二十年
昔於某城　而失是子　周行求索　遂來至此
凡我所有　舍宅人民　悉以付之　恣其所用
子念昔貧　志意下劣　今於父所　大獲珍寶
并及舍宅　一切財物　甚大歡喜　得未曾有
佛亦如是　知我樂小　未曾說言　汝等作佛
而說我等　得諸无漏　成就小乘　聲聞弟子
佛勑我等　說最上道　脩習此者　當得成佛
我承佛教　為大菩薩　以諸因緣　種種譬喻
若干言詞　說无上道
諸佛子等　從我聞法　日夜思惟　精勤脩習
是時諸佛　即授其記　汝於來世　當得作佛
一切諸佛　祕藏之法　但為菩薩　演其實事

BD03521號　妙法蓮華經卷二　（22–19）

說无上道
諸佛子等　從我聞法　日夜思惟　精勤脩習
是時諸佛　即授其記　汝於來世　當得作佛
一切諸佛　祕藏之法　但為菩薩　演其實事
而不為我　說斯真要
如彼窮子　得近其父　雖知諸物　心不希取
我等雖說　佛法寶藏　自无志願　亦復如是
我等內滅　自謂為足　唯了此事　更无餘事
我等若聞　淨佛國土　教化衆生　都无欣樂
所以者何　一切諸法　皆悉空寂　无生无滅
无大无小　无漏无為　如是思惟　不生喜樂
我等長夜　於佛智慧　无貪无著　无復志願
而自於法　謂是究竟
我等長夜　脩習空法　得脫三界　苦惱之患
住冣後身　有餘涅槃　佛所教化　得道不虛
則為已得　報佛之恩　我等雖為　諸佛子等
說菩薩法　以求佛道　而於是法　永无願樂
導師見捨　觀我心故　初不勸進　說有實利
如富長者　知子志劣　以方便力　柔伏其心
然後乃付　一切財寶　佛亦如是　現希有事
知樂小者　以方便力　調伏其心　乃教大智
我等今日　得未曾有　非先所望　而今自得
如彼窮子　得无量寶
世尊我今　得道得果　於无漏法　得清淨眼
我等長夜　持佛淨戒　始於今日　得其果報
法王法中　久脩梵行　今得无漏　无上大果
我等今者　真是聲聞　以佛道聲　令一切聞

BD03521號　妙法蓮華經卷二　（22-20）

知樂小者　以方便力　調伏其心　乃教大智
我等今日　得未曾有　非先所望　而今自得
如彼窮子　得无量寶
世尊我今　得道得果　於无漏法　得清淨眼
我等長夜　持佛淨戒　始於今日　得其果報
法王法中　久脩梵行　今得无漏　无上大果
我等今者　真是聲聞　以佛道聲　令一切聞
我等今者　真阿羅漢　於諸世間　天人魔梵
普於其中　應受供養
世尊大恩　以希有事　憐愍教化　利益我等
无量億劫　誰能報者
手足供給　頭頂禮敬　一切供養　皆不能報
若以頂戴　兩肩荷負　於恒沙劫　盡心恭敬
又以美膳　无量寶衣　及諸卧具　種種湯藥
牛頭栴檀　及諸珍寶　以起塔廟　寶衣布地
如斯等事　以用供養　於恒沙劫　亦不能報
諸佛希有　无量无邊　不可思議　大神通力
无漏无為　諸法之王　能為下劣　忍于斯事
取相凡夫　隨宜為說　諸佛於法　得冣自在
知諸衆生　種種欲樂　及其志力　隨所堪任
以无量喻　而為說法
隨諸衆生　宿世善根　又知成熟　未成熟者
種種籌量　分別知已　於一乘道　隨宜說三
妙法蓮華經卷第二

BD03521號　妙法蓮華經卷二　（22-21）

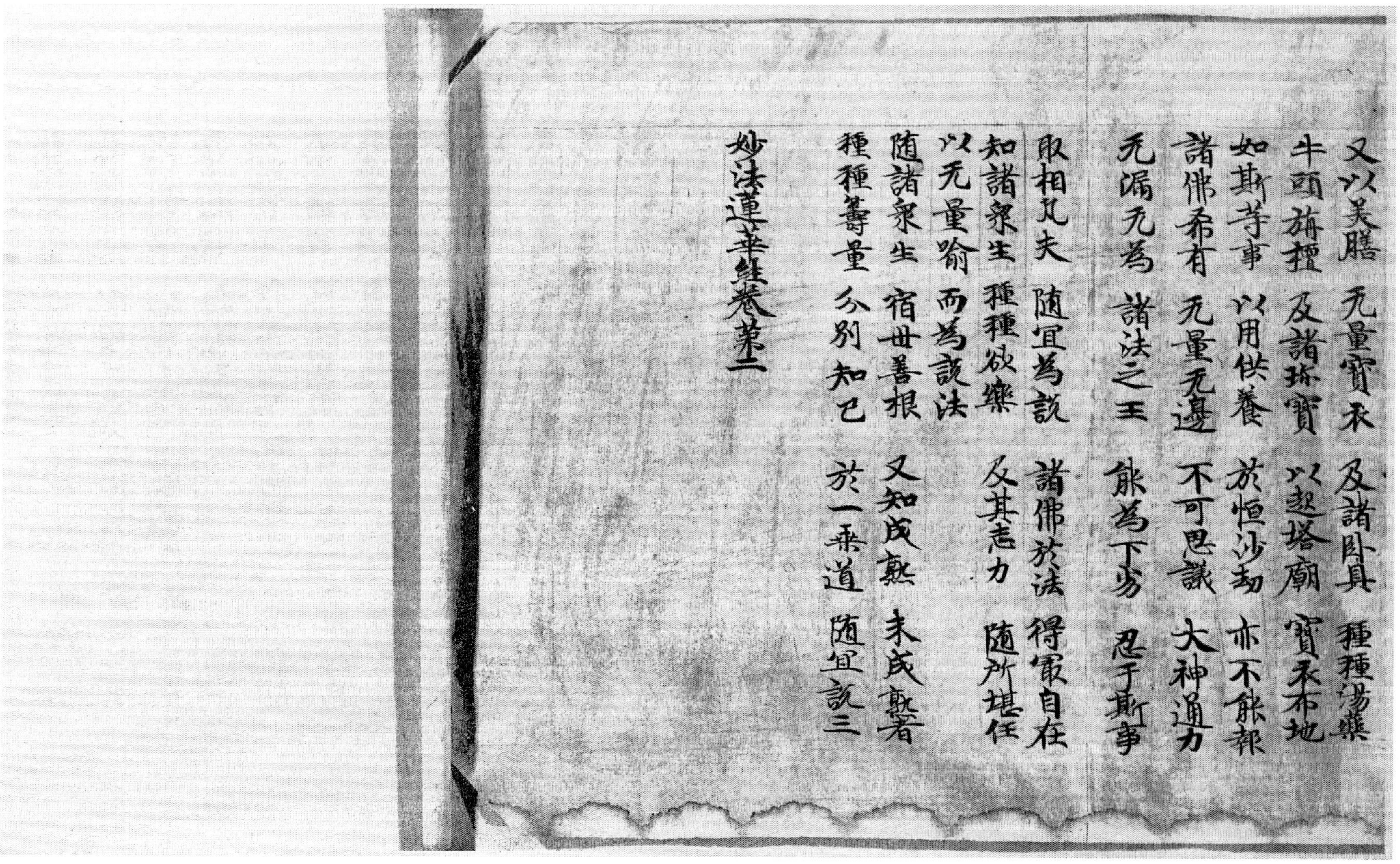

又以美膳　无量寶衣　及諸卧具　種種湯藥
牛頭旃檀　及諸珎寶　以起塔廟　寶衣布地
如斯等事　以用供養　於恒沙劫　亦不能報
諸佛希有　无量无邊　不可思議　大神通力
无漏无為　諸法之王　能為下劣　忍于斯事
取相凡夫　随宜為說　諸佛於法　得冣自在
知諸衆生　種種欲樂　及其志力　随所堪任
以无量喻　而為說法
随諸衆生　宿世善根　又知成熟　未成熟者
種種籌量　分別知已　於一乘道　随宜說三

妙法蓮華經卷第二

BD03521 號　妙法蓮華經卷二　　(22–22)

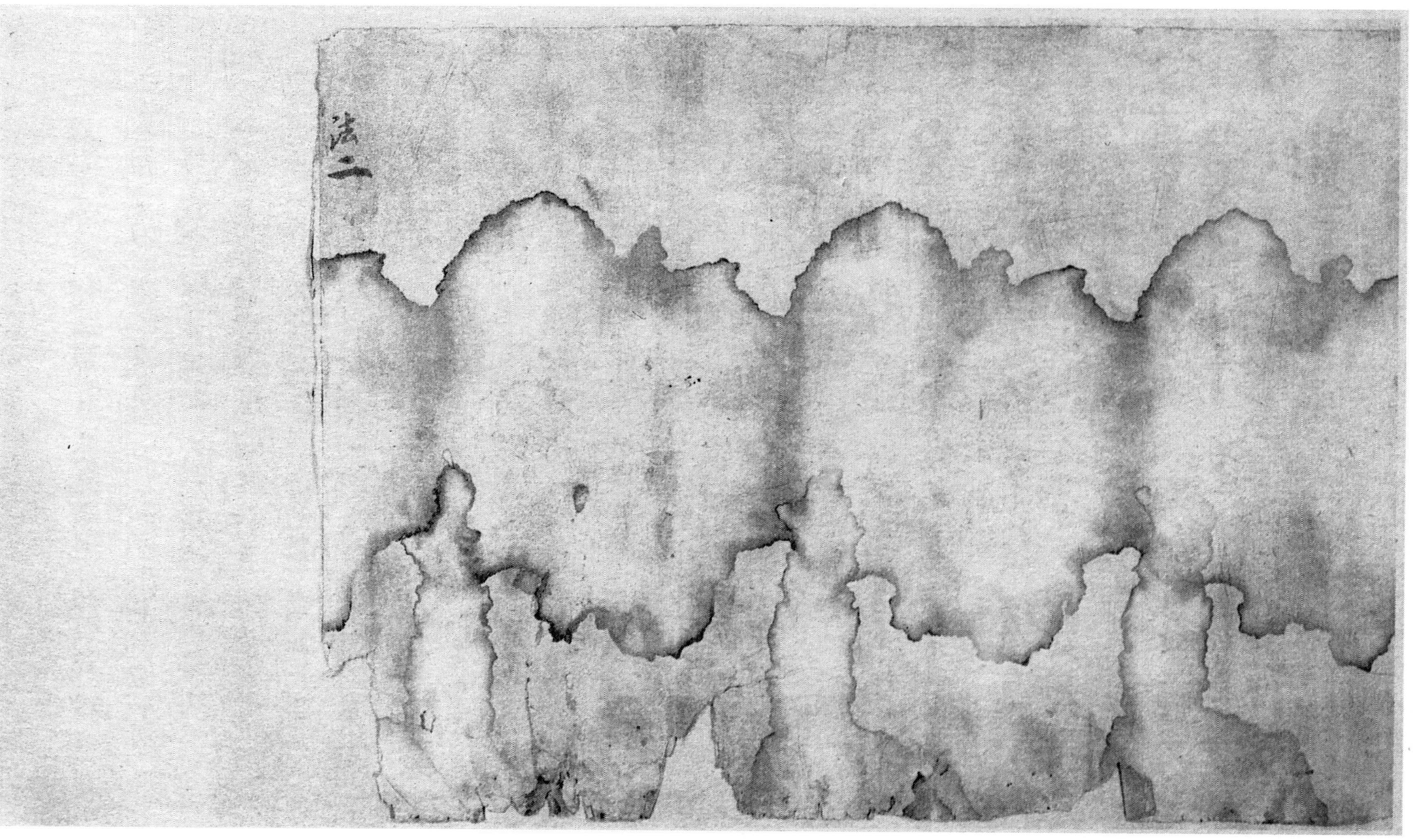

法二

BD03521 號背　勘記　　(1–1)

大般若波羅蜜多經卷第二百五十
初分難信解品第卅四之六十九　三藏法師玄奘奉詔譯
善現一切智智清淨故舌界清淨舌界清淨
故大空清淨何以故若一切智智清淨若舌
界清淨若大空清淨無二無二分無別無斷
故一切智智清淨故味界舌識界及舌觸舌
觸為緣所生諸受清淨味界乃至舌觸為緣
所生諸受清淨故大空清淨何以故若一切
智智清淨若味界乃至舌觸為緣所生諸受
清淨若大空清淨无二无二分无別无斷故
善現一切智智清淨故身界清淨身界清淨
故大空清淨何以故若一切智智清淨若身
界清淨若大空清淨无二无二分无別无斷
故一切智智清淨故觸界身識界及身觸身
觸為緣所生諸受清淨觸界乃至身觸為緣
所生諸受清淨故大空清淨何以故若一切
智智清淨若觸界乃至身觸為緣所生諸受
清淨若大空清淨無二無二分無別無斷故
善現一切智智清淨故意界清淨意界清淨

BD03522號　大般若波羅蜜多經卷二五〇　（3–1）

觸為緣所生諸受清淨觸界乃至身觸為緣
所生諸受清淨故大空清淨何以故若一切
智智清淨若觸界乃至身觸為緣所生諸受
清淨若大空清淨無二無二分無別無斷故
善現一切智智清淨故意界清淨意界清淨
故大空清淨何以故若一切智智清淨若意
界清淨若大空清淨无二无二分无別无斷
故一切智智清淨故法界意識界及意觸意
觸為緣所生諸受清淨法界乃至意觸為緣所
生諸受清淨故大空清淨何以故若一切智
智清淨若法界乃至意觸為緣所生諸受
清淨若大空清淨无二无二分无別无斷故
善現一切智智清淨故地界清淨地界清淨
故大空清淨何以故若一切智智清淨若地
界清淨若大空清淨无二无二分无別无斷
故一切智智清淨故水火風空識界清淨水
火風空識界清淨故大空清淨何以故若一
切智智清淨若水火風空識界清淨若大空
清淨无二无二分无別无斷故善現一切智
智清淨故无明清淨无明清淨故大空清淨
何以故若一切智智清淨若无明清淨若大
空清淨无二无二分无別无斷故一切智智
清淨故行識名色六處觸受愛取有生老死
愁歎苦憂惱清淨行乃至老死愁歎苦憂惱
清淨故大空清淨何以故若一切智智清淨
若行乃至老死愁歎苦憂惱清淨若大空清

BD03522號　大般若波羅蜜多經卷二五〇　（3–2）

何以故若一切智智清淨若无明清淨若大
空清淨无二无二分无別无斷故一切智智
清淨故行識名色六處觸受愛取有生老死
愁歎苦憂惱清淨行乃至老死愁歎苦憂惱
清淨故大空清淨何以故若一切智智清淨
若行乃至老死愁歎苦憂惱清淨若大空清
淨无二无二分无別无斷故
善現一切智智清淨故布施波羅蜜多清淨
布施波羅蜜多清淨故大空清淨何以故若
一切智智清淨若布施波羅蜜多清淨若大
空清淨无二无二分无別无斷故一切智智
清淨故淨戒安忍精進靜慮般若波羅蜜多
清淨淨戒乃至般若波羅蜜多清淨故大空
清淨何以故若一切智智清淨若淨戒乃至
般若波羅蜜多清淨若大空清淨无二无二
分无別无斷故善現一切智智清淨故內空
清淨內空清淨故大空清淨何以故若一切
智智清淨若內空清淨若大空清淨无二无
二分無別無斷故一切智智清淨故外空內
外空空空大空勝義空有為空无為空畢竟

BD03522 號　大般若波羅蜜多經卷二五〇　（3–3）

應生[illegible]住心[illegible]若心有[illegible]為非
說菩薩心不應住色布施須菩提菩[illegible]
益一切衆生應如是布施如來說一切諸[illegible]
即是非相又說一切衆生則非衆生須菩提
如来是真語者實語者如語者不誑語者不
異語者須菩提如來所[illegible]法此法无實无虛
須菩提若菩薩心住於法而行布施如人[illegible]
闇則无所見若菩薩心不住法而行布施如
人有目日光明照見種種色須菩提當來之
世若有善男子善女人能於此經受持讀誦
則為如来以佛智慧悉知是人悉見是人皆
得成就无量无邊功德
須菩提若有善男子善女人初日分以恒河
沙等身布施中日分復以恒河沙等身布施
後日分亦以恒河沙等身布施如是无量百
千萬億劫以身布施若復有人聞此經典信

BD03523 號　金剛般若波羅蜜經　（3–1）

得成就无量无邊功德
須菩提若有善男子善女人初日分以恒河
沙等身布施中日分復以恒河沙等身布施
後日分亦以恒河沙等身布施如是无量百
千萬億劫以身布施若復有人聞此經典信
心不逆其福勝彼何況書寫受持讀誦為人
解說須菩提以要言之是經有不可思議不
可稱量无邊功德如來為發大乘者說為發
最上乘者說若有人能受持讀誦廣為人說
如來悉知是人悉見是人皆得成就不可量
不可稱无有邊不可思議功德如是人等則
為荷擔如來阿耨多羅三藐三菩提何以故
須菩提若樂小法者著我見人見衆生見壽
者見則於此經不能聽受讀誦為人解說須
菩提在在處處若有此經一切世間天人阿
脩羅所應供養當知此處則為是塔皆應恭
敬作礼圍繞以諸華香而散其處
復次須菩提善男子善女人受持讀誦此經
若為人輕賤是人先世罪業應墮惡道以今
世人輕賤故先世罪業則為消滅當得阿耨
多羅三藐三菩提須菩提我念過去无量阿
僧祇劫於然燈佛前得值八百四千萬億那
由他諸佛悉皆供養承事无空過者若復有
人於後末世能受持讀誦此經所得功德於

BD03523號　金剛般若波羅蜜經　（3–2）

僧祇劫於然燈佛前得值八百四千萬億那
由他諸佛悉皆供養承事无空過者若復有
人於後末世能受持讀誦此經所得功德於
我所供養諸佛功德百分不及一千萬億分
乃至筭數譬喻所不能及須菩提若善男子
善女人於後末世有受持讀誦此經所得功
德我若具說者或有人聞心則狂亂狐疑不
信須菩提當知是經義不可思議果報亦不
可思議
尒時須菩提白佛言世尊善男子善女人發
阿耨多羅三藐三菩提心云何應住云何降
伏其心佛告須菩提善男子善女人發阿耨
多羅三藐三菩提者當生如是心我應滅度
一切衆生滅度一切衆生已而无有一衆生
實滅度者何以故若菩薩有我相人相衆生
相壽者相則非菩薩所以者何須菩提實无
有法發阿耨多羅三藐三菩提者須菩提於
意云何如來於然燈佛所有法得阿耨多羅
三藐三菩提不不也世尊如我解佛所說義
佛於然燈佛所无有法得阿耨多羅三藐三
菩提佛言如是如是須菩提實无有法如來

BD03523號　金剛般若波羅蜜經　（3–3）

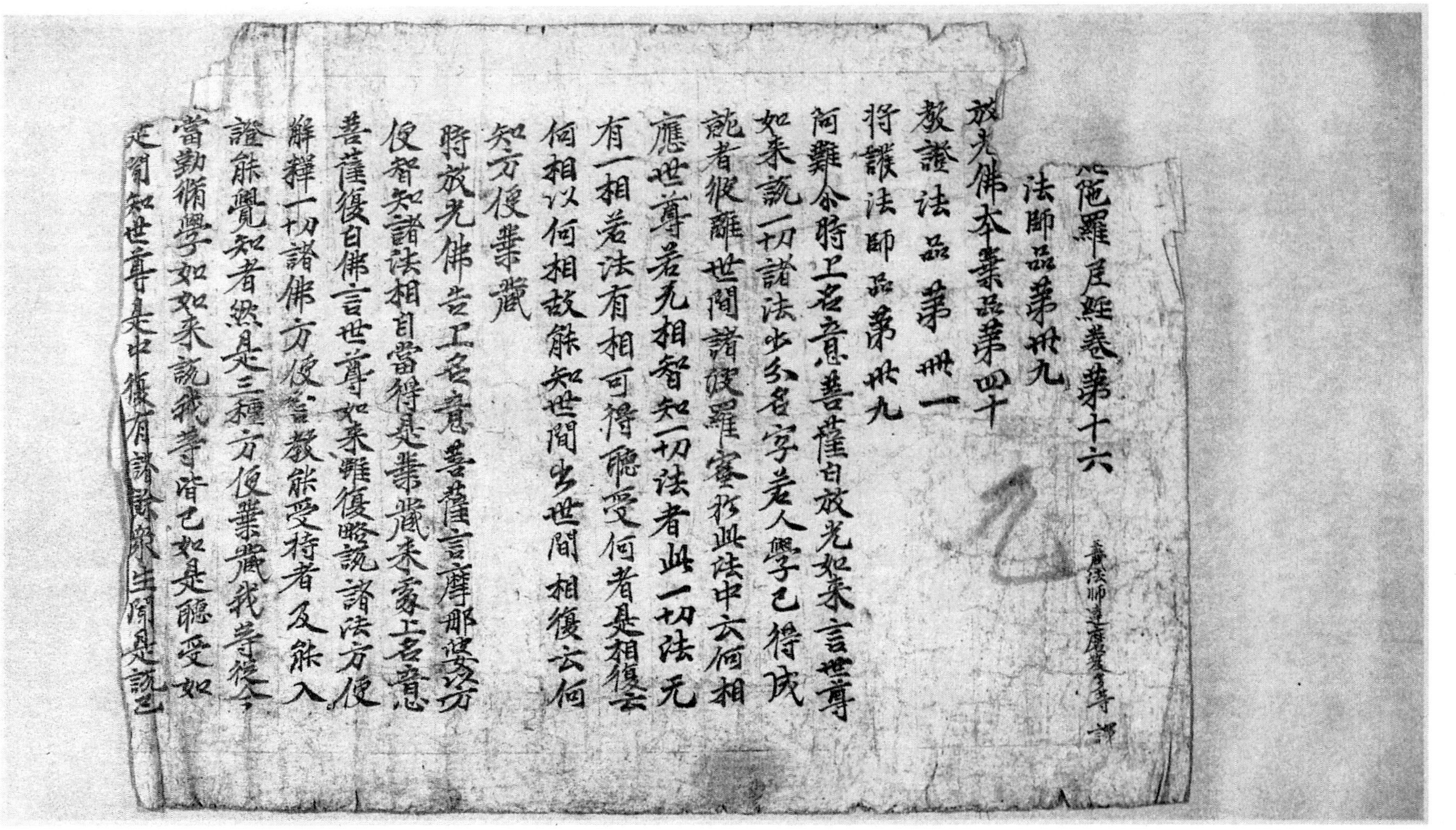
陀羅尼經卷第十六
法師品第卌九
放光佛本業品第四十
教護法品第卌一
將護法師品第卌九
[illegible]法師達摩笈多等譯
乙
阿難尒時上名意菩薩白放光如來言世尊
如來說一切諸法出分名字若人學已得成
說者彼離世間諸波羅蜜於此法中云何相
應世尊若无相智知一切法者此一切法无
有一相若法有相可得聽受何者是相復云
何相以何相故能知世間出世間相復云何
知方便業藏
時放光佛告上名意菩薩言摩那婆汝
便智知諸法相自當得是業藏未來上名意
菩薩復白佛言世尊如來雖復略說諸法方便
解釋一切諸佛方便言教能受持者及能入
諸能覺知者然是三種方便業藏我等從今
當勤脩學如如來說我等皆已如是聽受如
是聞知世尊是中復有諸餘衆生聞是說已

BD03524 號　大法炬陀羅尼經（兌廢稿）卷一六　（1–1）

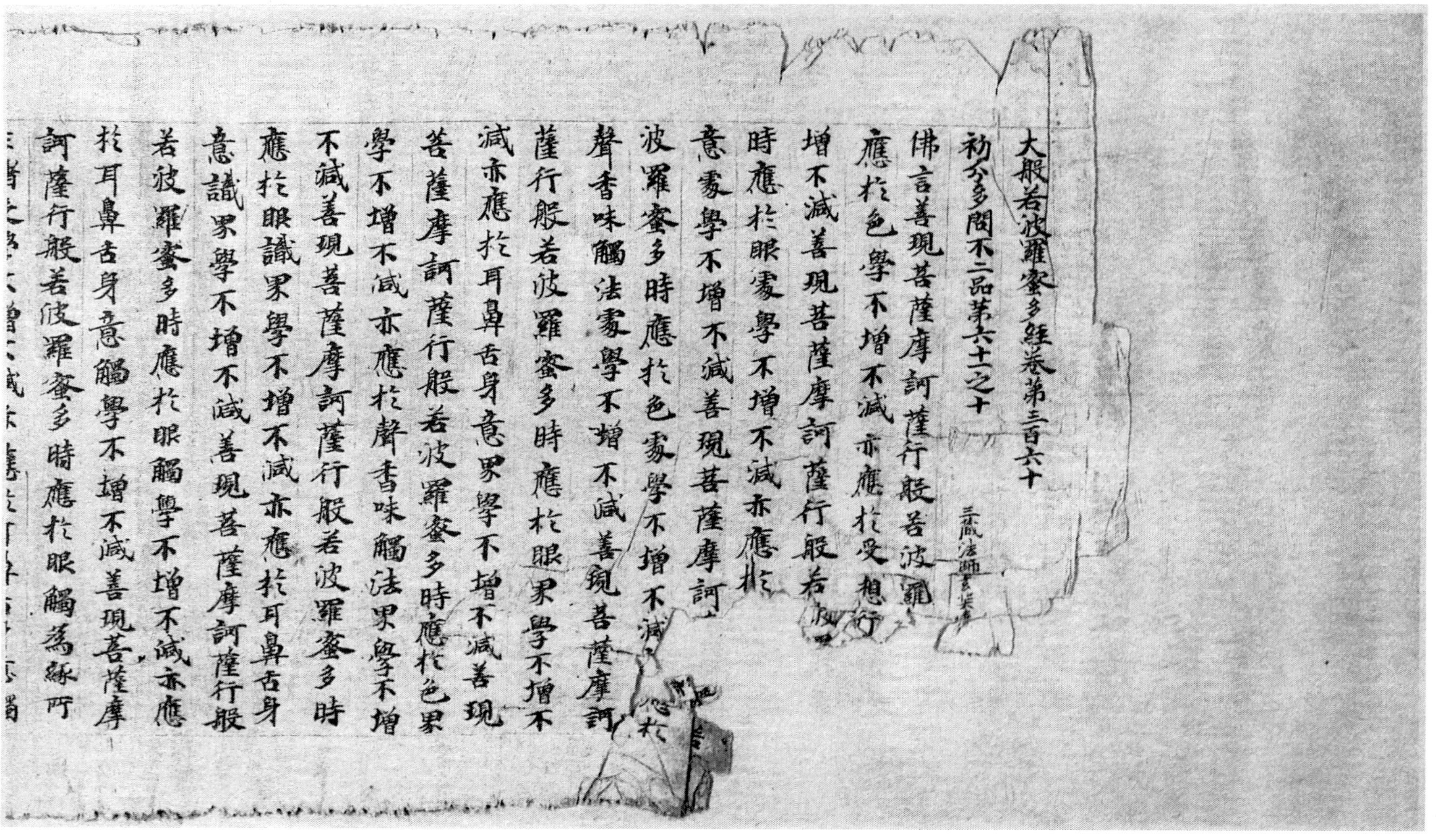
大般若波羅蜜多經卷第三百六十
初分多問不二品第六十一之十　三藏法師玄奘
佛言善現若菩薩摩訶薩行般若波羅
應於色學不增不減亦應於受想行
增不減善現若菩薩摩訶薩行般若波
時應於眼處學不增不減亦應於
意處學不增不減善現若菩薩摩訶
波羅蜜多時應於色處學不增不減
聲香味觸法處學不增不減善現若菩薩摩訶
薩行般若波羅蜜多時應於眼界學不增不
減亦應於耳鼻舌身意界學不增不減善現
若菩薩摩訶薩行般若波羅蜜多時應於色界
學不增不減亦應於聲香味觸法界學不增
不減善現若菩薩摩訶薩行般若波羅蜜多時
應於眼識界學不增不減亦應於耳鼻舌身
意識界學不增不減善現若菩薩摩訶薩行般
若波羅蜜多時應於眼觸學不增不減亦應
於耳鼻舌身意觸學不增不減善現若菩薩摩
訶薩行般若波羅蜜多時應於眼觸為緣所
[illegible]

BD03525 號　大般若波羅蜜多經卷三六〇　（3–1）

意識界學不增不減善現菩薩摩訶薩行般
若波羅蜜多時應於眼觸學不增不減亦應
於耳鼻舌身意觸學不增不減善現菩薩摩
訶薩行般若波羅蜜多時應於眼觸爲緣所
生諸受學不增不減亦應於耳鼻舌身意觸
爲緣所生諸受學不增不減善現菩薩摩訶
薩行般若波羅蜜多時應於地界學不增不
減亦應於水火風空識界學不增不減善現
菩薩摩訶薩行般若波羅蜜多時應於無明
學不增不減亦應於行識名色六處觸受愛
取有生老死愁歎苦憂惱學不增不減善現
菩薩摩訶薩行般若波羅蜜多時應於布施
波羅蜜多學不增不減亦應於淨戒安忍精
進靜慮般若波羅蜜多學不增不減善現菩
薩摩訶薩行般若波羅蜜多時應於內空學
不增不減亦應於外空內外空空空大空勝
義空有爲空無爲空畢竟空無際空散空無
變異空本性空自相空共相空一切法空不
可得空無性空自性空無性自性空學不增
不減善現菩薩摩訶薩行般若波羅蜜多時
應於真如學不增不減亦應於法界法性不
虛妄性不變異性平等性離生性法定法住
實際虛空界不思議界學不增不減善現菩
薩摩訶薩行般若波羅蜜多時應於苦聖諦
學不增不減亦應於集滅道聖諦學不增不
減善現菩薩摩訶薩行般若波羅蜜多時應

BD03525 號　大般若波羅蜜多經卷三六〇　　(3–2)

可得空無性空自性空無性自性空學不增
不減善現菩薩摩訶薩行般若波羅蜜多時
應於真如學不增不減亦應於法界法性不
虛妄性不變異性平等性離生性法定法住
實際虛空界不思議界學不增不減善現菩
薩摩訶薩行般若波羅蜜多時應於苦聖諦
學不增不減亦應於集滅道聖諦學不增不
減善現菩薩摩訶薩行般若波羅蜜多時應
於四念住學不增不減亦應於四正斷四神
足五根五力七等覺支八聖道支學不增不
減善現菩薩摩訶薩行般若波羅蜜多時應
於四靜慮學不增不減亦應於四無量四無
色定學不增不減善現菩薩摩訶薩行般若
波羅蜜多時應於八解脫學不增不減亦應
於八勝處九次第定十遍處學不增不減善
現菩薩摩訶薩行般若波羅蜜多時應於一
切三摩地門學不增不減亦應於一切陀羅
尼門學不增不減善現菩薩摩訶薩行般若
波羅蜜多時應於空解脫門學不增不減亦
應於無相無願解脫門學不增不減善現菩
薩摩訶薩行般若波羅蜜多時應於五眼學

BD03525 號　大般若波羅蜜多經卷三六〇　　(3–3)

其數无量不可稱計
待須臾自當有證
寶蓮華從海踊出詣靈鷲
諸菩薩皆是文殊師利之所化度具菩薩
共論說六波羅蜜本聲聞人在虛空中
聞行今皆脩行大乘空義文殊師利謂
曰於海教化其事如此尒時智積菩薩
讚曰
大智德勇健　化度无量衆　今此諸大會　及
演暢實相義　開闡一乘法　廣度諸群生　令
文殊師利言我於海中唯常宣說
經智積問文殊師利言此經甚深微
中寶世所希有頗有衆生勤加精進脩行
速得佛不文殊師利言有娑竭羅龍王女年
始八歲智慧利根善知衆生諸根行業得陁
羅尼諸佛所說甚深秘藏悉能受持深入禪
定了達諸法於剎那頃發菩提心得不退轉
辯才无礙慈念衆生猶如赤子功德具足心念
口演微妙廣大慈悲仁讓志意和雅能至菩
提智積菩薩言我見釋迦

BD03526號　妙法蓮華經（八卷本）卷五　（20-1）

羅尼諸佛所說甚深秘藏悉能受持深入禪
定了達諸法於剎那頃發菩提心得不退轉
辯才无礙慈念衆生猶如赤子功德具足心念
口演微妙廣大慈悲仁讓志意和雅能至菩
提智積菩薩言我見釋迦如来於无量劫
難行苦行積功累德求菩薩道未曾止息
觀三千大千世界乃至无有如芥子許非是菩
薩捨身命處為衆生故然後乃得成菩提
道不信此女於須臾頃便成正覺言論未訖時
龍王女忽現於前頭面禮敬却住一面以偈讚
曰
深達罪福相　遍照於十方　微妙淨法身　具相三十二
以八十種好　用莊嚴法身　天人所戴仰　龍神咸恭敬
一切衆生類　无不宗奉者　又聞成菩提　唯佛當證知
我闡大乘教　度脫苦衆生
時舍利弗語龍女言汝謂不久得无上道是
事難信所以者何女身垢穢非是法器云何
能得无上菩提佛道懸曠經无量劫勤苦積
行具脩諸度然後乃成又女人身猶有五鄣
一者不得作梵天王二者帝釋三者魔王四
者轉輪聖王五者佛身云何女身速得成佛
尒時龍女有一寶珠價直三千大千世界持以
上佛佛即受之龍女謂智積菩薩尊者舍利
弗言我獻寶珠世尊納受是事疾不答言甚
疾女言以汝神力觀我成佛復速於此當時

BD03526號　妙法蓮華經（八卷本）卷五　（20-2）

上佛佛即受之龍女謂智積菩薩尊者舍利
弗言我獻寶珠世尊納受是事疾不荅言甚
疾女言以汝神力觀我成佛復速於此當時
衆會皆見龍女忽然之間變成男子具菩
薩行即往南方无垢世界坐寶蓮華成等正
覺三十二相八十種好普為十方一切衆生演
說妙法尒時娑婆世界菩薩聲聞天龍八部
人與非人皆遥見彼龍女成佛普為時會人
天說法心大歡喜悉遥礼敬无量衆生聞法
解悟得不退轉无量衆生得授道記无垢世
界六反震動娑婆世界三千衆生住不退地
三千衆生發菩提心而得授記智積菩薩及
舍利弗一切衆會嘿然信受

妙法蓮華經勸持品第十三

尒時藥王菩薩摩訶薩及大樂說菩薩摩
訶薩與二万菩薩眷屬俱皆於佛前作是誓言
唯願世尊不以為慮我等於佛滅後當奉持
讀誦說此經典後惡世衆生善根轉少多增
上慢貪利供養增不善根遠離解脫雖難可
教化我等當起大忍力讀誦此經持說書寫
種種供養不惜身命尒時衆中五百阿羅漢
得授記者白佛言世尊我等亦自誓願於異
國土廣說此經復有學无學八千人得授記
者從座而起合掌向佛作是誓言世尊我等

得授記者白佛言世尊我等亦自誓願於異
國土廣說此經復有學无學八千人得授記
者從座而起合掌向佛作是誓言世尊我等
亦當於他國土廣說此經所以者何是娑婆
國中人多弊惡懷增上慢功德淺薄瞋濁諂曲
心不實故
尒時佛姨母摩訶波闍波提比丘尼與學无
學比丘尼六千人俱從座而起一心合掌瞻
仰尊顏目不暫捨於時世尊告憍曇弥何故
憂色而視如来汝心將无謂我不說汝名授
阿耨多羅三藐三菩提記耶憍曇弥我先捴
說一切聲聞皆已授記今汝欲知記者將来
之世當於六万八千億諸佛法中為大法師
及六千學无學比丘尼俱為法師汝如是漸
漸具菩薩道當得作佛号一切衆生喜見如
来應供正徧知明行足善逝世間解无上士調
御丈夫天人師佛世尊憍曇弥是一切衆生
喜見佛及六千菩薩轉次授記得阿耨多羅
三藐三菩提尒時羅睺羅母耶輸陁羅比丘
尼作是念世尊於授記中獨不說我名字
佛告耶輸陁羅汝於来世百千万億諸佛法中
脩菩薩行為大法師漸具佛道於善國中當
得作佛号具足千万光相如来應供正徧知
明行足善逝世間解无上士調御丈夫天人師
佛世尊佛壽无量阿僧祇劫尒時摩訶波闍

得作佛号具足千万光相如来應供正遍知
明行足善逝世間解无上士調御丈夫天人師
佛世尊佛壽无量阿僧祇劫尒時摩訶波闍
波提比丘尼及耶輸陁羅比丘尼并其眷屬
皆大歡喜得未曾有即於佛前而説偈言
世尊導師 安隱天人 我等聞記 心安具足
諸比丘尼説是偈已白佛言世尊我等亦能
於他方國廣宣此經
尒時世尊視八十万億那由他諸菩薩摩訶
薩是諸菩薩皆是阿惟越致轉不退法輪得
諸陁羅尼即從座起至於佛前一心合掌而
作是念若世尊告勅我等持説此經者當如
佛教廣宣斯法復作是念佛今嘿然不見告
勅我當云何時諸菩薩敬順佛意并欲自滿
本願便於佛前作師子吼而發誓言世尊我
等於如來滅後周旋往反十方世界能令衆生
書寫此經受持讀誦解説其義如法脩行正
憶念皆是佛之威力唯願世尊在於他方遥
見守護即時諸菩薩俱同發聲而説偈言
唯願不為慮 於佛滅度後 恐怖惡世中 我等當廣説
有諸无智人 惡口罵詈等 及加刀杖者 我等皆當忍
惡世中比丘 邪智心諂曲 未得謂為得 我慢心充滿
或有阿練若 納衣在空閑 自謂行真道 輕賤人間者
貪著利養故 與白衣説法 為世所恭敬 如六通羅漢
是人懷惡心 常念世俗事 假名阿練若 好出我等過

BD03526號　妙法蓮華經（八卷本）卷五　（20–5）

惡世中比丘 邪智心諂曲 未得謂為得 我慢心充滿
或有阿練若 納衣在空閑 自謂行真道 輕賤人間者
貪著利養故 與白衣説法 為世所恭敬 如六通羅漢
是人懷惡心 常念世俗事 假名阿練若 好出我等過
而作如是言 此諸比丘等 為貪利養故 説外道論議
自作此經典 誑惑世間人 為求名聞故 分別於是經
常在大衆中 欲毀我等故 向國王大臣 婆羅門居士
及餘比丘衆 誹謗説我惡 謂是邪見人 説外道論議
我等敬佛故 悉忍是諸惡 為斯所輕言 汝等皆是佛
如此輕慢言 皆當忍受之 濁劫惡世中 多有諸恐怖
惡鬼入其身 罵詈毀辱我 我等敬信佛 當著忍辱鎧
為説是經故 忍此諸難事 我不愛身命 但惜无上道
我等於來世 護持佛所囑 世尊自當知 濁世惡比丘
不知佛方便 隨宜所説法 惡口而顰蹙 數數見擯出
遠離於塔寺 如是等衆惡 念佛告勅故 皆當忍是事
諸聚落城邑 其有求法者 我皆到其所 説佛所囑法
我是世尊使 處衆无所畏 我當善説法 願佛安隱住
我於世尊前 諸來十方佛 發如是誓言 佛自知我心
妙法蓮華經安樂行品第十四
尒時文殊師利法王子菩薩摩訶薩白佛言
世尊是諸菩薩甚為難有敬順佛故發大誓
願於後惡世護持讀誦是法華經世尊菩薩
摩訶薩於後惡世云何能説是經佛告文殊
師利若菩薩摩訶薩於後惡世欲説是經當
安住四法一者安住菩薩行處親近處能為

BD03526號　妙法蓮華經（八卷本）卷五　（20–6）

世尊是諸菩薩甚為難有敬順佛故發大誓
願於後惡世護持讀誦是法華經世尊菩薩
摩訶薩於後惡世云何能說是經佛告文殊
師利若菩薩摩訶薩於後惡世欲說是經當
安住四法一者安住菩薩行處親近處能為
衆生演說是經文殊師利云何名菩薩摩訶
薩行處若菩薩摩訶薩住忍辱地柔和善順
而不卒暴心亦不驚又復於法无所行而觀諸
法如實相亦不行不分別是名菩薩摩訶薩
行處云何名菩薩摩訶薩親近處菩薩摩
訶薩不親近國王王子大臣官長不親近諸
外道梵志尼揵子等及造世俗文筆讚詠外
書及路伽耶陁逆路伽耶陁者亦不親近諸有
凶戲相扠相撲及那羅等種種變現之戲又
不親近旃陁羅及畜猪羊雞狗田獵漁捕諸
惡律儀如是人等或時來者則為說法无所
希望又不親近求聲聞比丘比丘尼優婆塞
優婆夷亦不問訊若於房中若經行處若
在講堂中不共住止或時來者隨宜說法无
所希求文殊師利又菩薩摩訶薩不應於女
人身取能生欲想相而為說法亦不樂見若
入他家不與小女處女寡女等共語亦復不
近五種不男之人以為親厚不獨入他家若
有因緣須獨入時但一心念佛若為女人說
法不露齒笑不現胷臆乃至為法猶不親厚
況復餘事不樂畜年少弟子沙彌小兒亦不

近五種不男之人以為親厚不獨入他家若
有因緣須獨入時但一心念佛若為女人說
法不露齒笑不現胷臆乃至為法猶不親厚
況復餘事不樂畜年少弟子沙彌小兒亦不
樂與同師常好坐禪在於閑處脩攝其心文殊
師利是名初親近處復次菩薩摩訶薩觀
一切法空如實相不顛倒不動不退不轉如虛
空无所有性一切語言道斷不生不出不起
无名无相實无所有无量无邊无礙无障
但以因緣有從顛倒生故說常樂觀如是法
相是名菩薩摩訶薩第二親近處尒時世
尊欲重宣此義而說偈言
若有菩薩　於後惡世　无怖畏心　欲說是經
應入行處　及親近處　常離國王　及國王子
大臣官長　凶險戲者　及旃陁羅　外道梵志
亦不親近　增上慢人　貪著小乘　三藏學者
破戒比丘　名字羅漢　及比丘尼　好戲笑者
深著五欲　求現滅度　諸優婆夷　皆勿親近
若是人等　以好心來　到菩薩所　為聞佛道
菩薩則以　无所畏心　不懷希望　而為說法
寡女處女　及諸不男　皆勿親近　以為親厚
亦莫親近　屠兒魁膾　畋獵漁捕　為利殺害
販肉自活　衒賣女色　如是之人　皆勿親近
凶險相撲　種種嬉戲　諸婬女等　盡勿親近
莫獨屏處　為女說法　若說法時　无得戲笑

亦莫親近　屠兒魁膾　畋獵魚捕　為利殺害
販肉自活　衒賣女色　如是之人　皆勿親近
凶險相撲　種種嬉戲　諸婬女等　盡勿親近
莫獨屏處　為女說法　若說法時　无得戲笑
入里乞食　將一比丘　若无比丘　一心念佛
是則名為　行處近處　以此二處　能安樂說
又復不行　上中下法　有為无為　實不實法
亦不分別　是男是女　不得諸法　不知不見
是則名為　菩薩行處
一切諸法　空无所有　无有常住　亦无起滅
是名智者　所親近處
顛倒分別　諸法有无　是實非實　是生非生
在於閑處　脩攝其心　安住不動　如須彌山
觀一切法　皆无所有　猶如虛空　无有堅固
不生不出　不動不退　常住一相　是名近處
若有比丘　於我滅後　入是行處　及親近處
說斯經時　无有怯弱
菩薩有時　入於靜室　以正憶念　隨義觀法
從禪定起　為諸國王　王子臣民　婆羅門等
開化演暢　說斯經典　其心安隱　无有怯弱
文殊師利　是名菩薩　安住初法　能於後世
說法華經
又文殊師利　如來滅後　於末法中　欲說是經
應住安樂行　若口宣說　若讀經時　不樂說人
及經典過　亦不輕慢　諸餘法師　不說他人好
惡長短　於聲聞人　亦不稱名　說其過惡　亦

BD03526號　妙法蓮華經（八卷本）卷五　（20–9）

從禪定起　為諸國王　王子臣民　婆羅門等
開化演暢　說斯經典　其心安隱　无有怯弱
文殊師利　是名菩薩　安住初法　能於後世
說法華經
又文殊師利　如來滅後　於末法中　欲說是經
應住安樂行　若口宣說　若讀經時　不樂說人
及經典過　亦不輕慢　諸餘法師　不說他人好
惡長短　於聲聞人　亦不稱名　說其過惡　亦
不稱名讚歎其美　又亦不生怨嫌之心　善脩
如是安樂心故　諸有聽者　不逆其意　有所難
問　不以小乘法荅　但以大乘而為解說　令得一
切種智　尒時世尊　欲重宣此義　而說偈言
菩薩常樂　安隱說法　於清淨地　而施床座
以油塗身　澡浴塵穢　著新淨衣　內外俱淨
安處法座　隨問為說
若有比丘　及比丘尼　諸優婆塞　及優婆夷
國王王子　群臣士女　以微妙義　和顏為說
若有難問　隨義而荅　因緣譬喻　敷演分別
以是方便　皆使發心　漸漸增益　入於佛道
除嬾墮意　及懈怠想　離諸憂惱　慈心說法
晝夜常說　无上道教　以諸因緣　无量譬喻
開示眾生　咸令歡喜
衣服臥具　飲食醫藥　而於其中　无所希望
但一心念　說法因緣　願成佛道　令眾亦尒
是則大利　安樂供養
我滅度後　若有比丘　能演說斯　妙法華經

BD03526號　妙法蓮華經（八卷本）卷五　（20–10）

開示衆生　咸令歡喜
衣服卧具　飲食醫藥　而於其中　无所希望
但一心念　說法因緣　願成佛道　令衆亦尒
是則大利　安樂供養
我滅度後　若有比丘　能演說斯　妙法華經
心无嫉恚　諸惱障礙　亦无憂愁　及罵詈者
又无怖畏　加刀杖等　亦无擯出　安住忍故
智者如是　善脩其心　能住安樂　如我上說
其人功德　千万億劫　筭數譬喻　說不能盡
又文殊師利菩薩摩訶薩於後末世法欲滅
時受持讀誦斯經典者无懷嫉妬諂誑之心
亦勿輕罵學佛道者求其長短若比丘比丘
尼優婆塞優婆夷求聲聞者求辟支佛者
求菩薩道者无得惱之令其疑悔語其人言
汝等去道甚遠終不能得一切種智所以者何
汝是放逸之人於道懈怠故又亦不應戲論
諸法有所諍競當於一切衆生起大悲想
於諸如来起慈父想於諸菩薩起大師想
於十方諸大菩薩常應深心恭敬礼拜於一切
衆生平等說法以順法故不多不少乃至深愛
法者亦不為多說文殊師利是菩薩摩訶薩
於後末世法欲滅時有成就是第三安樂行
者說是法時无能惱亂得好同學共讀誦是
經亦得大衆而來聽受聽已能持持已能誦
誦已能說說已能書若使人書供養經卷恭

於後末世法欲滅時有成就是第三安樂行
者說是法時无能惱亂得好同學共讀誦是
經亦得大衆而來聽受聽已能持持已能誦
誦已能說說已能書若使人書供養經卷恭
敬尊重讚歎尒時世尊欲重宣此義而說偈言
若欲說是經　當捨嫉恚慢　諂誑邪偽心　常脩質直行
不輕蔑於人　亦不戲論法　不令他疑悔　云汝不得佛
是佛子說法　常柔和能忍　慈悲於一切　不生懈怠心
十方大菩薩　愍衆故行道　應生恭敬心　是則我大師
於諸佛世尊　生无上父想　破於憍慢心　說法无障礙
第三法如是　智者應守護　一心安樂行　无量衆所敬
又文殊師利菩薩摩訶薩於後末世法欲滅
時有持是法華經者於在家出家人中生大
慈心於非菩薩人中生大悲心應作是念如
是之人則為大失如来方便隨冝說法不聞
不知不覺不問不信不解其人雖不問不信
不解是經我得阿耨多羅三藐三菩提時
隨在何地以神通力智慧力引之令得住是法
中文殊師利是菩薩摩訶薩於如来滅後有
成就此第四法者說是法時无有過失常為
比丘比丘尼優婆塞優婆夷國王王子大臣
人民婆羅門居士等供養恭敬尊重讚歎虛
空諸天為聽法故亦常隨侍若在聚落城邑
空閑林中有人来欲難問者諸天晝夜常
為法故而衛護之能令聽者皆得歡喜所以
者何此經是一切過去未来現在諸佛神力所

人民婆羅門居士等供養恭敬尊重讚歎虛
空諸天為聽法故亦常隨侍若在聚落城邑
空閑林中有人來欲難問者諸天晝夜常
為法故而衛護之能令聽者皆得歡喜所以
者何此經是一切過去未來現在諸佛神力所
護故文殊師利是法華經於无量國中乃至
名字不可得聞何況得見受持讀誦文殊師
利譬如強力轉輪聖王欲以威勢降伏諸國
而諸小王不順其命時轉輪王起種種兵而
往討伐王見兵眾戰有功者即大歡喜隨功
賞賜或與田宅聚落城邑或與衣服嚴身
之具或與種種珍寶金銀琉璃車𤦲馬瑙珊瑚
虎珀象馬車乘奴婢人民唯髻中明珠不以與
之所以者何獨王頂上有此一珠若以與之
王諸眷屬必大驚怪文殊師利如來亦復
如是以禪定智慧力得法國土王於三界而
諸魔王不肯順伏如來賢聖諸將與之共戰其
有功者心亦歡喜於四眾中為說諸經令其
心悅賜以禪定解脫无漏根力諸法之財又
復賜與涅槃之城言得滅度引導其心
令皆歡喜而不為說是法華經文殊師利如轉輪
王見諸兵眾有大功者心甚歡喜以此難
信之珠久在髻中不妄與人而今與之如
來亦復如是於三界中為大法王以法教化一
切眾生見賢聖軍與五陰魔煩惱魔死魔共
戰有大功勳滅三毒出三界破魔網尒時如

信之珠久在髻中不妄與人而今與之如
來亦復如是於三界中為大法王以法教化一
切眾生見賢聖軍與五陰魔煩惱魔死魔共
戰有大功勳滅三毒出三界破魔網尒時如
來亦大歡喜此法華經能令眾生至一切智
一切世間多怨難信先所未說而今說之文
殊師利此法華經是諸如來第一之說於諸
說中最為甚深末後賜與如彼強力之王久
護明珠今乃與之文殊師利此法華經諸佛
如來秘密之藏於諸經中最在其上長夜
守護不妄宣說始於今日乃與汝等而敷演
之尒時世尊欲重宣此義而說偈言

常行忍辱　哀愍一切　乃能演說　佛所讚經
後末世時　持此經者　於家出家　及非菩薩
應生慈悲　斯等不聞　不信是經　則為大失
我得佛道　以諸方便　為說此經　令住其中
譬如強力　轉輪之王　兵戰有功　賞賜諸物
象馬車乘　嚴身之具　及諸田宅　聚落城邑
或與衣服　種種珍寶　奴婢財物　歡喜賜與
如有勇健　能為難事　王解髻中　明珠賜之
如來亦尒　為諸法王　忍辱大力　智慧寶藏
以大慈悲　如法化世　見一切人　受諸苦惱
欲求解脫　與諸魔戰　為是眾生　說種種法
以大方便　說此諸經　既知眾生　得其力已
末後乃為　說是法華　如王解髻　明珠與之
此經為尊　眾經中上　我常守護　不妄開示

欲求解脫　與諸魔戰　為是衆生　說種種法
以大方便　說此諸經　既知衆生　得其力已
末後乃為　說是法華　如王解髻　明珠與之
此經為尊　衆經中上　我常守護　不妄開示
今正是時　為汝等說
我滅度後　求佛道者　欲得安隱　演說斯經
應當親近　如是四法　讀是經者　常无憂惱
又无病痛　顏色鮮白　不生貧窮　卑賤醜陋
衆生樂見　如慕賢聖　諸天童子　以為給使
刀杖不加　毒不能害　若人惡罵　口則閉塞
遊行无畏　如師子王　智慧光明　如日之照
若於夢中　但見妙事　見諸如来　坐師子座
諸比丘衆　圍繞說法　又見龍神　阿脩羅等
數如恒沙　恭敬合掌　自見其身　而為說法
又見諸佛　身相金色　放无量光　照於一切
以梵音聲　演說諸法　佛為四衆　說无上法
見身處中　合掌讚佛　聞法歡喜　而為供養
得陀羅尼　證不退智　佛知其心　深入佛道
即為授記　成最正覺　汝善男子　當於来世
得无量智　佛之大道　國土嚴淨　廣大无比
亦有四衆　合掌聽法　又見自身　在山林中
脩習善法　證諸實相　深入禪定　見十方佛
諸佛身金色　百福相莊嚴　聞法為人說　常有是好夢
又夢作國王　捨宮殿眷屬　及上妙五欲　行詣於道場
在菩提樹下　而處師子座　求道過七日　得諸佛之智
成无上道已　起而轉法輪　為四衆說法　經千万億劫

BD03526號　妙法蓮華經（八卷本）卷五　（20–15）

脩習善法　證諸實相　深入禪定　見十方佛
諸佛身金色　百福相莊嚴　聞法為人說　常有是好夢
又夢作國王　捨宮殿眷屬　及上妙五欲　行詣於道場
在菩提樹下　而處師子座　求道過七日　得諸佛之智
成无上道已　起而轉法輪　為四衆說法　經千万億劫
說无漏妙法　度无量衆生　後當入涅槃　如煙盡燈滅
若後惡世中　說是第一法　是人得大利　如上諸功德

妙法蓮華經從地踊出品第十五

尒時他方國土諸来菩薩摩訶薩過八恒河
沙數於大衆中起立合掌作礼而白佛言世
尊若聽我等於佛滅後在此娑婆世界懃加
精進護持讀誦書寫供養是經典者當於此
土而廣說之尒時佛告諸菩薩摩訶薩衆止
善男子不須汝等護持此經所以者何我娑
婆世界自有六万恒河沙等菩薩摩訶薩一
一菩薩各有六万恒河沙眷屬是諸人等能
於我滅度後護持讀誦廣說此經佛說是時
娑婆世界三千大千國土地皆震裂而於其中
有无量千万億菩薩摩訶薩同時踊出是諸
菩薩身皆金色三十二相无量光明先盡在
此娑婆世界之下此界虛空中住是諸菩薩
聞釋迦牟尼佛所說音聲從下發来一一菩
薩皆是大衆唱導之首各將六万恒河沙眷
屬況將五万四万三万二万一万恒河沙等
眷屬者況復乃至一恒河沙半恒河沙四分
之一乃至千万億那由他分之一況復千万

BD03526號　妙法蓮華經（八卷本）卷五　（20–16）

薩皆是大衆唱導之首各將六万恒河沙眷
屬況將五万四万三万二万一万恒河沙等
眷屬者況復乃至一恒河沙半恒河沙四分
之一乃至千万億那由他分之一況復千万
億那由他眷屬況復億万眷屬況復千万百
万乃至一万況復一千一百乃至一十況復將
五四三二一弟子者況復單己樂遠離行
如是等比无量无邊筭數譬喻所不能知是
諸菩薩從地出已各詣虛空七寶妙塔多寶
如來釋迦牟尼佛所到已向二世尊頭面礼
足及至諸寶樹下師子座上佛所亦皆作礼
右繞三帀合掌恭敬以諸菩薩種種讚法而
以讚歎住在一面欣樂瞻仰於二世尊是諸
菩薩摩訶薩從初踊出以諸菩薩種種讚法
而讚於佛如是時間經五十小劫是時釋迦
牟尼佛默然而坐及諸四衆亦皆默然五十
小劫佛神力故令諸大衆謂如半日尒時四衆
亦以佛神力故見諸菩薩遍滿无量百千万
億國土虛空是菩薩衆中有四導師一名上
行二名无邊行三名淨行四名安立行是四菩
薩於其衆中最為上首唱導之師在大衆
前各共合掌觀釋迦牟尼佛而問訊言世
尊少病少惱安樂行不所應度者受教易不
不令世尊生疲勞耶尒時四大菩薩而說偈言
世尊安樂　少病少惱　教化衆生　得无疲倦

尊少病少惱安樂行不所應度者受教易不
不令世尊生疲勞耶尒時四大菩薩而說偈言
世尊安樂　少病少惱　教化衆生　得无疲倦
又諸衆生　受化易不　不令世尊　生疲勞耶
尒時世尊於菩薩大衆中而作是言如是如
是諸善男子如來安樂少病少惱諸衆生等
易可化度无有疲勞所以者何是諸衆生世
世已來常受我化亦於過去諸佛供養尊重
種諸善根此諸衆生始見我身聞我所說即
皆信受入如來慧除先脩習學小乘者如是
之人我今亦令得聞是經入於佛慧尒時諸大
菩薩而說偈言
善哉善哉　大雄世尊　諸衆生等　易可化度
能問諸佛　甚深智慧　聞已信行　我等隨喜
於時世尊讚歎上首諸大菩薩善哉善
哉善男子汝等能於如來發隨喜心尒時弥
勒菩薩及八千恒河沙諸菩薩衆皆作是念我
等從昔已來不見不聞如是大菩薩摩訶薩
衆從地踊出住世尊前合掌供養問訊如來
時弥勒菩薩摩訶薩知八千恒河沙諸菩薩等
心之所念并欲自決所疑合掌向佛以偈問曰
无量千万億　大衆諸菩薩　昔所未曾見　願兩足尊說
是從何所來　以何因緣集　巨身大神通　智慧叵思議
其志念堅固　有大忍辱力　衆生所樂見　為從何所來
一一諸菩薩　所將諸眷屬　其數无有量　如恒河沙等
或有大菩薩　將六万恒沙　如是諸大衆　一心求佛道

无量千万億　大衆諸菩薩　昔所未曾見　願兩足尊説
是從何所来　以何因緣集　巨身大神通　智慧叵思議
其志念堅固　有大忍辱力　衆生所樂見　為從何所来
一一諸菩薩　所將諸眷屬　其數无有量　如恒河沙等
或有大菩薩　將六万恒沙　如是諸大衆　一心求佛道
是諸大師等　六万恒河沙　俱来供養佛　及護持是經
將五万恒沙　其數過於是　四万及三万　二万至一万
一千一百等　乃至一恒沙　半及三四分　億万分之一
千万那由他　万億諸弟子　乃至於半億　其數復過上
百万至一万　一千及一百　五十與一十　乃至三二一
單己无眷屬　樂於獨處者　俱来至佛所　其數轉過上
如是諸大衆　若人行籌數　過於恒沙劫　猶不能盡知
是諸大威德　精進菩薩衆　誰為其説法　教化而成就
從誰初發心　稱揚何佛法　受持行誰經　脩習何佛道
如是諸菩薩　神通大智力　四方地震裂　皆從中踊出
世尊我昔来　未曾見是事　願説其所從　國土之名号
我常游諸國　未曾見是衆
我於此衆中　乃不識一人　忽然從地出　願説其因緣
今此諸大會　无量百千億　是諸菩薩衆　皆欲知此事
是諸菩薩衆　本末之因緣　无量德世尊　唯願決衆疑
尒時釋迦牟尼分身諸佛從无量千万億他
方國土来者在於八方諸寶樹下師子座上
結加趺坐其佛侍者各各見是菩薩大衆於
三千大千世界四方從地踊出住於虛空各
白其佛言世尊此諸无量无邊阿僧祇菩薩

方國土来者在於八方諸寶樹下師子座上
結加趺坐其佛侍者各各見是菩薩大衆於
三千大千世界四方從地踊出住於虛空各
白其佛言世尊此諸无量无邊阿僧祇菩薩
大衆從何所来尒時諸佛各告侍者諸善男
子且待須臾有菩薩摩訶薩名曰弥勒釋迦
牟尼佛之所授記次後作佛已問斯事佛今
荅之汝等自當因是得聞尒時釋迦牟尼佛
告弥勒菩薩善哉善哉阿逸多乃能問佛如
是大事汝等當共一心被精進鎧堅固意如
来今欲顯發宣示諸佛智慧諸佛自在神通
之力諸佛師子奮迅之力諸佛威猛大勢
之力尒時世尊欲重宣此義而説偈言
當精進一心　我欲説此事　勿得有疑悔　佛智叵思議
汝今出信力　住於忍善中　昔所未聞法　今皆當得聞
我今安慰汝　勿得懷疑懼　佛无不實語　智慧不可量
所得第一法　甚深叵分別　如是今當説　汝等一心聽
尒時世尊説此偈已告弥勒菩薩我今於此
大衆宣告汝等阿逸多是諸大菩薩摩訶
薩无量无數阿僧祇從地踊出汝等昔所未見
者我於是娑婆世界得阿耨多羅三藐三菩
[illegible]其心令發道

善男子如人供養摩
供養一切諸天金剛三
集當知已為脩集一
有菩薩安住如是金
鄣导如於掌中觀阿
如是見終不作想見一切法善男子譬如有
人坐四衢道頭見諸衆生来去坐卧金剛三
昧亦復如是見一切法生滅出沒善男子譬如
高山有人登之遠望諸方皆悉明了金剛定
山亦復如是菩薩登之遠望諸法无不明了
善男子譬如春月天降甘雨其渧微緻間无
空處明眼之人見之了了菩薩亦尒得金剛
定清淨之目遠見東方所有世界其中或有
國土成壞一切皆見了了无鄣乃至十方亦
復如是善男子如由乾陁山七日並出其山所
有樹木叢林一切燒盡菩薩脩集金剛三昧
亦復如是所有一切煩惱叢林即時消滅善
男子譬如金剛雖能摧破一切有物終不
生念我能摧破金剛三昧亦復如是菩薩脩

BD03527號　大般涅槃經（北本　異卷）卷二五　（22–1）

國土成壞一切皆見了了无鄣乃至十方亦
復如是善男子如由乾陁山七日並出其山所
有樹木叢林一切燒盡菩薩脩集金剛三昧
亦復如是所有一切煩惱叢林即時消滅善
男子譬如金剛雖能摧破一切有物終不
生念我能摧破金剛三昧亦復如是菩薩脩
已能破煩惱終不生念我能懷結善男子譬
如大地能持万物終不生念我力能持火亦
不念我能燒物水亦不念我能潤清風亦不
念我能動物空亦不念我能容受涅槃亦尒
不生念言我令衆生而得滅度金剛三昧亦
復如是雖能滅除一切煩惱而初无心言我
能滅若有菩薩安住如是金剛三昧於一念
中變身如佛其數无量遍滿十方恒河沙等
諸佛世界而是菩薩雖作是化其心初无憍
慢之想何以故菩薩常念誰有是定能作是
化唯有菩薩安住如是金剛三昧乃能住耳
菩薩摩訶薩安住如是金剛三昧於一念中
遍到十方恒河沙等諸佛世界還其本處雖
有是力亦不念言我能如是何以故以是三
昧因緣力故菩薩摩訶薩安住如是金剛三
昧於一念中能斷十方恒河沙等世界衆生
所有煩惱而心初无斷諸衆生煩惱之相何
以故以是三昧因緣力故菩薩住是金剛三
昧以一音聲有所演說一切衆生各隨種類

BD03527號　大般涅槃經（北本　異卷）卷二五　（22–2）

所有煩惱而心初无斷諸衆生煩惱之相何
以故以是三昧因緣力故菩薩住是金剛三
昧以一音聲有所演說一切衆生各隨種類
而得解了亦現一色一切衆生各各皆見種
種色想安住一處身不移易能令衆生隨其
方面各各而見演說一法若界若入一切衆生
各隨本解而得聞之菩薩安住如是三昧雖
見衆生而心初无衆生之想雖見男女无男
女相雖見色法无有色相乃至見識亦无識
相雖見晝夜无晝夜相雖見一切无一切相
雖見一切煩惱諸結亦无一切煩惱之相見
八聖道无聖道相雖見菩提无菩提相見於
涅槃无涅槃相何以故善男子一切諸法本
无相故菩薩以是三昧力故見一切法如本
无相何故名為金剛三昧善男子譬如金剛
若在日中色則不定金剛三昧亦復如是在
於大衆色亦不定是故名為金剛三昧善男
子譬如金剛一切世人不能平賈金剛三昧
亦復如是所有功德一切人天不能平量是
故復名金剛三昧善男子譬如貧人得金剛
寶則得遠離貧窮困苦惡鬼耶毒菩薩摩
訶薩亦復如是得是三昧則能遠離煩惱諸
苦諸魔耶毒是故復名金剛三昧是名菩
薩脩大涅槃具足成就第六功德
復次善男子云何菩薩摩訶薩脩大涅槃微

BD03527號　大般涅槃經（北本　異卷）卷二五　　（22–3）

訶薩亦復如是得是三昧則能遠離煩惱諸
苦諸魔耶毒是故復名金剛三昧是名菩
薩脩大涅槃具足成就第六功德
復次善男子云何菩薩摩訶薩脩大涅槃微
妙經典具足成就第七功德善男子菩薩摩
訶薩脩大涅槃微妙經典作是思惟何法能
為大涅槃而作近因菩薩即知有四種法
為大涅槃而作近因若言勤脩一切苦行是
大涅槃近因緣者是義不然所以者何若離
四法得涅槃者无有是處何等為四一者親
近善友二者專心聽法三者繫念思惟四者如
法脩行善男子譬如有人身遇衆病若熱若
冷虛勞下虐衆耶鬼毒到良醫所良醫即為
隨病說藥是人至心善受醫教隨教合藥如
法服之服已病愈身得安樂有病之人喻諸
菩薩大良醫者喻善知識良醫所說喻方等
經善受醫教喻善思惟方等結義隨教合藥
喻如法脩行三十七助道之法病除愈者喻滅
煩惱得安樂者喻得涅槃常樂我淨善男子
譬如有王欲如法治令民安樂諮諸智臣其
法云何諸臣即以先王舊法而為說之王既
聞已至心信行如法治國无諸怨敵是故令
民安樂无患善男子王者喻諸菩薩諸智臣
者喻善知識智臣為王所說治法喻十二部
經王既聞已至心信行喻諸菩薩繫心思惟

BD03527號　大般涅槃經（北本　異卷）卷二五　　（22–4）

聞已至心信行如法治國无諸怨敵是故令
民安樂无患善男子王者喻諸菩薩諸智臣
者喻善識智臣為王所說治法喻十二部
經王既聞已至心信行喻諸菩薩繫心思惟
十二部經所有深義如法治國喻諸菩薩如
法脩行所謂六波羅蜜以能脩集六波羅蜜
故无諸怨敵喻諸菩薩已離諸結煩惱惡賊
得安樂者喻諸菩薩得大涅槃常樂我淨善
男子譬如有人遇惡癩病有善知識而語之
言汝若能到須弥山邊病可得差所以者何
彼有良藥味如甘露若能服者病无不愈其
人至心信是事已即往彼山採服甘露其人病
愈身得安樂惡癩病者喻諸凡夫善知識
者喻諸菩薩摩訶薩等至心信受喻四无量
心須弥山者喻八聖道甘露味者喻於佛性
癩病除愈者離煩惱得安隱者喻得涅槃常
樂我淨善男子譬如有人畜諸弟子聰明大
智是人晝夜常教不惓諸菩薩等亦復如是一
切衆生有信不信而教常化无有疲厭善
男子善知識者所謂菩薩佛辟支佛聲聞人
中信方等者何故名為善知識也善知識者
能教衆生遠離十惡脩行十善以是義故名
善知識復次善知識者如法而說如說而行
云何名為如法而說如說如行自不煞生教
人不煞乃至自行正見教人正見若能如是

BD03527 號　大般涅槃經（北本　異卷）卷二五　（22–5）

能教衆生遠離十惡脩行十善以是義故
善知識復次善知識者如法而說如說而行
云何名為如法而說如說如行自不煞生教
人不煞乃至自行正見教人正見若能如是
則得名為真善知識自脩菩提亦能教人脩行
菩提以是義故名善知識自能脩行信戒
布施多聞智慧亦能教人信戒布施多聞智
慧復以是義名善知識善知識者有善法故
何等善法所作之事不求自樂常為衆生而
求於樂見他有過不說其短口常宣說純善
之事以是義故名善知識善男子如空中月
從初一日至十五日漸漸增長善知識者亦復
如是令諸學人漸遠惡法增長善法善男子
若有親近善知識者本未有戒定慧解脫解
脫知見即便有之未具足者則得增廣何以
故以其親近善知識故因是親近復得了達
十二部經甚深之義若能聽是十二部經甚深
義者是為聽法聽法者則是大乘方等經典
聽方等經名真聽法真聽法者即是聽受大
涅槃經大涅槃中聞有佛性如來畢竟不般
涅槃是故名為專心聽法專心聽法名八聖
道以八聖道能斷貪欲瞋恚愚癡故名聽法
夫聽法者名十一空以此諸空於一切法不作
相貌夫聽法者名初發心乃至究竟阿耨
多羅三藐三菩提心以因初心得大涅槃不
以聞故得大涅槃以脩習故得大涅槃

BD03527 號　大般涅槃經（北本　異卷）卷二五　（22–6）

夫聽法者名十一空以此諸空於一切法不作
相貌夫聽法者名初發心乃至究竟阿耨
多羅三藐三菩提心以因初心得大涅槃不
以聞故得大涅槃以脩集故得大涅槃善男
子譬如病人雖聞醫教及藥名字不能愈病
以服食故能得差病雖聽十二深因緣法不能
得斷一切煩惱要以繫念善思惟故能得除
斷是名第三繫念思惟復以何義名繫念
思惟所謂三三昧空三昧无相三昧无作三
昧空者於二十五有不見一實无作者於二十五
有不作願求无相者无有十相所謂色相聲
相香相味相觸相生相住相滅相男相女相
脩集如是三三昧者是名菩薩繫念思惟云
何名為如法脩行如法脩行是即脩行檀波
羅蜜乃至般若波羅蜜知陰入界真實之相
亦知聲聞緣覺諸佛同於一道而般涅槃法者
即是常樂我淨不生不老不病不死不飢不
渴不苦不惱不退不沒善男子解大涅槃甚
深義者則知諸佛終不畢竟入於涅槃善男
子第一真實善知識者所謂菩薩諸佛世尊
何以故常以三種善調御故何等為三一者畢
竟濡語二者畢竟呵嘖三者濡語呵嘖以是
義故菩薩諸佛即是真實善知識也復次善
男子佛及菩薩為大醫故名善知識何以故
知病知藥應病授藥故譬如良醫善八種術

何以故常以三種善調御故何等為三一者畢
竟濡語二者畢竟呵嘖三者濡語呵嘖以是
義故菩薩諸佛即是真實善知識也復次善
男子佛及菩薩為大醫故名善知識何以故
知病知藥應病授藥故譬如良醫善八種術
先觀病根根有三種何等為三謂風熱水有
風病者授之蘇油熱病之人授之石蜜水病
之人授之薑湯以知病根授藥得差故名
良醫佛及菩薩亦復如是知諸凡夫病有三
種一者貪欲二者瞋恚三者愚癡貪欲病者
教觀骨相瞋恚病者觀慈悲相愚癡病者
觀十二因緣相以是義故諸佛菩薩名善知識
善男子如大舩師善度人故名大舩師諸佛
菩薩亦復如是度諸眾生生死大海以是義
故名善知識復次善男子因佛菩薩令諸眾
生具足脩得善法根故善男子譬如雪山乃
是種種微妙上藥根本之處佛及菩薩亦復
如是悉是一切善根本處以是義故名善知
識善男子雪山之中有上香藥名曰娑呵有
人見之得壽无量无有病苦雖有四毒不能
中傷若有觸者增長壽命滿百二十若有念
者得宿命智何以故藥勢力故諸佛菩薩亦復
如是若有見者即得斷除一切煩惱雖有四魔
不能干亂若有觸者命不可夭不生不死不退
不沒所謂觸者若在佛邊聽受妙法若有念者
得阿耨多羅三藐三菩提以是義故諸佛菩

如是若有見者即得斷除一切煩惱雖有四魔
不能干乱若有聞者命不可夭不生不死不退
不没所謂聞者若在佛邊聽受妙法若有念者
得阿耨多羅三藐三菩提以是義故諸佛菩
薩名善知識善男子如雪山中有阿那婆踏多
池水因是池故有四大池所謂恒河辛頭私陁
博叉世間衆生常作是言若有罪者浴此四河
衆罪得滅當知此言虛妄不實除此已往何等
為實諸佛菩薩是乃為實所以者何若人親近則
得除滅一切衆罪以是義故名善知識復次善
男子譬如大地所有藥木一切叢林百穀甘蔗
華菓之屬值天炎旱將欲枯死難陁龍王及婆
難陁憐愍衆生從大海出降注甘雨一切叢林
百穀草木滋潤還生一切衆生亦復如是所有
善根將欲消滅諸佛菩薩生大慈悲從智慧
海降甘露雨令諸衆生具足還得十善之法以是
義故諸佛菩薩名善知識善男子譬如良醫
善八種術見諸病人不觀種性端政好醜錢
財寶貨悉為治之是故世稱為大良醫諸佛
菩薩亦復如是見諸衆生有煩惱病不觀種
姓端政好醜錢財寶貨生慈愍心悉為說法衆
生聞已煩惱病除以是義故諸佛菩薩名
善知識以是親近善友因緣則得近於大般
涅槃云何菩薩聽法因緣而得近於大般涅槃
一切衆生以聽法故則具信根得信根故樂

BD03527 號　大般涅槃經（北本　異卷）卷二五　（22–9）

生聞已煩惱病除以是義故諸佛菩薩名
善知識以是親近善友因緣則得近於大般
涅槃云何菩薩聽法因緣而得近於大般涅槃
一切衆生以聽法故則具信根得信根故樂
行布施戒忍精進禪定智慧得須陁洹果乃
至佛果是故當知得諸善法皆是聽法因緣
勢力善男子譬如長者唯有一子遣至他
國市易所須示其道路通塞之處而復誡之
若遇婬女慎无親近若親愛者喪身殞命及
以財寶弊惡之人亦不交通其子敬慎父之
教勑身心安隱多獲寶貨菩薩摩訶薩為
諸衆生數演法要亦復如是示諸衆生及四部
衆諸道通塞是諸衆生以聞法故遠離諸惡
具足善法以是義故聽法因緣則得近於大
般涅槃善男子譬如明鏡照人面像无不明
了聽法明鏡亦復如是有人照之則見善惡
明了无翳以是義故聽法因緣則得近於大
般涅槃善男子譬如估客欲至寶渚不知道
路有人示之其人隨語即至寶渚多獲諸珎不
可稱計一切衆生亦復如是欲至善處採取
道寶不知其路通塞之處菩薩示之衆生隨
已得至善處獲得无上大涅槃寶以是義故聽
法因緣則得近於大般涅槃善男子譬如醉
象狂騃暴惡多欲煞害有調象師以大鐵
鉤鉤斲其頂即時調順惡心都盡一切衆生

BD03527 號　大般涅槃經（北本　異卷）卷二五　（22–10）

法因緣則得近於大般涅槃善男子譬如醉
為狂騃累惡多欲煞害有調為師以大鐵
鉤鉤斵其頂即時調順惡心都盡一切衆生
亦復如是貪欲瞋恚愚癡醉故欲多造惡諸
菩薩等以聞法鉤斵之令住更不得起造諸惡
心以是義故聽法因緣則得近於大般涅槃
是故我於處處經中說我弟子專心聽受
十二部經則離五蓋脩七覺分以是脩集七
覺分故則得近於大般涅槃以聽法故須陁洹
人離諸恐怖所以者何須達長者身遭重病
心大愁怖聞舍利弗說須陁洹有四功德十種
慰喻聞是事已恐怖即除以是義故聽法
因緣則得近於大般涅槃何以故開法眼故
世有三人一者无目二者一目三者二目言无
目者常不聞法一目之人雖暫聞法其心
不住二目之人專心聽受如聞而行以聽法
故得如世間如是三人以是義故聽法因緣
則得近於大般涅槃善男子如我昔於拘尸
那城時舍利弗身遇病苦我時顧命阿難比
丘廣為說法時舍利弗聞是事已告四弟子
汝舉我林往至佛所我欲聽法時四弟子即
共舉往既得聞法已聞力故所苦除差身得
安隱以是義故聽法因緣則得近於大般涅
槃云何菩薩思惟因緣而得近於大般涅槃
因是思惟心得解脫何以故一切衆生常為

BD03527號　大般涅槃經（北本　異卷）卷二五

（22–11）

安隱以是義故聽法因緣則得近於大般涅
槃云何菩薩思惟因緣而得近於大般涅槃
因是思惟心得解脫何以故一切衆生常為
五欲之所繫縛以思惟故悉得解脫以是義
故思惟因緣則得近於大般涅槃復次善男
子一切衆生常為常樂我淨四法之所顛倒
以思惟故得見諸法无常无樂无我无淨如
是見已四倒即斷以是義故思惟因緣則得
近於大般涅槃復次善男子一切諸法有四
種相何等為四一者生相二者老相三者病
相四者滅相以是四相能令一切凡夫衆生
至須陁洹生大苦惱若能繫念善思惟者雖
遇此四不生於苦以是義故思惟因緣則得
近於大般涅槃復次善男子一切善法无不
因於思惟而得何以故有人雖於无量无邊
阿僧祇劫專心聽法若不思惟終不能得阿
耨多羅三藐三菩提以是義故思惟因緣則
得近於大般涅槃復次善男子若有衆生信
佛法僧无有變易而生恭敬當知皆是繫念
思惟因緣力故因得斷除一切煩惱以是義
故思惟因緣則得近於大般涅槃云何菩薩
如法脩行善男子斷諸惡法脩集善法是名
菩薩如法脩行復次云何如法脩行見一切法
空无所有无常无樂无我无淨以是見故寧
捨身命不犯禁戒是名菩薩如法脩行復次

BD03527號　大般涅槃經（北本　異卷）卷二五

（22–12）

如法脩行善男子斷諸惡法脩集善法是名
菩薩如法脩行復次云何如法脩行見一切法
空无所有无常无樂无我无淨以是見故寧
捨身命不犯禁戒是名菩薩如法脩行復次
云何如法脩行脩有二種一者真實二者
不實不實者不知涅槃佛性如來法僧實
相虛空等相是名不實云何真實能知涅槃
佛性如來法僧實相虛空等相是名真實云
何名爲知涅槃相涅槃之相凡有八事何等爲
八一者盡二者善性三實四真五常六樂七我
八淨是名涅槃復次有八事何等爲八一者
解脫二者善性三者不實四者不真五者无
常六者无樂七者无我八者无淨復有六者
一者解脫二者善性三者不實四者不真五
者安樂六者清淨若有衆生依世俗道斷煩
惱者如是涅槃則有八事解脫不實何以故
不常故以无常故則无有實无有實故則无
有真雖斷煩惱以還起故无常无我无樂无
淨是名涅槃解脫八事云何六相聲聞緣覺
斷煩惱故名爲解脫而未能得阿耨多羅三
藐三菩提故名爲不實以不實故名爲不真
未來之世當得阿耨多羅三藐三菩提故名
无常以得无漏八聖道故名爲淨樂善男子
若如是知如是知涅槃不名佛性如來法僧實
相虛空云何菩薩知於佛性佛性有六何等
爲六一常二淨三實四善五當見六真復有

BD03527號　大般涅槃經（北本　異卷）卷二五　　（22–13）

无常以得无漏八聖道故名爲淨樂善男子
若如是知如是知涅槃不名佛性如來法僧實
相虛空云何菩薩知於佛性佛性有六何等
爲六一常二淨三實四善五當見六真復有
七事一者可證餘六如上是故菩薩知於佛性云
何菩薩知如來相如來即是覺相善根常
樂我淨解脫真實示導可見是名菩薩知如
來相云何菩薩知於法相法者若善不善若
常不常若樂不樂若我无我若淨不淨若知
不知若解不解若真不真若脩不脩若師非
師若實不實是名菩薩知於法相云何菩薩
知於僧相僧者常樂我淨是弟子相可見之
相善真不實何以故一切聲聞得佛道故何
故名真悟法性故是名菩薩知於僧相云何
菩薩知於實相實相者若常无常若樂无樂
若我无我若淨无淨若善不善若有若无若
涅槃非涅槃若解脫非解脫若知不知若斷
不斷若證不證若脩不脩若見不見是名實
相非是涅槃佛性如來法僧虛空是名菩薩
因脩如是大涅槃故知於涅槃佛性如來法
僧實相虛空等法差別之相善男子菩薩摩
訶薩脩大涅槃微妙經典不見虛空何以故
佛及菩薩雖有五眼所不見故唯有慧眼乃
能見之慧眼所見无法可見故名爲見若是
无物名虛空者如是虛空乃名爲實以是實

BD03527號　大般涅槃經（北本　異卷）卷二五　　（22–14）

佛及菩薩雖有五眼而不見故唯有慧眼乃
能見之慧眼所見无法可見故名為見若是
无物名虛空者如是虛空乃名為實以是實
故則名常无以常无故无樂无淨善男子空
名无法无法名空辟如世間无物名空虛空
之性亦復如是无所有故名為虛空善男子
衆生之性與虛空性俱无實性何以故如人
說言除滅有物然後作空而是虛空實不可
作何以故无所有故以无有故當知无空是虛
空性若可作者則名无常若无常者不名
虛空善男子如世間人說言虛空无色无㝵
常不變易是故世稱虛空之法為第五大善
男子而是虛空實无有性以光明故故名虛
空實无虛空猶如世諦實无其性為衆生故
說有世諦善男子涅槃之體亦復如是无有住
處直是諸佛斷煩惱處故名涅槃涅槃即是
常樂我淨涅槃雖樂非是受樂乃是上妙寂
滅之樂諸佛如来有二種樂一寂滅樂二覺
知樂實相之體有三種樂一者受樂二寂滅
樂三覺知樂佛性一樂以當見故得阿耨多
羅三藐三菩提時名菩提樂
尒時光明遍照高貴德王菩薩摩訶薩曰佛
言世尊若煩惱斷處是涅槃者是事不然何
以故如来往昔初成佛道至尼連禪河邊尒
時魔王與其眷屬到於佛所而作是言世尊

尒時光明遍照高貴德王菩薩摩訶薩曰佛
言世尊若煩惱斷處是涅槃者是事不然何
以故如来往昔初成佛道至尼連禪河邊尒
時魔王與其眷屬到於佛所而作是言世尊
涅槃時到何故不入佛告魔王我今未有多
聞弟子善持禁戒聰明利智能化衆生是故
不入若言煩惱斷滅之處是涅槃者諸菩薩
等於无量劫已斷煩惱何故不得稱為涅槃
但是斷處何緣獨稱諸佛有之菩薩无也若
斷煩惱非涅槃者何故如来昔告生名婆羅
門言我今此身即是涅槃如来又時在毗舍離
國魔復啓請如来昔以未有弟多聞持戒
聰明利智能化衆生不入涅槃今已具足何
故不入如来尒時即告魔言汝今莫生邑遟
之想却後三月吾當涅槃世尊若使滅度
非涅槃者何故如来自期三月當般涅槃世
尊若斷煩惱是涅槃者如来往昔初在道場
菩提樹下斷煩惱時便是涅槃何故復言却
後三月當般涅槃世尊若使尒時是涅槃者
云何方為拘尸那城諸力士等說言後夜當
般涅槃如来誠實云何出是虛妄之言尒時
世尊告光明遍照高貴德王菩薩摩訶薩
善男子若言如来得廣長舌當知如来於无
量劫已離妄語一切諸佛及諸菩薩凡所發
言誠諦无虛善男子如汝所言波旬往昔啓請

善男子若言如來得廣長舌當知如來於无
量劫已離妄語一切諸佛及諸菩薩凡所發
言誠諦无虛善男子如汝所言波旬往昔啟請
於我入涅槃者善男子而是魔王真實不知
涅槃之相何以故波旬意謂不化衆生默然
而住便是涅槃善男子辟如世人見人不言
无所造作便謂是人如死无異魔王波旬
亦復如是意謂如來不化衆生默无所說便
謂如來入般涅槃善男子如來不說佛法衆
僧无差別相唯說常住清淨二法无差別耳
善男子佛亦不說佛及佛性涅槃无差別相
唯說常恒不變无差別耳善男子佛亦无說
涅槃實相无差別相唯說常有實不變易无
差別耳善男子尒時我諸聲聞弟子生於諍
訟如拘睒弥諸惡比丘違反我教多犯禁戒
受不淨物貪求利養向諸白衣而自讚歎我得
无漏謂須陁洹果乃至我得阿羅漢果毀辱
於他於佛法僧戒律和上不生恭敬公於我
前言如是物佛所聽畜如是等物佛不聽畜
我亦語言如是等物我實不聽復反我言
如是等物實是佛聽如是惡人不信我言為
是等故我告波旬汝莫忌疑却後三月當般
涅槃善男子因如是等惡比丘故令諸聲聞
受學弟子不見我身不聞我法便言如來入
於涅槃唯諸菩薩能見我身常聞我法是之文下

如是等物實是佛聽如是惡人不信我言為
是等故我告波旬汝莫忌疑却後三月當般
涅槃善男子因如是等惡比丘故令諸聲聞
受學弟子不見我身不聞我法便言如來入
於涅槃唯諸菩薩能見我身常聞我法是故不
言我入涅槃聲聞弟子雖復發言如來涅槃
而我實不入於涅槃善男子若我所有聲聞
弟子說言如來入涅槃者當知是人非我弟子
是魔伴黨耶見惡人非正見也若言如來
不入涅槃當知是人真我弟子非魔伴黨
正見之人非惡耶也善男子我初不見弟子
之中有言如來不化衆生默然而住名般涅槃
也善男子辟如長者多有子息捨至他方未
得還頃諸子並謂父已死矣而是長者實
亦不死諸子顛倒皆生死想聲聞弟子亦復
如是不見我故便謂如來已於拘尸那城娑
羅雙樹間而般涅槃而我實不般涅槃也聲
聞弟子生涅槃想善男子辟如明燈有人覆
之餘不知者謂燈已滅而是明灯實亦不滅
以不知故生於滅想聲聞弟子亦復如是雖
有慧眼以煩惱覆令心顛倒不見真身而便
生於滅度之想而我實不取滅度也善男子
如生盲人不見日月以不見故不知晝夜明闇
之想以不知故便說无有日月之實實有日月
盲者不見以不見故生於倒想言无日月聲
聞弟子亦復如是如彼生盲不見如來便謂

生於滅度之想而我實不取滅度也善男子
如生盲人不見日月以不見故不知晝夜明闇
之想以不知故便說无有日月之實實有日月
盲者不見以不見故生於倒想言无日月聲
聞弟子亦復如是如彼生盲不見如來便謂
如來入於涅槃如來實不入於涅槃以倒想
故生如是心善男子譬如雲霧覆翳日月
癡人便言无有日月日月實有直以覆故
衆生不見聲聞弟子亦復如是以諸煩惱覆
智慧眼不見如來便言如來入於滅度善男
子直是如來現嬰兒行非滅度也善男子如
閻浮提日入之時衆生不見以黑山鄣故而
是日性實无沒入衆生不見生沒入想聲聞
弟子亦復如是為諸煩惱山所鄣故不見我身
以不見故便於如來生滅度想而我實不取
滅度也是故我於毗舍離國告波旬言却
後三月我當涅槃善男子如來玄見迦葉菩
薩却後三月善根當熟亦見香山須跋陀羅
竟安居已當至我所是故我告魔王波旬却
後三月當般涅槃善男子有諸力士其數五
百終竟三月亦當得發阿耨多羅三藐三菩
提心我為是故告波旬言却後三月當般涅
槃善男子純陀等輩及五百梨車菴羅葉女
却後三月无上道心善根成熟為是等故我
告波旬却後三月當般涅槃善男子須那刹

BD03527號　大般涅槃經（北本　異卷）卷二五　（22–19）

提心我為是故告波旬言却後三月當般涅
槃善男子純陀等輩及五百梨車菴羅葉女
却後三月无上道心善根成熟為是等故我
告波旬却後三月當般涅槃善男子須那刹
多親近外道尼乾子等我為說法滿十二年彼
人耶見不信不受我知是人耶見根栽却後三
月定可斫伐我為是故告波旬言却後三月
當般涅槃善男子何因緣故我於往昔尼
連河邊告魔波旬我今未有多智弟子是故
不得入涅槃者我時欲為五比丘等於波羅
㮈轉法輪故次復欲為五比丘等所謂耶奢
富那毗摩羅闍憍梵波提須婆睺復次欲為
郁伽長者等五十人次復欲為摩伽陀國頻婆
娑羅王等无量人天次復欲為優樓頻螺迦葉
門徒五百比丘次復欲為那提迦葉伽耶迦葉
兄弟二人及五百弟子次復欲為舍利弗目
揵連等二百五十比丘轉妙法輪是是故我
告魔王波旬不般涅槃善男子有名涅槃非
大涅槃云何涅槃非大涅槃不見佛性而斷
煩惱是名涅槃非大涅槃以不見佛性故无常
无我唯有樂淨以是義故雖斷煩惱不得
名為大般涅槃若見佛性能斷煩惱是則名
為大涅槃也以見佛性故得名為常樂我淨
以是義故斷於煩惱亦得稱為大般涅槃善
男子涅者言不滕者言織不織之義名之涅

BD03527號　大般涅槃經（北本　異卷）卷二五　（22–20）

為大涅槃也以見佛性故得名為常樂我淨
以是義故斷於煩惱亦得稱為大般涅槃善
男子涅者言不槃者言織不織之義名之涅
槃槃又言覆不覆之義乃名涅槃槃言去來
不去不來乃名涅槃槃者言取不取之義乃名
涅槃槃言不定定无不定乃名涅槃槃言新
故无新无故義乃名涅槃槃言鄣㝵无鄣㝵義
乃名涅槃善男子有優樓迦毗羅弟子等言
槃者名相无相之義乃名涅槃善男子槃者
言有无有之義乃名涅槃槃者名和合无和合
義乃名涅槃槃者言苦无苦之義乃名涅槃
善男子斷煩惱者不名涅槃不生煩惱乃名
涅槃善男子諸佛如来煩惱不起是名涅槃
所有智慧於法无㝵是為如来非是凡夫聲
聞緣覺菩薩是名佛性如来身心智慧遍滿
无量无邊阿僧祇土无所鄣㝵是名虛空如
来常住无有變易名曰實相以是義故如来
實不畢竟涅槃是名菩薩脩大涅槃微妙經
典具足成就第七功德

大般涅槃經卷第二十五

BD03527號　大般涅槃經（北本　異卷）卷二五　　（22–21）

義乃名涅槃槃者言苦无苦之義乃名涅槃
善男子斷煩惱者不名涅槃不生煩惱乃名
涅槃善男子諸佛如来煩惱不起是名涅槃
所有智慧於法无㝵是為如来非是凡夫聲
聞緣覺菩薩是名佛性如来身心智慧遍滿
无量无邊阿僧祇土无所鄣㝵是名虛空如
来常住无有變易名曰實相以是義故如来
實不畢竟涅槃是名菩薩脩大涅槃微妙經
典具足成就第七功德

大般涅槃經卷第二十五

BD03527號　大般涅槃經（北本　異卷）卷二五　　（22–22）

偏袒一肩右膝著地向薄伽梵曲躬
言世尊唯願演說如是相類諸佛名号
大願殊勝功德令諸聞者業鄣銷除為欲利
樂像法轉時諸有情故
尒時世尊讚曼殊室利童子言善哉善哉曼
殊室利汝以大悲勸請我說諸佛名号本願
功德為拔業鄣所纏有情利益安樂像法轉
時諸有情故汝今諦聽極善思惟當為汝說
曼殊室利言唯然願說我等樂聞
佛告曼殊室利東方去此過十殑伽沙等佛
土有世界名淨瑠璃佛号藥師瑠璃光如來
應正等覺明行圓滿善逝世間解无上丈夫
調御士天人師佛薄伽梵曼殊室利彼世尊
藥師瑠璃光如來本行菩薩道時發十二大願
令諸有情所求皆得
第一大願願我來世得阿耨多羅三藐三菩
提時自身光明熾然照曜无量无數无邊世
界以三十二大丈夫相八十隨好莊嚴其身
令一切有情如我无異
第二大願願我來世得菩提時身如瑠璃

BD03528 號　藥師琉璃光如來本願功德經　（4–1）

第一大願願我來世得阿耨多羅三藐三菩
提時自身光明熾然照曜无量无數无邊世
界以三十二大丈夫相八十隨好莊嚴其身
令一切有情如我无異
第二大願願我來世得菩提時身如瑠璃
內外明徹淨无瑕穢光明廣大功德巍巍身善
安住焰網莊嚴過於日月幽冥眾生悉蒙開
曉隨意所趣作諸事業
第三大願願我來世得菩提時以无量无邊
智慧方便令諸有情皆得无盡所受用物莫
令眾生有所乏少
第四大願願我來世得菩提時若諸有情行
邪道者悉令安住菩提道中若行聲聞獨覺
乘者皆以大乘而安立之
第五大願願我來世得菩提時若有无量无
邊有情於我法中脩行梵行一切皆令得不
缺戒具三聚戒設有毀犯聞我名已還得清
淨不墮惡趣
第六大願願我來世得菩提時若諸有情其
身下劣諸根不具醜陋頑愚盲聾瘖瘂攣躄
背僂白癩癲狂種種病苦聞我名已一切皆
得端正黠慧諸根完具无諸疾苦
第七大願願我來世得菩提時若諸有情眾
病逼切无救无歸无醫无藥无親无家貧窮
多苦我之名号一經其耳眾病悉除身心安
樂家屬資具悉皆豐足乃至證得无上菩提
第八大願願我來世得菩提時若有女人為
女百惡之所逼惱……
BD03528 號　藥師琉璃光如來本願功德經　（4–2）

病逼切无救无歸无醫无藥无親无家貧窮
多苦我之名号一經其耳衆病悉除身心安
樂家屬資具悉皆豊足乃至證得无上菩提
第八大願願我來世得菩提時若有女人為
女百惡之所逼惱極生猒離願捨女身聞我
名已一切皆得轉女成男具丈夫相乃至證
得无上菩提
第九大願願我來世得菩提時令諸有情出
魔羂網解脫一切外道纏縛若墮種種惡見
稠林皆當引攝置於正見漸令脩習諸菩薩
行速證无上正等菩提
第十大願願我來世得菩提時若諸有情王
法所繩縛録鞭撻繫閉牢獄或當刑戮及餘
无量災難陵辱悲愁煎迫身心受苦若聞我
名以我福德威神力故皆得解脫一切憂苦
第十一大願願我來世得菩提時若諸有情
飢渇所惱為求食故造諸惡業得聞我名專
念受持我當先以上妙飲食飽足其身後以
法味畢竟安樂而建立之
第十二大願願我來世得菩提時若諸有情
貧无衣服蚊䖸寒熱晝夜逼惱若聞我名專
念受持如其所好即得種種上妙衣服亦得
一切寶莊嚴具華鬘塗香鼓樂衆伎隨心所
翫皆令滿足
曼殊室利是為彼世尊藥師瑠璃光如來應
正等覺行菩薩道時所發十二微妙上願
復次曼殊室利彼世尊藥師瑠璃光如來行

BD03528號　藥師琉璃光如來本願功德經　（4–3）

飢渇所惱為求食故造諸惡業得聞我名專
念受持我當先以上妙飲食飽足其身後以
法味畢竟安樂而建立之
第十二大願願我來世得菩提時若諸有情
貧无衣服蚊䖸寒熱晝夜逼惱若聞我名專
念受持如其所好即得種種上妙衣服亦得
一切寶莊嚴具華鬘塗香鼓樂衆伎隨心所
翫皆令滿足
曼殊室利是為彼世尊藥師瑠璃光如來應
正等覺行菩薩道時所發十二微妙上願
復次曼殊室利彼世尊藥師瑠璃光如來行
菩薩道時所發大願及彼佛土功德莊嚴我
若一劫若一劫餘說不能盡然彼佛土一向
清淨无有女人亦无惡趣及苦音聲瑠璃為
地金繩界道城闕宮閣軒窓羅網皆七寶成
亦如西方極樂世界功德莊嚴等无差別於
其國中有二菩薩摩訶薩一名日光遍照二
名月光遍照是彼无量无數菩薩衆之上首
悉能持彼世尊藥師瑠璃光如來正法寶藏
是故曼殊室利諸有信心善男子善女人等
應當願生彼佛世界
尒時世尊復告曼殊室利童子言曼殊室利

BD03528號　藥師琉璃光如來本願功德經　（4–4）

著　錄　凡　例

本目錄採用條目式著錄法。諸條目意義如下：

1.1　著錄編號。用漢語拼音首字“BD”表示，意為“北京圖書館藏敦煌遺書”，簡稱“北敦號”。文獻寫在背面者，標註為“背”。一件遺書上抄有多個文獻者，用數字1、2、3等標示小號。一號中包括幾件遺書，且遺書形態各自獨立者，用字母A、B、C等區別。

1.2　著錄分類號。本條記目錄暫不分類，該項空缺。

1.3　著錄文獻的名稱、卷本、卷次。

1.4　著錄千字文編號。

1.5　著錄縮微膠卷號。

2.1　著錄遺書的總體數據。包括長度、寬度、紙數、正面抄寫總行數與每行字數、背面抄寫總行數與每行字數。如該遺書首尾有殘破，則對殘破部分單獨度量，用加號加在總長度上。凡屬這種情況，長度用括弧標註。

2.2　著錄每紙數據。包括每紙長度及抄寫行數或界欄數。

2.3　著錄遺書的外觀。包括：（1）裝幀形式。（2）首尾存況。（3）護首、軸、軸頭、天竿、縹帶，經名是書寫還是貼簽，有無經名號，扉頁、扉畫。（4）卷面殘破情況及其位置。（5）尾部情況。（6）有無附加物（蟲繭、油污、線繩及其他）。（7）有無裱補及其年代。（8）界欄。（9）修整。（10）其他需要交待的問題。

2.4　著錄一件遺書抄寫多個文獻的情況。

3.1　著錄文獻首部文字與對照本核對的結果。

3.2　著錄文獻尾部文字與對照本核對的結果。

3.3　著錄錄文。

3.4　著錄對文獻的説明。

4.1　著錄文獻首題。

4.2　著錄文獻尾題。

5　著錄本文獻與對照本的不同之處。

6.1　著錄本遺書首部可與另一遺書綴接的編號。

6.2　著錄本遺書尾部可與另一遺書綴接的編號。

7.1　著錄題記、題名、勘記等。

7.2　著錄印章。

7.3　著錄雜寫。

7.4　著錄護首及扉頁的內容。

8　著錄年代。

9.1　著錄字體。如有武周新字、合體字、避諱字等，予以説明。

9.2　著錄卷面二次加工的情況。包括句讀、點標、科分、間隔號、行間加行、行間加字、硃筆、墨塗、倒乙、刪除、兑廢等。

10　著錄敦煌遺書發現後，近現代人所加內容，裝裱、題記、印章等。

11　備註。著錄揭裱互見、圖版本出處及其他需要説明的問題。

上述諸條，有則著錄，無則空缺。

為避文繁，上述著錄中出現的各種參考、對照文獻，暫且不列版本説明。全目結束時，將統一編制本條記目錄出現的各種參考書目。

本條記目錄為農曆年份標註其公曆紀年時，未進行歲頭年末之換算，請讀者使用時注意自行換算。

條　記　目　錄

BD03462—BD03528

1.1　BD03462 號
1.3　金剛般若波羅蜜經
1.4　露 062
1.5　094:3637
2.1　(4.9+516.4)×26l 厘米；14 紙；293 行，行 17 字。
2.2　01：04.9，03；　02：41.5，24；　03：41.6，24；
04：41.6，24；　05：41.9，24；　06：41.5，24；
07：41.6，24；　08：41.7，24；　09：42.0，24；
10：42.0，23；　11：42.0，24；　12：42.0，24；
13：42.0，24；　14：15.0，02。
2.3　卷軸裝。首殘尾全。第 2、3 紙有破損。背有鳥糞。有烏絲欄。
3.1　首 3 行下殘→大正 235，8/749A10～12。
3.2　尾全→8/752C3。
4.2　金剛般若波羅蜜經（尾）。
8　7～8 世紀。唐寫本。
9.1　楷書。
11　圖版：《敦煌寶藏》，79/272A～278B。

1.1　BD03463 號
1.33　大般涅槃經袟卷品及首尾經文録（擬）
1.4　露 063
1.5　119:6612
2.1　165.5×30 厘米；4 紙；正面 70 行，行字不等。背面 76 行，行字不等。
2.2　01：42.0，22；　02：41.0，24；　03：41.5，21；
04：41.0，03。
2.3　卷軸裝。首尾均全。前 2 紙下邊有等距離殘缺。有折疊欄。
2.4　本遺書包括 3 個文獻：（一）《大般涅槃經袟卷品及首尾經文録》（擬），70 行，抄寫在正面，今編為 BD03463 號。（二）《點勘雜録》（擬），3 行，抄寫在背面，今編為 BD03463 號背 1。（三）《大般涅槃經袟卷品及首尾經文録》（擬），73 行，抄寫在背面，今編為 BD03463 號背 2。
3.1　首全→《敦煌佛教經錄輯校》上册，第 392 頁第 11 行。
3.2　尾全→《敦煌佛教經錄輯校》上册，第 400 頁第 7 行。
8　7～8 世紀。唐寫本。
9.1　楷書。有武周新字："國"、"正"、"臣"、"人"。有合體字"菩薩"。
11　圖版：《敦煌寶藏》，100/565B～569B。

1.1　BD03463 號背 1
1.3　點勘雜錄（擬）
1.4　露 063
1.5　119:6612
2.4　本遺書由 3 個文獻組成，本號為第 2 個，3 行。餘參見 BD03463 號之第 2 項、第 11 項。
3.1　首全→《敦煌佛教經錄輯校》下册，第 685 頁第 2 行。
3.2　尾全→《敦煌佛教經錄輯校》下册，第 685 頁第 4 行。
8　7～8 世紀。唐寫本。
9.1　楷書。

1.1　BD03463 號背 2
1.33　大般涅槃經袟卷品及首尾經文錄（擬）
1.4　露 063
1.5　119:6612
2.4　本遺書由 3 個文獻組成，本號為第 3 個，73 行。餘參見 BD03463 號之第 2 項、第 11 項。
3.1　首全→《敦煌佛教經錄輯校》上册，第 401 頁第 9 行。
3.2　尾全→《敦煌佛教經錄輯校》上册，第 410 頁第 13 行。
8　7～8 世紀。唐寫本。
9.1　楷書。有合體字"菩薩"。
9.2　有行間校加字。

1.1　BD03464 號
1.3　金剛般若波羅蜜經
1.4　露 064

1.5　094:3822
2.1　441.8×24 厘米；10 紙；252 行，行 17 字。
2.2　01：47.8，28；　02：47.2，28；　03：48.0，28；
04：48.0，28；　05：47.8，28；　06：47.7，28；
07：47.0，28；　08：47.8，28；　09：48.0，28；
10：12.5，拖尾。
2.3　卷軸裝。首脫尾全。經黄紙。接縫處有開裂，第 9 紙上部有缺損。卷末裝蘆葦片尾竿。背有古代裱補。有烏絲欄。
3.1　首殘→大正 235，8/749B20。
3.2　尾全→8/752C3。
4.2　金剛般若波羅蜜經（尾）。
8　7～8 世紀。唐寫本。
9.1　楷書。
11　圖版：《敦煌寶藏》，80/473A～479A。

1.1　BD03465 號
1.3　梵網經盧舍那佛說菩薩心地戒品第十卷下
1.4　露 065
1.5　143:6726
2.1　（2.5+559.5）×26.5 厘米；12 紙；324 行，行 17 字。
2.2　01：2.5+35.5，22；　02：49.0，28；　03：49.0，28；
04：49.0，28；　05：48.5，28；　06：48.5，28；
07：47.0，28；　08：48.5，28；　09：48.5，28；
10：47.5，28；　11：48.5，27；　12：40.0，23。
2.3　卷軸裝。首尾均殘。通卷上邊殘缺，卷面有殘洞。背有古代裱補。已修整。
3.1　首 1 行中下殘→大正 1484，24/1005B15。
3.2　尾殘→24/1009C8。
7.3　背有雜寫“義”等字。
8　9～10 世紀。歸義軍時期寫本。
9.1　楷書。
9.2　有硃墨筆校改。
11　從本號背面揭下古代裱補紙 2 塊，今編爲 BD16208 號、BD16209 號。
圖版：《敦煌寶藏》，101/348B～356B。

1.1　BD03466 號
1.3　大通方廣懺悔滅罪莊嚴成佛經卷中
1.4　露 066
1.5　277:8218
2.1　771×26 厘米；17 紙；435 行，行 19～20 字。
2.2　01：02.6，01；　02：49.0，28；　03：49.0，28；
04：49.0，28；　05：49.5，28；　06：49.0，28；
07：49.3，28；　08：49.0，28；　09：49.5，28；
10：49.0，28；　11：49.0，28；　12：49.0，28；
13：49.0，28；　14：48.8，28；　15：49.0，28；
16：48.8，28；　17：32.5，14。
2.3　卷軸裝。首殘尾全。有烏絲欄。
3.1　首殘，第 144 行→大正 2871，85/1345B7。
3.2　尾全→85/1349A12。
4.2　大通方廣經卷中（尾）。
5　《大正藏》本以日本大谷大學藏本為底本，該本首殘。本號首尾完整，多出 144 行。
8　9～10 世紀。歸義軍時期寫本。
9.1　楷書。
9.2　有行間校加字。有刮改。
11　圖版：《敦煌寶藏》，109/299B～309B。

1.1　BD03467 號
1.3　無量壽宗要經
1.4　露 067
1.5　275:8016
2.1　（11+159.5）×31 厘米；4 紙；119 行，行 30 餘字。
2.2　01：11+27，28；　02：44.5，32；　03：44.0，33；
04：44.0，26。
2.3　卷軸裝。首殘尾全。卷首殘破嚴重，脱落 2 塊殘片，可綴接。有烏絲欄。
3.1　首 8 行上下殘→大正 936，19/82A12～25。
3.2　尾全→19/84C29。
4.2　佛說無量壽宗要經（尾）。
8　8～9 世紀。吐蕃統治時期寫本。
9.1　行楷。
11　圖版：《敦煌寶藏》，108/523A～525A。

1.1　BD03468 號
1.3　金剛般若波羅蜜經
1.4　露 068
1.5　094:3550
2.1　（9.5+574.6）×26 厘米；8 紙；308 行，行 17 字。
2.2　01：9.5+63.2，39；　02：73.2，40；　03：73.3，40；
04：73.4，40；　05：73.0，40；　06：73.0，40；
07：73.0，40；　08：72.5，29。
2.3　卷軸裝。首尾均全。首紙右下殘缺 1 塊，尾有蟲繭。背有古代裱補。有烏絲欄。已修整。
3.1　首 4 行下殘→大正 235，8/748C17～23。
3.2　尾全→8/752C3。
4.1　金剛般若波羅蜜經（首）。
4.2　金剛般若波羅蜜經（尾）。
8　9～10 世紀。歸義軍時期寫本。
9.1　楷書。
11　圖版：《敦煌寶藏》，78/482B～490A。

1.1　BD03469 號
1.3　妙法蓮華經卷五

1.4　露 069
1.5　105:5463
2.1　(24.2 +1009) ×27 厘米；22 紙；590 行，行 17 字。
2.2　01：05.2，03；　02：19 +29.5，28；　03：48.5，28；
04：47.2，27；　05：49.0，28；　06：48.8，28；
07：49.0，28；　08：49.0，28；　09：49.0，28；
10：49.0，28；　11：49.0，28；　12：49.0，28；
13：48.9，28；　14：49.1，28；　15：49.2，28；
16：48.8，28；　17：49.2，28。　18：49.4，28；
19：49.3，28；　20：49.5，28；　21：49.4，28；
22：49.2，28。
2.3　卷軸裝。首殘尾全。卷首下部有等距殘缺。尾有原軸，兩端塗黑漆。有烏絲欄。已修整。
3.1　首 14 行上下殘→大正 262，9/37A29 ~ B15。
3.2　尾全→9/46B14。
4.2　妙法蓮華經卷第五（尾）。
8　8 世紀。唐寫本。
9.1　楷書。
11　圖版：《敦煌寶藏》，92/186B ~ 202B。

1.1　BD03470 號
1.3　妙法蓮華經卷五
1.4　露 070
1.5　105:5548
2.1　(3.2 +85.5) ×25.6 厘米；2 紙；54 行，行 17 字。
2.2　01：3.2 +39.5，26；　02：46.0，28。
2.3　卷軸裝。首殘尾脱。經黄紙。卷首殘破。有烏絲欄。
3.1　首 2 行上下殘→大正 262，9/37C18 ~ 20。
3.2　尾殘→9/38B28。
7.1　首紙背有經名、品名品次及卷次勘記：“妙法蓮華經安樂行品第十四，五。”
8　7 ~ 8 世紀。唐寫本。
9.1　楷書。
11　圖版：《敦煌寶藏》，93/5A ~ 6B。

1.1　BD03471 號
1.3　大般涅槃經（北本　宮本）卷三九
1.4　露 071
1.5　115:6519
2.1　(15 +866.2) ×25.8 厘米；19 紙；501 行，行 17 字。
2.2　01：15 +30，26；　02：47.8，28；　03：48.0，28；
04：47.6，28；　05：48.0，28；　06：47.8，28；
07：47.8，28；　08：47.9，28；　09：48.0，28；
10：47.8，28；　11：48.0，28；　12：48.0，28；
13：48.0，28；　14：47.6，28；　15：47.8，28；
16：47.7，28；　17：47.8，28。　18：47.6，27；
19：23.0，拖尾。
2.3　卷軸裝。首殘尾全。首紙上下端殘損，脱落 2 塊殘片，可綴接。卷面下部破裂。有烏絲欄。
3.1　首 8 行下殘→大正 374，12/592B27 ~ 5C。
3.2　尾全→12/598B15。
4.1　大般涅槃經憍陳如品餘□…□（首）。
4.2　大般涅槃經卷第卅九（尾）。
5　與《大正藏》本對照，分卷不同。經文相當於《大正藏》卷三十九憍陳如品第十三之一至卷四十憍陳如品之二前部。與日本宮内寮本、《思溪藏》、《普寧藏》、《嘉興藏》分卷相同。
7.1　卷首背有卷次勘記“卅九”。
8　8 世紀。唐寫本。
9.1　楷書。
9.2　有刮改。
11　圖版：《敦煌寶藏》，100/75A ~ 86A。

1.1　BD03472 號
1.3　維摩詰所説經卷中
1.4　露 072
1.5　070:1194
2.1　(10 +267) ×25 厘米；6 紙；162 行，行 17 字。
2.2　01：10 +22，23；　02：49.0，28；　03：49.0，28；
04：49.0，28；　05：49.0，28；　06：49.0，27。
2.3　卷軸裝。首殘尾全。首紙中間有破裂，卷尾後部破損嚴重，有烏絲欄。
3.1　首 6 行下殘→大正 475，14/549B17 ~ 23。
3.2　尾全→14/551C27。
4.2　維摩詰經卷□（尾）。
7.1　第 2 紙背有題記“祝闍梨集經”。
8　8 ~ 9 世紀。吐蕃統治時期寫本。
9.1　楷書。
11　圖版：《敦煌寶藏》，65/638A ~ 642A。

1.1　BD03473 號
1.3　妙法蓮華經卷五
1.4　露 073
1.5　105:5561
2.1　(7.2 +715.3) ×25.6 厘米；16 紙；422 行，行 17 字。
2.2　01：7.2 +10.4，10；　02：47.5，28；　03：47.6，28；
04：47.5，28；　05：47.5，29；　06：47.7，28；
07：47.5，28；　08：47.3，28；　09：47.4，28；
10：47.5，28；　11：47.5，28；　12：47.5，28；
13：47.3，28；　14：46.5，27；　15：45.3，27；
16：43.3，21。
2.3　卷軸裝。首殘尾全。經黄打紙，研光上蠟。卷面有破裂，卷尾有多處蟲繭。背有古代裱補。有烏絲欄。
3.1　首 4 行中下殘→大正 262，9/39C24 ~ 28。
3.2　尾全→9/46B14。

4.2　妙法蓮華經卷第五（尾）。
8　7～8 世紀。唐寫本。
9.1　楷書。
11　圖版：《敦煌寶藏》，93/34B～45A。

1.1　BD03474 號
1.3　妙法蓮華經（八卷本）卷七
1.4　露 074
1.5　105:5809
2.1　60×26 厘米；2 紙；25 行，行 17 字。
2.2　01：10.0，護首；　02：50.0，25。
2.3　卷軸裝。首全尾脫。經黄紙。有護首，卷首殘破。卷面有破裂。有烏絲欄。
3.1　首全→大正 262，9/50B23。
3.2　尾殘→9/50C19。
4.1　妙法蓮華經常不輕菩薩品第二十，七（首）。
5　與《大正藏》本對照，分卷不同。本號屬八卷本。
8　7～8 世紀。唐寫本。
9.1　楷書。
11　圖版：《敦煌寶藏》，95/214B～215A。

1.1　BD03475 號
1.3　大般若波羅蜜多經卷四四
1.4　露 075
1.5　084:2114
2.1　（28＋549.5）×25.8 厘米；12 紙；324 行，行 17 字。
2.2　01：28＋20.3，28；　02：48.4，28；　03：48.7，28；
04：48.4，28；　05：48.8，28；　06：48.4，28；
07：48.4，28；　08：48.5，28；　09：48.0，28；
10：48.3，28；　11：48.2，28；　12：45.1，16。
2.3　卷軸裝。首脫尾全。卷首下部殘缺。尾有原軸，兩端塗硃漆。有烏絲欄。
3.1　首 16 行下殘→大正 220，5/247B16～C3。
3.2　尾全→5/251A19。
4.2　大般若波羅蜜多經卷第卌四（尾）。
7.1　首紙背有勘記“五袟（本文獻所屬袟次）、五袟（同前）、四（袟内卷次）”。
8　8～9 世紀。吐蕃統治時期寫本。
9.1　楷書。
11　圖版：《敦煌寶藏》，72/16B～23B。

1.1　BD03476 號
1.3　妙法蓮華經卷四
1.4　露 076
1.5　105:5246
2.1　（2＋648.7）×25.3 厘米；15 紙；370 行，行 17 字。
2.2　01：2＋31，20；　02：44.0，25；　03：44.0，25；
04：44.0，25；　05：44.2，25；　06：44.2，25；
07：44.2，25；　08：44.2，25；　09：44.2，25；
10：44.1，25；　11：44.2，25；　12：44.1，25；
13：44.2，25；　14：44.3，25；　15：43.8，25。
2.3　卷軸裝。首殘尾脫。卷首有殘裂及殘洞，卷面有黴爛，接縫處有開裂，尾紙有殘洞。有烏絲欄，竪欄頂天。
3.1　首 2 行殘→大正 262，9/27C18～19。
3.2　尾殘→9/33A25。
8　7～8 世紀。唐寫本。
9.1　楷書。
11　圖版：《敦煌寶藏》，90/299A～309A。

1.1　BD03477 號
1.3　思益梵天所問經卷二
1.4　露 077
1.5　043:0414
2.1　670.5×26 厘米；14 紙；392 行，行 17 字。
2.2　01：48.0，28；　02：47.5，28；　03：47.7，28；
04：48.0，28；　05：47.7，28；　06：48.0，28；
07：48.0，28；　08：48.0，28；　09：48.0，28；
10：48.0，28；　11：47.8，28；　12：48.0，28；
13：47.8，28；　14：48.0，28。
2.3　卷軸裝。首尾均脫。首紙有破損，接縫處有開裂。有烏絲欄。
3.1　首脫→大正 586，15/40C25。
3.2　尾脫→15/45B29。
5　與《大正藏》比較，本號不分品，分段亦有不同，文字略有差異。
8　8～9 世紀。吐蕃統治時期寫本。
9.1　楷書。
11　圖版：《敦煌寶藏》，58/652B～661B。

1.1　BD03478 號
1.3　佛名經（十六卷本）卷五
1.4　露 078
1.5　063:0634
2.1　（11.5＋1342.7）×31 厘米；28 紙；630 行，行 19 字。
2.2　01：11.5＋34，21；　02：48.5，23；　03：48.5，23；
04：48.5，23；　05：48.5，23；　06：48.5，23；
07：48.5，23；　08：48.5，23；　09：48.5，23；
10：48.5，23；　11：48.5，23；　12：48.5，23；
13：48.5，23；　14：48.5，23；　15：48.5，23；
16：48.5，23；　17：48.5，23。　18：48.5，23；
19：48.5，23；　20：48.5，23；　21：48.5，23
22：48.5，23；　23：48.5，23；　24：48.5，23
25：48.5，23；　26：48.5，23；　27：48.2，23；
28：48.0，11。

2.3　卷軸裝。首殘尾全。首紙中下部殘缺破損，第2紙下部有殘洞，尾紙下邊有殘損。尾有蟲繭。有烏絲欄。
3.1　首5行中下殘→《七寺古逸經典研究叢書》，3/第218頁第1行～第4行。
3.2　尾全→《七寺古逸經典研究叢書》，3/第267頁第647行。
4.2　佛名經卷第五（尾）。
7.3　第14紙背有雜寫2個"邊"字和"露甘大夫"。
8　9～10世紀。歸義軍時期寫本。
9.1　楷書。
9.2　在第13紙重抄的2行經文上邊，標註3個"剩"字。有行間校加字。有刮改。
11　圖版：《敦煌寶藏》，60/557A～572B。

1.1　BD03479號
1.3　佛名經（十六卷本）卷一四
1.4　露079
1.5　063:0784
2.1　（1208.1+18）×26厘米；25紙；684行，行17字。
2.2　01：50.0，28；　02：50.0，28；　03：50.0，28；
04：50.0，28；　05：50.0，28；　06：50.0，28；
07：50.0，28；　08：50.0，28；　09：50.2，28；
10：50.2，28；　11：50.3，28；　12：50.3，28；
13：50.3，28；　14：50.3，28；　15：50.3，28；
16：50.3，28；　17：50.3，28；　18：50.3，28；
19：50.3，28；　20：50.3，28；　21：50.3，28；
22：50.3，28；　23：50.3，28；　24：50.3，28；
25：3.5+18，12。
2.3　卷軸裝。首脱尾殘。經黄紙。尾紙中下部殘缺。背有古代裱補。有烏絲欄。
3.1　首殘→《七寺古逸經典研究叢書》，3/第692頁第86行。
3.2　尾10行中下殘→《七寺古逸經典研究叢書》，3/第742頁第728行～第738行。
5　與七寺本對照，卷中有《罪業報應教化地獄經》19行。
7.1　首紙背上部有卷次勘記"十四"。
8　7～8世紀。唐寫本。
9.1　楷書。
11　圖版：《敦煌寶藏》，62/287B～303B。

1.1　BD03480號
1.3　大般若波羅蜜多經卷二七〇
1.4　露080
1.5　084:2722
2.1　（10.5+756）×25.4厘米；17紙；449行，行17字。
2.2　01：10.5+33.7，26；　02：46.8，28；　03：47.1，28；
04：47.1，28；　05：47.0，28；　06：47.0，28；
07：47.1，28；　08：47.0，28；　09：47.0，28；
10：47.1，28；　11：47.1，28；　12：47.0，28；
13：47.0，28；　14：47.0，28；　15：47.0，28；
16：46.7，28；　17：17.3，03。
2.3　卷軸裝。首殘尾全。卷首有殘洞，上下邊殘缺。第11紙上邊殘缺，第16紙下邊有等距殘缺。尾有蟲繭。卷背有鳥糞。有燕尾。有烏絲欄。
3.1　首6行下殘→大正220，6/366B1～9。
3.2　尾全→6/371B14。
4.1　大般若波羅蜜多經□…□，/初分難信解品第卌四□…□/（首）。
4.2　大般若波羅蜜多經卷第二百七十（尾）。
8　8～9世紀。吐蕃統治時期寫本。
9.1　楷書。
11　圖版：《敦煌寶藏》，74/530B～540A。

1.1　BD03481號
1.3　摩訶般若波羅蜜經（異卷）卷三一
1.4　露081
1.5　088:3446
2.1　（10.7+904.2）×25.9厘米；19紙；508行，行17字。
2.2　01：10.7+31.7，24；　02：51.1，30；　03：51.4，29；
04：51.1，29；　05：51.4，30；　06：51.1，30；
07：51.6，30；　08：38.9，22；　09：51.4，30；
10：51.5，29；　11：51.7，29；　12：51.4，29；
13：51.6，29；　14：51.4，29；　15：51.6，29；
16：49.5，28；　17：51.0，29；　18：51.0，23；
19：13.8，拖尾。
2.3　卷軸裝。首殘尾全。卷面略殘。卷尾有原軸，兩端塗黑漆，頂端點硃漆。有烏絲欄。
3.1　首6行上下殘→大正223，8/355C13～21。
3.2　尾全→8/362A4。
4.1　摩訶般若波羅蜜愁魔品□…□（首）。
4.2　摩訶般若波羅蜜卷第卌一（尾）。
5　與《大正藏》本對照，卷次不同，品名有不同，相當於大正本卷十九。與其餘諸藏卷次均不同。
8　5～6世紀。南北朝寫本。
9.1　楷書。
9.2　有行間校加字。有倒乙符號。
11　圖版：《敦煌寶藏》，77/11B～23A。

1.1　BD03482號，
1.3　瑜伽師地論隨聽手記卷二一
1.4　露082
1.5　201:7192
2.1　544.9×28.7厘米；12紙；375行，行字不等。
2.2　01：45.4，31；　02：44.9，31；　03：45.4，31；
04：45.3，31；　05：45.6，32；　06：45.6，31；
07：45.3，31；　08：45.6，31；　09：45.3，31；

10：45.4，32；　11：45.5，32；　12：45.6，31。
2.3　卷軸裝。首全尾斷。卷首有殘洞殘損，第8紙下有殘損。卷背有對正面經文的補充疏釋。有烏絲欄。
3.4　説明：
本文獻首全尾殘。是沙門洪真聽高僧法成講解《瑜伽師地論》時所作的筆記。未為歷代大藏經所收。
4.1　瑜伽論第廿一卷隨聽手記聲聞地（首）。
7.1　卷背騎縫處有“沙門洪真”硃筆題名3處。有補充釋文2行。
8　9世紀。歸義軍時期寫本。
9.1　行書。
9.2　有硃墨筆行間校加字。有硃筆科分、斷句、塗抹。有倒乙符號。
11　圖版：《敦煌寶藏》，104/445A～452A。

1.1　BD03483號
1.3　大般若波羅蜜多經卷一七
1.4　露083
1.5　084：2049
2.1　（19＋675.4）×26.7厘米；16紙；417行，行17字。
2.2　01：19＋5.2，15；　02：45.4，28；　03：45.7，28；
04：45.5，28；　05：45.7，28；　06：45.5，28；
07：45.6，28；　08：45.7，28；　09：45.7，28；
10：45.5，28；　11：45.5，28；　12：45.6，28；
13：45.6，28；　14：45.7，28；　15：45.5，28；
16：32.0，10。
2.3　卷軸裝。首殘尾全。卷首有破裂。尾有原軸，兩端塗黑漆。有烏絲欄。已修整。
3.1　首12行下殘→大正220，5/91A26～B8。
3.2　尾全→5/96A4。
4.2　大般若波羅蜜多經卷第十七（尾）。
7.1　卷尾有題記“道普寫”。
8　8～9世紀。吐蕃統治時期寫本。
9.1　楷書。
9.2　第3紙重抄行上邊標註“重葉”二字。有刮改。
11　圖版：《敦煌寶藏》，71/475A～483B。

1.1　BD03484號
1.3　妙法蓮華經卷五
1.4　露084
1.5　105：5475
2.1　（8.5＋935.3）×24.7厘米；21紙；531行，行17字。
2.2　01：8.5＋24.5，19；　02：49.0，28；　03：48.7，28；
04：48.7，28；　05：48.7，28；　06：49.0，28；
07：48.8，28；　08：48.7，28；　09：48.5，28；
10：48.8，28；　11：48.9，28；　12：48.9，28；
13：48.9，28；　14：49.0，28；　15：48.9，28；
16：48.8，28；　17：48.8，28；　18：48.8，28；
19：43.4，25；　20：22.5，11；　21：15.0，拖尾。
2.3　卷軸裝。首殘尾全。經黄紙。卷首上有殘缺，接縫處有開裂。背有古代裱補。有烏絲欄。
3.1　首7行上下殘→大正262，9/38B4～11。
3.2　尾全→9/46B14。
4.2　妙法蓮華經卷第五（尾）。
8　7～8世紀。唐寫本。
9.1　楷書。
11　圖版：《敦煌寶藏》，92/364A～378B。

1.1　BD03485號
1.3　妙法蓮華經卷二
1.4　露085
1.5　105：4780
2.1　403.2×25.1厘米；8紙；244行，行17字。
2.2　01：50.8，28；　02：51.0，28；　03：50.4，28；
04：50.6，28；　05：50.3，28；　06：50.1，28；
07：50.0，28；　08：50.0，28。
2.3　卷軸裝。首尾均脱。經黄打紙。接縫處有開裂。有烏絲欄。
3.1　首殘→大正262，9/15A5。
3.2　尾殘→9/18A13。
8　7～8世紀。唐寫本。
9.1　楷書。
11　圖版：《敦煌寶藏》，86/546A～551B。

1.1　BD03486號
1.3　大般涅槃經（北本　宮本）卷三二
1.4　露086
1.5　115：6488
2.1　（1.5＋780）×26厘米；16紙；423行，行17字。
2.2　01：1.5＋11，7；　02：51.0，28；　03：51.0，28；
04：51.0，28；　05：51.0，28；　06：51.0，28；
07：51.0，28；　08：51.0，28；　09：51.5，28；
10：51.5，28；　11：50.5，28；　12：52.0，28；
13：52.0，28；　14：52.0，28；　15：52.0，28；
16：50.5，24。
2.3　卷軸裝。首殘尾全。首紙殘缺並有破裂，第5紙上下有破裂。尾有原軸，兩端塗黑漆，頂端點硃漆。背有古代裱補。有烏絲欄。
3.1　首1行下殘→大正374，12/552B13。
3.2　尾全→12/557B12。
4.2　大般涅槃經卷第卅二（尾）。
5　與《大正藏》本對照，分卷不同。經文相當於《大正藏》卷第三十一師子吼菩薩品第十一之五卷第三十二師子吼菩薩品第十一之六。與日本宮内寮本分卷相同。
7.1　卷首背有勘記“涅槃經”。

8　5 ~ 6 世紀。南北朝寫本。
9.1　楷書。
11　圖版：《敦煌寶藏》，99/500A ~ 510A。

1.1　BD03487 號
1.3　妙法蓮華經卷六
1.4　露 087
1.5　105:6162
2.1　44.5 × 22.5 厘米；1 紙；26 行，行 17 字。
2.3　卷軸裝。首尾均殘。通卷下邊有火燒殘損。有烏絲欄。
3.1　首行上殘→大正 262，9/46C4 ~ 5。
3.2　尾 4 行上殘→9/46C26 ~ 47A1。
8　7 ~ 8 世紀。唐寫本。
9.1　楷書。
11　圖版：《敦煌寶藏》，97/161B ~ 162A。

1.1　BD03488 號
1.3　大般若波羅蜜多經卷五二
1.4　露 088
1.5　084:2134
2.1　（10.5 + 947.8）× 26 厘米；20 紙；541 行，行 17 字。
2.2　01：10.5 + 21.2，18；　02：48.7，28；　03：48.7，28；
04：48.7，28；　05：48.8，28；　06：48.8，28；
07：48.8，28；　08：48.7，28；　09：48.8，28；
10：48.8，28；　11：48.9，28；　12：48.9，28；
13：48.8，28；　14：48.8，28；　15：48.8，25；
16：48.7，28；　17：48.8，28；　18：48.7，28；
19：48.7，28；　20：48.7，19。
2.3　卷軸裝。首殘尾全。自第 15 紙第 2 行起兑廢，第 16 紙首行經文與第 15 紙首行相接。有烏絲欄。
3.1　首 6 行下殘→大正 220，5/292A11 ~ 17。
3.2　尾全→5/298A1。
4.2　大般若波羅蜜多經卷第五十二（尾）。
8　8 ~ 9 世紀。吐蕃統治時期寫本。
9.1　楷書。
11　圖版：《敦煌寶藏》，72/86B ~ 99A。

1.1　BD03489 號
1.3　大般若波羅蜜多經卷三八五
1.4　露 089
1.5　084:3045
2.1　80.8 × 24 厘米；3 紙；48 行，行 17 字。
2.2　01：32.0，19；　02：47.5，28；　03：01.3，01。
2.3　卷軸裝。首尾均殘。通卷下殘，卷面有火燒殘洞。背有古代裱補。有烏絲欄。已修整。
3.1　首殘→大正 220，6/988B19。
3.2　尾殘→6/989A6。

8　8 世紀。唐寫本。
9.1　楷書。
11　圖版：《敦煌寶藏》，76/203B ~ 204B。

1.1　BD03490 號
1.3　大般涅槃經（北本）卷四
1.4　露 090
1.5　115:6310
2.1　（4.5 + 490.9）× 24.1 厘米；12 紙；331 行，行 17 字。
2.2　01：4.5 + 31，24；　02：42.0，28；　03：42.0，28；
04：41.8，28；　05：42.0，28；　06：42.0，28；
07：42.0，28；　08：41.8，28；　09：41.8，28；
10：40.5，27；　11：42.0，28；　12：42.0，28。
2.3　卷軸裝。首殘尾脱。經黄紙。有烏絲欄。
3.1　首 3 行上殘→大正 374，12/385C7 ~ 8。
3.2　尾殘→12/389B26。
8　7 ~ 8 世紀。唐寫本。
9.1　楷書。有武周新字“人”、“初”、“正”、“國”、“臣”、“聖”。“天”未使用武周新字。
11　圖版：《敦煌寶藏》，98/60B ~ 67A。

1.1　BD03491 號
1.3　大般若波羅蜜多經（兑廢稿）卷三二〇
1.4　露 091
1.5　084:2869
2.1　（41.3 × 26.9 厘米；1 紙；正面 24 行，行 17 字。背面 2 行，行字不等。
2.3　卷軸裝。首脱尾斷。卷面有殘破殘缺。背有古代裱補。有烏絲欄。
2.4　本遺書包括 2 個文獻：（一）《大般若波羅蜜多經》卷三二〇，24 行，抄寫在正面，今編為 BD03491 號。（二）《詩一首》（擬），2 行，抄寫在背面，今編為 BD03491 號背。
3.1　首殘→大正 220，6/636C18。
3.2　尾殘→6/637A13。
8　8 ~ 9 世紀。吐蕃統治時期寫本。
9.1　楷書。
9.2　上邊有一“兑”字。
11　圖版：《敦煌寶藏》，75/308B ~ 309A。

1.1　BD03491 號背
1.3　詩一首（擬）
1.4　露 091
1.5　084:2869
2.4　本遺書由 2 個文獻組成，本號為第 2 個，抄寫在背面，2 行。餘參見 BD03491 號之第 2 項、第 11 項。
3.3　録文：
孤竹生南領（嶺），緣崖根自危；行逢冬日照，恒恐北風次

（吹）。
（錄文完）
7.3 卷面多雜寫。有“解脫一苦，滅除諸怨”，“南無十方三世一切諸佛”，“清淨法身毗盧遮那佛”等。
8 9～10 世紀。歸義軍時期寫本。
9.1 楷書。

1.1 BD03492 號
1.3 妙法蓮華經卷六
1.4 露 092
1.5 105:5734
2.1 431.2×26.5 厘米；10 紙；260 行，行 17 字。
2.2 01：43.2，26； 02：43.2，26； 03：43.2，26；
04：43.2，26； 05：43.1，26； 06：43.2，26；
07：43.2，26； 08：43.0，26； 09：43.2，26；
10：42.7，26。
2.3 卷軸裝。首尾均脫。卷尾下部有殘洞，下邊多黴斑。有烏絲欄。
3.1 首殘→大正 262，9/49B18。
3.2 尾殘→9/53A15。
8 8 世紀。唐寫本。
9.1 楷書。
11 圖版：《敦煌寶藏》，94/506B～512A。

1.1 BD03493 號
1.3 無量壽宗要經
1.4 露 093
1.5 275:7794
2.1 218.5×27.5 厘米；5 紙；146 行，行 30 餘字。
2.2 01：48.0，32； 02：47.5，32； 03：47.5，32；
04：47.5，32； 05：28.0，18。
2.3 卷軸裝。首尾均全。有烏絲欄。
3.1 首全→大正 936，19/82A3。
3.2 尾全→19/84C29。
4.1 大乘無量壽經（首）。
4.2 佛說無量壽宗要經（尾）。
7.1 首紙背面有經題勘記“大乘無量壽經”。
8 8～9 世紀。吐蕃統治時期寫本。
9.1 楷書。
11 圖版：《敦煌寶藏》，107/627A～630A。

1.1 BD03494 號
1.3 金剛般若波羅蜜經
1.4 露 094
1.5 094:4362
2.1 117.7×25.7 厘米；3 紙；62 行，行 15～20 字。
2.2 01：50.0，28； 02：50.0，28； 03：17.7，06。
2.3 卷軸裝。首脫尾全。有烏絲欄。
3.1 首殘→大正 235，8/751C25。
3.2 尾全→8/752C3。
4.2 金剛般若波羅蜜經（尾）。
8 9～10 世紀。歸義軍時期寫本。
9.1 楷書。
11 圖版：《敦煌寶藏》，83/59A～60A。

1.1 BD03495 號 1
1.3 禪門經序
1.4 露 095
1.5 280:8224
2.1 （23.5+263）×24.6 厘米；6 紙；156 行，行 16～17 字。
2.2 01：23.5+21，26； 02：48.5，28； 03：49.0，28；
04：49.0，28； 05：49.0，28； 06：46.5，18。
2.3 卷軸裝。首殘尾全。卷尾有殘洞，通卷油污變色。背有古代裱補。有烏絲欄。
2.4 本遺書包括 2 個文獻：（一）《禪門經序》，26 行，今編為 BD03495 號 1。（二）《禪門經》，130 行，今編為 BD03495 號 2。
3.4 說明：
本文獻首 14 行下殘，尾全。未為歷代大藏經所收。
8 9～10 世紀。歸義軍時期寫本。
9.1 楷書。
11 圖版：《敦煌寶藏》，109/336A～339B。

1.1 BD03495 號 2
1.3 禪門經
1.4 露 095
1.5 280:8224
2.4 本遺書由 2 個文獻組成，本號為第 2 個，130 行。餘參見 BD03495 號 1 之第 2 項、第 11 項。
3.4 說明：
本文獻首尾均全。未為歷代大藏經所收。
4.2 佛說禪門經一卷（尾）。
8 9～10 世紀。歸義軍時期寫本。
9.1 楷書。
9.2 有行間校加字

1.1 BD03496 號 1
1.3 思益梵天所問經卷一
1.4 露 096
1.5 043:0399
2.1 993×27.5 厘米；21 紙；699 行，行 33～34 字。
2.2 01：48.3，34； 02：48.0，34； 03：48.0，34；
04：48.2，34； 05：48.0，34； 06：48.0，34；
07：48.0，34； 08：48.4，34； 09：48.1，34；
10：48.0，34； 11：48.0，34； 12：48.0，34；

13：48.1，34；　14：48.0，34；　15：48.2，34；
16：48.2，34；　17：48.1，34；　18：48.2，34；
19：45.5，32；　20：48.2，34；　21：33.5，21。
2.3　卷軸裝。首脱尾全。卷面有水漬印，上下邊略殘，卷尾有破裂。背有古代裱補。有烏絲欄。
2.4　本遺書包括2個文獻：（一）《思益梵天所問經》卷一，321行，今編為BD03496號1。（二）《思益梵天所問經》卷二，378行，今編為BD03496號2。
3.1　首殘→大正586，15/34B11。
3.2　尾全→15/40B20。
4.2　思益經卷第一（尾）。
6.1　首→BD08392號。
8　8～9世紀。吐蕃統治時期寫本。
9.1　楷書。
9.2　有行間校加字。
11　圖版：《敦煌寶藏》，58/535A～547A。

1.1　BD03496號2
1.3　思益梵天所問經卷二
1.4　露096
1.5　043:0399
2.4　本遺書由2個文獻組成，本號為第2個，378行。餘參見BD03496號1之第2項、第11項。
3.1　首全→大正586，15/40B23。
3.2　尾全→15/47A19。
4.1　思益梵天所問經卷第二（首）。
4.2　思益梵天所問經卷第二（尾）。
8　8～9世紀。吐蕃統治時期寫本。
9.1　楷書。
9.2　有行間校加字。有刮改。有倒乙符號。

1.1　BD03497號
1.3　大般涅槃經（北本　異卷）卷一九
1.4　露097
1.5　115:6403
2.1　917.5×25.2厘米；18紙；546行，行17字。
2.2　01：50.5，30；　02：51.0，31；　03：51.0，31；
04：51.0，31；　05：51.0，31；　06：51.0，31；
07：51.0，31；　08：51.0，31；　09：51.0，31；
10：51.0，31；　11：51.0，31；　12：51.0，31；
13：51.0，31；　14：51.0，31；　15：51.0，31；
16：51.0，31；　17：51.0，31；　18：51.0，20。
2.3　卷軸裝。首尾均全。首紙略殘，卷尾有破裂。尾題上有經名號。有燕尾。有烏絲欄。
3.1　首全→大正374，12/474A23。
3.2　尾全→12/480C27。
4.1　大般涅槃經梵行品之六，十九（首）。
4.2　大般涅槃經卷第十九（尾）。
5　與《大正藏》本對照，分卷不同，經文相當於《大正藏》卷第十九梵行品第八之五至卷第二十梵行品第八之六。與其餘諸藏分卷亦均不同。
8　5～6世紀。南北朝寫本。
9.1　楷書。
11　圖版：《敦煌寶藏》，98/608A～620A。

1.1　BD03498號
1.3　無量壽宗要經
1.4　露098
1.5　275:7795
2.1　218×31.5厘米；5紙；138行，行30餘字。
2.2　01：44.5，27；　02：44.0，29；　03：44.0，29；
04：44.0，29；　05：41.5，24。
2.3　卷軸裝。首尾均全。有烏絲欄。
3.1　首全→大正936，19/82A3。
3.2　尾全→19/84C29。
4.1　大乘無量壽經（首）。
4.2　佛說無量壽宗要經（尾）。
7.1　尾紙末有題記“解晟子寫”。首紙背有寺院題名“圖”（敦煌靈圖寺簡稱）。
8　8～9世紀。吐蕃統治時期寫本。
9.1　楷書。
11　圖版：《敦煌寶藏》，107/630B～633A。

1.1　BD03499號
1.3　大般若波羅蜜多經卷三四
1.4　露099
1.5　084:2090
2.1　596.4×26.2厘米；13紙；333行，行17字。
2.2　01：47.7，28；　02：47.8，28；　03：48.0，28；
04：47.6，28；　05：48.7，28；　06：47.6，28；
07：49.0，28；　08：49.1，28；　09：49.0，28；
10：49.0，28；　11：49.2，28；　12：47.0，25；
13：16.7，拖尾。
2.3　卷軸裝。首脱尾全。卷首有殘洞及破裂，第2、3紙接縫處脱開。有烏絲欄。
3.1　首殘→大正220，5/188C20。
3.2　尾全→5/192C5。
4.2　大般若波羅蜜多經卷第卅四（尾）。
7.1　首紙背寫有本文獻所屬袟次勘記“四”。
8　8～9世紀。吐蕃統治時期寫本。
9.1　楷書。
9.2　有刮改。
11　圖版：《敦煌寶藏》，71/626A～633B。

1.1　BD03500 號
1.3　大般若波羅蜜多經卷六〇
1.4　露 100
1.5　084:2170
2.1　45.3×24.9 厘米；1 紙；26 行，行 17 字。
2.3　卷軸裝。首全尾脱。卷面有破裂。背有古代裱補，紙上有字，粘貼向内，難以辨認。有烏絲欄。
3.1　首全→大正 220，5/337B7。
3.2　尾殘→5/337C6。
4.1　大般若波羅蜜多經卷第六十，/初分讃大乘品第十六之五，三藏法師玄奘奉詔譯/（首）。
8　8～9 世紀。吐蕃統治時期寫本。
9.1　楷書。
11　圖版：《敦煌寶藏》，72/169A。

1.1　BD03501 號
1.3　四分律删繁補闕行事鈔卷中
1.4　結 001
1.5　166:7025
2.1　51×27 厘米；1 紙；正面 40 行，背面 40 行，行字不等。
2.3　單葉綴邊裝。本葉首尾均全。一邊有綴邊，一邊綴邊已脱。兩面抄寫經文，文字相連。兩面均有烏絲欄。
3.1　首正面殘→大正 1804，40/80C16。
3.2　尾背面殘→40/82C22。
3.4　説明：
　　本文獻正反面文字於大正 1804，40/81C21 處相連。
6.1　首→BD03505 號背。
6.2　尾→BD03542 號。
8　8～9 世紀。吐蕃統治時期寫本。
9.1　楷書。
9.2　有重文號。
11　圖版：《敦煌寶藏》，103/511B～513A。

1.1　BD03502 號
1.3　妙法蓮華經卷一
1.4　結 002
1.5　105:4645
2.1　（1.7+39.1）×25.3 厘米；1 紙；25 行，行 17 字。
2.3　卷軸裝。首殘尾脱。經黄紙。有烏絲欄。
3.1　首行上殘→大正 262，9/3C18。
3.2　尾殘→9/4A15。
8　7～8 世紀。唐寫本。
9.1　楷書。
11　圖版：《敦煌寶藏》，85/153B。

1.1　BD03503 號
1.3　四分律删繁補闕行事鈔卷中
1.4　結 003
1.5　166:7020
2.1　50.8×27 厘米；1 紙；正面 40 行，背面 40 行，行字不等。
2.3　單葉綴邊裝。本葉首尾均全。一邊有綴邊，一邊綴邊已脱。卷尾下部破裂。兩面抄寫經文，文字相連。兩面均有烏絲欄。
3.1　首正面殘→大正 1804，40/101C1。
3.2　尾背面殘→40/103C20。
3.4　説明：
　　本文獻正反面文字於大正 1804，40/102C5 處相連。
6.1　首→BD03507 號背。
6.2　尾→BD03538 號。
8　8～9 世紀。吐蕃統治時期寫本。
9.1　楷書。
9.2　有刮改。
11　圖版：《敦煌寶藏》，103/456A～457B。

1.1　BD03504 號
1.3　四分律删繁補闕行事鈔卷中
1.4　結 004
1.5　166:7017
2.1　（3+51）×27 厘米；1 紙；正面 40 行，背面 40 行，行字不等。
2.3　單葉綴邊裝。本葉首尾均全。一邊有綴邊，一邊綴邊半殘。兩面抄寫經文，文字相連。有烏絲欄。
3.1　首正面殘→大正 1804，40/95B19。
3.2　尾背面殘→40/97B21。
3.4　説明：
　　本文獻正反面文字於大正 1804，40/96B24 處相連。
6.1　首→BD03547 號背。
6.2　尾→BD03541 號。
8　8～9 世紀。吐蕃統治時期寫本。
9.1　楷書。
11　圖版：《敦煌寶藏》，103/450A～451B。

1.1　BD03505 號 A
1.3　四分律删繁補闕行事鈔卷中
1.4　結 005
1.5　166:7024
2.1　（43+7.5）×27 厘米；1 紙；正面 40 行，背面 40 行，行字不等。
2.3　單葉綴邊裝。本葉首尾均全。一邊有綴邊，一邊綴邊已脱。兩面抄寫經文，文字相連。有烏絲欄。
3.1　首正面殘→大正 1804，40/76B12。
3.2　尾背面殘→40/78B28。
3.4　説明：
　　本文獻正反面文字於大正 1804，40/77B23 處相連。
6.1　首→BD03510 號背。

6.2　尾→BD03505 號 B。
8　9～10 世紀。歸義軍時期寫本。
9.1　楷書。
11　圖版：《敦煌寶藏》，103/508A～511A。

1.1　BD03505 號 B
1.3　四分律刪繁補闕行事鈔卷中
1.4　結 005
1.5　166:7024
2.1　51.5×27 厘米；1 紙；正面 40 行，背面 40 行，行字不等。
2.3　單葉綴邊裝。本葉首尾均全。兩面抄寫經文，文字相連。有烏絲欄。
3.1　首正面殘→大正 1804，40/78B28。
3.2　尾背面殘→40/80C16。
3.4　説明：
　本文獻正反面文字於大正 1804，40/79C7 處相連。
6.1　首→BD03505 號 A 背。
6.2　尾→BD03501 號。
8　9～10 世紀。歸義軍時期寫本。
9.1　楷書。

1.1　BD03506 號
1.3　大般若波羅蜜多經卷二八二
1.4　結 006
1.5　084:2769
2.1　(8.5+316.9+2.5)×25.8 厘米；8 紙；195 行，行 17 字。
2.2　01：8.5+31.5，24；　02：47.0，28；　03：47.0，28；
　04：47.0，28；　05：47.0，28；　06：47.0，28；
　07：47.0，28；　08：3.4+2.5，03。
2.3　卷軸裝。首尾均殘。卷面多殘破，脱落殘片 1 塊，已綴接於第 3 紙。背有古代裱補。首紙紙質、字迹與以後各紙不同。有烏絲欄。已修整。
3.1　首 5 行上殘→大正 220，6/430A22～26。
3.2　尾行上下殘→6/432B18；
8　8～9 世紀。吐蕃統治時期寫本。
9.1　楷書。
11　圖版：《敦煌寶藏》，75/47B～51B，第 3 紙之殘片未攝入。

1.1　BD03507 號
1.3　四分律刪繁補闕行事鈔卷中
1.4　結 007
1.5　166:7019
2.1　(3.3+49)×27 厘米；1 紙；正面 39 行，背面 38 行，行字不等。
2.3　單葉綴邊裝。首殘尾全。一邊有綴邊，一邊綴邊半殘。兩面抄寫經文，文字相連。兩面均有烏絲欄。
3.1　首正面殘→大正 1804，40/99B25。
3.2　尾背面殘→40/101C1。
3.4　説明：
　本文獻正反面文字於大正 1804，40/100B23 處相連。
6.1　首→BD03541 號背。
6.2　尾→BD03503 號。
8　8～9 世紀。吐蕃統治時期寫本。
9.1　楷書。
11　圖版：《敦煌寶藏》，103/454A～455B。

1.1　BD03508 號
1.3　金剛般若波羅蜜經
1.4　結 008
1.5　094:3718
2.1　(10+192)×26 厘米；4 紙；112 行，行 17 字。
2.2　01：10+40，28；　02：50.5，28；　03：51.0，28；
　04：50.5，28。
2.3　卷軸裝。首殘尾脱。經黄紙。卷首殘破嚴重，卷尾上部有蟲繭。有烏絲欄。
3.1　首 4 行下殘→大正 235，8/749A18～23。
3.2　尾殘→8/750B20；
8　7～8 世紀。唐寫本。
9.1　楷書。
11　圖版：《敦煌寶藏》，80/22A～24B。

1.1　BD03509 號
1.3　四分律開宗記
1.4　結 009
1.5　167:7030
2.1　541.5×28 厘米；15 紙；348 行，行 19 字。
2.2　01：19.0，13；　02：39.0，25；　03：39.0，24；
　04：39.0，26；　05：39.0，25；　06：39.0，25；
　07：39.0，26；　08：39.0，24；　09：39.0，25；
　10：39.0，25；　11：39.0，25；　12：39.0，25；
　13：39.0，25；　14：39.0，25；　15：15.5，10。
2.3　卷軸裝。首尾均殘。卷面有破裂殘破，接縫處有開裂，卷尾殘破。薄紙。
3.4　説明：
　本文獻首尾均殘。唐懷素撰，律宗東塔宗重要著作。參見《敦煌學大辭典》相關詞條。
6.1　首→BD03513 號。
8　7～8 世紀。唐寫本。
9.1　行書。
9.2　有行間校加字。有硃筆科分。
11　圖版：《敦煌寶藏》，103/527B～534A。

1.1　BD03510 號
1.3　四分律刪繁補闕行事鈔卷中

1.4　結 010
1.5　166:7013
2.1　49.5×27 厘米；1 紙；正面 40 行，背面 40 行，行字不等。
2.3　單葉綴邊裝。兩邊綴邊均脫。兩面抄寫經文，文字相連。有烏絲欄。
3.1　首正面殘→大正 1804，40/74B2。
3.2　尾背面殘→40/76B12。
3.4　說明：
本文獻正反面文字於大正 1804，40/75B10 處相連。
4.1　四分律刪繁補闕行事鈔中卷之下，著述者多立名探異京兆崇義寺［沙門］釋道宣撰，四（首）。
6.2　尾→BD03505 號。
8　8～9 世紀。吐蕃統治時期寫本。
9.1　楷書。
11　圖版：《敦煌寶藏》，103/442A～443B。

1.1　BD03511 號
1.3　金剛般若波羅蜜經
1.4　結 011
1.5　094:3633
2.1　（8.3＋389.3）×26.5 厘米；9 紙；215 行，行 17 字。
2.2　01：8.3＋2.6，6；　02：45.5，25；　03：49.1，27；
04：49.0，27；　05：49.3，27；　06：49.4，26；
07：49.2，26；　08：49.2，26；　09：46.0，25。
2.3　卷軸裝。首殘尾脫。有烏絲欄。
3.1　首 4 行上、下殘→大正 235，8/749A8～11。
3.2　尾殘→8/751B7；
8　9～10 世紀。歸義軍時期寫本。
9.1　楷書。
11　圖版：《敦煌寶藏》，79/256B～261A。

1.1　BD03512 號
1.3　妙法蓮華經卷四
1.4　結 012
1.5　105:5214
2.1　（6＋1142.3）×25 厘米；24 紙；657 行，行 17 字。
2.2　01：6＋23，25；　02：46.8，28；　03：46.8，28；
04：46.5，28；　05：46.7，28；　06：47.0，28；
07：46.8，28；　08：47.0，28；　09：47.0，28；
10：47.0，28；　11：45.2，27；　12：45.8，28；
13：56.0，28；　14：46.0，28；　15：48.5，28；
16：48.5，28；　17：48.5，28；　18：48.5，28；
19：48.5，28；　20：48.5，28；　21：48.5，28；
22：68.2，28；　23：48.5，28；　24：48.5，17。
2.3　卷軸裝。首殘尾全。經黃紙。卷端上部有殘損，脫落一殘片，可綴接。尾有原軸，兩端有蓮蓬形軸頭。有烏絲欄。
3.1　首 4 行上下殘→大正 262，9/27B17～21。
3.2　尾全→9/37A2。
4.2　妙法蓮華經卷第四（尾）。
8　7～8 世紀。唐寫本。
9.1　楷書。
9.2　有刮改。有行間加行。
11　圖版：《敦煌寶藏》，89/506B～524A。

1.1　BD03513 號
1.3　四分律開宗記
1.4　結 013
1.5　167:7029
2.1　（1.5＋632.5）×27.5 厘米；17 紙；420 行，行 19 字。
2.2　01：1.5＋32.5，23；　02：38.0，25；　03：38.5，26；
04：38.5，25；　05：39.0，26；　06：39.0，25；
07：39.0，26；　08：39.0，26；　09：38.5，26；
10：38.5，26；　11：38.5，26；　12：38.5，25；
13：38.5，25；　14：38.5，25；　15：39.0，26；
16：39.0，26；　17：20.0，13。
2.3　卷軸裝。首尾均殘。卷面殘裂，接縫處有開裂。
3.4　說明：
本文獻首 1 行上殘，尾殘。唐懷素撰，律宗東塔宗重要著作。參見《敦煌學大辭典》相關詞條。
6.2　尾→BD03509 號。
8　7～8 世紀。唐寫本。
9.1　行書。
9.2　有硃筆科分。有行間校加字。
11　圖版：《敦煌寶藏》，103/519B～527A。

1.1　BD03514 號
1.3　大般涅槃經（北本）卷一五
1.4　結 014
1.5　117:6574
2.1　（2＋287.5）×25.4 厘米；6 紙；163 行，行 17 字。
2.2　01：2＋39，23；　02：49.5，28；　03：50.0，28；
04：50.0，28；　05：49.5，28；　06：49.5，28。
2.3　卷軸裝。首殘尾脫。經黃打紙。卷首殘破嚴重，接縫有開裂。有烏絲欄。
3.1　首 1 行上下殘→大正 374，12/451C19～20。
3.2　尾殘→12/453C14。
8　7～8 世紀。唐寫本。
9.1　楷書。
11　圖版：《敦煌寶藏》，100/378B～382A。

1.1　BD03515 號
1.3　大般涅槃經（南本）卷一一
1.4　結 015
1.5　116:6548

2.1　(2＋148.5＋6)×25.2 厘米；4 紙；90 行，行 17 字。
2.2　01：2＋19，12；　02：48.5，28；　03：48.5，28；
　　04：32.5＋6，22。
2.3　卷軸裝。首尾均殘。卷面殘破。有一殘片脱落，存文相當於大正 375，12/680A7～8。卷背多鳥糞。有烏絲欄。
3.1　首 1 行上下殘→大正 375，12/678C26～27。
3.2　尾 3 行下殘→12/680A4～6；
8　7～8 世紀。唐寫本。
9.1　楷書。
9.2　有硃筆斷句。
11　圖版：《敦煌寶藏》，100/281A～283A。

1.1　BD03516 號
1.3　大般若波羅蜜多經卷三三〇
1.4　結 016
1.5　084:2896
2.1　(16.5＋715.7)×25.8 厘米；17 紙；436 行，行 17 字。
2.2　01：16.5＋4.2，12；　02：46.3，28；　03：46.5，28；
　　04：46.3，28；　05：46.1，28；　06：46.1，28；
　　07：46.3，28；　08：46.2，28；　09：46.0，28；
　　10：46.0，28；　11：46.1，28；　12：46.0，28；
　　13：42.8，26；　14：42.4，26；　15：41.5，25；
　　16：47.2，28；　17：29.7，11。
2.3　卷軸裝。首殘尾全。卷首殘破，接縫處有開裂，第 15 紙有殘洞。有燕尾。有烏絲欄。
3.1　首 10 行下殘→大正 220，6/689A19～28。
3.2　尾全→6/694A22。
4.2　大般若波羅蜜多經卷第三百卅（尾）。
7.1　首紙背有勘記“三百卅（本文獻卷次）、三十三袟（所屬袟次）、十（袟内卷次）”2 行。
8　8～9 世紀。吐蕃統治時期寫本。
9.1　楷書。
9.2　有刮改。有行間校加字。
11　圖版：《敦煌寶藏》，75/393A～402B。

1.1　BD03517 號
1.3　妙法蓮華經卷七
1.4　結 017
1.5　105:6121
2.1　(11＋296)×24 厘米；7 紙；167 行，行 17 字。
2.2　01：11＋39，28；　02：50.0，28；　03：50.0，28；
　　04：50.0，28；　05：50.0，28；　06：50.0，27；
　　07：07.0，拖尾。
2.3　卷軸裝。首殘尾全。經黄紙。通卷上邊有殘缺破裂，接縫處有開裂，尾有蟲繭。卷首脱落一塊殘片，可綴接。有燕尾。有烏絲欄。
3.1　首 6 行上下殘→大正 262，9/60A24～B2。
3.2　尾全→9/62B1。
4.2　妙法蓮華經卷第七（尾）。
8　7～8 世紀。唐寫本。
9.1　楷書。
11　圖版：《敦煌寶藏》，97/68B～72B。

1.1　BD03518 號
1.3　大般若波羅蜜多經卷二四四
1.4　結 018
1.5　084:2639
2.1　46.8×25.5 厘米；1 紙；26 行，行 17 字。
2.3　卷軸裝。首全尾脱。卷面有横向破裂、下邊殘缺。有烏絲欄。
3.1　首全→大正 220，6/230A6。
3.2　尾殘→6/230B5。
4.1　大般若波羅蜜多經卷第二百卌四，/初分難信解品第卅四之六十三，三藏法師玄奘奉詔譯/（首）。
8　8～9 世紀。吐蕃統治時期寫本。
9.1　楷書。
11　圖版：《敦煌寶藏》，74/313B。

1.1　BD03519 號
1.3　金剛般若波羅蜜經
1.4　結 019
1.5　094:4243
2.1　213.2×25.7 厘米；5 紙；113 行，行 17 字。
2.2　01：50.5，28；　02：50.3，28；　03：50.4，28；
　　04：50.3，28；　05：11.7，01。
2.3　卷軸裝。首脱尾全。經黄紙。通卷下部有水漬。有燕尾。有烏絲欄。
3.1　首殘→大正 235，8/751A20。
3.2　尾全→8/752C3。
4.2　金剛般若波羅蜜經（尾）。
8　7～8 世紀。唐寫本。
9.1　楷書。
11　圖版：《敦煌寶藏》，82/489A～491B。

1.1　BD03520 號
1.3　大般若波羅蜜多經卷三五四
1.4　結 020
1.5　084:2962
2.1　(3＋65.5)×25.4 厘米；2 紙；26 行，行 17 字。
2.2　01：3＋19，護首；　02：46.5，26。
2.3　卷軸裝。首全尾脱。有護首，護首有竹製天竿，天竿繫灰色縹帶；護首下有破損，有紺青紙經名簽，上書金字經名，已磨滅。接縫處有開裂，卷面有殘破。有烏絲欄。
3.1　首全→大正 220，6/820A9。

3.2　尾殘→6/820B8。
4.1　大般若波羅蜜多經卷第三百五十四，/初分多問不二品第六十一之四，三藏法師玄奘奉詔譯/（首）。
8　8～9世紀。吐蕃統治時期寫本。
9.1　楷書。
11　圖版：《敦煌寶藏》，75/642B～643A。

1.1　BD03521號
1.3　妙法蓮華經卷二
1.4　結021
1.5　105:4756
2.1　（1.7+797.3）×26.4厘米；20紙；462行，行17字。
2.2　01：1.7+39.7，24；　02：40.7，24；　03：41.0，24；
04：40.6，24；　05：40.7，24；　06：40.8，24；
07：40.8，24；　08：40.9，24；　09：40.8，24；
10：41.0，24；　11：41.1，24；　12：41.1，24；
13：41.0，24；　14：41.1，24；　15：41.0，24；
16：40.9，24；　17：41.0，24；　18：40.8，24；
19：41.1，24；　20：21.2，06。
2.3　卷軸裝。首殘尾全。卷面有鳥糞。尾有原軸，兩端塗棕色漆。有烏絲欄。
3.1　首行下殘→大正262，9/12C14～15。
3.2　尾全→9/19A12。
4.2　妙法蓮華經卷第二（尾）。
7.1　首紙背有勘記“法二”，意為“《法華經》卷二”。筆跡與正面文字不同。
8　8世紀。唐寫本。
9.1　楷書。
11　圖版：《敦煌寶藏》，86/327B～338B。

1.1　BD03522號
1.3　大般若波羅蜜多經卷二五〇
1.4　結022
1.5　084:2653
2.1　95.7×25.4厘米；2紙；54行，行17字。
2.2　01：46.5，26；　02：49.2，28。
2.3　卷軸裝。首全尾脱。卷首有殘洞、破裂，通卷下邊殘破。背有古代裱補。有烏絲欄。
3.1　首全→大正220，6/261B7。
3.2　尾殘→6/262A5。
4.1　大般若波羅蜜多經卷第二百五十，/初分難信解品第卅四之六十九，三藏法師玄奘奉/（首）。
8　8～9世紀。吐蕃統治時期寫本。
9.1　楷書。
11　圖版：《敦煌寶藏》，74/355A～356A。

1.1　BD03523號
1.3　金剛般若波羅蜜經
1.4　結023
1.5　094:4119
2.1　（5.6+91.1）×25.6厘米；2紙；53行，行17字。
2.2　01：5.6+40.6，25；　02：50.5，28。
2.3　卷軸裝。首殘尾脱。經黄紙。卷首有殘洞，下邊殘缺。有烏絲欄。已修整。
3.1　首3行下殘→大正235，8/750B23～26。
3.2　尾殘→8/751A20；
8　7～8世紀。唐寫本。
9.1　楷書。
11　圖版：《敦煌寶藏》，82/163A～164A。

1.1　BD03524號
1.3　大法炬陀羅尼經（兑廢稿）卷一六
1.4　結024
1.5　251:7529
2.1　（5.4+27.4+2.1）×25.3厘米；1紙；19行，行17字。
2.3　卷軸裝。首尾均殘。有烏絲欄。
3.1　首2行上殘→大正1340，21/731C2～5。
3.2　尾行上殘→21/731C22。
4.1　［大法炬］陀羅尼經卷第十六，三藏法師達磨笈多等譯（首）。
8　7～8世紀。唐寫本。
9.1　楷書。此卷前方有1“兑”字。
11　圖版：《敦煌寶藏》，106/590B。

1.1　BD03525號
1.3　大般若波羅蜜多經卷三六〇
1.4　結025
1.5　084:2991
2.1　（11.5+82.3）×25.5厘米；2紙；54行，行17字。
2.2　01：11.5+34.5，26；　02：47.8，28。
2.3　卷軸裝。首殘尾脱。卷首右下殘缺，卷面略殘。背有古代裱補，已部分開裂。有烏絲欄。
3.1　首6行下殘→大正220，6/853B2～12。
3.2　尾殘→6/853C29。
4.1　大般若波羅蜜多經卷第三百六十，/初分多問不二品第六十一之十，三藏法師玄奘奉［詔譯］/（首）。
8　8～9世紀。吐蕃統治時期寫本。
9.1　楷書。
11　圖版：《敦煌寶藏》，76/37B～38B。

1.1　BD03526號
1.3　妙法蓮華經（八卷本）卷五
1.4　結026
1.5　105:5406

2.1　(12.5+718.5+3)×26.4 厘米；16 紙；418 行，行 17 字。
2.2　01：12.5+26.5，28；　02：49.2，27；　03：49.4，28；
04：49.5，28；　05：49.5，28；　06：49.5，28；
07：49.5，28；　08：49.5，27；　09：49.5，28；
10：49.4，28；　11：49.4，28；　12：49.5，28；
13：49.5，28；　14：49.4，28；　15：49.2，27；
16：03.0，01。
2.3　卷軸裝。首尾均殘。首紙上邊等距離殘破。有烏絲欄。
3.1　首 13 行中下殘→大正 262，9/35A29～B15。
3.2　尾行中上殘→9/41B3～4。
5　與《大正藏》本對照，分卷不同，相當於卷四提婆達多品第十二後部至卷五從地踴出品第十五中部。屬八卷本。
8　9～10 世紀。歸義軍時期寫本。
9.1　楷書。
9.2　有倒乙。
11　圖版：《敦煌寶藏》，91/391B～401B。

1.1　BD03527 號
1.3　大般涅槃經（北本　異卷）卷二五
1.4　結 027
1.5　115:6427
2.1　(9+786.7)×26 厘米；16 紙；439 行，行 17 字。
2.2　01：9+40.5，28；　02：49.7，28；　03：49.7，28；
04：49.7，28；　05：49.7，28；　06：49.7，28；
07：49.7，28；　08：49.7，28；　09：49.7，28；
10：49.7，28；　11：49.7，28；　12：50.0，28；
13：50.0，28；　14：50.0，28；　15：49.7，28；
16：49.5，19。
2.3　卷軸裝。首脱尾全。經黄紙。卷首右下部殘缺，接縫處有開裂，第 3、4 紙接縫脱開。有燕尾。有烏絲欄。
3.1　首 5 行下殘→大正 374，12/509C4～8。
3.2　尾全→12/515A2。
4.2　大般涅槃經卷第二十五（尾）。
5　與《大正藏》本對照，分卷不同。經文相當於《大正藏》卷第二十四光明遍照高貴德王菩薩品第十之四至卷第二十五光明遍照高貴德王菩薩品第十之五。與其餘諸藏分卷亦均不同。
8　7～8 世紀。唐寫本。
9.1　楷書。
11　圖版：《敦煌寶藏》，99/158B～169B。

1.1　BD03528 號
1.3　藥師琉璃光如來本願功德經
1.4　結 028
1.5　030:0260
2.1　(3.5+121.2)×25.3 厘米；3 紙；76 行，行 17 字。
2.2　01：3.5+29.5，20；　02：46.0，28；　03：45.7，28。
2.3　卷軸裝。首殘尾脱。經黄紙，已變色。卷端有破損，接縫處有開裂。有烏絲欄。已修整。
3.1　首 2 行下殘→大正 450，14/404C21～23。
3.2　尾殘→14/405C11。
8　7～8 世紀。唐寫本。
9.1　楷書。
11　圖版：《敦煌寶藏》，57/488A～489B。

新舊編號對照表

一、千字文號與北敦號、縮微膠卷號對照表

千字文號	北敦號	縮微膠卷號
露 062	BD03462 號	094：3637
露 063	BD03463 號	119：6612
露 063	BD03463 號背 1	119：6612
露 063	BD03463 號背 2	119：6612
露 064	BD03464 號	094：3822
露 065	BD03465 號	143：6726
露 066	BD03466 號	277：8218
露 067	BD03467 號	275：8016
露 068	BD03468 號	094：3550
露 069	BD03469 號	105：5463
露 070	BD03470 號	105：5548
露 071	BD03471 號	115：6519
露 072	BD03472 號	070：1194
露 073	BD03473 號	105：5561
露 074	BD03474 號	105：5809
露 075	BD03475 號	084：2114
露 076	BD03476 號	105：5246
露 077	BD03477 號	043：0414
露 078	BD03478 號	063：0634
露 079	BD03479 號	063：0784
露 080	BD03480 號	084：2722
露 081	BD03481 號	088：3446
露 082	BD03482 號	201：7192
露 083	BD03483 號	084：2049
露 084	BD03484 號	105：5475
露 085	BD03485 號	105：4780
露 086	BD03486 號	115：6488
露 087	BD03487 號	105：6162
露 088	BD03488 號	084：2134
露 089	BD03489 號	084：3045
露 090	BD03490 號	115：6310
露 091	BD03491 號	084：2869
露 091	BD03491 號背	084：2869
露 092	BD03492 號	105：5734
露 093	BD03493 號	275：7794
露 094	BD03494 號	094：4362
露 095	BD03495 號 1	280：8224
露 095	BD03495 號 2	280：8224
露 096	BD03496 號 1	043：0399
露 096	BD03496 號 2	043：0399
露 097	BD03497 號	115：6403
露 098	BD03498 號	275：7795
露 099	BD03499 號	084：2090
露 100	BD03500 號	084：2170
結 001	BD03501 號	166：7025
結 002	BD03502 號	105：4645
結 003	BD03503 號	166：7020
結 004	BD03504 號	166：7017
結 005	BD03505 號 A	166：7024
結 005	BD03505 號 B	166：7024
結 006	BD03506 號	084：2769
結 007	BD03507 號	166：7019
結 008	BD03508 號	094：3718
結 009	BD03509 號	167：7030
結 010	BD03510 號	166：7013
結 011	BD03511 號	094：3633
結 012	BD03512 號	105：5214
結 013	BD03513 號	167：7029
結 014	BD03514 號	117：6574
結 015	BD03515 號	116：6548
結 016	BD03516 號	084：2896
結 017	BD03517 號	105：6121
結 018	BD03518 號	084：2639
結 019	BD03519 號	094：4243
結 020	BD03520 號	084：2962
結 021	BD03521 號	105：4756
結 022	BD03522 號	084：2653
結 023	BD03523 號	094：4119

結 024	BD03524 號	251：7529
結 025	BD03525 號	084：2991
結 026	BD03526 號	105：5406
結 027	BD03527 號	115：6427
結 028	BD03528 號	030：0260

二、縮微膠卷號與北敦號、千字文號對照表

縮微膠卷號	北敦號	千字文號
030：0260	BD03528 號	結 028
043：0399	BD03496 號 1	露 096
043：0399	BD03496 號 2	露 096
043：0414	BD03477 號	露 077
063：0634	BD03478 號	露 078
063：0784	BD03479 號	露 079
070：1194	BD03472 號	露 072
084：2049	BD03483 號	露 083
084：2090	BD03499 號	露 099
084：2114	BD03475 號	露 075
084：2134	BD03488 號	露 088
084：2170	BD03500 號	露 100
084：2639	BD03518 號	結 018
084：2653	BD03522 號	結 022
084：2722	BD03480 號	露 080
084：2769	BD03506 號	結 006
084：2869	BD03491 號	露 091
084：2869	BD03491 號背	露 091
084：2896	BD03516 號	結 016
084：2962	BD03520 號	結 020
084：2991	BD03525 號	結 025
084：3045	BD03489 號	露 089
088：3446	BD03481 號	露 081
094：3550	BD03468 號	露 068
094：3633	BD03511 號	結 011
094：3637	BD03462 號	露 062
094：3718	BD03508 號	結 008
094：3822	BD03464 號	露 064
094：4119	BD03523 號	結 023
094：4243	BD03519 號	結 019
094：4362	BD03494 號	露 094
105：4645	BD03502 號	結 002
105：4756	BD03521 號	結 021
105：4780	BD03485 號	露 085
105：5214	BD03512 號	結 012
105：5246	BD03476 號	露 076
105：5406	BD03526 號	結 026
105：5463	BD03469 號	露 069
105：5475	BD03484 號	露 084
105：5548	BD03470 號	露 070
105：5561	BD03473 號	露 073
105：5734	BD03492 號	露 092
105：5809	BD03474 號	露 074
105：6121	BD03517 號	結 017
105：6162	BD03487 號	露 087
115：6310	BD03490 號	露 090
115：6403	BD03497 號	露 097
115：6427	BD03527 號	結 027
115：6488	BD03486 號	露 086
115：6519	BD03471 號	露 071
116：6548	BD03515 號	結 015
117：6574	BD03514 號	結 014
119：6612	BD03463 號	露 063
119：6612	BD03463 號背 1	露 063
119：6612	BD03463 號背 2	露 063
143：6726	BD03465 號	露 065
166：7013	BD03510 號	結 010
166：7017	BD03504 號	結 004
166：7019	BD03507 號	結 007
166：7020	BD03503 號	結 003
166：7024	BD03505 號 A	結 005
166：7024	BD03505 號 B	結 005
166：7025	BD03501 號	結 001
167：7029	BD03513 號	結 013
167：7030	BD03509 號	結 009
201：7192	BD03482 號	露 082
251：7529	BD03524 號	結 024
275：7794	BD03493 號	露 093
275：7795	BD03498 號	露 098
275：8016	BD03467 號	露 067
277：8218	BD03466 號	露 066
280：8224	BD03495 號 1	露 095
280：8224	BD03495 號 2	露 095